Surréalisme
et
Littérature
québécoise

André-G. Bourassa

Surréalisme
et
Littérature
québécoise

éditions
L'ÉTINCELLE

Éditions l'Étincelle: Louise Cardinal, Robert Davies, Suzanne Ethier, Madeleine Hébert, Danielle Lareau, Ginette Loranger, Marie-Noël Pichelin

Québec: Messageries Prologue Inc.
1651 rue Saint-Denis, Montréal.
Téléphone: (514) 849-8129

France: Montparnasse-Éditions
1, Quai de Conti, Paris 75006
Téléphone: 033.40.96

Suisse: Foma-Cédilivre
C.P. 4, Le Mont-sur-Lausanne

Belgique: Presses de Belgique
25 rue du Sceptre, Bruxelles

Copyright © 1977, Éditions l'Étincelle Inc.
Dépôt légal 3e trimestre 1977, Bibliothèque Nationale du Québec.

ISBN: 0-88515-073-2

1 2 3 4 5 6 7 77 78 79 80

Pour recevoir notre catalogue sans engagement de votre part,
il suffit de nous faire parvenir une carte avec votre nom et adresse:

Éditions l'Étincelle, 1651, rue Saint-Denis, Montréal, Québec.

À Nicole, pour cette collaboration
qui n'a pas de prix.

Remerciements

Je remercie ceux et celles qui ont rendu possible cet ouvrage. Les chercheurs, les artistes, les écrivains et leur famille dont les interviews, lettres et mémoires sont donnés en bibliographie. Les professeurs Jean Racette et Georges-A. Vachon qui ont orienté mes premières études sur le sujet et Gilles Marcotte qui a dirigé, lu et relu mes travaux sur les aspects québécois du surréalisme. Mon ami Laurier Lacroix pour ses conseils dans le choix des illustrations et tant d'autres qui ont lu mes manuscrits et m'ont fourni des commentaires inestimables: Jean-Paul Morel de la Durantaye, Odile Ouellette, Laurent Mailhot, Robert Melançon, Clément Moisan, Roland Bourneuf, Laurence Aymard. Le personnel de la Bibliothèque nationale du Québec et celui du Centre des média du Collège Lionel-Groulx, principalement Jean-Rémi Brault, Gaétan Hébert et Pierre-Henri Reney. Les étudiants et étudiantes du baccalauréat du Séminaire de Sainte-Thérèse, de l'Université de Montréal et du Collège Loyola dont les mémoires sont cités parmi les inédits utilisés. L'équipe des Éditions l'Étincelle, principalement Robert Davies qui a cru en ce livre dès le début.

La recherche pertinente à la rédaction de ce livre de même que son édition ont été subventionnés par le Collège Lionel-Groulx, par les Ministères de l'Éducation et des Affaires culturelles du Québec et par les Conseils des Arts et de Recherches sur les humanités du Canada.

A.-G. B.

Introduction

Genèses

Pour les jeunes étudiants que nous étions, mettre les pieds au Collège Sainte-Marie, c'était, comme dans les autres «collèges classiques», payer très cher pour être au rang des «élites». Mais, heureusement, nous avions cette chance unique d'entrer en contact avec le monde grouillant et presque clandestin des artistes du centre-ville. Ainsi, nous apprenions vite que la boutique de manuels tout neufs, tenue par un vieux frère, avait des prix prohibitifs et nous devions recourir aux services de librairies moins cléricales où nous dirigeaient nos aînés. La plus proche et la plus célèbre de toutes était la Librairie Tranquille.

Henri Tranquille pratiqua longtemps le commerce des manuels. Nous étions attirés d'abord par les prix, mais aussi par l'occasion unique de découvrir sur place l'actualité artistique du Québec. Cet automne-là, en septembre 1948, il y avait quatre cents exemplaires d'un manifeste placés bien haut et bien en vue au-dessus du comptoir de nos manuels de grec et de latin: *Refus global*.

Bien sûr, à douze ans, aucun d'entre nous n'a lu le manifeste. Mais il était possible, les années suivantes, de rencontrer chez Tranquille deux commis, Jean-Jules Richard et Jean-Paul Mousseau, qui discutaient peinture et lettres avec les clients. Il nous était aussi possible de voir, exposées au-dessus des rayons, les toiles d'à peu près tous les peintres «maudits» dont les vernissages eurent lieu à la librairie de la rue Sainte-Catherine.

Cette librairie devint, pour les autorités du collège, un lieu un peu suspect. Nos «directeurs spirituels» parlaient avec précautions de ce prétendu «antre d'anticléricaux»; ils ressassaient le jugement sévère porté sur les idées du «milieu» par le jésuite Ernest Gagnon (qui logeait au collège mais enseignait à l'Université de Montréal): «un credo anarchique (...). Il n'en sortira rien qui ait quelque valeur»[1].

Quelques mois après la parution de *Refus global*, deux de nos confrères furent expulsés du collège pour «existentialisme». Leur crime était d'avoir été vus à l'exposition de Jean-Paul Mousseau et de Marcelle

Ferron dans une librairie voisine (le Comptoir du livre). Nous savions désormais à quoi nous en tenir. Et c'est en cachette que des amis et moi avons visité, en 1953, l'exposition *Place des artistes* en face de chez Tranquille. Quelques semaines après cette exposition, des pressions inconnues firent fermer l'atelier de Robert Roussil, *Place des arts,* qui se trouvait en face du collège; lieu de rendez-vous de notre gauche d'alors, cet atelier constituait sans doute un grave danger pour nos jeunes âmes.

Ces souvenirs d'un contact naïf avec le milieu littéraire de 1948-1953 sont sans doute la motivation la plus profonde des recherches entreprises par la suite. Je tenais à interpréter les événements qui se déroulèrent alors et à les situer par rapport à la pensée québécoise.

Quelques années plus tard, vers 1959, j'ai participé à un séminaire et rédigé un mémoire sur *L'Intuition créatrice en art et en poésie.* C'était une réflexion sur l'espace psychologique du poète dont les frontières étaient situées par Jacques Maritain quelque part entre le ciel des idées de Platon et l'enfer des automatismes d'André Breton[2]. Entre Platon et Breton, entre une vision idéaliste et une vision à tendance matérialiste, c'est de plus en plus cette dernière qu'il me tardait d'explorer. Je fus séduit par l'importance grandissante du programme que Breton présente dans *Position politique de l'art d'aujourd'hui:*

> *Déjouer pour toujours la coalition des forces qui veillent à ce que l'inconscient soit incapable de toute violente éruption: une société qui se sent menacée de toutes parts comme la société bourgeoise pense, en effet, à juste titre, qu'une telle éruption peut lui être fatale.*[3]

Breton rappelait alors — le texte est de 1935 — que le champ d'action du surréalisme, c'était non pas le *moi* conscient mais le *soi* inconscient dont les signes délivrés par l'automatisme sont retenus parce qu'ils sont déchiffrables et non pour «leur étrangeté immédiate ni pour leur beauté formelle»[4]. L'interprétation de ces signes devait contribuer à remplacer la création d'un mythe personnel en art par celle d'un mythe collectif.

La pratique de l'automatisme en art pouvait donc polariser — c'était pour moi inattendu — des notions d'inconscient, de matérialisme, de collectivité et de révolution. Je résolus d'en observer l'évolution chez les membres de ce groupe québécois qui s'était illustré par la pratique de l'automatisme, un automatisme poussé jusqu'au non-figuratif, jusqu'au mécanique[5].

Une dialectique

Mon plan allait être le suivant. Établir au préalable que le surréalisme est un état d'esprit. Adopter une démarche, une dialectique centrée sur l'établissement des faits. Souligner des parentés, des appartenances attestées à des manifestes, à des groupes. Fournir une documentation d'autant plus utile que les textes étaient rares et le plus souvent négligés par les histoires de la littérature. Le texte en prit un caractère historique de plus en plus accentué. Mais il faut voir, dans ce livre, plus qu'une histoire. Il faut y voir, si discrète soit-elle, la révélation d'une dialectique sous-jacente à l'histoire et faisant progressivement ressortir les amorces d'une révolution culturelle. D'où un recours simultané à l'histoire des arts, des lettres et des idées.

Mon approche du surréalisme au Québec a donc commencé par l'étude du mouvement automatiste montréalais situé, comme le disait Paul-Émile Borduas, «en regard du surréalisme actuel», c'est-à-dire en regard du surréalisme de 1947. Mais le lecteur voudra bien noter qu'«automatisme» et «surréalisme» sont des termes employés ici pour désigner un état d'esprit, comme le voulait André Breton, et non pas pour désigner simplement un mouvement de peinture moderne et encore moins un style d'écriture, comme plusieurs personnes sont portées à le faire. Automatisme et surréalisme ne furent d'ailleurs jamais limités à la seule activité artistique; d'où ce recours occasionnel à l'histoire des arts et des idées.

Seuls les documents écrits (manifestes, poèmes, objets dramatiques, articles) sont objet d'étude; les oeuvres plastiques ou musicales ne sont qu'évoquées à titre d'illustrations ou de points de départ d'analyses de textes et d'exposés historiques. Il reviendra à quelqu'un d'autre de faire l'examen des productions plastiques de l'automatisme et du surréalisme au Québec[6]. Cette décision a réduit de beaucoup l'importance accordée à des artistes comme Jean-Paul Mousseau, Jean-Paul Riopelle ou Muriel Guilbault; il va de soi que leur importance n'a aucune commune mesure avec l'espace qui leur est ici accordé.

Fallait-il parler d'idéologies socio-politiques, comme du fascisme et du communisme? Je ne l'ai fait que dans la mesure où certaines oeuvres — par des présences ou des absences — ne s'expliquent pas sans elles. Les dirigeants d'alors l'avaient senti quand ils entreprirent de harceler les poètes et les artistes qui côtoyèrent le *Refus global*. L'écriture automatique avait délié à jamais les libertés. Et ces libertés du surréalisme, je les ai, après coup, retrouvées à travers les productions écrites depuis 1837, date du premier roman et de la première rébellion du Québec, date qui donne chez nous un sens particulier à ce mot célèbre d'Albert Camus: «Toute parole est révolte»[7]. Nous avons pris la parole en 1837. Mon livre s'ouvre sur la production de 1837.

1. L'introduction du livre, après ces considérations sur certains éléments génétiques de l'oeuvre, définit le surréalisme jusque dans ses écoles d'après-guerre. Le premier chapitre, lui, aborde la production littéraire québécoise en regard du surréalisme antérieur à la guerre (1924-1937), et même en regard des mouvements qui ont annoncé et précédé le surréalisme, de 1837 à 1924. Cette étude, personne encore ne l'avait entreprise de façon systématique. Elle a permis de déceler un dynamisme culturel de grande valeur en même temps qu'elle a permis de faire voir sous un jour moins

favorable certains mouvements d'un académisme nationaliste jadis très en vogue mais dont l'esprit rendait difficile sinon impossible l'éclosion d'un art original. C'est donc toute la production littéraire des années 1837-1937 qui finalement devint l'objet d'un examen opéré «en regard du surréalisme». Mais on ne sera pas surpris du point de vue négatif du premier chapitre qui est consacré à cette période et qui décrit l'avortement au Québec du romantisme cabalistique, du futuro-cubisme et du dadaïsme.

On pourra reprocher au premier chapitre d'accorder trop d'importance au séjour de certains artistes québécois du début du vingtième siècle à l'étranger et de n'avoir finalement reconnu d'originalité qu'à ceux qui, pour les partisans de la littérature de terroir, étaient surnommés les «parisianistes», avec tout ce que ce vocable peut comporter de péjoratif. Il n'en reste pas moins que, sans eux, les automatistes, premiers artistes québécois dont l'originalité fut reconnue de par le monde, ne seraient peut-être jamais apparus. Le lecteur comprendra ainsi l'importance accordée à Guy Delahaye, Jean-Aubert Loranger, Ozias Leduc.

2.   Les automatistes eux-mêmes ont, pour la plupart, séjourné en Europe avant même la parution de leur manifeste. C'est de cette influence euro-péenne sur eux dont il est question dans le deuxième chapitre, qui porte sur l'apparition du surréalisme au Québec. On notera en particulier comment les élans avant-gardistes, durant les années 1937-1947, ont été communi-qués par la peinture à la poésie.

3.   Le troisième chapitre étudie les problèmes idéologiques que souleva le surréalisme, en dehors des questions purement artistiques. Le surréalisme mondial, s'étant beaucoup mêlé aux grands mouvements internationaux pacifistes et démocratiques, a toujours combattu la dictature sous toutes ses formes, qu'elle soit de gauche (autocratisme stalinien) ou de droite (fascisme). Il s'ensuivit, chez les sympathisants québécois du surréalisme, des prises de positions anti-staliniennes et anti-duplessistes dont il a fallu brosser ici les grandes lignes, car le manifeste des automatistes québécois est profondément impliqué dans les questions politiques et sociales. L'étude du manifeste, aussi bien que des autres oeuvres publiées par le même éditeur, Mithra-Mythe, s'en trouve grandement facilitée. De plus, l'éclairage jeté sur *Refus global* par un manifeste surréaliste ramené de Paris par Jean-Paul Riopelle, *Rupture inaugurale,* impose une approche politico-sociale du manifeste des automatistes.

4.   Le quatrième chapitre étudie des mouvements qui sont souvent con-fondus avec l'automatisme, mais qui s'apparentent beaucoup plus à d'autres mouvements internationaux qui sont parallèles au surréalisme. En ce sens, une étude de l'influence au Québec du «surréalisme-révolution-naire» avait sa place ici, même si, à cause de son option stalinienne, le mouvement est souvent considéré comme non-orthodoxe. L'étude de ce surréalisme a d'autant plus sa place que les collaborateurs de la revue

Cobra se rapprochèrent (avec *Phases,* revue fondée par le poète Edouard Jaguer) du surréalisme de Breton. Ce rapprochement, en Europe, coïncide avec celui de certains signataires de *Prisme d'yeux* d'Alfred Pellan et de Jacques de Tonnancour avec ceux du *Refus global* de Paul-Émile Borduas.

5. Le cinquième et dernier chapitre porte sur les séquelles du surréalisme au Québec après le départ de Pellan et de Borduas. Il ne pouvait être question de les analyser toutes. Il a semblé suffisant de n'aborder que les poètes ayant fait mention explicite de cet «état d'esprit» dans leur oeuvre ou fait mention de leurs relations de disciple à maître avec les principaux «surrationnels» québécois des années quarante.

Problématique

Au seuil du présent ouvrage, il s'agit en somme de se poser les questions suivantes:

Quel fut au Québec l'impact du mouvement surréaliste? L'histoire culturelle du Québec comporte-t-elle une phase surréaliste? Le mouvement, au Québec, se définit-il de façon particulière? Le Québec a-t-il joué un rôle dans le courant international?

Les frontières du surréalisme étant extrêmement mobiles — comme celles des autres grands courants classique, baroque, romantique —, nous n'avons pas voulu les restreindre au seul groupe d'André Breton. On peut, au contraire, distinguer au moins trois types de surréalisme, qui seront ici étudiés en rapport avec le Québec.

1. Au sens strict, surréalisme se dit de l'école de Breton dont l'idéologie est définie par des manifestes à partir de 1924.

Dans les livres d'histoire du surréalisme international, il est rarement question de la participation québécoise à cette école; elle existe, cependant. Plusieurs documents attestent des rapports étroits entre certains Québécois et le mouvement surréaliste de stricte observance.

2. Au sens général, on désigne le plus souvent par surréalisme tout le mouvement idéologique dont le premier manifeste de Breton ne serait à la fois qu'un aboutissement et une limitation. On comprend aussi dans la notion de surréalisme ceux qui refusèrent l'autorité de Breton ou furent rejetés par lui pour infidélité aux principes du groupe — particulièrement à cause de conflits d'ordre politique.

Plusieurs Québécois furent influencés par les surréalistes d'avant la lettre (comme Guillaume Apollinaire et Yvan Goll) et par le surréalisme «schismatique» des mouvements *Cobra* et *Phases.* Certains ont participé à des réunions ou à des publications du surréalisme-révolutionnaire qui s'était soulevé contre le refus de Breton d'adhérer au communisme.

3. Au sens très large, il faut entendre par surréalisme — et Breton lui-même le fait dès son premier manifeste — l'emploi spontané et naturel — loin dans le temps ou loin dans l'espace — des moyens d'expression utilisés par l'école surréaliste: monstres des cathédrales ou masques nègres, mythes religieux ou communications spirites, «écran paranoïaque» de Vinci ou visions de Rimbaud, onirisme de Bosch et de Goya ou écriture automatique d'Arnim et de Nerval. C'est le surréalisme de toujours.

Ce surréalisme «perennis» se retrace au Québec où le romantisme nocturne et le futuro-cubisme avaient leurs adeptes et où les mythes religieux, la débauche verbale et l'art naïf ont produit des oeuvres extrêmement significatives.

Comme on voit, la matière est abondante. Pour s'y retrouver, il a fallu regrouper les auteurs autour de manifestes, de revues, ou de maisons d'édition afin de mieux faire ressortir des traits communs. On ne doit cependant pas se méprendre sur le caractère tantôt fermé (comme celui du *Refus global*) et tantôt ouvert (comme celui des *Ateliers d'arts graphiques*) de certains regroupements.

Notes

1. Ernest Gagnon, «Refus global», *Relations,* oct. 1948, p. 292.

2. Jacques Maritain, *L'Intuition créatrice en art et en poésie,* p. 79.

3. André Breton, *Position politique de l'art d'aujourd'hui,* p. 271.

4. Id., *Ibid.,* p. 272.

5. La redéfinition de l'automatisme par l'approche matérialiste et à partir des oeuvres québécoises d'automatisme non-figuratif et mécanique fait l'objet de la thèse de doctorat de Marcel Saint-Pierre.

6. Examen entrepris par Jean Éthier-Blais, François-Marc Gagnon, Guy Robert et Bernard Tesseydre. Voir bibliographie.

7. Albert Camus, *L'Homme révolté,* in *Essais,* p. 430. Cf. p. 662.

Chapitre I

Présages

Nous, poégraphes, sommes les VRAIS prêtres. Écoute notre santé future étancher nos bleus
de souvenirs avec des cataplasmes d'étoile.
Dream... Dream... Dream...

Canne-à-dada, Anywhere

Gilbert Langevin[1]

Abordons l'étude de la révolution surréaliste par une prospection de ses sources romantiques, futuro-cubistes et dadaïstes[2]. D'une part parce qu'il est difficile de traiter d'une révolution culturelle de cette importance sans la situer dans le temps et dans l'espace. D'autre part parce qu'il s'est écrit bien peu de choses, hormis quelques articles épars, sur les révolutions pré-surréalistes dans les lettres québécoises et qu'il nous est impossible de référer le lecteur à une étude complète sur le sujet.

Cette approche permet de réunir des auteurs qu'on a rarement regroupés jusqu'à ce jour. Ils ont tous ceci en commun d'avoir participé à l'évolution de l'art au Québec en le mettant peu à peu à l'heure du reste du monde; ils ont aussi en commun d'avoir eu peu de succès de leur vivant. Il faudra attendre que leurs efforts isolés soient remplacés par des efforts de groupes pour que réussisse la révolution. Leurs successeurs ne dédaigneront d'ailleurs pas de leur rendre hommage.

Au Québec, les romantiques dont l'oeuvre est empreinte de certains traits pré-surréalistes sont peu nombreux: Philippe Aubert de Gaspé fils (pour un roman), Octave Crémazie (pour un poème) et surtout Émile Nelligan. On retrouve chez eux, dès le XIXe siècle, cette surréalité qui donne à certaines de leurs oeuvres une dimension fantastique. Tous trois sont contemporains des Gérard de Nerval, Achim d'Arnim et Edgar Allan Poe et sont influencés comme eux par la cabale et par les contes folkloriques.

Plus tard, au début du XXe siècle, Guy Delahaye et son groupe seront attirés par la révolte contre les contraintes du langage. Ces révoltes, héritées du cubisme et du futurisme littéraires, se retrouvent surtout dans les oeuvres de Guy Delahaye, Marcel Dugas et Jean-Aubert Loranger. Mais elles sont éphémères. Les bouleversements nihilistes de Dada leur semblent peu connus. Loranger passe d'ailleurs directement d'Apollinaire à Saint-John Perse, n'effleurant qu'à peine le surréalisme des années 1925.

Du surréalisme proprement dit, c'est tout au plus la production spiritualiste de Pierre Reverdy ou, mieux, un ouvrage de Paul Eluard, *Capitale de la douleur,* qui furent connus et aimés au Québec, particulièrement dans les milieux que fréquente de Saint-Denys Garneau. Mais cette influence du surréalisme sur Garneau et sur *La Relève* n'est qu'épisodique et généralement livresque. Le critique Louis-Marcel Raymond est le seul du groupe à établir des liens avec Louis Aragon, André Breton, Yvan Goll et Pierre Reverdy. Il faudra attendre l'action des peintres pour que s'opère au Québec un contact direct des poètes avec le surréalisme.

C'est de ce long cheminement de la surréalité au surréalisme qu'il sera question dans le présent chapitre qui couvre un siècle de littérature, de 1837 à 1937.

A. «Bouches d'ombre»

> Physicien, mais aussi cabaliste, théosophe et poète..., surréaliste avant la lettre.
>
> André Breton[3]

Les rapports du surréalisme avec le romantisme cabalistique ont été souvent établis. André Breton, par exemple, les a explicités longuement dans une préface écrite en 1933 pour les *Contes bizarres* d'Achim d'Arnim: le point commun entre le romantisme et le surréalisme réside dans la recherche sur les modes de connaissance non rationnelle (spiritisme, magnétisme, hypnose, cabale) et sur les modes d'expression et de création surrationnelles (somnambulisme, érotisme, rêve, écriture automatique)[4].

1. Philippe Aubert de Gaspé fils

Au Québec, un seul écrivain du XIXe siècle semble s'être intéressé à cet aspect cabalistique du romantisme: Philippe Aubert de Gaspé fils (1814-1841). Il publie en 1837 un roman intitulé *L'Influence d'un livre.* Lut-il Arnim — qui mourut en 1831? C'est peu probable, puisque ce n'est qu'en 1856 que Théophile Gautier le fit connaître en France. Lut-il Poe? C'est improbable, car *Les Aventures de Gordon Pym* parurent en anglais l'année même où fut écrit le roman du fils Aubert de Gaspé; mais ce romancier qui cite souvent (en anglais) Shakespeare, Byron, Campbell et Otway, n'accorde aucune place à Arnim ou à Poe. Il faut plutôt voir chez Arnim, Poe et Aubert de Gaspé une source commune: le romantisme des «bouches d'ombres».

L'Influence d'un livre porte sur le magnétisme du *Petit Albert,* ouvrage célèbre de cabalistique. Le premier chapitre du roman d'Aubert de Gaspé fils s'intitule «l'Alchimiste» et le second «la Conjuration»; le sixième et le onzième chapitre portent en exergue des vers morbides de Byron; çà et là l'auteur cite les écrivains «sombres» qu'il connaît: Bertrand, Crabbe et Hugo. Il choisit des vers à faire frémir, sur les âmes errantes, les danses macabres et les incantations.

Qu'il nous parle du diable disparaissant «avec un bruit épouvantable et laissant une odeur de souffre»[5] ou qu'il nous décrive comment son héros cherche à faire de l'or avec une poudre sulfureuse, après avoir choisi une poule noire volée à minuit, de la verveine et une branche de coudrier en forme de fourche coupée avec une lame vierge et trempée «trois fois dans les eaux de lac en prononçant une formule cabalistique à voix basse»[6], l'auteur nous montre à quel point la cabale cherche à réinventer le mot et sa valeur évocatrice. «Avec les livres on peut évoquer les esprits de l'autre monde; le diable même»[7], dit-il. Mais il faut être ouvert à la vraie littérature, celle des initiés:

> *Je dois avertir mon lecteur que cette formule de conjuration, ainsi que la manière de changer les métaux en argent, dont nous avons parlé plus haut, ne se trouve pas dans les ouvrages d'Albert-le-Petit tels qu'on les vend ordinairement. Mais ce sont des éditions contrefaites. Armand m'a assuré, lui-même, qu'il tenait un véritable exemplaire de l'original qui lui avait été donné par un Français[8].*

Traitées à la manière cabalistique, de vieilles légendes du Québec prennent dans le roman une tonalité qui évoque celle des récits d'Arnim et de Poe. Le récit de «Rodrigue Bras-de-fer» («L'Homme de Labrador») est donné dans le décor des récents récits fantastiques (le silence sacré, les trois coups du mystère, le hurlement annonciateur).

> *Un hurlement plus horrible que le premier me fixa à ma place. Les petits êtres disparurent, il se fit un grand silence, et j'entendis frapper deux coups à ma porte; un troisième coup se fit entendre, et la porte, malgré mes précautions, s'ouvrit dans un fracas épouvantable. Une sueur froide coula sur tous mes membres (...). Un second hurlement m'annonça que mon ennemi se préparait à franchir la seconde porte, et au troisième coup elle s'ouvrit comme la première, et avec le même fracas (...). Cependant un troisième hurlement se fit entendre et tout rentra dans le silence; ce silence dura une dizaine de minutes. Mon coeur battait à coups redoublés; il me semblait que ma tête s'ouvrait et que ma cervelle s'en échappait goutte à goutte; mes membres se crispaient et lorsqu'au troisième coup, la porte vola en éclats, sur mon plancher, je restai comme anéanti. L'être fantastique que j'avais vu passer, entra alors avec son chien (...).*
>
> *Je pus contempler cette figure satanique: un énorme nez lui couvrait la lèvre supérieure, quoique son immense bouche s'étendit d'une tempe à l'autre; ses oreilles lui tombaient sur les épaules comme celles d'un lévrier. Deux rangées de dents, noires comme du fer, et sortant presque horizontalement de sa bouche se choquaient avec un fracas horrible[9].*

Ce roman fut écrit durant l'hiver 1836-37[10], alors que l'auteur et son ami Napoléon Aubin se cachaient des forces de l'ordre lancées à leur poursuite pour affront au Parlement québécois[11]. Bientôt suivie d'une révolte politique importante, l'oeuvre de ce jeune journaliste, plus qu'une recherche de solution dans les leurres alchimiques, est un premier refus des structures traditionnelles. Car non seulement Aubin et Aubert de Gaspé ont-ils vécu ensemble des expériences de contestation et d'exil[12], mais on retrace chez eux un refus constant de l'ordre établi, en lettres aussi bien qu'en politique[13].

2. Octave Crémazie

Octave Crémazie ne touchera que très peu à cette forme du romantisme cabalistique retracée chez Aubert de Gaspé fils. Il prétendra pourtant, à propos d'un poème, *Promenade de trois mort,* être passé par les mêmes affres que Nerval:

> *Quand finirai-je ce poème? Je n'en sais rien, je suis un peu maintenant comme Gérard de Nerval. Le rêve prend dans ma vie une part de plus en plus large; vous le savez, les poèmes les plus beaux sont ceux que l'on rêve mais qu'on n'écrit pas[14].*

Ces lignes sont écrites douze ans seulement après le suicide du poète français. Et Crémazie, qui refuse de se mettre à la transcription des derniers vers de sa *Promenade de trois morts,* explique son impuissance à écrire par des encéphalites[15] où il se complaît à voir une parenté avec Nerval.

La *Promenade de trois morts* transpose un certain climat de dépaysement par la frayeur du surréel, ce en quoi le poème ressortit au «surréalisme» que Breton prétend retrouver chez Nerval, Novalis, Nouveau. Ici, Crémazie nous présente les heureux de l'horreur et de l'étrange.

> *Heureux de se revoir, trois compagnons de vie*
> *Se donnent, en pressant leur main roide et flétrie,*
> *De leur bouche sans lèvre un horrible baiser.*

> *Silencieux ils vont; seuls quelques vieux squelettes*
> *Gémissent en sentant de leurs chairs violettes*
> *Les restes s'attacher aux branches des buissons.*
> *Quand ils passent, la fleur se fane sur sa tige,*
> *Le chien fuit en hurlant comme pris de vertige,*
> *Le passant effaré sent d'étranges frissons[16].*

Crémazie n'achève pas son oeuvre et laisse plutôt les vers sur leur faim, chantant les délices de la chair humaine:

> *Ton cadavre, pour moi c'est la source de vie*
> *où je m'abreuve chaque jour;*
> *C'est le riche banquet où la faim me convie,*
> *Où je m'assieds avec amour.*
> *Tout est à moi, ton corps, ton cercueil, ton suaire,*
> *Tes douleurs seules sont à toi.*
> *Moi seul puis dire ici d'une voix haute et fière:*
> *«Je suis le Ver, je suis le Roi!»[17]*

Il y a loin, bien sûr, de ces élégies de hurlements aux proses cabalistiques d'Aubert de Gaspé fils. Il y a plus loin encore entre le style hésitant et emprunté des deux Québécois et les textes sûrs et souples d'Arnim ou de Nerval. Mais les deux Québécois ont en commun ce romantisme obscur que «dénoncera» le critique réactionnaire Harry Bernard:

> *Cela peut paraître étrange, mais nous avons eu, nous avons encore des écrivains qui jouent aux poètes maudits. Ils y prennent un plaisir que nous comprenons mal. Autrement, ils n'y perdraient pas leur temps. Ce goût,*

d'ailleurs, n'est pas d'hier. Crémazie, *dans sa* Promenade des (sic) trois morts, *va aussi loin que quiconque dans la recherche du bizarre et du macabre. N'y a-t-il pas chez Alfred Garneau, avant d'arriver à Nelligan, des traces nombreuses de sensibilité excessive? L'un et l'autre, à l'affût de la nouveauté, la croyaient trouver dans la succession trouble de Baudelaire et de Rimbaud. Ceux qui suivirent emboîtèrent le pas (...).*
À tout prendre, et pour nommer les choses par leur nom, nous sommes ici en face d'une poussée romantique, pure et simple. De ce gros romantisme inspiré de Shakespeare et des légendes allemandes, qui provoqua 1830[18].

Le romantisme des «bouches d'ombre»[19] eut donc ses adeptes au Québec durant le deuxième tiers (1837-1867) du siècle et une lettre de Crémazie, à propos des critiques que lui fit Norbert Thibault, situe bien l'intention de l'ancien poète «patriotique»:

> *Les dieux littéraires de M. Thibault ne sont pas les miens; cramponné à la littérature classique, il rejette loin de lui cette malheureuse école romantique, et c'est à peine s'il daigne reconnaître qu'elle a produit quelques oeuvres remarquables. Pour moi, (...) j'aime de toutes mes forces cette école romantique qui a fait éprouver à mon âme les jouissances les plus douces et les plus pures qu'elle ait jamais senties*[20].

Crémazie, qui rejette d'anciens poèmes de lui comme «Drapeau de Carillon», prend la défense d'un poème passé inaperçu en 1856, «Les Morts», et de sa «Promenade de trois morts».

Il ajoutait même que ses *Trois morts* s'inspiraient particulièrement du *Faust* de Goethe qu'il qualifie de «drame impossible» et de «formidable (...), titanesque fantaisie, où se heurtent, dans un monde énorme, les idées les plus étranges et les plus magnifiques»[21].

3. Émile Nelligan

On peut parler de surréalisme à propos de Nelligan. Ce serait dans le sens où Luc Lacourcière a pu dire, à propos des mois qui suivent «la Romance du vin», combien Nelligan fut hanté par les mêmes «bouches d'ombre» qu'Aubert de Gaspé fils ou Crémazie:

> *Obsédé, tout le long de nuits interminables, par les visions morbides d'Edgar Poe et de Maurice Rollinat, il rimait, lui aussi, des hallucinations et des cauchemars, et peuplait de fantômes et de spectres cet univers où s'étaient jouées les claires et saines rêveries de son enfance*[22].

On sait, par exemple, que Nelligan doit à Rollinat une version rimée de la légende des cloches du Jeudi Saint où il insère le thème d'un autre poème de Rollinat, «Le Bon fou»[23] et ce sera «l'Idiote aux cloches», lu en public le 9 décembre 1898. À ce poème sur la déraison, Nelligan a ajouté un refrain irrationnel inspiré du folklore[24].

Paul Wyczynski a consacré un chapitre entier de son ouvrage sur Nelligan, à l'héritage romantique «nocturne». Il analyse principalement trois vagues d'un rêve vertical:

> *D'abord, le sentiment sera secoué par une crainte provenant de l'atmosphère lugubre des funérailles: craquement de cercueils et défilades de corbil-*

lards mêlés à la marche funèbre de Chopin et aux paysages de cimetières. La deuxième vague, faite d'hallucinations centrées sur quelques objets évocateurs fera surgir du noir des spectres bizarres, dont les corbeaux, le perroquet, les chats et le boeuf aux yeux glauques fourniront l'essentiel d'une fantasmagorie analogue à celle de Rollinat et de Poe. Enfin, la troisième invasion du noir, tragédie d'un soir hypocondriaque marquera le naufrage de l'intelligence. Entre les deux premières phases s'intercale un bref intermède composé de trois tombeaux dressés à la mémoire de Baudelaire, de Chopin et d'une négresse inconnue[25].

Nelligan aimait «Les Cydalises» de Nerval[26]. Il connaissait «Le Corbeau» de Poe par coeur et le récitait à haute voix; il en possédait même l'édition anglaise et a longuement travaillé à le traduire lui-même[27].

Les poèmes de Nelligan qui sont le plus près du surréalisme sont les poèmes dits «posthumes». Il s'agit d'une poésie qui se situerait en deçà de la raison et s'exprimerait par un automatisme psychique pur. Voyons ce que nous réservent deux strophes tirées de l'un d'eux, «Trio d'Haridot»:

> *Les jours comme une apothéose*
> *Ébranlent la voûte à demi*
> *Cependant la grenouille arrose*
> *Son pied au bassin endormi*
> *Le temps passe et la Saison borgne*
> *Mal réfléchit en un quiproquo*
> *Car son miroir à l'été lorgne*
> *La fausseté d'un sosieko*
>
> *Paul Kauvar*
> *(Émile Kovar)*[28].

Cette hésitation quant à l'identité, à la fin du poème, nous rappelle le premier pseudonyme de Nelligan, Kovar, et la difficulté du poète à retrouver son personnage, confondu avec le héros du *Paul Kauvar* de James Steale Mackay[29]. Hésitation aussi à identifier la demi-saison qu'est l'automne, mauvais reflet de l'été, et un âge mûr aliéné, mauvais miroir d'une adolescence de génie. Quiproquo et fausseté des flambées du soleil couchant d'automne dont les couleurs d'or et de vin sont une trompeuse apothéose. Dans ce poème, le dédoublement chercherait sa cause dans la grenouille humide près de l'intelligence endormie. Que penser surtout du mot-collage «sosieko», logogriphe obsessionnel qui «par le produit d'un travail de l'appareil psychique portant sur les images verbales»[30] fait involontairement remonter à la lumière une image acoustique rappelant son pseudonyme (sosie-Kovar)? Ce pseudonyme a été si rarement utilisé que Luc Lacourcière dut recourir à des recoupements pour l'identifier[31]. Nelligan n'aura jamais été si près de Rimbaud.

Les «Poèmes posthumes» de Nelligan recourent souvent à ce procédé de dédoublement. Il avait par moments une lucidité tragique qui lui fit chanter son propre état dans «Je veux m'éluder»:

> *Pitié! quels monstrueux vampires*
> *Vous suçant mon coeur qui s'offusque!*

> *Ô Je veux être fou ne fût-ce que*
> *Pour narguer mes Détresses pires!*[32]

Dans la suite poétique intitulée «Frère Alfus», Nelligan, qui ne rêve plus que paradis et enfers, anges et démons, nous montre un «frère égaré» qui réalise soudain que le monde a marché cent ans sans lui qui s'était «endormi». De même, la suite du «Suicide d'Angel Valdor» chante les hallucinations provoquées par une peine amoureuse:

> *Le Sonneur en Octobre eut son amour fané*
> *Et s'en alla l'oeil fou comme un halluciné*[33].

L'image du sonneur mort pendu aux cloches s'ajoute à celle de «L'Idiote aux cloches», morte le long du chemin. À ces images de hantise des cloches, on peut ajouter celle d'un écran où se projette un esprit dédoublé, dans «Le Spectre»:

> *Il est assis aux soirs d'hiver*
> *En mon fauteuil de velours vert*
> *Près de l'âtre,*
> *Fumant dans ma pipe de plâtre,*
> *Il est assis un spectre grand*
> *Sous le lustre de fer mourant*
> *Derrière mon funèbre écran (...).*
>
> *Quand je lui demandai son nom*
> *La voix grondant comme un canon*
> *Le Squelette*
> *Crispant sa lèvre violette*
> *Debout et pointant le cadran*
> *Le hurla d'un cri pénétrant*
> *Derrière mon funèbre écran*[34].

L'auteur se décrit comme le château hanté, la terrasse où dansent les feux follets d'une raison vacillante:

> *C'est que mon oeil aux soirs dantesques embrasse*
> *Quelque feu fantastique errant aux alentours*
> *Alors que je ne vois la lugubre terrasse*
> *Où d'un château hanté se hérissent les tours*[35].

La poésie «posthume» de Nelligan est bien un art de la déraison qui s'apparente de façon évidente aux états de spontanéité et de recherche «non rationnelle» des surréalistes. Qu'on se souvienne des éléments de définition du surréalisme donnés par Yvan Goll: antilogique, négation du réalisme, mise à nu des instincts, révélation des réalités non-apparentes.

B.   Approches du moderne

> Vancouver
> Où le train blanc de neige et de feux
>   nocturnes fuit l'hiver
> Ô Paris
> Du rouge au vert tout le jaune se meurt
> Paris Vancouver Hyères Maintenon
> New York et les Antilles

La fenêtre s'ouvre comme une orange
Le beau fruit de la lumière

Apollinaire [36]

Les oeuvres romantiques québécoises sont restées isolées et sans lendemain. Qu'en est-il des oeuvres cubistes et futuristes au Québec? Elles sont très rares. Au point que Claude Gauvreau qui, dans une correspondance avec Jean-Claude Dussault, en reconnaît dès 1950 l'influence sur les automatistes surrationnels de Montréal, ne parle que des cubistes et des futuristes européens. Retenons cependant ses explications sur le rôle du cubisme dans la montée du non-figuratif auquel il s'adonne lui-même en poésie:

> *On en vint à bâtir des objets sans autres similitudes que des similitudes géométriques.*
> *L'objet était ainsi amputé de tout attrait sentimental; cette amputation, loin d'affecter la puissance émotive de l'objet, la centuplait.*
> *C'était une découverte extraordinaire.*
> *Déjà «l'art abstrait» était né.*
> *Borduas a défini ainsi les produits de l'art abstrait:*
> *«Objets volontairement constructifs dans une forme régularisée» (...).*
> *Il y eut aussi le futurisme italien qui s'applique à analyser sur une surface immobile les mécanismes du mouvement.*
> *Le cubisme, et son rejeton: l'art abstrait, eurent pour mérite de nous révéler quelles sont les réalités intrinsèques d'un objet plastique: on comprit grâce à eux que le tableau était une organisation de masses sur trois dimensions, et que les relations permanentes de cet objet étaient contenues dans cette réalité-là.*
> *C'était un grand pas de fait, un grand pas sur lequel il n'y aura plus jamais à revenir.*
> *Et puis, il y eut Dada, il y eut le surréalisme[37].*

Le mouvement futuriste littéraire est connu assez tôt au Québec (1912), mais par le biais de journaux bien-pensants de Paris. Le 17 août 1912, le journal *Le Devoir* reproduit un article de Georges Malet paru dans *La Gazette de France:* «L'École futuriste, — Les nouvelles règles littéraires».

L'article de Malet se terminait par une citation de Marinetti suivie d'une condamnation qui, endossée par *Le Devoir,* eut un effet de provocation:

> *«Faisons crânement du laid, répond M. Marinetti, et tuons partout la solennité. Poètes futuristes, je vous ai enseigné à haïr l'intelligence, en éveillant en vous la divine intuition.*
> *Ils proscrivent l'intelligence; on s'en doutait bien.[38]*

Dans *Le Devoir* encore, trois semaines plus tard, on peut lire que le manifeste de Marinetti a créé beaucoup d'étonnement. Dans un mauvais pastiche du style prismatique, le critique anonyme donne un échantillon de futurisme et cherche nettement à mettre les rieurs de son côté, par la présentation qu'il fait de ce poème:

*Un journal français se donne l'aimable distraction d'offrir à ses
lecteurs un échantillon de la prose (ou des vers, on ne sait, il le sait) de
M. Marinetti, poète (ou prosateur, on ne sait; il le sait) futuriste.*[39]

Vient alors le poème, puis une critique qui laisse deviner le climat
de la salle de rédaction du journal (qui n'a pas encore deux ans d'existence):

*Il nous souvient d'un jugement rendu par feu le savant Ledrain, alors
lecteur de la maison Lemerre.*

*On lui avait soumis un manuscrit dans lequel un mot était invariable-
ment suivi de points innombrables.*

Ledrain formula ainsi sa sentence:
*«Rien qu'avec les lignes de points on ferait un volume. Le reste ne
compte pas. Je conseille donc d'éditer. Il sera de lecture facile».*

*M. Marinetti n'use que modérément de ce procédé. Le «blanc» lui
sert de «repos». Mais, lui demanderons-nous humblement, a-t-il du verbe
la même aversion que de l'adjectif? Car, dans le fragment sus-cité, si les
substantifs viennent se fondre en un suprême «tohu-bohu», pas un seul
verbe n'intervient.*

*Le futurisme nous apparaît un peu comme le «petit nègre» de
l'avenir. Il y a plus bref et plus* substantiel *langage. Un épigramme célèbre
l'a révélé, il y a cent ans, par la plume de Lemierre, si je ne me trompe!*

«Si ton esprit peut cacher
Les belles choses qu'il pense,
Dis-moi, qui peut t'empêcher
De te servir du silence[40]*?»*

Une polémique surgit alors autour du futurisme. Le 14 septembre,
le critique anonyme du *Devoir* peut dire que «les futuristes» font,
depuis quelque temps, beaucoup parler d'eux[41] et donne un échantillon
de poésie futuriste de son cru, une sordide histoire de chameaux, pour
faire rire aux dépens d'un art auquel il semble n'avoir rien compris.
Pourtant, la même année, le poète Guy Delahaye fera paraître une
oeuvre de contestation où il évoque le futuro-cubisme avec sympathie.

1. Le futurisme de Guy Delahaye

Deux ans après son entrée à la succursale montréalaise de l'Université Laval, Guillaume Lahaise avait écrit, en 1908, avec ses amis
René Chopin, Marcel Dugas, Paul Morin et Antoine Sylbert, deux
oeuvres littéraires collectives, *L'Aube et L'Encéphale*[42] (cette dernière
étant une oeuvre d'occultisme). Lahaise prend alors le pseudonyme de
Guy Delahaye. En 1909, il fonde avec J.-B. Lagacé et Marcel Dugas,
le Soc, un cercle littéraire qu'il préside en 1910. Font aussi partie du Soc
les collaborateurs de *L'Aube* et de *L'Encéphale*. Cette même année,
qui marque la fin des études de médecine de Lahaise et le début de son
internat à l'Hôtel-Dieu de Montréal, notre poète fait paraître son
premier recueil: *Les Phases Tryptiques* (sic). Il a vingt-deux ans.

«Ce livre ouvre une date, il inaugure un genre dans notre littérature canadienne», déclare Marcel Dugas[43]. Mais le poète Albert Lozeau
en parle comme d'un «livre baroque»[44] et Camille Roy, prélat-critique

patenté, proclame que ce sont là «des vers (...) obscurs et même inintelligibles (...), où il faut déplorer les tendances symboliques»[45]; «l'auteur s'est égaré dans les vagues fantaisies du symbolisme[46]». Pourtant, il n'y avait rien là de symboliste. L'auteur avait lui-même indiqué les appartenances de sa poésie: le leitmotiv du romantique «nocturne» Wagner, le divisionnisme à facettes de Debussy et le... «prêt-à-porter» américain[47] (deux ans avant l'invention du «ready-made» par Marcel Duchamp).

Le président du Soc traçait vraiment un sillage nouveau, surtout si l'on songe que certains de ses poèmes, parus en 1910, précèdent le cubisme littéraire. Qu'on en juge par le début de ce poème daté de 1908:

Amour et science
Analyse et Synthèse: Physico-chimico-psychique
À tant d'épris
L'Oxygène est un comburant
Troost
L'amour aussi; en plus tous
deux sont...[48]

En ouvrant les premières pages de *Mignonne allons voir si la rose... est sans épines,* qui paraît en 1912, les lecteurs du temps ne furent pas peu surpris de voir l'auteur maltraiter non seulement Ronsard en ajoutant des épines à «Mignonne» mais aussi Vinci, en présentant une reproduction de la Joconde avec cette légende irrévérencieuse: «Notre-Dame du sourire dédaigneux»[49]. C'était quelque cinq ans avant que Marcel Duchamp fasse à la Joconde barbe et moustaches avec la légende qu'on connaît («LHOOQ»)[50] et huit ans avant que Picabia ne publie la Joconde de Duchamp en tête d'un manifeste Dada, dans la revue *391*[51]. *Phases* avait troublé ses lecteurs par ses pointillés, ses espaces blancs, ses pages blanches et l'usage de mots scientifiques. *Mignonne* allait les troubler encore plus, intercalant entre les poèmes photographie et dessins énigmatiques (d'Ozias Leduc), seize ans avant que Breton ne se risque, dans *Nadja,* à renforcer des descriptions par des photographies.

Delahaye excelle dans l'écriture énigmatique. Par exemple, il annonce que *Mignonne allons voir si la rose... est sans épines* est écrit sur deux faces: le sérieux et la blague, à la façon des de⸱⸱⸱ visages du dieu Janus. Or le recueil précédent avait pour titre *Les Phases; Tryptiques* (sic). Jouant sur ces chiffres «deux» et «trois», Bifaciès et triptyque, il écrit à propos de *Mignonne Bifaciès:*

> *Nous avons adopté le janusisme; raisons occultes: la Kabbale enseigne que dans le Grand-tout-Unité considéré sous son triple aspect à un double point de vue, il y a résolution en quaternaire; nous nous sommes occupé du trine, voici le duel, l'un viendra, l'autre...?*[52]

Mais l'*un* et l'*autre* ne vinrent pas puisque ce recueil fut son dernier.

L'auteur, ironiquement, pour placarder les critiques qui l'accusaient de manquer d'originalité, décrit ainsi son emploi du «readymade»:

> *Nous y avons eu une collaboration nombreuse; c'est ainsi que l'on établira à l'évidence qu'à part notre titre pris à Ronsard, nous avons volé une préface d'Asselin, des dessins de Leduc, La Mona Lisa de Vinci (oui), trois pièces fameuses au prodigieux auteur d'un illustre volume paru au mémorable printemps de l'à jamais célèbre 1910 (connu!), plus un sonnet à Gallèze, un autre à Verlaine, un dernier à de Hérédia; et finalement, on convaincra tous et nous que* Mignonne *se trouve entièrement, sinon textuellement, du moins en chacun de ses mots, dans un dictionnaire complet (Cf. Mark Twain)[53].*

Delahaye, par la suite, rappelle un mot du Zarathoustra de Nietzsche: «J'ai canonisé le rire; hommes supérieurs, apprenez à rire»[54]. On retrouve chez lui, à cette fin, un emploi fréquent du calembour:

> *La blague est une matière protéique, non pas, surtout en ce sens qu'elle est fondamentale chez l'être vivant, mais parce qu'elle prend mille formes.*
> *Détailler les différents genres de blague — blague-menterie, blague-emplissage, blague-à-froid, blague à tabac (terroir) — serait trop long... blague à part[55].*

Sans aller jusqu'à l'humour noir, le poète va cependant au-delà de la blague. Dans un poème daté de 1911, entre autres, un vers «pharmaceutique» est d'un futurisme précoce (sans négliger l'originalité qui consiste à faire rimer «parle» avec «par le»):

> *Tout le monde en parle;*
> *Dites donc, n'avez-vous rien de mieux qu'énésol?*
> *Oui; venez me voir, je vous traiterai par le*
> *Dioxydiamidoarsénobenzol[56].*

Il y a même chez Delahaye des «vers-ordonnances» de ce genre:

> *Argyrol, senega, ventouse, en traitements (...)*
> *Glace, ponction lombaire, hypnol et l'impossible[57].*

Il va de soi que ces «licences» lui attirèrent quolibets et injures. Et parfois des proses aux effets «dadaïstes» avant la lettre:

> *L'auteur de* Mignonne *n'est pas morphinomane, ni nymphomane, éthéromane, ni érotomane, succèssomane (mégalomane) ni quoi-que-ce-soit-mane, à moins qu'être soi-même (self-made-man) (ipsomane, non dipsomane) soit être un* mane-quelconque, *car il peut bien rester quelque chose d'avoir produit un livre bizarre comme un début d'aliénation mentale[58].*

Le critique Marcel Dugas s'écrie:

> *Il semble un Ariel enveloppé de nuages, qui plane au-dessus d'une ville coupable, plongée dans la matière et dont il veut, avec des poussières de mots, des allusions fantomatiques, taquiner les habitants sourds et aveugles à la poésie. C'est le triomphe de l'ésotérisme. On n'y voit que du feu ou des pages blanches gênées par des astérisques en délire, des renvois*

liliputiens, des index évanescents, des citations étiques, des virgules et des points sublimes d'isolement. Bref, des pages qui frissonnent d'être impolluées.[59]

En 1912, Delahaye quitte Montréal pour Paris, laissant aux critiques perplexes ce qu'il appelle son «tableau ultra-futuro-cubiste»[60]. Il se rendait à Paris pour se spécialiser en psychiatrie. L'année fut fertile en événements culturels: premiers papiers collés de Braque et de Picasso[61], exposition futuriste qui allait faire son tour du monde, publication de la revue pré-dadaïste *Maintenant* d'Arthur Cravan, exposition de la section d'Or (avec Picabia, Juan Gris, Léger, Lhote) où Albert Gleizes refuse *Nu descendant un escalier* de Duchamp[62]. Mais il est possible que Delahaye n'ait pas suivi tout cela de près, ayant été tôt frappé, avec tout le quartier où il demeurait, par la fièvre typhoïde[63]. Une chose est certaine, c'est que durant sa spécialisation en psychiatrie il ne connut pas André Breton (qui allait devenir lui aussi psychiatre mais ne prépare son examen de médecine qu'en 1917 en même temps que Louis Aragon)[64]. D'ailleurs, à l'époque, Breton publie encore des poèmes mallarméens dans *La Phalange* de Jean Royère[65]. Ce n'est que durant son internat à Nantes, en 1916, qu'André Breton fera la connaissance de Jacques Vaché[66], «pohète de l'Umour», et s'orientera vers la voie que l'on sait.

De retour de France après sa guérison, Guy Delahaye, redevenu Guillaume Lahaise, erre dans les sentiers du mont Saint-Hilaire, donne des soins gratuits, entretient une correspondance mystique et publie de rares sonnets[67]. Ses amis ont beau le supplier de continuer de publier[68], rien n'y fait. Affecté à la clinique Saint-Jean-de-Dieu en 1924, le jeune médecin rend cependant à la poésie l'immense service d'entourer de ses soins un patient admis le 23 octobre 1925, Émile Nelligan, dont il vénère la poésie depuis 1904.

Le poète Alain Grandbois devait rendre à Guy Delahaye un hommage enviable:

> *Je me permettrai de regretter pour la poésie française, et je dis bien la poésie française, que Guy Delahaye ait brûlé si tôt ce qu'il avait si tôt adoré, et que ce dédain, ce mépris de ses premiers dieux l'aient porté à s'en éloigner à jamais, eux qui lui avaient été si généreux, si favorables, sans même leur tirer le coup de chapeau d'usage et de courtoisie. Mais peut-être était-il devenu parfaitement sérieux, comme Rimbaud qui s'en alla chez les Abyssins?... Par une sorte de sens aigu et magique du coeur de la vraie poésie, Delahaye dépasse tout ce que nous avions connu jusqu'ici*[69].

Delahaye avait terminé son dernier recueil par un dessin cabalistique de son ami Ozias Leduc (ils habitent tous deux le village de Saint-Hilaire): un serpent en forme de coeur qui enlace dans un rire satanique le triangle trinitaire où l'oeil de Dieu est mi-clos; sorte de clin d'oeil divino-diabolique qui devait être un adieu aux Lettres. Le dernier poème du recueil, daté de 1906, se terminait par «l'amour est un sonnet à la chute injolie»[70].

On comprend les mots de regret formulés par Paul-Émile Borduas (aussi de Saint-Hilaire et disciple d'Ozias Leduc) à propos du silence de Guy Delahaye qu'il rapproche de celui de Leduc:

> *(Delahaye) a aussi pris conscience d'un rêve. Il a eu l'occasion du réveil dans une forme si brutale qu'il ne put l'accepter. Après une boutade magnifique, il s'est retourné et a retrouvé en lui-même un rêve encore plus profond où l'attendait cette terrible et isolante sécurité catholique[71].*

D'autres isolés de par le monde eurent des lendemains créateurs plus heureux. Kandinsky, par exemple, dont les paysages deviendront des «Improvisations» et qui produit sa première abstraction en 1910; ou Chagall avec ses découpages qui datent de 1911 et sont une «chimie» des yeux; ou Brancusi, Roumain, avec ses sculptures-symboles des années 1908-10; ou Paul Klee qui entreprend vers 1914 de «créer un monde de symboles graphiques reliés à des êtres, à des architectures, à des paysages»[72]. Delahaye, lui, qui fut pourtant le chef du Soc, n'aura pas eu de lendemains.

Situation étrange, c'est un hollandais émigré aux États-Unis puis au Canada qui rendra Montréal célèbre par ses applications futuristes à l'architecture navale: William Van Horne. Le 28 août et le 23 novembre 1912, le Réseau Canadien du Pacifique (CPR) qu'il préside fait lancer à Liverpool deux vaisseaux aux lignes «nihilistes» qui prennent la mer en avril et juin 1913 (Empress of Russia et Empress of Asia)[73]. L'absence radicale de tout «art» et la prépondérance accordée au «génie» firent que ces transatlantiques mirent des années avant qu'on les trouvât «beaux». Il fallut Le Corbusier pour ouvrir les yeux des futuristes et partisans de l'art nouveau qui découvrirent dans ces vaisseaux une application de leurs manifestes. C'était dans la revue *L'Esprit nouveau,* qui comptait parmi ses premiers collaborateurs ceux qui s'adonnaient alors au cubisme et au futurisme littéraires. Le programme du premier numéro, en octobre 1920, s'ouvrait sur ces mots:

> *Nul ne nie aujourd'hui l'esthétique qui se dégage des constructions de l'esprit moderne. De plus en plus les constructions industrielles, les machines s'établissent, avec des proportions, des jeux de volumes et de matières tels que beaucoup d'entre elles sont de véritables oeuvres d'art (...). Les individus d'élite qui composent le monde de l'industrie et des affaires et qui vivent par conséquent dans cette atmosphère virile où se créent des oeuvres indéniablement belles, se figurent être fort éloignés de toute activité esthétique; ils ont tort, car ils sont parmi les plus actifs créateurs de l'esthétique contemporaine. Ni les artistes, ni les industriels ne s'en rendent assez compte: c'est dans la production générale que se trouve le style d'une époque, et non pas, comme on le croit trop, dans quelques reproductions à fins ornementales, simples superfétations sur une structure qui, à elle seule a engendré les styles[74].*

Fort de cette thèse, Le Corbusier pouvait alors faire l'éloge des lignes controversées des vaisseaux de CPRail: «Une architecture pure, nette, claire, propre, saine»[75] et faire même l'éloge des silos à grains des ports du Saint-Laurent! Reproduisant un silo du Gouvernement du Canada, il s'écrie: «Les ingénieurs américains écrasent de leurs calculs l'architecture agonisante»[76].

Et c'est ainsi qu'au Québec le futurisme s'installa très fortement dès 1912 et par des voies d'où on ne l'attendait pas[77]. Si bien qu'on peut appliquer à ce phénomène futuriste canadien ce que Sanouillet ne craint pas de dire à propos du rôle de Dada aux États-Unis:

> *C'est précisément hors du domaine de l'esthétique pure, dans la vie quotidienne et pratique de chaque Américain, qu'il faut à New York chercher la trace de Dada. La typographie des journaux qu'il parcourt, la mise en page de ses hebdomadaires illustrés, les techniques du spectacle et de la télévision, l'architecture et l'urbanisme, la décoration et la publicité[78].*

Le *Manifeste des sculpteurs futuristes* publié par Boccioni en avril 1912 n'avait-il pas attaqué la fausse noblesse du marbre et du bronze? N'avait-il pas proposé au sculpteur vingt matières différentes et si longtemps jugées vilaines: verre, bois, carton, béton, crin, cuir, étoffes, miroirs, lumière électrique? Et le 25 juin 1913, Apollinaire, dans l'*Anti-tradition futuriste* n'avait-il pas lui aussi recommandé l'abandon des valeurs ressassées au profit de Marinetti, Braque, Boccioni, Derain, Picasso, Picabia, Matisse, Marcel Duchamp pour un «art des bruits, machinisme, mots en liberté, simultanéité»[79]?

Il ne semble pas y avoir eu d'échos au Québec des autres écoles de 1913, sauf de l'école néo-plasticiste de Mondrian (1914); mais l'influence de Mondrian ne se fera sentir au Québec que très tard, particulièrement dans l'entourage de la revue *Situations*[80]. Quant aux orphistes, nom donné par Apollinaire à ceux-là «qui se préoccupent surtout de ces êtres nouveaux, mobiles et précis, les *machines,* soeurs modernes d'Erichtonius, «enfant né sans mère» (...), ce fils de Vulcain (...) sorti du sol»[81], ils n'auront peut-être de fortune à Montréal que lors du séjour qu'y fera Léger, durant la seconde guerre mondiale, pour une conférence accompagnée d'un film[82]. Cinq ans plus tôt, une conférence illustrée sur Apollinaire et le cubisme n'y aura pas fait tant de bruit[83].

Il y eut deux branches d'orphisme: les cubisants avec Delaunay et Léger, les futurisants avec Picabia et Marcel Duchamp. Du jour où Marcel Duchamp crée, à l'été 1912, *la Mariée mise à nu par ses célibataires, même,* cette mystérieuse machine machinait une autre révolution: Dada.

En attendant Dada, la critique montréalaise s'énerve à l'annonce d'un concert futuriste par le pianiste Léo Ornstein: *Le Devoir* met en garde contre une émeute possible[84]. Le concert eut lieu tel qu'annoncé, le

13 février 1916, et le public fut moins «déconcerté» que les mandarins de l'art l'avaient prévu[85]. Il en avait vu d'autres!

2. DADA À MONTRÉAL - Marcel Dugas

> Rrose Sélavy et moi esquivons les ecchymoses
> des Esquimaux aux mots exquis.
>
> Marcel Duchamp (1924)[86]

Un poète et critique québécois, Marcel Dugas, après des études universitaires à Montréal, s'était établi à Paris en 1912 où il retrouvait les amis de son ancien club littéraire, le Soc: René Chopin, Guillaume Lahaise (Guy Delahaye) et Paul Morin. Morin préparait une thèse de littérature[87]; Lahaise, comme nous l'avons vu, fut frappé par la thyphoïde et dut revenir sitôt qu'il fut en état de reprendre la mer. Morin étant revenu enseigner en Amérique, Dugas et Chopin restèrent seuls du Soc à Paris.

On a parlé, à propos de Dugas, de surréalisme. Auguste Viatte[88] d'abord, citant un recueil de 1916; Pierre de Grandpré et Jean Ethier-Blais[89] ensuite, citant le même texte. C'est beaucoup dire! Il est vrai que, chassé de Paris par la guerre, Dugas proclame à son retour que toute «poésie essentiellement canadienne» est vaine[90]. Il est vrai aussi qu'il semble avoir, à Paris, tout lu, tout vu, tout goûté, et qu'après la guerre, il s'empresse de repartir pour Paris, où il écrit, en 1921: «Mon imagination, cette adorable maîtresse! — je la bénirai de m'avoir détruit et sauvé»[91]. Et c'est avec désenchantement qu'à propos d'une revue fondée à Montréal, *Le Nigog,* il évoque le Paris des années 1912-1915 et celui, retrouvé, des années vingt:

> *L'apparition d'une revue d'art à Montréal, en janvier 1919, fut un événement. En France, on est à l'abri d'une telle surprise, tant il est coutumier de voir naître cinq ou six revues nouvelles chaque année. Cette pléthore de publications, si elle intéresse certains groupes, laisse les autres, pour la plupart du temps, indifférents ou ne sollicitent leur curiosité que d'une façon bien molle[92].*

Ce désenchantement ne fait pas précisément de Dugas un partisan du futurisme et du dadaïsme qu'il a côtoyés. Tout de même, il fit paraître à Montréal, en 1916, un recueil où les sous-titres à eux seuls laissent entrevoir une connaissance précoce des possibilités «sadiques» du cinéma. Ce qui n'est pas si loin des goûts que manifesteront plus tard Dali et Buñuel, mais les projets de Dugas n'ont pas de suite.

Ce qu'il attend, en 1916, du cinéma dépasse de beaucoup ce à quoi on peut être habitué alors[93]. Ne retenons ici que certains aspects qu'il évoque:

> *Pour un cinéma voluptueux et ironique, fleuri de légers sarcasmes, voltigeant alentour des vierges mobiles, caressantes, fluides comme l'eau d'un lac ou des miroirs[94].*

Pour un cinéma de pacotille où l'on nous représenterait les hommes battant la majorité des femmes afin de les rendre délicieuses[95].

Pour un cinéma mystérieux et terrifiant qui s'ouvrirait sur la mer, le ciel et des inconnus impénétrables[96].

Pour un cinéma napolitain où Poulbot consentirait à faire danser sur des cordes invisibles de petites italiennes en papier maché[97].

Pour un cinéma de 1915 où, à travers les lanternes sanglantes, on apercevrait une mer de jeunes têtes coupées[98].

Il est révélateur qu'il ne s'agisse ici que d'une série de sous-titres: les textes annoncés n'ont pas tant d'audace. Mais quand même, à l'époque, il y avait de quoi scandaliser les bien-pensants. Surtout que ces voeux prophétiques s'accompagnaient de proses plutôt provocantes pour le Québec d'alors qui, en 1916, semblait tout ignorer des activités de Dada à New York et à Zurich.

Car *Psyché au cinéma* est une invitation au rejet des principes littéraires et des morales de contrainte, à la manière du «désordre» de Dada:

Ouvre la boîte à surprise de tes caprices: chante, crie, danse sur tes pieds et ton intelligence. Sois incohérent avec patience et ténacité; c'est la nature, et peut-être, ta façon de régner. Triomphe donc avec pétulance et candeur! Fuis la perfection trop grande, car qui sait, si le désordre lyrique ne cache pas quelques pépites d'or, inaperçues des maîtres gourmés, secs et rigides? Et cela, sans doute, intéresse et captive les oiseaux — l'oiseau aux plumes ondulées qui, devant toi, se tient arrêté, muet, te regarde et s'étonne[99].

Morin, l'auteur du *Paon d'émail[100]*, devenu professeur de lettres à l'Université, dut frémir devant l'allusion que fait Dugas à l'oiseau au plumage ondulé. L'invitation de Dugas, qui s'adresse si souvent dans ses proses à ses amis, n'était-elle pas une mise en garde à l'adresse du trop précieux Morin? Dugas y rappelle quels milieux les anciens du Soc fréquentaient à Paris et quels plaisirs ils y coururent. Quelles déceptions aussi de ne retrouver au Québec que des tendances parnassiennes ou sentimentales, quand ce n'étaient pas des tendances à la littérature de terroir:

Tairas-tu les souvenirs de Montmartre, capitale du péché, nombril étonnant de la joie? Tiens — il faut la faire rire, ta poupée de son, de sang et d'eau, il faut la faire rire — (...).

Applique-toi à scandaliser cette petite déesse du hasard et de la fantaisie en chantant du Mayol, du Fragson, jusqu'à ce que sa chevelure devienne en feu. Et puis après, demande-lui de réciter les prières de saint Ignace — toujours pour l'antithèse.

Sois incohérent, sois incohérent! Et pour taquiner la nature, offre-toi, en imagination, la comédie de la perversité intégrale[101].

En 1918, Dugas participe aux réunions de la revue *Le Nigog*, où l'on retrouve à ses côtés Jean-Aubert Loranger, Ozias Leduc, Robert de Roquebrune[102]. *Le Nigog* s'attaque si durement à l'académisme de l'architecture, de la musique et de la peinture qu'en même temps qu'il inquiète les étudiants, il trouble les maîtres[103] par la tendance «rive gauche» et même socialiste de certains de ses partisans.

Marcel Dugas ayant quitté Paris, chassé par la guerre (à peu près en même temps que Duchamp, Picabia, Cravan) semble, dans *Psyché au cinéma,* plus familier avec le Montmartre des années 1912-15 et le futurisme d'Apollinaire et de Marinetti qu'avec le dadaïsme naissant[104].

3. Les Relèves

> À l'heure de cette rupture, devant la maison de force qu'est son propre reflet, alvéole indestructible de ténèbres, partagé entre son devenir et celui du monde, s'identifiant soudain à sa proie, voici que ses besoins le sauvent.
>
> Paul Eluard, «Les Esquimaux»[105]

Jean-Aubert Loranger

Loranger est descendant d'Aubert de Gaspé et petit-fils de Thomas J.J. Loranger, de l'École littéraire de Montréal (école à laquelle avait adhéré Nelligan). C'était déjà un héritage. Il s'était joint au *Nigog.* Et dans la lutte qui se livre au Québec entre parisianistes et régionalistes[106], il sera, comme ceux du *Nigog,* parisianiste.

Dans ses premières publications, c'est de toute évidence l'unanimisme de Jules Romains et, peut-être, le simultanéisme de Blaise Cendrars qui l'influencent, plutôt que la littérature locale. Au point que son ami Marcel Dugas écrit de lui:

> *Aussi éloigné que possible dans ses vers de toute préoccupation d'ordre moral et politique, en rupture complète avec notre poésie d'autrefois, il enferme en des cadres minuscules la vision qu'il a de l'univers. Rien n'est moins local que cette poésie. On la dirait exilée de celui qui lui donne l'existence; elle ne se rattache en aucune façon à un fleuve, une montagne, un endroit déterminé. Son champ, c'est l'âme. Émotions du dehors, visages et reflets: ce sont richesses dont elle se pare. Elle établit un lien plus étroit entre cette connaissance de l'univers et nous; elle fait corps avec lui. De tout son poids, elle pèse sur une vitre où le mobile aspect des choses projette ses étincelles, son image et sa comédie[107].*

On songe, en lisant ces derniers mots du commentaire de Dugas, à la phrase du *Manifeste du surréalisme* de 1924, «une phrase... *qui cognait à la vitre».* On songe aussi à ce poème de Loranger paru en 1922, dont le «toc toc» a quelque chose des mystérieuses communications des *Champs magnétiques:*

> *Toc, toc, toc, les sabots cognent*
> *Sur le pavé de la rue.*
>
> *Souffrir d'une aube qui tarde...*
> *Toc, toc, la lampe se meurt.*
>
> *Et mon coeur inlassable*
> *Dont je croyais tout savoir,*
> *Revient doucement frapper*

À la porte du rêve.

Toc, toc, toc[108].

Mais la dimension surréelle de ces coups à la porte du rêve est plus sensible encore dans «Images de poèmes irréalisés» où le procédé d'allure simultanéiste laisse place, à cause de l'arrêt du temps, à celui d'un certain «collage» d'images en surimpression. Comme par exemple, dans «Intérieur», où éclatent l'espace et le temps, principalement dans l'image finale du temps fragmenté à coups de hache:

> *Une «horloge grand-père»,*
> *Ô ce cercueil debout*
> *Et fermé sur le temps.*
>
> *Ce cadran pâle au fond de l'ombre,*
> *Une face qui n'a pas d'âge.*
>
> *Le croissant par la fenêtre,*
> *Une découpure d'ongle.*
>
> *Et le pendule se balance*
> *Comme une hache à deux tranchants*[109].

Futurisme littéraire, à la manière de Cendrars et d'Apollinaire qui réconcilièrent la poésie avec le monde des trains, des automobiles et des avions? Pourquoi pas? N'est-ce pas une scène futuriste que «En voyage» nous donne encore dans les «Images de poèmes irréalisés»: le «steamer», la fumée des remorqueurs, les sirènes, les anneaux de fer et les quais comme dans le poème d'Apollinaire, «Les Fenêtres»[110]? mais «Les Fenêtres» était plus précisément orphiste; ici, il faudrait plutôt parler de simultanéisme: superposition des crachats et des corbeaux, des sollicitations et des anneaux de fiançailles, de la mer et des marins morts:

> *Le steamer entouré d'écume,*
> *Comme sur d'immondes crachats,*
>
> *La fumée bondit soudaine,*
> *Comme un lâcher de corbeaux.*
>
> *Deux remorqueurs costauds.*
>
> *Les sirènes sollicitent l'inconnu.*
>
> *L'anneau de fer sur les quais,*
> *Les anneaux de fiançailles*
> *Des marins morts pour la mer*[111].

Les vers d'«Aube» de Loranger, cités plus haut, ne sont pas sans parenté avec «La Dame» d'Apollinaire, où l'on trouve:

> *Toc toc il a fermé sa porte*
> *(...)*
> *Tu viens de toquer à sa porte*
> *Et trotte trotte*
> *Trotte la petite souris*[112].

Mais Loranger commence «Le Retour de l'enfant prodigue» par «Ouvrez cette porte où je pleure... Partout, j'ai cherché l'Introuvable»[113];

vers qui reviennent à la fin du poème. On ne peut que songer alors aux deux vers d'Apollinaire, dans «le Voyeur» — vers qui font aussi l'objet de reprise:

> *Ouvrez-moi cette porte où je frappe en pleurant*
> *La vie est variable aussi bien que l'Euripe[114].*

Ces rapprochements de Loranger et d'Apollinaire ne justifient pas un rapprochement de Loranger avec les surréalistes, malgré les affirmations de son ami DesRochers:

> *Jean-Aubert Loranger, par des voies (...) accordées à ce qui se faisait en France, tentait (...) d'acclimater le surréalisme au Canada.*
> Les Atmosphères et le Passeur *vous fourniront quelques pages d'anthologie documentaire. Ce n'est pas du surréalisme à l'état pur — en existe-t-il ailleurs qu'en rêve?»[115]*

Bien sûr, les auteurs préférés de Loranger sont tous français: Paul Valéry, Paul Morand, Valéry Larbaud et Saint-John Perse[116]. En cela, DesRochers a raison de le dire plus accordé que lui à ce qui se fait en France. Mais on peut discuter de la valeur «surréaliste» des *Atmosphères* de 1920![117]

Le plus qu'on puisse dire, c'est que Loranger suivait l'avant-garde de près. On peut souligner, par exemple, qu'il emboîte le pas à Saint-John Perse[118] quand il écrit *Terra Nova* dont quatre fragments sur dix nous sont aujourd'hui connus.

Mais Loranger ne s'adonne désormais plus à son oeuvre novatrice que de façon occulte. Par exemple, il ne publie pas *Terra Nova* mais se contente de le distribuer par feuillets à ses amis: Berthelot Brunet[119], Charles Doyon[120], Thérèse Fournier[121]. Il avait fait de même pour son *Notre-Dame de Bonsecours[122].*

Alfred DesRochers

> On étouffe dans la chambre
> Crois-tu
> Au loin, il y a la gare qui hurle
> Je m'en irai à Toronto
>
> Philippe Soupault, «Étoile de mer»[123]

Alfred DesRochers a partagé plusieurs des intérêts de Loranger. Il cède, comme lui, aux approches du moderne. Puis il retourne, lui aussi, à la littérature de pays et de paysans. Dans un article intitulé «l'Avenir de la poésie au Canada français», il présente une sorte d'anthologie qui regrouperait les figures de huit poètes de «tradition locale» et de trois poètes «nationaux». Il rappelle ensuite qu'ils ne sont ni les uns ni les autres ceux qu'il préfère. Les dix poètes québécois qu'il lit avec le plus de plaisir sont:

Paul Morin, Lucien Rainier, Jovette Bernier, Louis Dantin, Émile Nelligan, Alice Lemieux, Medjé Vézina, Jean-Aubert Loranger, Guy Delahaye et Gonzalve Desaulniers. C'est que chacun d'eux placé dans un milieu favorable, ils eussent fait d'excellents poètes français — quelques-uns le sont même — mais aucun d'eux n'est canadien autrement que par accident de naissance. Il n'y a pas un atome régional d'intégré à leur oeuvre[124].

DesRochers s'empresse pourtant de rappeler que deux oeuvres de Crémazie sont de ce genre et qu'elles échappent au régionalisme. Une en particulier. Il affirme que «sa vraie substance poétique se découvre, en gangue, dans cette *Promenade de trois morts*»[125].

D'où vient ce sens critique chez DesRochers? De ses lectures nombreuses et variées. Il raconte, par exemple, comment son ami Jean-Aubert Loranger et lui, durant les années 1920-1924, auraient connu le surréalisme:

A l'automne 1923 ou 1924 (...), une revue d'avant-garde à laquelle j'étais abonné annonçait la révolution surréaliste. C'est là que j'ai tenté d'inventer un (sonnet) dissonant en vers de 11 syllabes (...), dans lequel j'appliquais les théories nouvelles — comme je les comprenais (...) Le surréalisme français et l'imagisme américain: Aury Lowell, Ezra Pound, H(ilda) D(oolittle), Carlos Williams, c'est l'air du temps de ma jeunesse[126].

La revue d'avant-garde est très probablement *La Nouvelle Revue française.* Le numéro de septembre 1920, par exemple, publia des haï-kaï, dont onze par Paul Eluard; d'où peut-être l'idée, chez DesRochers, que Loranger et lui aient imité Eluard dès 1920. Rien en tout cas d'une influence de la *Révolution surréaliste* dans les vers rimés et rythmés qu'évoque DesRochers à propos de cette époque.

On sait que la NRF avait au Québec un assez grand nombre d'abonnés[127]. Mais il faut noter que cette revue fut assez peu sympathique à Dada, qui était né hors de France. Une note contre Dada y parut le 1er septembre 1919 (n° 72) et Gide porte en 1920 sur ce mouvement un jugement très sévère où il faut peut-être voir une des causes qui rendit DesRochers et Loranger plus sympathiques au cubisme d'Apollinaire qu'au dadaïsme de Picabia, Duchamp, Tzara.[128]

Picabia n'allait pas pardonner à ses amis de continuer de fréquenter les gens de la NRF et quitte le mouvement, annonçant sa décadence prochaine[129]. Mais en décembre 1919, la *Nouvelle Revue française* fit connaître *Rose des vents* de Soupault[130] et Breton fit paraître «Pour Dada» (critique et anthologie)[131] et des notes sur *Gaspard de la nuit[132].* Aragon, soutenu par Jacques Rivière[133], y publie *Anicet* (1921), *les Aventures de Télémaque* (1922) et *le Libertinage* (1924). Or ces dernières publications sont déjà surréalistes et Rivière avait décelé dès 1920 à quel point l'équipe de *Littérature* n'appartenait pas à la démystification nihiliste des Dadas et créait, au contraire, de nouveaux mythes:

Les Dadas ne considèrent plus les mots que comme des accidents: ils les laissent se produire (...). Le langage pour les Dadas n'est plus un moyen: il est un être. Le scepticisme en matière de syntaxe se double ici d'une sorte de mysticisme. Même quand ils n'osent pas franchement l'avouer, les Dadas continuent de tendre à ce surréalisme, *qui fut l'ambition d'Apollinaire*[134].

Le mot «surréalisme» est donc prononcé par la NRF, en 1920, à propos des partisans français de Dada. Ceci peut constituer un second élément d'explication de ce qu'on ait tenté d'associer au surréalisme la poésie des années 20 d'Alfred DesRochers. Mais la lecture des haï-kaï d'Éluard ou de quelques oeuvres dada dans la NRF non plus que l'amitié pour Loranger ne nous autorisent à considérer comme surréalistes des quatrains tout au plus goguenards du genre de celui-ci, tiré de la «Ballade de la bonne doctrine» et qui s'accompagne de notes sur la poésie moderne:

A quoi bon ces vers où tu te brimes
Et que tu sors, dirait-on, au forceps?
Les madrigaux au fond ne sont que frimes:
L'essentiel est d'avoir du biceps[135].

DesRochers abandonne plus tôt que Loranger ses tentatives d'avant-gardisme et passe à la littérature de terroir avec un «Retour de l'enfant prodigue»[136] et des oeuvres villageoises[137]. Il ne craint pas, plus tard, d'affirmer qu'à ses yeux «Aragon et Breton ont misérablement failli dans leurs tentatives»[138]. Mais il regrettera d'avoir rejeté les «parisianistes»[139].

À cette époque, au Québec, l'avant-gardisme est assez mal vu. Qu'on en juge par la parution, en 1924, dans le journal *Le Devoir,* d'un article signé Armand Praviel qui se permet de faire l'éloge de Louis Le Cardonnel aux dépens des littératures futurocubiste et dadaïste:

A travers le déchaînement des décadents, des symbolistes, des vers-libristes, des futuristes, des dadaïstes, il a conservé la pureté, la noblesse, l'harmonie de notre poésie traditionnelle. Rien ne l'a fait dévier de sa route. Après tant de vociférations, de bégaiements, de cris inarticulés, nous retrouvons sur ses lèvres les accents de Lamartine.
Ah! comme il a bien compris le vide, l'absurdité, la sauvagerie de ces vagues écoles qui comptent sur l'inconscience pour faire éclater le génie! Au milieu des singeries de la parade littéraire, il ne s'est jamais lassé de prêcher l'ordre, la clarté, l'équilibre, l'harmonie, toutes ces qualités essentielles de l'oeuvre d'art[140].

Quelques mois plus tard, le même journal transcrivait encore un article semblable tiré des *Études* des Jésuites de France. L'article se terminait triomphalement sur ces mots sublimes: «Comme quoi la scolastique est encore maîtresse! et le cubisme, le futurisme ou dada inexistants»[141].

De «L'Action française» à Garneau... en passant par «La Relève»

Nous ne nous solidarisons pas un instant, quelle que soit sa fortune actuelle, avec le mot d'ordre: «Ni fascisme ni communisme!» (...). L'art

véritable (...) ne peut pas ne pas être révolutionnaire (...). En même temps, nous reconnaissons
que seule la révolution sociale peut frayer la voie
à une nouvelle culture.
André Breton, «Pour un art révolutionnaire
indépendant»[142]
Non partisan d'une révolution communiste ou
fasciste, mais d'un changement qui sera spirituel
si nous voulons, ou matérialiste si nous attendons
la révolte des esclaves.
Robert Charbonneau, «Jeunesse et révolution»[143]

Dans le petit monde fermé du Québec, l'art et la littérature modernes
étouffent. D'où l'obligation ressentie par Pellan[144] d'aller terminer ses
études à Paris où il rencontre, à compter de 1926, cubistes, futuristes et
surréalistes. Dans l'ensemble, la critique québécoise est éreintante. Nous
avons vu comment Harry Bernard, par exemple, s'en est pris dans la
revue *Le Canada français* à ceux «qui jouent aux poètes maudits»: Crémazie, Garneau (Alfred) et Nelligan. Même les sonnets de DesRochers
n'échappent pas à ses blâmes[145]. *Le Canada français,* qui est la revue de
l'Université Laval, dénonce violemment, pour des motifs de morale religieuse, les critiques de Marcel Braunschvig, John Charpentier et Frédéric
Lefèvre sur le XXe siècle[146], pour louanger celles de Louis Reynaud sur le
XIXe:

> *De Baudelaire à Proust, notre littérature compte vraiment trop d'anor-
> maux promus à la dignité de héros intangibles. Pareillement, trop d'esprits
> artificieux et volontiers mystificateurs (le mallarmisme, le rimbaldisme ne
> sont-ils pas, partiellement, des duperies?) En refusant à ces malades ou à ces
> mauvais plaisants un hommage idôlatrique, M. Louis Reynaud a fait oeuvre
> de salubrité publique[147].*

Le climat n'est décidément pas au surréalisme. Sauf dans des revues
comme *Les Idées* et *La Relève,* il ne paraîtra pas une seule poésie appa-
rentée au surréalisme au Québec de 1922 à 1937, date de la publication de
Regards et jeux dans l'espace d'Hector de Saint-Denys Garneau.

Comment une poésie surréaliste pourrait-elle vivre dans ce pays où
L'Action française de Charles Maurras compte plus d'âmes damnées que
la *Nouvelle Revue française?* Même qu'un jeune prêtre québécois, devenu
historien de par la volonté de son évêque, arrive d'Europe en 1909 imbu
d'un racisme d'Action française qui lui fait publier des croisades (1912),
des conquêtes (1919), des émancipations (1921) dont le caractère se reflète
dans des titres comme: *L'Appel de la race* (1922), *Notre maître le passé*
(1924), *Dix ans d'Action française* (1926) et *La Naissance d'une race* (1930).
Il s'agit, on l'a compris, de l'abbé Lionel Groulx qui fonde au Québec
une revue dont le nom est, c'est le moins qu'on puisse dire, tout trouvé:
L'Action française.

En 1921, l'année du «Procès Barrès» par les surréalistes, Groulx
résume ainsi sa doctrine:

Pour notre élite intellectuelle, nous demandons la culture romaine et la culture française. La première nous donnera des maîtres de vérité. (La seconde) nous apparaît comme un maître incomparable de clarté, d'ordre et de finesse, le créateur de la civilisation la plus saine et la plus humaine, la plus haute expression de la santé intellectuelle et de l'équilibre mental[148].

Deux capitales, donc: Paris et Rome. Deux maîtres «qui fournissent des règles aux esprits, qui font briller de haut les principes sans lesquels il n'est point de ferme direction, point de fondements sociaux intangibles, point d'ordre permanent»[149]. Ce qui laisse peu de place au surréalisme qui s'arrange assez mal du «law and order», surtout quand Groulx, citant Maurras, présente l'avenir comme obligatoirement déterminé par le passé[150]. Le surréaliste Maxime Alexandre, qui dit n'avoir jamais manqué un numéro de *L'Action française* de Maurras pour mieux «affermir (ses) convictions révolutionnaires»[151], aurait trouvé bonne pâture dans celle de Groulx prêchant «le type de race créé par l'histoire et voulu par Dieu»[152]. Les sérieuses revues universitaires se laissent parfois prendre au point de faire l'éloge du fascisme[153].

Seulement, le 25 août 1926, il y eut la lettre du cardinal Andrieu sur *L'Action française,* suivie de peu par la condamnation du mouvement par Pie XI et, concernant le Québec, des mises en garde du même Pie XI contre une forme de nationalisme qui risquait de ruiner l'universalisme de l'Église. Henri Bourassa, homme politique et orateur influent, était directeur du journal nationaliste *Le Devoir;* il n'y a pas de doute qu'il y eut des raisons spiritualistes dans les distances prises par Bourassa et ses lecteurs vis-à-vis du fascisme français. Mais ce ne fut pas le cas de Lionel Groulx qui se contenta de changer le nom de sa revue qui devint *L'Action canadienne-française:* «Nous n'avions, dit-il, rien de commun avec l'oeuvre royaliste de Paris... pour le reste, rien ne sera changé»[154]. Mais le périodique dut une seconde fois troquer son nom pour devenir *L'Action nationale.* C'est dans ce climat qu'intervint *La Relève.*

Dans sa quête de chef pour le Québec, *L'Action nationale* n'en finissait plus de citer à l'appui des personnages que le surréalisme tentait de rendre ridicules à Paris, comme Maurice Barrès, Charles Maurras et Philippe Pétain[155]; on ne se gênait pas pour faire l'éloge des dictatures fascistes: «Heureuse Autriche, qui a pourtant trouvé son chef et, avec lui, le chemin de la résurrection! Comme nous aurions besoin, nous aussi, d'un Front national»[156]. Mais, dans le même article où il reprenait l'argumentation de Groulx sur la nécessité d'en venir à une race pure, Arthur Laurendeau, père d'André Laurendeau de *La Relève,* eut garde de rappeler qu'il n'entendait pas cette pureté au sens biologique (allusion, bien sûr, au culte allemand pour la race aryenne), mais au sens spirituel:

Nous voulons parler d'une race affinée par une culture qui, traversant la Méditerranée, fut ensuite transfigurée par le Christ. C'est sur la vertu de cette civilisation que nous appuyons nos défenses et non sur un fol orgueil emprunté aux mythes de la Forêt Noire[157].

Toutefois, les suspicions concernant Hitler ne portent pas sur les autres dictateurs (on distingue entre nazis et fascistes) et Groulx ne craint pas de souhaiter pour son pays un chef national qui rappellerait «le de Valera, le Mussolini, dont on peut discuter la politique, mais qui, en dix ans, ont refait psychologiquement une nouvelle Irlande et une nouvelle Italie, comme un Dolfuss et un Salazar sont en train de refaire une nouvelle Autriche et un nouveau Portugal»[158]. Or, à la suite d'une lettre ouverte de Groulx aux jeunes éditeurs de *Vivre[159]*, Jean-Louis Gagnon, directeur de *Vivre,* publie une réponse qui va au-delà des espérances du maître:

> *Un jour, pour la plus grande peur des bien-pensants, Lénine lâcha à la tête de l'Europe son apophtegme devenu fameux: le parti bolchevik n'a pas besoin d'intellectuels. En 1934, Mussolini reprend à son compte la formule léniniste et déclare à ses fascistes qu'il entend bouter hors du parti les têtes trop fortes de haut savoir. En 1935, Hilter ne dit rien mais fait exactement la même chose. Depuis longtemps, déjà, Kémal avait saisi l'idée.*
> *J'admire Lénine, Mussolini, Hitler, Kémal (...).*
> *En socialisant les utilités publiques et la richesse nationale, et en fondant dans des corporations les arts, métiers et industries de l'Italie nouvelle, Mussolini a débarrassé — pour une époque qui sera longue — son pays du libéralisme économique et du néo-capitalisme (...).*
> *Mussolini est le créateur d'un monde nouveau[160].*

Gagnon était pourtant ami et confrère des gens de *La Relève.* Mais les lettres ouvertes de Groulx et de Gagnon entraînent une polémique avec eux[161], polémique qui se termine par ces mots non-équivoques de Gagnon:

> *La masse, elle, ne demande qu'une vie* normalement *heureuse et standardisée. C'est pour cette masse que la révolution est nécessaire. J'ajoute que si je suis plutôt fasciste que bolchévick (sic), c'est tout simplement parce que le standard de vie fabriqué par Mussolini est plus près de ma condition humaine que celui fabriqué par Staline[162].*

Ce n'est que beaucoup plus tard, dans un numéro spécial consacré à de Saint-Denys Garneau, que Gagnon avouera regretter ses positions d'alors contre Garneau et *La Relève* dont ce dernier faisait partie[163]. Mais même si *La Relève,* durant sa deuxième année, allait consacrer un numéro entier sur «Le Fascisme, pseudo-valeurs spirituelles»[164], il n'en reste pas moins que, dans les premières livraisons, elle publia des articles qui donnent carrément le beau rôle au fascisme[165].

C'est grâce, en particulier, au retour d'André Laurendeau que les prises de position de *La Relève* à l'égard du fascisme commencèrent à évoluer. Car André Laurendeau, lors d'un séjour d'études de la philosophie et de sciences sociales à Paris, avait pu juger sur place des dangers du fascisme. Ce membre actif de *La Relève[166]* oriente les positions nationalistes de *L'Action nationale* en dehors des orientations racistes du fascisme européen[167]. Ce qui l'oppose à Jean-Louis Gagnon[168] autant qu'à Roger Duhamel (qui abandonnera *La Relève).* — Nous parlerons cependant plus loin de la lutte qu'Aragon et *Les Lettres françaises* mène-ront contre les sympathisants du régime Pétain à *La Nouvelle Relève*[169] —.

de Saint-Denys Garneau

De tous ceux de *La Relève* qui se sont particulièrement intéressés à la littérature il faut sans doute citer André Laurendeau, ne serait-ce, pour le point qui nous concerne, qu'à cause de son adaptation télévisée du roman *Les Frères Karamazov* de Fédor Dostoïevski[170]; on sait que les surréalistes considéraient le romancier russe comme leur «père» et qu'une toile célèbre de Max Ernst, en 1922, le représentait entouré du groupe à un rendez-vous imaginaire[171]. De *La Relève,* il faut souligner davantage Robert Elie qui non seulement était un des collaborateurs les plus actifs du groupe mais encore se distingue par une préface importante aux *Poésies complètes* de Garneau et par un livre paru dès 1943 sur l'oeuvre de Paul-Émile Borduas; il en sera davantage question à propos de Borduas. Il faut souligner encore Louis-Marcel Raymond, critique littéraire de *La Nouvelle Relève,* qui établit des contacts personnels avec à peu près tous les poètes surréalistes en vue d'une anthologie de la poésie française qu'il préparait pour les éditions de l'Arbre *(La Relève); nous en reparlerons en abordant les voyages à Montréal d'Yvan Goll et André Breton.

Pour l'instant, c'est à Hector de Saint-Denys Garneau qu'il convient de s'arrêter puisqu'il est nettement détaché des rapports directs avec les Européens aussi bien qu'avec les groupes de Paul-Émile Borduas et d'Alfred Pellan. Garneau, penseur et poète, a laissé une oeuvre qui a fait l'objet de maintes études. Il ne s'agit donc pas tant ici de reprendre des analyses déjà nombreuses, non plus que d'en faire le résumé, mais de jeter sur la poésie de Garneau un éclairage différent quant aux influences qui s'exercent sur elle. On verra qu'il y a de quoi s'étonner de ce que ce poète ait pu garder, dans pareil contexte, tant de liberté dans sa fonction d'écrivain et il importe d'autant plus d'étudier les sources et les parentés de son oeuvre qu'elle marque une distance considérable par rapport à l'ensemble des productions québécoises des années trente[172].

Les plus anciens textes de Garneau que nous possédions sont des lettres. L'une est datée des premiers jours d'août 1931, alors que le poète est en vacances à Sainte-Catherine-de-Fossambault, après ses études d'Humanités. Elle s'enquiert de la possibilité de mettre la main sur *La Chute d'un ange* et montre que Garneau a lu *Jocelyn;* il s'y montre intrigué par le titre *À la recherche du temps perdu* d'un Proust vaguement connu[173]. L'été suivant, il se montre épris de littérature fantastique après avoir lu le *Portrait de Dorian Gray* d'Oscar Wilde et des poèmes d'Edgar Allan Poe[174]. Puis c'est la découverte de Le Corbusier lors d'une confé-rence de Dom Bellot[175].

Quant au *Journal,* commencé en 1927, il ne parle des Cocteau, Satie, Picasso qu'en 1935. Encore ces mentions sont-elles éphémères à côté des réflexions plus élaborées sur Debussy ou Stravinsky[176].

Garneau, qui fut inscrit à la nouvelle École des beaux-arts de Montréal de 1924 à 1927, parle pour la première fois de ses fusains et de ses pinceaux dans des lettres de 1930[177]. Il est passionnément attiré par les expositions dont l'une, qui eut lieu à Montréal en 1936, fait l'objet d'une longue critique en décembre[178]. Il les connaît tous, les «Renoir, Cézanne, Gauguin, Monet, Sisley, Degas et Courbet», s'arrêtant longuement sur Braque et Picasso[179]. Ses premiers poèmes se ressentent du contact avec cette peinture qui accorde une importance primordiale aux effets de lumière:

Ah le matin dans mes yeux sur la mer
Une claire baigneuse a ramassé sur elle
    toute la lumière du paysage[180].

Tous ses premiers poèmes subissent l'influence de cet impressionnisme, comme *Saules* où l'auteur parle des «jeux du soleil»[181], *Les Ormes* et leur «ombre légère»[182] ou bien cet autre *Saules:*

Le vent
Tourne leurs feuilles
D'argent
Dans la lumière
Et c'est rutilant
Et mobile...[183]

D'autres poèmes encore, comme «Pins à contre-jour», évoquent ce ruissellement[184] dans une expérience qui fit dire à Anne Hébert, sa cousine:

La lumière, la couleur, la forme: il les faisait surgir devant moi. Il appelait la lumière par son nom et la lumière lui répondait. Il a reçu parole de la lumière, parole et message. La lumière le reconnaissait. Il aimait tant la lumière: «ne pas cacher la moindre des lumières». Il détachait la couleur du monde pour un intense regard sur la couleur. La couleur s'avançait à l'appel de son regard, pour son regard et son jeu[185].

Mais, quand paraît son livre, en 1937, Garneau n'en est plus à l'impressionisme. Il a atteint une sorte de «cosmicité», que je laisse décrire par Claude Gauvreau:

Saint-Denys Garneau est l'homme qui a eu pressentiment du monde sous son pas, qui a ouvert sa bouche toute grande et ses bras tout grands pour l'étreindre et l'aimer, qui l'a senti dans ses doigts fugitifs, tendus, le monde avec ses centres, son centre passionné, son centre inexprimable. Saint-Denys Garneau devenu rival du monde connu. Exploré, le monde à traduire. Saint-Denys Garneau, ayant senti fragile l'exil du monde en lui-même, n'a pu se résigner à le réduire dans l'enceinte d'aucune borne, même pas dans la borne de son coeur. N'ayant fixé aux centres du monde aucune contrainte, aucune réduction, l'homme trafiqua l'inexprimable. L'homme fondit dans ses mains, d'un souffle, un tout unique et ténu, chaud de toute chaleur de la naissance, où le monde exilé continuait de vivre. Une vie sans rachitisme. L'univers subsiste en Saint-Denys Garneau, libéré des étaux inférieurs, l'univers vit de sa vitalité imminente, défiguré par le vice d'aucun stigmate préceptoral. La poésie enseigne en globe et non en lambeaux déchiquetés[186].

Sans s'arrêter ici à l'apparition du refus et du global chez Gauvreau, dès 1945, il convient de noter l'interprétation «surrationnelle» qu'il donne ici à des poèmes comme:

Autrefois j'ai fait des poèmes
Qui contenaient tout le rayon
Du centre à la périphérie et au-delà
Comme s'il n'y avait pas de périphérie
*   mais le centre seul*
Et comme si j'étais le soleil: à l'entour
*   l'espace illimité*
C'est qu'on prend de l'élan
*   à jaillir tout au long du rayon*
C'est qu'on acquiert une prodigieuse vitesse de bolide
Quelle attraction centrale peut alors
*   empêcher qu'on s'échappe*
Quel dôme de firmament concave qu'on le perce
Quand on a cet élan pour éclater dans l'Au-delà[187].

Quel est-il cet Au-delà? Surréel? Au fond, il ne le sait pas très bien. Il cherche, avouant avoir éprouvé dès son jeune âge «cette nécessité de rejoindre la réalité, de la posséder ailleurs» ou encore cette conception du poète: «Il est le prisme. Il est au-dessus, il est en dehors, il est au-dedans. C'est en le contenant que les mots, grâce à de magiques relations, font rayonner sa présence au-dessus». Se pose alors pour lui la question du «joint entre le physique et le métaphysique, entre la matière et l'esprit (...) entre le rationnel et l'irrationnel, entre l'être enfin (...) qui se noue dans le *moi* et le non-être (...), entre la nature, la sur-nature, et l'anti-nature»[188]. Ceci donne chez Garneau des poèmes où il est clair que la lumière qu'il recherche désormais n'a plus rien de celle des impressionnistes:

Et maintenant

Les yeux ouverts les yeux de chair
*   trop grands ouverts*
Envahis regardent passer
Les yeux les bouches les cheveux
Cette lumière trop vibrante
Qui déchire à coups de rayons
La pâleur du ciel de l'automne

Et mon regard part en chasse effrénément
De cette splendeur qui s'en va
De la clarté qui s'échappe[189].

L'auteur s'enfonce progressivement dans l'univers nocturne de l'automne et de la mort. Et un poème comme «Cage d'oiseau» traduit une influence grandissante d'Edgar Allan Poe et de la «poésie nocturne»:

> *C'est un oiseau tenu captif*
> *La mort dans ma cage d'os*
>
> *Voudrait-il pas s'envoler*
> *Est-ce vous qui le retiendrez*
> *Est-ce moi*
> *Qu'est-ce que c'est*
>
> *Il ne pourra s'en aller*
> *Qu'après avoir tout mangé*
> *Mon coeur*
> *La source du sang*
> *Avec la vie dedans[190].*

Jusqu'ici, rien de surréaliste, à vrai dire. Car la découverte est tardive. En effet, ce n'est qu'en 1936, dans son journal, qu'on retrouve le mot pour la première fois: «Surréalisme. Art. Esthétique»[191]. Le surréalisme, pour de Saint-Denys Garneau, y est défini comme «ce qui est capté par delà les choses» et il s'y livre d'autant plus volontiers qu'il est tout entier capté par cette inquiétude de l'au-delà: «Qu'est-ce en vérité que cette réalité seconde qu'on a appelée la *réalité absolue*»[192]? Il connaît certaines oeuvres surréalistes par *La Nouvelle Revue française* qu'il commence à lire en 1933 comme il a connu *Gant de crin* de Reverdy par les *Chroniques du roseau d'or*[193].

Il perçoit le surréalisme, au début, comme un certain spiritualisme, à cause des interprétations de Maritain; à cause de Reverdy qui fait chevaucher surréalisme et christianisme; à cause peut-être d'Isabelle Rivière[194]. Il n'y a donc pas à s'étonner de lire sous la plume de Garneau: «Veux-tu m'envoyer au plus tôt plusieurs livres «spirituels»: *Capitale de la douleur...* tout ce que tu pourras»[195]. Garneau n'en connaissait encore que le titre! Quant à l'expression «réalité absolue», elle vient tout droit du *Manifeste* de Breton, à moins que Garneau ne l'ait puisée chez Novalis à qui Paul-Marie Lapointe empruntera son titre: *Le Réel absolu*.

On peut cependant parler de surréalisme chez Garneau à propos de l'importance qu'il accorde au jeu. Importance accordée au jeu de l'enfant qu'il observe, si l'on en croit un article sur «le Surréalisme et le jeu», qui cite à l'appui un poème célèbre de l'auteur[196]:

> *Le jeu est le royaume de l'enfance. Rien n'est impossible à l'enfant qui joue: le hasard obéit à sa volonté; le merveilleux naît sans cesse de ses moindres gestes. Ne le dérangez pas, il est profondément occupé (...).*
> *À mesure que le jeu se poursuit et que progresse la danse des mots, l'imaginaire timidement se rapproche du réel. Jeux de miroirs et de reflets dont le poète n'est pas dupe, qui n'ose pas encore troubler l'ordre et l'harmonie de l'univers, mais jeux qui le fascinent en lui laissant entrevoir un merveilleux qu'il ne voudrait de lui-même provoquer[197].*

Importance accordée au jeu de mots, en fin de compte, où se retrouvent chez Garneau les automatismes de l'enfance. Il faut citer ici les réflexions publiées par son ami Le Moyne dans le numéro spécial que *La Nouvelle Relève* consacre à Garneau en 1944:

> *Auquel d'entre nous serait jamais venue l'idée d'envisager notre cher de S.-Denys selon les perspectives de la critique (...)?*
> *Combien de fois ses regards sur les choses ont été pour moi la clef de la joie de posséder! Et quelle liberté m'ont enseignée ses jeux!*
> *Je ne saurais sans doute rendre plus bel hommage à de S.-Denys Garneau qu'en disant la qualité de son «regard» et le prix de son «jeu» (...).*
> *Voici entre autres choses ce qu'il écrivait («Monologue fantaisiste sur le mot», La Relève, jan. 1937):*
> «Je me suis éveillé en face du monde des mots. J'ai entendu l'appel des mots, j'ai senti la terrible exigence des mots qui ont soif de substance. Il m'a fallu les combler, les nourrir de moi-même. J'ai été comme un enfant assis qui écoute des contes; et les contes sont parfaits. Ils ne sont pas qu'un bruit à nos oreilles pour l'accompagnement de nos rêves; la stature de leurs habitants est parfaite, et leurs fées ont, toutes bonnes qu'elles peuvent sembler dans leur merveille, une furieuse et insatiable exigence de leurs soeurs fées qui sont en nous.»
> *(...) Tout portait Garneau à définir ainsi la poésie, à la considérer comme la réponse d'une disponibilité intérieure à l'appel du mot*[198].

Au fur et à mesure que de Saint-Denys Garneau approfondit son expérience créatrice, il craint la critique. Le bon accueil d'Albert Pelletier et d'Henri Girard, qui acceptent de publier ses poèmes dans la revue *Les Idées* et le journal *Le Canada*, ne l'empêche pas d'appréhender la réaction d'extrême droite, particulièrement celle du pseudo-Bloy qu'est Claude-Henri Grignon (Valdombre). Et Garneau ne peut que protester en voyant Grignon s'en prendre à un poème impressionniste qui pour lui était d'une grande simplicité[199].

Quant à la critique de Maurice Hébert sur le recueil de Garneau, elle paraîtra avec deux ans de retard:

> *Par certaines images et certaines tournures il rappelle tantôt Supervielle, tantôt quelqu'autre modernissime (...). L'analogie que j'invoque ici précisément, je la trouve dans le tableau d'un peintre, par exemple d'un peintre moderne. Je puis fort bien être désorienté à mon premier regard sur les jeux de Picasso (...). Mais est-ce une raison pour crier sans plus d'examen: Haro sur le beaudet! (...)*
> *Pour ma part, j'ai foi dans sa destinée. Lui seul peut l'épanouir ou la briser. Il n'osera que l'épanouir*[200].

Il la brisa. Déjà, le 6 juillet 1936, lors d'un voyage de quelques jours à Paris, il parlait de sa «saison en enfer»[201]. Rimbaud, le douanier Rousseau[202], Céline[203], Kafka[204] l'emmènent au bout de la nuit, vers les procès intérieurs, visionnaires et absurdes. C'est là, plus que jamais, que prend son sens ce problème du dédoublement de soi que tente d'éviter le jeu de la poésie «alchimique»:

> *Je machine en secret des échanges*
> *Par toutes sortes d'opérations, des alchimies,*
> *Par des transfusions de sang*
> *Des déménagements d'atomes*
> *par des jeux d'équilibre[205].*

Garneau, comme Delahaye, se réfugie dans le silence. Ce silence que lui reproche Dugas presque dans les mêmes termes qu'il le reprochait à Delahaye[206]. Celui qui jadis pouvait commettre le lapsus d'appeler *Capitale de la douleur, Capitale de la prière[207]* mais qui put lire dans ce recueil la plupart des contributions d'Eluard à *La Révolution surréaliste*, à la NRF ou aux catalogues d'expositions surréalistes[208], ne peut plus écrire que des mots qui disent un repli sur soi:

> *Toutes paroles me deviennent intérieures*
> *Et ma bouche se ferme comme un coffre*
> *qui contient des trésors*
> *Et ne prononce plus ces paroles[209].*

Lui qui possédait un des traités de Vinci[210] où André Breton retraçait l'écran paranoïaque de Dali, il préféra comme Rimbaud tirer le rideau et se retirer dans sa maison fermée de Sainte-Catherine de Fossambault. Il faudra attendre Borduas, pour qui le *Traité de la peinture* amènera une découverte fantastique par l'entremise du *Château étoilé*, Borduas qui était étudiant à l'École des beaux-arts en même temps que lui[211].

Notes

1. Gilbert Langevin, «Place au poème», *Quoi*, n° 1, 1966, pp. 50-51.

2. À la manière de Marcel Jean (*Histoire de la peinture surréaliste*, pp. 9-114) et de Patrick Waldberg (*Le Surréalisme*, pp. 14-54).

3. André Breton, «Introduction», in Achim d'Arnim, *Contes bizarres*, pp. 11-12.

4. Cf. les chapitres sur Alfred Maury et Pierre Janet dans *Le Surréalisme désocculté* de Bernard-Paul Robert, pp. 47-128.

5. Philippe Aubert de Gaspé fils, *L'influence d'un livre*, p. 36.

6. Id., *Ibid.*, p. 13.

7. Id., *Ibid.*, p. 61.

8. Id., *Ibid.*, p. 13, n. 1.

9. Id., *Ibid.*, pp. 67-69.

10. Cf. Luc Lacourcière, «Philippe Aubert de Gaspé (fils)», *Livres et auteurs québécois*, 1964, p. 153.

11. Jean-Paul Tremblay, *À la recherche de Napoléon Aubin*, pp. 23, 24 et 156.

12. Id., *Ibid.*

13. *Le Fantasque* prit la défense de la seconde révolte (celle de 1838) et son directeur fut jeté en prison avec son imprimeur (Cf. Jules Fournier, *Anthologie des poètes canadiens,* p. 37, éd. de 1920). Quand on connaît les faits qui entourent la vie d'Aubin et d'Aubert de Gaspé, à cette époque, on ne peut que s'étonner des conclusions que Louise Desforges et Jean-Pierre Piché entendent tirer d'une analyse de *L'Influence d'un livre.* Il faut ignorer les aspects fantasques et humoristiques du roman pour affirmer qu'il «donne le primat à la didactique plutôt qu'à la narration» et que «par sa supériorité dans le système social et comme possesseur d'une culture *importée,* l'auteur devient un moraliste qui voit et réfléchit à travers la grille de son échelle de valeurs le monde dans lequel il vit, et assigne à chacun une place définie qui vise à prolonger, à reproduire ce monde». (L. Desforges et J.-P. Piché, «Nouveau regard critique sur le premier roman écrit au Canada: *L'Influence d'un livre», Voix et images du pays V,* p. 56).

14. Octave Crémazie, Lettre à l'abbé Casgrain, 29 janvier 1867, in *Oeuvres complètes,* p. 57.

15. Id., Lettre à l'abbé Casgrain, 1866, *Ibid.,* pp. 25-26.

16. Octave Crémazie, «Promenade de trois morts», *Ibid.,* p. 204.

17. Id., *Ibid.,* p. 210. «ta bière et ton suaire» in éd. Condemine.

18. Harry Bernard, *Essais critiques,* pp. 8-11.

19. Pour paraphraser un titre de Victor Hugo, comme l'a d'ailleurs fait Patrick Waldberg dans *Le Surréalisme,* p. 26.

20. Octave Crémazie, Lettre à l'abbé Casgrain, 29 jan. 1867. In *Oeuvres complètes,* p. 45.

21. Id., *Ibid.,* pp. 48-49. Le préfacier note que le poème «a le tort d'être venu après la *Comédie de la mort,* de Théophile Gautier (...) C'est-à-dire trop tard» (*Ibid.* pp. 58-59). Émile Chartier porte un jugement semblable: «De 1862 à 1864, entre 35 et 37 ans, Crémazie, assombri par sa déchéance, devient le chantre de l'Horrible. Il publie alors (...) le poème inachevé *Les Trois morts,* où il s'inspire de la *Comédie de la mort* par Théophile Gautier.» (Émile Chartier, «Octave Crémazie», *Revue trimestrielle canadienne,* déc. 1927, 13e an., n° 52, p. 379) Voir aussi G. Marcotte, *Une littérature qui se fait,* p. 91.

22. Luc Lacourcière, «Introduction», Émile Nelligan, *Poésies complètes,* p. 15.

23. Id., *Ibid.,* pp. 302-304; Cf. Paul Wyczynski, *Émile Nelligan, sources et originalité de son oeuvre,* pp. 211-212.

24. «Ah! lon lan laire et lon lan la». (Émile Nelligan, «Tarentelle d'automne», *Poésies complètes,* p. 176)

25. Paul Wyczynski, *Émile Nelligan,* pp. 208-209.

26. Émile Nelligan, *Poésies complètes,* p. 252.

27. Luc Lacourcière, in Émile Nelligan, *Poésies complètes,* p. 322.

28. Émile Nelligan, «Trio d'Haridot», *La Barre du jour,* n° 16, oct.-déc. 1968, p. 734.

29. Cf. Paul Wyczynski, *Émile Nelligan,* p. 52.

30. René Major, «Le logogriphe obsessionnel», *Interprétation,* vol. 2, n° 1, jan.-mars 1968, p. 6.

31. Luc Lacourcière, in Émile Nelligan, *Poésies complètes,* p. 9.

32. Émile Nelligan, *Poésies complètes,* p. 253.

33. Id., *Ibid.,* p. 266.

34. Id., *Ibid.,* p. 278. On retrouve un spectre de la démiurgie faisant «quelque chose avec rien» dans un inédit remis à Bona Major, son gardien:
À faire des vers sur rien
Le sort veut que je me dispose
Et pour les faire bien
Que rien ne prête à quelque chose.

35. Id., *Ibid.,* p. 275.

36. Apollinaire, «Les Fenêtres», *Calligrammes,* p. 13.

37. Claude Gauvreau, *Dix-sept lettres à un fantôme,* lettre du 16 février 1950, p. 32, inédite.

38. G. Malet, «L'École futuriste — Les Nouvelles règles littéraires», *Le Devoir,* 17 août 1912, p. 4.

39. «Un échantillon de futurisme», *Le Devoir,* 7 sept. 1912, p. 4.

40. *Ibid.*

41. *Le Devoir,* 14 sept. 1912.

42. D'après Jules Fournier, *Anthologie des poètes canadiens* (1920), p. 270.

43. Cité par Guy Delahaye, «*Mignonne allons voir si la rose*»... *est sans épines,* appendice; non paginé.

44. *Ibid.*

45. *Ibid.*

46. Camille Roy, «La Littérature qui se fait», in *Manuel d'histoire de la littérature canadienne-française,* p. 100.

47. Guy Delahaye, «*Mignonne...*», p. XXV.

48. Guy Delahaye, *Les Phases; Tryptiques* (sic), p. 125; complété dans *Mignonne,* pp. 19-20: «incolore, inodore, insipide».

49. Id., *Mignonne,* p. VIII.

50. Cf. A. Breton, «Genèse et perspective artistique du surréalisme» (1941), in *Le Surréalisme et la peinture,* p. 58.

51. *391,* n° 12, mars 1920; Cf. Marcel Jean, *Histoire de la peinture surréaliste,* p. 82.

52. Guy Delahaye, *Mignonne,* p. 24.

53. Id., *Ibid.,* P. XXXII.

54. Id., *Ibid.,* p. XXXIII.

55. Id., *Ibid.,* p. XXXIV.

56. Id., *Ibid.,* p. 44.

57. Id., *Ibid.,* p. 33. Sur le surréalisme et l'humour noir, voir Gérard Durozoi et Bernard Lecherbonnier, *Le Surréalisme,* pp. 209-215.

58. Albert Lozeau, *Le Devoir*, 19 avril 1910, Cité par Guy Delahaye, «*Mignonne allons voir si la rose*»... *est sans épines*, p. XXVII et par Marcel Dugas, *Littérature canadienne-Aperçus*, p. 47.

59. Marcel Dugas, *Ibid.*, p. 45.

60. Guy Delahaye, *Mignonne*, p. XXIX.

61. Patrick Waldberg, *Le Surréalisme*, p. 5, et Marcel Jean, *Histoire de la peinture surréaliste*, p. 25.

62. Marcel Jean, *Ibid.*, p. 34; Cf. Patrick Waldberg, *Le Surréalisme*, p. 5.

63. Interview de Robert Lahaise (fils du poète) par A.-G. B., 20 nov. 1969.

64. *Fernand Seguin rencontre Louis Aragon*, p. 49.

65. André Breton, *Mont de piété;* Cf. Maurice Nadeau, *Histoire du surréalisme*, p. 24, note 2 et *Fernand Seguin rencontre Louis Aragon*, p. 49.

66. Maurice Nadeau, *Histoire du surréalisme*, pp. 24-25.

67. Guy Delahaye, in *L'Étudiant*, vol. 4, n° 4, 31 déc. 1914, p. 11.

68. Marcel Dugas, *Paroles en liberté*, pp. 125-126.

69. Alain Grandbois, «Guy Delahaye brûla trop tôt ce qu'il avait si tôt adoré», *Le Petit Journal*, 20 oct. 1964. Voir aussi Jeanne Dansereau, «Ses amis s'appelaient Nelligan, Paul Morin et Osias (sic) Leduc», *La Presse*, 5 oct. 1968, p. 29, cc. 1-6.

70. Guy Delahaye, *Mignonne*, p. 30.

71. Paul-Émile Borduas, «Lettre à Gilles Corbeil», *Arts et pensée*, 3e année, n° 18, juil.-août 1954, p. 178.

72. Marcel Jean, *Histoire de la peinture surréaliste*, p. 26.

73. W. Kaye Lamb, «Empress to the Orient», *The British Columbia Historical Quarterly*, Jan. 1940, pp. 100-101.

74. «Programme de l'*Esprit nouveau*», *L'Esprit nouveau*, n° 1, oct. 1920.

75. Le Corbusier-Saugnier, «Des Yeux qui ne voient pas... Les Paquebots», *L'Esprit nouveau*, n° 8, p. 855.

76. Id., «Trois rappels à MM. les architectes — Premier rappel: le volume», *Ibid.*, p. 95.

77. Nous savons que Sir Van Horne dessina lui-même le pavillon des Empresses, dédaignant les lois caduques de la science hiéraldique et faisant arborer... un damier rouge et blanc à six carreaux (George Musk, *Canadian Pacific — Afloat — 1883-1968*, p. 3.). Nous savons qu'il décidait lui-même ae la structure de ses vaisseaux (W. Kaye Lamb, «Empress to the Orient», p. 31), influencé peut-être par la ligne des brise-glace du nouveau chantier de la Vickers qui est installée à Montréal en 1910 (J.D. Scott, *Vickers, a History*, London, Weidenfeld and Nicholson, 1962, pp. 58-59). Van Horne remplace par une proue droite étraves en gorge de sirène si dangereuses au temps des glaces et qu'avaient encore ses premiers vaisseaux (W. Kaye Lamb, «Empress to the Orient», p. 32).

78. Michel Sanouillet, *Dada à Paris*, p. 31.

79. Marcel Jean, *Histoire de la peinture surréaliste*, p. 26.

80. Cf. Jauran (Rodolphe de Repentigny) et le manifeste des plasticiens, à l'Échouerie, 10 fév. 1954, dont il sera question plus loin. Une exposition «Cinq siècles d'Art hollandais» en mars 1944, au Musée des beaux-arts, fit découvrir Mondrian au public montréalais. On sait l'intérêt que lui porteront Tousignant et Molinari (Cf. Guido Molinari, «Huit dessins de Claude Tousignant», *Situations,* vol. 1, n° 7, sept. 1959, pp. 52-53) et Fernande Saint-Martin (Cf Fernande Saint-Martin, «Piet Mondrian ou le nouvel espace abstrait», in *Structure de l'espace pictural - Essai,* pp. 83 ssq.).

81. Cf. Marcel Jean, *Histoire de la peinture surréaliste,* p. 26.

82. 28 mai 1943: conférence à l'Ermitage de Montréal suivie de la présentation du film «Le Ballet Mécanique» — 1924 — (Cf. Normand Thériault, «Fernand Léger» — Témoin de son temps, — Témoin de notre lieu», *La Presse,* 28 fév. 1970, p. 46; cf. aussi Maurice Gagnon, *Fernand Léger,* Montréal, L'Arbre, 1945). Léger séjourne chez Alfred Pellan et chez Maurice Gagnon.

83. Camille Ducharme, «Il y a vingt ans», *Les Idées,* vol. 9, n° 5, jan. 1939, p. 91.

84. *Le Devoir,* 27 janv. 1916, p. 7. Noter que, le 12 janvier, on mettait le public en garde contre le symbolisme (p. 3).

85. *Le Devoir,* 16 fév. 1916. Mais l'intérêt du pianiste Léo-Pol Morin pour «l'esprit nouveau» et pour Debussy et Ravel continuera de faire peur aux académistes. Cf. Marcel Dugas, *Approches,* pp. 26-27.

86. Marcel Duchamp, «Anemic cinéma» (1924); in *Marchand du sel, écrits de Marcel Duchamp,* p. 99.

87. Pierre de Grandpré, *Littérature française du Québec,* t. 2, p. 67.

88. Auguste Viatte, *Histoire littéraire de l'Amérique française,* p. 183.

89. Pierre de Grandpré, *Littérature française du Québec,* t. 2, p. 80. Avec une coquille malencontreuse qui rend la citation contradictoire («sois cohérent» au lieu de «sois incohérent»).

90. Marcel Dugas, *Versions,* p. 16.

91. Marcel Dugas, *Confins,* p. 113.

92. Marcel Dugas, *Littérature canadienne — Aperçus,* p. 109. *Le Nigog* paraît en 1918 et non en 1919.

93. *Entracte,* de Francis Picabia et René Clair, paraît en 1924; *Un chien andalou,* de Buñuel, en 1928.

94. Marcel Dugas, *Psyché au cinéma — «Un homme d'ordre»,* p. 7.

95. Id., *Ibid.,* p. 23.

96. Id., *Ibid.,* p. 31.

97. Id., *Ibid.,* p. 44.

98. Id., *Ibid.,* p. 69.

99. Id., *Ibid.,* p. 14.

100. Paul Morin, *Le Paon d'émail,* Paris Ed. Lemerre, 1911.

101. Marcel Dugas, *Psyché au cinéma,* pp. 20-21.

102. Incidemment, Robert de Roquebrune fut un des rares artistes ou écrivains rencontrés par André Breton lors de son séjour à Gaspé, en 1944. Comme le roman de Roquebrune, *Les Habits rouges,* avait eu le «privilège» de paraître dans *L'Action française* de Maurras (à cause de ses évocations louangeuses du régime monarchiste), il faut croire qu'on évita le sujet devant Breton qui venait d'échapper à Pétain.

103. Gérard Morisset, *La Peinture traditionnelle au Canada français,* pp. 200-201. Cf. Robert de Roquebrune, *Cherchant mes souvenirs,* pp. 94-97.

104. C'est le cas, par exemple, du genre de musique dont on parle au *Nigog:* «(Léo-Pol) Morin nous fit connaître Debussy et Ravel. Ce pianiste qui avait vécu au Quartier latin nous replaçait dans l'ambiance du Paris de la rive gauche» (Id., *Ibid.,* p. 96). Le grand scandale que fait, en 1917, la presse de la métropole américaine autour de «Fountain», le dernier «ready-made» de Duchamp (un urinoir signé, à l'envers, du nom d'un fabricant, Richard Mutt) ne paraît pas avoir eu d'écho dans la métropole canadienne.

105. Paul Eluard, «La Nuit est à une dimension», *Oeuvres complètes,* t. I, p. 932.

106. Auguste Viatte, *Histoire littéraire de l'Amérique française,* pp. 150-151.

107. Marcel Dugas, *Littérature canadienne-Aperçus,* pp. 100-101. Nos soulignés.

108. Jean-Aubert Loranger, «Aube», in *Poëmes,* p. 87.

109. Id., *Ibid.,* pp. 105-106.

110. Apollinaire, *Calligrammes,* p. 26.

111. Jean-Aubert Loranger, *Poëmes,* p. 106.

112. Apollinaire, *Alcools,* p. 113.

113. Jean-Aubert Loranger, *Poëmes,* pp. 67-72.

114. Apollinaire, *Alcools,* pp. 52-54.

115. Alfred DesRochers, «La Tentation surréaliste», *Liberté,* nos 15-16, p. 627.

116. Jules Fournier, *Anthologie des poètes canadiens,* éd. 1933, p. 241.

117. Brunet parle beaucoup d'unanimisme, ce qui n'était vrai au sens strict qu'à propos du premier recueil de proses, *Les Atmosphères.* (Berthelot Brunet, «Poëme de Jean Loranger», *Le Mâtin,* 22 avril 1922, p. 2)

118. Gilles Hénault rappelle que c'est Jean-Aubert Loranger qui lui fit découvrir Saint-John Perse (André G. Bourassa, «Gilles Hénault — Éléments de biographie», p. 311) dont l'*Anabase* paraît en 1924, l'année du *Manifeste du surréalisme.*

119. Berthelot Brunet, «René Chopin, habile homme et poète narquois», *Le Canada,* 31 octobre 1933. Brunet cite neuf vers de *Terra nova* et ajoute qu'un texte dont il ne cite que l'incipit devait aussi faire partie du recueil: il s'agit de «La *Longue Trail* ou l'inquiète paternité» parue dans *Les Idées* en 1938. Le texte cité par Brunet a été réédité par HMH dans son *Histoire de la littérature canadienne-française suivie de portraits d'écrivains* (p. 206) et «La *Long Trail*», dans *Écrits du Canada français,* n° 35.

120. «Mais au siècle prochain, sur les Bancs de Terre-Neuve, trois cents barques, lambrissées de pins de la Colombie, se partageront encore l'horizon;les

chalands au rebut tireront sur leur chaîne.
(Au baissant, la falaise a grandi et la forêt de la péninsule portera haut ses bois-marins.)
Le temps que mettront ces bois morts à pourrir, c'est l'Âge de Bois, l'âge des solives sans date, l'âge des linteaux enclavés dans l'entaille des pierres.
Le coteau, pendant la canicule, saison des eaux basses, ne mire que le sommet de ses arbres. Si le bois-debout, sur la rive, ne porte pas d'encoche, le feuillage est à ses pieds.»
Ce texte est inédit. Il avait été communiqué par Charles Doyon à Henri Tranquille qui le remit à Marcel Saint-Pierre de *La Barre du jour.*

121. Deux fragments dans l'édition de 1933 de l'*Anthologie des poètes canadiens* de Jules Fournier, pp. 243-244.

122. C'est Berthelot Brunet qui mentionne cet ouvrage dont un extrait aurait paru dans un magazine (*op. cit.,* p. 94). C'est à *N.-D. de Bonsecours* plutôt qu'à *Terra nova* que doit se rattacher le texte «Sur l'abside de Montréal» communiqué par Émile-Charles Hamel dans *Le Jour,* les 26 et 31 oct. 1942.

123. Philippe Soupault, *Rose des vents,* 1920.

124. Alfred DesRochers, «L'Avenir de la poésie en Canada français», *Les Idées,* vol. 4, n° 2, août 1936, pp. 110-111.

125. Id., *Ibid.,* p. 111.

126. Id., «La Tentation surréaliste», *Liberté,* nos 15-16, mai-août 1961, p. 627.

127. Plusieurs institutions la reçoivent, comme l'École supérieure de lettres et de pédagogie des Jésuites. Mais on ne trouve nulle part au Québec les revues cubistes, dadaïstes ou surréalistes de l'époque: *Les Feuilles libres* (1918-28), *L'Oeuf dur* (1921-24). *Manomètre* (1922-28), *Interventions* (1924), *Surréalisme* (1924), *La Révolution surréaliste* (déc. 1924 ssq.). Voir cependant Robert de Roquebrune qui mentionne son abonnement aux revues *Mercure de France, Les Marges* et *La Nouvelle Revue française* (*Cherchant mes souvenirs,* p. 68) et souligne surtout la collaboration d'Apollinaire, de Léautaud et de Gourmont à *Mercure de France* (p. 41).

128. André Gide, 1er avril 1920, p. 480. Cf. M. Sanouillet, *Dada à Paris,* pp. 199-206.

129. Lettre de Francis Picabia à *L'Esprit nouveau,* n° 9, p. 1059.

130. La Nouvelle Revue française, 1er déc. 1919, n° 75, Roger Allard.

131. «Pour Dada» et «Reconnaissance à Dada», NRF, 1er août 1920, n° 83.

132. NRF, 1er sept. 1920, n° 84, pp. 455-458.

133. *Ibid.,* pp. 346-382; cf. aussi Roger Allard, sur *Feu de joie* d'Aragon, 1er avril 1920, n° 79.

134. NRF, 1er août 1920, n° 83, p. 221. Cf. Michel Sanouillet, *Dada à Paris,* pp. 204-206.

135. Id., «Ballade de bonne doctrine», *Liberté,* nov.-déc. 1964, vol. 6, n° 2, p. 412.

136. Id., «Le Poêle noir aux larmes d'or», présenté comme «Extrait du *Retour de l'enfant prodigue* qui doit paraître bientôt», *Les Idées,* 1935, vol. 1, n° 2.

137. Id., «Le Cycle du village», in *A l'Ombre de l'Orford.*

138. Id., «Notes sur la poésie moderne», *Liberté,* nov.-déc. 1964, vol. 6, p. 419.

139. «Quand j'avais dix ou quinze ans de moins, j'entretenais des idées qui ne sont plus miennes aujourd'hui, au sujet des simili-parisiens». (Id., Lettre à Marcel Dugas, 5 mars 1943, *Études françaises,* vol. 7, n° 3, p. 321).

140. *Le Devoir,* 22 mars 1924. Extrait du *Correspondant.*

141. *Le Devoir,* 23 août 1924.

142. André Breton, «Pour un art révolutionnaire indépendant», *La Clé des champs,* p. 43.

143. Robert Charbonneau, «Jeunesse et révolution», *La Relève,* 2ᵉ série, premier cahier, sept. 1935, p. 4.

144. Sur Pellan, cf. infra, chapitre II et ss.

145. Harry Bernard, «L'Idée baudelairienne au Canada», *Le Canada français,* mai 1929, vol. 16.

146. Cf., par exemple, les compte rendus de P.S. et de H. Gaillard de Champris dans *Le Canada français,* sept. 1921, vol. 7, n° 6 et janv. 1928, vol. 15, n° 5, p. 371.

147. H. Gaillard de Champris, «Un bilan du XIXᵉ siècle», *Le Canada français,* mai 1930, vol. 17, n° 9, p. 627.

148. Lionel Groulx, in *L'Action française,* jan. 1921, vol. 5, n° 1, p. 28.

149. Id., *Ibid.*

150. Id., *Ibid.,* pp. 28-29.

151. Maxime Alexandre, *Mémoires d'un surréaliste,* p. 30.

152. Lionel Groulx, *op. cit.,* p. 30.

153. «Le dictateur commençait la série de ses réformes par l'ordre de rétablir dans toutes les écoles gouvernementales le Crucifix et le portrait du Roi, que les passions antireligieuses et anti-monarchistes avaient, depuis longtemps, fait disparaître». (Don Paolo Agosto, «Pages romaines — Le Fascisme», *Le Canada français,* mars 1923, p. 105)
«Cette conception est spirituelle: l'homme du fascisme est un individu qui, par l'abnégation de lui-même, par le sacrifice de ses intérêts particuliers, réalise cette existence toute spirituelle qui fait sa valeur d'homme.» (G.-A. Brigidi, «Éthique du fascisme et son application pratique», *Revue trimestrielle canadienne,* 21ᵉ année, n° 83, sept. 1935, p. 233)

154. Lionel Groulx, *L'Action canadienne-française,* jan. 1928, vol. 13, n° 3.

155. Cf. Mason Wade, *Les Canadiens français,* p. 328 (Wade, parlant du nationalisme québécois, a toutefois le tort d'ignorer les orangistes et les wasps — white anglo-saxon protestants). Sur le Procès Barrès, cf. Paul Éluard, *Oeuvres complètes,* t. I, p. LXII et Michel Sanouillet, *Dada à Paris,* pp. 261-262. Sur les luttes des surréalistes contre Maurras, cf. Maurice Nadeau, *Histoire du surréalisme,* pp. 69, 82-83, 159-164. Sur leurs luttes contre Pétain, cf. Jean-Louis Bédouin, *Vingt ans de surréalisme,* pp. 19-21, 29-32.

156. Jacques Brassier, *L'Action nationale,* vol. 3, jan. 1934, pp. 53-54.

157. Arthur Laurendeau, *L'Action nationale,* mai 1934, vol. 3, p. 235, note.

158. Lionel Groulx, *L'Action nationale,* sept. 1934, vol. 4, p. 61.

159. Id., *Ibid.,* nov. 1934, pp. 175-176.

160. Jean-Louis Gagnon, «Politique», *Vivre,* 16 avril 1935, p. 2.

161. Cf. Jean-Louis Gagnon, «Lettre à Charbonneau», *Les Idées,* jan. 1936, pp. 43-54; Robert Charbonneau, «Réponse à Jean-Louis Gagnon», *La Relève,* vol. 2, n° 6, pp. 163-165; Jean-Louis Gagnon, «Deuxième lettre à Charbonneau», *Les Idées,* sept. 1936, vol. 4, n° 3, pp. 159-168; Pierre-Mackay Dansereau, «Lettre à Robert Charbonneau», *La Relève,* vol. 3, n° 2, pp. 58-62.

162. Jean-Louis Gagnon, «Deuxième lettre à Charbonneau», *op. cit.,* p. 167.

163. Id., «En ce temps-là», *Études françaises,* 1969, vol. 5 n° 4, p. 464. Jacques Pelletier, dans un article qui analyse *La Relève* de façon statique plutôt que dynamique (cf. pp. 72-73), ne fait pas les distinctions qui s'imposent quand il dit qu'avec le recul de temps il faut juger que, dans ce débat, c'est Gagnon qui avait raison (p. 99). Non plus quand il se demande pourquoi la solution corporatiste a perdu de son attrait à *La Relève* durant les dernières années (p. 102). Cf. Jacques Pelletier, *«La Relève,* une idéologie des années 1930», *Voix et images du pays V,* 1972, pp. 69-139.

164. 2ᵉ année, n° 16, jan. 1934. Sur *La Relève* et le fascisme, voir André-J. Bélanger, *L'Apolitisme des idéologies québécoises,* pp. 167, 182-183.

165. Cf. Roger Duhamel, «Pour un ordre nouveau», *La Relève,* vol. 1, n° 4, pp. 83-84 et «L'Ordre corporatif sous le signe du fiasco» (coquille pour fascio»), *La Relève,* vol. 1, n° 8, pp. 198-202.

166. Cf. André Laurendeau, «Préliminaires à l'action nationale», *La Relève,* vol. 2, n° 1.

167. André Laurendeau, «Introduction à la thèse de Rosenberg», *L'Action nationale,* sept. 1937, vol. 10, pp. 14-15.

168. André Laurendeau sera pris à partie avec le groupe «Jeune Canada», tant par Fernand Lacroix (cf. Fernand Lacroix, «Le Jeune Canada parle», *Vivre,* 16 avril 1935, pp. 1 et 8) que par Jean-Louis Gagnon qui déclare:
«Le Jeune Canada croit à l'évolution.
«*Vivre* croit à la révolution (...).
«Quand les changements que l'on veut apporter dans la constitution d'un pays sont illégaux, on ne peut logiquement les réaliser que par des moyens illégaux. C'est peine perdue que d'essayer à faire un redressement économique, quand le pouvoir repose justement sur cette économique faussée. Pour redresser la politique et l'économie d'un peuple, il n'y a qu'un moyen: la force (...). Un seul moyen: la révolution. Et cette révolution, seul le populaire peut la faire et la sauver. Reste à déclancher (sic) le soulèvement populaire. «Le Jeune Canada a tord (sic) de percher dans les hauteurs». (Jean-Louis Gagnon, «Les Jeunes Canada», *Vivre,* 26 avril 1935).

169. Robert Charbonneau, *La France et nous; journal d'une querelle,* 1947.

170. Radio-Canada, T.V., le 3 novembre 1960.

171. Cf. Patrick Waldberg, *Chemins du surréalisme,* p. 64, n° 66.

172. Jacques Ferron simplifie la question quand, voulant montrer «à quelle futilité tragique sont voués les fils (...) de l'abbé Groulx», il en rapproche sans nuances ce «Saint-Denis (sic) Garneau, dont les soucis religieux, les angoisses

vénériennes ne trompent que les sots.» (Jacques Ferron, «Un Miroir de nos misères — notre théâtre», *La Revue socialiste*, n° 5, print. 1961, p. 30).

173. H. de Saint-Denys Garneau à André Laurendeau, 10 août 1931; in *Lettres à ses amis*, pp. 27-28.

174. Id. à François Rinfret, 19 août 1932; *Ibid.*, p. 55, et à Jean Lemoyne, janv. 1934, p. 93. Cf. *Oeuvres*, p. 328.

175. Architecte bénédictin d'origine belge qui appliqua au Québec le résultat de recherches sur le nombre d'or tel que prôné par *L'Esprit nouveau* (Id., à Claude Hurtubise, mars 1934; *Ibid.*, p. 123.

176. H. de Saint-Denys Garneau, in *Oeuvres*, pp. 345, 355, 359 et 367 *(Journal)* et pp. 954, 1036-8 *(Correspondance)*.

177. Id. à Charles Saint-Arnaud et à Jean-Louis Dorais, *Ibid.*, pp. 1003 et 1006.

178. «Je ne puis manquer de voir du Derain, du Matisse et du Picasso». Id. à Jean Le Moyne, oct. 1936 *(Lettres à ses amis*, p. 241).

179. Id., «Peintures françaises à la Galerie Scott», *La Relève*, déc. 1936, 2ᵉ cahier, 3ᵉ série, pp. 45-50. *Oeuvres*, pp. 285-6.

180. Id. «Baigneuse», in *Oeuvres*, p. 161.

181. Id., «Saules», *Ibid*, p. 16. Un poème intitulé «L'Aquarelle» ne laisse aucun doute sur la nature impressionniste de ces esquisses en plein air *(Ibid.)*:

Est-il rien de meilleur pour vous chanter les champs
Et vous les arbres transparents
Les feuilles
Et pour ne pas cacher la moindre des lumières
Que l'aquarelle cette claire
Claire tulle de voile clair sur le papier.

On sait que Michel Tétu a parlé d'impressionnisme à propos d'Alfred Garneau, le grand-père du poète (in Pierre de Grandpré, *Littérature française au Québec*, t. I, p. 230). Une influence d'Alfred sur de Saint-Denys à ce sujet est très plausible, surtout quand on connaît le caractère de cénacle artistique et littéraire des familles Garneau et Hébert. Or, l'année même des premières toiles impressionnistes (1863), Alfred Garneau publie *La Jeune baigneuse*, où tout est éclats de lumière, miroitements, halo, recours constant aux couleurs chatoyantes de l'iris et du lilas. De plus, ses femmes à l'éventail à la manière des estampes de Degas ou ses descriptions de Percé à la façon de l'*Etretat* de Monet laissent croire que de Saint-Denys a pu entendre parler d'impressionnisme plus tôt qu'on ne le pense.

182. Id., *Oeuvres*, p. 17.

183. Id., *Ibid*. Voir Normand de Bellefeuille, «*Saules* de Saint-Denys Garneau: une esquisse?» *Voix et images du pays VII*, 1973, pp. 137-150.

184. H. de Saint-Denys Garneau, *Oeuvres*, p. 18.

185. Anne Hébert, «De Saint-Denys Garneau et le paysage», *La Nouvelle Relève*, déc. 1944, vol. 3, n° 9, p. 523.

186. Claude Gauvreau, «Figure du vivant — Saint-Denys Garneau», *Sainte-Marie*, 30 oct. 1945, vol. 2, n° 2, p. 2.

187. H. de Saint-Denys Garneau, *Oeuvres,* p. 26.

188. Id., *Ibid.,* pp. 442, 487.

189. Id., *Ibid.,* pp. 28-29.

190. Id., *Ibid.,* pp. 33-34.

191. Id., *Ibid.,* p. 430.

191. Id., *Ibid.,* p. 430. Cf. Gilles Marcotte, «Saint-Denys Garneau; étude littéraire», *Écrits du Canada français,* t. 3, 1957, p. 205.

192. Hector de Saint-Denys Garneau, *Oeuvres,* p. 435.

193. Cf. Roland Bourneuf, *Saint-Denys Garneau et ses lectures européennes,* p. 305.

194. Paul Lebel ne cite-t-il pas les textes d'Isabelle Rivière comme étant «empruntés aux Évangiles, aux Psaumes, à Pascal, Claudel, Péguy, Rivière, Breton»? (Paul Lebel, «Isabelle Rivière, *Sur le devoir d'imprévoyance», Le Canada français,* fév. 1935, vol. 22, n° 6)

195. H. de Saint-Denys Garneau à Claude Hurtubise, août 1937; in *Lettres à ses amis,* p. 279.

196. H. de Saint-Denys Garneau, «Le Jeu», in *Oeuvres,* pp. 10-11.

197. Gabrielle Poulin, «Le Surréalisme et le jeu», *Critère,* n° 3, jan. 1971, pp. 61 et 63.

198. Jean Le Moyne, «De Saint-Denys Garneau», *La Nouvelle Relève,* déc. 1944, vol. 3, n° 9, pp. 514-519.

199. H. de Saint-Denys Garneau à André Laurendeau, 18 mars 1937, in *Lettres à ses amis,* p. 257 et à Claude Hurtubise, mars 1937, *Ibid.,* p. 258.

200. Maurice Hébert, «Regards et jeux dans l'espace», *Le Canada français,* jan. 1939, vol. 26, n° 5, pp. 464-477. Cf. H. de Saint-Denys Garneau, *Oeuvres,* pp. 536 et 1181.

201. H. de Saint-Denys Garneau à Robert Elie, 6 juillet 1936; in *Lettres à ses amis,* p. 275.

202. Id., à Jean Le Moyne, 30 juin et 7 oct. 1938; *Ibid.,* pp. 354-387.

203. Id., à Jean Le Moyne, 21 nov. 1938, *Ibid.,* p. 391. Lu dans la *Nouvelle Revue française.*

204. Id., à Robert Elie et à Jean Le Moyne, 12 avril et mercredi 10 (il faut lire 8) novembre 1939; *Ibid.,* pp. 396 et 412.

205. Id., *Oeuvres,* p. 34. Cf. p. 543.

206. Cf. Marcel Dugas, «Saint-Denis (sic) Garneau», in *Approches,* pp. 79-98.

207. H. de Saint-Denys Garneau à Claude Hurtubise, 1938, in *Lettres à ses amis,* p. 302 (Noter que cette lettre a été publiée par erreur avant celle de sept. 1937 (p. 305) qu'elle suppose en ce qui concerne *Moi Juif* de Schwob).

208. Cf. Paul Eluard, *Oeuvres complètes,* t. 1, pp. 1375-1386.

209. H. de Saint-Denys Garneau, «Silence», in *Oeuvres,* p. 156.

210. Id., *Oeuvres,* pp. 818 et 1243. On cite deux traités de Vinci édités chez Delagrave: *Traité de la peinture,* 1910, que mentionne Breton, et *Traité du paysage,* 1914, dont semble parler Garneau.

211. Borduas s'inscrit en 1923, Garneau en 1924. Les deux quittent à la fin de 1927.

Chapitre II
De la peinture à la poésie

> De toutes les manifestations de la vie artistique et intellectuelle au Canada français, la peinture nous semble la plus «avancée», la plus sûre de soi, celle qui fait preuve de la plus certaine maturité (...). Son éclatante rupture avec l'académisme nationaliste (...) est un scandale réconfortant.
>
> Jean Le Moyne[1]

A. Les Grands initiateurs

La première influence directe du surréalisme au Québec s'est exercée durant la guerre. Car la guerre provoqua des déplacements imprévus chez les artistes. Des Québécois durent fuir la France occupée pour revenir au pays; d'autres, au contraire, se rendirent, comme militaires, en Europe, où ils furent mis en contact avec certains mouvements internationaux. Par contre, des surréalistes européens durent s'exiler en Amérique — principalement à la Martinique, à Mexico et à New York où le surréalisme entra dans sa troisième et dernière phase. La guerre fut donc l'occasion d'une première convergence.

Le retour d'Alfred Pellan, en 1940, est un choc; d'autant plus grand qu'il coïncide avec celui du poète Alain Grandbois et que ces deux artistes, de retour d'exil, conjuguent leurs efforts dans une publication de poèmes illustrés: *Les Iles de la nuit.* Choc d'autant plus fort aussi que les enseignements révolutionnaires de Pellan à l'École des beaux-arts renforcent ceux de Paul-Émile Borduas à l'École du meuble et s'étendent par Albert Dumouchel à l'École des arts graphiques et par Jacques de Tonnancour jusque dans les chroniques des arts et lettres d'*Amérique française* et du *Quartier latin.* On voit soudain quelques journaux et revues ouvrir grandes leurs portes à l'art contemporain.

Des groupes surgissent autour des chefs de file: groupe solidaire que sont les Sagittaires autour de Borduas; groupes occasionnels comme celui des signataires de *Prisme d'yeux* autour de Pellan et celui des collaborateurs des *Ateliers d'arts graphiques* ou des *Cahiers de la file indienne.* Même le groupe de *La Relève* rajeunit, devenant *La Nouvelle Relève,* et établit par Louis-Marcel Raymond des contacts avec les surréalistes refugiés à New York.

1. Alfred Pellan

Alfred Pellan avait quitté Montréal pour Paris le 4 août 1926. Il fréquenta les surréalistes, aimant comme le dit Claude Jasmin, «les sérieux, les profonds et aussi les folichons», mais détestant «les canulars morbides»[2]. Il connut Breton et ils sont déjà de vieilles connaissances lors du séjour de Breton en Gaspésie, en 1944[3]; Pellan est même un de ceux qui amèneront Borduas à découvrir la littérature surréaliste[4]. Lors d'un passage à l'École des beaux-arts de Québec en 1936, Pellan mentionne, parmi ses peintres préférés, des cubistes, des futuristes, des surréalistes comme Picasso, Braque, Léger, Ernst, Mirò. Et il raconte à Bernard Dorival comment, avant 1932, il avait été séduit par des petites toiles de Klee[5]. Mal accueilli alors à cause de pareilles fréquentations, Pellan retourne à Paris où il fait partie de la Galerie Jeanne Bucher avec Braque, Ernst, Kandinsky, Léger, Picasso, Arp[6]. Il ne reviendra au Québec qu'avec la guerre, en 1940, pour y recevoir à Montréal un accueil chaleureux de la part d'un petit groupe d'artistes et d'intellectuels mieux avertis que ceux de 1936[7].

Avant Pellan, que savait-on vraiment à Montréal de Max Ernst, de Paul Klee, de Juan Mirò? On était abonné à *Minotaure* ou on avait médité *Capitale de la douleur*. C'était déjà beaucoup, mais l'expérience était livresque. Par exemple, *Capitale de la douleur* était une reprise de textes dont quelques-uns, intitulés «André Masson», «Paul Klee» et «Max Ernst», avaient paru dans des catalogues d'exposition; et ces textes étaient conçus comme des objets graphiques en rapport avec des objets plastiques. Or, ce rapport peinture-poésie, ce n'était pas une simple lecture de *Capitale de la douleur* qui pouvait le rendre à elle seule. Il fallait que revienne Pellan pour que l'expérience du surréalisme devienne une expérience vécue. Même Borduas reconnut à Pellan le mérite d'avoir levé pour lui le voile de mystère du surréalisme[8].

2.   Paul-Émile Borduas

En 1937, année de la parution de *Regards et jeux dans l'espace,* Paul-Émile Borduas entrait à l'École du meuble comme professeur d'arts plastiques. Il allait y amorcer une révolution culturelle qui devait transformer le Québec en dix ans.

Borduas avait commencé à enseigner le dessin aux enfants sitôt après la fin de ses études aux Beaux-arts, en 1927. Après avoir passé l'été dans les milieux artistiques de Boston et de New York, il reprit la tâche en 1928 pour démissionner aussitôt à cause d'intrigues administratives. Après sa démission, il retourna quelques jours dans son village natal de Saint-Hilaire auprès de son premier maître: Ozias Leduc[9].

Leduc orienta Borduas vers l'École des arts sacrés de Maurice Denis et Georges Desvallières; il défraya même le coût du voyage. Mais Borduas ne séjourna en Europe qu'un an et demi (11 novembre 1928 - 13 juin 1930)[10].

Après avoir quitté l'École de Denis et Desvallières, Borduas s'était remis aux fresques. En France d'abord avec Pierre Dubois et M.-Alain

Couturier; au Québec ensuite, faute d'avoir assez d'argent pour rester en France. Il avait découvert en Europe Renoir, il découvrit au Québec Morrice et Lyman[11]; il n'avait donc pas encore dépassé le néo-impressionnisme. Puis il se lia d'amitié avec les partisans de *La Relève*. Il semble bien, par exemple, que ce soit à Robert Elie qu'il dut de lire les *Oeuvres complètes* de Lautréamont[12] qui avaient été rééditées en 1938 avec une introduction d'André Breton et des illustrations de douze des peintres surréalistes. Ce fut le coup de foudre! Il devait aussi mettre la main sur la revue *Minotaure* où le numéro de mai 1939 comportait des «Documents inédits sur le Comte de Lautréamont et son oeuvre» (nos 12-13) et le numéro du 15 juin 1936 qui racontait avec illustrations de gouaches, l'expérience des automatistes de Ténérife (n° 8)[13]. C'était *Château étoilé*[14] dont allait naître l'automatisme montréalais.

L'automatisme psychique pur dont parlait Breton s'est manifesté sous des formes bien diverses, qu'il s'agisse du «cadavre exquis» présenté par Arp dans *La Révolution surréaliste* d'octobre 1927, de l'image paranoïaque ou image multiple de Dali en 1930, des papiers déchirés d'Arp en 1932, des décalcomanies de Dominguez en 1935 ou des gouaches surréalistes de Borduas en 1942. On retrouve même cet automatisme dans des textes anciens. Comme chez Pline Le Jeune rapportant l'expérience de Protogène de Rhodes qui, faute de pouvoir peindre la gueule écumante d'un chien, écrase sur son tableau une éponge pleine de détrempe[15]. Comme chez Léonard de Vinci qui proposait à ses élèves d'utiliser les lézardes d'un vieux mur pour provoquer l'inspiration. On a vu que Borduas possédait le *Traité de la peinture* de Vinci où il pouvait lire cette théorie:

> *Dans une telle mâchurure on doit voir de bizarres inventions; je veux dire que celui qui voudra regarder attentivement cette tache y verra des têtes humaines, divers animaux, une bataille, des rochers, la mer, des nuages, des bosquets, autre chose encore: c'est comme le tintement de la cloche, qui fait entendre ce qu'on imagine*[16].

Borduas, dans *Château étoilé*, avait découvert des rapprochements entre la «théorie» de Vinci et la «méthode» de Dali[17]. Cette méthode de Dali, c'est la paranoïa-critique:

> *La paranoïa-critique, autant qu'une méthode de création où l'on reconnaît facilement «les moyens de forcer l'inspiration» (de Max Ernst) et le procédé du vieux mur de Léonard, est en outre un essai de désorganisation du monde extérieur, une sorte d'élan paroxystique vers le dépaysement*[18].

Il s'ensuivra, dans les expériences surréalistes, une recherche de moyens divers d'obtenir le dépaysement. Dépaysement par la voie du dérèglement, du dégoût, de l'hallucination. Borduas n'y fut pas étranger.

L'Exposition surréaliste

Borduas trouva un appui (jusqu'au *Refus global*) auprès de certains membres de *La Nouvelle Relève,* de la Société d'Art canadien et de quelques membres du clergé. Notons principalement Robert Elie, à qui on doit non seulement une importante préface sur Garneau (*Poésies complètes*, 1949) mais, dès 1943, un livre sur Borduas, le deuxième de la «Collection Art Vivant» des éditions de L'Arbre *(La Relève)*. On trouve dans ce livre beaucoup d'éléments spiritualistes — moins, pourtant, que dans la préface de Garneau —, mais aussi des rapprochements dont il est important de savoir qu'ils sont consignés plus tôt qu'on ne l'aurait d'abord cru: Rimbaud (p. 11), le vieux mur de Léonard de Vinci (p. 15) et même l'influence sur les surréalistes de Nerval, Lautréamont et Baudelaire:

> *En un sens, l'artiste surréaliste continue l'oeuvre des grands baroques. Que pouvait poursuivre Delacroix, cet esprit passionné et curieux, sinon quelque rêve intérieur (...). Pour l'artiste surréaliste aussi, le destin de l'art est intimement lié à celui de l'homme.*
>
> *Entre eux, il y eut les romantiques, Nerval et ses chimères, Rimbaud et ses illuminations, Lautréamont qui a voulu pénétrer dans cette zone qui s'étend entre la vie et la mort.*
>
> *Au début de cette aventure décisive, on trouve Baudelaire, l'ami de Delacroix, le témoin fidèle et prophétique (...). Baudelaire a parlé du surréel, même s'il n'en connaissait pas le mot et nous aurions pu mettre au début de cet essai cette phrase des* Curiosités esthétiques: «*Cette peinture a la foi — elle a la foi de sa beauté —, c'est de la peinture absolue, convaincue...*»[19]

Comme «mot de la fin» à un livre qui est tout éloge, Elie cite sans l'identifier un poème d'Éluard dans lequel il dit retrouver Borduas. Il s'agit de «Pour se prendre au piège», tiré du recueil *Mourir de ne pas mourir* paru en 1924 et dédié à Breton. On peut y voir une étonnante transposition du contact entre un peintre et un critique amis mais séparés par tant de distance:

> *Un voyageur pose ses vêtements sur une table et me tient tête. Il a tort, je ne connais aucun mystère, je ne sais même pas la signification du mot: mystère, je n'ai jamais rien cherché, rien trouvé, il a tort d'insister (...).*
>
> *Le voyageur me déclare que je ne suis plus le même. Plus le même! Je ramasse les débris de toutes mes merveilles. C'est la grande femme qui m'a dit que ce sont des débris. Je les jette aux ruisseaux vivaces et pleins d'oiseaux. La mer, la calme mer est entre eux comme le ciel dans la lumière. Les couleurs aussi, si l'on ne me parle des couleurs, je ne regarde plus. Parlez-moi des formes, j'ai grand besoin d'inquiétude.*
>
> *Grande femme, parlez-moi des formes, ou bien je m'endors et je mène la grande vie, les mains prises dans la tête et la tête dans la bouche, dans la bouche bien close, langage intérieur*[20].

Mystère, merveilles, inquiétude, langage intérieur des formes et des couleurs, voilà ce qui retient Robert Elie dans les toiles de Borduas. Borduas rendra hommage, dans *Projections libérantes,* à la «pureté-intégrité» des spiritualistes de *La Relève* ou de certains prêtres, comme les pères Couturier et Corbeil auxquels il devait beaucoup; avec cette restriction cependant: «Tous ces chrétiens désirent maintenir les valeurs spirituelles définies, ou à définir, à la lumière du christianisme. Lumière éteinte pour nous»[21].

Nous savons qu'en 1941 Borduas connaissait *le Château étoilé* et en avait discuté au printemps avec le Docteur Henri Laugier[22]. Et c'est à l'automne de cette même année qu'il fut demandé comme juge d'une exposition d'élèves au Gesù où il prima une toile de Pierre Gauvreau en même temps qu'on primait un poème dramatique de Bruno Cormier, ami de Pierre Gauvreau. Ce même automne, Borduas devait charger son élève Guy Viau de l'École du meuble d'inviter Pierre Gauvreau (qui est inscrit depuis septembre à l'École des beaux-arts) à une rencontre dans son atelier[23].

Un groupe allait naître qui se donna le nom de Sagittaires. Ses membres étaient des étudiants de l'École du meuble, du Collège Sainte-Marie et de l'École des beaux-arts. On discutait, à l'atelier de Borduas, du *Château étoilé,* des *Chants de Maldoror* et on faisait la critique des fameuses gouaches qui allaient être exposées par Borduas à la fin de l'année scolaire, le 1er mai 1942, lors de son Exposition surréaliste.

Cette exposition amène, de la part de Charles Doyon du journal *Le Jour,* des commentaires dithyrambiques où les influences réelles sont mal définies mais où apparaît peut-être pour la première fois le mot «automatisme» pour désigner une oeuvre québécoise:

> *Il s'engage sous l'arcane, s'évade vers le subconscient et voue à la fantaisie (...). Borduas aborde à l'orée du rêve (...). On sent chez Borduas une contrainte, une retenue toute intime. Libérée et cependant obéissant à une ordonnance réfléchie, faite pour exprimer l'indicible et teintée d'aveux discrets. Amande sous la réalité de la coquille. Fruit mûr et présent sous l'écorce. Il vient à l'isthme de notre rencontre avec une atmosphère renouvelée. La peinture de Borduas est pleine de poésie; elle nous attire dans le piège limite.*
>
> *Pour le plaisir de quelques intimes j'ai souligné de termes expressifs — convention verbale nuancée — cette manifestation afin que l'on reconnaisse que l'irréalité n'a point d'heure. Flèche du doigt indicateur, avec le mot typique à son extrémité! L'automatisme est ainsi ressaisi avec ces points de repère qui aideront à fixer l'oeuvre dans le souvenir[24].*

Un ami des Sagittaires, le docteur Paul Dumas, donne une indication précise sur «cette mémorable série de gouaches» qui inspirent à Doyon «une page débordante de lyrisme». Et il rappelle ce qui inspira ces gouaches:

> *À cette époque, Borduas a lu les* Chants de Maldoror *et le «Château étoilé» d'André Breton (...). Ne reprochons pas (...) à Borduas ses allégeances littéraires. Lautréamont est un intarissable sourcier d'images et Breton manie les mots et les phrases comme des couleurs et des formes pour évoquer son univers imaginaire aussi bien que les paysages réels de Ténérife ou de Bonaventure[25].*

Ainsi donc, en 1946, les expériences des surréalistes sur les décalcomanies à Ténérife n'étaient pas moins connues de Dumas que les textes sur l'île Bonaventure dans *Arcane 17.* Il y revient en 1957 avec plus de précision:

> *Il y a un ascète chez Paul-Émile Borduas, mais un ascète qui s'est nourri des ouvrages de Lautréamont, de Breton, de Sade... Borduas trouva sa voie en face des oeuvres de Pellan et à la lecture des* Chants de Maldoror *et des manifestes d'André Breton. Borduas se livre à la prospection de son univers*

intérieur à l'aide de ce qu'il appelle la peinture automatiste par analogie avec l'écriture automatique chère à André Breton et à Paul Eluard[26].

Le rapprochement avec Éluard avait déjà été fait[27]. Les rapprochements avec les manifestes sont plus contestables; ces derniers étaient introuvables à Montréal et Claude Gauvreau affirme que Borduas n'en posséda le texte intégral que longtemps plus tard[28]; mais Borduas en connaissait l'esprit, ne serait-ce que par Pellan. Les rapprochements avec Lautréamont, eux, sont assurés: Gauvreau les rappelle encore dans le numéro spécial de *La Barre du jour* sur les automatistes[29]. Quant à l'expérience de Ténérife, elle est confirmée par les textes de Borduas lui-même sur les décalcomanies[30], par son recours à la gouache (1941-1942) et par sa définition de l'automatisme qui recourt au vieux mur de Vinci et à l'écran paranoïaque de Dali[31].

Il importe de souligner ici les rapprochements avec les *Chants de Maldoror*. On connaît le mot de Lautréamont qui inspira le collage aux surréalistes: «Beau comme la rencontre fortuite, sur une table de dissection, d'une machine à coudre et d'un parapluie»[32]. Et on sait que le cadavre exquis, sorte de collage, se justifiait aussi par une affirmation de Lautréamont: «La poésie doit être faite par tous. Non par un»[33]. On sait aussi le rôle des «discours-à-côté» de Lautréamont auxquels Dali a recours pour justifier sa méthode paranoïa-critique, méthode qui cherche, selon une expression même de Lautréamont, à «abrutir le lecteur»[34].

Chez Borduas, comment interpréter autrement que par Lautréamont des titres comme «Viol aux confins de la matière», ou d'autres comme «Éclosion de l'hyppocombe», «Le dernier souffle», «Saccage de monstres primitifs», «Le rêveur violet», «Les trois formes hérissées», «Le félin s'amusant», «Un cri dans la nuit»[35]?

L'année où Borduas tint son exposition surréaliste, avait lieu à New York la Ve exposition internationale du Surréalisme (1942),la première, semble-t-il, que des artistes québécois aient visitée. Riopelle devait plus tard participer à la VIe, à Paris, en 1947; Jean Benoît et Mimi Parent, à la VIIIe, à Paris, en 1959; d'autres, dont Roland Giguère, à la IXe, à New York, en 1961. Mais à Montréal, depuis 1941, une revue, fondée par Pierre Baillargeon, s'applique à faire connaître l'art moderne avec des articles comme: «La volonté du cubisme»[36], «Peinture canadienne d'aujourd'hui»[37], «Plaidoyer en faveur de l'art abstrait»[38], «Manières de goûter une oeuvre d'art»[39], «Alfred Pellan»[40]. Maurice Gagnon publie deux travaux sur son ami Borduas: un livre[41] et un catalogue pour l'exposition-solo du 2 au 13 octobre 1943. *Le Jour* reste fidèle; Charles Doyon y présente cette même exposition, en insistant sur des titres tout aussi évocateurs que les précédents: «Message à l'oiseau symbolique», «L'Arbre de corail», «Coquilles», «La Fleur safran», «Noeud de vipère» et surtout «La Cavale infernale». Il y parle aussi d'une influence du «Zodiaque surréaliste»[42] sur Borduas; il avait parlé la première fois de «la flèche du doigt indicateur, avec le mot typique à son extrémité: l'Automatisme»[43].

Doyon avait touché juste: le signe du Zodiaque à la flèche pointée vers l'automatisme allait présider à la naissance des Sagittaires qui deviendra par la suite le groupe des Automatistes.

Les Sagittaires

L'idée d'une exposition commune des disciples de Borduas, qui s'intitulerait «Les Sagittaires» et serait organisée par le professeur et critique Maurice Gagnon fut lancée par Guy Viau. Elle fut l'occasion de rapprochements nécessités par les différences de formation reçues dans les trois maisons d'enseignement où se répartissaient les disciples de Borduas. De l'École du meuble venaient les premiers: Guy Viau, Pierre Pétel et Gabriel Filion; puis Charles Daudelin, Fernand Bonin, Réal Maisonneuve, Marcel Coutlée, Julien Hébert[44]. Du Collège Sainte-Marie: Claude Gauvreau, cadet de Pierre, et Bruno Cormier tous deux connus alors comme auteurs d'objets dramatiques. De l'École des beaux-arts: Fernand Leduc, converti par Pierre Gauvreau à l'art moderne; Adrien Villandré qui pratiquait alors le dadaïsme; Marcel Baril qui avait une réputation de mystique tourmenté; leurs amies et condisciples Françoise Sullivan, Magdeleine Desroches (que Pierre Gauvreau devait épouser), Louise Renaud (qui devint gouvernante des enfants de Pierre Matisse, à New York, et facilita les contacts avec le surréalisme new-yorkais)[45] et sa soeur Thérèse qui allait épouser Fernand Leduc.

L'exposition des Sagittaires s'ouvrit le 30 avril 1943 par une conférence du Père Couturier. Il est probable que les vingt-trois jeunes artistes de moins de trente ans ne retinrent des idées spiritualistes de Couturier que ces mots très pertinents publiés par *Le Jour:*

> *Ce qui en (en l'artiste) limite et tue la liberté, termine et tue la jeunesse. Et il ne sauvera rien de lui-même, ni sa jeunesse, ni les fruits de son expérience, s'il ne maintient pas en lui, tous les jours, les exigences d'une liberté absolue: liberté vis-à-vis de la réalité, liberté vis-à-vis des autres, liberté surtout vis-à-vis de lui-même et de ses réussites antérieures (...). Les maîtres ne donnent pas de recettes, ils nous apprennent au contraire, à les redouter et à les fuir: ils nous enseignent le courage, l'audace, le risque, la volonté d'une aventure sans limite[46].*

Malheureusement, en 1943, on ne discerne encore aucune rupture en poésie qui soit l'équivalent littéraire des ruptures plastiques. Sinon, fin décembre, l'apparition de l'éphémère Rémi-Paul Forgues dont un poème paraît dans *Le Jour,* journal qui tente de lancer en même temps les écrivains encore peu connus que sont André Béland et Jean-Jules Richard.

Du côté des Sagittaires, la révolution culturelle progresse vite. Un premier contact direct devait s'établir avec les surréalistes européens exilés en Amérique. Une lettre d'André Breton à Fernand Leduc parvint en effet de New York, le 17 septembre 1943. C'était une invitation au groupe montréalais à se joindre aux amis de VVV:

> *Rien ne me serait plus agréable que d'enregistrer votre adhésion et celle de vos amis au mouvement surréaliste et je vous saurais gré de la formuler dans une lettre susceptible d'être reproduite dans la revue*[47].

La réponse de Leduc ne comporte pas l'adhésion à laquelle Breton s'attendait de la part de ceux qui pratiquaient pourtant l'automatisme. Leduc, au contraire, écarte discrètement l'invitation:

> *Le surréalisme est dans le temps présent le seul mouvement vivant portant en lui une réserve de puissance collective suffisante pour rallier toutes les énergies généreuses et les orienter dans le sens du plein épanouissement de la vie; acceptez l'ardente générosité de notre jeunesse (...). Il nous importe peu pour le moment, de travailler dans une facture surréaliste (...). Chacun s'exprime dans une discipline accordée au rythme propre de son évolution personnelle (... Soyez assuré de) notre désir de connaître vos activités, ainsi que celui plus ardent encore de nous y rallier par l'esprit et les oeuvres (...). Formuler notre adhésion au mouvement surréaliste n'est pas chose facile; nous apportons la foi des néophytes*[48].

La revue surréaliste new-yorkaise *VVV* devint désormais, comme le rappelle Françoise Sullivan, une publication dont la lecture et l'étude furent importantes pour le groupe[49]. On a pu croire que ce fut par humeur que Breton, sensible au rejet de l'adhésion montréalaise, ne donna aucun signe de vie aux Sagittaires lors de son passage à Montréal, à Gaspé et à Sainte-Agathe, durant l'été et l'automne de 1944. Il n'en est rien, bien au contraire, si on en croit Breton lui-même qui, faisant l'éloge du *Refus global,* déclarait, en 1953:

> *Cette publication était inspirée par notre ami Paul-Émile Borduas que je me console mal de ne pas avoir rencontré durant l'été de 1944 comme je flânais dans Montréal avant de partir pour la Gaspésie ou en revenant de Sainte-Agathe*[50].

3. André Breton et «Arcane 17»

André Breton, de passage au Québec en 1944, n'a donc rencontré ni Borduas ni les Sagittaires. Mais il avait déjà saisi l'occasion d'autres contacts québécois. Contacts qu'Yvan Goll, exilé aussi à New York, saura mettre à profit: ceux de Louis-Marcel Raymond.

Les Sagittaires étaient encore bien isolés; Breton et Goll le savaient. Par Raymond, il leur était plus facile d'aborder l'intelligentsia québécoise. Car la guerre n'avait pas ramené au Québec que Pellan; ce fut aussi le retour du critique et mécène Paul Dumas[51] et des anciens rédacteurs de la revue *Le Nigog* tels Robert de Roquebrune, Préfontaine et Léo-Pol Morin[52]. Des cercles littéraires renaissent et attirent l'attention des surréalistes: *La Nouvelle Relève* et *Amérique française* fondées en 1941 et *Gants du ciel* en 1943. Roger Caillois, par exemple, qui fut surréaliste un temps et qui désormais publie *Lettres françaises* à Buenos Aires où il est

Exilés

1

2

1. À New York, février 1942. En arrière, de gauche à droite: André Breton, Piet Mondrian, André Masson, Amédée Ozenfant, Jacques Lipchitz, Pavlik Chelichev, Kurt Seligman, Eugène Berman. En avant: Matta Echaurren, Ossip Zadkine, Yves Tanguy, Max Ernst, Marc Chagall, Fernand Léger.
2. À Percé, été 1944.

Initiateurs

1. *Alfred Pellan.*
2. *Paul-Émile Borduas.*
3. *André Breton en 1965.*

Au tournant du siècle

2

3

1

4

1. Vernier, dessin pour la légende de **Rose Latulippe**, de Philippe Aubert de Gaspé.
2-4. Vignettes d'Ozias Leduc pour «**Mignonne allons voir si la rose**» ... est sans épines, de Guy Delahaye, 1912.

Images et verbe

1

2

3

4

5

1. Jean Benoît, **La Mer, ses cris;** dessin pour
   Naïade, de Jean Léonard, 1947.
2. Alfred Pellan, dessin pour **Les Iles de la nuit,**
   d'Alain Grandbois, 1944.
3. Jean Léonard, dessin pour Naïade, 1947.
4. Gabriel Filion, dessin pour **Jazz vers l'infini,**
   de Carl Dubuc, 1944.
5. Jacques de Tonnancour, illustration pour
   Nézon de Réal Benoît, 1945.

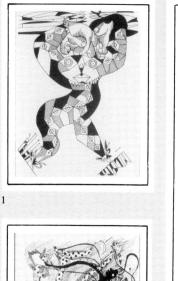

1

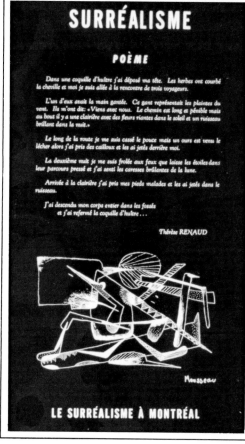

2

3

File indienne

1. Alfred Pellan, *dessin pour* **Le Voyage d'Arlequin**, *d'Éloi de Grandmont, 1946.*

2. Charles Daudelin, *dessin pour* **Théâtre en plein air**, *de Gilles Hénault, 1946.*

3. Jean-Paul Mousseau, *dessin accompagnant un poème de* **Sables du rêve**, *de Thérèse Renaud-Leduc, 1945.*

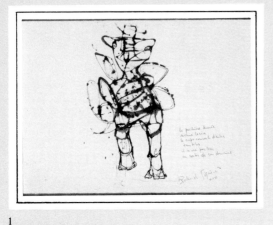

1

Grises mines

2

3

1. Roland Giguère, pour **Le Défaut des ruines est d'avoir des habitants**, 1953.
2. Jean-Paul Mousseau, pour **Sables du rêve**, de Thérèse Renaud-Leduc, 1945.
3. Claude Gauvreau, pour **Étal mixte**, Saint-Hilaire, 1954.

Album

1

2

3

1. *Vernissage à la Librairie Tranquille, 1951.*
2. *Exposition Mousseau-Riopelle, 1947.*
3. *Scène de la pièce **Les Oranges sont vertes**,*
   de Claude Gauvreau, en 1971.

Manuscrit de Borduas

aussi exécutés par des médiums (expériences surréalistes).

automatisme expérimental
(surrationnel)

Écriture automatique d'une pensée plastique non
préconçue. Une forme appelant une autre forme,
ainsi de suite jusqu'au sentiment de l'unité de la plé-
nitude.

En cours d'exécution, aucune attention n'est
apportée au contenu. L'assurance qu'il est intime-
ment lié à la forme justifie cette liberté (Lautréamont)

Complète indépendance morale vis à vis l'objet produit. Il est laissé intact, repris en partie
ou détruit selon le sentiment ou la certitude qu'il
provoque (quasi impossibilité d'une reprise partielle).
Tentative d'une prise de conscience au fur et à mesure que la forme s'écrit. (Plus exactement peut être,
un état de veille. Désir de compréhension du
contenu une fois l'objet terminé. Telle est la discipline utilisée dans le groupe surrationnel.

Ses espoirs: une connaissance plus grande
du contenu psychologique de toute forme, de toute
harmonie. Donc de l'univers humain fait de
l'univers tout court, mais recréé spontanément.

Généreux adj. non préconçu, sans calcul.
ardent, fort.

Plastique (plas-ti-ke) adj. (gr. plastikos, de plastos, qui façon-
ne). Propre à être modelé: argile plastique. Qui concerne la reproduction des formes. la statuaire la peinture
sont des arts plastiques. N. F. Art de modeler des figures
la plastique grecque. abusivement. Ensemble des formes
d'une personne. la plastique irréprochable d'Apollon (harmonie)

*Lettre de Maurice Perron, Mithra-Mythe, à
Paul-Émile Borduas à propos de l'édition de
Projections libérantes.*

en exil, recense régulièrement dans sa chronique des revues les trois publications québécoises. Il faut rappeler cependant que Louis-Marcel Raymond est à peu près le seul collaborateur de ces revues qui trouve grâce à ses yeux.

Marcel Raymond — qui signe Louis-Marcel Raymond pour éviter d'être confondu avec son homonyme, le critique suisse — était un des critiques littéraires de *la Nouvelle Relève*. Il établit des rapports nombreux (rencontres, correspondance) avec Goll, Breton, Aragon, Saint-John Perse et tant d'autres. Breton lui fait parvenir régulièrement les manifestes surréalistes d'après-guerre[53]; Goll et Caillois les revues *Hémisphères* et *Lettres françaises*.

Les premières rencontres eurent lieu lors d'un séjour de Raymond à New York où il participait à un congrès de botanique. Car il menait alors deux carrières de front: celle de critique de *la Nouvelle Relève* et celle de botaniste. Il avait frappé chez les Goll exilés à New York; il savait les rapports entre Yvan Goll et le surréalisme. De quoi fut-il question surtout entre Goll et Raymond? De surréalisme, de botanique, bien sûr, mais aussi de la dimension «surréaliste» de certaines plantes... à la manière des révélations de Ténérife en 1935. Une lettre en témoigne:

> *Ne vous avais-je point parlé de ces affreux champignons phalliques? Je trouve dans mes papiers une photographie très suggestive prise par je ne sais plus qui mais qui vous en dira long et vous fera comprendre le rôle que jouaient certaines plantes dans la sorcellerie du moyen âge. Vous savez qu'on n'a découvert la sexualité chez les végétaux que très tard et qu'on ne l'a soupçonnée qu'après avoir observé l'apparence phallique de plusieurs végétaux. On a d'abord imaginé que toute cette flore sexuelle s'assemblait par nuits noires en des coits ténébreux, etc. Les livres de science médiévaux sont, à ce point de vue, tout simplement tordants[54].*

Avec André Breton, la conversation ne fut sans doute pas très différente[55]. Quand, dans l'*Aparté* d'Élisa, André Breton et Benjamin Péret, il est fait mention, à propos d'une toile de Riopelle, de «l'amanite phalloïde gigantesque comme elle est là-bas»[56], on se doute de qui Breton tient l'information.

Breton restera toujours attaché à Raymond, et correspondra avec lui à propos d'une anthologie de la poésie contemporaine que Raymond voulait publier[57].

Un concours de circonstances fit plus tard que Raymond fut peut-être le seul Québécois présent à certains événements concernant les surréalistes: les funérailles de Robert Desnos[58], le spectacle célèbre qui fut organisé pour Antonin Artaud sortant de clinique[59] et les funérailles d'Yvan Goll[60]. Ce dernier et Raymond étaient devenus très intimes; leur amitié remontait à l'été où les Goll passèrent leurs vacances au Québec.

Nous savons que c'est Louis-Marcel Raymond qui avait invité les Goll à passer des vacances au Canada[61]. Ils étaient venus finalement, deux ans après l'invitation. Ils avaient séjourné chez la mère de Raymond d'abord, à Saint-Jean-d'Iberville, puis s'étaient rendus, sur les conseils de Raymond, passer le reste de l'été en Gaspésie. C'est là qu'Yvan Goll écrivit *Le Mythe de la roche percée* pendant que sa femme écrivait un roman. L'enthousiasme du jeune botaniste a influencé les deux écrivains qui lui décrivaient dans leurs lettres les découvertes de la péninsule et de l'île Bonaventure:

> *La pêche est miraculeuse en ce moment (...). Et les autres miracles de l'île: les agates de la plage, les oiseaux auxquels je me consacrerai dès demain, et les fleurs (...). Enchantement! Et dire que nous te devons tout cela; sans toi, comment aurions-nous eu le courage de choisir Percé!*[62]

Breton, lui, était venu au Québec deux ans avant Goll et fort probablement sur la même invitation que Goll avait tardé à accepter[63].

Breton aurait hésité, semble-t-il, à venir à Gaspé. La raison majeure, à en croire Yvan Goll, serait peut-être tout simplement la mer:

> *Les poètes (...), de nos jours, sont obligés de fuir la nature comme la peste. Pouvez-vous imaginer un surréaliste se promenant dans un champ de lobélies? André Breton me confia l'été dernier, qu'il haïssait la mer, qu'elle le mettait hors de lui*[64].

Breton vient pourtant, ce même été, avec Elisa Bindhoff[65], sur les côtes de la Gaspésie et à Sainte-Agathe où il écrit *Arcane 17*. Sur la plage de Percé, il fait la connaissance d'un sociétaire de la Comédie française exilé comme lui, et venu travailler durant la guerre à Montréal pour la société France-film: François Rozet. Aussi fou d'Elisa qu'Aragon est fou d'Elsa, Breton apprend avec son amie comment collectionner les agates; ils se lèvent sitôt que la marée baisse pour amasser ces pierres dont ils font un véritable mythe[66]. Quand, après avoir fait avec Élisa le tour de la Gaspésie, Breton se présente avec elle chez Rozet, à son appartement de Montréal, pour lui demander où ils trouveraient un lieu tranquille pour terminer *Arcane 17,* Rozet leur désigne quelques villages des Laurentides; il apprendra plus tard qu'ils se sont rendus jusqu'à Sainte-Agathe!

Arcane 17 évoque en effet un épisode du séjour de Breton au Québec, spécialement l'excursion qu'il fit avec Rozet à l'île Bonaventure, célèbre sanctuaire d'oiseaux. À l'approche des falaises, Breton, malgré les cris étourdissants des Fous de Bassan, écoute avec plaisir les vers de Baudelaire que Rozet, diseur extraordinaire, récite de mémoire.

Certains soirs, Breton et Élisa se retrouvaient à l'hôtel de Rozet pour recueillir, à son poste de radio, les nouvelles de la résistance française. C'est un de ces soirs que Breton fit la connaissance de Robert de Roquebrune et retrouva Alfred Pellan qu'il avait connu en France. Pellan lui disait son désir d'unir l'impressionnisme, le cubisme, le fauvisme et le surréalisme; ce que Breton, dit Rozet, accueillait par des: «C'est absurde!»[67].

Du séjour de Breton au Québec, il reste un merveilleux souvenir à

Élisa qui, à propos d'une toile de Riopelle, chante les couleurs d'automne des villages laurentiens:

> *Je ne suis pas près d'oublier ces maisons canadiennes dans la vallée.*
> *Elles sont de ce bois gris perle que la mer rejette sur les plages. Il y a toujours*
> *une cascade toute proche et dans les voix qui parviennent comme dans les voix*
> *de notre ami Riopelle, il y a ces beaux plis du vent qui se font et se défont[68].*

4. Les Automatistes

Pendant l'été de 1944 que Breton passe au Québec, les Sagittaires se retrouvent à Saint-Hilaire, près de Borduas, de Leduc et des trois soeurs Renaud (dont l'une, Louise, arrive de chez Matisse).

On avait loué la ferme des Charbonneau où venaient souvent Mousseau, Francoise Sullivan, Mimi Lalonde, Magdeleine Desroches et Bruno Cormier[69]. Sans compter les Gauvreau qui ont aussi une maison d'été près de Saint-Hilaire[70]. Les liens se resserrent, mais sans qu'il soit accepté que le groupe qui se forme s'affilie à celui de Breton dont on ne sait apparemment même pas la présence au Québec.

Après ces vacances, les événements se précipitent et les oeuvres du groupe de Saint-Hilaire, qu'on surnommera bientôt les Automatistes, se répandent à travers le Québec grâce à une exposition-forum organisée par Jacques Viau sous le patronage de Borduas. L'une de ces expositions venait d'avoir lieu au Collège Sainte-Croix de Montréal (23 avril — 1er mai 1944); les Sagittaires se manifesteront au Collège St-Thomas de Valleyfield (octobre 1944) et au Séminaire de Sainte-Thérèse (c. janvier 1945).

Mais en novembre 1944, Leduc se voit refuser quatre toiles à la Canadian Art Society dont il se retire; et pour faire contrepoids à la section des jeunes de la C.A.S. où il avait été admis dix-huit mois plus tôt (avec Mousseau qui y fut admis à 16 ans et Vermette à 15)[71], il songe à fonder officiellement un groupe autonome dont les Sagittaires seraient le noyau:

> *Borduas devra très probablement quitter la C.A.S. Il ne peut vraiment*
> *pas continuer la lutte, mais cette fois contre les jeunes (...). Borduas a dû*
> *s'engueuler avec Jacques de Tonnancour, qui est devenu un crétin parfait (...).*
> *Il faudra se regrouper[72].*
>
> *Le temps est venu, mon cher Guy, de nous grouper, de prendre une*
> *attitude non équivoque, d'affirmer des positions franches. Il faut à tout prix*
> *former un groupe restreint, intransigeant, respectant l'essentiel de l'oeuvre*
> *d'art, et exposant en commun. Toi, Bonin, Gauvreau, Mousseau, Morisset,*
> *Magdeleine et moi (...). Borduas croit que c'est la seule attitude possible*
> *actuellement[73].*

Quelle que soit la part de susceptibilité qui motive ce projet, il eut des suites. Leduc est encouragé dans ses recherches par Louise Renaud qui lui fait parvenir des envois de New York. Et comme Françoise Sullivan et Mimi Lalonde sont aussi à New York, leurs amis de Montréal profiteront de ce pied-à-terre pour de brefs séjours lors des expositions Matta, Gorky, Donati, Tanguy, Ernst. Ce seront Leduc et Cormier ou encore Claude Gauvreau et deux nouvelles recrues: Jean-Paul Riopelle et sa femme. Gauvreau raconte ce dernier voyage:

> À cette époque, on ne pouvait voir à New York aucun tableau d'une facture aussi évoluée que celle des oeuvres de Riopelle; Motherwell, par exemple, peignait alors des espèces de carrelages qui me semblaient tout à fait désuets. Riopelle alla montrer ses encres à Ozenfant (...); ses commentaires m'apparurent singulièrement pauvres en comparaison de ceux que j'avais l'habitude d'entendre de la bouche de Borduas (...). Riopelle alla aussi voir Matisse qui ne fut pas hostile aux encres mais ne les prit pas définitivement en considération puisque Riopelle ne bénéficiait encore d'aucun appui prestigieux. Peu de temps après, quand Riopelle revint avec le soutien capital de Breton, Pierre Matisse lui ouvrit les bras sans marchander[74].

Ce n'est pourtant que depuis le printemps de 1945 que Claude Gauvreau connaît personnellement Riopelle; il avait été ébloui par sa collaboration non-figurative à l'Exposition du Printemps. Riopelle partageait alors avec Barbeau et Mousseau un atelier où logeait Rémi-Paul Forgues. C'est à cette époque, à l'atelier de Fernand Leduc, rue Jeanne-Mance, que se connurent les poètes Gauvreau et Forgues. Pourtant, ils avaient tous deux publié des textes parus simultanément dans *Le Quartier latin* du 9 février 1945 à la demande de Jacques Dubuc et de Gabriel Filion; les deux poètes ne se connaissaient pas encore mais cherchaient à se rencontrer[75].

Le même printemps où Gauvreau faisait la connaissance de Riopelle, Leduc rencontrait Breton, le 1er avril, à New York. *Arcane 17* venait de paraître. Leduc s'attendait à une discussion sérieuse sur l'automatisme; il fut plutôt question des possibilités d'étendre à Montréal les ramifications de la révolution surréaliste internationale. Jaloux de son autonomie, étonné aussi de voir que dans l'esprit de Breton Gorky paraissait désormais plus important que Matta, Leduc revint à Montréal chargé d'une lourde déception[76].

De retour à Montréal, il s'adonne à des exercices d'automatisme mécanique auxquels s'adonnent aussi Barbeau, Mousseau et Riopelle, dans leur atelier de la Ruelle[77]. La consolidation du groupement automatiste est de plus en plus solide.

Reviennent les vacances à Saint-Hilaire. Des visites fréquentes de Barbeau et Riopelle chez Borduas facilitent leur intégration au groupe qui loge dans une ferme voisine: Leduc, Mousseau et les soeurs Renaud[78]. On y fourbit les armes d'une polémique pour le *Quartier latin*.

5. Une polémique sur le surréalisme

Il y a deux ans que les journaux servent à des passes d'armes. D'abord c'est la défense, par Forgues, de Stravinsky[79] et du jazz[80] dans *Le Jour*.

Puis Jean-Charles Harvey, le directeur du *Jour,* publie des articles ironiques où il s'en prend à l'art abstrait[81]. Plus tard, Harvey s'en prend encore aux artistes en mêlant dada, marxisme et surréalisme, leur donnant une signification des plus négatives[82]. Pierre Gélinas, chroniqueur des livres au *Jour,* fait de plus à Borduas l'injure de le présenter côte à côte avec Charles Maurras. Gélinas rejette le fascisme maurrassien[83]; mais sa critique du *Borduas* de Robert Élie est prétexte à croiser le fer avec le chroniqueur de peinture du même journal, Charles Doyon, dont il n'aime pas les commentaires sur les expositions surréalistes de 1942 et 1943[84].

Inutile d'expliquer pourquoi les amis de Borduas se tiendront désormais assez loin du *Jour.* Rémi-Paul Forgues, qui découvrit Borduas grâce au livre de Robert Élie abandonna sa collaboration au *Jour* et se tourna vers *Le Quartier latin* dont le nouveau directeur, Jacques Hébert, et le rédacteur en chef, Jean-Louis Roux, paraissaient plus ouverts.

Le Quartier latin, en 1945, est à son tour envahi par la querelle portant sur le surréalisme. C'est d'abord Jean-Louis Roux qui écrit une phrase incendiaire: «Le surréalisme a été fécond, mais Sartre l'a dit, c'est un mouvement épuisé»[85]. Et la réplique lui est donnée par François Lapointe:

> *On défigure ces mouvements si l'on se borne à les étudier uniquement comme mouvements artistiques. André Breton écrit, dans les* Pas perdus: *«Le cubisme fut une école de peinture, le futurisme un mouvement politique: Dada est un état d'esprit...» Si Marinetti et ses disciples célèbrent le machinisme, l'industrialisme, la vitesse etc, les futuristes affirment avant tout la nécessité du désordre, de la guerre et de la violence. Le surréalisme se concentre autour de recherches psychologiques sur l'activité inconsciente de l'esprit, mais n'oublions pas qu'il se double d'une métaphysique*[86].

Revenant à la charge, Roux indique qu'il n'est pas intéressé à considérer le surréalisme comme une philosophie; il ajoute, après avoir cité les définitions de Breton, que

> *d'après André Breton lui-même, le surréalisme ne peut (...) se passer d'une certaine extériorisation. On ne vit pas simplement le surréalisme, il faut l'exprimer. Et même «en dehors de toute préoccupation esthétique ou morale», la meilleure façon d'exprimer cette «toute puissance du rêve», n'est-ce pas la poésie, qu'elle se retrouve dans la peinture, dans la littérature, dans la sculpture, ou encore mieux dans la danse ou dans le cinéma?*[87]

Forgues reprend alors à Le Moyne le mot de «rupture», en l'associant directement au surréalisme mis en question et en parlant d'«accès total de l'homme au merveilleux»:

> *Il est satisfaisant de penser que plusieurs d'entre nous ont rompu avec tous ceux, maîtres ou idoles, responsables de l'annihilation de l'esprit (...). Dès aujourd'hui, nous adhérons entièrement au surréalisme; nous serons ces «travailleurs horribles» dont parle Rimbaud, unis dans le désir de l'émancipation humaine*[88].

Bruno Cormier, ami de Pierre et de Claude Gauvreau (il signera plus tard le *Refus global),* revient sur ce mot de rupture à son tour, en l'appliquant encore au surréalisme. Il veut une rupture totale:

> *Pour combler ce décalage entre notre temps et nos idéologies surrannées, le retour sur le passé n'est pas une solution. La réponse possible à ce problème: rompre avec tout ce qui nous lie. Les préjugés religieux et nationaux, l'habitude de penser d'une façon, la bêtise transmise de pères en progénitures, l'adhésion non justifiée par sa raison à une philosophie, toute pensée qui n'a pas comme base l'homme... sont des liens.*
>
> *Nous sommes un navire amarré, la vie est dans la mer; coupons les cables. Après ce moment seul de la coupure notre position sera belle, honnête, active; toutes nos possibilités découvertes tendront vers leur réalité. Le refus de la rupture nous maintient «like a bird in the cage»*[89].

«Refus», «rupture», «rompre avec tout», «accès total au merveilleux»: ces mots sont dans l'air[90]. La tournure de la polémique ne plaît pas au *Devoir* qui s'y introduit. Jacques Delisle y dénonce les Sagittaires et les titres donnés à leurs toiles[91]; il se fonde sur l'oeuvre réactionnaire de Dominique Laberge, *Anarchie dans l'art*[92]. Une réplique lui vient dans *Le Quartier latin,* signée par Louis Franchet[93] (cette réplique avait été refusée par *Le Devoir*). Le même mois, mars 1946, Jean-Louis Roux, réconcilié avec les Sagittaires, prononce devant eux une conférence sur «les Monstres sacrés»[94]. Toujours en 1946, le Père Gérard Petit allait reprendre les mêmes attaques dans le quatrième chapitre de *L'Art vivant et nous.* Le chapitre, intitulé l'*Anarchie des puissances: le surréalisme,* contient cette perle: «Les surréalistes souffrent, en général, d'une véritable obsession d'érotisme et de troubles paranoïaques»[95].

Rien n'empêche cependant les Sagittaires de produire. Une exposition a lieu en 1946, regroupant définitivement les ateliers Leduc-Mousseau et Barbeau-Riopelle:

> *Leduc (...) avait beaucoup lu Breton et c'est lui qui voulait la constitution d'un groupe de peintres autonomes situés à la fine pointe de l'évolution et orientés dans un sens unanime. Le projet d'une exposition collective d'une seule tendance fut donc décidé et c'est ainsi que l'exposition de la rue Amherst eut lieu en 1946 (...). C'est en coïncidant avec une exposition solo de Borduas, ainsi que l'avait souhaité Leduc, que l'exposition collective eut lieu au 1257, rue Amherst, dans un local que venait d'évacuer l'armée personnelle de ma mère. Les sept exposants étaient (par ordre alphabétique) Barbeau, Borduas, Fauteux, Gauvreau, Leduc, Mousseau, Riopelle*[96].

Ce n'est que plus tard, lors de l'exposition de la rue Sherbrooke, en 1947, que les Sagittaires et leurs nouveaux amis seront clairement désignés comme les «Automatistes». Mais cette désignation est rétroactivement appliquée aux exposants de la rue Amherst. Nous y reviendrons.

B. Images et textes

La peinture québécoise a donc rompu les amarres. Qu'en est-il de la poésie depuis *Regards et jeux dans l'espace* (1937)?

La poésie du Québec entre, en 1944, dans une phase nouvelle. On voit surgir des oeuvres d'équipe. Alfred Pellan illustre des poèmes d'Alain

Grandbois; le Sagittaire Gabriel Filion illustre des poèmes de son ami Carl Dubuc et Jacques de Tonnancour illustre des contes de Réal Benoît. Apparaît aussi une collection d'oeuvres de collaboration, les «Cahiers de la file indienne», dirigée par les poètes Gilles Hénault et Éloi de Grandmont. Les recueils qu'ils publient sont illustrés par Pellan et les Sagittaires Charles Daudelin et Jean-Paul Mousseau. Enfin, une revue est lancée, *Les Ateliers d'arts graphiques,* qui associe la poésie à la peinture, la gravure et la sculpture. Le sommet est atteint avec le cahier *Refus global* où tous ces arts se retrouvent avec, en plus, le théâtre et la danse. Ensuite viennent les très belles éditions de la maison Erta de Roland Giguère où se retrouvent plusieurs des grands noms de la poésie, de la peinture et de la gravure du Québec.

Il a paru opportun d'aborder cette période de la poésie québécoise sous l'angle du rapprochement des arts. Parce que ce rapprochement n'a jamais été souligné suffisamment et parce qu'il est une manifestation en soi de l'esprit des surréalistes qui recoururent parmi les premiers à cette fusion des arts.

1. Alain Grandbois

Le premier poète à «couper les câbles», pour paraphraser l'expression de Cormier, devait être Grandbois. Il n'y avait guère au Québec de poète plus habitué que lui à rompre les amarres. Depuis vingt ans qu'il sillonnait le monde! On le retrouve par exemple à Paris en 1920, en 1922, en 1926.

Cette année-là, 1926, il fait à Paris la connaissance d'Alfred Pellan et de Blaise Cendrars. Plus tard, il établira son pied-à-terre à Port-Cros, en 1929. Ce nouvel habitant des îles est toujours en voyage. «La vie est dans la mer», a dit Cormier; nul ne l'a su mieux que Grandbois, quittant chaque année Port-Cros pour se rendre en Italie, en Afrique, et au Québec, en 1929; il est en Indochine, en Inde et à Tahiti, en 1930; en Chine, en Mandchoukouo, en Russie et au Japon, de 1933 à 1934; il visite l'Espagne, en 1935, l'Italie, en 1936, Berlin et Paris, en 1937[97].

Quand Grandbois fit paraître au Québec *Les Iles de la nuit,* René Chopin (autrefois du Soc et du *Nigog)* crut reconnaître dans l'oeuvre une appartenance surréaliste[98]. Selon lui, cette oeuvre d'inspiration cosmopolite devait son unité à la vision de Breton. Le jugement de Chopin mérite d'être étudié.

On retrouve bel et bien dans *Les Iles de la nuit* des effets de dépaysement et d'hallucination. Cependant, Jacques Brault a raison de se méfier de certains simplismes consistant à accoler trop facilement à Grandbois cette étiquette, comme le fit par exemple Auguste Viatte, dix ans après René Chopin: «Ses *Iles de la nuit,* en 1944, inclinent la poésie canadienne vers les parages du surréalisme»[99]. Jacques Brault écrit:

> *Certains critiques (Viatte, Baillargeon) ont cru simplifier la question en situant cette poésie dans le courant surréaliste. C'est là une solution trop confortable et qui risque d'abuser les gens. Car une poésie libre et qui utilise les meilleurs apports du surréalisme ne verse pas de soi dans l'incohérence[100].*

Mais Brault va trop loin. D'abord en laissant entendre que le surréalisme est incohérence (comme si une poésie de l'in-conscience était poésie de l'incohérence); ensuite, dans sa seconde édition, en supprimant le texte ci-haut mentionné pour le remplacer par une affirmation trop absolue: «Le surréalisme, l'exotisme, le naturalisme quotidien sont presque absents de la poésie de Grandbois»[101]. Les amis de Grandbois ne sont-ils pas de ceux qui, comme Bill Carlton qu'il évoque dans *Le 13,* récitent «sans se lasser, comme une sorte de monologue intérieur, (des vers) de Guillaume Apollinaire, de Saint-John Perse, de Paul Éluard»[102]?

Il serait intéressant d'approfondir l'influence sur Grandbois du cubisme littéraire de Cendrars[103], d'Apollinaire ou même d'Aragon et d'Éluard première manière. Surtout quand on se souvient de l'importance que Grandbois accorde à son compatriote Guy Delahaye qui connaissait les manifestes futuro-cubistes[104] et quand on se souvient que plusieurs poèmes des *Iles de la nuit* avaient paru (hors commerce, en Chine) en 1934 et furent donc écrits dans les années qui suivirent les contacts de Grandbois avec les cubistes. Mais ce poète n'a rien d'un imitateur et l'intérêt porté à ces maîtres n'a rien d'une servitude. Il le précise dans la préface aux *Objets trouvés* de Sylvain Garneau où il met les lecteurs en garde contre l'imitation inconsidérée d'Éluard, d'Aragon, de Supervielle ou la sienne propre[105].

Une démarche de Grandbois dont on a parlé quelquefois, sans référence explicite au surréalisme, est celle de l'hallucination[106]. On sait les déclarations de Breton, dès le *Manifeste* de 1924, sur cette démarche:

> *Les hallucinations, les illusions, etc. ne sont pas une source de jouissance négligeable. La sensualité la mieux ordonnée y trouve sa part et je sais que j'apprivoiserais bien des soirs cette jolie main qui, aux dernières pages de l'*Intelligence *de Taine, se livre à de curieux méfaits[107].*

Nous ne prétendons pas, à cause du recours de Grandbois aux images d'hallucination et de dépaysement, que tout soit surréaliste dans les *Iles de la nuit,* loin de là. Et le poème «les Mains coupées», même s'il se termine sur une évocation du «soleil noir», est quand même un poème régulier en cinq strophes d'octosyllabes rimés. Mais que de force hallucinatoire dans «Tunnels planétaires»:

> *Je retournais à des portes géantes*
> *soutenues par le feu*
> *Des écumes ténébreuses refoulaient*
> *un fleuve démesuré vers des espaces*
> *grouillant de mondes descellés*
> *Et ces hautes colonnes de joie*
> *Souvenirs O Souvenir*
> *s'écroulant soudain comme*
> *un plomb fondu*
> *O chères captivités Liens bénis de*
> *la folie[108].*

Ce sont souvent images d'exil, de pays de dépaysement et d'insularité que les images des *Iles de la nuit*[109]. C'est, au delà de l'obscur, la danse macabre, l'éloge de la folie et de la dernière sagesse:

Ta forme monte comme la blessure du sang
Tes bras étendus font le silence
Ton blanc visage fixe le temps

Au delà les désespérés
Dévastant le centre des tempêtes

Au delà l'Obscur fuyant comme
mille fleuves
Arrache la dernière sagesse[110].

Il n'est effectivement pas possible d'interpréter Grandbois sans parler:

De son long voyage insolite
À travers l'incantation du temps[111].

Grandbois évoque si souvent, dans les premiers poèmes de *Rivages de l'homme*, «Ces îles fantômes»[112] ou «Les doux fantômes de la nuit»[113]; il revient si souvent sur les «jeux de la colline magique»[114], les «sortilèges de la nuit»[115]; ses vers sont si souvent «blasphèmes ténébreux»[116] ou «ensorcellement de l'aube»[117], qu'on doit reconnaître chez lui une poésie de la surréalité. On ne peut concevoir la poésie de Grandbois sans se référer à la notion d'incantation dont les charmes font surgir le monde surréel:

Mais il suffit peut-être
O terre
De gratter légèrement ta surface
Avec des doigts d'innocence
Avec des doigts de soleil
Avec des doigts d'amour
Alors toutes les musiques
Ont surgi d'un seul coup
Alors tous les squelettes aimés
Tous ceux qui nous ont délivrés
Leurs violons tous accordés
Ont d'abord chanté
Sans plaintes sans pleurs[118].

Dans *L'Étoile pourpre*, où les images érotiques sont peut-être plus nombreuses ou plus évidentes que dans les recueils antérieurs, on retrouve encore les lieux explorés par les surréalistes; y compris, comme dans le poème «Noces», ce bestiaire d'amour des loups, méduses, poulpes et serpents rappelant quelque toile de Miro:

Coulant à pic tous les deux
Aux profondeurs marines
Sa longue chevelure flottant
Au-dessus de nos têtes

Comme des milliers de serpents frémissants
Nous sommes droits et debout
Liés par nos chevilles nos poignets
Liés par nos bouches confondues
Liés par nos flancs soudés (...)
L'absolu nous guette
Comme un loup dévorant (...)
Ah plus de ténèbres
Plus de ténèbres encore
Il y a trop de poulpes pourpres
Trop d'anémones trop crépusculaires[119].

C'est la plongée plus loin que le crépuscule, plongée vers les ténèbres absolues à la recherche occulte de la lumière noire, de la caverne aux pierres merveilleuses, du cristal noir qu'est l'amour fou:

Rigides et lisses comme deux morts
Ma chair inerte dans son flanc creux
Nos yeux clos comme pour toujours
Ses bras mes bras n'existent plus
Nous descendons comme un plomb
Aux prodigieuses cavernes de la mer
Nous atteindrons bientôt
Les couches d'ombre parfaite
Ah noir et total cristal
Prunelles éternelles[120].

Chez Grandbois, on trouve aussi parfois de ces jeux et sortilèges dont on a dit, à propos de Garneau, à quel point ils pouvaient se rattacher à une influence surréaliste. Ce jeu mène aux même cavernes occultes que dans «Noces»:

Fermons l'armoire aux sortilèges
Il est trop tard pour tous les jeux
Mes mains ne sont plus libres
Et ne peuvent plus viser droit au coeur
Le monde que j'avais créé
Possédait sa propre clarté
Mais de ce soleil
Mes yeux sont aveuglés
Mon univers sera englouti avec moi
Je m'enfoncerai dans les cavernes
    profondes
La nuit m'habitera et ses pièges tragiques
Les voix d'à côté ne me parviendront plus
Je posséderai la surdité du minéral[121].

Hallucination, dépaysement, amour fou, bestiaire ithyphallique, pierres et soleils noirs justifient qu'on situe cette poésie «dans la ligne d'un surréalisme modéré»[122]. Grandbois n'est cependant pas un surréaliste au sens strict, pas plus que ne le sont demeurés Aragon ou Éluard[123].

2. Gabriel Filion et Pierre Carl Dubuc

En 1944 parut aussi *Jazz vers l'infini,* de Pierre Carl Dubuc, illustré par les Sagittaires Gabriel Filion et Fernand Bonin. Il convient de présenter en particulier Filion avant d'étudier l'oeuvre de Dubuc, dans la mesure où l'amitié et la collaboration Dubuc-Filion rattachent un tant soit peu l'ouvrage aux recherches des Sagittaires.

Filion avait fait ses études avec Dubuc au Collège Jean-de-Brébeuf, d'où François Hertel l'avait orienté vers l'École du meuble auprès de Borduas, en 1941. En 1944, ils collaborent à deux réalisations: Filion illustre le livre de Dubuc, et Dubuc fait la présentation dans *Le Quartier latin* d'une exposition organisée par Filion à l'Université de Montréal.

Dubuc fit, dans le journal des étudiants, la critique de l'exposition organisée par son ami: «Certains oublieront que de jeunes peintres indépendants, parce qu'ils sont jeunes, ne peuvent vouloir être dogmatiques, et parce qu'ils sont indépendants, ne peuvent vouloir faire école»[124]. Ces mots prudents (les moins énigmatiques d'un texte où déjà Dubuc s'avère spécialiste de l'ironie) avaient pour but de rassurer les inquiets qui pourraient être bouleversés par cette exposition révolutionnaire. Ils font voir aussi qu'un an après leur première exposition, les Sagittaires n'avaient rien perdu de leur esprit de liberté totale et que Dubuc leur était sympathique[125].

Le recueil de poèmes de Dubuc n'était guère moins déconcertant que l'exposition des Sagittaires. À lui seul, le titre pouvait évoquer une musique essentiellement improvisée, utilisant des moyens populaires et traduisant parfois des évocations surréelles. Mais pourquoi des sonnets (sonnet sur les Muses, sonnet sur Phidias)? Peut-être par volonté de jouer les contrastes insolents et opérer de cette manière le dépaysement. Comme dans le sonnet classique sur le futuriste Le Corbusier. Ou comme dans cette chute de la «Prière aux Muses», chute qui fait du poème une sorte d'anti-sonnet:

> *Mais n'attendez-vous pas l'étrange humanité*
> *Qui gueulera ce jour où cracher sur les Muses*
> *Sera l'ivre mépris de l'antique beauté?*[126]

Le préfacier, Pierre Vadeboncoeur, avoue aimer, dans cette poésie, la tendance à rejeter les lois esthétiques astreignantes, coupées de la vie et du peuple:

> *L'esthétique me paraît bien être une idée occidentale. C'est une chose assez superficielle. Dans l'Occident, la beauté est une idole. Je sens curieusement qu'on amoindrit une oeuvre en la qualifiant de belle (...). J'aime ces vers peu esthétiques. Ils sont beaux, mais n'ont point été créés pour les esthètes*[127].

Le jugement de Vadeboncoeur s'applique assez bien en particulier à la longue série des ballades de Dubuc:

> *Je ne suis pas intelligent:*
> *On me permet d'être baroque,*
> *Quand je veux être divergent (...)*
> *Dans ce monde apocalyptique*
> *Où ma folie est un siphon*
> *Qui gicle à petits coups, unique,*
> *Je veux être fou jusqu'au fond*[128].

Dubuc n'en est cependant pas à l'automatisme. Filion lui-même, qui est pourtant parmi les premiers Sagittaires, n'adhérera jamais à l'automatisme et refusera de signer *Refus global,* manifeste de Borduas. Il signera de préférence *Prisme d'yeux,* manifeste de Pellan et de Tonnancour.

3. Jacques de Tonnancour et Réal Benoît

L'année suivante, en 1945, paraît *Nézon* de Réal Benoît, avec illustrations d'un autre avant-gardiste, Jacques de Tonnancour. Quelques mots du peintre avant d'analyser l'oeuvre du poète, même si de Tonnancour dira plus tard qu'il «n'accorde aucune importance particulière»[129] à sa collaboration au *Nézon* de Benoît. Il s'agit effectivement ici de deux oeuvres de jeunesse, comme pour *Jazz vers l'infini,* de Dubuc et de Filion. Cette publication est cependant la première contribution à la littérature de celui qui fut à la fois un ami de Borduas et un disciple de Pellan, de celui qui fut même l'auteur du manifeste des disciples de Pellan: de Tonnancour.

Dès le retour de Pellan, de Tonnancour emboîta le pas à la révolte contre l'académisme et manifesta cette révolte dans un article retentissant: «L'École des beaux-arts ou le massacre des innocents». C'était dans *Le Quartier latin,* en 1940: Maillard avait installé une nature morte pour l'examen de quatrième année; de Tonnancour avait claqué la porte et rédigé son article incendiaire. En 1944, dans *Gants du ciel,* il publia ensuite des «Propos sur l'art»[130] que malheureusement, la revue de Caillois et d'Aragon accueillit avec hauteur: «maladroit et prétentieux, obscur de pensée et d'expression»[131]. Il avait été mieux accueilli dans *Le Jour* où Charles Doyon l'avait comparé à Pellan et à Borduas, disant de lui qu'il se classait d'emblée «parmi ce groupe de peintres excellents, qui font que l'École de Montréal est à l'honneur de notre pays»[132].

Dans son article intitulé: «Alfred Pellan, propos sur un sorcier», en 1941, de Tonnancour aborda la question de la surréalité. Il souligna que Pellan «disait oublier de plus en plus la réalité extérieure pour serrer de plus près, isolément, l'autre réalité»[133].

Puis, à l'occasion des gouaches surréalistes exposées par Borduas à l'Ermitage en 1942, il publia dans *La Nouvelle Relève* une «Lettre à Borduas»[134] dont l'accueil chaleureux ne fut jamais oublié par le destinataire qui lui gardera son amitié même au-delà de certaines querelles venues plus tard et qui ne durèrent pas. Borduas avait d'ailleurs répondu

par une critique tout aussi encourageante à la fin de la même année[135].
Un an plus tard, Julien Hébert, qui partagea le premier atelier de Jacques de Tonnancour, écrivit à son tour un article, «Surréalité», où il soulignait l'importance de Borduas et de ce qu'il appelait, sans nuance péjorative, ses «exercices spirituels et obscurs»[136].

De Tonnancour, lui, a déclaré toutefois «ne pas s'identifier avec le surréalisme»[137], respectant chez d'autres une voie qui ne fut jamais tout à fait la sienne. Si le surréalisme influence de Tonnancour, ce n'est pas en peinture. Car, pour lui, le surréalisme n'est pas plastique, mais littéraire[138]. Il se réfère ici à l'écriture automatique qui est l'expérience inaugurale des surréalistes et dont Pierre Naville avait toujours contesté les applications en arts plastiques. «Le rêve, le mystère, il en veut. Mais pas à la façon de Tzara ou de Breton, ou de Dali-le-clown-intellectuel»[139].

Nézon, de Réal Benoît, est un recueil de contes fantastiques qui avaient paru depuis 1941 dans la revue *Regards[140]* dont Benoît était secrétaire. Il ne s'agit pas de contes surréalistes, mais la fin de certains de ces contes nous plonge cependant en pleine surréalité[141]. Le conte «Tout en rond — Tout en jaune», lui, est tout entier influencé par cet esprit. Son écriture fantaisiste s'apparente si souvent à la transcription d'une pensée magique qu'elle se distingue fortement des proses plutôt réalistes de l'époque (à l'époque, on publie encore au Québec des romans et des nouvelles de terroir comme *Trente arpents* (1938) de Ringuet et *En pleine terre* (1942) de Germaine Guèvremont).

> *J'étais arrivé dans la ville avec les yeux et les oreilles d'un jeune homme que je n'avais jamais connu (...). Je retrouvais ce jeune homme et non point la vache pie, un cheval caille qui accourait me saluer de quelques phrases bien senties en anglais (...). Et voilà donc que j'arrivais dans la ville à cheval sur une citrouille géante que faisaient rouler pour moi deux noirs sympathiques et rieurs, issus de la race des Bicéphales (...). J'étais déjà graine de citrouille sur le dos de deux ingrates fourmis (...). Un couple de jeune Chinois amoureux me dégusta peu après en un nid d'hirondelles[142].*

Ce conte est d'un onirisme érotisant qui lui donne l'aspect d'un cauchemar merveilleux où, par exemple, la description de la fille fondante relève d'un art raffiné, à la Dali:

> *Je fis un rêve: une toute petite jeune fille me lançait des yeux de feu, en baissant la tête comme pour cacher avec son menton sa menue poitrine dorée (...). Et voilà qu'elle me faisait maintenant des petits signes. Je ne comprenais rien. Alors sans plus elle prit un air indicible et se mit à diminuer devant moi, à fondre mélancoliquement. Adieu, petits seins, semblait-elle dire; adieu petites fesses (...). Il ne lui restait plus que les cheveux, le nombril et les genoux[143].*

Ce n'est que dans le conte «Julie» que l'auteur fait mention explicitement de son secret esthétique: fascination, surprise, humour. Voici comment l'auteur, en aparté, nous livre ses desseins:

> *Tu feras, me disais-je, dans mon for intérieur, une sorte de crescendo aboutissant à quelque dénouement-surprise, fascinant, qu'on ne trouvera*

jamais dans le dictionnaire des 18,000 situations ou énigmes de romans.
Ensuite, ajoutais-je dans mon for, toujours le même, tu pourras avec amour,
emphase et volupté non déguisée, finir avec un portrait en pied de ton héroïne
et défier en même temps tous les jeunes auteurs canadiens au jeu de la descrip-
tion de la gorge, des seins, des cuisses et entre-cuisses[144].

À vrai dire, les descriptions érotiques sont rarement plus qu'allusives
et l'ouvrage se distingue plutôt par la fantaisie onirique que par le dépaysement érotique.

La fin du conte «Fenêtre ouverte sur le monde» (autrefois «Elzéar»)
est une des plus mystérieuses et des plus déroutantes. On y retrace l'Icare
ou l'Ange sur la ville chers à Chagall et à Pellan, dans un poème surrationnel où les vers sont entrecoupés de silences:

> *Il se donna de grands coups sur la poitrine, lança un grand cri, arracha*
> *sa blouse d'or et de sang, et, se bombant le torse qu'il avait affreusement*
> *maigre et concave, mit deux mains de neige sur mon pupitre et, après m'avoir*
> *averti de quel ton il se servirait: celui de la prière et de la supplication, il me*
> *dit, presque psalmodiant:*
>
> *La Lune à cette porte m'attend*
> . . . .
> *Que les maraîchers pensent à moi céans*
> . . . .
> *De trois mois je n'ai mangé de topinambours*
> . . . .
> *O disque d'argent, à toi vont mes amours*
> . . . .
>
> *Et lentement, il laissa glisser complètement sa culotte. Il était complète-*
> *ment nu, avec la seule lavalière qui lui fleurissait au cou, maigre à faire peur,*
> *horriblement décharné, corps vert et gris (...). Puis, sans mot dire, avant*
> *que j'aie pu faire un seul geste, il enjamba la fenêtre d'un bond et disparut*
> *comme la flèche de l'Indien[145].*

À lire ces essais de littérature fantastique, on ne sera pas surpris de
voir paraître le nom de Benoît au sommaire des *Ateliers d'arts graphiques*
auxquels contribueront les disciples de Borduas et, surtout, les disciples
de Pellan.

4. Éloi de Grandmont

Les Cahiers de la file indienne inaugurèrent en 1946 une ère nouvelle. Fondés par Gilles Hénault et Éloi de Grandmont qui signent les
deux premiers livres de la collection, ces cahiers avaient pour but de faci-
liter la publication d'oeuvres d'écriture automatique[146]. Ces oeuvres sont
toutes illustrées par des peintres qui ont d'une manière ou d'une autre
pratiqué le surréalisme ou l'automatisme: Alfred Pellan, Charles Daudelin, Jean-Paul Mousseau et Toni Simard.

Éloi de Grandmont, qui signe le premier cahier, avec dessins de
Pellan, venait tout juste, cette même année, de signer un avant-propos
aux *Cinquante dessins d'Alfred Pellan*. Le fait que Pellan, ayant bénéficié
d'un avant-propos de son ami de Grandmont, ait illustré en retour *Le*

Voyage d'Arlequin signifie-t-il que Pellan et de Grandmont eussent les mêmes intentions quant au surréalisme? Jusqu'à un certain point, oui. Car c'est en ce sens que de Grandmont répond à une question sur l'importance du surréalisme dans son oeuvre. Il profite en effet de la question pour réaffirmer sa solidarité à l'égard de Pellan:

> *L'automatisme est un jeu que nous pratiquions il y a bientôt vingt ans. Définition: je dis que c'est un jeu. Ce jeu est fou de surprises (...). Le surréalisme fut une surprise. Merveilleuse, à mon point de vue. Mais, comprenons-nous bien, la découverte du surréalisme ne venait pas de Borduas. Elle venait de Pellan[147].*

Y a-t-il donc automatisme ou surréalisme dans *Le Voyage d'Arlequin?* Il y a surtout, semble-t-il, une poésie de féerie et de miroitement que soulignent habilement les dessins d'arlequins par Pellan. Féerie surrationnelle quand, par exemple:

> *Arlequin secoue*
> *À deux mains le vent*
> *Et la langueur des rechutes[148].*

La marche d'Arlequin voyageur est le plus souvent danse et entrechat, comme il se doit, et elle est toujours associée à des effets de lumière (étoile, lune, lampe, feu):

> *La fenêtre a baissé les yeux.*
> *Sur la table verte, la lampe*
> *Meurt de soif. Toi, cher Arlequin,*
> *Ton masque tombe des étoiles (...).*
>
> *Allons tendre nos bras nouveaux,*
> *Entre inconnus, pour entreprendre*
> *La danse de la pomme en feu,*
> *Une danse rouge de joie[149].*

Éclatement des formes et de la lumière qui rattache de Grandmont au cubisme autant qu'au surréalisme, ce qui correspond aux observations faites à propos de Pellan. Par exemple, une métaphore du recueil amènera Pellan à une illustration d'Arlequin flottant en l'air la tête en bas; on reverra par la suite chez Pellan cette image d'un personnage aérien, sorte d'ange flottant[150]. De Grandmont écrivait:

> *Tous trois nous avons été pendus*
> *Au ciel par le truc du mystère (...)*
>
> *Arlequin s'était cru collé*
> *À la terre comme une équerre[151].*

Cette danse astrale dans le ciel est toute surprise et surréalité, conte féerique comme les contes de Benoît. Sans doute le voyage d'Arlequin est-il un voyage merveilleux. Mais le personnage d'Arlequin est surtout cubiste. Aussi bien que le «Polichinelle» qu'André Béland dédie à de Grandmont et qu'il décrit comme

> *Ce domino mauve au fantasque*
> *Travestissement de gala[152].*

On a dit que Pellan rêvait de renverser Paris par un art qui aurait fait la synthèse de l'éclatement impressionniste de la lumière, des contrastes de couleurs fauves, des forces de la structure cubiste et de l'onirisme surréaliste[153]. Il y a de ce syncrétisme dans *Le Voyage d'Arlequin,* qui fait appel, comme certaines toiles de Pellan, aux différentes écoles contemporaines, y compris le surréalisme.

5. Charles Daudelin et Gilles Hénault

C'est Charles Daudelin qui est appelé à illustrer le deuxième des Cahiers de la file indienne, *Théâtre en plein air,* de Gilles Hénault. Comme Daudelin était élève de Borduas à l'École du meuble et qu'il avait exposé avec les Sagittaires en 1943, sa collaboration au *Théâtre en plein air* souligne l'appartenance déjà connue de Gilles Hénault au mouvement automatiste. En effet, un critique comme Jean-Charles Harvey, par exemple, quand il commente l'exposition des Sagittaires, ne retient entre toutes qu'une toile de Daudelin[154].

Quels furent les rapports réels de Daudelin avec le surréalisme? Bernard Tesseydre nous rappelle à son propos trois choses: 1) qu'il assistait aux réunions tenues chaque mardi chez Borduas, où on discutait d'*Une Saison en enfer,* des *Chants de Maldoror,* du *Château étoilé,* etc.; 2) que c'est dans son ancien atelier, loué à Mme Villandré que s'installe le 25 novembre 1944, Fernand Leduc, un des théoriciens montréalais du surréalisme; 3) que, par contre, si Borduas hésite à prendre la tête du mouvement qui se dessine chez les Sagittaires, c'est parce que, selon les mots de Gauvreau, «il redoutait d'écarter ou de décourager certains jeunes peintres aux tendances un peu différentes, Charles Daudelin notamment»[155].

Attitude assez ambiguë. Cette ambiguïté explique peut-être, pour lui comme pour Gabriel Filion, pourquoi les illustrations du *Théâtre en plein air* sont plutôt figuratives. Toutefois, le figuratif n'entrait pas en contradiction avec le recueil de Gilles Hénault qui se voulait une tentative d'écriture automatique, mais d'un automatisme qui n'avait aucune ressemblance avec les objets poétiques non-figuratifs qu'écrira Claude Gauvreau.

Car les influences subies par Gilles Hénault sont différentes de celles des automatistes. Pierre Baillargeon, fondateur d'*Amérique française,* lui fit découvrir Paul Valéry[156]. Il y eut l'aîné Jean-Aubert Loranger, journaliste comme lui, par qui il connut les oeuvres de Saint-John Perse[157]. Il y eut l'équipe de *La Nouvelle Relève,* aussi fondée en 1941, et à laquelle Hénault collabore avec Louis-Marcel Raymond (qui faisait connaître autour de lui Aragon, Breton, Goll et leurs revues: *Lettres françaises, VVV, Hémisphères[158]);* et Robert Élie (qui prêtait à ses amis les oeuvres de Lautréamont, Éluard, Reverdy). Il y eut l'acquisition par Hénault de six années complètes de *La Nouvelle Revue française* où il trouva des oeuvres de Breton, Éluard, Jouve, Michaux, Sartre. Hénault dit avoir été particulièrement marqué par le manifeste «Limites non-frontières du surréalisme» de Breton, qui fut écrit à l'occasion de la 2ᵉ exposition internationale du surréalisme à Londres, en 1936[159]. Hénault fit lire ce manifeste à Borduas[160]. C'est peut-être le seul manifeste surréaliste que Borduas ait eu l'occasion de lire en entier avant celui de 1947 que Riopelle rapportera d'Europe *(Rupture inaugurale)*. Borduas aurait refusé catégoriquement alors de donner primauté à la matière sur l'esprit. Il faut dire que Breton lui-même avouera plus tard que ce principe «impliquait de la part de plusieurs d'entre nous d'appréciables sacrifices», ajoutant, à propos du marxisme: «cette violence que j'avais dû me faire ne m'a pas aidé longtemps à tenir la corde»[161]. Entre le monisme spiritualiste de Hegel et le monisme matérialiste de Marx, les surréalistes optent pour un jeu dialectique ouvert en permanence[162]. Les automatistes, Claude Gauvreau en particulier, parleront de «monisme athée»[163]. De plus, Borduas n'acceptait pas que les disciples s'engagent dans un parti en particulier. Car l'engagement qui lui paraissait nécessité par toute adhésion au manifeste de 1937 constituait pour Borduas un empêchement à la spontanéité et à l'engagement plus profond de l'aventure personnelle[164]. Mais, nous y reviendrons, Borduas et Gauvreau accepteront d'emblée, de ce manifeste, les notions de hasard objectif et de nécessité, de même que la distinction entre contenu manifeste et contenu latent de l'oeuvre d'art[165].

Pour l'instant, retenons que Gilles Hénault, qui avait régulièrement participé aux activités des automatistes (il tint un rôle dans *Bien-être,* de Claude Gauvreau, en mai 1947[166]), ne fut pas approché, en 1948, pour signer le *Refus global.* Il fut alors considéré comme définitivement écarté du mouvement automatiste à cause de son inscription au parti communiste, inscription qui datait de 1946. Pourtant, lorsque certains communistes avaient blâmé les automatistes de n'être pas assez «populaires» ou «démocratiques», Hénault avait pris la défense de Borduas, principalement contre Pierre Gélinas[167]. Cette querelle avait pris de l'importance au point que Claude Gauvreau a situé dans ce contexte de lutte idéologique l'exposition de la rue Amherst, en 1946 également:

> *L'exposition avait lieu dans un milieu populaire et je n'ai jamais oublié depuis que les gens du peuple n'avaient que peu de préjugés et qu'ils parvenaient assez facilement à concevoir la légitimité de cette entreprise à la suite de quelques explications sincères; par contre, dès que surgissait un personnage à bottines vernies, c'était tout de suite l'étalage de prétentions sottes et le persiflage d'autant plus méprisant qu'il était plus aveugle[168].*

Dans *Théâtre en plein air,* la question de l'engagement social de Hénault est déjà perceptible, mais en sourdine: allusions à la fraternité et à la communication. Le style relève assez peu de l'«automatisme psychique pur» — malgré les prétentions des Cahiers de la file indienne. «Simple monologue» est peut-être le seul poème automatiste de ce recueil.

Dans *Théâtre en plein air,* nous sommes pourtant situés à plusieurs reprises aux confins du réel et du surréel. Les images les plus évocatrices du surréel sont celles, maintes fois répétées, de la chevelure (qui est tantôt sidérale, tantôt spirituelle, tantôt surréelle) ou celles des bouches d'ombre. On retrouve aussi dans ce recueil des effets oniriques et des jeux de mots qui exploitent la richesse sonore de certaines syllabes[169]. Mais c'est effectivement dans «Simple monologue» que le rapport avec le surréel est le plus explicite:

> *L'homme ne disait rien. Ce que nous nommons monologues sont des dialogues avec quelque part ignorée de nous-même. Mais cet homme superbe que nous connaissons bien n'est qu'un roi sourd qui règne sans comprendre sur un peuple d'ombres. Si le roi règne et si ses ordres sont des glaives, il n'en règne pas moins sur des ombres qui traînent son char lumineux, par d'inextricables chemins, aux enfers surréels[170].*

Ces enfers surréels sont une jungle d'ombres violée par le regard intérieur que permet l'écriture automatique; la poésie automatiste y est une pénétration au coeur de la virginité crépusculaire de l'inconscient, remontant le passé jusqu'aux premières expériences adolescentes:

> *Ah, certes, nous n'avons jamais vu les forêts tropicales, le réseau des lianes autour des troncs millénaires, les mares stagnantes couvertes d'une écume verte et de fleurs vénéneuses aux centaines d'yeux; nous n'avons jamais tressailli dans la moiteur des nuits vivantes, pleines de voix en marche; nous n'avons jamais tendu nos narines attentives à respirer les choses pour surprendre la lente pulsation des sèves. Et pourtant, cette jungle ne nous est pas inconnue. Nous avons violé son mystère vierge. Plus nous descendons en nous, plus nous pénétrons en elle. Et davantage. Par ces crépuscules infinis d'automne, quand notre adolescence promenait son angoisse sur les routes qui chaviraient lentement dans l'ombre, ce cri et cette frayeur suprême, cette obsession de tout l'être, d'où venaient-ils[171]?*

Sur cet enfer règne une ombre mythique et l'humain sondé par la poésie automatiste n'est pas l'esprit de lumière reflet de Lumière comme on le prêche partout alors au Québec; influencé par le matérialisme dialectique, Hénault chante au contraire le corps matière insondable:

> *Et le corps aux abois si proche de mourir de n'être que le signe et le souffle et le sang et l'ombre d'une Ombre dans le miroir[172].*

On peut conclure, à propos du second Cahier de la file indienne, qu'il prolonge le débat sur le surréalisme sans être une adhésion bien nette à l'«automatisme-psychique pur» de Breton. Il faut recourir à une conférence donnée par Hénault à l'Université de Montréal, le 21 mars 1966, pour jeter plus de lumière sur les rapports du poète québécois face au surréalisme:

> *Breton (...) écrit ces phrases qui peuvent être assumées, au sens large, par tous les artistes, même par ceux qui refusent la perspective surréaliste. «Je souhaite que le surréalisme ne passe pour avoir tenté rien de mieux que de jeter un fil conducteur entre les mondes par trop dissociés de la veille et du sommeil, de la réalité extérieure et intérieure, de la raison et de la folie (...). Je*

crois à la résolution future de ces deux états, en apparence si contradictoires, que sont le rêve et la réalité, en une sorte de réalité absolue, de surréalité (...)».

Quoi qu'il en soit, la forme que prendra demain la réalité est déjà en germe dans la sensibilité de ceux qui réalisent leurs rêves en créant les oeuvres d'art d'aujourd'hui[173].

Cette référence de Hénault à Breton quant à la fortune du surréalisme dans l'art québécois s'applique, il va sans dire, à Hénault lui-même. Il l'avait écrit en 1946 pour un cahier automatiste resté inédit:

Nous ne nous proposons nullement de refaire, avec des moyens infiniment plus médiocres, le chemin déjà parcouru par le surréalisme au cours de l'entre-deux-guerres. Encore moins nous proposons-nous de transplanter ici et en bloc, les conclusions du mouvement surréaliste telles qu'énoncées par Breton dans ses plus récents articles. Mais ce que nous adoptons d'emblée, et dans tous les domaines, c'est l'attitude surréaliste et la démarche de pensée qu'elle détermine (...).

Le présent cahier est le premier témoignage collectif de notre attitude qu'on voudra bien considérer comme surréaliste[174].

On pouvait difficilement être plus explicite. Nous pouvons croire que l'esprit de ce texte, destiné à un cahier collectif, n'est pas étranger à celui du cahier *Refus global* mis en chantier à la fin de l'année suivante.

6. Fernand Leduc, Jean-Paul Mousseau et Thérèse Renaud

Le troisième Cahier de la file indienne est de beaucoup le plus authentique des ouvrages d'automatisme graphique qui ait paru au Québec jusqu'alors. Il est signé par Thérèse Renaud et illustré par Jean-Paul Mousseau. Le titre: *Les Sables du rêve.*

Thérèse Renaud a dix-huit ans à peine quand elle publie son premier poème automatiste dans *Le Quartier latin.* À cette époque, sa soeur Louise étudie les Beaux-arts puis s'en va à New York chez Matisse. Thérèse, elle, s'intéresse surtout au théâtre et à la poésie[175]. Elle et ses soeurs, comme on l'a vu, passent quelques vacances à Saint-Hilaire avec Fernand Leduc. Le livre de Thérèse Renaud est à peine imprimé (11 septembre 1946) qu'elle quitte le Québec pour s'installer à Paris où elle arrive le 22 octobre, suivie par Fernand Leduc (7 mars 1947)[176], où ils s'épousent.

Dans la poésie automatiste de Thérèse Renaud aussi bien que dans les illustrations de Jean-Paul Mousseau, on devine l'influence discrète de leur ami Fernand Leduc[177].

Qui est Fernand Leduc? Contentons-nous, pour le savoir, d'interroger son ami Claude Gauvreau:

Après Borduas, Leduc fut le premier à expérimenter l'Automatisme. Comme Borduas et lui étaient les deux seuls automatistes on accusa Leduc[178] *d'être un servile copieur de Borduas. Ce fut une rude épreuve pour lui. Travailleur laborieux, il fut d'une extrême rigueur envers lui-même. S'emballa pour le surréalisme. Renia complètement le christianisme. Il fut de la rue Amherst — c'est même lui qui eut le premier l'idée de cette exposition. Son atelier fut longtemps fréquenté par les plus jeunes du groupe (...). Au moment de l'exposition de la rue Sherbrooke, il partit pour la France*[179] *(...).*

*D'Europe, il signa le manifeste surrationnel (...). Il demeure pour moi le
type du penseur rigoureux, un peu rigide[180].*

C'est à l'atelier de Leduc que Claude Gauvreau connut Rémi-Paul
Forgues et Jean-Paul Mousseau; c'est par Leduc aussi que Gauvreau
découvrit le surréalisme et ses querelles sectaires[181]. Mais Leduc définira
lui-même ses positions plus tard quant au fait qu'on ait tendance à le
considérer comme *le* théoricien du groupe. Interrogé sur ses articles, il
répond:

> *Cette série d'articles (*Quartier latin, hiver 1943-44) constitue peut-être
> une première rédaction cohérente menant aux théories automatistes. Mais il
> y avait déjà des textes importants (...).*
>
> *Je ne me considère absolument pas comme le porte-drapeau des Auto-
> matistes; mais, dans les circonstances, je voulais noter et ordonner le fruit de
> nos échanges (...).*
>
> *Nous étions d'obédience marxiste, tout en n'étant pas d'accord avec un
> programme politique défini. C'était plutôt pour nous une attitude sociale: le
> cadre politique restreint, étriqué, de l'époque était le fait d'un monde de poli-
> ticiens. Nous n'étions pas intéressés par la politique au sens strict (...).*
>
> *C'est vrai que nous avions été séduits, envoûtés par le surréalisme: toute
> la magie du jeu nous fascinait. Benjamin Péret, Lautréamont: une ouverture
> sur le merveilleux, sur le mystère. Mais si Breton était venu aux expositions
> de la rue Amherst ou de la rue Sherbrooke, il n'aurait vu là rien de surréa-
> liste. Pour lui, la peinture devait être anecdotique, donner lieu au décodage
> possible d'une expression magique. Pour nous, il n'était pas question de cela:
> la peinture n'était pas porteuse de message, elle était langage direct, en soi.
> Cela dit, je garde toute mon admiration pour Breton (...). Au fond, la seule
> expression véritablement surréaliste de l'époque, à Montréal, ce fut le recueil
> de Thérèse Renaud:* Les Sables du rêve[182].

Quant à Mousseau, qui illustre *Les Sables du rêve*, il avait commencé
ses études de peinture au Collège Notre-Dame avec le Frère Jérôme[183] à
l'âge de 13 ans. Celui-ci le fait participer à ses expositions dès 1941, 1942,
1943 (Mousseau n'a que 14 ans en 1941)[184]. Borduas, invité comme juge à
une des expositions de Notre-Dame, encourage Mousseau sur la voie où
il s'est lancé et le fait participer à l'exposition «Art moderne» du Séminaire
de Joliette (1943) avec lui-même, Leduc et Pierre Gauvreau. Cette année-
là, Mousseau est admis à la C.A.S.: il n'a que seize ans. Il s'inscrit pour
trois mois à l'École du meuble durant l'année 1945-46 et se souvient
d'avoir visité une exposition surréaliste à New York avec Marcel Barbeau,
Fernand Leduc et Claude Gauvreau[185].

Dans une notice destinée à Jean-Claude Dussault, Claude Gauvreau
rappelle que Mousseau «fréquenta l'atelier de Leduc, lequel eut une grande
influence sur lui. Il espéra convertir Leduc au christianisme — mais c'est
Leduc qui le convertit au monisme»[186]. Il fut de toutes les manifestations
automatistes, exploitant les matériaux les plus simples, les seuls d'ailleurs
que son extrême pauvreté lui permettait:

> *Même s'il fait corps avec le mouvement automatiste, au point d'être
> l'un des plus dynamiques participants à toutes ses manifestations et l'un des*

signataires du Refus global, *il conservera toujours dans sa démarche personnelle cette allure de brillant improvisateur sur des thèmes qui lui sont bien particuliers. Toutes les tâches lui semblent valables, à condition qu'elles lui permettent de s'exprimer. Pour travailler, il utilise toujours les moyens du bord, avec la plus grande ingéniosité.*

Je le revois, installé par terre dans l'atelier qu'il partageait avec Riopelle, dessinant ces étranges signes cabalistiques destinés à orner la plaquette de poèmes de Thérèse Renaud: Les Sables du rêve[187].

Il faut préciser à propos de Mousseau qu'il fait une distinction très nette, comme tous ses amis d'alors, entre surréalisme et automatisme. Pour lui, comme pour Leduc, le surréalisme est une exploitation (tombant facilement dans l'académisme) de l'image onirique figurative; l'automatisme, au contraire, tend à provoquer une émotion par une expression non-figurative, obtenue de procédés purement physiques: plissage, grattage, frottement, dépôts, fumage, gravitation, rotation[188].

Quant au recueil *Les Sables du rêve* illustré par Mousseau, notons qu'il nous situe dans un univers de contrastes dont l'incohérence opère l'effet de dépaysement cher aux surréalistes: géant petit, serpent-cravate, oeil-narine, eau-teinture et femme-arbuste:

Entre la peau et l'ongle d'un géant j'ai bâti ma maison. Mon mari est petit et noir. Il aime les serpents et en porte toujours comme cravate. Il est beau et sur sa nuque pour des cheveux poussent les crins d'un cheval.
Un jour il entre en tenant ses yeux dans ses narines: «Bonjour mon arbuste chéri».
Nous sommes allés à la rivière rincer notre linge et teindre nos cheveux[189].

On reconnaît ici les procédés de collage et de surimpression. Cette figuration onirique se retrouve surtout dans les premiers poèmes qui se lisent comme on regarde certaines toiles surréalistes. Utilisation des effets du dégoût, comme chez Dali (serpent au cou, crins de cheval sur la tête) et surimpression des formes humaines et des formes végétales ou animales comme dans les tableaux de Labisse, de Fini, de Delvaux[190] ou comme sur les frontispices de la revue *Minotaure[191]* que les automatistes connaissaient très bien.

Même procédé dans le poème «à Jeannot»: deux portes pour une personne, les pieds dans le vinaigre, revolver au poing dans la rue[192].

Le poème «A Fernand Leduc», dont le début est rimé (la chanson du Petit Poucet), se termine par un retour au style onirique avec suppression des ponctuations normalement nécessaires:

J'ai trouvé une nuit de claires étoiles, trois cailloux que j'ai mis dans ma poche aujourd'hui je les ai retirés après les avoir oubliés trois jours (...).

J'ai les pieds plus longs que les nuages de tempête ce qui m'empêche de danser mais je puis tambouriner tous les airs de folklore avec mon nez de trombone (...).

Je n'ai jamais pu marcher sur la tête ni sur le ventre car mes mains sont faites de cactus-volants[193].

Chiffres cabalistiques, naïveté d'enfant, merveilleux des contes populaires et même la figure-trombone de Magritte[194]; sans parler des célèbres procédés de collage et de surimpression qui nous donnent la femme-cactus et les nègres-forêt. L'auteur décrit comme suit ses expériences:

> *Ma soeur Louise (...) apporta à Montréal un exemplaire de* La Sauterelle *arthritique de Gisèle Prassinos, et elle me révéla la fameuse image de la terre «bleue comme une orange»: ce fut littéralement pour moi comme un coup de foudre, une sorte de déclenchement, de catalyseur pour une écriture en train de naître. À partir de l'image d'Éluard, je réalisais qu'il était possible de créer une image poétique en exprimant une contre-vérité. Et je me mis à écrire de courts poèmes aux images incohérentes, mais qui exprimaient une réalité pour moi douloureuse; ce sont des poèmes tristes, déchirants même[195].*

Mais Thérèse Renaud, plus qu'un poète parmi d'autres du dépaysement et de la surréalité, se trouve de fait le premier écrivain automatiste québécois. Les autres ne seront connus du public que l'année suivante: Claude Gauvreau par *Bien-être* qui sera joué le 20 mai 1947 et Rémi-Paul Forgues par le poème «Tu es la / douce yole iris / de ma fin» publié aussi en 1947 dans *Les Ateliers d'arts graphiques,* revue où, précisément, la contribution de Mousseau consista à reproduire deux illustrations des *Sables du rêve.*

7. Les Ateliers d'arts graphiques

Ce n'est qu'à partir de 1946 que l'édition québécoise put profiter de vrais beaux travaux d'impression. Fort heureusement, une subvention importante au volume 8 du feuillet *Impressions[196]* de l'École des arts graphiques permit de transformer ce feuillet en un important cahier d'art; le n° 2 du volume 8 troque le titre d'*Impressions* pour celui d'*Ateliers d'arts graphiques.* Le cahier paraît en 1947.

Sous la direction artistique d'Albert Dumouchel et la direction technique d'Arthur Gladu, ce cahier présentait au sommaire plusieurs grands noms de l'avant-garde québécoise: Pellan, Borduas, Hénault, Mousseau, Bellefleur, Vaillancourt, Ouvrard, Dumouchel, La Palme, Hamel, Léonard, Benoît, Forgues, Pierre Gauvreau et Mimi Parent.

La contribution de Gilles Hénault: «1 + 1 + 1 = 3 poèmes». Le deuxième de ces poèmes, surtout, révèle peut-être les préoccupations révolutionnaires de l'auteur:

> *Deux et deux ne font que quatre*
> *Les chats à neuf queues miaulent sous les gouttières*
> *Mets ta tête casquée sous la guillotine*
> *La foule, c'est toi, les bras ballants*
> *Mais le vrai homme, c'est celui qui lève un marteau*
> *Il faut battre le fer pendant qu'il est chaud[197].*

L'image du marteau et de la faucille est bien visible dans cette contestation du calcul (capitaliste?), dans l'affirmation que les chats de ruelle ont la vie dure et dans celle des têtes sous la guillotine. Le poème est hermétique, mais pas si automatiste qu'on le croirait à première vue.

Il sera question plus loin de certains des collaborateurs des *Ateliers d'arts graphiques,* principalement ceux qui publieront aux éditions Erta. Retenons seulement, ici, Rémi-Paul Forgues.

8. Rémi-Paul Forgues

Les *Ateliers d'arts graphiques* présentaient un poème de Forgues, sa première publication automatiste. Ce poème, daté d'octobre 1946, et ceux, datés de l'été 1945 et de l'été 1946 qui ont paru récemment[198], sont donc composés pendant qu'il fréquente les ateliers de Borduas, Leduc et Riopelle.

Forgues était alors étudiant à l'École des beaux-arts de Montréal et logeait tantôt chez Hertel, tantôt à l'atelier de Barbeau et Riopelle. Des raisons personnelles le rendent aujourd'hui avare de confidences. La description qu'en fit Claude Gauvreau en 1950 révèle cependant de ce personnage des traits exceptionnels:

> *Autrefois, il fréquenta assidûment l'atelier de Leduc. C'est là que je le connu. Il était déjà une figure légendaire. Ses rapports avec la pensée surrationnelle datent d'un hasard: un jour, dans une librairie, en feuilletant quelques livres avec désoeuvrement, il mit la main sur la plaquette de Robert Élie consacrée à Borduas. Les reproductions des tableaux suffirent à l'enflammer. Il avait trouvé la terre promise. La collectivité surrationnelle — qui n'avait aucune exigence de virtuosité pratique ou rationnelle — lui permit une certaine adaptation temporaire. Forgues ne prit jamais conscience de la valeur de ses poèmes: il voulut constamment les massacrer et détruire les meilleurs. À Saint-Hilaire, chez moi, il eut sa période la plus féconde de création. Forgues fut un grand disciple du surréalisme; il écrivit même à Breton[199].*

Fort heureusement, certains amis ont conservé quelques pièces qui leur étaient dédicacées, évitant par là qu'elles ne soient détruites[200].

Nous savons qu'il participe aux discussions qui portent sur *VVV,* où Forgues découvre Césaire et Cravan; il voue à Freud un respect... freudien[201]. Chez Borduas, c'est l'aspect d'immatérialité de ses toiles qui semble l'attirer[202]; ce qui laisse voir à quels besoins correspond la période surrationnelle de Forgues. Mais il ne fait pas de doute que ses poèmes sont d'un automatisme strict et apparenté à celui des toiles de Borduas, de Ferron, de Leduc. Il s'en distingue pourtant, quand certaines images de langues et de membres nus sur un fond de lune ou d'étoiles évoquent plutôt l'onirisme de Dali:

> *Les mains longues du silence*
> *les râles des étoiles*
> *lèchent mon coeur et ma gorge (...)*
> *Tous les fossés de larmes s'emplissent de*
> *   lunes et de daphnés*
> *Tous les bras de la peur[203].*

> Les bras tordus
> Nus
> Grincent dans le ciel vacillant
> Belle, dans les étoiles d'or tu te mires[204].

* * *

> Comme des étoiles vagabondes
> Leurs bras nus s'embrassent[205].

* * *

> Ni les douces lunes des xylophones de chair (...)
> Ni les serpents innombrables des becs à gaz des yuccas
> Ni les cils suppliants des fesses d'eau (...)
> Ni l'ombre des étoiles n'émeuvent mon coeur[206].

Il semble que l'automatisme ait permis pour un temps à Forgues une libération profonde, en facilitant un défoulement verbal qui est pure sublimation, à la manière indiquée par Breton, dans le *Second manifeste du surréalisme;* Breton citait alors les thèses freudiennes sur la sublimation par l'art[207].

La femme qu'on retrouve dans les poèmes de Forgues, sublimée par l'automatisme, est femme-fleur, mais fleur de feu, organes nus sur fond céleste, d'une extrême ambiguïté:

> Femme
> Ton corps automatique
> Tes mains
> Ton corps automatique
> Dansent dans le ciel comme une fleur de feu[208].

Sans cesse est reprise cette image de femme-pistil, tantôt fleur de glace, tantôt fleur de feu, fleur de lumière:

> Des chrysanthèmes de glace
> boivent la chair nue de mes épaules[209].

* * *

> L'ombre enchanteresse d'une adolescente
> glisse au milieu des violettes lumineuses[210].

* * *

> Ton corps souple
> Danse dans le ciel comme une fleur de feu
> et d'or[211].

* * *

> Des doigts purs
> allument les feux d'une rose.
> Un sourire
> Descend des pelouses de trèfles et de pivoines[212].

La poésie de Forgues paraît donc surtout poésie de sublimation, expression spontanée de l'inconscient, expression automatique d'une émotion intérieure. Cet automatisme surrationnel donne aussi chez lui des «collages» tout à fait neufs, comme «yole-iris»[213], évoquant la femme à la fois barque et fleur d'eau, mère qui porte et fille à cueillir.

9. Pierre Pétel

On parle peu de ce Sagittaire des premiers jours qu'est Pierre Pétel. Ce n'est que tard, en 1962, que les ateliers d'André Goulet feront paraître quelques poèmes de lui pour le compte des éditions À la page.

Ses poèmes se ressentent-ils de son passage aux rangs des disciples de Borduas? Peut-être bien. Comme, par exemple, «Petites annonces» — dans le genre figuratif, cependant:

> *Rech. pr proposit. rapide*
> *Client sérieux. Jolis poèmes*
> *Agréab. Avec/sans rimes*
> *Vs libres, alexandr*
> *Etat vraim. impec*[214].

Comme tant de surréalistes, Pétel pratique abondamment le calembour et ne se gêne pas pour s'en vanter, principalement dans «Jeux de maux»[215]. Le jeu de mots donne parfois de ces associations un peu faciles de l'ivresse:

> *Si je n'avais plus mon petit bar*
> *Pour y aller rêver*
> *Et disputer l'ennui aux nuits*
>
> *Si je n'avais plus mon petit bar*
> *Pour y aller boire*
> *Et disputer les vers aux verres*
>
> *Je crois bien que j'en mourrais*
> *Oh je sais on m'élèverait sur les hôtels*
> *Dans la glorification des seins*
>
> *Mais loin de mon petit bar*
> *Il me faudrait désormais*
> *Disputer mes vers aux vers*[216].

Automatisme des associations de mots ou d'images. Automatisme proche du jazz aussi — dont il sera question plus longuement à propos de Paul-Marie Lapointe, mais que Pétel et Forgues ont pratiqué aussi —:

> *Des mérites du bon thé Salada*
> *L'annonciateur*
> *Ayant salué la dilection de Dieu*
> *L'a préférée à la beauté suprême*
> *La fiancée de l'Amour tel qu'il aime*
> *Les petites pilules Carter pour le foie*
> *Reçut l'aveu*
> *De la mise au jour du Seigneur.*
>
> *O fête! fête!*
> *Que nulle oreille alentour n'entendait*
> *Que nul écho d'abord ne put reprendre*
> *Un deuxième air de jazz*[217].

En poésie, la période des années 38- 47 fut donc relativement féconde. Un phénomène y est surtout remarquable — et il est un héritage surréaliste très net —, c'est la publication d'oeuvres de collaboration entre peintres et poètes. Des *Iles de la nuit* aux *Sables du rêve,* l'influence du surréalisme, plus ou moins perceptible chez Grandbois se fait de plus en plus sentir et devait aboutir, en 1947, à la fondation d'un mouvement automatiste: une gestation de dix ans.

Une division se dessine, cependant, chez les peintres et les poètes, selon qu'on est automatiste de plus ou moins stricte observance. Mais, chose certaine, la transformation du milieu québécois, où la liberté est revendiquée avec de plus en plus de ténacité, vient principalement des peintres. Grâce à eux, va se rompre l'étau «classique». Malgré la scission des jeunes artistes en deux clans, celui de Pellan et celui de Borduas, il s'est opéré, entre l'art d'écrire et l'art de peindre, un rapprochement qui est tout à l'avantage de l'écriture. L'art d'écrire ne s'apprend plus dans les collèges seulement, mais aussi dans les ateliers. *Les Ateliers d'arts graphiques* en font foi.

Notes

1. Jean Le Moyne, «Signe de maturité dans les lettres canadiennes», *Le Canada,* 12 oct. 1943.

2. Claude Jasmin, «Je suis un sorcier», *La Presse,* 14 juil. 1962, p. 1 du supplément littéraire.

3. François Rozet, entrevue téléphonique avec A.-G. B., 26 mars 1970.

4. Alfred Pellan aux poètes qui se réunirent chez lui après La Nuit de la poésie (dont Roger Soublière et Nicole Brossard), 28 mars 1970.

5. Cité par Donald Buchanan, «Introduction» au *Catalogue* de 1960.

6. *Ibid.* et dans Guy Robert, *Pellan, sa vie et son oeuvre,* p. 33.

7. S'il avait fallu, dans le présent livre, parler des sources impressionnistes comme l'a fait Marcel Jean (*Histoire de la peinture surréaliste,* pp. 16-25), c'est l'expérience du peintre James Wilson Morrice (Cf. Gérard Morisset, *La Peinture traditionnelle au Canada français,* pp. 195-197 et Guy Viau, *La Peinture moderne au Canada français,* p. 17) qu'il aurait fallu interroger. Celle de John Lyman aussi (Cf. Paul Dumas, *Lyman,* pp. 24-25) et, dans des réalisations sporadiques, celle d'Aurèle de Foy Suzor-Côté (Cf. G. Morisset, *op. cit.,* pp. 182-185 et la thèse inédite de Michel Brunette, *Paysage et paysan dans l'oeuvre de Suzor-Côté).*

8. Paul-Émile Borduas, *Projections libérantes,* pp. 17-18.

9. Sur les rapports entre Paul-Émile Borduas et Ozias Leduc, il faut lire principalement: Paul-Émile Borduas, «Quelques pensées sur l'oeuvre d'amour et de rêve de M. Ozias Leduc» et «Lettre à Gilles Corbeil» de même que la conférence de Jean Éthier-Blais, *Ozias Leduc;* cf. Bibliographie.

10. Cf. «Borduas, l'homme et l'oeuvre», *Études françaises,* vol. VIII, n° 3, août 1972, pp. 312-313. Corriger Turner qui place le retour en avril 1929. On aurait tort de mépriser l'influence de Maurice Denis (cf. André Breton, *Le Surréalisme et la peinture,* p. 362).

11. Evan H. Turner, *Paul-Émile Borduas, 1905-1960,* p. 27.

12. François-Marc Gagnon, «Contribution à l'étude de la genèse de l'automatisme pictural chez Borduas», *La Barre du jour,* jan.-août 1969, nos 17-20, pp. 217-219; Maurice Gagnon, *Peinture moderne,* p. 107; Bernard Tesseydre, «Fernand Leduc peintre et théoricien du surréalisme à Montréal», *La Barre du jour,* pp. 228 (*Maldoror),* 231 (*Minotaure* 12-13).

13. En 1936, un numéro entier du *Minotaure,* le n° 8, allait être consacré aux expériences surréalistes faites aux Iles Canaries: des décalcomanies, un conte fantastique qu'elles inspirent à Péret et le célèbre *Château étoilé* que Ténérife inspire à Breton (Cf. Marcel Jean, *Histoire de la Peinture surréaliste,* pp. 263-266).

14. Les numéros 8 et 12-13 de *Minotaure* figurent à l'inventaire de l'École du meuble. Il importe assez peu de nous engager ici dans la querelle qui entoure l'identité de ceux qui attirèrent l'attention de Borduas sur *les Chants de Maldoror* et *Château étoilé.* Il suffit de savoir qu'il y avait un milieu actif autour de *La Relève* et de l'École du meuble (Gagnon, Parizeau, Lyman, Élie, Hénault, Hertel, Dumas...) avant même l'arrivée de Pellan. L'importance que Jean Éthier-Blais veut donner à son ancien maître François Hertel (*Études françaises,* nov. 1968, p. 371) est en tout cas discutable. La sympathie de Hertel pour Borduas est inconstante: «Il n'exista jamais de querelle Pellan-Borduas. C'est ce dernier qui se mit à détester Pellan parce qu'il le sentait supérieur — oh combien! Pellan a toujours été au-dessus de ce genre de malentendus et fut le premier à s'étonner de cette agressivité soudaine d'un homme qu'il ne cherchait qu'à épauler dans une lutte difficile contre le milieu de l'époque. Le pauvre Borduas se croyait un génie méconnu. Il n'était qu'un homme de talent sans véritable métier, sans grande discipline intellectuelle, sans culture initiale suffisante pour construire une oeuvre marquante.» (François Hertel «Alfred Pellan, peintre», *Rythmes et couleurs,* 10ᵉ année, sept.-oct. 1965, p. 24)

15. Cf. Marcel Jean, *Histoire de la peinture surréaliste,* p. 23.

16. Cité par Max Ernst, «Au-delà de la peinture» (1936), in *Écritures,* p. 241.

17. «Dali dédaigne les découvertes plastiques cézanniennes et cubistes. Il emploie tantôt des moyens d'expression photographique, attendant de l'étrangeté des rencontres, la révélation recherchée: un appareil téléphonique en plein désert. Tantôt, une violente réaction contre la dureté, (l'incomestibilité de la pomme cézannienne à qui il préfère la pomme d'adam des préraphaélites, tel qu'il l'écrit dans un amusant article), il recherche l'expression du mou imprévisible. Dali encore et quelques jeunes peintres expérimentent l'écran paranoïque (sic), invention de Léonard de Vinci». (Paul-Émile Borduas, «Manières de goûter une oeuvre d'art», p. 43)

18. Marcel Jean, *Histoire de la peinture surréaliste,* p. 208.

19. Robert Élie, *Borduas,* pp. 16-17.

20. Id., *Ibid.,* pp. 22-23; cf. Paul Éluard, *Oeuvres complètes,* t. 1, pp. 139-140.

21. Paul-Émile Borduas, *Projections libérantes,* pp. 37-38.

22. François-Marc Gagnon, «Contribution à l'étude de la genèse de l'automatisme pictural chez Borduas», *La Barre du jour,* nos 17-20, p. 213.

23. Claude Gauvreau, «L'Épopée automatiste vue par un cyclope», p. 49.

24. Charles Doyon, «L'Exposition surréaliste Borduas», *Le Jour,* 2 mai 1942, p. 4, c. 1.

25. Paul Dumas, «Borduas» *Amérique française,* juin-juillet 1946. Le hasard a fait découvrir chez un brocanteur une édition québécoise des *Oeuvres* de Rimbaud dédicacées par Dumas à Borduas avec la date: 16 VI 1943.

26. Id., «Aspects de l'art canadien», *Médecine de France,* n° 87, 1957, p. 31.

27. Simone Aubry avait rapproché Borduas d'Éluard dans «À propos de *Peinture moderne», La Relève,* 1941, 8e cahier, 5e série, p. 255.

28. Claude Gauvreau, «L'Épopée automatiste vue par un cyclope», p. 86.

29. Claude Gauvreau à A.-G. B., décembre 1969.

30. P.-É. Borduas, «Manières de goûter une oeuvre d'art», *Amérique française,* janvier 1943, t. 2, n° 4, pp. 43-44.

31. F.-M. Gagnon, «Contribution à l'étude...» *La Barre du jour,* nos 17-20, pp. 212-9.

32. Lautréamont, *Oeuvres complètes,* Paris, José Corti, 1961, p. 327.

33. Lautréamont, *Ibid.,* p. 386. Cf. Maxime Alexandre, *Mémoires d'un surréaliste,* p. 100.

34. Cf. Salvator Dali, *La Femme visible,* Paris, Ed. Surréaliste, 1930.

35. Cf. Claude Gauvreau, «L'Épopée automatiste vue par un cyclope», p. 56. Guy Robert tente d'expliquer pourquoi Borduas a pu dire: «les gouaches de 1942, que nous croyions surréalistes n'étaient que cubistes», (*Le Devoir,* 9 juin 1956). C'est qu'elles comportent, selon Robert, plus de recherche sur l'espace pictural que sur l'automatisme (cf. Guy Robert, *Borduas,* p. 104). Mais ceci n'empêche pas de reconnaître dans ces toiles des traces de la lecture de Lautréamont et d'un certain automatisme peut-être plus «littéraire» que plastique.

36. Éliane Hougton Brunn, «La volonté du cubisme», *Amérique française,* août 1942, 1ère année, n° 7, Rapprochements avec le surréalisme, pp. 24 et 28.

37. Marcel Parizeau, «Peinture canadienne d'aujourd'hui», *Amérique française,* sept. 1942, t. 2, n° 1, pp. 8-18, Mention de Pellan et de Borduas.

38. François Hertel, «Plaidoyer en faveur de l'art abstrait», *Amérique française,* novembre 1942, p. 14.

39. Paul-Émile Borduas, «Manières de goûter une oeuvre d'art». Cf. «La peinture automatique (...) permettrait l'expression plastique, des images, des souvenirs assimilés par l'artiste et (...) donnerait la somme de son être physique et intellectuel». (*Amérique française,* jan. 1943, t. 2, n° 4, p. 44)

40. Antoine Bon, «Alfred Pellan», *Revista Franco-Brasileira,* repris dans *Amérique française,* fév. 1944, 3e année, n° 19, pp. 35-48.

41. Maurice Gagnon, *Peinture moderne.* Cf. Pellan et surréalisme, p. 101; Borduas et surréalisme, pp. 101 et 106-107; surréalisme pp. 69, 71, 99-109.

42. Charles Doyon, «Borduas peintre surréaliste», *Le Jour,* 9 oct. 1943.

43. Id., «L'Exposition surréaliste-Borduas», *Le Jour,* 2 mai 1942, p. 4, c. 2.

44. Bernard Tesseydre, «Fernand Leduc — peintre et théoricien du surréalisme à Montréal» *La Barre du jour,* nos 17-20, p. 228.

45. Id., *Ibid.,* p. 250.

46. Marie-Alain Couturier, «Propos à de jeunes artistes canadiens», *Le Jour,* 8 mai 1943. Repris dans M.-A. Couturier, *Chroniques,* pp. 140-141, où la conférence est datée du 1er mai. C'est Evan H. Turner qui la date du 30 avril *(Paul-Émile Borduas 1905-1960,* p. 28).

47. Lettre d'André Breton à Fernand Leduc, 17 septembre 1943; citée par Bernard Tesseydre, «Fernand Leduc — peintre et théoricien du surréalisme à Montréal», *op. cit.,* pp. 235-236.

48. Lettre de Fernand Leduc à André Breton, 5 octobre 1943, citée par Bernard Tesseydre, *Ibid.,* p. 236.

49. «Par *Triple V* nous découvrions le *Plaisir,* le vrai, curieux et excitant. La revue changeait nos schèmes. On lisait Breton, Pierre Mabille, les surréalistes». (Françoise Sullivan, Lettre inédite à Christiane Dubreuil-Lebrun, mars 1968)

50. André Breton, «Où en est le Surréalisme?», Conférence prononcée pour la «Revue des arts et des lettres», Radio-Canada. Cf. extrait dans *La Semaine à Radio-Canada,* 1er au 7 fév. 1953, vol. III, n° 17. Cité d'après le texte intégral conservé dans les papiers Borduas, n° 110 de la classification Théberge, Galerie nationale du Canada, p. 1.

51. Paul Dumas, *Jean Dallaire - Rétrospective,* p. 9. Rappelons que Dallaire, surréaliste à ses heures, dut passer la guerre dans un camp de concentration.

52. Robert De Roquebrune, *Cherchant mes souvenirs,* p. 100.

53. Rencontres de Louis-Marcel Raymond et A.-G. B., oct.-nov. 1969.

54. Lettre inédite de Louis-Marcel Raymond à Yvan Goll, 11 mars 1944.

55. «J'ai eu un entretien de deux heures avec Breton, le dernier jour que j'ai passé à New York. Il m'a beaucoup plu et nous nous sommes tout de suite trouvés d'accord sur un tas de choses. J'imaginais une manière de grand inquisiteur des lettres et j'ai trouvé une sorte de géant très doux et supérieurement aimable. Je sens toutefois qu'il ne faudrait pas le voir trop longtemps pour n'être plus d'accord avec lui. Mais je l'aime bien quand même». (Lettre inédite de Louis-Marcel Raymond à Yvan Goll, 11 mars 1944)

56. André Breton, *Le Surréalisme et la peinture,* p. 219.

57. Rencontres de Louis-Marcel Raymond et A.-G. B., oct.-nov., 1969.

58. L.-M. Raymond, *Un Canadien à Paris,* pp. 47-49 (lettre du 24 oct. 1945).

59. C'était l'année suivante, le 7 juin 1946. L.-M. Raymond avait écrit sur Artaud dans *Le Jeu retrouvé,* ouvrage depuis longtemps épuisé et que la NRF demanda en vain à Raymond de rééditer (entrevue de L.-M. Raymond par A.-G. B. nov. 1969).

60. Il reçut au retour une note de Claire Goll qui lui fit une confidence sur Éluard: «Jules Romains a prononcé un merveilleux discours aux obsèques. Éluard avait préparé le sien et me l'a glissé dans la poche de mon manteau. La politique devant une tombe, croit-on, parce que le parti n'aime pas Romains». (Lettre inédite de Claire Goll à L.-M. Raymond, 1er mai 1950)

61. Relaté dans une lettre inédite de Raymond à Goll, 11 mars 1944. Goll y revient dans un mot de remerciement à Raymond, 25 juin 1944 (inédit).

62. Lettre inédite d'Yvan Goll à Louis-Marcel Raymond, Percé, 2 août 1946.

63. Nulle trace par ailleurs du séjour de Soupault au Canada en 1943. On sait, toutefois, qu'il visita Montréal et Ottawa avec mission de réorganiser le réseau de l'Agence française de presse dans les Amériques (Cf. Henry-Jacques Dupuy, *Philippe Soupault*, p. 77).

64. Lettre inédite d'Yvan Goll à L.-M. Raymond, le 15 octobre 1944.

65. Cf. Gaëtan Picon, *Surrealists and Surrealism*, p. 184.

66. François Rozet, conversation téléphonique avec A.-G. B., 26 mars 1970. Rencontrant Rozet en 1947, sur les marches d'un musée de New York, Breton lui fait voir avec fierté une agate superbe qu'il tient toujours sur lui.

67. Id., *Ibid.*

68. «Aparté» entre Élisa, André Breton et Benjamin Péret, in André Breton, *Le Surréalisme et la peinture*, p. 219.

69. Bernard Tesseydre, «Fernand Leduc — peintre et théoricien du surréalisme», *La Barre du jour,* nos 17-20, p. 242.

70. Claude Gauvreau, entrevue avec Roger Soublière et A.-G. B., mars 1969.

71. Les autres membres de la section des jeunes sont, d'après Maurice Gagnon: Léon Bellefleur, Fernand Bonin, Charles Daudelin, Pierre Gauvreau, André Jasmin, Lucien Morin, Louise Renaud, Guy Viau. Cf. Maurice Gagnon, *Peinture canadienne*, p. 37.

72. Fernand Leduc, Lettre à Guy Viau, 3 nov. 1944 (in Bernard Tesseydre, «Fernand Leduc — peintre et théoricien du surréalisme à Montréal», *La Barre du jour,* nos 17-20, p. 246).
    Là-dessus, de Tonnancour précise que son attitude s'explique par le fait que, de son côté, Borduas insistait pour que soit acceptée en bloc la production de tous les Sagittaires; de Tonnancour, lui, doutait de l'avenir de certains d'entre eux, refusant de considérer sur un pied d'égalité toutes les oeuvres de chacun des Sagittaires (Jacques de Tonnancour, entrevue avec A.-G. B., avril 1970).

73. Fernand Leduc, Lettre à Guy Viau, 22 nov. 1944. (In Bernard Tesseydre, *Ibid.*)

74. Claude Gauvreau, «L'Épopée automatiste vue par un cyclope», pp. 58-59.

75. Id., *Ibid.*

76. Bernard Tesseydre, «Fernand Leduc — peintre et théoricien du surréalisme à Montréal», *La Barre du jour,* nos 17-20, pp. 250-251.

77. Id., *Ibid.*, p. 260.

78. Id., *Ibid.*, p. 253.

79. Pierre Gélinas, «Jeune poésie», *Le Jour,* 25 déc. 1943, p. 4. Cf. Rémi-Paul Forgues, «Stravinsky».

80. Rémi-Paul Forgues, «Le Jazz», *Le Jour,* 8 jan. 1944, p. 7.

81. Jean-Charles Harvey, «La Peinture qui n'existe pas», *Le Jour,* 1ᵉʳ jan. 1944, p. 4. Quelques mois plus tard, Alceste, dans *Le Devoir,* démolira le livre de Robert Élie sur Borduas: «Ces tableaux mort-nés appartiennent au néant». (*Le Devoir,* 18 nov. 1944)

82. Jean-Charles Harvey, «Nihilisme — l'économie surréaliste», *Le Jour,* 18 mars 1944, p. 1.

83. P. Gélinas, «Chronique des livres — *La Musique intérieure* par Charles Maurras», *Le Jour,* 29 jan. 1944, p. 5.

84. Pierre Gélinas, «Chronique des livres — *Borduas* par Robert Élie», *Ibid.*

85. Jean-Louis Roux, «Définissons nos positions», *Le Quartier latin,* 5 oct. 1945, p. 3.

86. François Lapointe, «Jean-Louis Roux est dans les patates», *Ibid.,* 16 oct. 1945, p. 3.

87. Jean-Louis Roux, «François Lapointe m'engueule», *Ibid.,* 19 oct. 1945, p. 3.

88. Rémi-Paul Forgues, «Le surréalisme à Montréal», *Le Quartier latin,* 19 octobre 1945, p. 3. Cf. texte de Le Moyne cité ci-haut, note 1.

89. Bruno Cormier, «Rupture», *Le Quartier latin,* 16 nov. 1945, p. 4.

90. Bernard Tesseydre, «Au coeur des tensions», *La Presse,* 26 oct. 1968, p. 40. Cf. aussi sa conférence à la Galerie Nationale d'Ottawa, 22 oct. 1968 et son «Fernand Leduc peintre et théoricien du surréalisme à Montréal», pp. 254-257.

91. Jacques Delisle, «Réflexions sur la peinture», *Le Devoir,* 5 fév. 1946.

92. Dominique Laberge, *Anarchie dans l'art,* Montréal, Ed. Pilon, 1945.

93. Louis Franchet, *Le Quartier latin,* 8 mars 1946, p. 3.

94. Titre tiré d'une pièce de Cocteau. Texte paru dans *Les Cahiers des compagnons,* oct.-déc. 1946, vol. 2, nos 5-6, pp. 102-117.

95. Gérard Petit, *L'Art vivant et nous,* p. 200. Nulle mention des Québécois mais reproches directs à Breton, pp. 197-200. Eugène Lefebvre n'est guère moins tendre:
«Le flot des livres mauvais ou dangereux nous envahit de plus en plus. Jusqu'à la guerre, quelques filets bourbeux parvenaient à filtrer à travers la frontière. Puis, ce fut, en France, le grand désastre (...). Il nous restait la consolation d'espérer que le flot vaseux était aussi tari. Mais des citernes furent vite creusées en pleine terre québécoise et une eau infecte en jaillit. L'oeuvre de corruption allait donc se poursuivre (...). Ce fut bientôt une mare qui se forma, s'élargit sur nos grandes villes, monta lentement, puis déborda sur toute la Province». (*La Morale amie de l'art,* p. 237)

97. Jacques Brault, *Alain Grandbois,* pp. 13-14.

96. Claude Gauvreau, «L'Épopée automatiste vue par un cyclope», p. 59.

98. René Chopin, «Le Surréalisme — *Les îles de la nuit*», *Le Devoir,* 2 sept. 1944, p. 8.

99. Auguste Viatte, *Histoire littéraire de l'Amérique française*, p. 197.

100. Jacques Brault, *Alain Grandbois,* 1ère édition, p. 8.

101. Id., *Ibid.,* 2e édition, p. 8.

102. Alain Grandbois, *Avant le chaos,* p. 20. Gabrielle Poulin, dans un article du *Dictionnaire des oeuvres littéraires du Québec* (inédit) fait des rapprochements intéressants entre les *Poèmes* d'Hankéou et *L'Amour la poésie* d'Éluard (1929). Dans un autre article, elle fait des rapprochements éclairants entre *Poèmes* (L'Hexagone) et, tour à tour, une toile de Chirico, l'image du soleil noir de Nerval, celle du cristal chez Breton ou du miroir chez Éluard. Cf. «La Poésie d'Alain Grandbois une "tour dressée aux mains du silence"», *Relations,* jan. 1970, pp. 22-23.

103. Id., *Ibid.,* pp. 20-21, où Grandbois cite le poème «Jehanne de France», tiré du *Transsibérien* de Blaise Cendrars.

104. Id., «Guy Delahaye brûla trop tôt ce qu'il avait si tôt adoré», *Le Petit Journal,* 20 oct. 1964.

105. Cf. Sylvain Garneau, *Objects retrouvés,* p. 178 (réédition de la préface).

106. Gustave Lamarche, *Liaison,* n° 2, 1948, p. 541: «Hallucinations macabres à travers les interprétations érébiennes de Pellan». Guy Robert, «Poèmes d'Alain Grandbois», *Maintenant,* n° 22, oct. 1963, p. 320: «Les îles, la nuit, les voyages, l'homme et l'étoile, le chaos hallucinant de la création.»

107. André Breton, *Manifeste du Surréalisme,* pp. 17-18.

108. Alain Grandbois, *Les Iles de la nuit,* pp. 17-18.

109. Deux des illustrations de Pellan, intitulées «Les Iles de la nuit» et «l'heure de plomb» ont été reproduites dans le *Pellan* de Guy Robert, pp. 68-101. En couleurs; ce qui n'était pas le cas dans l'édition originale.

110. Alain Grandbois, *Les Iles de la nuit,* pp. 20-21.

111. Alain Grandbois, *Rivages de l'homme,* p. 92.

112. Id., *Ibid.,* p. 26.

113. Id., *Ibid.,* p. 31.

114. Id., *Ibid.,* p. 14.

115. Id., *Ibid.,* p. 20.

116. Id., *Ibid.,* p. 22.

117. Id., *Ibid.,* p. 13.

118. Id., *Ibid.,* p. 16.

119. Id., *L'Étoile pourpre,* pp. 69-70.

120. Id., *Ibid.,* p. 71.

121. Alain Grandbois, *Les Iles de la nuit,* p. 128.

122. Jeanne Lapointe, «Quelques apports positifs de notre littérature», in Gilles Marcotte, *Présence de la critique,* p. 109, note 1. Lire à ce sujet les réflexions de Jacques Blais dans *De l'ordre et de l'aventure,* pp. 302 et 312-313.

123. Gilles Marcotte, *Le temps des poètes,* p. 53.

124. Pierre-Carl Dubuc, «Les jeunes peintres exposent», *Le Quartier latin,* 10 nov. 1944, p. 1.

125. Filion et lui produisent une autre oeuvre en 1946, *La Fille du soleil,* drame dont le texte est de Dubuc et les décors de Filion. Il fut joué au Gesù du 7 au 16 novembre.

126. Pierre Carl Dubuc, *Jazz vers l'infini,* p. 35.

127. Pierre Vadboncoeur (sic), «L'Art et la mort», in Pierre Carl Dubuc, *Jazz vers l'infini,* pp. 9 et 11.

128. Pierre Carl Dubuc, *Jazz vers l'infini,* pp. 61-62.

129. Interview par A.-G. B., mars 1970.

130. Jacques de Tonnancour, «Propos sur l'art», *Gants du ciel,* juin 1944, pp. 45-50.

131. *Lettres françaises,* oct. 1944, n° 14, p. 65.

132. Charles Doyon, «Jacques de Tonnancour», *Le Jour,* 17 avril 1943, p. 6.

133. Jacques G. de Tonnancour, «Alfred Pellan — Propos sur un sorcier», *Amérique française,* 1ere année, n° 2, déc. 1941, p. 21.

134. Jacques G. de Tonnancour, «Lettre à Borduas», *La Nouvelle Relève,* juil. 1942, t. 1, pp. 608-613.

135. Paul-Émile Borduas, «Fusain», *Amérique française,* nov. 1942, t. 2, n° 2, pp. 32-33.

136. Julien Hébert, «Surréalité», *Amérique française,* déc. 1943, 3e année, n° 18, p. 51.

137. «Jacques G. de Tonnancour, peintre surréaliste?», interview rapportée par Jean-Marc Charlebois, Benoît Dufresne, Roger Vaillancourt, mars 1967, pp. 11-12 (inédit).

138. Id., *Ibid.*

139. Claude Jasmin, «Jacques de Tonnancour: «En art il faut de l'innocence», cc. 5-6.

140. Réal Benoît, «L'Empereur de Chine», *Regards,* 2e année, vol. 3, n° 2, nov. 1941; Id., «Elzéar» («Fenêtre ouverte sur le monde»), vol. 3 n° 6, mars 1942; Id., «Allégories», *Ibid.,* vol. 3, n° 7, avril 1942.

141. Ne faudrait-il pas voir de près ce *Rhum soda,* de Réal Benoît, dont Marcel Dubé nous apprend que Blaise Cendrars en sollicita l'édition (cf. préface, p. 8)? Dans ce *Rhum soda,* on cite Breton (p. 19), on s'adonne à la débauche verbale (monologue d'Eglaïde (pp. 50-51)) et on chante des «secrets cabalistiques et (...) concoctions diaboliques» (p. 89). *Rhum soda* parut pour la première fois en 1961 (*Écrits du Canada français,* n° 8).

142. Réal Benoît, *Nézon,* pp. 67-71.

143. Id., *Ibid.,* pp. 69-70.

144. Id., *Ibid.,* pp. 116-117.

145. Id., *Ibid.*, pp. 47-49.

146. Gilles Hénault, Interview par A.-G. B., avril 1969.

147. Éloi de Grandmont, Lettre inédite à Louise Robert, c. 30 jan. 1968.

148. Éloi de Grandmont, *Le Voyage d'Arlequin*, p. 21.

149. Id., *Ibid.*, pages 10 et 13.

150. Guy Robert, *Pellan, sa vie et son oeuvre*, p. 118, n° 166, (Icare); comparer à l'Arlequin reproduit à la page 114, n° 254 (Espace). Sur l'imagerie folklorisante de Chagall et ses rapports avec le surréalisme (merveilleux), voir Patrick Waldberg, *Le Surréalisme*, p. 109.

151. Éloi de Grandmont, *Le Voyage d'Arlequin*, p. 17.

152. André Béland, «Polichinelle», *Le Jour*, 29 jan. 1944, p. 5. Il aurait été pertinent de parler ici de l'oeuvre de Béland (surtout d'*Orage sur mon corps)* et de l'oeuvre de Jean Léonard, *Naïade.*

153. Interviews de Jacques de Tonnancour et de Roland Giguère, par A.-G. B., mars-avril 1970.

154. Jean-Charles Harvey, «A l'exposition des Sagittaires», *Le Jour*, 8 mai 1943. Voir aussi Pierre Gélinas, «Un peintre — Charles Daudelin», *Le Jour*, 11 déc. 1943.

155. Bernard Tesseydre, «Fernand Leduc, Peintre et théoricien du surréalisme à Montréal», *La Barre du jour*, nos 17-20, pp. 228, 246-247.

156. Interview par A.-G. B., avril 1969. Dans le livre qu'il publie en 1945, l'auteur le plus récent que cite Baillargeon est Julien Green (p. 145). Pour lui, Maurice Scève et Gérard de Nerval, sont «précurseurs de Baudelaire et de Mallarmé» (pp. 155-156). Il précise que le déblocage, autour de lui, remonte à 1922 (p. 83). Cf. Pierre Baillargeon, *Les Médisances de Claude Perrin*, 1945.

157. Interview par A.-G. B., avril 1969.

158. L.-M. Raymond, «Un Cahier sud-américain sur la poésie française (*Lettres françaises*)», *La Nouvelle Relève*, sept. 1943, t. 2, pp. 570-571; «Notes sur la poésie: *Hémisphères*», *Ibid.*, mai 1944, t. 3, pp. 250-251.

159. Breton y rappelait «un ensemble fondamental et indivisible de propositions» qui commençait par une adhésion formelle, à cette époque, aux principes de la révolution communiste: «Adhésion au matérialisme dialectique dont les surréalistes font *leurs* toutes les thèses: primat de la matière sur la pensée, adoption de la dialectique hégélienne comme science des lois générales du mouvement tant du monde extérieur que de la pensée humaine, conception matérialiste de l'histoire (...); nécessité de la révolution sociale comme terme à l'antagonisme qui se déclare, à une certaine étape de leur développement, entre les forces productrices matérielles de la société et les rapports de la production existants (lutte de classes)». (cf. André Breton, «Limites non-frontières du surréalisme», in *La Clé des champs*, p. 17).

160. Interview avec A.-G. B., avril 1969.

161. André Breton, *Entretiens*, pp. 124-125. Cf. Bernard-Paul Robert, «Breton, Engels et le matérialisme dialectique», *Rev. de l'Un. d'Ottawa*, vol. 46, n° 3, pp. 299-304.

162. Gérard Durozoi et Bernard Lecherbonnier, *Le Surréalisme*, pp. 84-87.

163. «Tous les automatistes ont été des *monistes;* ce qui est dire que, pour eux, le dualisme retors et parfois hypocrite, qui consiste à diviser ce qui existe en «matière» et «esprit» tout en condamnant l'un de ces termes opposés, est toujours apparu comme vain et contraire à la réalité». (Claude Gauvreau, «L'Épopée automatiste vue par un cyclope», p. 68)

164. D'après Gilles Hénault, interview avec A.-G. B., avril 1969. Repris dans «Entretien avec Gilles Hénault: 30 ans après le *Refus global*», *Chroniques*, vol. 1, n° 1, p. 20: «Pour lui (Borduas), la transformation sociale, c'était simplement une espèce de changement superficiel, un changement d'équipe si on veut et, malheureusement, on peut dire que l'histoire lui a un peu donné raison, et même beaucoup, dans certains cas. Alors que pour moi, la question (...) sociale et politique demeurait posée parce que je ne voyais pas comment on pouvait faire autre chose, sauf pour assumer une espèce de salut personnel et ce salut personnel c'est très limité finalement.»

165. André Breton, «Limites non-frontières du surréalisme», in *La Clé des champs*, pp. 20-21.

166. Cf. *L'Envers du décor*, vol. 6, n° 5, mars 1974, p. 3.

167. Sur cette polémique du journal *Combat*, voir Marcel Fournier, «Borduas et sa société», *La Barre du jour*, nos 17-20, pp. 110-111. Or c'était sur invitation de Gélinas que Hénault s'était inscrit au Parti.

168. Claude Gauvreau, «L'Épopée automatiste vue par un cyclope», p. 59. Gauvreau avait participé à la polémique du journal *Combat*, le 21 déc. 1947: «La Peinture n'est pas un hochet de dilettante».

169. Cf. André-G. Bourassa, «Sur le *Théâtre en plein air*», *La Barre du jour*, nos 17-20, pp. 322-323. Cf. *Théâtre en plein air:* «Baiser d'ombre sur ta peau» (p. 24); ta bouche grande ouverte, trou d'ombre dans ta figure» (p. 29); leurs bouches d'ombre profèrent des cris ensevelis» (p. 30). Ou encore «songes, mensonges — larmes, les alarmes — anges ou mélange» (p. 8); «chanson, Échanson» (p. 17); «Belladone, belle dame» (p. 20); «au-dessus de la mer, au-dessus de l'amère» (p. 24); «gestes vagues et vagues sans bruit» (p. 31); «avalanche, sa hanche» (p. 25); «vert d'eau, verdâtre» (p. 17).

170. *Ibid.*, p. 36.

171. Id., *Ibid.*, pp. 35-36.

172. Id., *Ibid.*, p. 13.

173. Id., «Le Droit de rêver», *Quoi*, vol. 1, n° 1, p. 62.

174. Id., À propos de l'Automatisme (1946), *Chroniques*, vol. 1, n° 1, p. 14.

175. Bernard Tesseydre, «Fernand Leduc — peintre et théoricien du surréalisme à Montréal», *La Barre du jour*, nos 17-20, p. 242.

176. Id., *Ibid.*, p. 264, n° 8.

177. Sur Leduc, il faut se reporter évidemment à l'étude de Bernard Tesseydre, «Fernand Leduc — peintre et théoricien du surréalisme à Montréal». Ou encore à quelques notes éparses dans «L'Épopée automatiste vue par un cyclope», pp. 54-55, 59, 71, 78, 80.

178. Lucienne Boucher-Dumas, *Jovette,* avril 1943.

179. L'Exposition de la rue Sherbrooke a lieu du 15 février au 1ᵉʳ mars 1947; Leduc arrive à Paris le 7 mars. Cf. Evan H. Turner, *Paul-Émile Borduas 1905-1960,* p. 29.

180. Claude Gauvreau, *Dix-sept lettres à un fantôme,* lettre du 26 avril 1950, p. 36; inédite.

181. Claude Gauvreau, «L'Épopée automatiste vue par un cyclope», p. 54. Nous savons par Gilles Hénault que Leduc a écrit un texte pour le cahier automatiste que Borduas, Hénault et Leduc avaient projeté de publier (Gilles Hénault, «Présentation», *Chroniques,* vol. 1, n° 1, p. 13). Je tiens de Leduc lui-même, de plus, qu'il a collaboré à une revue des surréalistes révolutionnaires, mais il ne se souvenait pas des titres de l'article ni de la revue.

182. Jean-Pierre Duquette, «Entrevue — Fernand Leduc: de l'automatisme aux microchimies», *Voix et images,* vol. 2, n° 1, pp. 4-7.

183. Voir sur le frère Jérôme l'ouvrage de Guy Robert, *Jérôme, un frère jazzé,* Montréal, Ed. du Songe, 1969.

184. *Mousseau — Aspects,* catalogue de la rétrospective du Musée d'art contemporain, 14 déc. 1967, 28 janv. 1968, notes biographiques.

185. Rencontre de Mousseau avec MM. Bertrand, Boyer, Dubeau, Martel et Thibault, avril 1967. Il s'agit peut-être de la Vᵉ Exposition internationale du Surréalisme de 1942. Cf. Louis Bertrand et al., *Le Surréalisme dans l'oeuvre de Jean-Paul Mousseau* (inédit).

186. Claude Gauvreau, *Dix-sept lettres à un fantôme,* lettre du 26 avril 1950, p. 36; inédite.

187. Gilles Hénault, «Préface», *Mousseau — Aspects,* p. 8.

188. Gérald Godin, «Mousseau», *Le Magazine MacLean,* oct. 1968, p. 88.

189. Thérèse Renaud, *Les Sables du rêve,* p. 7.

190. Cf. Patrick Waldberg, *Le Surréalisme,* pp. 110-113 et Marcel Jean, *Histoire de la peinture surréaliste,* p. 278.

191. Cf. P. Waldberg, *Le Surréalisme,* p. 94 (frontispice du n° 1, par Picasso) et Marcel Jean, *Histoire de la peinture surréaliste,* pp. 233 et 241 (frontispice du n° 8, par Dali, et du n° 10, par Magritte).

192. Thérèse Renaud, *Les Sables du rêve,* p. 8. La dernière image semble tirée du *Second manifeste du surréalisme* (p. 155).

193. Thérèse Renaud, *Les Sables du rêve,* pp. 12-13.

194. Patrick Waldberg, *Le Surréalisme,* pp. 80-81; Marcel Jean, *Histoire de la peinture surréaliste,* pp. 186 et 241.

195. Jean-Pierre Duquette, «Entrevue — Fernand Leduc: de l'automatisme aux microchimies», *Voix et images,* vol. 2, n° 1, pp. 7-8.

196. Roland Giguère écrivait «Persistance de la poésie» dans *Impressions,* vol. 8 n° 1.

197. Gilles Hénault, «1 + 1 + 1 = 3 poèmes», *Les Ateliers d'arts graphiques,* n° 2, 1947, p. 30.

198. Dans le numéro spécial de *La Barre du jour* sur les automatistes (17-20) et dans *Poèmes du vent et des ombres*.

199. Claude Gauvreau, *Dix-sept lettres à un fantôme,* lettre du 10 mai 1950, p. 32; inédite.

200. Bernard Tesseydre, «Fernand Leduc, peintre et théoricien du surréalisme à Montréal», *La Barre du jour,* nos 17-20, p. 249, note 24. Les poèmes de Forgues ont été réédités par l'Hexagone en 1974, avec d'autres pièces datant de la période de collaboration au journal *Le Jour* (1942-1944); plusieurs de ces dernières datent d'avant la rencontre des automatistes puisque le *Borduas* de Robert Élie, occasion de cette rencontre, ne paraît qu'en 1943.

201. «Un de mes amis — le poète Rémi-Paul Forgues — m'a promis de m'apporter pour vous bientôt le bon livre de Freud: *Trois essais sur la théorie de la sexualité.* Ce charmant Forgues est un peu maniaque de ses livres, je vous préviens. Lui-même se lave les mains avant de leur toucher». (Claude Gauvreau, *Dix-sept lettres à un fantôme,* lettre du 5 avril 1950, p. 30; inédite)

202. «Je découvris l'oeuvre de Borduas. Je me souviens, mon bonheur avait quelque chose de délirant (...). Jusqu'alors, j'avais cru que mes contemporains ou plutôt, que mes concitoyens travaillaient uniquement dans un but matérialiste». (Rémi-Paul Forgues, «Rêve éveillé», p. 277; *Poèmes du vent et des ombres,* p. 58)

203. Id., «Tu es la/douce yole-iris/de ma fin». *Les Ateliers d'arts graphiques,* n° 2, 1947, p. 70; *Poèmes du vent et des ombres,* pp. 28-29.

204. Id., «La Rose aux rayons d'or», *La Barre du jour,* nos 17-20, p. 280; *Poèmes du vent et des ombres,* p. 19.

205. Id., «Nocturne», *Ibid.,* p. 281; *Poèmes du vent et des ombres,* p. 27.

206. Id., «Recherche», *Place publique,* n° 3, mars 1952, p. 28 (qui donne «xyliphones» et «suppliants des fesses d'eau» corrigés dans la réédition en «xylophones» et «suppliants de l'onde»; cf. *Poèmes du vent et des ombres,* p. 31).

207. André Breton, *Second manifeste du surréalisme,* 1930, p. 192. Marcel Jean applique à Dali cette analyse du phénomène de sublimation à propos de ses images de langues et montres molles, disant combien «la grande quantité de béquilles, d'êtres mollement difformes qu'il s'est toujours plu à peindre» est révélatrice chez Dali d'idées, compensatrices, de puissance. (*Histoire de la peinture surréaliste,* p. 218)

208. Remi-Paul Forgues, «Envoi à Borduas», cité par B. Tesseydre, «Fernand Leduc — peintre et théoricien du surréalisme», *La Barre du jour,* nos 17-20, pp. 248-249; *Poèmes du vent et des ombres,* p. 20.

209. Id., «Tu es la/douce yole-iris/de ma fin», p. 70; *Poèmes du vent et des ombres,* p. 28, qui corrige: «la chair nue de mon corps».

210. Id., «Ombres», *La Barre du jour,* nos 17-19, p. 279; *Poèmes du vent et des ombres,* p. 18.

211. Id., «La Rose aux rayons d'or», *Ibid.,* p. 280; *Poèmes du vent et des ombres,* p. 19.

212. Id., «Nocturne», *Ibid.,* p. 281; *Poèmes du vent et des ombres,* p. 27.

213. Id., «Tu es la/douce yole-iris/de ma fin», *Les Ateliers d'arts graphiques,* n° 2, p. 70; *Poèmes du vent et des ombres,* p. 28.

214. Pierre Pétel, *Aïe! Aïe! Aïe!,* p. 34.

215. Id., *Ibid.,* p. 46.

216. Id., *Ibid.,* p. 21.

217. Id., *Ibid.,* p. 36. Notons que Pierre Pétel avait pris la défense, dès 1941, de ce que le critique Louis Guay avait appelé «l'aventure qui égare l'art de l'impressionnisme au surréalisme» («La Peinture moderne», *Regards,* fév. 1941, vol. 1, n° 5, pp. 229-231). Pétel répliqua dans la même revue: «Quand (sic) à «l'aventure qui égare l'art de l'impressionnisme au surréalisme», concédons pour le moins que c'est une saine aventure puisqu'elle nous a débarrassés d'un classicisme décadent, du coloris-musée, d'une fausse grâce, d'un académisme abâtardi, en fin (sic), de principes surannés qui envoûtaient l'art à le rendre servile». (Pierre Pétel, «Au sujet de *Peinture moderne*», *Regards,* vol. 2, n° 3, mai 1941, pp. 137-139)

Chapitre III
Refus global

> Dans une publication canadienne, le surréa-
> lisme s'est reconnu comme dans un miroir (...).
> Paul-Émile Borduas, tout en poursuivant son
> oeuvre de peintre, une des mieux situées au-
> jourd'hui, s'est révélé un animateur de premier
> ordre en suscitant autour de lui une pléiade de
> jeunes poètes et artistes dont les inspirations
> fondamentales se confondent avec celles du sur-
> réalisme, quand bien même à l'épreuve se mani-
> festeraient des divergences dues à l'écart des géné-
> rations.
>
> André Breton[1]

La fin de la guerre relance les communications internationales des artistes et des écrivains. Paris redevient le carrefour des surréalistes, attirant, entre autres, certains automatistes québécois comme Jean-Paul Riopelle, Thérèse Renaud, Fernand Leduc et, plus tard, Paul-Émile Borduas et Marcelle Ferron.

Cependant, le déplacement des Riopelle, Borduas et autres n'est pas dû seulement à la force d'attraction de Paris. Il est dû aussi à une force centrifuge au Québec: le duplessisme. Entendons par duplessisme la conjonction, sous l'autorité politique de Maurice Duplessis maintes fois réélu, d'un pouvoir clérical et d'un pouvoir nationaliste conservateur. Les deux pouvoirs sont maintenus grâce à une peur diffuse de toutes les menaces confondues: menace de l'anglais, menace des dissidents religieux (protestants et témoins de Jéhovah), menace des athées, menace des communistes. Le communisme, surtout, est l'occasion de chasses aux sorcières frappant, sans discernement, staliniens, syndicalistes et artistes.

Le problème des rapprochements entre surréalistes et communistes s'était souvent posé en Europe. On le retrace en particulier dans l'évolution des attitudes prises par les surréalistes vis-à-vis de la revue Clarté[2]. Il est posé à nouveau après la guerre par un groupe de jeunes surréalistes communisants qui forcent Breton à une mise au point sous forme de manifeste: *Rupture inaugurale*.

Or, au Québec, Duplessis décide d'appliquer contre journaux, bibliothèques privées et ateliers une ancienne loi anti-communiste datant de son premier mandat, la «loi du cadenas». Il fait cadenasser, entre autres le journal *Combat* auquel collaborent certains syndicalistes amis des automatistes.

Cette situation sociale explique pourquoi Borduas et les automatistes, qui sont invités par Breton à signer *Rupture inaugurale,* jugent que la signature du manifeste de Breton n'est pas la solution; qu'il leur faut un manifeste bien à eux. Ce manifeste serait imbu du même esprit que

Rupture inaugurale mais, à cause de ses évocations de la situation locale, il ne laisserait pas au lecteur les échappatoires qui étaient possibles avec les évocations surtout européennes du manifeste international. Et ce sera *Refus global,* composé durant l'hiver 1947-48.

Le présent chapitre aborde ce manifeste québécois dans son histoire et dans son contenu. Une partie du chapitre est ensuite consacrée aux oeuvres littéraires qui l'accompagnent ou qui seront éditées immédiatement après, sur les mêmes presses d'occasion: Mithra-Mythe. De plus, parce que le cahier *Refus global* fait connaître pour la première fois des oeuvres de l'écrivain Claude Gauvreau, parce que ces oeuvres sont presque toutes en gestation à cette époque et n'ont jamais quitté l'automatisme comme tel, nous les étudierons toutes ici.

A. «Acceptation globale»

> On a faussé (...) le sens de ce refus global; il ne s'agit que d'un refus de la facilité, du conformisme. Il n'y a d'ailleurs jamais de refus global — le titre n'est pas de moi — il aurait fallu dire *acceptation globale,* de la vie, de ses richesses.
>
> Même le terme *art libre* qu'on nous a tellement reproché n'implique autre chose qu'un regard neuf sur le monde, libre de contrainte, d'académisme, ouvert à tout quoi! Le surréalisme ne nous avait-il pas enseigné la confiance dans le risque et le hasard?
>
> Paul-Émile Borduas[3].

Pour étudier à fond l'histoire du *Refus global,* il faut se référer à une série d'événements dont l'un consiste en un rapprochement entre les surréalistes français et les automatistes québécois. Par exemple, à leur arrivée en France, Thérèse Renaud, Jean-Paul Riopelle et Fernand Leduc prennent contact avec les participants de l'exposition internationale organisée par Breton à son retour au pays. Cette exposition devait d'ailleurs amener les surréalistes revenant de leur exil américain à faire le point sur leur expérience en Amérique.

1. Le Mythe nouveau

Dès le début de 1947, le 12 janvier, Breton fait parvenir à tous les membres du surréalisme international une lettre d'invitation pour la VIᵉ Exposition internationale du Surréalisme qui devait s'ouvrir à Paris le 7 juillet 1947, à la Galerie Maeght. Breton souligne dans cette lettre l'importance qu'il a toujours accordée au mythe et comment il en a redécouvert la valeur en Amérique au contact de l'art des Indiens[4].

À Montréal, Borduas est vite mis au courant du projet par Riopelle qui est à Paris. La première réaction de Borduas est d'accepter l'invitation, avec certaines réserves. Voici, de la réponse de Borduas, la partie concernant Breton et le surréalisme:

J'éprouve beaucoup de plaisir de vous savoir en relation avec Breton. Depuis toujours je le considère comme le plus honnête des hommes. L'invitation que vous m'avez transmise de sa part m'a donné un moment de trac (cette lettre est arrivée quelques heures avant le départ de Fernand pour Paris via New York). Nous nous sommes réunis tous trois, avec Pierre, et avons décidé de remettre à une occasion ultérieure une participation officielle avec les surréalistes.

Raisons:
1ʳᵉ moment trop tardif de l'invitation. Nos toiles risquent de manquer le bateau.
2ᵉ contact trop récent avec les dirigeants du mouvement.

Je ne soupçonne personne d'être plus près de nous comprendre que Breton. C'est à lui que je dois le peu d'ordre qu'il y a dans ma tête. Mais il y a aussi beaucoup de désordres et ces désordres ne s'accordent peut-être pas avec les siens. En tout cas il faut qu'il (Breton) nous connaisse davantage. Pour ça multipliez les rencontres. Et si nous pouvons alors leur être utile, leur apporter quelque chose. S'il accepte la vérité, la fatalité, l'entité, comme il vous plaira, que nous sommes, tant mieux et ce sera avec joie et de plain-pied que nous participerons à leur prochaine manifestation. Fernand sera à Paris dès les premiers jours de mars (le quatre) il vous aidera comme il pourra dans cette entreprise de nous faire mieux connaître de Breton (...).

S'il vous plaît de participer à l'exposition en question nous en serons tous heureux (...). Je n'écris pas à Breton comme je devais le faire. Prévenez-en Fernand.

Mais je vous demande de bien vouloir le remercier et de lui dire ce que vous jugerez à propos au sujet de nos raisons[5].

Breton, dont on sait qu'il avait fait une première avance aux Sagittaires en 1943, accepta la «vérité-fatalité-entité» des automatistes et mandata Riopelle, en juin 1947, pour leur transmettre une invitation officielle. Mais dorénavant Borduas hésitait.

Que s'est-il passé? Rien qui fût en conflit avec le sujet de l'exposition: un mythe nouveau.

Mais, en février 1947, avait eu lieu la deuxième exposition collective des automatistes (Barbeau, Borduas, Fauteux, Pierre Gauvreau, Leduc, Mousseau et même Riopelle — qui est à Paris), et le groupe prit de plus en plus une forme autonome.

Cette exposition fut en effet l'occasion pour le groupe de se faire identifier comme «automatistes»[6], et le vocable, malgré quelques hésitations[7], finit par supplanter celui de «Sagittaires» qui identifiait le groupe avant l'arrivée de Riopelle et de Barbeau. Mais, même si ce vocable soulignait le rapprochement avec l'«automatisme psychique pur», les membres du groupe se rendaient compte des divergences. «Nous étions en désaccord avec la peinture surréaliste de Dali, Tanguy, Max Ernst, dit Jean-Paul Mousseau. Le surréalisme est figuratif, l'automatisme est non-figuratif»[8].

2. Querelles sur l'automatisme

L'exposition de Montréal était à peine terminée, que Fernand Leduc se rendit à Paris rejoindre Thérèse Renaud et Jean-Paul Riopelle. On sait qu'il était à Paris le 7 mars[9] où il organisa, avec Riopelle, une exposition «Automatisme» dont le nom étonna Guy Viau qui, avec Gabriel Filion et Pierre Pétel, était à l'origine du groupe de Paul-Émile Borduas:

Terme imprécis et limité pour qualifier cette utilisation, commune à tous les peintres, des suggestions de la matière, des trouvailles de hasard, des formes qui naissent sur une toile sans préméditation. Les peintres canadiens qui exposent en ce moment à la Galerie du Luxembourg ont-ils voulu, en donnant le mot comme titre à leur exposition, marquer qu'il comporte tout leur programme, qu'il prend pour eux une valeur absolue? Leurs oeuvres ne nous le donnent pas à croire, et c'est fort heureux[10].

L'exposition eut lieu du 20 juin au 13 juillet avec la participation des organisateurs et de leurs amis Borduas, Barbeau, Fauteux et Mousseau (qui, ce même été, expose aussi à Prague). Riopelle participa seul à l'Exposition internationale du surréalisme, à Paris, le 7 juillet 1947. Les autres automatistes refusèrent. Pour expliquer le refus finalement opposé par Borduas et ses amis, Claude Gauvreau n'écarte pas «l'hypothèse qu'il ne voulait pas apparaître internationalement dans un rôle de subalterne par rapport à Breton»[11]. Une chose est certaine, c'est qu'à propos de cette exposition, Riopelle, à son retour, déclara «qu'elle n'avait pas été un succès éclatant et que la participation du groupe automatiste montréalais aurait pu modifier complètement la situation»[12].

Breton avait été mis par Riopelle en face du conflit d'interprétation de la notion d'automatisme, et le «pape» donna raison aux Montréalais sur leurs doutes quant à l'«automatisme psychique pur» chez certains surréalistes; ce n'est pas pour rien que, parlant du rôle de Riopelle, Jean-Louis Bédouin croit nécessaire d'évoquer les polémiques sur l'interprétation à donner au mot[13].

L'automatisme montréalais allait déboucher rapidement sur l'abstraction lyrique, en ce qui concerne particulièrement Leduc et Riopelle. Dès le mois de décembre 1947, ils sont invités tous deux par Mathieu à exposer à la Galerie parisienne «dans le cadre de la naissante Abstraction lyrique»[14]. Bédouin, déplaçant légèrement les dates, indique bien que l'automatisme montréalais fut perçu comme un lyrisme abstrait qui serait essentiellement surréaliste d'esprit[15].

La querelle sur l'automatisme semble avoir duré plus longtemps à Montréal qu'à Paris. D'abord à la suite des reproches faits par les automatistes de Paris à ceux de Montréal, à cause de la collaboration de ces derniers au premier numéro des *Ateliers d'arts graphiques*[16]. Ensuite à cause d'une directrice de Galerie (pourtant alors une des rares galeries d'avant-garde à Montréal) qui eut à l'égard des automatistes des mots inexplicables[17].

Puis à cause de Pellan et de ses amis qui reprochent à Borduas d'avoir «véritablement appauvri le problème automatiste»[18], pour s'attirer le reproche inverse: «Pellan rejetait en bloc le surréalisme; pour nous, il avait été la grande découverte»[19]. Pellan accusa même Borduas d'«endoctriner ses élèves»[20].

Il est malheureux que ces querelles d'artistes n'aient pas trouvé leur solution dans une convergence des forces d'avant-garde, convergence sans doute utopique. Ces querelles ont, au contraire, divisé les avant-gardistes devant le duplessisme et forcé les automatistes, littéraires comme plasticiens, à oeuvrer dans l'ombre ou à fuir.

3. Rupture inaugurale

Ceux qui avaient fui Montréal étaient à peine arrivés à Paris qu'ils s'étaient retrouvés encore en pleine querelle entre surréalistes non communisants et surréalistes-révolutionnaires.

Les surréalistes non-communistes avaient fondé en mai 1947 le groupe *Cause* qui fit parvenir à tous ses membres éventuels (sauf les staliniens évidents, y compris Tzara et Vailland)[21] un questionnaire qui supposait un détachement du communisme sous toutes ses formes, même trotskyste. Il s'ensuivit, par réaction, la formation d'un groupe surréaliste-révolutionnaire (plutôt trotskyste) qui convoqua ses membres pour le 31 mai. À cette réunion convoquée par Arnaud, Battistini, Daussy et Jaguer, on convoqua les deux Québécois qui venaient d'arriver à Paris et préparaient pour le 20 juin l'exposition «Automatisme» de la Galerie du Luxembourg. Leduc s'y rendit, mais Riopelle s'excusa[22].

Jean-Louis Bédoin parle peu de ces surréalistes-révolutionnaires, peut-être parce qu'il y joua un rôle qui lui valut des reproches de Breton[23]. C'est Pastoureau qui en parle le plus et qui accorde, par exemple, à la réédition d'*Arcane 17,* au début de juin 1947, une certaine influence dans cette polémique, pour la bonne raison que Breton y fait voir que dès 1944 il était déjà moins trotskyste qu'avant la guerre[24]. Les surréalistes-révolutionnaires publient un manifeste le 7 juin 1947: *Pas de quartier dans la révolution.* Ils tiennent une nouvelle réunion la semaine suivante, trois jours avant l'ouverture de l'exposition «Automatisme». Leduc refuse de s'y rendre et il écrit, le 17 juin, une lettre au Mouvement surréaliste-révolutionnaire, lettre où il se désiste et critique le mot d'ordre d'un front commun entre les artistes d'avant-garde et le Parti communiste[25]. D'ailleurs comme l'idéologie surréaliste dont ils se réclament paraît idéaliste aux staliniens, le Parti refuse quelque appui que ce soit aux poètes Jaguer et Daussy qui faisaient valoir leur tentative de se situer entre le stalinisme et le surréalisme[26].

Le 4 juillet, trois jours avant l'ouverture de la VIe Exposition internationale du surréalisme, paraît un manifeste: *Rupture inaugurale, Déclaration adoptée le 21 juin 1947 par le groupe en France pour définir son attitude préjudicielle à l'égard de toute politique partisane.*

C'est le rejet officiel et simultané du stalinisme, du trotskysme et de l'anarchisme[27]. Le manifeste avait été rédigé à partir des réponses au questionnaire de *Cause* et on sait que Riopelle participe à cette rédaction; Riopelle est au rang des quarante-huit signataires du manifeste et des quatre-vingt-six participants de l'exposition.

On croit reconnaître certains passages du *Refus global* en lisant le résumé que fait Pastoureau d'un article (de lui) dont l'original aurait servi de base aux rédacteurs de *Rupture inaugurale:*

> Je rappelle que Hegel a porté les premiers coups à la logique aristotélico-scolastique, Sade et Freud à la morale chrétienne. Je souligne les insuffisances de Marx dans les domaines superstructurels, en particulier celui de la morale — les marxistes adoptant purement et simplement la morale du Décalogue quitte à justifier leurs entorses tactiques par le recours implicite ou tacite au précepte: la fin justifie les moyens.
>
> Je m'en prends à l'interprétation favorable par Trotsky de ce précepte: «Le matérialisme ne sépare pas la fin des moyens. La fin se déduit tout naturellement du devenir historique. Les moyens sont organiquement subordonnés à la fin. La fin immédiate devient le moyen de la fin ultérieure». À ce texte qui justifie tout et, en particulier la politique de Staline, j'opposerai dans Rupture inaugurale — le passage a été inséré à ma demande — celui du Préambule aux statuts de l'Internationale des travailleurs. C'était en 1864 et le Comité provisoire pour l'Association exigea de Marx qu'il fut spécifié que toutes les sociétés et tous les individus adhérant à cette Première Internationale «reconnaîtront comme devant être la base de leur conduite envers tous les hommes... la Vérité, la Justice et la Morale». Il ne peut s'agir de maintenir la morale chrétienne au-delà de la Révolution. C'est pourquoi je donne à mon article et nous donnons à Rupture inaugurale comme conclusion l'expression de notre volonté commune d'élaborer un nouvel art de vivre[28].

Cet article était inséré dans le catalogue de l'Exposition internationale du surréalisme, *Le Surréalisme en 1947*. On n'a qu'à comparer ces lignes de Pastoureau à celles qui suivent, de Gauvreau, pour voir comment l'interprétation que les automatistes donnent au *Refus global* se rattache à la même souche que *Rupture inaugurale:*

> Y eut-il, comme d'aucuns l'ont insinué, un «désengagement social» chez les signataires de Refus global? Évidemment non. Il faut d'abord noter que la publication du manifeste était en soi et demeure un acte social. Certes, Borduas s'y situait à une hauteur vertigineuse. Avec un prophétisme sans égal au vingtième siècle, il avait compris que toutes les tentatives révolutionnaires, même en adoptant une forme athée, seraient vouées à l'échec si elles ne faisaient pas absolument table rase de toutes les habitudes de penser issues de l'évolution logique de la civilisation chrétienne; la morale paulinienne exploitée par le matérialisme, le parti pris d'efficacité rationaliste, étapes du racornissement du mythe chrétien, ne pourraient être ainsi que des entraves à la libération des êtres[29].

Les dernières lignes du résumé de Pastoureau (besoin de Vérité, de Justice et de Morale, déclin de la civilisation chrétienne, inauguration d'un égrégore nouveau) sont effectivement des idées de base du *Refus global* de Borduas, comme elles l'étaient de *Rupture inaugurale*. Il en sera ainsi des rejets du communisme totalitaire:

> *Qu'il soit bien entendu que nous ne nous lierons jamais d'union durable à l'action politique d'un parti que dans la mesure où cette action ne se laissera pas enfermer dans le dilemme que l'on retrouve à trop de coins de rues de notre temps, celui de l'*inefficacité *et de la* compromission. *Le surréalisme dont c'est le destin spécifique d'avoir à revendiquer d'innombrables réformes dans le domaine de l'esprit et, en particulier, des réformes éthiques, refusera sa participation à toute action politique qui devrait être immorale pour avoir l'air d'être efficace. Il la refusera de même pour ne pas avoir à renoncer à la libération de l'homme comme fin dernière, à l'action politique qui se tolérerait inefficace pour ne pas avoir à transgresser des principes surannés*[30].

Après l'Exposition, qui se termine en octobre, Riopelle rentre au Québec avec *Rupture inaugurale*[31] qui, en France, est dénoncé à la fois par des périodiques chrétiens *(Foi et vie)*, staliniens *(Lettres françaises)* et trotskystes *(La Revue internationale)*[32]. Claude Gauvreau n'aura que des éloges pour *Rupture inaugurale* et que des blâmes pour l'attitude de Maurice Nadeau — trotskyste — dans cette affaire:

> *Laissez-moi vous dire (...) que les surréalistes ne sont pas «tombés entre les mains des bourgeois».* Cette erreur dans votre pensée vient certainement des commentaires personnels stupides de Maurice Nadeau (commentaires contre lesquels je vous avais toutefois prévenu).
> *Le surréalisme n'est pas réductible au comportement d'un ou de quelques individus. Les déficiences, les trahisons indivuelles ne peuvent rien pour minimiser le caractère prophétique du mouvement.*
> *Tous les surréalistes d'Europe sont loin d'avoir trahi. Pour sa part, André Breton lui-même demeure un modèle d'incorruptibilité et de lucidité. Il y a toujours Mabille, Péret, Pastoureau. Entr'autres, deux manifestes surréalistes de l'après-guerre (*Rupture inaugurale *et* À la niche les glapisseurs de Dieu) prouvent que ceux d'Europe ne se laissent pas absorber par les idéalistes*[33].

On est donc parfaitement au courant chez les automatistes montréalais de l'état de la querelle parisienne. Toutefois, Borduas a le génie de remplacer la signature de *Rupture inaugurale* par la rédaction d'un manifeste équivalent, mais plus conforme à la situation québécoise, où certains problèmes, bien que similaires dans leurs causes, sont vécus avec des intensités différentes. L'originalité surréaliste de *Refus global* tient surtout à sa concetion de l'automatisme et à son incarnation dans les problèmes sociaux du Québec.

4. L'Automatisme surrationnel

Des articles parus dans les journaux de décembre 1947 précisent la définition de l'automatisme montréalais, avant la publication du manifeste. Riopelle est revenu d'Europe — pendant que certaines de ses toiles et de celles de Leduc sont exposées à la Galerie parisienne — et il expose à Montréal avec Mousseau (retour de Prague) chez Muriel Guilbault. Un forum y a lieu, en présence de Borduas[34]. Mais il faut répondre aux attaques publiques portées contre l'automatisme. C'est Claude Gauvreau qui se charge d'écrire une défense, à l'occasion de l'Exposition Mousseau-Riopelle qui durera jusqu'au 14 décembre:

> *Il existe trois sortes d'automatisme, en gros: l'automatisme mécanique qui réside dans l'utilisation des mouvements purement mécaniques et fonctionnels du corps humain (...); l'automatisme psychique qui réside dans l'utilisation des dictées ordinaires de l'inconscient reçues dans un état de neutralité émotive aussi complète que possible (...); enfin, et c'est ce qui intéresse les Canadiens, qui est leur création originale, l'automatisme ou «plastique», ou «critique», ou «inspiré»[35].*

Le qualificatif ici cherché sera trouvé quelques mois plus tard et publié dans le *Refus global:* «surrationnel». L'important, c'est que les automatistes refusent l'état de neutralité émotive ordinairement recherché dans l'écriture automatique. D'où l'idée de lyrisme pour désigner ces abstractions. Il faut se souvenir, en lisant l'article de Gauvreau, que ces lignes sont écrites en même temps qu'a lieu la première exposition d'abstraction lyrique à Paris. C'est ce qui explique l'importance accordée à l'émotion dans la définition de l'automatisme:

> *Il est un pur automatisme en ceci que les matériaux de l'acte créateur sont fournis exclusivement par le libre jeu de l'inconscient, mais il a lieu dans un état particulier d'émotion, d'inspiration pourrait-on dire, et dans certains cas à mesure que l'oeuvre d'art se compose l'autocritique suit le geste intuitif, inconscient, qui fournit la matière de l'oeuvre et juge cette matière au fur et à mesure qu'elle apparaît. L'autocritique ne précède pas le geste mais le suit (...).*
>
> *Expérimentalement il est avéré que les tableaux automatistes, produits par un sentiment qui n'a point failli, par une soumission rigoureuse aux dictées impérieuses de l'inconscient, sont plastiquement impeccables; seule une relâche du sentiment en cours d'exécution peut produire des fausses notes dans le tableau. Le problème est donc de maintenir l'émotion, le sentiment, aussi pur, aussi intégral que possible tout le long de l'exécution; c'est une entreprise épuisante et sévère[36].*

Il y avait de quoi rassurer ceux qui croyaient que l'automatisme était une solution de facilité. Et Borduas devait reprendre ces idées — que Gauvreau tenait sûrement en partie de lui — en définissant le mot «Automatisme» dans ses «Commentaires sur des mots courants» *(Refus global).* D'où, en 1950, une reprise plus précise de la définition de l'automatisme montréalais dans une lettre de Gauvreau à Dussault. Cette fois, Gauvreau applique l'automatisme à la littérature:

> *Pour aller plus creux dans l'inconscient, pour dynamiter certaines barrières apparemment infranchissables, il faut précisément toute la commotion du volcan émotif.*
>
> *Sans aucune sorte d'idée ou de méthodes préconçues, permettre l'accroissement d'une forte émotion qui vienne ébranler et affoler toutes les murailles de la cervelle, et alors, inscrire successivement tout le chaînon un qui viendra se dérouler en reptile ininterrompu (jusqu'au sentiment de plé-*

nitude), voilà le moyen de mettre au jour des cavernes et des replis que le ron ron de l'inconscient superficiel ne permet pas de soupçonner. Tel est l'automatisme surrationnel[37].

On voit que l'automatisme est toujours défini de même façon, de 1947 à 1950, par le groupe de Montréal. Pour la littérature comme pour la peinture.

B. L'Épisode «Prisme d'yeux»

On a parfois présenté le manifeste du groupe de Pellan, *Prisme d'yeux,* parmi les éléments explicateurs de *Refus global[38].* Or, *Prisme d'yeux* est un feuillet de circonstance auquel son auteur, Jacques de Tonnancour, refuse qu'on accorde plus d'importance qu'il ne faut[39]. Il est vrai que la date de l'exposition *Prisme d'yeux* et de son manifeste, 4 février 1948, se situe six mois avant la publication de *Refus global,* mais nous avons de nombreux témoignages établissant que des versions manuscrites du manifeste de Borduas ont circulé immédiatement après l'exposition Mousseau-Riopelle[40].

Nous savons, par exemple, que Suzanne Meloche, qui devait épouser Marcel Barbeau, signataire du *Refus global,* chercha à obtenir un exemplaire du manuscrit pour le Père Robillard. Elle ignorait son intention de le dénoncer avant la parution. Il obtint à la place un objet surréaliste signé Claude Gauvreau et illustré par Mousseau: «Cher Cocubillard»[41].

Nous savons aussi que *Refus global* fut lu et signé en Europe par Leduc et sa femme avant sa publication[42]. De plus, Charles Delloye, qui préparait avec Borduas un numéro spécial de la revue *Aujourd'hui,* écrit, au moment de la mort du peintre[43], que le manifeste fut «publié en 1948 et composé l'année précédente sous la direction de Paul-Émile Borduas»[44].

Nous avons aussi le témoignage de Maurice Perron: «Durant l'hiver 47-48 (...) un premier jet de *Refus global* avait circulé parmi le groupe, puis Borduas avait retiré ce texte-là qui a été repris en entier, et c'est ce dernier texte qui fut publié»[45].

Bien plus, nous savons par une lettre de Borduas à Lyman, en date du 13 février 1948, que Lyman avait alors en mains le manifeste[46]. La lettre était sévère et consacrait une des plus importantes ruptures de Borduas:

> *Devant votre manque d'enthousiasme, non à permettre, mais à réaliser les résultats des élections de lundi dernier, devant l'insulte, involontaire mais réelle, de votre appréciation littéraire du texte passé par amitié (texte engageant ma vie entière sans échappatoire possible). Je suis dans la pénible obligation, pour sauvegarder mon besoin d'espoir et d'enthousiasme, à clore mes relations longues de bientôt dix ans avec vous.*
> *Votre connaissance fut un bienfait des Dieux mêlé de cruelles déceptions. Je leur rends grâce[47].*

Il n'y a aucun doute que cette lettre fasse mention du *Refus global,* ou, à tout le moins, d'une première version du manifeste. Pour Lyman, le *Refus global* est un «mélange d'esthétique, d'éthique et d'émotivité»[48], jugement que Borduas considère comme une «appréciation littéraire» insultante.

La dernière exposition de la Société d'art contemporain a lieu dans un climat de nervosité à cause des deux manifestes qui circulent. À cause aussi de l'article de Pierre Gauvreau qui paraît durant cette exposition: «Arbre généalogique de l'automatisme contemporain»[49].

Vient l'exposition du printemps, au Musée des beaux-arts, et c'est Pellan qui décroche le premier prix pour un «Pot de tabac automatique»[50]... Ironie du sort qui couronne un «automatisme» de Pellan en pleine querelle avec les automatistes. Ce que Jean Bédard explique bien:

> *Le mouvement automatiste heurte Pellan de plein front. Ses préoccupations architecturales et ses heures de travail semblent mises en question. Cependant, par réaction et parce qu'il a un tempérament d'assimilateur, il en fera son profit. Il en retirera la fécondité du hasard comme facteur de renouvellement. Et il tentera des expériences avec le hasard qu'il nommera «Automatisme dirigé». De quelques taches improvisées, il s'emploie à tirer une oeuvre plastique figurative (...). Ses travaux commencent à se débarrasser de leur géométrisme pour faire place à la matière qui se gonfle et s'épanouit dans la magnifique série des «Jardins» de 58»[51].*

C. Surrationnel et surréalisme

On pensait faire accompagner la publication du *Refus global* par une exposition, mais Riopelle insiste pour que, comme *Rupture inaugurale,* le manifeste des automatistes soit un acte autonome. Borduas, lui, tient à ce que cet acte soit collectif et soit étoffé de quelques autres objets graphiques et plastiques[52]. On se range à l'idée de Borduas et, le 9 août 1948, on publie un cahier complet, composé de plusieurs articles et reproductions accompagnant le manifeste qui donne son nom au cahier.

1. Commentaires sur des mots courants

Dans l'article «Commentaires sur des mots courants», signé par Borduas, le mot «Révolution» est défini par rapport à Mabille: «les révolutions marquent les grandes étapes de la décadence d'une civilisation (d'un égrégore — Pierre Mabille)»[53]. Le mot «Mythe» est, lui aussi, défini par rapport à Mabille, mais implicitement, quand le mythe est présenté comme ayant une naissance, une apogée et un moment où il doit être remplacé à cause des «cadres qui l'utilisent dans un état d'immobilité par prestige de la gloire passée[54]. Avec cette notion de la fin d'un égrégore et de la naissance d'un mythe nouveau, on est situé en pleine troisième vague surréaliste.

Située «en regard du surréalisme actuel», comme le dit le titre d'un des articles signés par Borduas dans le *Refus global,* il est évident que la révolution qu'il propose n'a rien de partisan. On le lui reproche, d'ailleurs, parce qu'on n'a pas compris que la révolution dont il s'agit est intérieure: «il faut changer la vie», comme le répétait Breton.

> *Les amis du régime nous soupçonnent de favoriser la «Révolution». Les amis de la «Révolution» de n'être que des révoltés (...). On nous prête l'intention naïve de vouloir «transformer» la société en remplaçant les hommes au pouvoir par d'autres semblables. Alors pourquoi pas eux, évidemment! Mais c'est qu'eux ne sont pas de la même classe! Comme si changement de classe impliquait changement de civilisation, changement de désirs, changements d'espoirs!*[55]

Dans le questionnaire dont les réponses furent la base de *Rupture inaugurale,* il était demandé: «Quelle est votre position à l'égard de la volonté révolutionnaire de «changer le monde»?[56] Car Breton, à la réception d'Artaud, en 1946, avait proposé «un objectif triple et indivisible: transformer le monde, changer la vie, refaire de toutes pièces l'entendement humain»[57]. Borduas acceptait la position des surréalistes, selon qui «changer le monde» ne signifiait pas un changement de domination politique mais, plus profondément, un changement de civilisation, de désirs et d'espoirs.

Le recours à la magie devient donc un moyen d'investigation du désir-passion. Quand le *Refus global,* donc, s'écrie «Place à la magie»[58], c'est au sens où le surréaliste-chaman entreprend une interprétation hiéroglyphique des mythes révélateurs des désirs-passions. Dans «Commentaires sur des mots courants», Borduas ne définit-il pas «Magie» comme une «imprévisible transformation apportée par désir-passion»?[59]

2. «En regard du surréalisme actuel»

«En regard du surréalisme actuel» pose l'automatisme comme une école montréalaise distincte du mouvement surréaliste international, reconnaissant l'incorruptibilité de Breton, mais situant les positions de Montréal au-delà de celles de Paris:

> *Les surréalistes nous ont révélé l'importance morale de l'acte non préconçu. Spontanément ils mirent l'accent sur les hasards objectifs primant leur valeur rationnelle. Leurs intentions n'ont pas changé. Cependant les jugements rendus, depuis quelques années, portent de plus en plus les marques de l'attention accordée aux intentions de l'auteur. Cette attention domine de beaucoup celle portée à la qualité convulsive des oeuvres. D'où répétitions d'erreurs inconnues à la phase empirique*[60].

Parlant de cet article, Claude Gauvreau raconte qu'une querelle eut lieu à propos d'une phrase: «Breton seul demeure incorruptible»[61]. Claude Gauvreau assume cette «incorruptibilité» de Breton en parlant de *Rupture inaugurale* à Jean-Claude Dussault[62]. Mais Riopelle et Pierre Gauvreau n'acceptent pas que Borduas coiffe par un éloge final à Breton un texte qui rejette en bloc tous les autres surréalistes:

> *Cher Borduas,*
> *Il nous est nécessaire d'exprimer notre désaccord sur le point essentiel de votre critique EN REGARD DU SURRÉALISME ACTUEL que vous vous proposez de publier à la suite du manifeste REFUS GLOBAL, à savoir que les surréalistes auraient dernièrement reporté l'attention qu'ils attachaient autrefois uniquement aux «qualités convulsives» des oeuvres aux seules intentions de l'auteur; ceci au plus grand détriment de la lucidité de leurs jugements (...).*
> *La critique surréaliste ne cesse de s'élever contre toute rationalisation du mouvement. Bien entendu pareil souci de garantir le mouvement contre le danger de la rationalisation ne peut suffire à éviter le piège toujours tendu de l'exploitation de la connaissance acquise. Aussi reste-t-il à faire l'examen des oeuvres, témoins sévères et impartiaux de l'authenticité rigoureuse de l'activité créatrice (...).*
> *Ou il convient de liquider le surréalisme entièrement, depuis le début, et de démontrer qu'aucune oeuvre poétique n'a été possible dans ses cadres, en aucun moment, ce qui reste à faire; ou, puisque vous affirmez vous-même que la position des surréalistes en regard de l'intention n'a pas changé, et que nous constatons un intérêt toujours aussi aigu des surréalistes envers les oeuvres nouvelles qui semblent se présenter à la plus fine pointe de la découverte, telle l'attention accordée aux oeuvres toutes récentes de Malcolm de Chazal, de Pichette, voire même à celles des nôtres qu'ils ont pu voir et considérer, nous croyons que les erreurs de jugement portées sur des oeuvres depuis quelques années (erreurs que vous ne précisez pas d'ailleurs) ne peuvent être portées à charge du mouvement surréaliste (...).*
> *Quant à une phase d'or située au début du mouvement où les erreurs de jugement auraient été inconnues il suffit de se référer au manifeste de 1929 pour se rendre compte que les jugements portés sur les oeuvres et les individus n'étaient rien moins que l'expression d'une sensibilité toujours aux aguets et d'une prise de conscience toujours remise en question (...).*
> *Malgré ces forces qui gênent et oppressent nos activités sociales, tant qu'à l'intérieur du mouvement surréaliste nous apercevrons des éléments aux apports sensibles, nous croyons pouvoir rester compatibles avec le surréalisme.*
>
>

Jean-Paul Riopelle
Pierre Gauvreau[63].

Cette querelle approfondit la division chez les automatistes, en même temps qu'elle souligne l'ambiguïté du titre «En regard du surréalisme actuel». Car l'expression «en regard» peut signifier ici que les automatistes veulent se définir *par rapport aux* surréalistes et elle peut signifier aussi qu'ils se considèrent comme membre d'un mouvement *parallèle* plutôt que d'un mouvement *affilié* au surréalisme.

Les autres articles de *Refus global* se rattachent aussi à l'esprit du surréalisme. Par exemple, la proclamation de Fernand Leduc, «Qu'on le veuille ou non»[64]. Ou encore le poème de Claude Gauvreau («Raie, fugue, lobe, ale») et ses trois objets surrationnels[65].

Même «La Danse et l'espoir» faisait appel à une magie[66] qui était une vision prophétique de l'avenir.

3. Refus global

Le manifeste «Refus global» est beaucoup mieux connu que le cahier qui lui doit son nom. Parce qu'il en est le principal élément, parce qu'il est contresigné par quinze adeptes, parce qu'il fut plusieurs fois réédité et commenté.

Il semble que Borduas, après avoir parlé «d'un beau titre: *Refus global*»[67] ait regretté l'interprétation négative donnée à son manifeste (équivoque que ne comportait pas le titre *Rupture inaugurale)*. Pourtant, il y était bien dit: «au refus global nous opposons la responsabilité entière». Mais le public fut davantage frappé par la notion de refus que par celle de responsabilité[68].

Une analyse de la structure du manifeste décèle un dynamisme interne extrêmement rigoureux. Ce n'est pas sans raisons que Claude Bertrand et Jean Stafford ont décrit le manifeste comme une «utopie»[69] et ont rattaché cette utopie aux efforts marxistes[70]. Sous-tendu par une dialectique hégélienne appliquée au développement de l'histoire, il justifie certains rapprochements avec la pensée marxiste. Pour nous, en effet, *Refus global* paraît construit en trois temps:

1) Exposé de la situation avant la prise de conscience: «Rejetons de modestes familles...». Le manifeste décrit le dur destin d'une colonie janséniste abandonnée par une métropole vaincue mais maintenue dans le culte aliénant d'un passé européen (primauté du catholicisme et de la raison).
2) Description de la prise de conscience: «Des révolutions, des guerres extérieures, brisent cependant l'étanchéité...» Viennent les différentes étapes d'une prise de conscience collective, à partir des révolutions et guerres extérieures jusqu'aux révoltes intérieures contre la peur jusqu'à la nausée.
3) Déclenchement d'une révolte culturelle: «D'ici là notre devoir est simple. Rompre définitivement...» Une civilisation nouvelle doit naître qui refuse d'être fondée exclusivement sur les instruments de la raison que sont la logique et l'intention. Elle laissera place à la magie et à la liberté des automatismes.

Ces trois temps du manifeste coincident avec ceux de la dialectique hégélienne (thèse, antithèse, synthèse) que Marx applique à l'histoire. Mais cette parenté structurale, si elle en a induit plusieurs en erreur (on a parlé de bolchevisme à propos de Borduas et ses amis), ne doit pas donner le change. Il n'y a rien dans *Refus global,* pas plus que dans *Rupture inaugurale,* qui indique un rapprochement des dictatures totalitaires de gauche, rejetées autant que celles de droite. *Parti pris* a noté, de plus, que Borduas en est encore à la révolte et non à la révolution[71].

La liste des refus énoncés par Borduas touche autant les conflits des automatistes avec les surréalistes (comme la question de l'«intention» en peinture) que ses conflits avec les communistes québécois (comme le refus de se cantonner dans l'art et la volonté d'affirmation de ceux que Gélinas appelait ironiquement les «révolutionnaires de la toile»). De même, *Refus global* s'attaque en bonne partie aux nationalistes chrétiens en proclamant: «Fini l'assassinat du présent et du futur à coup redoublé du passé».

Malgré ce qu'en pensèrent critiques et politiciens, le manifeste n'est pas un refus de l'avenir. Au contraire, il est essentiellement conçu selon une dialectique tournée vers l'avenir: «à nous le risque total dans le refus global»[72]. Le titre du manifeste, puisé dans le texte, est étroitement rattaché aux notions de risque et de responsabilité dans le devenir. On voit que Borduas préfère la vision de Mabille, d'une civilisation nouvelle, d'un égrégore nouveau, à celle de Marx, d'une dictature du prolétariat. Ce qui était aussi explicite dans *Rupture inaugurale*. De plus, les rêveries anarchistes d'*Arcane 17* ne sont pas absentes des derniers mots du manifeste de Borduas:

> *Au terme imaginable, nous entrevoyons l'homme libéré de ses chaînes inutiles, réaliser dans l'ordre imprévu, nécessaire de la spontanéité, dans l'anarchie resplendissante, la plénitude de ses dons individuels.*
>
> *D'ici là, sans repos ni halte, en communauté de sentiment avec les assoiffés d'un mieux être, sans crainte de longues échéances, dans l'encouragement ou la persécution, nous poursuivrons dans la joie notre sauvage besoin de libération*[73].

Il faut le rappeler, la révolte prônée par Borduas est révolte automatiste, donc révolte essentiellement intérieure. Vingt ans plus tard, les signataires insistent toujours sur l'intériorité de cette révolte. Marcelle Ferron déclare: «comme *Refus global* était basé comme l'*automatisme* sur la spontanéité et la liberté, ça me convenait parfaitement et cela fait encore partie de mon tempérament»[74]. Et Françoise Sullivan se dit toujours prête à revivre l'expérience, «parce que c'était justement mettre l'accent sur l'amour, la liberté»[75]. Affaire de vie, donc, et de tempérament. Plus tard, Borduas porta sur son manifeste un jugement pessimiste et en réduisit la valeur. Il est vrai qu'il était alors question de la portée mondiale de l'automatisme et qu'elle lui paraissait dorénavant minime puisqu'elle avait été, bien malgré lui, *située dans la filiation* du surréalisme plutôt que *mise en parallèle* avec lui:

> *Malgré les éléments spirituels de* Refus global, *sa portée mondiale est nulle en dépit d'échos français, anglais, japonais et américains. Les réponses étrangères ont situé spontanément ce texte dans la ligne surréaliste alors en pleine actualité, sans en voir l'aspect divergent. La critique canadienne n'a pas été plus lucide, au contraire. Les contacts en sont restés là. Par la suite, d'un peu partout monta une vague similaire heureusement cette fois, dégagée du surréalisme. Cette vague a une portée universelle. Le mérite en revient particulièrement à New York, sans rien nous devoir évidemment. Restent les cheminements invisibles aux conséquences imprévisibles dont personne ne puisse parler, mais dont les communications les plus étranges nous parviennent de temps à autre*[76].

4. Le Surréalisme chaque jour

Au Québec, la portée sociale — aussi bien que culturelle — du *Refus global* fut tardive, mais plus considérable que n'avait prévu Borduas. Au début toutefois, peu de critiques se montrèrent accueillants. Ce fut pourtant le cas de Madeleine Gariépy qui publia une interview sympathique à Borduas à une époque où le manifeste était déjà connu du milieu, même s'il n'avait pas encore été publié[77]. Ce fut le cas d'Henri Girard qui tenta d'appliquer à Borduas l'abstractivisme dont parlait Breton[78].

Il faut pourtant faire état de la critique négative évoquée par Borduas car, chaque mois, chaque semaine et parfois chaque jour, elle anime des débats sur le surréalisme qui impliquent des personnages de première valeur dans la pensée du Québec. Ces personnages, pour la plupart, reviendront plus tard sur la sévérité de leurs premiers jugements.

La polémique qui entoure le manifeste surrationnel commence dès le 5 août avec un article du *Montréal-matin*[79]. Elle s'amplifie le 15 août, principalement par une interview de quelques journalistes du *Petit journal,* dont Pierre Saint-Germain, qui cuisinèrent Claude Gauvreau[80]; Saint-Germain tourna le *Refus global* en ridicule:

> *Transposé depuis le plan pictural où il est né comme le rejeton supérieur du cubisme («Picasso y reste figé») et du surréalisme (déjà «retardataire»), l'automatisme surrationnel serait, d'après le précieux lexique que ses adeptes fournissent, une trouvaille du français André Breton. Les automatistes montréalais ont bâti sur ce mot un système qui mène à une nouvelle religion, le «monisme surrationnel», qui fera cesser l'«écartèlement» des humains entre leurs possibilités psychiques et physiques (...).*
>
> *Nos automatistes ne sont d'ailleurs pas sûrs d'avoir atteint le nec plus ultra, puisqu'ils viennent d'apprendre qu'un Roumain du nom de Trost a publié récemment un manifeste «surautomatiste» (...).*
>
> *Les accumulations de mots-instincts ne sont pas aussi évocatrices et puissantes chez le jeune Gauvreau que chez Miller aux Tropiques célèbres. L'auteur montréalais nous offre cependant des «jus de palissade», des «mugissements violets» et l'interjection: «Oreille de femme et peau de cochon rose!»*[81].

Ce texte fut l'objet d'une violente réplique[82]. Mais il fallut quelques jours avant que la critique dépasse le sensationnalisme et fasse, dans les journaux, l'objet des commentaires des éditorialistes.

En effet, des articles paraissent et ne semblent pas avoir beaucoup d'écho durant le premier mois du *Refus global*[83]. C'est le journal *Notre temps* qui relance la polémique contre Borduas avec un article du dominicain Hyacinthe-Marie Robillard: «Le Manifeste de nos surréalistes»[84]. Cette fois, c'est l'entrée en guerre de Roger Duhamel, André Laurendeau et Gérard Pelletier. Roger Duhamel, critique littéraire du *Montréal-matin,* s'en prend au *Refus global* dans un article du 14 septembre[85]. Le Père Hyacinthe-M. Robillard rapplique dans un journal de Québec le 22 du même mois[86]. Et le lendemain, Guy Jasmin, du journal *Le Canada,* profite de l'occasion où une société de poètes est incorporée pour faire sur le cas Borduas le commentaire suivant: «noter le fait qu'un professeur de notre École du meuble a perdu sa situation pour avoir signé un manifeste d'ordre culturel et artistique. Avec un gouvernement de cadenas, il fallait s'attendre au dirigisme en littérature»[87]. Jasmin attire ainsi la sympathie des «libéraux», sympathie motivée non pas tellement par le contenu du manifeste que par l'occasion d'attaquer le régime duplessiste. Ce «biais» devait lui valoir une polémique[88].

C'est alors qu'André Laurendeau intervient, lorsque la publication parmi les faits divers (dans son propre journal) du renvoi de Borduas[89] lui offre un argument nouveau contre l'autocratie de Duplessis:

> *Il est facile de voir comment l'on défendra le geste du ministre. On invoquera la morale, et l'on étalera toutes les sottises incluses dans le* Refus global, *ce manifeste «surrationnel» qui est à l'origine de l'affaire. On répétera et l'on développera le point de vue exprimé dans la lettre du sous-ministre:*
> *Une demande de renvoi sera soumise à la Commission du service civil parce que les écrits et les manifestes qu'il publie ainsi que son état d'esprit ne sont pas de nature à favoriser l'enseignement que nous voulons donner à nos élèves.*
> *Mais là n'est pas la question que nous soulevons. Nous ne discutons pas le motif invoqué. Nous dénonçons l'intervention directe du pouvoir politique dans le domaine de l'éducation.*
> *La chose est d'autant plus grave que les idées de M. Borduas ne soulèveront la sympathie de personne. Avec son* Refus global *il s'est séparé de tout le monde et de nous en particulier. L'indignation que ses idées soulèvent empêcheront peut-être bien des gens de voir le cas qui se pose objectivement (...).*
> *Le cas, on le voit, dépasse singulièrement la personne et les erreurs de* Borduas.
> *Nous intervenons d'autant plus vivement que M. Borduas est pour nous, sur le plan intellectuel, et moral, un adversaire, et que personne ne peut s'imaginer que nous défendons un ami[90].*

Ce texte complexe (à la fois contre le texte de Borduas et contre la censure ministérielle) marquera l'attitude du *Devoir* dans les mois de polémique qui suivront. Il marque en effet une ligne de conduite ambivalente et étroite, en même temps que sincère. Les automatistes semblent pourtant avoir ignoré l'attitude de Laurendeau jusqu'à l'entrée en scène de Gérard Pelletier. Dénonçant l'article «dans le genre grand-père» de Roger Duhamel, Pelletier aborde avec humour la contribution des disciples de Borduas à *Refus global*. Mais il se montre vis-à-vis du maître d'une dureté égale à celle de Laurendeau:

> *Il nous est arrivé autrefois de lire le* Manifeste surréaliste *ou* Poisson soluble *d'André Breton; nous connaissions aussi, dans le temps, la revue* Triple V *et ses couvertures de «broche à poulet». Nous sommes donc familiers avec un certain genre d'étonnement et de scandale qui nous éclaire aujourd'hui sur les poèmes de Claude Gauvreau.*
> *Du reste, pourquoi n'accepterions-nous pas l'automatisme comme un passe-temps? Quand Gauvreau affirme que le «pinch champioute», je ne me sens pas du tout poussé à le contredire. D'abord, il m'est impossible de vérifier, puis l'affirmation me paraît plausible. Tard, le soir, après une dure journée et plusieurs verres de bière, le «pinch» doit, en effet, «champiouter». Pourquoi ne champiouterait-il pas? Surtout si vous admettez que la «Cléonte breltchère dans sa nuée populiste et bouleversement»... Car tout se tient, n'est-ce pas...*

*J'accepte même et trouve normal que des jeunes automatisent avec féro-
cité. Il est vrai que notre pays manque de maîtres, il est vrai qu'une grande
inquiétude travaille la jeunesse et qu'elle cherche toute seule des voies qui
débouchent sur la lumière. Je chicanerais volontiers Duhamel de croire que
cette gymnastique est purement «littéraire et ne révèle rien de plus que des
préoccupations de style»[91].*

Pelletier va jusqu'à mettre en doute l'honnêteté de Borduas:

*M. Borduas vaticine comme un prophète, avec un mépris total pour toute
démonstration et toute preuve «rationelle» (...). «Voilà qui n'est plus «jeune»,
ni tout à fait «surréaliste» et encore moins honnête. Voilà qui tend à nous
fixer dans un climat sectaire et qu'on ne saurait trouver amusant. Le dogma-
tisme nouvelle manière ressemble trop à celui que l'auteur condamne[92].*

Or il en coûtera une polémique à Pelletier d'avoir ainsi mis en doute
l'honnêteté de Borduas.

Deux jours plus tard, Laurendeau revient sur le sujet et, dénonçant
l'attitude de Duhamel, réclame que l'affaire ne soit pas considérée comme
classée:

*Nous avons dénoncé cette nouvelle et directe intervention du pouvoir
politique dans le domaine de l'éducation. Le directeur littéraire d'une feuille
sportive du matin ne veut rien y comprendre. Il nous fait des leçons de morale (...). La question est plus grave qu'elle ne peut paraître au directeur
littéraire d'une feuille sportive. C'est un débat qu'il faut rouvrir[93].*

Claude Gauvreau devait se charger de le rouvrir, évoquant le procès
de Flaubert, la condamnation de Baudelaire et la lapidation de Manet,
rappelant aussi que «les écoles gouvernementales ne sont pas confession-
nelles»[94]. La lettre trouve tout de suite sa réponse en «Note de la Rédaction»: on refuse de faire porter le débat sur la valeur de Borduas comme
professeur et comme artiste. Mais des «activités extrascolaires» de Borduas,
on déclare que «là-dessus *Le Devoir* s'est prononcé à deux reprises et
n'entend pas modifier ses positions»[95].

Le Quartier latin relève le débat pendant que *Le Devoir* s'enlise dans
une querelle où Borduas n'est finalement qu'un prétexte[96]. Adaptant le
titre de Gérard Pelletier («Deux âges — deux manières») sur le *Refus
global,* Pierre Lefebvre indique, dans «Notre manière», la voie qu'entend
suivre la nouvelle équipe du journal universitaire. Vers la fin de l'article,
on trouve ces mots: «Un peu dans tous les milieux, nous voyons des gens
qui se refusent à plier devant les anciennes consignes. Certains d'entre eux
allant jusqu'à ce *Refus global* qui met à vif, dans la manière excessive et
violente que l'on peut s'attendre à retrouver chez des artistes, des faibles-
ses tellement réelles de notre vie intellectuelle»[97]. Trois jours après, dans
le même journal, un étudiant prend la défense de l'honnêteté de Borduas:

*Un professeur n'est pas que professeur, surtout dans notre pays où l'on
ne vit pas à professer. Borduas est peintre. Les artistes n'ont-ils plus le droit
d'avoir leurs engueulades et de faire des manifestes? Pourquoi un des hommes les plus importants dans l'histoire de notre art serait-il contraint de se
taire quand il a envie de faire des théories? Le problème eut été différent si*

l'auteur s'était prémuni de son autorité de professeur pour signer Refus global. *On aurait aussi pu lui faire des reproches s'il avait animé ses cours de ses théories. Mais il était trop honnête pour cela et ses supérieurs le savent bien. Il a profité des vacances d'été pour publier, séparant, du mieux qu'il pouvait, manifeste et enseignement*[98].

Un revirement est donc amorcé. Il se reflète jusque dans le journal français *Arts* et dans le magazine américain *Time*. Dans *Arts,* Esther Van Loo, le 15 octobre, écrit, à Paris, que «Paul-Émile Borduas (...) a embrassé hardiment le surréalisme — on peut même dire, avec quelque familiarité, qu'il s'y est plongé jusqu'au cou (...). Borduas est le grand peintre d'avant-garde du Canada»[99]. Là-dessus, *Time* (dans une note anonyme qui est peut-être du collaborateur montréalais de la revue, Stuart Keate) publie, le 18 du même mois, que «Borduas est devenu le chef de file des «Automatistes Surrationnels», un groupe de seize jeunes artistes»[100]. Breton, lui, réagit favorablement au *Refus global* (qui était une manière d'adhésion à son manifeste *Rupture inaugurale*), disant que, dans le manifeste québécois, «le surréalisme s'est reconnu comme dans un miroir» et que son auteur a suscité «autour de lui une pléiade de jeunes poètes et artistes dont les inspirations fondamentales se confondent avec celles du surréalisme, quand bien même à l'épreuve se manifesteraient des divergences dues à l'écart des générations»[101].

Le ton de la polémique, dans *Le Devoir,* allait changer. La caution du *Quartier latin,* d'*Arts,* de *Time* et du surréalisme international y furent sans doute pour quelque chose. Et aussi une lettre ouverte et amicale de Jacques Dubuc qui s'en prend à son tour à «Deux âges — Deux manières» de son ami Pelletier, parce qu'il avait mis en doute l'honnêteté intellectuelle de Borduas:

> *Ta critique de Borduas est très injuste (...). Borduas est un homme d'une admirable sincérité intellectuelle. (Je ne veux pas parler de sa haute valeur morale, quoiqu'il soit bon que quelqu'un lui rende cette justice.)*
> *Son texte se présente comme une série de jugements historiques le conduisant à un refus des formes de vie actuelle.*
> *Il néglige de prouver ces jugements, non pas par impuissance, mais parce qu'ils lui paraissent évidents (...).*
> *Pénétrons dans son texte un peu comme l'amateur d'art pénètre dans un tableau, avec sa sensibilité en éveil, tâchant de se mettre en sympathie avec l'oeuvre et se servant de son oeil intuitif. Tout change à ce moment. Le texte prend sa pleine valeur, géniale à certains endroits, admirable très souvent de lucidité, révélant beaucoup de choses sur la vie et le monde; coup d'oeil légèrement prophétique...*[102]

Comme le reste de l'article est un rejet du surréalisme, Jacques Dubuc et Gérard Pelletier (qui, en note, déclare qu'il «accepte le reproche de critique superficielle» mais ajoute «je suis tenté de maintenir mes deux positions essentielles»[103]) sont pris à partie par cinq des signataires du *Refus global,* les deux Riopelle, Perron, Arbour et Pierre Gauvreau[104].

Leur lettre est suivie d'une réponse de Pelletier qui déplore de ne pas disposer d'une revue pour faire valoir ses idées. Peut-être faut-il pressentir la genèse de la revue *Cité libre* (des catholiques de gauche) fondée par Gérard Pelletier et Pierre-Elliot Trudeau dans cette réponse déjà plus sympathique:

> *Vous nous demandez ce que nous admettons de votre manifeste et les valeurs que nous prétendons défendre contre vous. Malheureusement, nous devrons être ici très brefs. Nous ne disposons pas d'une revue ni des quinze pages de votre manifeste (...).*
> *Nous acceptons en grande partie votre critique des institutions sociales: l'exploitation du pauvre par le riche, l'utilisation de la peur, la prétention moderne de tout régler par la seule raison, l'intellectualisme néfaste, la désincarnation d'une certaine pensée contemporaine, l'absurdité des guerres, l'exploitation intéressée de certaines vérités religieuses (...). Et la sympathie que nous ressentons pour vous, c'est là-dessus qu'elle se base, car nous refusons nous aussi toutes ces mystifications.*
> *Toutefois, nous l'avons déjà dit, notre refus n'est pas global[105].*

Pelletier situe alors le débat sur un terrain religieux, mais dans une perspective sensiblement différente du christianisme auquel les Québécois sont habitués, perspective qui sera celle de *Cité libre* fondée quelques mois plus tard. Il s'attire ainsi une dernière mise en garde des cinq signataires ci-haut mentionnés:

> *Vous partagez partiellement notre refus, mais sur les accessoires seulement, ce qui est facile et vous réserve une porte pour entrer chez nous. Vous rejetez l'utilisation de la peur, mais vous croyez au péché et à la grâce. Nous croyons votre rejet sans efficacité si vous ne rejetez pas cette peur fondamentale qui est la peur de Dieu et qui permet toutes les exploitations avec la promesse d'un bonheur différé[106].*

La défense de Jacques Dubuc est tout autant que celle de Pelletier située à l'intérieur de la pensée chrétienne, ce qui peut laisser croire que l'on assiste à un dialogue de sourds[107]. Claude Gauvreau écrivit le dernier texte de cette polémique, mais il ne fut pas publié[108]. Le débat se perdit ensuite dans des affrontements stériles[109].

Avec le temps, il se produisit cependant plusieurs revirements en faveur de Borduas. Ce sera le cas de Rolland Boulanger[110], des directeurs de *Cité libre,* de Pierre Vadeboncoeur, de Jacques Ferron.

Pierre Vadeboncoeur avait publié, dans *Liaison,* la revue où Géraldine Bourdeau était le critique officiel, des commentaires dignes d'elle. Ne déclara-t-il pas, en février 1949:

> *J'aurais des choses à dire sur Borduas et ses disciples, qui représentaient assez fidèlement, semble-t-il, l'école de Breton. En dépit de quelques oeuvres assez belles, leur naïveté, leur messianisme ridicule, leur prétention, leurs rengaines, me les faisaient tenir, avec leurs maîtres européens, pour les types les plus parfaits de gens qui se servent de leur autorité, de leurs vérités et du prestige de quelques noms célèbres, pour proclamer des sottises et les gober eux-mêmes[111].*

Il mit douze ans avant de se rétracter, déclarant, en 1961, que «nous devons en particulier l'oeuvre de Borduas à une révolution»[112]. Puis, dans son livre célèbre de 1963, *La Ligne du risque,* il prit des positions qui rallièrent bien des indécis; il expliqua à la fois les raisons de son rejet passé et celles de son acceptation récente:

> *Quelques-uns d'entre nous pensaient que notre histoire était finie. Nous éprouvions dans la masse du peuple, dans ses institutions, une telle force d'inertie qu'elle nous paraissait invincible. Nous admirions infiniment Borduas, mais nous pensions que son aventure n'aurait guère de suite. L'avenir du Canada français nous paraissait condamné. Il y a moins de dix ans de cela (...). Son acte fut inouï. En effet, il a brisé notre paralysie organisée. Il l'a anéantie d'un seul coup, par son refus global. Il fut le premier, que je sache, à faire cela. Jamais personne avant lui n'avait prouvé le mouvement. Tous, plus ou moins, avaient tergiversé. Personne ou presque n'avait été assez spirituel pour tenter enfin une véritable expérience. Borduas s'en est remis complètement à l'esprit. Il a joué tout. Le Canada français moderne commence avec lui. Il nous a donné un enseignement capital qui nous manquait. Il a délié en nous la liberté[113].*

Certains intellectuels doivent à cette volte-face de Pierre Vadeboncoeur leur propre réconciliation avec la pensée de Borduas. Jacques Ferron, par exemple, qui gardait ses distances avec les automatistes (même si sa soeur avait signé le *Refus global*), explique dans ses *Historiettes* l'aspect paradoxal de ses rapports avec Borduas et le rôle de Pierre Vadeboncoeur dans l'évolution de sa pensée:

> *Un petit homme poli, avec un dentier qui le gênait, un petit monsieur chauve qui s'était fait enlever l'estomac parce qu'il avait des ulcères. Et c'était ça qui vivait la révolution de tout un monde pour changer la peinture (...)! S'il est vrai, comme je le crois désormais, que la peinture devance la société, il n'est pas surprenant que Pierre Vadeboncoeur, un politique que rien ne disposait aux arts, un homme presque pathétique par le sérieux, et intègre, cela va de soi, revendique Borduas comme un maître et mette tout le pays, et même les archevêques, derrière lui[114].*

Quant à *Cité libre* de Gérard Pelletier et Pierre-Elliot Trudeau, dont Roland Giguère prétend que Borduas aima toujours le franc-parler[115], ses rapprochements avec l'automatisme ne sont pas rares[116]. Les attaques de droite ne cesseront pourtant jamais. Clarence Gagnon, dans une conférence en anglais dont le titre parle de fraude (bluff) des modernistes (expression volontiers péjorative), décrie ceux qui prétendent «créer sans posséder ni les qualités requises ni les éléments créateurs»[117]. Roger Viau (à ne pas confondre avec Jacques et Guy chez qui Borduas expose du 14 au 26 mai 1949)[118] dénonce la «facture (...) assommante» de Borduas, le «manque d'équilibre» de Pellan, les «pinceaux de peintre en bâtiment maniés par un moins de dix ans» de Jacques de Tonnancour[119]. Et Géraldine Bourbeau écrit sur Borduas que «son art surrationnel n'existe que dans son imagination en mal de philosophie. Or n'est pas philosophe qui veut»[120]. Elle tiraille tantôt Marcelle Ferron («formes informes»), tantôt Jean-Paul Mousseau («encore en plein automatisme»), tantôt les deux en une suprême gerbe d'injures: «il n'y a guère à dire de bon de ces deux artistes, puisque tels il faut les appeler»[121]. À propos de Baril, elle avoue ses craintes: «le surréalisme de Baril est inquiétant»[122].

Denys Morisset frappe encore plus durement (comme si c'était possible) et déclare sans ambages: «cette manie introspective qu'est ici le dada chevauché par les automatistes ne nous apporte que de bien pauvres fruits (...). Je suis totalement indifférent aux visions intérieures de Borduas, et autres balançoires»[123]. Borduas est donc toujours une pierre d'achoppement et le manifeste surrationnel fait pendant plusieurs mois l'objet d'un débat continuel sur le surréalisme.

Ce n'est qu'avec une quinzaine d'années de retard que la critique fera au *Refus global* une réputation plus positive et presque légendaire, à la suite des Vadeboncoeur, Tougas[124], etc. *Situations* avait consacré un numéro au «*Refus global* dix ans après» et un autre à Borduas au moment de sa mort. Mais *Refus global* a déjà plus de quinze ans quand *Parti pris* publie un numéro intitulé «Refus global pas mort» (avril 1966) et plus de vingt ans quand *La Barre du jour* consacre un numéro aux automatistes en 1969.

Enfin, disons-le, *Refus global* fera avec le temps figure de mythe aux yeux d'une jeune génération à la recherche de sa libération. Ce mythe n'a pourtant rien à voir avec l'idéologie nationaliste et souvent fasciste de l'Action française, quoi qu'en pense Jean Ethier-Blais qui nous cause la surprise de présenter Borduas comme un disciple de Lionel Groulx et *Refus global* comme un sous-produit du nationalisme:

> Refus global *reprendra les grands thèmes nationalistes, dans un style nouveau, fait de démesure et de sarcasmes. Le manifeste ne paraîtra révolutionnaire qu'à ceux qui n'avaient pas suivi la démarche de l'abbé Groulx et de ses amis; il semblera dangereux à Maurice Duplessis précisément parce qu'il soulignait à quel point les idées de l'*Action française avaient cheminé dans la conscience collective. D'une certaine façon,* Refus global *est la conclusion logique de l'oeuvre de l'abbé Groulx (...). Mais la tentative borduasienne tourna court*[125].

Il y a une distance aussi grande entre Borduas et Groulx[126] qu'entre Breton et Maurras; ce n'est pas peu dire! Il ne faut pas confondre avec les mythes de race et religion de Groulx le mythe nouveau d'un égrégore automatiste de Borduas.

5. Projections libérantes

Après son renvoi de l'École du meuble, Borduas entreprend la rédaction d'un deuxième manifeste qu'il termine en février 1949.

Projections libérantes est un texte d'une seule coulée, comme *Refus global*. Comme lui aussi il s'articule selon un mouvement qui va du passé au futur:

Introduction: «Un sursis...»
1) Exposé de la situation: «Remontons à la fin de septembre 1927...»

2) Description de la prise de conscience: «C'est à ce stage de développement...»
Conclusion: «À la fin de ces projections libérantes...»
Même façon que dans *Refus global* de puiser le titre dans le texte. Même démarche que de consacrer la première partie à un exposé historique et la deuxième à un jugement sur cet historique. Mais au lieu de consacrer une troisième partie des *Projections libérantes* au déclenchement d'une révolte culturelle, comme dans *Refus global,* Borduas se contente de se référer au manifeste pour clore la deuxième partie:

> *Le grand devoir, l'unique, est d'ordonner spontanément un monde neuf où les passions les plus généreuses puissent se développer nombreuses,* collectives.
> *L'humain n'appartient qu'à l'homme. Chaque individu est responsable de la foule de ses frères, d'aujourd'hui, de demain! De la foule de ses frères, de leurs misères matérielles, psychiques; de leurs malheurs!*
> *C'est pour répondre à cet unique devoir que* Refus global *fut écrit*[127].

Il est intéressant de constater ce parallélisme de structure entre *Refus global* et *Projections libérantes,* car l'identité des articulations et des idéologies entre les deux écrits rapproche ce qui est par ailleurs très différent. *Refus global* est une interprétation subjective d'éléments historiques collectifs, alors que *Projections libérantes* se veut une interprétation objective d'éléments historiques personnels. *Refus global* est une interprétation nouvelle de l'histoire québécoise. *Projections libérantes* est une apologie pour des attitudes prises avant, pendant et après l'écriture du *Refus global,* apologie d'un homme qui rejette la coalition des forces «aveugles-intéressés»[128] et se rapproche des amis auxquels il reconnaît «pureté-intégrité»[129].

En ce qui concerne le surréalisme, notons que c'est dans *Projections libérantes* que Borduas révèle comment les enfants auxquels il enseignait le dessin lui «ouvrent toute grande la porte du surréalisme»[130]. Il ajoute: «Pellan rejetait en bloc le surréalisme; pour nous il avait été la grande découverte»[131]. *Projections libérantes* précise aussi les rapports de Leduc et de Riopelle avec les surréalistes européens:

> *Riopelle est revenu de Paris. — Ce dernier eut des succès auprès des surréalistes qui lui laissent entrevoir l'avenir de ce côté. — Fernand Leduc est encore en France. Contrairement à Riopelle, il n'arrive pas à s'entendre avec André Breton. Leduc multiplie les rencontres: surréalistes communistes non orthodoxes, le jeune poète Pichette et ses amis etc. Sa générosité exigeante lui interdit partout l'accord qu'il désire*[132].

Cette réflexion de Borduas sur les tendances divergentes de Riopelle et Leduc l'amène à expliquer partiellement par ces tendances le besoin de publier le manifeste commun que fut *Refus global*[133].

On pourrait dire encore, à propos de *Projections libérantes,* à quel point les idées pédagogiques en sont nouvelles pour l'époque: le manifeste raconte un enseignement fondé entièrement sur l'expérience personnelle.

On pourrait aussi décrire l'importance que prendra une toute petite phrase: «la conséquence est plus importante que le but» (p.26). Nous en reparlerons à propos de Gauvreau qui explique par elle son langage «exploréen»[134].

Pour l'instant, citons quelques passages prophétiques du manifeste:

> *Une foi inaltérable me confirme en la victoire finale[135] (...). La route poursuivie mènera un jour à la victoire: fut-elle cent ans après ma mort[136] (...). Messieurs, vous touchez quand même au terme de votre puissance. Je sens que d'ici peu des centaines d'hommes venant des bas-fonds vous crieront à la face leur dégoût, leur haine mortelle. Des centaines d'hommes revendiqueront leur droit intégral à la vie. Des centaines d'hommes revendiqueront leur droit au travail-passion et vomiront votre travail-corvée insignifiant et stérile. Des centaines d'hommes referont une société où il sera possible de circuler sans honte et de penser haut et net[137].*

Borduas pressentait donc l'importance qu'allait prendre la révolution automatiste dans l'avenir culturel québécois, au-delà du duplessisme[138]. Par exemple, les automatistes ont pris ouvertement position contre le régime duplessiste lors des applications de la loi du cadenas et lors de l'intervention policière chez les grévistes de l'amiante.

6. Communication intime

Après *Projections libérantes,* Borduas tente une troisième fois de réunir son groupe autour d'un document. Un mot du titre de ce document, le mot «amis», marque un effort de Borduas de ne pas se présenter en maître et de considérer les automatistes non plus comme des disciples, mais comme des égaux: *Communication intime à mes amis.*

Il s'agit d'un recueil de trois textes écrits entre le 1er et le 9 avril 1950. Guy Robert semble le premier critique à avoir donné une certaine importance à ce texte; il avait raison. Mais il ne paraît pas justifié de conclure du deuxième texte intitulé «En guise d'introduction écrite en post-scriptum», que «nous sommes loin du manifeste *Refus global*»[139]. Au contraire, on est toujours dans l'esprit de *Rupture inaugurale* quand on lit:

> *La guerre doit se poursuivre sur le plan le plus haut, en plein mystère objectif, au centre brûlant de ce foyer; dans l'amour le plus puissant dont nous disposons, dans la certitude de la victoire éternellement renouvelable et retardée de l'homme en marche sur l'homme qui s'arrête, de l'homme ouvert sur celui qui se ferme, de plus aimant, du plus lumineux[140].*

Le troisième texte, qui s'intitule «Ce n'est pas encore tout à fait ça», comporte, comme *Projections libérantes,* des éléments autobiographiques et des réflexions sur ces événements (postérieurs aux *Projections),* en particulier à propos des conflits de Borduas avec Riopelle qui l'accusait de paternalisme. Borduas indique que ce qu'on appelle paternalisme est en réalité un rôle d'animateur. Et reviennent sous sa plume les allusions aux nécessités de rompre:

> *Ce sentiment de paternité, je le reporte sur l'univers entier et sur tous ceux qui se prêtent à un mieux désirable dans une certaine vie. Je suis dans la*

> *nécessité de rompre avec tous ceux qui refusent ce mieux: rompre signifie ici suppression totale en moi-même de ces personnes[141].*

La *Communication* termine donc le cycle du *Refus* et des *Projections.* On peut même rattacher cette nécessité de rompre à la démission de 1928 (comme professeur de dessin à la Commission scolaire), si on rapproche l'extrait cité ci-haut de cet autre tiré des *Projections* où il est question des ruptures de 1928 et de 1948:

> *Ma première rupture avec le monde académique, suivie d'un isolement quasi total n'est plus qu'un souvenir. Un devoir social qui se précise chaque jour passionnément nous entraînera à la seconde prise de conscience et nouvelle rupture que sera le manifeste surrationnel[142].*

D. Les poètes

Le 20 mai 1947, *Bien-être,* de Claude Gauvreau, est joué sur la scène de l'ex-Montreal Repertory Theatre avant d'être édité par Mithra-Mythe dans le cahier du *Refus global,* le 9 août 1948, avec deux autres objets dramatiques: *Au coeur des quenouilles* et *L'Ombre sur le cerceau.* Les automatistes font, le 3 avril 1948, une chorégraphie d'un poème de Thérèse Renaud lu par Claude Gauvreau avec musique de Pierre Mercure et costumes de Jean-Paul Mousseau. La même année, mais après la parution de *Refus global,* les automatistes éditent un recueil de poèmes de Paul-Marie Lapointe, *Le Vierge incendié.* Ensuite, Claude Gauvreau fait jouer aux «Nouveautés dramatiques» de Radio-Canada quelques théâtres radiophoniques comme *Le Coureur de marathon,* les 18 février et 15 juin 1951 (pour lequel il obtient un prix de la Société d'état) et *L'Angoisse clandestine* (24 août 1951). Rémi-Paul Forgues prend le relais dans la revue *Place publique* avec un poème, en mars 1952. Puis Gauvreau revient sur la scène radiophonique avec *Le Domestique est un libertaire* (28 août 1953), *L'Oreille de Van Gogh* (6 février 1954), *Lendemain de trahison* (27 août 1954) et *Les Grappes lucides* (12 août 1955). Viendront ensuite, coup sur coup, la publication de quatre autres objets dramatiques de Gauvreau réunis sous le titre de *Sur fil métamorphose* et la publication d'un recueil de poèmes, *Brochuges.*

1. Claude Gauvreau

Certains membres du groupe des automatistes atteignirent assez tôt la célébrité. Qu'on songe à des peintres comme Jean-Paul Riopelle. Mais ce ne fut pas le cas des poètes. Deux d'entre eux, Rémi-Paul Forgues et Bruno Cormier, parce qu'ils ont abandonné la poésie dès les premières années. Thérèse Renaud, parce qu'elle ne s'est remise à l'écriture que récemment. Quant aux deux autres, les plus prolifiques, ils furent entourés de silence au point qu'on a pu parler d'occultation[143] de leur oeuvre: Claude Gauvreau et Paul-Marie Lapointe.

Gauvreau a produit une oeuvre littéraire abondante — quelques milliers de pages — et diverse: objets dramatiques, poésie pure, roman, théâtre et proses pamphlétaires ou critiques. L'oeuvre suit la courbe de l'aventure intellectuelle de l'auteur. Courbe que nous retracerons en rapport avec certaines incidences surréalistes.

L'aventure intellectuelle de Claude Gauvreau démarre avec son expulsion du Collège Sainte-Marie, lorsqu'il a quatorze ans. Le motif: avoir parsemé de dessins obscènes les marges de ses cahiers. Le résultat: «d'un coup sec, dit-il, je devins athée»[144].

De retour au collège, il découvre Claudel[145] par l'entremise du Père Pierre Angers[146], le professeur de Bruno Cormier. Voici comment Gauvreau décrit cette première révélation littéraire:

> À quinze ans, sous les instances de mon frère et de Bruno Cormier, je découvris Paul Claudel.
> Dans mon état d'alors, ce fut une révélation capitale. Il faut dire aussi que le théâtre de Claudel (surtout au début) ne manque pas de qualités (...).
> Je découvris Claudel vers l'époque où je commençais à écrire (c'est un livre de Francis Jammes qui me poussa à écrire).
> Fait curieux: Claudel n'eut sur moi aucune influence esthétique — sauf durant un court moment de transition, et cette influence fut vraiment inconsciente[147].

Nous pouvons observer cette transition claudélienne dans Les Entrailles.

Les objets dramatiques

Le premier ouvrage composé par Claude Gauvreau s'intitule Les Entrailles. Cet ouvrage est constitué de vingt-six objets dramatiques, dont trois seront publiés dans Refus global, quatre dans Sur fil métamorphose et trois dans La Barre du jour.

Il y a vingt ans, Claude Gauvreau, parlant des Entrailles, spécifiait qu'il tenait «absolument à publier sous une seule couverture ces vingt-six objets distincts, car ils représentent une évolution constante qu'il serait instructif de rendre ainsi perceptible»[148]. Il avait parfaitement raison. Car on voit dans cette oeuvre comment l'auteur passe naturellement du symbolisme de Claudel au futuro-cubisme d'Apollinaire avant d'aboutir à l'automatisme. Sur cette évolution, Claude Gauvreau à écrit les réflexions critiques suivantes:

> C'est l'assimilation du passé (médiat et immédiat) qui rend possible l'innovation du présent: s'il fallait s'en tenir aux recettes ultérieurement abstraites des expériences vivantes passées, comment une forme présente, proportionnée aux possibilités présentes de curiosité et d'investigation, pourrait-elle naître?
> Si je dis: «Mallarmé est un poète symboliste», cela signifie: «expérience romantique + expérience parnassienne + quelque chose de neuf.»
> Si je dis: «Henri Pichette est un poète automatiste», cela signifie: «expérience romantique + expérience parnasienne + expérience symboliste + expérience cubiste + expérience surréaliste + quelque chose de neuf»[149].

Penchons-nous donc sur cette évolution, en portant notre attention sur l'évolution stylistique des objets. *Les Reflets de la nuit,* par exemple, est un objet dramatique qui fait penser un peu, comme le disait l'auteur, aux *premières* pièces de Claudel comme structure, sauf pour la présence de l'introducteur qui, elle, rappelle les dernières, comme *Le Soulier de satin* et *Le Livre de Christophe-Colomb.* Les noms de Frédéric Chir de Houppelande, Hurbur et Corvelle de *Reflets de la nuit* font penser, sur le plan sonore, aux noms de Sygne de Coûfontaine, Simon Agnel et Violaine dans leur gratuité et leur beauté plastique. Mais le ton claudélien de cette pièce est celui d'un Claudel mu par les expériences visionnaires de Rimbaud (plutôt que de celles de Paul de Tarse) avec son monde infernal, sa nuit des sens exacerbés et sa lumière spectrale de fond de mer:

> *Ses paroles comme des feuilles de thé au fond de la mer languissent, il est frère du hibou et sa voix est soeur du hibou, son rythme repose dans l'huile et s'y tord et induit les cerveaux des jeunes filles de la brume verte, sa main pantelante est le spectre des nuits coagulées[150].*

L'Endormie de Claudel se passait dans une grotte marine[151]; on y trouvait une image que Gauvreau va reprendre, celle du lait sidéral:

> *La lune baisera mon ventre et la réponse coulera du pis pressé de l'étoile[152].*

> *La laiterie céleste besogne toute la nuit et le liquide brillant coule de toutes parts dans le sommeil universel, flairé seulement des noyés. Et la plus grosse des mamelles s'épanouit au centre. C'est la lune[153].*

Le ton et le style du second objet des *Entrailles, La Jeune fille et la lune,* ne diffèrent pas beaucoup de ceux de *L'Endormie* ou de *L'Ours et la lune* de Claudel. La mise en scène et la brièveté des objets rappellent aussi Claudel.

Comme *Les Reflets de la nuit, La Jeune Fille et la lune* se passe au fond de l'eau. On retrouve chez Gauvreau l'image de la «brume verte», qui est chez Claudel associée à l'amour de la lune. Gauvreau écrit, dans *La Jeune fille et la lune:*

> *La ville élevait en cap sa masse bossue et les paupières baissées de la noyée voyaient à travers la brume verte l'attouchement de sa froideur (...).*

> *(En flottant toujours, elle va en montant dans la lumière de la lune (...). S'agrippant amoureusement au rayon de lune elle monte jusqu'à la lune. Elle prend la lune dans ses bras)[154].*

Dans *l'Endormie* de Claudel, Danse-la-nuit raconte comment Galaxaure s'échappe des lames vertes pour offrir, elle aussi, son corps à la lune[155].

Dans le troisième objet de Gauvreau, *La Prière pour l'indulgence,* le style s'est complètement transformé et on pressent plutôt l'influence du futuro-cubisme d'Apollinaire[156]. Les formes géométriques et les symboles de la machine sont nombreux (cerceaux, portières, carrosseries, roues, charbons, rues, blocs, flottaison, poulies, montres d'or, aiguilles, béquilles, parapluie):

> *Le perroquet ne s'est pas tu et la lèvre moulue*
> *a épousé la témérité.*
> *Hommes, hommes, soyez généreux, Ayez*
> *pitié de ceux qui labourent la vie.*
> *Les cerceaux s'entrecroisent, la larme*
> *éclôt dans la stupeur.*
> *Portière jaune, l'élan a passé par toi.*
> *Les cendriers opalins se mettent à danser.*
> *Les aiguilles les carrosseries[157].*

On est loin des scènes sous-marines et de la saison en enfer de nymphes et de faunes buvant la voie lactée[158]. Gauvreau a d'ailleurs précisé lui-même de quelle nature est l'influence sur lui d'Apollinaire, au-delà des premiers objets:

> *C'est à partir du moment où je me suis libéré de l'emprise de Claudel que j'ai commencé à produire une oeuvre valable à mes yeux. La connaissance accidentelle de la poésie d'Apollinaire fut capitale dans la reconquête de mon émancipation... même si les objets, suscités par l'esprit de liberté inhérent à Apollinaire, ne ressemblent aux productions du grand poète cubiste quand on les compare maintenant[159].*

On retrouve encore le style futuro-cubiste d'Apollinaire dans l'objet suivant, *La Statue qui pleure:* oiseau mécanique avec fil aux pattes, tuiles, épingles, ciseaux, cloche, phares, charrue, marteau, scie, vrille. Mais bien plus que tout cet arsenal, c'est l'univers surréaliste de l'hallucination, des cimetières, des hurlements qui caractérise cet «objet»:

> *Les palais d'amiante qui virevoltent au ralenti*
> *vers le creux des jupes de poison.*
> *Des dents vertes hallucination! qui s'allongent*
> *comme une tire bavée.*
> *Les tablettes où sont étiquetés les crânes*
> *pusillanimes.*
> *Des manches de charrue perdus dans le cimetière*
> *tandis que la pauvreté tarie hurle mélancoliquement*
> *au cirage resplendissant d'amour.*
> *L'homme aux joues évaporées entend le marteau sur son crâne.*
> *L'homme, je t'ai chié des tonnes de rire.*
> *Aujourd'hui je vois la scie qui coupe*
> *ennuyeusement les jambes pourries.*
> *Main gercée main ridée.*
> *Êtes-vous de ceux-là qui vrillent les nombrils?[160]*

On reconnaît peu Apollinaire et beaucoup Gauvreau dans *Le Drame des quêteux disloqués, Bien-être, Le Rêve du pont* et *Au coeur des quenouilles.* Bien plus, avec *Nostalgie sourire* apparaît un langage qui va prendre de plus en plus d'importance dans *Les Entrailles* et dans les oeuvres à venir de Gauvreau: le langage surrationnel. Est-ce au moment où Gauvreau commence à fréquenter l'atelier de Fernand Leduc[161] qu'apparaissent ces traits d'automatisme? On pourrait le croire. Il s'agit du langage mystérieux de Gehur:

> Du corps de Gehur sort une voix que nous ne connaissons pas (...):
> «Opal-Hung -------- serri-kamuzi-lel!»[162]

Ce pouvait n'être que langage de faux turc pour faux gentilhomme; mais l'objet suivant, Le Soldat Claude, recourt lui aussi occasionnellement à ces mots surréels qui deviendront chez Gauvreau de plus en plus abondants:

> Le champ de bataille d'argousin plane sur moi et sur lui au moment d'un solennel pipi spirituel. Les extases de la vingtième année qui s'appellent galouchuris fornicuteurs sont venus à l'écho de l'homme[163].

Dans Le Soldat Claude, on trouve pourtant encore de nombreuses images futuro-cubistes (brise-glace, mica, train) et mention explicite est faite du nom d'Apollinaire:

> C'est moi qui parle maintenant: Dis-moi, ô Apollinaris,
> suis-je carnivore? (...)
> Crécelles d'ivoire, Apollinaris des Poètes,
> gazouille dans l'air félin[164].

Dans La Nymphe, douzième objet, qui suit Le Soldat Claude, on devine les noms déformés de Fernand Leduc et de Riopelle (Fernando et Xiopelle) comme on avait ci-haut le nom déformé d'Apollinaire. Il est certain que la découverte des objets mécaniques de Leduc et des abstractions lyriques de Riopelle exerce une influence sur Gauvreau qui tente de son côté de mettre au point un automatisme non-figuratif littéraire.

En voici un exemple:

> Fernando — les mailles que Bonnard a échappées sur son modèle.
> La nymphe — Xiopelle, je t'appelle!
> Gustave — Pourquoi pas Gustave?
> La nymphe — Alerte, chimpanzés circusifs! Ti-Ro a cru que
> je ne donnais plus naissance; mais touchez le ventre de
> ma conscience, palpez le cri du nouveau-né. J'enfante en
> corne d'abondance[165].

Dans La Nymphe, Gauvreau parle encore de la conscience en termes symbolistes et figuratifs. L'influence de «Fernando» et de «Ti-Ro Xiopelle» fait surgir, dans Apolnixède entre le ciel et la terre, un langage non-figuratif qui sera la découverte de Gauvreau:

> Apolnixède — Or ru magelcédance.
> Les brins, les bus dôte finance.
> Digue, diguedon à l'heure où la paleur digue l'adon.
> Je meurs les chefs. au dieu des crèfes.
> Apolchidance. Chirrie d'erbur.
> Air pur au mur des luzes (...).
>
> Et lerre cédère au fils du Très Puscule.
> Digueron diguerondon didon au lantte des édredons.

Digue lou au paradou des mou lou.
Creux au creux des ezètes. Ils parleront la langue du crepte
agenouillé[166].

Il parle, en fait, une langue cryptographique («langue du crepte») qui fut largement utilisée par les futuro-cubistes. Apollinaire, dans *Les Peintures cubistes,* avait insisté sur la valeur de ce langage dans les titres «explicatifs» des tableaux de cette école. Picabia, par la suite, donne aussi des titres comme «l'Oeil cacodylate» (tableau de 1921 représentant des signatures d'amis)[167]. Max Ernst, dans le même but, inventa le collage verbal (p.e. «Phallustrade») pour titrer ses toiles[168]. Claude Gauvreau pratiqua lui-même cet art du titre «explicatif» (non-figuratif), particulièrement à l'occasion d'une exposition de son frère[169]. Mais il semble être parvenu à ce surréalisme par ses propres moyens:

> *Dans l'atelier de Leduc, il m'arriva d'énoncer que, même si je ne connaissais pratiquement rien du surréalisme, j'étais persuadé de l'avoir dépassé, poétiquement parlant, par le livre que j'écrivais. Je méconnaissais les surréalistes, certes; mais mon intuition n'était peut-être pas tellement égarée, après tout[170].*

Comme Gauvreau n'écrivit qu'un livre avant le départ de Leduc pour Paris, nous sommes parfaitement situés sur la période où s'exerce l'influence d'Apollinaire et sur les démarches personnelles qui s'ensuivirent, c'est la période des *Entrailles.* Gauvreau a décrit sa démarche:

> *J'étais alors très isolé. En quelques années, je fis (parfois avec effroi) toutes les expériences analogues à celles des grands poètes du XXe siècle et, ces poètes, je ne les connaissais pas alors. Lorsque j'entrai en contact avec eux finalement, par des livres, leur révélation fut pour moi une bien merveilleuse et bien réconfortante confirmation. Oui, tous ces grands écrivains prophétiques de la lignée surréaliste: Lautréamont, Alfred Jarry, Jacques Vaché, André Breton, Arthur Cravan, Antonin Artaud, Aimé Césaire, et combien d'autres!...*
> *Et maintenant, à force de peines et de surprises, j'ai atterri sur le terrain vierge de l'heure actuelle: l'automatisme surrationnel[171].*

Les objets dramatiques de Gauvreau résistent à la critique. Il le disait lui-même:

> *Comme le contenu latent des ouvrages exploréens n'est pas encore facilement classifiable, la poésie exploréenne sauve le poète de la manie analytique, qui ravale les objets d'art au rang de casse-tête[172].*

C'est que la critique traditionnelle recherche partout une «intention»[173], alors que les automatistes croient davantage aux «conséquences»:

> *Mettez en pratique l'excellente découverte de Borduas, à savoir que «la conséquence est plus importante que le but»[174].*
> *Il est certain que la générosité et la rigueur de l'auteur permettent l'authenticité de l'objet — mais elles en sont une réalité distincte, et, pour un observateur perspicace, l'oeuvre renseigne davantage sur l'auteur que l'auteur renseigne sur l'oeuvre[175].*

Gauvreau insiste sur l'interprétabilité de ses objets, sur la nécessité de ne pas renoncer à comprendre ce qui ne répond pas aux critères intentionnels:

> Tous mes objets, les plus non-figuratifs y compris, sont parfaitement connaissables et assimilables (...). Mes objets ont un rythme, ils ont des proportions, ils ont une forme sensible; tout ce qui est sensible est assimilable par n'importe quel être humain autonome[176].

Or, de ces objets formant *Les Entrailles*, Jean-Marcel Duciaume a retracé certains points qu'on reconnaît plus tard dans les pièces radiophoniques: «la violence de l'homme pour l'homme, le salut que l'on porte en soi et finalement cette image de l'élévation ou de l'envol final». Duciaume insiste particulièrement sur cet envol final, souhaitant «qu'on en dégage éventuellement la signification (parce que) c'est une constante dont il faudra tirer parti si l'on veut éclairer le lieu de l'homme chez Gauvreau»[177].

La jeune fille qui s'empare d'un rayon et monte jusqu'à la lune *(La Jeune fille et la lune)*, Grisha qui s'enferme dans un livre et disparaît au plafond *(La Prière pour l'indulgence)*, Apolnixède qui s'élève dans les airs la main tendue vers le bras d'un homme sorti d'un tableau qu'il a suspendu dans le ciel *(Apolnixède entre le ciel et la terre)*, la silhouette humaine suspendue dans le ciel à une échelle et qui s'écrie: «J'ai soif» *(Le Prophète dans la mer)* et Marvaux qui s'envole sur un grand tapis bleu en s'écriant: «Je viens de mourir» *(Le Coureur de marathon)* sont autant d'images qui peuvent évoquer des mythes de rédemption. Mais, compte tenu des refus de Gauvreau de tout ce qui est mystique[178], c'est moins aux mythes de rédemption qu'aux théories de Propp sur le héros, moins aux notions d'envol qu'à celles de conquête qu'il faut recourir pour expliquer l'oeuvre de ce partisan de la théorie des égrégores. Il ne faut pas oublier non plus, nous le verrons, que la pensée de Gauvreau est moniste et que les envols de ses personnages ont un sens «exploréen» qui n'a rien en commun avec les conflits dualistes de l'homme grec et ses dieux. C'est la fin d'un égrégore et le passage à un autre qui se traduiraient par le passage du héros d'une isotopie à une autre et du langage de l'une au langage de l'autre (si tant est qu'on retienne en pareil cas les schémas de Propp et de Greimas).

La poésie pure

Avant d'aller plus loin dans l'étude des théories de Gauvreau sur le monisme et sur les égrégores, théories qui sont développées surtout dans le théâtre de longue durée et dans ses critiques, il est préférable d'aborder ce qu'il appelle sa «poésie pure»: *Étal mixte, Brochuges, Poèmes de détention, Les Boucliers mégalomanes* et *Jappements à la lune.*

Que faut-il entendre par poésie pure, chez Gauvreau? La recherche de poésie pure, chez lui, correspond à un projet dont l'énoncé apparaît dès 1945 dans des textes critiques où il aborde la pureté en art.

Il y a, forcément, la pureté au sens éthique; elle n'est pas exclusive à la «poésie pure», mais elle est énoncée à propos d'un poète: de Saint-Denys Garneau. Lecteur de Garneau, Gauvreau se compare et nous compare, lecteurs éventuels, à un soleil dont l'oeil répand limpidité, franchise et pureté:

> *Quand l'impatience de vos mains jette le jour sur Saint-Denys Garneau, votre coeur est-il aussi pur (...)? Pour aborder ce navire scintillant d'amour et d'éternité, il faut être simple, il faut être homme. Ne grattez pas avec des ongles sales cette pureté impassible, vous ne feriez de mal qu'à vous-même*[179].

À la pureté morale du lecteur correspond la pureté de l'écrivain. C'est pourquoi, sans doute, quelques semaines avant de faire connaître les *Regards et jeux dans l'espace* de Garneau, Gauvreau fit connaître d'abord ses propres projets de poète dans les mêmes termes de pureté et de soleil levant:

> *La pureté glace, terrifie; la pureté d'art est peu probante. Recouverte de son voile verni, sa fermeté hermétique encourage la méfiance. La négation et le mépris. Les méfiants seront mes ennemis. Il le faut, c'est fatal. La vie est et sera ma loi. Le jour des schismes douloureux froissera nos parquets si la probité de la vie exige les démembrements sanglants.*
>
> *Une épée est en moi, lumineuse comme un jet d'eau ou une fontaine d'argent, une plaie éloquente. Une épée s'est levée avec le jour. La lumière d'un jour. Le bras de bronze tranche le deuil du trottoir, la vie torrentielle et concrète servile à la contrainte d'aucune urne, le cliquetis primitif et insoumis s'épanouit, clarté belliqueuse sur les gencives gercées de la terre. La terre est tranchée, la lime de la ferveur recueillie et jaune des hommes, qui se cabrent dans la pureté effervescente du jour qui s'est levé, tranche la terre. Cette paix jaune, c'est la lumière qui féconde la vie. Et la liberté*[180].

Rien ici de la quête mystique d'un Être supérieur. Au contraire, on pourrait parler d'une vision nietzschéenne où Gauvreau est le démiurge, le Batlam, l'Orignal épormyable, le Cyclope.

Mais pureté a aussi un sens esthétique. Et définir, ou plutôt décrire la poésie pure, en ce sens, c'est, pour Gauvreau, indiquer un moment où la poétique ne repose pas sur la distinction traditionnelle entre prose et poésie. C'est aller dans la direction d'André Breton, comme à propos de Giguère:

> *Giguère donne (...) raison à Breton quand il se sert d'un langage sans ponctuation poétique, sans équilibre où les espaces contribuent d'ordinaire une mystérieuse signification obligatoire, sans moulure hachée, quand il écrit à la queue leu leu, quand il semble faire de la prose (...). Chez Giguère, poésie et prose sont indistinctibles car on y retrouve à une égale densité la fluidité du verbe, le contenu onirique sans amputation et une dose pareille de miracle sonore et d'indicible capturé*[181].

On pense malgré soi, en lisant cette description de la poésie pure chez Gauvreau, aux mots du *Refus global:* «Place à la magie! Place aux mystères objectifs!»; on pense à une poétique qui n'a pour règle et pour intention que celles de n'en pas avoir. On est en face d'une poétique où le réel des couleurs, des formes et des mots doit s'infiltrer le moins possible et laisser au contraire couler automatiquement le sur-réel (inconscient individuel et collectif) qui tend à s'exprimer.

Faut-il parler de lettrisme, comme l'ont fait certains critiques?[182] Absolument pas; Gauvreau est catégorique là-dessus et il a raison. Le lettrisme, pour lui, correspond à l'abstraction géométrique en peinture qui est une recherche formelle spatiale. Les tenants québécois des théories de Piet Mondrian seront au contraire en conflit ouvert avec les signataires du manifeste surrationnel, particulièrement avec Claude Gauvreau. Il faut plutôt parler d'abstraction lyrique comme on l'a fait à propos de Jean-Paul Riopelle.

Étal Mixte

Le premier recueil de poésie pure de Claude Gauvreau, *Étal mixte,* a été écrit de juin 1950 à août 1951. Il ne sera édité qu'en 1968 par Orphée et distribué en 1977! Dans ce recueil, on retrouve à l'état brut les premiers vrais efforts d'automatisme littéraire de Gauvreau. Celui-ci, ayant découvert la poésie de Breton, Artaud et Tzara à partir de 1949, se met sur leurs traces, particulièrement celles du dernier: «Tzara a certainement influencé mon premier livre de poésie pure: *Étal mixte*»[183].

Trois poèmes d'*Etal mixte* ont fait l'objet d'analyses, «Grégor alkador solidor» par Paul Bernier, «Sous nar» par Nicole Hurtubise et *Sentinelle-Onde* par André Gervais. Du premier, Bernier écrit:

> La familiarité avec le psychique se conjugue avec l'attitude de refus dans des termes sexuels et scatologiques qu'une analyse paradigmatique regroupe aisément: «cul, putasse, manger ses fesses, saluer de la queue, boyau d'arrosage, tous empêchés de péter, il fit pipi, ils crossaient, il chia, un basson de caleçon...»
> Mais quel est l'objet de cette agressivité? La société dont les différents aspects notés sont les suivants: femmes au duvet chromé, vieux nègre, curés, prêtres qui promettent l'ap(ostasie)ostolat, marâtre maman, hymne national, corsets, décor de soutane, tous, ils, leurs, la tête d'un quelconque Jésus, des «tenailles qui empèsent le mec», la foi des c(uls)roupes, des ducs, des duchesses, des bigots, partouzies, partouzeux, l'humanité.
> Agressivité contre la société, tel est donc le fond de la murale Grégor alkador solidor... mais pourquoi?
> C'est une maman-marâtre que livre la mémoire du poète; c'est une société fausse, impuissante et parjure qui le conduit au gibet[184].

Il n'est pas dans mon intention de chercher, dans *Étal mixte,* l'inconscient individuel de Gauvreau, même si Jacques Ferron a tenu sur le sujet des propos qu'il dit d'arrière-cuisine, pouvant étayer des recherches psychocritiques en ce sens, propos dénoncés d'ailleurs par ceux qui craignent de voir amoindrir le personnage. Nul doute pourtant que cette poésie soit chargée d'images du refus de la castration, principalement les titres *Entrailles, Étal* et *Vampire.*

Mais il me semble que c'est l'inconscient collectif, le soi plutôt que le moi, qu'il faut inventorier chez Gauvreau. Les images de castrats, par exemple, sont reliées à celles de la femme-enfant et de la femme chef-d'oeuvre, ce qui nous ramène à un des mythes célèbres prônés par les surréalistes:

Ah dormir droubi
Enfant phallège unti
Cri a pouf!
Deulle
Ma mie
mon enfant
ma poire
Schotte!
enfant dick dur enfant ma poire dick dur dic enfant oui ô
Enfant
Masturber la fille
le sabre
l'enfant dans la cervelle unique
marchande
enfant marchande
l'enfant qui rit
la fille masse
La fille - drima
La fille
Fille
Masturbée dans le chaland du brave hiver découpé comme de la verrerie[185].

Sur le rôle de la femme-enfant, il y eut un échange de lettres entre Gauvreau et Borduas. Borduas tentait une explication qui permettait une interprétation (par comparaison) de certains passages de la poésie de Gauvreau. En même temps, il manifestait un désaccord idéologique avec ce Breton qu'il considérait naguère comme seul incorruptible.

> *Pour le Breton d'Arcane 17, avec vous je trouve très belle la «révélation» du rôle «rédempteur» de la «femme-enfant». Ajoutez à cela l'idée de «résurrection» qui s'y trouve aussi et dites-moi si nous ne sommes pas dans l'air de la plus pure poésie chrétienne? Révélation, Rédemption, Femme-vierge, Résurrection et par surcroît Éternelle!... Malgré tout, ce n'est pas le poète que je chicane. C'est le penseur Breton qui avait jusque là, à mes yeux, toujours été d'accord avec l'expérience personnelle. Dans Arcane 17 il rompt cet accord en poursuivant sa foi en une rencontre, en un choix définitif. Ça, il le sait mieux que moi et il renie la rencontre, le choix de Jacqueline. Pourtant, ce choix-là avait été reconnu définitif; il a été aussi l'inspirateur de l'Amour fou et tant d'autres textes magnifiques que Breton ne renie certainement pas. C'est, sans doute, pour lui nécessité émotive. Je n'ai qu'à m'incliner devant une telle nécessité... Je n'ai pas à la partager»*[186].

Nous n'avons pas plus à chicaner le poète Gauvreau que le poète Breton quant aux images de la femme véhiculées par leurs automatismes. À condition qu'on puisse être d'accord avec leurs idéologies (conscientes). Les partisans d'une lecture féministe noteront que Gauvreau s'est souvent défendu d'adhérer aux interprétations de la mythologie chrétienne.

Outre le thème de la femme-enfant, un poème comme *Grégor alkador solidor* illustre, par le titre, qui est déchiré entre grégaire et solitaire-solidaire, des rapports d'agressivité avec la société au pouvoir. C'est ce que Nicole Hurtubise fait, avec raison, ressortir de *Sous nar.* En effet, elle tire de ce poème la conclusion qu'il «semble nous présenter un «climat» de tension vécu par un élément oppressé face à son oppresseur. Le «climat» se détendra puisque l'opprimé réussira à se tailler une situation semblable à celle de l'oppresseur»[187].

Etal mixte, au-delà de certains traits qu'il révèle sur l'auteur à travers son onirisme, n'est parfois que vagissements ou «paronymes de vocables connus, un peu à la manière de Michaud»[188]... parfois aussi images limpides et révélatrices d'un difficile équilibre entre lyre et délire, entre puissance et impuissance à refaire un monde en cendres:

> *Dans le champ*
> *un homme*
> *lire*
> *et délire en sablant les restants du festin des équinoxes.*
>
> *Il pleut*
> *Mais il ne peut plus aimer la cendre où clapotent ses*
> *espoirs et ses mythes[189].*

Ce difficile équilibre, il est présenté à la largeur cosmique. C'est la vie qu'il faut changer. Et Marcel Bélanger a décrit on ne peut mieux les parentés qui relient le texte de Gauvreau à celui de Borduas:

> *On ne peut vraiment dissocier Étal mixte de Refus Global; il en est la contrepartie lyrique (...), l'expression passionnée, irrationnelle, non moins tranchante mais à la façon d'une nécessité vitale plutôt que sous l'aspect dogmatique que revêtait le manifeste. Une thématique semblable l'anime, les attaques sont dirigées vers les mêmes institutions; un besoin similaire de libération et de liberté s'y manifeste sauvagement. Riposte à une situation sociale jugée inacceptable, dénonciation véhémente de tous les tabous et peurs qui fondent cette société, impuissante à se détacher de stéréotypes névrosants et à créer les mythes susceptibles de jouer le rôle indispensable de médiation entre passé et futur. Aussi ce livre se place-t-il tout naturellement sous le signe d'une révolte radicale au travers de laquelle on peut entendre de nombreux échos du manifeste de Borduas. «C'est la révolte / C'est la révolte», s'écrie le poète[190].*

Brochuges

Quoi qu'on ait dit de l'abstraction de *Brochuges,* elle ne dépasse pas celle de certains poèmes d'*Étal mixte,* comme par exemple les derniers vers de «Crodziac dzégoum apir». Au contraire, une image onirique, celle de l'oeil impérial, se dégage avec insistance:

> *Oeil*
> *Tibère*
> *Et ouff Arrouttouf pouf pif*
> *Oeil Néjan*

Retour d'Enfer
où kneuil la Patrie-Oeil du détournement
des avalanches lyriques (...)
Je suis Néron...
Oeil oreille ardoise[191].

Oeil de Tibère, oeil de Néron, oeil de Trajan, oeil d'empereur-dieu, oeil solaire. C'est le «je» Cyclope, le «je» Batlam. Pour le comprendre, il faut revenir à un texte de Gauvreau sur *la loi de l'oeil:*

> *Si la vision est imparfaite qui tenait compagnie à la mienne, il est néces-saire et fatal que la mienne poursuive son étape rocailleuse comme un bagnard perpétuel. Vision et bagnard: voilà le noeud dont on ne s'évade pas. Si tel axiome d'autrui mérite un doute, si tel principe audacieux, et tentateur com-me un tombeau, humilie l'embrassement universel qui fut toujours la loi de mon oeil, il est absolument fatal et nécessaire que la lutte soit livrée par un homme seul. Temporairement seul, mais seul tant qu'il vivra. Je me battrai tout seul, s'il le faut, si la probité des copains détourne leur générosité vers une autre route, mais le témoignage sera sans éclipse[192].*

La loi de l'oeil est donc loi de l'embrassement universel, loi du té-moignage sans éclipses. C'est la loi du soleil. Le poète «épingle» ou encore «embroche» par ses Brochuges d'ange exterminateur les ennemis de la lumière, de la liberté, de la vie.

On reste surpris devant pareils textes où tous les codes sont à la fois violés et respectés. Qu'on accepte, avec Michael Riffaterre, de penser que cette écriture est fondée sur la structure de la métaphore filée et qu'elle ne fasse rien d'autre qu'associer «des signifiants dont les signifiés sont incompatibles» et substitue «une signification *structurale* à la signifi-cation lexicale[193]; qu'on accepte de préférence, avec Marguerite Bonnet, de chercher la logique propre, le code spécial de l'écriture automatique en rejetant la notion de métaphore filée parce qu'elle se réfère à une acti-vité fabricatrice délibérée[194]: on n'en finit jamais de déchiffrer ces textes.

Ce qu'on trouvera dans *Brochuges?* Les symptômes d'une profonde révolte et, au sens le plus plein, comme dans *Étal mixte,* d'un refus global. Une inter-textualité qui relie l'écriture de Gauvreau à la peinture de ses amis et au texte de leur manifeste.

Poèmes de détention, Les Boucliers mégalomanes et Jappements à la lune

Après la publication, en 1956, de *Sur fil métamorphose* et de *Bro-chuges,* Gauvreau eut un regain de vitalité:

> *Le lyrisme que je croyais pulvérisé à jamais revint en trombe. En dépit d'entraves, je rédigeai une oeuvre capitale:* le Rose enfer des animaux *(...).*
> *Toutefois, il survint des difficultés radiophoniques et une légère mésen-tente avec Borduas. Je sombrai dans une opaque dépression.*
> *Plus tard, ce fut* Poèmes de détention.
> *Après des tentatives de suicide dues à mon état pécuniaire, ce fut enfin une oeuvre souriante et essentielle:* Faisceau d'épingles de verre *(automatisme pour la radio).*

Une série de prose radiophonique, L'Imagination règne, *complète presque le tableau.*
En mai 1965, j'ai écrit une pièce de théâtre de quarante-cinq minutes: L'Étalon fait de l'équitation.
Ces derniers temps, de nombreux poèmes ont vu le jour... ils auront probablement pour titre Les Boucliers mégalomanes[195].

Les *Poèmes de détention,* il fallait s'y attendre, sont remarquables surtout par le leitmotiv de la liberté. Ce mot de liberté revient sans cesse et se coule, s'incarne dans la libération totale de l'écriture. Comme, par exemple, dans ce poème récité à la Nuit de la poésie qui se termine par:

> *Je suis dieu pour mes sourires secrets*
> *Et en vérité je suis moi-même*
> *Franc noble et plein de liberté*
> *Draggammalamalatha birbouchel*
> *Ostrumaplivi tigaudô umô transi Li[196].*

Saluer ici en passant le Gauvreau démiurge intellectuel, épris de pureté, de franchise (aux deux sens de liberté et de vérité). Éviter surtout de voir dans ces syllabes un lettrisme neutre héritier direct du cubisme, mais bien cette abstraction lyrique que Gauvreau appelle langage exploréen. Noter aussi que Gauvreau, en poésie, autant que Riopelle en peinture, tient à la distinction entre automatisme surréaliste et automatisme surrationnel:

> *L'automatisme surréaliste — qui est un automatisme psychique (...) — quand il est poussé à fond, tel que j'en ai fait personnellement l'expérience, finit toujours par donner uniquement des syllabes (...)*
> *On (y) tente d'obtenir un état de neutralité émotive aussi complet que possible. Il s'agit donc d'inscrire le déroulement habituel, quotidien, des associations de pensées subconscientes. Un effort d'impassibilité, d'oubli, de distraction logique, est donc exigé (...)*
> *Pour aller plus creux dans l'inconscient, pour dynamiter certaines barrières apparemment infranchissables, il faut précisément toute la commotion du volcan émotif.*
> *Sans aucune sorte d'idée ou de méthodes préconçues, permettre l'accroissement d'une forte émotion qui vienne ébranler et affoler toutes les murailles de la cervelle, et alors inscrire successivement tout le chaînon un qui viendra se dérouler en reptile ininterrompu (...). Tel est l'automatisme surrationnel[197].*

Il n'y a aucune intention, aucun projet de ne donner que du lettrisme neutre dans *Les Boucliers mégalomanes* mais, bien au contraire, le déroulement de la mèche d'une charge explosive. Tantôt le poème commence par une traînée de syllabes qui s'enflamment et font sauter la sainte-barbe; le navire du lecteur éclate alors en images aussi conscientes et identifiables que «les deux cuisses de Françoise Arnoul». Tantôt, au contraire, ce sont des points de repère qui balisent le trajet, comme l'image de Goya ou du cerceau (importante chez Gauvreau) ou des mots-totems comme «rosamiondée» ou «Zogrotammbabarmandragore»[198] avant que le lecteur ne soit entraîné dans les rapides à toute allure, entre les hoquets, les borborygmes, les paronymes où le trajet se fait de plus en plus périlleux. *Les Boucliers mégalomanes* sont des poèmes de guerre; ils n'ont rien de l'exercice de l'abstraction géométrique.

Faut-il renoncer pour autant à interpréter Gauvreau? Sûrement pas. D'abord parce que les passages de langage «exploréen» joués par le Théâtre du Nouveau monde dans *Les Oranges sont vertes* et *La Charge de l'orignal épormyable* ont prouvé leur qualité en plasticité sonore, surtout quand, dans le film *Claude Gauvreau poète,* ils sont superposés aux réalisations musicales du Jazz libre du Québec. Ensuite, parce que l'analyse de certains textes, comme cet extrait de l'opéra *Le Vampire et la nymphomane* que Gauvreau donne en exemple à Dussault, nous prouve qu'ils sont parfois beaucoup plus structurés qu'on pourrait le croire à première lecture:

> *Je java à trois cornes est l'emblème de mon cerceau et l'afghan aux muqueuses de gorille est le stéréoscope de mes jeux grammanaires.*
> *Un lasso jeté dans le frisson des temps d'avril décrit les sondes de mon flair de molosse.*
> *Je pirouette comme l'étoile des pignons de françaises[199].*

Il y a ici trois redites qui s'éclairent l'une l'autre quand on les superpose comme les images du «stéréoscope» prennent leur relief dans la superposition. «Je java» (valse musette) est repris dans «un lasso jeté» et dans «je pirouette»: ce sont images de quelqu'un qui cherche à tâtons en tournant sur lui-même, se fiant aux automatismes de son instinct comme le chien se fie à son «flair de molosse», à ses «muqueuses d'afghan». Le «je» se décrit entrant en lui-même par mouvements concentriques comme sont les mouvements du «cerceau», de la girouette («étoile des pignons») et des «sondes» (pendules). Telles sont ses danses («java») à lui, son rodéo («lasso jeté») et ses jeux («cerceau»): ce sont jeux de mots («jeux grammanaires») par lesquels les poètes de la tradition surréaliste cherchent à dynamiter l'inconscient. Comme on voit, cet extrait, que Gauvreau cite plus longuement dans sa lettre, comporte à lui seul tous les éléments d'une poétique originale dont il n'y avait peu ou pas d'exemple au Québec.

Gauvreau, dit-on, douta un jour de cette poésie qui, peut-être plus encore vers la fin de sa vie, défie toutes les classifications linguistiques et laisse si peu prise à la communication verbale[200]. Mais l'abstraction lyrique qu'il pratiquait avec les sons ne valait-elle pas celle que pratiquaient alors avec les formes et les couleurs certains peintres comme Riopelle et Leduc? Gauvreau, il faut le dire, réduira progressivement ses images jusqu'à cette répétition des ga, des go, et des «lul» de *Jappements à la lune.*

Dans *Jappements à la lune,* dont seul un extrait nous est connu, l'abstraction lyrique se réduit à un jeu de sons qui rappellent à la fois les

hurlements nocturnes du loup solitaire et la syllabe principale du mot
«lune». Ce poème s'ouvre sur les premières lettres du mot «gauvreau»:

> *garagognialululululululululululululululululululululu lu*
> *llullululululullulululullululululululullululullullullu*
> *lululululululululululullululululululuuuuuu²⁰¹.*

Faut-il noter que ces sons se retrouvent dans les prénoms de Claude
et de Muriel et dans les deux syllabes de Guilbault? Ce n'est peut-être pas
du surréalisme, du moins pas de l'automatisme figuratif; l'«automatisme
psychique pur», non-figuratif, s'exerce ici sans entraves. Mais, beaucoup
plus que le problème de la neutralité ou de l'émotivité de l'automatisme,
ce qui tracasse Gauvreau, c'est le problème de la pureté sans laquelle il
n'est pas de vie possible pour lui:

> *Mon premier silence sera le silence de ma mort.*
> *Ceci ressemble à un testament. Ceci est un testament en effet. C'est le*
> *testament des morts qui sont en moi. C'est le testament des morts retombant*
> *vers le néant, chassés par la vie²⁰².*

Le silence ne devait venir qu'avec la mort; cela faisait partie du projet poétique du *Soldat Claude,* mercenaire comme Vaché, comme Rigaut,
comme Roussel, comme Crevel, comme Dominguez, comme Paalen,
comme Duprey, chez les surréalistes, ou comme Guilbault, comme Pouliot, comme Sauvageau, comme Paquette au Québec, des «causes de
suicide sans gloire, sans rémunération et sans espoir»²⁰³.

Le roman
Après avoir écrit ses premiers essais de poésie pure, *Étal mixte,*
Gauvreau écrivit son roman *Beauté baroque.* Roman surréaliste? Difficile
à dire, dans la mesure où la prose surréaliste est «une zone plutôt obscure,
soit que la relative rareté des textes ait prévenu l'analyse, soit qu'on ait
réduit cette prose à un discours fondamentalement semblable à celui de la
poésie surréaliste»²⁰⁴. Gauvreau, lui, parle d'un roman «moniste»²⁰⁵, ce
qui, à première vue, n'élucide guère la question.

Toutefois, en prenant pour point de repère les conclusions de Laurent Jenny sur la surréalité et ses signes narratifs, l'idée de «monisme»,
prise au sens linguistique, pourrait correspondre à l'abolition de toute
dichotomie fond/forme et à une manière d'intertextualité couronnant
«le jeu des signes qui parcourt les allées du réseau rhétorique et du réseau
paradigmatique»²⁰⁶.

Il est relativement facile de déceler les rapports du roman *Beauté
baroque* de Gauvreau avec le roman *Nadja* de Breton où l'automatisme
ne joue pas seulement au niveau des éléments linguistiques du discours
mais aussi à celui des rapports entre situations et personnages.

Gauvreau a décrit les circonstances de l'écriture de son roman. Elles donnent déjà une première approche, dans la mesure où le roman moniste nous est présenté comme étant rédigé en rapport avec une déchirure (un / multiple) et où on apprend que la transcription s'est faite sans faute en période d'amnésie (mémoire / non-mémoire et automatismes linguistiques).

> *Au tout début de 1952, Muriel Guilbault, depuis longtemps malade, se suicida. J'en fus irréparablement déchiré (...).*
> *Durant l'été 1952, à Saint-Hilaire, je fis un effort surhumain pour écrire mon roman moniste* Beauté baroque. *Je terminai la rédaction en novembre alors qu'il neigeait, je rentrai à Montréal pour copier le roman au dactylo.*
> *Je n'avais pas fini ce travail, lorsqu'à la suite de je ne sais trop quelle chicane chez moi, je fus frappé d'amnésie. D'instinct je continuai la dactylographie du texte et j'ai constaté récemment que c'était sans faute[207].*

Le rapport entre Muriel Guilbault et le roman *Beauté baroque* n'est pas fortuit. Une lettre de Gauvreau à Dussault fait voir que le surnom de «Beauté baroque» est déjà utilisé par Gauvreau en 1950 pour désigner Muriel Guilbault. Il importe de citer la description qu'en fit alors Gauvreau pour comprendre certaines circonstances du roman.

> *Muriel est une beauté baroque parfaite (j'emploie le terme «baroque» dans son acception la plus pure). Les traits de Muriel sont les plus singuliers qu'on puisse imaginer; leur organisation plastique tient de l'acrobatie. Nature ardente, entière (...). La vie de cette femme essentiellement surrationnelle est marquée de tragédies personnelles intenses. Elle eut des amours terribles, elle connut un mariage gâché. Chez elle, oui vraiment, il y a beaucoup de la Nadja de Breton[208].*

Gauvreau fait donc un rapprochement entre Muriel et Nadja. Le rapport avec le surréalisme et avec le roman est explicité dans la même lettre:

> *Je fus celui qui l'initia au surréalisme. Elle reconnut immédiatement en elle des échos familiers — le surréalisme, sans rien connaître du mouvement historique, elle l'avait toujours vécu dans sa vie privée. En même temps, un prodigieux roman s'éveilla en moi[209].*

Roman d'amour fou, roman au sens large que Gauvreau s'empressa de transformer en roman au sens strict après la mort de Murifou, comme il l'appelle. Nous nous atacherons à faire ressortir, à partir de ces extraits, les éléments qui relèvent de l'amour fou et de la beauté convulsive.

Gauvreau a donné bien des descriptions des enthousiasmes de Muriel. Comme ce récit de la rencontre où elle accepta de jouer dans *Bien-être:*

> *Elle était emballée! Muriel Guilbault n'a jamais été une timorée, elle n'a jamais été une adepte des sentiers battus; devant le surréel le plus déroutant pour autrui, elle était dans sa patrie naturelle et elle y adhérait avec une passion furibonde[210].*
> *L'impossible se produisit. Du premier coup, Muriel s'exalta pour mes étranges compositions. Elle me dit que c'était une révélation pour elle. Elle accepta le rôle de la femme dans* Bien-être[211].

Or il est important de rappeler que la beauté convulsive dont parle Breton est la beauté des derniers moments, ceux de la mort d'amour:

> *Le mot «convulsive», que j'ai employé pour qualifier la beauté qui seule, selon moi, doive être servie, perdrait à mes yeux tout sens s'il était conçu dans le mouvement et non à l'expiration exacte de ce mouvement même[212].*

La mort de Murifou, beauté baroque, a donc tout pour déclencher l'écriture d'un roman surréaliste à la manière de *Nadja.*

Cet amour de Gauvreau lui inspirait en effet des commentaires très proches de ceux de Breton sur la beauté convulsive. Car Gauvreau révèle, dans une lettre inédite, à quel point son plaisir amoureux est inséparable de son admiration pour la Muriel chef-d'oeuvre:

> *Plusieurs fois, j'eus l'impression d'avoir été trahi par Muriel — trahison morale autant que charnelle. Mais, avec Muriel, ma réserve de générosité ne sera jamais épuisée. Elle est l'être chef-d'oeuvre auquel il faut permettre de vivre en plein essor (...). Aujourd'hui encore — et c'est presque ma tragédie — elle est la femme qui m'est la plus chère au monde[213].*

Dans la même lettre, Gauvreau révèle un trait particulier de son amour:

> *Un problème qui m'a parfois (et même souvent) embarrassé lorsque je me sens du «vague à l'âme», c'est le développement terrible de mon sens critique.*
>
> *Les femmes ne sont pas toutes égales, et, comme pour les tableaux et les poèmes, les chefs-d'oeuvre ne courent pas les rues.*
>
> *Ma rigueur, fortement aiguisée à la démarche créatrice artistique — m'interdit psychologiquement de me contenter de n'importe quel laisser-pour-compte à poil. Je n'ai jamais su fréquenter les bordels.*
>
> *Ma nature est foncièrement sélective. Chez la femme, comme en art, je recherche le chef-d'oeuvre maximum. Cette impossibilité, à un moment donné, de trouver suffisamment désirable.*
>
> *J'ai aimé passionnément une femme (au charme intraduisible) qui reste encore pour moi l'idéal insurpassable (un idéal, hélas qui fait du tort aux concurrentes). Cette grave aventure m'a profondément marqué.*
>
> *Le désir intérieur existe, mais il ne suffit pas en soi. Il faut une correspondance à l'extérieur. En art, l'on forme la matière suivant les exigences de cette correspondance. En amour, cette modification de la femme pour l'ajuster aux nécessités de la correspondance est quasiment impossible. Il s'agit donc de découvrir des objets déjà parfaitement analogues au désir (des ready-made, en somme); c'est souvent une tâche ardue[214].*

Et nous voilà à la recherche de «ready-made» en amour. Cette expression, tirée des expériences dada de Marcel Duchamp et compères, nous reporte aux fondements du roman *Beauté baroque.* Notons que dans ce roman, on retrace partout la fidélité aux coordonnées de l'*Amour fou* et de *Nadja.* Comme le convulsif[215], l'automatique[216] et la beauté de la mort d'amour qui est proprement la beauté convulsive:

> *L'admiration impeccable adhérait à la vision alarmante (...). Je compris... Une seule chose m'apparut essentielle: la préservation à tout prix, et le plus longtemps possible, du chef-d'oeuvre mourant[217].*

Gauvreau revient souvent, dans *Beauté baroque,* sur cette image de chef-d'oeuvre (qu'on retrouve aussi dans sa correspondance à propos de Muriel):

> *C'était une femme chef-d'oeuvre. C'était une femme formidable. Formidable: «qui inspire de la crainte»[218].*

À la fin du roman, Gauvreau fait volontairement côtoyer un élément biographique de Muriel (suicidée par pendaison) avec l'évocation des grandes beautés convulsives dont parle Breton.

> *Mort verticale. Pendaison (...).*
> *Adieu, ineffable!*
> *Aurélia, Eurydice, Nadja[219].*

Nous ne savons rien du roman *Lobotomie* qu'il aurait écrit en clinique et dont il aurait, par mécanisme de défense ou volontairement, caché l'existence au public[220]. Nous pouvons peut-être présumer qu'il recourt aux mêmes thèmes.

Le Théâtre

L'activité littéraire de Claude Gauvreau, après le collapsus causé par la mort de son amie Muriel Guilbault, devient très intermittente. Les séjours en institution alternent avec les périodes de production. Il est pourtant considéré comme faisant partie de «Studio d'essai» de façon permanente[221].

Des oeuvres de cette période, il a semblé suffisant de n'aborder ici que deux drames qui sont connus pour avoir été joués récemment, *La Charge de l'orignal épormyable[222]* et *les Oranges sont vertes.*

La Charge de l'orignal épormyable

Cette pièce, écrite durant les années 1953-54, ne fut connue qu'en février 1968 au cours d'une lecture publique et ne fut jouée qu'en mai 1970. Elle révèle un Gauvreau hanté par le problème des rapports entre l'art et la folie, hanté par les sources même d'un acte créateur fondé sur les automatismes de l'inconscient.

Des *Réflexions d'un dramaturge débutant* (sorte de présentation critique par l'auteur) furent distribuées au soir de la première. En exergue à ces réflexions, Gauvreau a placé un mot de Michel Foucault pour qui là où il y a art il n'y a pas folie. La question de la folie, posée à propos de la *Charge,* n'est donc pas purement question d'interprétation biographique. Elle est, sur certaines indications de l'auteur, l'essence même du drame.

Tout le drame en effet gravite autour de la notion de conscience en rapport avec l'activité littéraire. Le texte porte parfois, dans un langage propre à l'abstraction lyrique, de profondes accusations contre la conscience — contre l'état premier et superficiel de la conscience par rapport à la richesse de l'inconscient. Il s'ensuit, durant les monologues où le personnage principal s'exprime dans ce langage que Gauvreau appelle «exploréen», des moments où l'auditoire entre parfois, par ce langage, dans un véritable état second[223]. Cet état second serait-il ce que vient chercher la foule aux pièces de Gauvreau? Serait-il le signe d'une atteinte de ce mythe d'un Egrégore nouveau auquel Gauvreau souhaite voir parvenir les automatistes et leurs amis? La pièce se déroule dans un milieu fermé (atelier étouffant ou asile d'aliénés) où le poète Mycroft Mixeudeim et certains de ses «amis» sont en réclusion. Le poète paraît vivre dans un état dont les compagnons de solitude cherchent la cause. Est-il paranoïaque, mégalomane, schizoïde, hystérique, schizophrène, obsédé sexuel, sadique, masochiste? Au lieu de conclure, après maintes expériences, que son état est celui d'un poète, ses amis concluent qu'il est celui d'un imbécile.

Le poète Mycroft Mixeudeim, dans *La Charge de l'orignal épormyable*, est donc incompris de son entourage. Il charge sans cesse contre la bêtise. Et si Mycroft, fonçant sur toutes les portes, évoque parfois don Quichotte chargeant contre les moulins, ce n'est pas sans rapport avec l'amour fou de l'un et de l'autre pour une femme-enfant inaccessible.

De plus, sur ces «charges» de Mycroft, Jean-Marcel Duciaume a écrit des commentaires intéressants, notant par exemple comment, à la fin, Gauvreau,

> *dans une dernière charge, nous enfonce dans les fauteuils pour y laisser sa marque. Il tire vengeance de notre intolérance, il nous implique et ça dérange. L'homme traqué atteint à la libération alors que nous devenons poursuivis. Nous vivons le théâtre de la cruauté selon Artaud; ce théâtre qui bouscule, qui assène des chocs[224].*

Quand les personnages cherchent à se débarrasser du corps encombrant du poète, et qu'il leur est impossible de s'en défaire autrement qu'en le jetant à l'égoût, c'est chez les spectateurs qu'on le jette. Combien de spectateurs ont fait le lien entre leurs sièges d'orchestre et l'égout? Il y a violence, dans *La Charge,* et violence de toutes parts et à tous niveaux: entre les personnages, de la part de l'auteur contre les personnages, de la part des spectateurs contre les personnages, de la part de l'auteur contre les spectateurs. Ce qui fait dire à Duciaume:

> *Il importe de dégager la signification de ce double mouvement de violence. Nous comprenons que Gauvreau traite symboliquement de sa propre déchéance et de sa mort qu'il impute à l'incompréhension et à l'intolérance de ceux qui l'entourent. Son but n'est pas de dévoiler le pathétique de sa vie et de sa mort (anticipée) mais au contraire d'effectuer un redressement, de nous permettre de voir la violence de l'homme pour l'homme. Il nous donne l'image aberrante de la déchéance humaine, déchéance d'autant plus grave qu'aveuglante et ignorée. Ainsi l'attaque virulente qu'il pousse contre les spectateurs témoigne en partie de son désespoir face à la condition humaine, mais se justifie dans une dernière tentative de rendre opérante la catharsis aristotélicienne[225].*

La pièce atteint même parfois le niveau épique, ce qui force le spectateur à prendre ses distances tant les traits des personnages sont grossis.

L'orignal et le sadique, par exemple, sont tous deux «épormyables» et dépaysent le spectateur pour qui la salle devient vite trop petite. N'y retrouve-t-il pas tous les enfers et tous les ciels confondus du nouvel égrégore? N'y retrouve-t-il pas des personnages rendus à une nouvelle mythologie: Orphée devant son miroir, la poupée devenue vivante de Pygmalion et des charges comme celles de la Bête de la Belle?[226] Faut-il parler de théâtre surréaliste? Dans la mesure où l'abstraction lyrique apparaît plus vraie que le réalisme, dans la mesure où sont prônées les valeurs de la beauté convulsive et de l'inconscient, il n'y a pas de doute, la pièce s'inscrit dans la tradition surréaliste. Retenons surtout ce langage «exploréen» qui sera utilisé davantage encore dans *Les Oranges sont vertes* et qui fera dire à Bruno Cormier, que c'est un langage d'«étranger»:

> *Les mots, les sons, les rythmes qu'il a créés, surtout dans la partie la plus hermétique de son oeuvre, celle aussi la plus voisine de sa mort, ne trouveront pas leur dictionnaire dans les études biographiques et psychiatriques. C'est le vocabulaire d'un poète qui, face tournée vers son temps, a soudain franchi la barrière des mots connus qui ne lui suffisaient plus pour exprimer l'angoisse dont il éprouvait l'envahissement devant un monde qu'il aimait, mais où il se sentait devenir de plus en plus étranger. Nous devons essayer de le rejoindre, car les hommes sont toujours plus anxieux et plus angoissés quand ils ne comprennent pas leurs poètes[227].*

Ce langage «d'étranger» est-il, comme le dit le titre de Cormier, miroir de l'aliénation de notre époque? Peut-être une interprétation fondée sur une critique des «reflets» le suggérerait-elle. Mais ce langage «exploréen» pourrait être interprété comme une tentative surréaliste, vieille comme le monde, de «parler en langues» comme le faisaient les sibylles et les voyantes dont Breton prit si souvent la défense[228]. Cette glossolalie révèle la persistance humaine à signifier quelque chose de plus réel que le réel. Gauvreau rêvait, lui aussi, d'un monde dont la préoccupation dépassât les intérêts matérialistes et qui soit ouvert aux valeurs intérieures révélées par l'automatisme.

Les Oranges sont vertes

Les Oranges sont vertes paraît moins une continuation de l'oeuvre qui précède *(Les Boucliers mégalomanes)* qu'une synthèse de toute l'oeuvre de Gauvreau. Le public découvre des personnages aux noms fantaisistes comme Ivirnig et Cégestelle. Les familiers saisissent des allusions à peine voilées, un peu grossies, à des personnages connus, comme le critique Boulanger[229] et le Père Émile Legault[230]. On découvre surtout un mythe étrange qui revient en contre-point dans la pièce et qui évoque les visions du nouvel égrégore de Mabille et le mythe nouveau dont la recherche était prônée par Breton en 1947. Ce mythe s'incarne ici en Batlam.

Batlam est évoqué dès le début: «Yvirnig, crois-tu que Batlam sera de retour bientôt?»[231]. Le spectateur sera peut-être porté à faire un rapprochement entre l'attente du Batlam de Gauvreau et l'attente du Godot de

Beckett. Mais le *Godot* de Beckett est la somme des messianismes absurdes qui ne se réalisent jamais et ne pourront jamais se réaliser. Le Batlam de Gauvreau, au contraire, est déjà venu et reviendra.

Car, dans une lettre à Marcel Sabourin[232], Gauvreau évoquait le personnage de Batlam qu'il avait découvert dans un ouvrage sur Victor Hugo et ses contemporains[233]. Il s'agirait d'un participant de la bataille d'*Hernani,* mort en duel à Lyon après avoir provoqué les opposants de la révolte libéraliste littéraire.

Ainsi interprété par Gauvreau lui-même, Batlam apparaît comme le vengeur de l'égrégore automatiste: vengeur de Gauvreau contre l'incompréhension de ses propres amis et, comme Gauvreau lui-même, vengeur de Borduas et de ses disciples contre l'intolérance de leurs contemporains. Il est aussi le Jacques Vaché qui tirait à balles blanches sur l'auditoire des *Mamelles de Tirésias*[234]. Il est le Cyclope (voyant le monde d'un seul oeil, c'est-à-dire d'un point de vue unique et volontairement subjectif, qu'est ici le regard de Gauvreau)[235] qui fonce contre les Grecs dont la ruse cherche à tromper la force. Il est l'ange nouveau à l'épée de feu gardant la porte du nouvel égrégore libertaire et moniste[236]:

> *Nous sommes des libertaires comblés, nos cerveaux dodus sont ceux de monistes athées à la cuirasse en pelure de mica*[237].

La pièce se laisse parfois porter par un certain lyrisme abstrait propre à la poésie de Gauvreau. «Nous les exploréens»[238], s'écrie Cochebenne, sur une de ces lancées où l'on discerne, en termes exploréens, les éléments même des titres de Claude Gauvreau comme *Jappements à la lune, Les Boucliers mégalomanes,* et *Les Oranges sont vertes:*

> *Cochebenne.*
> *Allons-y. Jappons à la lune.*
> *Ivulka.*
> *Les miroirs-mémoires du rutabaga apostrophent le symptôme de mégalomanie sur la tombe décapée de l'ivresse à homards.*
> *Cochebenne.*
> *Verdâtres supuleppes, vous hoquetez sur les diamants dont la tonsure orange calamistre l'importance du voeu-duvet*[239].

Mougnan, personnage engagé qui joue tous les rôles d'un choeur, tantôt complice et tantôt juge des acteurs, nous avertit, dans une de ses rares interventions parlées, des appartenances de la pièce à la pensée de Mabille, à la dialectique des égrégores:

> *Tiens, tiens. Sûrement Yvirnig va nous parler à présent des qualités de l'égrégore. C'est une de ses toquades*[240].

Effectivement, Yvirnig ne tarde pas à entonner un long monologue où le poète rappelle les mérites de l'abstraction lyrique et de la révolution surréaliste:

> *L'égrégore est abstraction délirante et pelotage sans regret de la terre.*
> *L'égrégore est révolution à la substance opaque et durcissante (...). L'Égré-.*

*gore est confusion des personnes et accomplissement achevé du singulier. L'é-
grégore est solidarité fraternelle. L'égrégore est marche massive et accouche-
ment du roc Percé. L'égrégore est vocation inouïe dans la plus complète
indépendance[241].*

C'est alors la revanche de Batlam qui, du geste «éminemment surréaliste» de Jacques Vaché, mitraille la foule.

E. La critique

> IVULKA - Bah! tu peux toujours écrire des
> phrases de poésie éthérée si tu t'en sens capable...
> ça c'est inoffensif et ça peut servir de thérapeuti-
> que. Mais plus une syllabe de critique[242]

On parle souvent de Claude Gauvreau poète et dramaturge. La
parution, en juin 1977 d'*Étal mixte* et des *Oeuvres créatrices complètes,* va
sûrement faire croître la connaissance de cet aspect que des mises-en-scène
diverses et des films ont aidé à mettre en lumière.

Or la critique de Gauvreau est, comme son oeuvre créatrice, d'une
qualité exceptionnelle. À la fois violente et savante, elle allie les contraires
en une phrase baroque qu'il se plaît à identifier comme telle parce que le
baroque des automatistes lui plaît en critique comme en art et en poésie[243].
L'actualité et la diversité de cette critique dont le texte est en partie inaccessible parce qu'inédit méritent qu'on s'y arrête. Ne serait-ce que pour
comprendre le sens ici du mot «baroque».

Les textes critiques de Gauvreau se divisent en trois grandes séries. Il
y a les comptes rendus, particulièrement ceux qui ont paru dans la chronique «Masques et bergamasques» du journal *Le Haut-parleur.* Il y a
les grands textes polémiques, comme ceux qu'ont publiés *Le Quartier latin,
Combat, Situations, La Revue socialiste* et *Liberté.* Il y a enfin les essais,
lettres et conférences comme l'*Épopée automatiste vue par un cyclope,
Dix-sept lettres à un fantôme* et *Débat sur la peinture des automatistes.*
Ces instances critiques seront abordées ici par catégories.

1. Le chroniqueur

Gauvreau tint la chronique artistique et littéraire du *Haut-parleur*
durant un an et demi. Il couvrit la saison qui commençait avant l'automne
de 1950 (30 juillet) pour se rendre à la fin de l'automne de 1951 (22 décembre). Les expériences qui précédèrent son entrée au journal de T. Damien
Bouchard sont relativement nombreuses: un article sur le peintre Cézanne
dans *Le Quartier latin* et un sur le poète de Saint-Denys Garneau dans
Le Sainte-Marie (fév. et oct. 1945). Six polémiques: dans *Combat* avec
Pierre Gélinas (décembre 1946), dans *The Standard* avec Eric MacLean
(mai 1947), dans *Notre temps* avec Hyacinthe-Marie Robillard (décembre
1947), dans *Le Canada* avec Agnès Lefort (novembre 1948), dans *Le
Petit journal* avec Pierre Saint-Germain (nov.-déc. 1949) et dans *L'Autorité*

du peuple avec John Steigman (mars-avril 1954). Sans oublier deux lettres aux éditeurs André Laurendeau du *Devoir* (septembre 1948) et T. Damien Bouchard du *Clairon* (octobre 1948) à propos du renvoi de Paul-Émile Borduas.

Dans *Le Haut-parleur,* il est question de sujets aussi divers que Picasso, Cocteau, Dada, Giguère, Pirandello et même Lili Saint-Cyr! Dès le 14 janvier 1951, Gauvreau établit, comme positions critiques, le pluralisme:

> *accepter comme naturelle et bienfaisante la mutiplicité des différences.*
> *Les racistes et nationalistes sont des semeurs de haine*[244].

Ce pluralisme, Gauvreau tente de l'associer à une impossible objectivité qu'il décrit assez naïvement à son correspondant d'alors, Jean-Claude Dussault, en des termes où on notera cependant le retour des mots réalité et objet pour désigner l'oeuvre, façon de voir empruntée, comme on verra plus loin, au vocabulaire des peintres automatistes.

> *Celui-là ne pourra jamais comprendre mon comportement de critique, qui n'aura pas tenu compte du dédoublement extraordinaire dont je possède la puissance en moi.*
> *Le critique qui juge, ce n'est pas l'artiste qui produit. Je suis parvenu à pouvoir envisager toute réalité ou tout objet — compris moi-même — comme si ma personne véritablement n'existait pas, comme si j'étais l'observateur bénévole d'une autre planète.*
> *Quand je regarde un objet de quelque pays ou de quelque époque, ce ne sont pas des affinités avec ma propre production que je cherche (ni que je fuis, la question ne se pose pas). Je suis exclusivement à l'affût de l'authentique justifiable*[245].

Que faut-il penser de cette théorie du dédoublement dont il est ici question? Tentative d'objectivité? Il faudrait surtout dire tentative de ne pas confondre l'objet perçu et l'objet produit, le toi et le moi.

Pour le reste, on aura remarqué aussi une conception très «optique» de la critique où reviennent des expressions comme envisager, observateur, regarde, à l'affût. Conception très décisive en même temps avec des mots comme: juge, justifiable. La tendance à s'ériger en juge autant que celle de se poser en observateur resteront une marque constante de cet écrivain formé par un peintre exigeant. Même le mot «cyclope», employé dans un de ses derniers titres, révèle la constance de cette critique du regard.

Gauvreau, s'il visa jamais à l'objectivité, ne cherche pas à s'y maintenir longtemps. Il est personnellement impliqué, tantôt enferré par Jacques Ferron pour avoir dit de trop belles choses de Paul Toupin[246], tantôt engagé dans une vengeance personnelle contre les Jésuites[247] où le règlement de comptes l'emporte sur les comptes rendus. Il fait même la publicité d'une exposition qu'il aide à organiser, *Les Rebelles* (7 avril et 21 juillet), donne des commentaires élogieux de la revue que fonde un groupe de ses amis et qui paraîtra trois fois, *Place publique* (7 avril), présente son exposition *Les Étapes du vivant* (26 mai), commente un des livres qu'il admire le plus, *Égrégores* de Pierre Mabille (9 juin), parle des productions de ses amis Jean-Claude Dussault, Roland Giguère, Guy Viau et André Goulet. Gauvreau apparaît alors comme un critique de plus en plus épris du parti pris idéologique.

Parti pris baroque, aussi; état d'esprit plutôt que style, qu'il décrit ainsi à propos de la pièce *Magruhilne et la vie* écrite en 1952:

> Magruhilne et la vie *est une tragédie baroque. C'est-à-dire que le texte est exempt de vraisemblance, et qu'il est surtout exempt de comique. Le texte est quelque chose de grave, de sensible; il ne se départit pas, cependant, de la sorte de sérénité bien spéciale qui est coutumière à l'imagination en liberté*[248].

Ce néo-baroque de Gauvreau désigne donc la totale liberté, la débauche d'imagination propre à ce mouvement qui fit concurrence aux classiques[249].

Après un temps de réclusion, Gauvreau collabore à *L'Autorité du peuple,* un journal tout aussi engagé que ceux de Bouchard, où le poète parle de Fernand Leduc (mai 1953), du *Salon du printemps* (mars et avril 1954) avec le même parti pris que dans *Le Haut-parleur.* Son admiration pour Fernand Leduc, en particulier, l'amène à présenter des textes à *Arts et pensée* (juillet-août 1954) et au *Journal musical canadien* (mai 1955); mais ce ne sont plus là collaborations régulières et la critique de Gauvreau prend un autre souffle. Elle tend en particulier à mettre de l'ordre dans le passé déjà des automatistes, comme dans les articles de *Situations* sur le dixième anniversaire du *Refus global* (fév. 1959) ou les articles sur Jean-Paul Martino *(La Réforme,* mai 1957), Micheline Beauchemin *(Culture vivante,* 1966), et Denis Vanier *(Pornographic Delicatessen,* 1968). Avec, comme on voit, de longs moments de silence.

2. L'Emmerdeur

Parallèle aux comptes rendus de Gauvreau, il y a les grands textes polémiques où la violence verbale ne démentit pas le parti pris de ses comptes rendus non plus que l'agressivité de sa poésie. Le premier grand texte polémique est «Cézanne, la vérité et les vipères de bon ton», en 1945. Gauvreau s'y décrit avec vigueur sous les traits inquiétants qu'on lui connaîtra jusqu'à la mort et qu'il se complaît à accuser:

> *Il y a les emmerdeurs, ceux qui sont agités par la grandeur de la vie et de la vitalité de leur esprit, ceux qui ne peuvent pas se résigner à voir leurs frères dans l'égocentrisme et la sécheresse lépreuse sans vouloir faire une part dans l'insatiable noblesse de ce qu'ils cherchent et trouvent. Les emmerdeurs prennent figure de dénonciateurs, de remords pour les êtres stationnaires, puisqu'ils accomplissent ce que, eux, n'ont pas eu le courage d'accomplir, puisqu'ils bravent l'incompréhension des pygmées et des pédants pour offrir à tous ceux qui ont faim d'enthousiasme et de vérité ce que la vie leur a enseigné être bon*[250].

Ce texte, de 1945, porte lourd le poids du critique qu'il décrit longtemps plus tard dans les mêmes termes. Mais, cette fois, ce sera dans la bouche des amis de son héros, et non pas dans celle des adversaires de l'«égrégore» automatiste, que les reproches seront placés. On reproche à Yvirnig ses textes polémiques:

> COCHEBENNE - Ah! merde de merde! Ça devient franchement intolérable...
> IVULKA - Oui... il a manqué une belle occasion de se faire oublier (...).
> COCHEBENNE - Tu es fou. Yvirnig, donc tu as tort en tout.
> IVULKA - Les fous n'ont qu'à nous foutre la paix, ils n'ont qu'à prendre leur trou et à se faire oublier.
> COCHEBENNE - Que la leçon te serve, cher Yvirnig! Nous avons soupé de tes élucubrations. Laisse-nous tranquilles! Tais-toi et n'écris plus une ligne! (...) Ah! Et puis merde à tous ceux qui sont incapables de porter un jugement par eux-mêmes![251]

Les emmerdeurs, ce sont les critiques comme Gauvreau, qui ne lâchent jamais: ne pas se résigner, dénoncer, lever les remords, braver, tels sont leurs agirs.

Les textes polémiques de Gauvreau sont construits de façon telle que le lecteur passe brusquement d'une phrase lyrique à une phrase didactique, des mots violents aux mots abstraits. Qu'on en juge par cet extrait d'une réponse au Père Robillard où Gauvreau manie d'abord l'ironie pour abattre son opposant:

> Par aucune noirâtre manigancerie avec Lucifer devrai-je usurper des secrets d'alchimie pour parvenir à cette réalité simple et saine. Le mot: automatisme, malgré ce qu'en ont pu dire ou penser certains extasiés prudents qui croient sans doute à Merlin l'Enchanteur, ne s'encombre d'aucun pouvoir hypnotique ou magique et les hommes de bonne volonté pourront lire cet article sans craindre de perfides envoûtements sataniques[252].

Gauvreau prend ensuite la défense du «rigoureux et incorruptible Borduas»[253], pour donner enfin une explication de l'automatisme et l'insérer dans l'histoire des arts et lettres:

> Avec la découverte de la photographie qui décrétait irrémissiblement la mort du figuratif coïncidait presque une autre découverte scientifique, celle de l'inconscient par le docteur Sigmund Freud. Le monde extérieur visible ayant picturalement épuisé ses données, voilà que maintenant le monde intérieur, intime, de l'homme fournissait un panorama aussi riche de possibilités, de matières (...).
> Automatisme (sic) s'applique donc à toute forme d'art où l'acte de création tire son point d'origine initiale non pas dans le monde extérieur immédiatement connu mais dans le monde intérieur de l'homme (qui est en fait le monde extérieur médiatement connu mais transformé dans l'inconscient et associé de façon particulière). L'intérieur de l'homme faisant partie intégrante de la nature, la discipline automatiste n'a donc pas une origine plus extraterrestre qu'aucune autre discipline d'art[254].

C'est le traitement par l'alternance des chauds et des froids. La critique baroque, en somme, qu'on retrouve aussi dans d'autres articles du même genre. Qu'on songe à «Aragonie et surrationnel» ou «A propos de miroir déformant». Ces textes polémiques ont toujours le même caractère, celui de la *Charge* qu'il eut le courage et la lucidité de décrire dans *La Charge de l'orignal épormyable*[255]. Charge de celui qui fonce contre l'obstacle, et c'est le premier temps; charge de celui qui prend sur soi le fardeau de la preuve, et c'est le deuxième temps.

3. Le théoricien

Les textes didactiques de Gauvreau sont nombreux. Interprétation de l'histoire, comme «L'Épopée automatiste vue par un cyclope» où l'histoire est portée près de la légende et interprétée d'un regard subjectif. Analyse d'oeuvres poétiques comme «Les Affinités surréalistes de Roland Giguère» où l'auteur situe alternativement ses positions de poète et celles du poète dont il fait la critique.

L'*Épopée* est un texte majeur à lire pour comprendre Gauvreau. La subjectivité assumée n'empêche pas le regard de saisir le réel dans toute sa richesse. Même que, dans *Les Oranges sont vertes,* pièce à laquelle Gauvreau travaillait alors en même temps que *Jappements à la lune,* on a l'impression que le critique est le personnage central du groupe et que toute l'activité de l'égrégore automatiste dépend de lui. Cet égocentrisme n'apparaît pas dans l'*Épopée* où, au contraire, Paul-Émile Borduas et les Sagittaires d'abord, les automatistes ensuite, évoluent dans une perspective socio-historique beaucoup moins réductrice. (Je ne veux pas dire que le texte des *Oranges* soit réducteur, mais que la perspective serait réductrice si on voulait faire de cette pièce une reconstitution *objective* de l'époque, ce qu'elle n'est pas et ne prétend pas être). Dans l'*Épopée,* les grands manifestes que sont *Refus global* et *Projections libérantes* sont situés dans des perspectives tout aussi larges et audacieuses que précises et parfois anecdotiques.

«Les Affinités surréalistes de Roland Giguère» est le deuxième texte important de Gauvreau sur son ami le peintre et graveur. Le premier s'intitulait «Roland Giguère poète du Nouveau-monde» où déjà apparaissaient les jugements essentiels de Gauvreau sur Giguère:

> *Roland Giguère est un poète.*
> *Y a-t-il dix Canadiens français de qui on puisse écrire cette phrase?*
> *Roland Giguère est le plus Européen de nos poètes vivants.*
> *Je veux dire par là qu'il est le moins baroque (...).*
> *Ce n'est pas chez Giguère que l'on retrouvera une analogie de la fougue Milléresque, barbare, vociférante, volcanique.*
> *Giguère n'est pas touffu et énorme; Giguère est mesuré (...).*
> *Son instinct de l'harmonie musicale est le plus subtil que j'aie connu sur le sol canadien.*
> *Ces qualités d'une pensée achevée distinguent sensiblement Giguère des brutes magnifiques qui honorent habituellement nos arts frustes et sains (je pense à Paul-Marie Lapointe principalement) (...).*
> *Lapointe, Giguère, cela fait deux. Ils ne sont pas les seuls*[256].

Il est clair, dans ces lignes, que Gauvreau se range parmi les «baroques canadiens» avec Lapointe derrière Arthur Miller, alors que Giguère lui apparaît plus près de Paul Eluard, de René Char et d'André Breton poète[257].

La conférence du 12 février 1970 au Musée d'art contemporain explique la dichotomie entre «européens» et «canadiens» que Gauvreau utilise. Elle se situe entre le baroque et la mesure:

> *Je vois le surréalisme actuel avec l'oeil de Borduas, Giguère le voit avec l'oeil de Pellan (...). Moi qui suis un baroque fruste, j'ai toujours envié à Giguère (...) le délié de sa phrase, la minutieuse fragilité resserrée de ses images, sa concision qui transmet plus d'électricité extasiante que n'importe quelle prolixité[258].*

La distinction entre le baroque et la mesure se dédouble chez Gauvreau, d'une distinction que la même conférence rappelle et qui apparaît très tôt dans la critique du poète: l'abstraction figurative et l'abstraction non-figurative.

> *Il n'y a pas d'abstraction proprement dite sans modèle extérieur. Giguère n'est ni un abstrait géométrique ni un abstrait tout court; ses sources d'enthousiasme, d'invention sont intérieures et cela ne s'était jamais vu avant l'abstraction ou pendant celle-ci. Par contre, il y a le non-figuratif sans modèle extérieur; le célèbre automatisme est de cette veine[259].*

Cette distinction était plus explicite dans une autre conférence prononcée au Musée d'art contemporain le 21 juin 1967, texte de type plutôt historique qui a pu servir de premier jet à l'*Épopée automatisme vue par un cyclope*. Dans la conférence de 1967, Gauvreau montre que les distinctions qu'il fait parmi les différents types d'abstractions sont précisément celles que Paul-Émile Borduas faisait dans *Refus global*. Il cite alors des extraits de «Commentaires sur des mots courants» qui étaient conçus pour la peinture mais qui, repris dans la conférence de Gauvreau, apparaissent clairement valables en littérature. On voit même que ces «Commentaires» adjoints au manifeste surrationnel ont servi de théorie littéraire à Gauvreau.

> *Après avoir souligné que nous devons aux surréalistes la révélation de «l'importance morale de l'acte non préconçu», Borduas définit comme suit l'automatisme psychique (...): «À cause de la mémoire utilisée, l'intérêt se porte davantage sur le sujet traité (idée, similitude, image, association imprévue d'objets, relation mentale) que sur le sujet réel (objet plastique, propre aux relations sensibles de la matière employée)». Quant à l'automatisme surrationnel, Borduas le décrit comme suit: «Écriture plastique non préconçue. Une forme en appelle une autre jusqu'au sentiment de l'unité, ou de l'impossibilité d'aller plus loin sans destruction. /En cours d'exécution, aucune attention n'est portée au contenu. L'assurance qu'il est fatalement lié au contenant justifie cette liberté. Complète indépendance morale vis-à-vis l'objet produit. Il est laissé intact, repris en partie ou détruit selon le sentiment qu'il déclenche (quasi impossibilité de reprise partielle). Tentative d'une prise de conscience plastique au cours de l'écriture (plus exactement peut-être «un état de veille»). Désir de comprendre le contenu une fois l'objet terminé»[260].*

On a reconnu, dans les textes cités de Borduas, un élément essentiel de l'argumentation de Gauvreau, argumentation qu'il rappelle dans sa conférence, toujours dans le but de se mieux situer, lui, baroque, entre les deux autres abstractions (psychique et géométrique). Il tient à se distinguer de l'abstraction psychique (surréaliste) du groupe de Pellan, et de l'abstraction géométrique des néo-plasticiens québécois qui font école à Montréal après les départs de Borduas et de Pellan (1953). De ces derniers surtout, il dit:

> *Les automatistes étaient tous convaincus que l'abstraction baroque non-régularisée était une forme d'expression complètement ultérieure à celle de l'abstraction régularisée de Mondrian. Ne perdons pas de vue qu'un écart de vingt-cinq ans sépare l'abstraction géométrique de l'abstraction baroque*[261].

Les *Dix-sept lettres* s'échelonnent du 30 décembre 1949 au 10 mai 1950. Elles portent sur toutes sortes de sujets, au gré, parfois, des démarches ou des réflexions du récipiendaire, Jean-Claude Dussault.

La première parle longuement du désir et de la beauté convulsive, s'inspirant des idées de Breton dans *Château étoilé:*

> *La révolution de «l'art», comme toutes les révolutions, d'ailleurs, n'est pas un but en soi; la révolution est une conséquence, certes inéluctable, mais elle n'est pas plus qu'un effet.*
>
> *Le but de l'activité artistique, comme de toutes les démarches conséquentes d'ailleurs, est d'extérioriser, de concrétiser le désir (...).*
>
> *Le seul professeur qui ne sera pas néfaste pour ses élèves est celui qui basera toujours ses critiques sur les qualités sensibles objectives.*
>
> *Peu importe l'aspect d'une oeuvre, peu importe la discipline intellectuelle qui l'a permise, peu importe le degré d'évolution intellectuelle de son auteur; seule importe la «beauté convulsive» — d'une nature strictement sensible — qui aura été inscrite objectivement dans la matière*[262].

Cette lettre parle donc du poème comme object concret. La suivante revient sur les mots qui disent l'empirisme de la «poésie où le langage, au lieu de demeurer un signe conventionnel pour évoquer des états préalablement connus, devient organiquement une réalité sensible autonome et absolument concrète»[263]. Gauvreau apporte aussi une distinction importante pour comprendre et sa critique et sa production, la distinction entre le but et la conséquence, distinction entre ce qu'une oeuvre *veut dire* (son intention) et ce qu'elle *dit* (son effet):

> *Je crois qu'on aurait tort de supposer à «l'intention» — «la bonne intention» — un pouvoir qu'elle n'a jamais eu et qu'elle n'aura jamais.*
>
> *Il ne suffit pas de caresser le but intentionnel d'aider les autres, de faire avancer la connaissance, pour parvenir à réaliser cette intention. De même il y a des foules de conséquences extrêmement excellentes qui sont entièrement imprévisibles*[264].
>
> *J'insiste pour vous mettre en garde contre l'illusion de «comprendre» une poésie avec laquelle le seul contact réalisé a été un contact analytique (...).*
>
> *La connaissance poétique d'un objet ne réside pas du tout dans la capacité de savoir comment sa naissance fonctionne. Elle réside dans la capacité*

inénarrable de VIBRER à chacune de ses fluctuations, à chacune de ses épaisseurs et minceurs, à chacun de ses contrastes, à chacune de ses explorations, internes ou externes[265].

On notera au passage le mot «exploration» qui prendra chez Gauvreau un sens particulier qu'on retrouvera tantôt. Entretemps, noter que l'auteur renchérit encore sur l'objectivité, sur la matérialité de l'oeuvre d'art dans ces lettres qui sont citées abondamment parce qu'elles sont d'une richesse critique exceptionnelle pour l'époque et sont pourtant demeurées inédites. Gauvreau répond, par exemple, sans le savoir, à ceux qui se poseront plus tard à son égard le problème art-folie autant que tout autre problème d'interprétation de l'oeuvre par la vie de l'auteur:

> *S'il vous plaît, ne confondez pas deux réalités bien séparées que tout le monde confond généralement: d'abord la manière dont l'oeuvre prend naissance — Et ensuite la réalité propre et définitive de cette oeuvre.*
>
> *Une fois le cordon ombilical rompu, l'enfant est un tout complet et indépendant de sa mère. On peut en dire autant de l'objet d'art.*
>
> *On a vu souvent des hommes — doués d'une libido généreuse mais affligés d'un égo bien exécrable — méconnaître eux-mêmes leurs propres productions (...).*
>
> *Il faut en déduire qu'il existe deux séries de problèmes indépendants: les problèmes subjectifs du créateur qui produit — problèmes qui n'intéressent que lui-même et ses confrères. Et ensuite, les problèmes objectifs des oeuvres — problèmes universels, collectifs, qui intéressent la connaissance et la critique.*
>
> *Une oeuvre dont on ignorerait tout de l'auteur, dont on ignorerait même l'origine, serait-elle moins valable? Bien sûr que non.*
>
> *Jugeons donc un objet sur ses qualités sensibles intrinsèques — c'est par ce seul côté qu'il peut avoir une valeur sociale et qu'il peut influer sur l'évolution et qu'il peut faire jouir et enrichir[266].*

Productions, produire, objets, efficacité, travailleurs: ces mots de la nouvelle critique, Gauvreau et Borduas les utilisaient déjà en janvier 1950! Gauvreau, comme Borduas, prend pourtant ses distances avec les matérialistes autant qu'avec les idéalistes:

> *Sur le sujet de l'idéalisme et du matérialisme, je voudrais vous expliquer que le terme «idéaliste» qualifie ou qualifiait généralement ceux qui croient que l'état d'une société peut être transformé par une simple prise de conscience et par la persuasion; les «matérialistes», par contre, seraient ceux qui croient qu'un simple effort de pensée est impuissant à modifier quoi que ce soit et que l'évolution obéit à des lois matérielles extérieures aux idées.*
>
> *Il me semble que la solution du matérialisme et de l'idéalisme serait le réalisme anthropomorphique (...).*
>
> *Pour ma part, je pense que toute volonté individuelle est incapable de transformer quoi que ce soit de profond — du moins si elle s'exerce à l'encontre du déterminisme collectif. Je crois aussi que les périodes d'évolution sont favorisées et rendues possibles par des prises de conscience individuelles (au sujet de ce déterminisme) — prises de conscience rendues générales au moment propice.*

Il serait idéaliste de croire que l'apport surréaliste pourrait devenir social avant que la sensibilité collective fût suffisamment disponible pour le recevoir.

D'autre part, sans la prise de conscience surréaliste, les périodes de carnages pourraient être suivies inutilement de longues périodes d'errement et de dépression sans solution[267].

La solution surréaliste lui paraît distincte de l'approche idéaliste, distincte aussi de l'approche matérialiste des staliniens. Gauvreau rejette par exemple péremptoirement le jdanovisme:

Le Zhdanovisme a été et demeure (jusqu'à nouvel ordre) une doctrine officielle de l'URSS en esthétique. Pourquoi cette doctrine est-elle ce qu'elle est? Elle est ce qu'elle est parce que l'URSS — depuis quelque 35 ans — est un capitalisme d'état façonné par des penseurs médiocres (dont le séminariste Djougachvili) établi et maintenu au profit d'une nouvelle classe de privilégiés: une classe de bureaucrates, de bureaucrates éduqués en petits-bourgeois et dont toutes les conceptions et toutes les aspirations sont celles des petits-bourgeois de l'univers pré-soviétique[268].

Chacun de nous comprendra la nécessité d'instaurer un système économique propre à rendre impossible l'exploitation financière (dont nous sommes nous-mêmes les victimes) — mais chaque révolutionnaire devra comprendre qu'aucun intellectuel, à aucun prix, ne pourra tolérer un régime qui impliquera le dirigisme moral (...).

Du reste, le totalitarisme économique n'impliquerait nullement en soi les tracassières régimentations intellectuelles[269].

Solution surréaliste, abondamment inspirée des textes de Breton comme *Rupture inaugurale,* et que Gauvreau concentre autour de la notion de monisme athée ou de réalisme anthropomorphique:

Par monisme, j'entends la conviction qu'un seul principe constitutif préside à tous les phénomènes concevables dans l'univers.

Pour le moniste, l'esprit et la matière, en dernière analyse, c'est la même chose. Seuls les aspects de l'éternel devenir changent pour la lucidité anthropomorphique[270].

La notion de réalisme anthropomorphique, qui tend à résoudre les contradictions d'une adhésion surréaliste à la pensée matérialiste (surtout dans la mesure où le surréalisme réclame la liberté totale et anarchique pour l'artiste), Gauvreau la fait dériver nettement de la notion de réalisme ouvert que Breton utilise pour définir le surréalisme: «*réalisme ouvert* ou *surréalisme* qui entraîne la ruine de l'édifice cartésien-kantien et bouleverse de fond en comble la sensibilité»[271]. Le même texte de Breton, «Limites non-frontières du surréalisme» que les automatistes avaient découvert grâce à Gilles Hénault, recourait à une distinction entre contenu manifeste et contenu latent d'une oeuvre, considérant que le réalisme socialiste réduisait l'oeuvre au seul contenu manifeste. Gauvreau prend à son compte cette distinction qu'il décrit en ces termes à Dussault:

Le contenu manifeste serait les proportions intrinsèques de l'objet: la progression et l'entremêlement des rythmes. Ces chocs verbaux, les parti-

cularités imagènes, les relations (...). Le contenu latent serait les préoccupations inconscientes (...) dictant tel choix d'épithètes, tel accent, tel amalgame, telle cassure, telle disjonction, etc.[272].

Ce «réaliste anthropomorphique» qu'est Gauvreau doit parfois, en critique, inventer de son cru. Comme par exemple quand il parle d'images et qu'il définit ainsi l'image: «l'association ou la mise en confrontation de n'importe quels éléments verbaux: syllabe, mot abstrait, mot concret, lettre, son, etc.»[273]. Il distingue quatre grands types d'images auxquels il donne des noms à sa façon[274].

La première est l'image rythmique, c'est-à-dire une onomatopée ou une percussion qui ne serait pas strictement sonore (comme le retour périodique d'une couleur ou d'un symbole). La deuxième est l'image mémorante, c'est-à-dire la substance imagène que sont les métaphores et métonymies[275]. La troisième est l'image transfigurante, c'est-à-dire un procédé linguistique analogue à la surimpression photographique, à la totémisation verbale pratiquée par les surréalistes (cf. «Mattatoucantharide»)[276] ou encore au collage verbal[277]. La quatrième est l'image exploréenne[278], c'est-à-dire une espèce de sarabande inconsciente, de débauche verbale:

> *On parle d'image exploréenne lorsque les éléments constitutifs des nouveaux éléments singuliers ne sont plus immédiatement décelables, par une opération analytique. Je dirais aussi qu'il y a image exploréenne lorsque la situation présente de la psychanalyse ne permet pas à cette science — à moins peut-être d'une opération laborieuse dont il n'existe pas encore d'exemple — de découvrir en l'objet poétique le contenu latent*[279].

On peut croire aujourd'hui que cette opération existe, au contraire, si on se réfère aux études parues sur le logogriphe obsessionnel[280]. Mais là n'est point la question; et pour clore ce dernier volet de la pensée critique de Gauvreau, il faut principalement rappeler l'influence de l'*Esthétique* de Hegel sur Breton[281] et l'influence de Breton sur Gauvreau et sur tous les automatistes:

> *Je vous recommande fermement — à titre d'accostage — deux livres d'André Breton qui circulent actuellement à Montréal. Ce sont* Nadja *et* L'Amour fou.
> *Breton (...) utilise constamment la projection.*
> *Même dans ses écrits théoriques, qui sont nombreux, Breton s'exprime par projection. Il transmet ainsi des nuances, inaccessibles aux plus dialecticiens.*
> *Les esprits rationnels ne peuvent souffrir Breton; les exprits surrationnels, par contre, lui sont d'une reconnaissance inépuisable.*
> *Tâchez de vous procurer les manifestes du surréalisme rédigés par Breton. Ce sont des cargos de dynamite dont l'explosion définitive n'a pas encore eu lieu*[282].

On peut ainsi croire que les écrits théoriques de Gauvreau, comme ceux de Breton, ont été rédigés dans le même mouvement de projection que ses oeuvres créatrices. Ils correspondent comme elles à la projection d'un désir.

Occultation et contre-système

Depuis la parution d'un article de Paul Chamberland[283], on avait souvent parlé de l'«occultation» de l'oeuvre de Claude Gauvreau. Ce qui était vrai avant la Semaine de poésie de 1968, organisée par Claude Haeffely[284], la Nuit de poésie de 1970, la tournée des *Chansons et poèmes de la résistance* et surtout *Les Oranges sont vertes.* Gauvreau fit pourtant très tôt sa marque dans le «milieu» mais comme clandestinement:

> *Mes écrits créateurs inédits ont eu une influence certaine sur de jeunes poètes qui en avaient pris connaissance privément (Roland Giguère, Gilles Groulx, Jean-Paul Martino, Claude Péloquin, Denis Vanier, etc...).*
> *Sans prétention, je crois que mon influence ira croissant au fur et à mesure des publications.*
> *J'en suis encore à mes débuts[285].*

Tout en gardant une profonde admiration pour Borduas, tout en évoluant comme lui de plus en plus vers l'abstraction, notons que Gauvreau, comme Riopelle, a lui aussi tracé sa voie personnelle dans la pléiade des automatismes. Borduas, en 1958, lui écrit explicitement: «Le surréalisme, l'automatisme ont pour moi un sens historique précis. J'en suis maintenant très loin. Ils furent des étapes que j'ai dû franchir»[286]. Or Gauvreau, qui aura des paroles semblables sur le surréalisme, ne s'éloigne pas de l'automatisme surrationnel qu'il situe au-delà du surréalisme:

> *Tous les automatistes appartiennent à une génération ultérieure au surréalisme (même si Breton et ses amis ont toujours été bien disposés à notre égard). Le surréalisme proprement dit est figuratif; l'automatisme a toujours été non-figuratif.*
> *Surtout depuis la mort de Breton, il n'y a plus de surréalisme vivant où que ce soit dans le monde.*
> *Le surréalisme appartient au passé vivifiant, comme le romantisme[287].*

Le prestige du surréalisme auprès des automatistes et de Gauvreau avait toutefois été des plus grand:

> *Persuadez-vous bien que la sensibilité surréaliste passera sur un plan social très étendu dès que la collectivité pourra l'assimiler — dès que la collectivité sera en état de disponibilité suffisante.*
> *Les surréalistes sont les prophètes de l'heure (...).*
> *Par le seul fait d'avoir été, le dynamisme surréaliste est une puissance subversive irréductible[288].*

Cette espèce de profession de foi en la religion de Breton, Gauvreau la prononça à plusieurs reprises, au point que, malgré les distinctions à faire entre automatisme surrationnel et surréalisme («les apports surrationnels sont authentiques et sans précédent (...). Nous ne sommes pas de vagues singes du surréalisme»[289]), on ne puisse parler de Gauvreau sans référence à cette espèce de foi, de croyance en Breton:

> *Je ne crois pas (...) (comme Maurice Nadeau semble le laisser supposer) que le surréalisme a été une résultante plus ou moins bâtarde, plus ou moins mécanique, plus ou moins inconséquente, de bouleversements mondiaux antérieurs.*

Non. Voici ce que , moi, je pense: les bouleversements mondiaux sont l'effet normal de la désintégration du mythe chrétien. Le surréalisme, lui, est le résultat de la prise de conscience — d'abord totalement empirique, puis de plus en plus réfléchie — de cet état de désagrégation du mythe. Je ne nie pas qu'une grosse catastrophe mondiale — comme la guerre — soit particulièrement propice à provoquer cette prise de conscience — elle en serait tout au plus «la cause instrumentale» comme dirait quelque thomiste contemporain.

Le comportement surréaliste ne s'explique pas (quoi qu'en pense Nadeau) comme une réaction nerveuse destinée à réagir contre les aberrations inspirées par les horreurs de la guerre. Le comportement surréaliste est le seul comportement de défense efficace contre les tentations d'une sensibilité collective corrompue — situation préexistante à la guerre et lui succédant de beaucoup.

Jarry, Marcel Duchamp, Raymond Roussel, Cravan, Picabia, avaient un comportement prophétiquement surréaliste, bien avant le conflit armé.

Et si le surréalisme n'a pas causé les bouleversements sociaux présents, il n'en est pas moins vrai que ses apports les plus purs serviront à combler le vide qui sera causé par le rejet et la destruction de toutes les vieilles relations encore survivantes[290].

Sur l'ensemble de l'oeuvre de Gauvreau, Michel Van Schendel a écrit des propos intéressants que Gauvreau a très mal acceptés[291] parce qu'ils évoquaient un mysticisme et un sadisme auxquels Gauvreau refuse qu'on l'associe et surtout parce qu'ils étaient accompagnés d'une notice biographique (qui n'est pas de Van Schendel) où les «coups d'épingle» avaient de quoi irriter[292].

Le texte de Van Schendel scrutait, lui, à fond, le «système» Gauvreau. Mises à part les questions de mystique et de sadisme, l'analyse qu'il fait de la production de Gauvreau mérite d'être citée:

Il y a un système «Gauvreau», qui est un contre-système. Il est tout entier dans l'apparence déroutante à quoi le poète s'applique à identifier l'écriture. La définition en est double: l'écriture est une provocation, mais elle ne joue ce rôle qu'en devenant l'expression cryptique de l'incommunicable. Elle est un leurre permanent et rien de ce qu'elle affirme — péremptoirement — ne peut avoir un sens assuré, puisque tout ce qu'elle prononce est hermétiquement clos dans le langage le plus rapproché possible du nonverbal. Pris au pied de la lettre, ce système de l'ouvert-fermé est donc une imposture; il aiguillonne une moquerie qui en souligne l'opacité. Mais cette opacité est troublante et ce trouble poétiquement illuminant. Considéré dans le champ de sa stratégie profonde, le «système» est alors la forme radicale que prend l'aventure de la poésie. Faut-il ajouter qu'il est à la fois, très contradictoirement, imposture et aventure? Cette absolue contradiction au sein de l'unité textuelle ne hâte pas l'acceptation de l'ouvrage par un milieu encore peu apte à saisir certaines images dialectiquement inversées de ses rêves (...).

Poésie de détraqué? Plus sûrement poésie détraquée, ce qui est à mettre au compte d'une lucidité[293].

Fermons l'oeuvre de Gauvreau sur ces éloges à la lucidité de son contre-système. Retenons cependant que cette poésie dite «détraquée» est poésie non pas de déraison mais de «sur-raison», dans la veine du Manifeste surrationnel.

2. Paul-Marie Lapointe

Un nouveau poète allait se joindre au groupe des automatistes, fréquentant les ateliers et s'initiant à l'écriture automatique non-figurative: Paul-Marie Lapointe. Son premier recueil, *Le Vierge incendié,* devait être publié par les automatistes, aux éditions Mythra-Mythe en 1948, entre les parutions de *Refus global* et de *Projections libérantes.* Les autres ne devaient paraître que longtemps plus tard. Voyons, à propos de Lapointe, dans quelle mesure on peut parler d'automatisme ou de surréalisme.

Le Vierge incendié

Lapointe écrivit *le Vierge incendié* en 1947, alors qu'il était étudiant de philosophie au Collège de Saint-Laurent. Au moment de cette rédaction, il venait de lire les *Illuminations* de Rimbaud, *Capitale de la douleur* d'Éluard et des poèmes de Léon-Paul Fargue. L'ouvrage entier fut écrit en trois mois[294]. Lapointe ne connaissait pas alors les automatistes.

L'année suivante, il s'inscrivit à l'École des beaux-arts, orientation architecture. Deux condisciples, Blair et Lefebvre (avec qui il forme un «trio... ouvertement dissident» et dont «aucun des trois ne termina la préparatoire»)[295], le convainquirent de présenter son manuscrit à Henri Tranquille, libraire et éditeur. En l'absence de Tranquille, Blair, qui avait été condisciple de Claude Gauvreau à Sainte-Marie, décida d'aller lui faire lire le texte.

Il s'agit donc, non pas d'une oeuvre automatiste au sens où ce terme désigne un groupe évoluant autour de Paul-Émile Borduas, puisqu'elle fut créée avant que Lapointe ne connaisse ce groupe, mais d'une oeuvre dans laquelle les automatistes ont reconnu une parenté avec leurs recherches[296]. Et c'est Pierre Gauvreau lui-même qui aide Paul-Marie Lapointe à dactylographier sur stencils ces poèmes[297] qu'il illustre par l'autel du Surmâle de Jarry[298].

Le Vierge incendié, c'est la purification, sur l'autel de l'amour, des chairs mortes, qui accèdent à une vie nouvelle:

> *Quand les bûchers vont flamber noir*
> *sur le peuple déterminé*
>
> *Les cadavres purifiés par le feu*
> *et le fracassement des crânes de béton*
>
> *L'horizon que je vois libéré*
> *par l'amour et pour l'amour[299].*

Incendié par l'amour, l'homme trouve des dimensions nouvelles, devient pluriel, cesse d'être figé et immobile pour danser sur la corde raide, faire coïncider le froid et le chaud, provoquer une cavalcade qui n'a rien d'édénique:

> *Fête-diable; tam-tam battu des nerfs aux baguettes caustiques. Palpita-*
> *tion après la faute; deux canards de pensées posthumes. J'ai la tête anéantie*
> *aux apocalyptiques vies; cavalcade de puretés sur un fil d'acier. Les fleuves*

de crocodiles dévorent les cervelles de maints flamands (sic) roses à la tige
sonore. Edens des iglous (sic) de poils d'ours[300].

Finie la virginité stérile et sans amour, sans liberté, sans rêve, sans
envol! L'image qui est au foyer du texte rectangulaire suivant[301], image
du «vierge», polarise une série paradigmatique (calendrier de saints, enlu-
minures, nonnes, conscience des supérieures, cellules, basilique, candé-
labres, sacrifice patriarcal) qui associe le sacré au profane, en une forte
provocation qui est l'incendie du vierge (romans prohibés, barreaux
tordus, rage, étreinte fébrile, bouche, salive, hashich, vin, sexe):

> *Les feuilles de calendriers de saints d'enluminures, les nonnes de benjoin*
> *jaunissent sur l'étagère des romans prohibés par la conscience des supérieures.*
> *Les barreaux des cellules tordus par la rage; trouver dans la rondeur des*
> *genoux joints, l'étreinte fébrile sous le lin. Bouquets fanés. Bouche sans rouge.*
> *Salive de langue sur le palais, tapis persan envolé des basiliques pour les*
> *vierges. Tout le hashich des contrebandes descend le sentier en claudicant*
> *(sic); j'ai des aiguilles de pins, cils dégustés aux repas faméliques des guenons*
> *enhardies par mes faibles remords. Sous le vin des futaies, un plaisir pendu*
> *par le sexe aux candélabres du sacrifice patriarcal*[302].

La provocation qui consiste à associer le profane au sacré, l'incendie
au vierge, est souvent reliée au jazz; c'est-à-dire à une musique qui conjure
la violence dans la mesure où elle est elle-même un mariage de la percussion à la mélodie, de la syncope à la modulation. Un poème du *Vierge*
incendié associe explicitement jazz et saxophone[303] et un autre dit que le
saxophone permet de scier les barreaux d'une civilisation à peine tricen-
tenaire et pourtant déjà décrépite:

> *Coussins dans les tempes*
> *de femmes molles*
> *de contre-basses (sic) déhanchant*
> *la maison vieille de trois siècles*
> *les saxophones scient les planchers*[304].

Le goût et la connaissance du jazz chez Paul-Marie Lapointe sont
une parenté authentique du poète avec l'expression spontanée des automatistes[305].

Rappelons toutefois certaines des images de violence du *Vierge incendié*
pour situer par rapport à elles le rôle de la musique et de la poésie. Crânes
scalpés, fracas des crânes et fracas des obélisques; fusillades et exécutions
capitales; villes escaladées, asiles pris d'assaut: tels sont les éléments de ce
thème[306]. Il s'agit d'une révolte, d'une guerre de la parole contre «les
murs de ta bouche»[307], contre

> *murs d'en arrière à démolir*
> *à reconstruire demain*
> *bouchés comme une bouche*[308].

C'est la musique (le jazz?) qui va faire s'écrouler ces murs; n'est-ce
pas le sens de l'appel à «la fin du monde, des clairons bibliques»[309],
«l'écroulement du monde conspué par les clairons»[310] et de l'assurance

Trois précurseurs

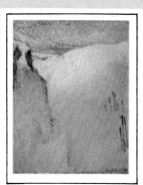

3

1. *James Wilson Morrice, Nude with feather, 1905-1910.*
2. *Ozias Leduc, Lueurs du soir, 1916.*
3. *Alfred Pellan, Quatre femmes, 1945.*

1

2   3

Littérature

1. Paul-Émile Borduas, *Maldoror*, 1942.
2. Roland Giguère, *Portrait de Lautréamont*, 1960.
3. Alfred Pellan, *L'Amour fou*, 1945.

Géographies

1. *Marcelle Ferron, **Sans titre**, 1945.*   2. *Alfred Pellan, **Jardin Mauve**, 1958.*
3. *Fernand Leduc, **Ouest canadien**, 1950.*   4. *Jean-Paul Riopelle, **Hochelaga**, 1947.*

1

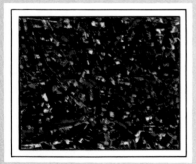

2   3

4

5

6

Abstraction

1. Roland Giguère, *Sans titre*, 1961.
2. Jean-Paul Riopelle, *Composition*, 1950.
3. Jean-Paul Mousseau, *Sans titre*, 1947.
4. Marcelle Ferron, *Le Poète enchanté*, 1947.
5. Marcel Barbeau, *Le Tumulte à la mâchoire crispée*, 1946.
6. Léon Bellefleur, *Vol nuptial*, 1966.

Abîmes

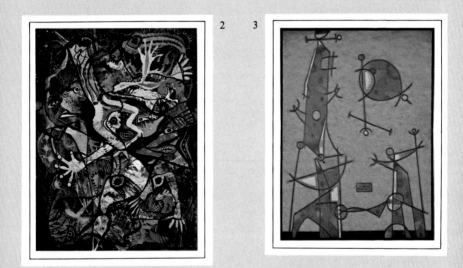

1. Pierre Gauvreau, **Colloque exubérant**, 1944.
2. Léon Bellefleur, **Danse des noyés**, 1950.
3. Jean Dallaire, **Calcul solaire n° 2**, 1957.

Cadavres exquis

1. *Jean Benoît, Mimi Parent, Alfred Pellan, Crayons de couleurs sur papier. (1945?)*
2. *Jean Benoît, Mimi Parent, Jean Léonard, Crayons de couleurs sur papier. (1945?)*

Bestiaire

1. Albert Dumouchel, *Animaux fantastiques*, 1954.
2. Paul-Émile Borduas, *Coq*, 1942.
3. Fernand Leduc, *Tête de cheval*, 1949.
4. Paul-Émile Borduas, *La Cavale infernale*, 1943.
5. Jean Dallaire, *Nature morte au poisson*, 1956-57.
6. Jean-Paul Riopelle, *Le Perroquet vert*, 1949.

qu'a le poète que «le mur va tomber sur le concerto de paix»[311]. Mais c'est aussi la peinture et la poésie qui permettent au poète de parler de «la muraille défoncée par les yeux»[312].

Violence d'artiste dont l'écart est pourtant toujours ambigu: Lapointe est encore attiré par ce qu'il refuse et parvient à la surréalité comme par hasard:

> *Le texte conduit (...) à la magie de la surréalité, mais il accuse, souligne le plaisir de la raison en sa déraison. Il me semble en effet que seule une révolution poétique peut conduire à la surréalité: la révolte, si elle peut y mener, si effectivement le Vierge incendié nous y mène, c'est au hasard, sans système et par éclair*[313].

Nuit du 15 au 26 novembre 1948

Ce n'est plus tout à fait «sans système» que s'écrivent les poèmes qui suivent et qui furent réunis longtemps plus tard sous le titre de *Nuit du 15 au 26 novembre 1948* dans *Le Réel absolu*. La fréquentation des automatistes amène l'auteur à s'inscrire dans les rangs de leur mouvement révolutionnaire et à en pratiquer les exercices, se souvenant surtout de cette définition que Borduas venait de donner de l'automatisme surrationnel: «Écriture plastique non préconçue. Une forme en appelle une autre jusqu'au sentiment de l'unité» ou encore «tentative d'une prise de conscience plastique au cours de l'écriture»[314]. Même si Gauvreau a prétendu que «la poésie de Lapointe (...) n'a jamais transcendé (...) l'image transfigurante»[315] — c'est-à-dire le collage verbal pratiqué parfois dans *Le Vierge incendié*[316] — on ne peut concevoir autrement que dans une perspective automatiste ces poèmes où des formes sonores se succèdent, appelées l'une par l'autre, pour soudain laisser place à une réflexion consciente, comme dans tant de poèmes de Gauvreau:

> *afiou lé fyme lé game lé chume*
> *lé jutryx o sabrite*
> *sen cha jé dutronyh ma mi*
> *personne n'a rien à dire*
> *contre moi*[317].

Ce n'est que dans le numéro spécial de *La Barre du jour* sur «Les Automatistes» que Lapointe osa faire connaître certains des poèmes écrits immédiatement après *Le Vierge incendié*. Tout étonné d'ailleurs qu'on s'y intéresse, puisque la majeure partie de l'édition de son premier recueil avait pourri dans une cave, faute d'acheteurs! Il y avait déjà vingt-et-un ans que ces poèmes avaient été composés.

L'édition de trois strophes exploréennes est d'ailleurs marquée d'une acrostiche, dans *La Barre du jour,* avec la mention «ceci est du sauvage»:

> *stan phol dan mirate*
> *kon roubyt lé criss etc*
> *an boi dé rou et bazar strik*

> *je me fous bien de tout*
> *ce qu'on a pu faire avec ton*
> *clitoris[318].*

Pour le reste, car tout n'est pas exploréen dans ce recueil, il y a, bien sûr, des recoupements de thèmes, d'images, de motifs avec le recueil précédent, comme ceux du mur mis en rapport avec la bouche (la parole?). «Un mur ne garde plus mes portes. Je fais le repas d'un mur. Coeur de pierre, poumons de pierre, sang de pierre. Tout l'espace derrière le mur avalé»[319] écrivait Lapointe dans *Le Vierge incendié,* ce qui est repris et amplifié dans *Nuit du 15 au 26 novembre 1948:* «On voudrait bien parler à un mur qui est devant soi mais puisque ce n'est vraiment pas un mur puisque tous les murs sont avalés et qu'on est seul dans son pays»[320]. Les vers suivants (où on notera en passant la même force du «mais» que dans les précédents) renouent encore avec d'autres images chères à Lapointe, reliant les images de vierges à celles de murs:

> *Mais d'avoir bu tout le cendrier*
> *Le livre bleu de l'ombre au mur*
> *Mais d'être deux mains closes*
> *Et la fumée forme de son mal*
> *Mais d'être descendu par les vierges (...)*
> *de mourir de finir de déserter par les murs de la vierge seule[321].*

On peut donc croire que *Nuit du 15 au 26 novembre 1948,* tant par ses rapprochements thématiques avec *Le Vierge incendié* que par sa fréquentation des voies exploréennes pratiquées par Gauvreau[322], appartient entièrement au mouvement automatiste.

Choix de poèmes — Arbres

Lapointe sera dix ans sans écrire après la *Nuit du 15 au 26 novembre 1948.* Du recueil qu'il publie à l'Hexagone après ces dix années, retenons seulement «Arbres» et «Solstice d'été»; ils illustrent bien notre propos.

L'anaphore donne à «Solstice d'été» une musicalité — rythme.et sonorité — qui a l'allure litanique des chants incantatoires:

> *seins de la plage paisible*
> *seins tendres, seins de blé*
> *bouches lourdes de ma soif*
> *seins torrides (...)*
>
> *seins je vous aime*
>
> *mois de mai mois d'été mois de chaleur*
> *terres caressantes de mes paumes[323].*

Comme une improvisation de jazz sur un thème, les images se bousculent et dessinent un espace et un temps amoureux dans le rythme syncopé d'un solo de saxophone.

Cette écriture est plus vaste encore dans «Arbres», mosaïque de bois de toutes les essences illustrant notre hier et notre aujourd'hui:

> *arbre*
> *arbre pour l'arbre et le Huron*

arbre pour le chasseur et la hache
arbre pour la sirène et le blé le cargo le cheval[324].

Nous sommes plutôt devant le musicien qui improvise sur tous les rythmes et tous les modes, selon un automatisme qui lui est propre:

arbre
peuplier faux tremble trembleur à grands crocs
peuplier loup griffon trembleur arracheur immobile de mousse et de
terre peuplier feuilles étroites peuplier au front bas peuplier ligne droite
cheval séché oeillères rances
peuplier baumier embaumeur des larmes peuplier aux lances-bourgeons
peuplier fruit de coton ouates désintéressées langues de chattes pattes d'oiselle
rachitique peuplier allumettes coupe-vent des forêts garde-corps et tonnelier
charbon blanc des hivers[325].

Pour les âmes, qui paraît à l'Hexagone en 1965, prolonge ces effets d'improvisation sur un thème. Comme dans «Psaume pour une révolte de terre» où revient onze fois le vers «ô psalmodie ô psaumes» et où on retrace le même procédé d'anaphore et de modulation:

les muscles et la force sont pour le coeur
et la colère
sont pour le coeur et le beffroi de la sueur
pour la colère des villes renfrognées
pour le pain des villes
et le pain pour le terreau
le terreau pour les pierres et la pluie
la pluie pour les pierres
et les pierres mêmes s'effritent
et la colère et les muscles et le coeur[326].

Il en va de même pour le poème «Le Temps tombe» où le temps se module en espaces[327]. Enfin, comme pour souligner le caractère de jazz de certains poèmes, Lapointe a inséré dans *Pour les âmes* un long «Blues» qui rappelle les automatismes de la musique noire:

ta mort travailleuse sape une maison
une ville
un arbre
un oiseau
l'amour que tu portes à l'amour
ta mort travailleuse te laisse sommeiller
toit de maison toit de ville
toit d'arbre et d'oiseau
il suffira qu'on te l'enlève
et la pluie le dur hiver
et la récolte détruite
ta mort travailleuse
la guident conducteurs le télégraphe et l'hypnose
amis semainiers   coffres-forts
petites assurances   soirées neuves

ta mort travailleuse
prie pour elle   elle priera pour toi[328].

On peut parler, à propos de Lapointe, d'une poésie de l'improvisation, de cette improvisation dont Laflèche affirme, parlant du *Vierge incendié,* qu'elle «n'est autre chose que l'écriture automatique telle que l'a définie André Breton»[329]. Il semble aussi qu'après les quelques tentatives «exploréennes» de la *Nuit du 15 au 26 novembre 1948,* Lapointe soit revenu au type d'improvisation qui caractérise *Le Vierge incendié.* Ce qui fait dire à G. André Vachon, à propos du «ton» (i.e. distance, écart) du «Solstice d'été» publié dans *Choix de poèmes:*

> *Ce poème est à peine plus figuratif, et presque aussi automatiste, que les grandes pièces rectangulaires du* Vierge incendié. *La matière, le sujet, le style même, peuvent varier et jusqu'à l'extrême, mais le «ton» demeure d'une rare égalité*[330].

L'appartenance de Lapointe au groupe des automatistes ne se reflète donc vraiment que dans la *Nuit du 15 au 26 novembre 1948.* Mais, tout au long de son oeuvre, le poète recourt à des automatismes qui l'ont rapproché du surréalisme, ce qu'on peut appliquer à l'ensemble du recueil *Le Réel absolu* dont le titre même, tiré de Novalis, rappelle les recherches des surréalistes: «La poésie est le réel absolu»[331]. Breton parle d'«une sorte de réalité absolue, de *surréalité*»[332].

De 1946 à 1956, soit des *Sables du rêve* de Thérèse Renaud à *Brochuges* de Claude Gauvreau, il y eut donc une production automatiste considérable. Cette production s'étend jusqu'aux années 70 avec les dernières oeuvres de Lapointe et de Gauvreau.

Nous étudierons, au cinquième chapitre, l'oeuvre de quelques poètes que Claude Gauvreau considéra un temps comme ses disciples. Mais, pour l'instant, il importe de noter qu'il existe à Montréal, à compter de 1949 surtout, un groupe distinct de celui de Paul-Émile Borduas, groupe auquel le prochain chapitre est consacré. Influencé d'abord par Édouard Jaguer plutôt que par André Breton, ce groupe lance le surréalisme sur d'autres voies. Il suit les traces «schismatiques» du mouvement et de la revue de *Cobra* pour revenir ensuite à Breton avec le mouvement et la revue *Phases* où on retrouve Théodore Keonig, Roland Giguère, Albert Dumouchel, Léon Bellefleur et Norman McLaren. Les automatistes, eux, malgré les efforts de Claude Gauvreau, s'éparpillent.

Notes

1. André Breton, *Où en est le surréalisme,* conférence à la «Revue des arts et des lettres», *Radio Canada,* 1953. Cf. *La Semaine à Radio-Canada,* 1er au 7 fév. 1953, vol. 3, n° 17. Cité d'après le texte intégral conservé dans les papiers Borduas, n° 110 de la classification P. Théberge, Galerie Nationale du Canada, p. 1.

2. Selon Maxime Alexandre, André Breton refusait, quelques mois après la mort de Lénine (mort en 1924), de lire sa brochure sur l'*État de la révolution* et contestait alors le bien-fondé des propos de Marx sur Feuerbach: «Les phi-

losophes jusqu'à présent n'ont fait qu'interpréter le monde, il s'agit de le transformer» (Maxime Alexandre, *Mémoires d'un surréaliste,* p. 81).

3. Interview de Paul-Émile Borduas par Jean-Luc Pépin, *Le Droit,* 18 octobre 1952, p. 2.

4. André Breton, lettre circulaire du 12 janvier 1947, in Jean-Louis Bédouin, *Vingt ans de Surréalisme,* p. 99.

5. Lettre de Paul-Émile Borduas à Jean-Paul Riopelle, 21 février 1947; cf. François Gagnon, «Le Refus global en son temps», *Ozias Leduc et Paul-Émile Borduas,* pp. 65-66.

6. Tancrède Marsil, «Les Automatistes — L'École de Borduas», *Le Quartier latin,* 28 février 1947: «Borduas est à former chez nous des automatistes». Nous avons vu que Doyon avait dit la même chose de l'exposition des Sagittaires.

7. Claude Gauvreau, «L'Épopée automatiste vue par un cyclope», p. 64.

8. Interview de J.-P. Mousseau par MM. Bertrand, Boyer, Dubeau, Martel, et Thibault, avril 1967.

9. Bernard Tesseydre, «Fernand Leduc — peintre et théoricien du surréalisme à Montréal», *La Barre du jour,* n° 17-20, p. 264, note 8.

10. Guy Viau, in *Notre temps,* 12 juillet 1947.

11. Claude Gauvreau, «L'Épopée automatiste vue par un cyclope», p. 68.

12. Id., *Ibid.,* p. 69.

13. Jean-Louis Bédouin, *Vingt ans de surréalisme,* p. 148.

14. Normand Thériault, «Bernard Tesseydre — Au coeur des tensions», *La Presse, 26 oct. 1968, p. 40, c. 5.*

15. Mais il rattache cette découverte à l'exposition de Riopelle en 1949 au lieu de celle du Luxembourg en 1947. (Jean-Louis Bédouin, *Vingt ans de surréalisme,* p. 150)

16. Paul-Émile Borduas, *Projections libérantes,* p. 35.

17. Claude Gauvreau, «L'Épopée automatiste vue par un cyclope», p. 66.

18. Guy Robert, *Pellan, sa vie et son oeuvre,* p. 54.

19. Paul-Émile Borduas, *Projections libérantes,* p. 17.

20. Guy Robert, *Pellan, sa vie et son oeuvre,* p. 54.

21. Henri Pastoureau, *Le Surréalisme de l'après-guerre,* p. 99. La conférence de Tristan Tzara sur «Le Surréalisme et l'après-guerre» (11 avril 1947) et l'intervention de Jean-Paul Sartre (mai 1947) accentuent l'aspect conflictuel du groupe; cf. Gaëtan Picon, *Surrealists and Surrealism,* p. 185.

22. Henri Pastoureau, *Le Surréalisme de l'après-guerre,* p. 101.

23. Id., *Ibid.*

24. Id., *Ibid.*

25. Normand Thériault, «Bernard Tesseydre — Au coeur des tensions», p. 40, c. 3.

26. Henri Pastoureau, *Le Surréalisme de l'après-guerre,* p. 102. Le texte intégral de ce manifeste semble n'avoir jamais été réédité. Il n'a pas été déposé à la Bibliothèque nationale de Paris.

27. Jean-Louis Bédouin, *Vingt ans de surréalisme,* pp. 99-100.

28. Henri Pastoureau, *Le Surréalisme de l'après-guerre,* p. 104.

29. Claude Gauvreau, «L'Épopée automatiste vue par un cyclope», p. 75.

30. Cité par Henri Pastoureau, *Le Surréalisme de l'après-guerre,* p. 105.

31. Cf. «Fernand Seguin rencontre Jean-Paul Riopelle», *Le Sel de la semaine,* Radio-Canada, 28 oct. 1968, inédit; et Claude Gauvreau, «L'Épopée automatiste vue par un cyclope», p. 70.

32. Henri Pastoureau, *Le Surréalisme de l'après-guerre,* pp. 107-108.

33. Claude Gauvreau, *Dix-sept lettres à un fantôme,* lettre du 8 fév. 1950, pp. 22-23; inédite.

34. Claude Gauvreau, «L'Épopée automatiste vue par un cyclope», pp. 69-70.

35. Claude Gauvreau, «L'Automatisme ne vient pas de chez Hadès», *Notre temps,* 13 déc. 1947, p. 6.

36. Id., *Ibid.,* 13 déc. 1947 p. 6. N.B. La page est datée par erreur du 6 décembre.

37. Claude Gauvreau, *Dix-sept lettres à un fantôme,* lettre du 13 avril 1950, *La Barre du jour,* nos 17-20, p. 358.

38. Guy Robert, *Pellan, sa vie et son oeuvre,* p. 52. Gérard Tougas, *Histoire de la littérature canadienne-française,* p. 152. Guy Robert reviendra plus tard sur ses positions, devant l'abondance des témoignages contraires (Cf. Guy Robert, *Borduas,* pp. 69 et 135.)

39. Entrevue de Jacques de Tonnancour avec A.-G. B., avril 1970.

40. Claude Gauvreau, «L'Épopée automatiste vue par un cyclope», p. 69.

41. Id., *Ibid.,* p. 72.

42. Id., *Ibid.,* p. 85.

43. Charles Delloye, «In Memoriam», *Aujourd'hui — art et architecture,* nº 25, 1960, p. 49. Delloye présente, dans le numéro spécial devenu, par la force des choses, un hommage posthume, de larges extraits de *Refus global* (Ce sont ces extraits qui ont paru dans la seconde édition de l'*Histoire de la littérature canadienne-française* de Gérard Tougas — annexe II —. Noter que la référence y est fautive; la revue de Charles Delloye n'y est nommée que par son sous-titre).

44. Charles Delloye, «Paul-Émile Borduas — Écrits théoriques», *Aujourd'hui art et architecture,* nº 26, avril 1960, p. 6.

45. «Quand les automatistes parlent... des automatistes», *Culture vivante,* nº 22, sept. 1971, p. 29.

46. C'était durant la dernière exposition de la Société d'art contemporain qui eut lieu du 7 au 29 février, immédiatement après celle de *Prisme d'yeux.* (John Lyman, «Borduas and the Contemporary art society», in *Paul-Émile Borduas, 1905-1960,* p. 41) La Société est dissoute le 18 nov. 1948.

47. *Ibid.;* lettre de Paul-Émile Borduas à John Lyman, 13 février 1948.

48. *Ibid.,* p. 40: «mixture of aestetic and moral notions and emotions».

49. *Le Quartier latin,* 17 fév. 1948, p. 3.

50. Madeleine Gariépy, «Salon du printemps», *Notre temps,* 20 mars 1948.

51. Jean Bédard, «La Sauvagerie apprivoisée de Pellan», *Culture vivante,* n° 26, sept. 1972, p. 5.

52. Claude Gauvreau, «L'Épopée automatiste vue par un cyclope», p. 72.

53. Paul-Émile Borduas, «Commentaires sur des mots courants», in *Refus global,* «Révolution».

54. Id., *Ibid.,* «Mythe».

55. Id., «Refus global», *Ibid.*.

56. Henri Pastoureau, *Le Surréalisme de l'après-guerre,* p. 99.

57. Id., *Ibid.,* p. 95.

58. Paul-Émile Borduas, «Refus global».

59. Id., «Commentaires sur des mots courants», «Magie».

60. Paul-Émile Borduas, «En regard du surréalisme actuel», in *Refus global.*

61. Id., «En regard du surréalisme actuel», *Refus global.* Cf. Claude Gauvreau, «L'Épopée automatisme vue par un cyclope», pp. 71-72.

62. Claude Gauvreau, *Dix-sept lettres à un fantôme,* lettre du 8 fév. 1950; inédite. Cf. Jean Depocas, «De l'amour fou à vénus-3; entretien avec C. Gauvreau», *Parti pris,* vol. 3, n° 9, p. 18.

63. Cf. François Gagnon, «Le Refus global en son temps», *Ozias Leduc et Paul-Emile Borduas,* pp. 75-77.

64. Fernand Leduc, «Qu'on le veuille ou non», in *Refus global.*

65. Claude Gauvreau, «Raie, fugue, lobe, ale», «Bien-être», «Au coeur des quenouilles», «L'Ombre sur le cerceau», in *Refus global.*

66. Françoise Sullivan, «La Danse et l'espoir», *Refus global,* Édition Anatole Brochu, p. 102.

67. Claude Gauvreau, «L'Épopée automatiste vue par un cyclope», p. 71.

68. Interview de Paul-Émile Borduas par Jean-Luc Pépin, *Le Droit,* 18 oct. 1952. Cf. ci-dessus, note 3.

69. Claude Bertrand et Jean Stafford, «Lire le Refus global», *La Barre du jour,* nos 17-20, p. 127.

70. Id., *Ibid.,* p. 128. Cf. Christiane Dubreuil-Lebrun, «Sur le *Refus global*», mars 1968, inédit.

71. Pierre Maheu, «De la révolte à la révolution», *Parti pris,* oct. 1963, vol. 1, n° 1, pp. 11-14.

72. P.-É. Borduas, «Refus global», in *Refus global.*

73. Id., *Ibid.* Cf Yves-Gabriel Brunet, «Portrait d'un poète — Claude Gauvreau», *Culture vivante,* n° 22, sept. 1971, pp. 33-34.

74. «Quand les automatistes parlent... des automatistes», *Culture vivante,* n° 22, sept. 1971, p. 30.

75. *Ibid.*

76. Paul-Émile Borduas, lettre au directeur de *Situations,* 11 novembre 1958, *Situations,* vol. 1, n° 2, fév. 1959, pp. 32-35; repris dans *Aujourd'hui — art et architecture,* n° 26, avril 1960, p. 9.

77. Madeleine Gariépy, «Exposition Borduas», *Notre temps,* 24 avril 1948, p. 9.

78. Henri Girard, «Aspects de la peinture surréaliste», *La Nouvelle Relève,* sept. 1948, vol. 6, n° 5, p. 422.

79. «Bombe automatiste chez Tranquille», *Montréal-matin,* 5 août 1948, p. 5, c. 3, repris dans *La Patrie,* 7 août 1948, p. 43. Suivi de «Tranquille reçoit les Automatistes», *Le Petit journal,* 8 août 1948, p. 41, c. 2; Rolland Boulanger écrit «Dynamitage automatiste à la librairie Tranquille», le 9 août (*Montréal-matin,* pp. 5-7). «Les théories de M. Borduas. Les conférences sur l'automatisme sont suivies d'un manifeste», *La Presse,* 10 août 1948, p. 4, cc. 7-8; «Entre les lignes», et «L'Oeil en coulisse», *Le Petit journal,* 15 août 1948, p. 38, c. 4 et p. 52, cc. 1-3. «Dans le courier», *Le Canada,* 16 août 1948, p. 4, c. 4.

80. Claude Gauvreau, «L'Épopée automatiste vue par un cyclope», p. 77.

81. «Écartèlement et jus de tomate — Nos automatistes annoncent la décadence chrétienne et prophétisent l'avènement du régime de l'instinct». Non signé. *Le Petit journal,* 15 août 1948, p. 28.

82. Y.G., «L'Avis de nos lecteurs. Amour, désir, vertige», *Le Petit journal,* 5 sept. 1948, p. 44, cc. 3-4.

83. Lafcadio, «*Refus global,* manifeste de l'automatisme surrationnel par Paul-Émile Borduas et compagnie», *Le Canada,* 23 août, p. 4, cc. 3-4; Charles Doyon, «*Refus global*», *Le Clairon de St-Hyacinthe,* 27 août; A. Lecompte, «L'Oeil en coulisse», *Le Petit journal,* 29 août, p. 51, cc. 2-3.

84. Hyacinthe-Marie Robillard, o.p., «Le Manifeste de nos surréalistes», *Notre temps,* 4 septembre 1948, p. 4. Théoriquement, c'est ce jour-là que Borduas est congédié. (Cf. *Paul-Émile Borduas, 1905-1960,* p. 30) En réalité le sous-ministre Gustave Poisson signifie cette suspension par une lettre du 2 septembre au directeur Jean-Marie Gauvreau, avec copie à Borduas. Jean-Marie Gauvreau avait sollicité la démission de Borduas par une lettre du 19 août. Le 21 octobre, une seconde lettre du sous-ministre au directeur se lit comme suit: «Veuillez aviser le sus-mentionné que conformément à l'arrêté en conseil n° 1394, en date du 20 octobre 1948, l'honorable Ministre du Bien-Être social et de la Jeunesse le destitue, comme professeur de dessin à vue et de décoration, à l'École du meuble, pour conduite et écrits incompatibles avec la fonction d'un professeur dans une institution d'enseignement de la province de Québec, à compter du 4 septembre 1948, et ce, selon une résolution adoptée par la Commission du service civil de la province de Québec à sa séance du 29 septembre 1948». (In «Paul-Émile Borduas — Projections libérantes», *Études françaises,* vol. VIII, n° 3, pp. 290, note 112, et 304, note 145).

85. Roger Duhamel, «Notes de lecture, *Refus global*», *Montréal-matin,* 14 sept. 1948, p. 4, c. 3.

86. H.-M. Robillard, o.p., «Le Manifeste de nos surréalistes», *L'Action catholique,* 22 sept. 1948, p. 7, c. 3.

87. Guy Jasmin, «Autour et alentour. La Poésie devra peut-être se défendre elle-aussi», *Le Canada,* 22 septembre 1948, p. 4.
   Dans *Le Canada* paraît une caricature d'un ami de Pellan, Robert Lapalme, intitulée «L'Ombre sur le cerveau» (parodiant le titre d'un objet dramatique de Gauvreau publié dans *Refus global,* «L'Ombre sur le cerceau»). La caricature est signée «automatiquement, Prisme d'yeux...!» (*Le Canada,* 13 septembre 1948, p. 4)
   «Garder notre élite chez nous», *Le Canada,* 23 sept., p. 4., c. 1; P.-Z. Vadnais, «Ce que nous dit le lecteur. On devrait protester», *Le Canada,* 24 sept., p. 4, c. 7; B. Morisset, «Nous sommes avec vous, Borduas», *Le Canada,* 2 oct., p. 4. «Dans le courrier», *Le Canada,* 9 oct., p. 5; «De la vraie à la fausse censure», *Le Canada,* 28 oct. 1948, p. 4 et P. Gagnon, «La femme peintre Agnès Lefort est loin de croire à l'automatisme», *Le Canada,* 28 oct., cc. 3-4. Réplique à ce dernier article par Riopelle: («Ce que nous dit le lecteur... En marge des propos de l'artiste Agnès Lefort», *Le Canada,* 5 nov. 1948, p. 4, c. 6) et par C. Gauvreau «Ce que nous dit le lecteur. De Mme Lefort et d'André Lhote», *Le Canada,* 8 nov. 1948, p. 4, cc. 3-4).

88. Guy Jasmin, «L'Opinion du lecteur», réponse à la lettre du 29 oct. de P. Gauvreau, Riopelle et Perron, *Le Clairon de Montréal,* 5 nov. 1948.

89. Ce «fait divers» avait paru le 18 septembre dans *Le Devoir:* «Borduas renvoyé de l'École du meuble» (p. 3, c. 3). La nouvelle parut ensuite dans tous les journaux: «Brièvetés», *Montréal-matin,* 20 sept., p. 4, c. 2; «*Refus global,* M. Borduas proteste contre son renvoi», *La Patrie,* 22 sept., p. 6; «M. Borduas n'accepte pas cette sanction», *Le Devoir,* 22 sept., p. 2, cc. 4-5; «La Protestation de Paul-Emile Borduas», *La Presse,* 22 sept., p. 37, c. 2; Harry Bernard, «Le cas Borduas», *Le Courrier de St-Hyacinthe»,* 24 sept., p. 1, c. 2; «Brièvetés», *Montréal-matin,* 24 sept., c. 3; H. Bernard, «Encore M. Borduas», *Le Courrier de St-Hyacinthe,* 1er oct.

90. André Laurendeau, «Bloc-notes — Intervention politique», *Le Devoir,* 23 septembre 1948, p. 1.

91. Gérard Pelletier, «Deux âges — deux manières», *Le Devoir,* 25 sept. 1948, p. 8.

92. Id., *Ibid.*

93. André Laurendeau, «Bloc-notes», *Le Devoir,* 27 septembre 1948, p. 1. Ce matin-là, Duhamel avait publié «Les Zélateurs d'une mauvaise cause», (*Montréal-matin,* 27 sept., p. 4, cc. 1-2).

94. Claude Gauvreau, «Le Renvoi de M. Borduas», *Le Devoir,* 28 septembre 1948, p. 5, c. 2. Gauvreau allait être appuyé par Mercure: «L'Actualité. Les grandes amitiés. Lettre adressée à M. le directeur littéraire, journal sportif du matin», *Le Devoir,* 5 oct., p. 1, cc. 6-8.

95. «Note de la rédaction», *Le Devoir,* 28 septembre 1948, p. 5, c. 2. Cf. aussi André Laurendeau, «Un individu quelconque», *Le Devoir,* 29 sept., p. 1, cc. 1-2.

96. Charles Doyon prendra aussi la défense de Borduas contre les articles de Harry Bernard dans *Le Courrier de St-Hyacinthe.* Cf. «L'actualité artistique. Refus contre refus», *Le Clairon de St-Hyacinthe* (24 sept. p. 5); «Litanies de l'intolérance» (sous le pseud. de Loup-garou), *Le Clairon de Montréal* (1er oct.) et «L'Affaire Borduas. L'Ecole du meuble» (*Ibid.,* 8 oct.). Cf. aussi Pierre Gauvreau, Jean-Paul Riopelle et Maurice Perron, «L'Opinion du lecteur», *Le Clairon de Montréal,* 29 oct.

97. Pierre Lefebvre, «Notre manière», *Le Quartier latin*, 5 octobre 1948, p. 1.

98. François Léger, «l'Affaire Borduas», *Le Quartier latin*, 8 octobre 1948, p. 1.

99. Esther Van Loo, «La Peinture canadienne», *Arts,* 15 octobre 1948, p. 3.

100. *Time,* october 18, 1948, p. 22.

101. Cité par Gilles Corbeil, «Notice biographique», *Arts et pensée,* n° 17, troisième année, mai-juin 1954, p. 136.

102. Jacques Dubuc, Lettre à Gérard Pelletier, 23 octobre 1948, *Le Devoir,* 30 octobre 1948, p. 5, cc. 2-3.

103. Gérard Pelletier, N.D.L.R., *Ibid.,* c. 3.

104. Jean-Paul Riopelle, Maurice Perron, Magdeleine Arbour, Pierre Gauvreau, Françoise Riopelle, lettre au rédacteur en chef, 1er novembre 1948, *Le Devoir,* 13 novembre 1948, p. 9.

105. Gérard Pelletier, «Notre réponse aux surréalistes», *Le Devoir,* 13 novembre 1948, p. 9; cf. Gérard Pelletier, «Nota Bene», *Le Devoir,* 6 novembre 1948, p. 7.

106. J.-P. Riopelle, M. Perron, M. Arbour, P. Gauvreau, F. Riopelle, lettre à Gérard Pelletier, le 16 novembre 1948, *Le Devoir,* 20 novembre 1948, p. 10; commentaires de Pelletier intercalés, en italique (où il est dit que tous les directeurs de journaux ont reçu un exemplaire de *Refus global*).

107. Gérard Pelletier, «N.D.L.R.», *Le Devoir,* 4 déc. 1948, p. 13; Jacques Dubuc, «La Peau du lion et de l'âne», *Ibid.*

108. Claude Gauvreau, «L'Épopée automatiste vue par un cyclope», p. 67.

109. Rolland Boulanger, «Jean-Paul Mousseau et les automatistes», *Notre temps,* 20 nov. 1948, p. 4; Hyacinthe-Marie Robillard, «Le Surréalisme — la Révolution des intellectuels», *La Revue dominicaine,* déc. 1948, vol. 54, t. 2, p. 274; Id., «Le Surréalisme et la révolution», *Le Canada,* 18 déc. 1948, p. 14; «Le Surréalisme est mort, dit le P. Robillard», *Le Canada,* 20 déc. 1948, p. 16, c. 2; «Le Surréalisme et la révolution des intellectuels», *Le Devoir,* 20 déc. 1948, p. 10; «Le Surréalisme au point de vue moral», *La Presse,* 20 déc. 1948, p. 4; H.-M. Robillard, «L'Automatisme surrationnel et la nostalgie du jardin d'Eden», *Amérique française,* 1950, n° 4, pp. 44-73; P. Gauvreau, «Le Surréalisme est-il mort?», *Le Canada,* 27 déc. 1948, p. 4; H.-M. Robillard, «Réponse à la lettre de P. Gauvreau sur la mort du surréalisme», *Le Canada,* 7 jan. 1949, p. 4.

110. Rolland Boulanger, *1941 — Contrastes — Aujourd'hui,* pp. 20 et 22.

111. Pierre Vadeboncoeur, «les Dessins de Gabriel Filion», *Liaison,* février 1949, p. 109.

112. Id., «A propos de poètes», *Situations,* mars-avril 1961, p. 79.

113. Id., *La ligne du risque,* pp. 205 et 186.

114. Jacques Ferron, *Historiettes,* p. 179.

115. Rencontre avec A.-G. B., Avril 1970.

116. P. Emond, «L'Automatisme: réalité compromettante», *Cité libre,* février 1957, n° 16, pp. 54-59; Guy Viau, «Avec l'énergie du désespoir Borduas a

vécu ses rêves», *Cité libre,* avril 1960, 11ᵉ année, n° 26, p. 25; Marcel Rioux, «Faut-il réhabiliter la magie?», *Cité libre,* Ibid., p. 28; Guy Viau, «Un ménage d'artistes», *Cité libre,* Ibid., p. 29.

117. Clarence Gagnon, «l'Immense blague de l'art moderniste-II» (trad.), *Amérique française,* 1948-1949, n° 2, p. 46, cf. n° 4, pp. 32-33, sur le surréalisme. La publication est posthume.

118. *Paul-Émile Borduas 1905-1960,* p. 31.

119. Roger Viau, «Le Salon du printemps», *Amérique française,* 1949, t. 4, pp. 35-36.

120. Géraldine Bourbeau, «Borduas — de Tonnancour — l'École du meuble», *Liaison,* n° 26, juin 1949, p. 357.

121. Id., «Normand Hudon — Ferron-Mousseau», *Liaison,* mars 1950, p. 179.

122. Id., «Marcel Baril, peintre-graveur», *Liaison,* octobre 1950, p. 429.

123. Denys Morisset, «Lettre sur notre peinture contemporaine», *Arts et pensée,* troisième année, n° 16, mars-avril 1954, p. 111.

124. «Le Défi de ces paroles percutantes incitera bon nombre de poètes à se lancer dans l'aventure surréaliste, qui fera éclater les cadres traditionnels de la poésie canadienne»

125. Jean Éthier-Blais, «Où sont mes racines...», *Études françaises,* vol. VII, n° 3, p. 264.

126. Cf. «La censure des livres vient d'être instaurée par les fascistes de Duplessis! Que serait-ce, si la sécession de l'abbé Groulx n'avait pas été avortée — et si un gouvernement laurentien avait été dressé, autonome et absolu!...» (Claude Gauvreau, *Dix-sept lettres à un fantôme,* lettre du 26 avril 1950, p. 28; inédite)

127. Paul-Émile Borduas, *Projections libérantes,* pp. 38-39.

128. Id., *Ibid.,* p. 4. L'accord au masculin est voulu. Voir à ce sujet une réflexion de Gauvreau à Dussault *(Dix-sept lettres à un fantôme,* 13 avril 1950, *La Barre du jour,* nos 17-20, p. 360).

129. Id., *Ibid.,* p. 37.

130. Id., *Ibid.,* p. 11.

131. Id., *Ibid.,* p. 17.

132. Id., *Ibid.,* p. 37.

133. Id., *Ibid.,* p. 37.

134. Voir infra.

135. Id., *Ibid.,* p. 5.

136. Id., *Ibid.,* p. 11.

137. Id., *Ibid.,* pp. 39-40.

138. Cf. «Réactions de presse», *Études françaises,* vol. 8, n° 3, août 1972, p. 337. Il s'agit principalement de lettres ouvertes de Pierre et de Claude Gauvreau dans *Le Devoir* et *Le Canada.* La polémique qui s'ensuit va du 5 fév. au 6 juin 1949.

139. Guy Robert, *Borduas*, p. 167.

140. Cité par Guy Robert, *Ibid.*

141. Cité par Guy Robert, in *Borduas*, p. 168.

142. Paul-Émile Borduas, *Projections libérantes*, p. 17.

143. Paul Chamberland, «Fondation du territoire», *Parti-pris*, mai-août 1967, vol. 4, n° 9-12, p. 41.

144. Claude Gauvreau, *Dix-sept lettres à un fantôme*, 8 février 1950, pp. 10-13, (inédit).

145. Id., «Notes biographiques», *Le Journal des poètes* (Bruxelles), vol. 37, n° 5, juillet 1967, p. 18; André-G. Bourassa, «Claude Gauvreau — Éléments de biographie», *La Barre du jour*, nos 17-20, p. 336.

146. Pierre Angers avait obtenu un doctorat de l'Université de Louvain pour son *Commentaire à l'art poétique de Paul Claudel*, 1949.

147. Claude Gauvreau, *Dix-sept lettres à un fantôme*, 8 février 1950, p. 14 (inédit).

148. Id., *Ibid.*, 13 jan. 1950, p. 18 (inédit).

149. Id., «Quelques poètes «inconnus»», *Le Haut-parleur*, p. 7, c. 1.

150. Id., *Les Reflets de la nuit*, in *Sur fil métamorphose*, p. 18; *Oeuvres créatrices complètes*, p. 19.

151. Paul Claudel, *L'Endormie*, in *Théâtre*, coll. «Bibliothèque de la Pléiade», t. 1. 1, p. 5.

152. Claude Gauvreau, *Les Reflets de la nuit*, p. 12; *Oeuvres créatrices complètes*, p. 20.

153. Id., *La Jeune fille et la lune*, *Ibid.*, p. 27.

154. Id., *Ibid.*, pp. 24 et 28.

155. Paul Claudel, *L'Endormie*, op. cit., p. 11.

156. «Guillaume Apollinaire (entouré de Jacob, Cendrars, Reverdy) est le grand cubiste», (Claude Gauvreau, «Quelques poètes «inconnus»», *Le Haut-parleur*, 30 jan. 1951, p. 7, c. 2).

157. Claude Gauvreau, «la Prière pour l'indulgence», in *Sur fil métamorphose*, p. 19; *Oeuvres créatrices complètes*, p. 29.

158. Sur ce symbole de la voie lactée dans l'univers claudélien, cf., André-G. Bourassa, «*Le Livre de Christophe-Colomb*», *un essai de théâtre total comme représentation de l'univers claudélien*, pp. 127 et 166-172.

159. Claude Gauvreau, «À propos de miroir déformant», *Liberté*, n° 68, pp. 100-101.

160. Claude Gauvreau, *La Statue qui pleure*, p. 11 du manuscrit; *Oeuvres créatrices complètes*, p. 34.

161. «Vers 1944, je fréquentai l'atelier de Fernand Leduc rue Jeanne-Mance. J'étais collégien et j'écrivais *les Entrailles*». Claude Gauvreau, «L'Épopée automatiste vue par un cyclope», p. 54.

162. Claude Gauvreau, *Nostalgie sourire, Oeuvres créatrices complètes,* p. 61. N.B.: le personnage principal est un peintre à son chevalet.

163. Id., *Le Soldat Claude, Ibid.,* p. 65.

164. Id., *Ibid.,* p. 66.

165. Id., *Ibid.,* p. 68.

166. Id., *Apolnixède entre le ciel et la terre, Ibid.,* p. 71.

167. Marcel Jean, *Histoire de la peinture surréaliste,* p. 34.

168. Max Ernst, *Écritures,* p. 259.

169. Claude Gauvreau, «L'Épopée automatiste vue par un cyclope», p. 56.

170. Id., *Ibid.,* p. 55.

171. Id., *Dix-sept lettres à un fantôme,* 30 déc. 1949, p. 8 (inédit).

172. Claude Gauvreau, *Ibid.,* 13 avril 1950, in *La Barre du jour,* nos 17-20, pp. 360-361.

173. Jacques Dubuc, «La Peau du lion et de l'âne», *Le Devoir,* 4 déc. 1948, p. 13.

174. Claude Gauvreau, *Dix-sept lettres à un fantôme,* 13 jan. 1950, p. 17 (inédit).

175. Id., *Ibid.,* 30 mars 1950, pp. 22-23; cf. Paul-Émile Borduas, *Projections libérantes,* p. 26.

176. Claude Gauvreau, «À propos de miroir déformant», *Liberté,* n° 68, mars-avril 1970, p. 102.

177. Jean-Marcel Duciaume, «Le Théâtre de Gauvreau: une approche», *Livres et auteurs québécois,* 1972, pp. 332 et 335.

178. Claude Gauvreau, «À propos de miroir déformant», *Liberté,* n° 68, vol. 12, n° 2, mars-avril 1970, p. 97.

179. Id., «Figure du vivant — St-Denys Garneau», *Sainte-Marie,* vol. 2, n° 2, 30 oct. 1945, p. 2.

180. Id., «Le Jour et le joug sains», *Ibid.,* vol. 2, n° 1, oct. 1945, p. 2.

181. Id., «Les Affinités surréalistes de Giguère», *Études littéraires,* vol. 5, n° 3, pp. 504-505.

182. Alain Bosquet, *La Poésie canadienne,* p. 118. Cf. Interview reproduite dans le film *Claude Gauvreau poète* de Jean-Claude Labrecque et tirée de «Femme d'aujourd'hui», Radio-Canada, 13 mai 1970.

183. Claude Gauvreau, lettre inédite à Jean-Marc Montagne, 6 avril 1968.

184. Paul Bernier, «Grégor alkador solidor», Université Loyola, juil. 1974; inédit. Noter, dans ce poème, le nom de Ravachol, anarchiste français du XIXe s., guillotiné.

185. Claude Gauvreau, *Étal mixte,* pp. 8-9, *Oeuvres créatrices complètes,* p. 214. Relire *S/Z* de Roland Barthes, aux pages 74 et 121, sur les rapports femme/enfant et femme/chef-d'oeuvre.

186. Paul-Émile Borduas, Lettre à Claude Gauvreau, 25 sept. 1954, *Liberté,* n° 22, pp. 236-237.

187. Nicole Hurtubise, «*Sous nar* de Claude Gauvreau», *La Barre du jour,* nos 39-41, p. 188; cf. p. 201.

188. Alain Bosquet, *La Poésie canadienne,* p. 118. Voir article d'André Gervais, «Eaux retenues d'une lecture: *Sentinelle-Onde* de C. Gauvreau», *Voix et images,* vol. 2, n° 3.

189. Claude Gauvreau, *Étal mixte,* p. 12; *Oeuvres complètes,* pp. 217 et 220.

190. Marcel Bélanger, «La lettre contre l'esprit ou quelques points de repère sur la poésie de Claude Gauvreau», *Études littéraires,* déc. 1972, vol. 5, n° 3, pp. 483-484.

191. Claude Gauvreau, *Brochuges,* pp. 13 et 18. *Oeuvres créatrices complètes,* pp. 612-614 (où deux «f» ont été supprimés).

192. Claude Gauvreau, «Le Jour et le joug sains», *op. cit.,* p. 2.

193. Michael Riffaterre, «La Métaphore filée dans la poésie surréaliste», *Langue française,* n° 3, sept. 1969, pp. 50-51.

194. Marguerite Bonnet, *André Breton, Naissance de l'aventure surréaliste,* p. 391, n° 198.

195. Id., «Notes biographiques», in *Le Journal des poètes,* p. 19.

196. Claude Gauvreau, *Poèmes de détention, Oeuvres créatrices complètes,* p. 871.

197. Id., «Dix-sept lettres à un fantôme» (lettre du 13 avril 1950), *La Barre du jour,* nos 17-20, jan.-août 1969, p. 358.

198. Id. *Les Boucliers mégalomanes,* in *Chansons et poèmes de la résistance,* p. 62, Id., *Les Boucliers mégalomanes,* in *Le Journal des poètes,* p. 19. *Oeuvres créatrices complètes,* pp. 1250, 1260 et 1230.

199. Claude Gauvreau, *Dix-sept lettres à un fantôme,* 13 avril 1950, *La Barre du jour,* nos 17-20, p. 359; *Oeuvres créatrices complètes,* p. 187 (où le texte commence par «Le Java»).

200. Jacques Ferron, *Du fond de mon arrière-cuisine,* p. 219.

201. Claude Gauvreau, *Oeuvres créatrices complètes,* p. 1492.

202. Id., «Le Jour et le joug sains», *op. cit.,* p. 2.

203. Id., *Ibid.*

204. Laurent Jenny, «La Surréalité et ses signes narratifs», *Poétique,* vol. 4, n° 16, p. 499.

205. Claude Gauvreau, «L'Épopée automatiste vue par un cyclope», pp. 69 et 88.

206. Laurent Jenny, «La Surréalité et ses signes narratifs», p. 520.

207. Claude Gauvreau, «L'Épopée automatiste vue par un cyclope», pp. 69 et 88.

208. Id., *Dix-sept lettres à un fantôme,* 2 mai 1950, p. 26; inédit. Remarquer la référence à Nadja, qu'on retrouve aux derniers mots de *Beauté baroque* écrit en 1952.

209. Id., *Ibid.,* p. 27.

210. Claude Gauvreau, «L'Épopée automatiste vue par un cyclope», p. 65.

211. Claude Gauvreau, *Dix-sept lettres à un fantôme,* 2 mai 1950, p. 27; inédit.

212. André Breton, *L'Amour fou,* p. 13. Sur la beauté convulsive et sur la théorie du récit surréaliste, voir Claude Abastado, *Le Surréalisme,* pp. 144-5 et 165-9.

213. Claude Gauvreau, *Dix-sept lettres à un fantôme,* 2 mai 1950, p. 27; inédit.

214. Id., *Ibid.,* pp. 17-18.

215. «Acte incontrôlable, irrationnel. Acte de convulsif soulagement.» (Claude Gauvreau, *Beauté baroque,* in *La Barre du jour,* automne 1967, vol. 2, n° 4, p. 38)

216. «La femme-affection ne perdit pas le temps à débattre: aucune seconde ne fut consacrée aux rites pusillanimes. Elle ne posa pas de question. Née pour le risque, née pour la connaissance tactile, née pour les dons spontanés: elle était offerte, par déclenchement automatique». (Id., *Ibid.,* in *Parti pris,* avril 1966, vol. 3, n° 9, p. 26).

217. Id., *Ibid.,* in *La Barre du jour,* p. 41.

218. Id., *Ibid.,* in *Parti pris,* p. 30.

219. Id., *Ibid.,* pp. 34-35.

220. Jacques Ferron, *Du fond de mon arrière-cuisine,* pp. 225-226.

221. Claude Gauvreau, «Notes biographiques», *Le Journal des poètes* (Bruxelles), juil. 1967, 37ᵉ an., n° 5, pp. 18-19. Cf. «Quand la radio fait des expériences folles», *La Presse,* 14 fév. 1970 (Télépresse), p. 3.

222. Notons que cet adjectif «épormyable», a pour Gauvreau une valeur importante. Il décrit le rire grotesque qui accueillit *Bien-être:* «Les rires, qui accueillent aujourd'hui mes alliages de mots beaucoup plus complexes, sont bout de tinette en comparaison de cette hilarité épormyable de bossus en transe» («L'Épopée automatiste vue par un cyclope», p. 66). On pense au rire «hénaurme» de Jarry.

223. Pierre Janet, dans une thèse de doctorat ès lettres (sic) sur l'automatisme en 1889 (sic) étudie certains de ces états seconds. Il décrit un cas de somnambule qui, dans cet état, perd sa myopie et parle en «un nouveau langage qui se formait au moyen d'autres images» (Pierre Janet, *L'Automatisme psychologique,* p. 122). Sur l'influence de Janet sur André Breton et Philippe Soupault, voir Bernard Robert, «Pour une définition du surréalisme» et «Le Surréalisme désocculté», *Revue de l'Université d'Ottawa,* 1973, pp. 297-306 et 462-479, ainsi que, du même auteur, *Le Surréalisme désocculté,* pp. 71-128.

224. Jean-Marcel Duciaume, «Le Théâtre de Gauvreau: une approche», *Livres et auteurs québécois,* 1972, p. 336.

225. Id., *Ibid.,* p. 339.

226. La pièce a donné lieu a de nombreuses polémiques, principalement à celle qui accompagne le refus de certains acteurs de jouer la fin de la troisième représentation. Après s'être prostré devant ces acteurs — dont quelques uns étaient des amis — pour tenter qu'ils terminent le spectacle, Gauvreau s'est livré, dans les journaux, à une «Nouvelle charge». Cf. infra, *Opération Déclic.*

227. Bruno Cormier, «Miroir de l'aliénation de notre époque», *L'Envers du décor,* mars 1974, vol. 6, n° 5, p. 2.

228. Cf. André Breton, *Manifeste du surréalisme,* pp. 61 et 235-236.

229. Claude Gauvreau, *Les Oranges sont vertes,* t. 1, p. 82.

230. Id., *Ibid.,* t. 11, pp. 209 et ss.

231. Id., *Ibid.,* t. 1, p. 6.

232. Cf. entrevue entre Marcel Sabourin, Robert Lalonde et A.-G. B., sept. 1972.

233. Ouvrage non identifié, malgré force recherches. Mais l'érudition de Gauvreau sur le sujet ne fait pas de doute: «Depuis longtemps j'étais pénétré des récits de la première de *Hernani* et de la première du *Sacre du Printemps*» (Claude Gauvreau, «L'Épopée automatiste vue par un cyclope», p. 65). Les souvenirs de Jean-Pierre Ronfard sont légèrement différents: «Gauvreau me dit: C'est le nom d'un héros romantique! Je ne lui posai pas de question, peut-être pour ne pas paraître inculte. J'imagine que c'est un personnage d'un conte fantastique de Nodier ou de Balzac». (Jean-Pierre Ronfard, «Le Personnage: dernière rencontre», *L'Envers du décor,* mars 1974, vol. 6, n° 5, p. 5)

234. Maurice Nadeau, *Histoire du surréalisme,* p. 25. Cf. André Breton, *Second manifeste du surréalisme,* p. 155.

235. À propos du titre de l'article dans *La Barre du jour* (cf. entrevue de Claude Gauvreau avec Roger Soublière et A.-G. B., mars 1969). Notons que «Cyclope» est le surnom donné à Hugo par sa femme et repris par Sainte-Beuve dans «Des Gladiateurs en littérature», juin 1840. Cf. André Maurois, *Olympio ou la vie de Victor Hugo,* pp. 300-303.

236. Cf. infra, «critique», sur Gauvreau et le monisme.

237. Claude Gauvreau, *Les Oranges sont vertes,* t. 1, p. 7.

238. Claude Gauvreau, *Les Oranges sont vertes,* t. 1, p. 15.

239. Id., *Ibid.*

240. Id., *Ibid.,* t. 1, p. 26. Cf. Claude Gauvreau, «En art — Liberté avant tout», *Le Haut-parleur,* 9 juin 1951, p. 5, c. 1, n. 1: «Une étude magistrale des mécanismes d'évolution des civilisations et de leurs mythes se trouve dans le livre *Égrégores* de Pierre Mabille. J'endosse personnellement toutes les conclusions qui y sont énoncées».

241. Id., *Ibid.,* t. 1, pp. 29-30. Le recours aux Égrégores de Mabille est probablement le meilleur schéma structural qu'on puisse utiliser pour établir une structure des actants. L'isotopie du héros serait l'égrégore «surrationnel» et l'isotopie de l'opposant celui de l'égrégore «canonique». Le héros étant Batlam et son double Ivirnig.

242. Claude Gauvreau, *Les Oranges sont vertes,* in *Oeuvres créatrices complètes.* p. 1420. On aura noté le chiasme «phrases de poésie... syllabe de critique». C'est plutôt la poésie (chez Gauvreau) que désignerait le mot «syllabe».

243. Id., «Barroques (sic) canadiens dans les Pays-Bas», *Le Haut-parleur,* 3 février 1951, p. 2.

244. Id., «Question de propagande», *Le Haut-parleur,* 14 janvier 1951, p. 5.

245. Id., *Dix-sept lettres à un fantôme,* 2 mai 1950, p. 13.

246. Jacques Ferron, «Lettre ouverte à Claude Gauvreau sur les vaches» (sur les affinités Toupin-Montherlant), *Le Haut-parleur,* 3 mars 1951; «Lettre de Toupin à Gauvreau», *Ibid.,* 17 mars 1951; J. Ferron, «*Le Choix* de Paul Toupin» (sur certains traits de fascisme de Montherlant et de Toupin), ibid., 7 avril 1951.

247. Claude Gauvreau, «Robert Gadouas a le courage de tenir tête aux censeurs», «*Le Haut-parleur,* 21 avril 1951; «Ostracisme jésuitique — les coupures invraisemblables commandées par le Gesù (28 avril); «Au pays des Jésuites — Lili Saint-Cyr et les délectations moroses» (14 juillet); «Au-delà de l'immondice jésuitique — André Goulet dit Goulo» (22 déc.).

248. Id., *Oeuvres créatrices complètes,* op. cit., p. 270.

249. L'expression «baroque» est assez fréquente autour de Gauvreau pour que le correspondant des *Dix-sept lettres à un fantôme,* Jean-Claude Dussault, l'ait intégré deux fois de suite dans des poèmes parus dans *Le Haut-parleur,* «Nuit d'été» et «Sacrificial» (21 jan. 1951).

250. Claude Gauvreau, «Cézanne, la vérité et les vipères de bon ton», *Le Quartier latin,* 9 fév. 1945, p. 5.

251. Id., *Les Oranges sont vertes,* en *Oeuvres créatrices complètes,* op. cit., pp. 1420-1421.

252. Id., «L'Automatisme ne vient pas de chez Hadès, 1ère partie, *Notre temps,* 6 déc. 1947, p. 3.

253. Id., *Ibid.*

254. Id., *Ibid.,* 2ᵉ partie, 13 déc. 1947, p. 6. N.B.: La page du journal est datée du 6, par erreur.

255. Cf. la polémique autour de la pièce qui devient en elle-même une nouvelle charge. P.e. Claude Gauvreau, «*La Mort de l'Orignal* épormyable», *La Presse,* 16 mai 1970, p. 49; suivi de Monique Du Plantie, Jacques Crête, Albert G. Paquette, «Une nouvelle charge épormyable», *La Presse,* 23 mai 1970, p. 41.

256. Claude Gauvreau, in *Le Haut-parleur,* 28 juillet 1951, p. 5.

257. Voir là-dessus Gauvreau, «Quelques poètes inconnus», *Le Haut-parleur,* 30 juin 1951, pp. 5 et 7. Il y est question de Lautréamont, Germain Nouveau, Arthur Cravan, Jacques Vaché, Guillaume Apollinaire, Max Jacob, Blaise Cendrars, Reverdy, Tristan Tzara, Francis Picabia, Paul Éluard, André Breton, Antonin Artaud, Gisèle Prassinos, Aimé Césaire et Henri Pichette. Noter que l'article est de 1951!

258. Claude Gauvreau, «Les Affinités surréalistes de Roland Giguère», in *Études littéraires,* vol. 5 nᵒ 3, déc. 1972, pp. 502 et 505.

259. Id., *Ibid.,* p. 509.

260. Id., in *Quebec Underground 1962-1972,* t. 1, Montréal, les Éditions Médiart, 1973, p. 66. *Commentaire sur des mots courants* ajoutait le nom de Lautréamont après «liberté» et de Robert Élie après «veille».

261. Id., *Ibid.*

262. Id., *Dix-sept lettres à un fantôme,* 30 déc. 1949, pp. 24-26; inédit.

263. Id., *Ibid.,* 7 jan. 1950, p. 3; inédit.

264. Id., *Ibid.,* p. 9; inédit.

265. Id., *Ibid.,* 19 avril 1950, p. 9; inédit.

266. Id., *Ibid.,* 7 jan. 1950, p. 10; inédit.

267. Id., *Ibid.,* 8 février 1950, pp. 26-27; inédit.

268. Id., «Aragonie et surrationnel», *La Revue socialiste,* n° 5, print. 1961, p. 67.

269. Id., *Ibid.,* 10 mai 1950, p. 23; inédit. Voir, sur le monisme, Gérard Durozoi et Bernard Lecherbonnier, *Le Surréalisme,* pp. 84-87.

271. André Breton, «Limites non-frontières du surréalisme», in *La Clé des champs,* p. 18.

272. Claude Gauvreau, *Dix-sept lettres à un fantôme,* 1er fév. 1950, pp. 12-13; inédit.

273. Id., *Ibid.,* p. 8; inédit.

274. Sur le sujet, voir les commentaires d'André Gervais «Eaux retenues d'une lecture»

275. Claude Gauvreau, *Dix-sept lettres à un fantôme,* 13 avril 1950, *La Barre du jour,* nos 17-20, cf. pp. 349-353 pour l'image rythmique, p. 353 pour l'image mémorante.

276. Marcel Jean, *Le Surréalisme et la peinture,* p. 124.

277. Cf. Max Ernst, *Écritures,* p. 262.

278. Le qualificatif s'explique peut-être par cet extrait d'une lettre à Dussault où Gauvreau explique en termes d'exploration la thèse par laquelle Borduas (*Projections libérantes,* p. 26) refusait l'«intention»: «Les travailleurs surrationnels ne peuvent pas renier leur découverte capitale, celle qui ouvrira les portes les plus vastes sur l'inexploré: la conséquence est plus importante que le but». (*Dix-sept lettres à un fantôme,* 30 mars 1950, pp. 22-23)

279. Claude Gauvreau, *Dix-sept lettres à un fantôme,* in *La Barre du jour,* nos 17-20, pp. 357-361.

280. René Major rappelle un genre d'analyse qu'il fait remonter à Freud:

«Des mots prononcés sont toujours les vestiges de mots vus ou entendus. Les rêves nous en fournissent souvent des exemples. Mais il faut avouer qu'à cet égard les sources du langage de la vie vigile peuvent être plus difficiles à retracer que celles du langage onirique, puisque dans le rêve les images verbales, cédant le plus souvent la place aux images visuelles, sont plus circonscritres (...).

«Certaines formules, authentiques libellés d'obsessions, se donnent d'emblée comme énigmes à déchiffrer. Freud en fournit un bel exemple dans «l'Homme aux rats»: une incantation en forme d'acrostiche, de son patient Lorentz, «Glejisamen», exprime consciemment un voeu magique: «puisse Lorentz être heureux maintenant et toujours, amen». Le décriptage

de cet acrostiche révèle qu'il cache l'anagramme du nom de la dame vénérée, Gisela, qu'il mettait ainsi en contact, dans sa formule, avec le sperme (samen). Trouvant sa place dans l'expression condensée, l'amen final venait ponctuer sa prière».
Major analyse ensuite des expressions de patients: «Ah! l'inceste!» («Alain, cesse!»); «ma marie-jeanne» (être le mari de Jeanne; marijuana; Marie Janet); «Sanzit-Montront» (sans zizi, mon rond).» (René Major, «le Logogriphe obsessionnel», *Interprétation,* janvier-mars 1968, vol. 2, n° 1. Les deux paragraphes cités sont des pages 5 et 6)

281. André Breton, «Situation surréaliste de l'objet», in *Manifestes du surréalisme,* pp. 309-310.

282. Claude Gauvreau, *Dix-sept lettres à un fantôme,* 22 mars 1950, p. 10; inédit.

283. Paul Chamberland, «Fondation du territoire», *Parti pris,* mai-août 1967, vol. 4, nos 9-12, p. 41.

284. Claude Haeffely, «La Poésie-bouge», *La Barre du jour,* juin-juillet 1968, pp. 59-62.

285. Claude Gauvreau, lettre inédite à Jean-Marc Montagne, 6 avril 1968. Idée reprise dans une entrevue intégrée aux films *La Nuit de la poésie* et *Claude Gauvreau poète.*

286. P.-É. Borduas, lettre à C. Gauvreau, novembre-décembre 1958, intitulée «Petite pierre angulaire dans la tourbe de mes vieux préjugés», *Liberté,* n° 22, p. 248.

287. Claude Gauvreau, lettre inédite à Jean-Marc Montagne, 6 avril 1968.

288. Id., *Dix-sept lettres à un fantôme,* 8 fév. 1950, pp. 24-26; inédit.

289. Id., *Ibid.,* p. 29, inédit.

290. Id., *Ibid.,* 16 février 1950, pp. 2-3. Inédit.

291. Claude Gauvreau, «À propos de miroir déformant», *Liberté,* mars-avril 1970, n° 68, pp. 95-102.

292. Cf. Pierre de Grandpré, *Histoire de la littérature française du Québec,* t. 111, 1969, p. 243. François Bourdages attribue ces notes à Mme Irène Kwiatkowska-de-Grandpré; cf. «Pour réparer les erreurs passées», *Le Devoir,* 17 juillet 1971, p. 11.

293. Michel Van Schendel, «Claude Gauvreau», in Pierre de Grandpré, *Histoire de la littérature française du Québec,* t. 111, pp. 239-240.

294. Philippe Haeck, «Chronologie de la vie et de l'oeuvre de Paul-Marie Lapointe», *La Barre du jour,* n° 17-20, pp. 283-287. Haeck a fait une analyse plus poussée des influences d'Éluard, Fargue et Rimbaud: «À la découverte de Rimbaud correspondent toutes les images violentes, images qui éclatent, ouvertes; on pourrait parler d'illuminations, d'images baroques (...). Sous le signe de Fargue (...), elles sont tournées vers le moi, vers le passé (...), moment de confidence, de laisser-aller, de vague-à-l'âme, parfois rectifié par un peu d'humour (...). Sous le signe du Paul Éluard de *Capitale de la douleur* (...), images nettes: le rêve et la fantaisie y ont des contours précis. Tout est à la fois simple et merveilleux, les mots rêvent». (Philippe Haeck, *L'Action restreinte/de la littérature,* pp. 77-79)

295. Claude Gauvreau, *Dix-sept lettres à un fantôme,* 2 mai 1950, p. 30; inédit.

296. Un an après avoir lu le recueil, Jean-Claude Dussault en fait une critique pour *Le Haut-parleur:* «Les mots sont devenus des touches de matière vibrantes, le son est souvent plutôt couleur que musique (...). Paul-Marie Lapointe est poète pictural en ce sens, si l'on peut dire. Mais pour être le moindrement sensible à la forme poétique, fut-elle picturale, il faut une sensibilité alerte à se dégager de la convention des mots et à en aborder la véritable teneur, spontanément (...). Lapointe ayant rejoint les surréalistes français par une apparence de forme, et cela sans les connaître — la poésie de Lapointe est une poésie primitive, son évolution de forme ne pouvant que donner le change; c'est le premier élan vers la saveur du verbe et de l'image». (Jean-Claude Dussault, «Le Vierge incendié», *Le Haut-parleur,* 14 mars 1951, p. 4)

297. Philippe Haeck, «*Le Vierge incendié,* de Paul-Marie Lapointe», *La Barre du jour,* nos 17-20, p. 283.

298. Notons que l'Exposition internationale du surréalisme de 1947 avait dédié un autel au Jean Sabrenas de Jarry. Cf. Henri Pastoureau, «le Surréalisme de l'après-guerre», p. 107.

299. Paul-Marie Lapointe, *Le Vierge incendié,* p. 5; *Le Réel absolu,* pp. 15-16.

300. Id., *Ibid.,* p. 17; «flamants», dans *Le Réel absolu,* p. 30.

301. Se reporter au texte de G.-André Vachon, «Fragments de journal pour servir d'introduction à la lecture de Paul-Marie Lapointe», *Livres et auteurs canadiens,* 1968, pp. 235-240: «Il faut toujours revenir aux textes «rectangulaires» pour saisir, à sa source, l'art de Paul-Marie Lapointe (...). Les images, dispersées, closes sur elles-mêmes, comme autant de poèmes instantanés, convergent vers un foyer qui est intérieur au texte, qui est partout, dans chaque image, et se nourrit de toutes à la fois» (p. 238).

302. Paul-Marie Lapointe, *Le Vierge incendié,* p. 16; «claudiquant», dans *Le Réel absolu,* p. 29.

303. Id., *Ibid.,* p. 77; *Le Réel absolu,* p. 91.

304. Id., *Ibid.,* p. 71; «contrebasses» dans *Le Réel absolu,* p. 85.

305. «La plus haute forme de poésie, comme la plus haute forme d'art, est l'improvisation, qui ne met aucun frein à l'expression, bien qu'elle tire son excellence d'un artisanat préalable (...). Sur le plan formel (et cela est réalisé par après, et comme pour permettre de vérifier le jazz du poème) la reprise d'un thème sur différents modes crée l'identité. Il peut s'agir d'un thème, le plus simple, mais comportant en lui-même une complexité autorisant la modulation (...). Cette poésie est une nouvelle forme du lyrisme, une forme nord-américaine, sœur du jazz, avec ce que cela implique d'emprunts aux vieilles cultures». (Paul-Marie Lapointe, «Notes pour une poétique contemporaine», *Liberté,* mars 1962, pp. 183-184; repris dans Guy Robert, *Poésie actuelle,* pp. 202-203)

306. Sur ce thème, se référer à Guy Laflèche, «Écart, violence et révolte chez Paul-Marie Lapointe», *Études françaises,* vol. 6, n° 4, pp. 397-398.

307. Paul-Marie Lapointe, *Le Vierge incendié,* p. 10 (*Le Réel absolu,* p. 23).

308. Id., *Ibid.,* p. 102 (121).

309. Id., *Ibid.*, p. 51 (65).

310. Id., *Ibid.*, p. 19 (32).

311. Id., *Ibid.*, p. 78 (93).

312. Id., *Ibid.*, p. 105.

317. Guy Laflèche, «Écart, violence et révolte chez Paul-Marie Lapointe», *Études françaises,* vol. 6 n° 4, pp. 414 et 417.

314. Paul-Émile Borduas, «Commentaires sur des mots courants», *Refus global,* Ed. Anatole Brochu, pp. 31-32.

315. Claude Gauvreau, *Dix-sept lettres à un fantôme,* 13 avril 1950, in *La Barre du jour,* nos 17-20, p. 354.

316. On y trouvait tout au plus «désir boussole» (*Le Réel absolu,* p. 45), «homme jardin où bruissent des fontaines femmes des fleurs femmes» (p. 56), «corps canopes aquariums pousses germes» (p. 14).

317. Paul-Marie Lapointe, *Nuit du 15 au 26 novembre 1948,* in *Le Réel absolu,* p. 158.

318. Id., «Pauvres petites», *La Barre du jour,* nos 17-20, p. 309; *Le Réel absolu,* p. 156-7.

319. Id., *Le Vierge incendié,* p. 65; *Le Réel absolu,* p. 79.

320. Id., *Nuit du 15 au 26 novembre 1948,* p. 162.

321. Id., *Ibid.*, pp. 132 et 140.

322. Malgré les dénégations de Jacques Ferron (*Le Devoir,* 11 mars 1972, p. 13; cf. Gaétan Dostie, «Paul-Marie Lapointe: The Seismograph of Québec», *Ellipse* 11, 1972, p. 60).

323. Id., *Choix de poèmes,* in *Le Réel absolu,* p. 184.

324. Id., *Ibid.*, p. 173.

325. Id., *Ibid.*, p. 173.

326. Id., *Pour les âmes,* in *Le Réel absolu,* p. 208.

327. Id., *Ibid.*, p. 219.

328. Id., *Ibid.*, p. 250.

329. Guy Laflèche, «Écart, violence et révolte chez Paul-Marie Lapointe», *Études françaises,* vol. 6 n° 4, p. 417.

330. G.-André Vachon, «Fragments de journal pour servir d'introduction à la lecture de Paul-Marie Lapointe», *Livres et auteurs canadiens,* 1968, p. 239.

331. Cité en exergue au recueil de Paul-Marie Lapointe, *Le Réel absolu,* p. 7. Cf. toutefois l'Introduction aux *Contes bizarres* d'Achim d'Arnim (pp. 13 et 20) sur les quelques restrictions de Breton quant au «mysticisme» et «la doctrine passablement confuse, mais ultra réactionnaire» de Novalis.

332. André Breton, *Manifestes du surréalisme,* éd. Pauvert, p. 27.

Chapitre IV
Nouvelles cellules

Et pour continuer à vivre
Dans nos solitaires et silencieuses cellules
Nous commencions d'inventer un monde
Avec les formes et les couleurs
Que nous lui avions rêvées

Roland Giguère
«Continuer à vivre» [1]

Les automatistes ne sont pas les seuls à revendiquer une certaine parenté avec la révolution surréaliste des années 50 au Québec. Un autre groupe se forme peu à peu et trouve sa première cohésion en 1948 dans un manifeste, *Prisme d'Yeux,* et deux expositions: la première près du Musée des beaux-arts et la seconde chez Tranquille. Bien que le titre et le parrain du manifeste, Pellan, évoquent surtout une influence cubiste[2], il n'en reste pas moins que plusieurs des signataires se retrouveront dans le sillage du surréalisme-révolutionnaire après quelques expériences communes, telles que leur participation au troisième numéro des *Ateliers d'arts graphiques,* à la revue *Place publique* éditée chez Tranquille et surtout à la fondation des éditions Erta.

En effet, le poète Roland Giguère et deux jeunes immigrants belges, MM. Lapeyre et Koenig, se joignent à *Cobra* dans la lutte des jeunes surréalistes-révolutionnaires contre le refus de Breton de s'associer au Parti communiste. Au moment où *Cobra* devient la *Revue internationale de l'art expérimental,* le mouvement s'adjoint la collaboration d'Albert Dumouchel et de Norman McLaren[3]. Puis lorsque le mouvement *Cobra* s'efface devant *Phases* et qu'on voit Breton faire une ouverture de ce côté, on retrouve au sommaire de *Phases* les noms de Léon Bellefleur, Marcelle Ferron, Fernand Leduc et Jean-Paul Riopelle aux côtés de celui de Roland Giguère. Une des expositions de *Phases* fait même partie intégrante de l'exposition surréaliste de New York (1961) à laquelle participe Giguère.

C'est le poète et graveur Roland Giguère, directeur des éditions Erta, qui paraît être, au Québec, le fil conducteur qui va des *Ateliers d'arts graphiques* à *Phases.* Il convient à ce propos, avant d'analyser l'influence des surréalistes-révolutionnaires au Québec, de citer un des récits que fit Giguère de cette époque:

> *Je me souviens des années '50 comme d'un moment d'effervescence extraordinaire, il y avait quelque chose de clandestin dans ces activités que menaient alors quelques groupes isolés. C'était, on le sait, la Grande Noirceur. Nous étions un peu comme des taupes qui creusions un tunnel vers la lumière,*

d'où probablement le ton dramatique — prémonitoire dit-on aujourd'hui — des poèmes que j'écrivais à cette époque («la main du bourreau finit toujours par pourrir»).

Un de nos hâvres était la Librairie Tranquille où avaient lieu expositions de peinture, lancements de livres et manifestes. Là se rencontraient les Automatistes, l'équipe de la revue Place publique *et le groupe des* Arts graphiques *dont je faisais partie étant étudiant à l'Institut (ces rencontres s'arrosaient du Caribou du meilleur cru).*

Malgré un désert envahissant, malgré un silence pesant, nous poursuivions nos activités — littéraires, artistiques et politiques — avec acharnement, comme si le monde en dépendait... Ces années furent pour nous, pour moi sûrement, déterminantes et très fertiles en oeuvres, amitiés et activités de toutes sortes. Malgré tout le côté échevelé, improvisé, pauvre, amateur, c'était je crois notre âge d'or; sans public, sans galeries, sans éditeurs, sans rien d'autre qu'une belle et jeune révolte, nous avions tout à faire et nous faisions tout[4].

Ce récit de Giguère est important pour comprendre l'unité du présent chapitre. Il souligne une certaine prolifération qui suit le manifeste des automatistes. Il souligne aussi que poètes et peintres de sa génération tendent à s'agréger à trois groupes (les automatistes, *Place publique* et les *Ateliers d'arts graphiques*) et d'autre part à oeuvrer dans une certaine clandestinité (particulièrement à la Librairie Tranquille où travaillent Jean-Paul Mousseau et Jean-Jules Richard et où ont lieu plusieurs vernissages).

Ayant consacré le chapitre précédent au groupe des automatistes, c'est donc maintenant aux groupes de *Place publique* et des *Ateliers d'arts graphiques* — comme les désigne Giguère — que nous consacrons les pages qui suivent.

A. Autour de «Prisme d'yeux»

La première exposition *Prisme d'yeux* eut lieu le 4 février 1948, à l'école de Lismer, près du Musée des beaux-arts de Montréal. Elle ne dura qu'un soir. On y distribua un court manifeste signé par onze artistes du groupe de Pellan (mais pas tous ses disciples): Louis Archambault, Léon Bellefleur, Jacques de Tonnancour, Albert Dumouchel, Gabriel Filion, Pierre Garneau, Arthur Gladu, Je Anonyme[5], Lucien Morin, Mimi Parent, Alfred Pellan, Jeanne Rhéaume, Goodridge Roberts, Roland Truchon, Gordon Weber.

Prisme d'yeux n'est pas un manifeste surréaliste; c'est la tentative de former un groupe d'art indépendant. Mais il faut remarquer que quatre de ses signataires se joindront plus tard à Breton: Jean Benoît et Mimi Parent, qui deviendront très tôt des intimes de Breton et figurent même dans la dernière édition du célèbre ouvrage de celui-ci, *Le Surréalisme et la peinture;* Léon Bellefleur et Albert Dumouchel, qui eux aussi se lieront d'amitié avec Breton après avoir fréquenté les surréalistes-révolutionnaires et collaboré à *Cobra* ou à *Phases*.

Le manifeste, rédigé par Jacques de Tonnancour et imprimé en placard, disait:

Prisme d'yeux ne s'organise pas contre un groupe ou un autre. Il s'ajoute à toute autre société qui cherche l'affirmation de l'art indépendant et n'exclut nullement le privilège d'appartenir aussi à ces groupes[6].

C'était ainsi protéger certains de ses signataires qui participaient alors à l'exposition de la Société d'art contemporain. C'était protéger surtout un d'entre les signataires, le Sagittaire Gabriel Filion, qui avouait son malaise devant *Refus global* et n'osait le signer sans pour autant vouloir abandonner Borduas[7].

Un des signataires de *Prisme d'yeux,* Lucien Morin, note qu'il se trouvait dans l'équipe «des artistes de valeur — des personnalités bien formées — trop formées, trop définies et trop diverses pour évoluer longtemps à l'intérieur d'un groupe. Le groupe fut de courte durée»[8].

Il souligne aussi qu'on semble de nos jours porté à monter le groupe en épingle[9], car la participation de chacun, comme la sienne, fut minime: «Comme tous les membres, assister aux assemblées (quatre ou cinq) et participer aux expositions (une ou deux). L'humour étant dominant, les assemblées finissaient souvent en une vaste blague»[10].

Mais, malgré les objections de Jacques de Tonnancour sur l'importance de son manifeste[11], Guy Robert a eu raison d'attirer l'attention sur ce regroupement autour de Pellan, fût-ce un regroupement occasionnel, et de montrer que dans une certaine mesure on y était hostile à Borduas. Là-dessus, Lucien Morin écrit ce jugement très révélateur:

Le groupe automatiste a été beaucoup plus important en tant que groupe non pas que ses membres aient eu une plus grande valeur individuellement — ni — qu'ils soient plus nombreux, mais à cause de la cohésion beaucoup plus grande de leurs rapports, qui étaient si étroits qu'à certains moments ses membres cohabitaient presque ensemble. Ils étaient très sectaires[12].

Sans doute dira-t-on de Pellan qu'il «avait participé à Paris au mouvement abstrait et surréaliste», qu'à Montréal «le Surréalisme allait triompher avec Pellan» et que ses tableaux «s'inspirent parfois de poèmes modernes, notamment des oeuvres surréalistes de Paul Éluard»[13]. Mais, au dire de Pellan lui-même, seule sa période de «jardins» (1958) doit quelque chose au surréalisme[14]; peut-être aussi une brève période de tachisme située vers 1956[15]. Ce qui veut dire que Pellan lui-même ne s'adonnera vraiment au surréalisme comme tel que dix ans après *Prisme d'yeux,* à la suite de Bellefleur, Benoît, Dumouchel, Giguère, Parent, qui étaient de son entourage.

Le manifeste *Prisme d'yeux,* distribué à l'exposition du 4 février à l'école de Lismer, avait été diffusé par la voie des journaux[16]. La seconde exposition, *Prisme d'yeux,* tenue chez Tranquille du 15 au 29 mai 1948, ne fut pas accompagnée de manifeste mais attira elle aussi l'attention des critiques[17]. Puis le groupe se retrouva aux *Ateliers d'arts graphiques.*

1. Les Ateliers d'arts graphiques

La seconde livraison des *Ateliers d'arts graphiques* (en 1949) fut surtout une entreprise des signataires de *Prisme d'yeux*. Pour renouveler l'expérience du numéro de 1947, on en avait projeté un pour le premier semestre de l'année scolaire de 1948-1949. Lors d'une réunion, on avait promis au groupe de Borduas qu'il aurait une section à part et qu'elle ne serait frappée d'aucune censure[18].

Mais, comme le raconte Dumouchel, directeur de la revue[19], on avait déjà beaucoup de difficultés à passer à travers une censure obligatoire du Ministère qui se montrait, par exemple, récalcitrante à la reproduction de nus[20]. Un texte des automatistes fut frappé par la censure de Québec et tous les automatistes retirèrent leurs envois. Ce qui retarda la publication jusqu'au 21 février 1949. «À partir de ce moment les ruptures se précipiteront», dit Borduas[21].

Le numéro de 1949 s'ouvrait sur une préface de Roger Duhamel qui était un éloge des signataires de *Prisme d'yeux* et une condamnation voilée de l'automatisme. En effet, Borduas avait cité plusieurs fois en exemple l'expérience de Protogènes de Rhodes rapportée par Pline l'Ancien et proposée comme modèle par Léonard de Vinci: celle du hasard objectif[22].

Or Duhamel avait déniché un propos du précieux Scudéry condamnant le hasard objectif. Prétendant que Valéry eût été d'accord avec lui dans cette condamnation, il écrit ces mots suaves:

> *Paul Valéry eût aimé cette réflexion que je cueille dans les propos anciens de Georges de Scudéry: «Je ne sais quelle espèce de louange les anciens croyaient donner à ce peintre qui, ne pouvant finir son ouvrage, l'acheva fortuitement en jetant son éponge contre son tableau, mais je sais qu'elle ne m'aurait pas obligé... Les opérations de l'esprit sont trop importantes pour en laisser la conduite au hasard, et j'aimerais presque mieux qu'on m'accusât d'avoir failli par connaissance que d'avoir bien fait sans y songer». Le présent cahier démontre que nous comptons des artistes et des artisans qui ne réclament pas de l'improvisation brillante et sans lendemain et veulent bien faire tout en y songeant profondément[23].*

Celui qui décrit ainsi l'automatisme et le dénonce comme «entreprise de mystification» et «improvisation brillante»[24] n'avait sans doute pas vu le cahier en détail, car les contributions surréalisantes en arts plastiques à ce numéro sont pourtant nombreuses, qu'il s'agisse de la «Femme à tête de galet» de Louis Archambault, du vitrail «Osiris» de Jean Benoît, de «Prélude au bosquet d'eau» de Claude Vermette, d'«Invention n° 1» de Suzanne Dumouchel ou des ouvrages d'automatisme mécanique d'Albert Dumouchel: «Le Miroir fumant», et «Les Iles nombreuses exulteront dans la joie».

Quant aux contributions littéraires, retenons surtout celles de Roland Giguère et de Gilles Hénault dont il sera question à propos des éditions Erta, après quelques renseignements sur les rapports de Jean Benoît, Mimi Parent, Albert Dumouchel et Léon Bellefleur avec le surréalisme.

Les critiques qui s'en étaient pris à l'automatisme ne manqueront pas de s'en prendre aussi à ces nouveaux surréalisants. Géraldine Bourbeau, par exemple, à propos de celui dont René Huyghe dira qu'il «frôle le surréalisme»[25], servira comme un reproche ce qui chez Huyghe n'est nullement péjoratif: «le surréalisme de M. Archambault (...) est vrai dans la mesure où il étale l'inconsciente bêtise de son auteur»[26]. Il faut dire que Bourbeau ne sera pas plus tendre pour les automatistes ni pour aucun des membres de *Prisme d'yeux;* elle déclarera de Roberts: «Composition mauvaise (...) et échevelée»[27]; de Dumouchel: «c'est mauvais et c'est bête»[28]; du manifeste: «J'ai lu et relu le manifeste de *Prisme d'yeux.* Je saisis difficilement un idéal pétri de contradictions et de refus»[29].

Pareille incompréhension (dont le moins qu'on puisse dire est qu'elle a la «bêtise» facile) n'a pas de quoi étonner. On la retrouve partout. Comme dans cette critique (?) qui commence par: «Je ne comprends pas grand'chose au cubisme, au fauvisme, au surréalisme, et à toute la liste des «ismes» en peinture. Je puis trouver pédant le nom de *Prisme d'yeux* et prétentieux (sic) la signature d'un Je Anonyme... et me tromper. Mais je sais reconnaître la bonne volonté»[30].

2. Jean Benoît et Mimi Parent

Jean Benoît est assez peu connu des Québécois, sauf dans les milieux spécialisés. Autrefois professeur à l'École des beaux-arts, on sait qu'il s'exila assez tôt en France. Il est un des trois seuls artistes d'origine québécoise à s'être mérité un chapitre dans la dernière édition du livre d'André Breton sur *Le Surréalisme et la peinture*[31], avec sa femme (Mimi Parent)[32] et Jean-Paul Riopelle. De plus, dans un autre chapitre *(Henri Rousseau sculpteur?),* Breton rappelle comment il a découvert grâce à Benoît la seule sculpture connue qu'on doive attribuer au célèbre peintre naïf[33].

Benoît, Parent, ainsi que Borduas et Riopelle, sont aussi les seuls surréalistes québécois que mentionne Jean-Louis Bédouin dans *Vingt ans de surréalisme*[34]. Et si René Passeron, dans *l'Histoire de la peinture surréaliste,* ne retient que Riopelle et Benoît[35], Alain Jouffroy, dans *Une Révolution du regard*[36] et Robert Bénayoun, dans *Érotique du surréalisme*[37], ne retiennent que Jean Benoît.

On sait peu de chose de Mimi Parent. Mais il va sans dire que la réputation de Jean Benoît n'est plus à faire. En 1968, il illustre des poèmes de Vincent Bounoure aux Éditions surréalistes[38]. En 1965, il participe à une importante exposition surréaliste à la Galerie l'Oeil[39]. La même année, Breton, interrogé par *Arts* sur les dix principaux peintres de moins de 50 ans, cite: Alechinsky, Baj, Benoît et sept autres[40].

L'importance acquise par Benoît lui vint d'abord d'une cérémonie rituelle qui lui fit une réputation de tous les diables et dont le récit par Jouffroy est repris par Bédouin:

> L'Exécution du testament du Marquis de Sade *eut lieu en privé chez Joyce Mansour (2 décembre 1959). En présence d'une centaine d'invités, poètes, peintres, écrivains, Jean Benoît, revêtu d'un costume-masque cérémoniel qu'il a réalisé en l'honneur de Sade, procéda à cette exécution (symbolique) dont il avait réglé les moindres détails et dont Alain Jouffroy a pu écrire que «cette manifestation n'a jamais eu son équivalent nulle part» et que le geste par quoi la conclut Benoît (se marquant lui-même à l'aide d'un fer aux lettres de Sade) constituait un défi, «défi aux conformismes, défi aux paresses, défi au sommeil, défi à toutes les formes d'inertie, dans la vie comme dans la pensée»*[41].

C'était avant l'ouverture de la VIIIᵉ Exposition inteRnatiOnale du Surréalisme, tenue en décembre 1959 à la Galerie Daniel Cordier et dont le thème était EROS. Citons une réflexion de Jean-Louis Bédouin, spécialiste des masques primitifs[42], qui rattache cette cérémonie rituelle à une tendance nouvelle du surréalisme, celle qui revalorise l'art primitif des Indiens d'Amérique redécouvert durant leur exil en Amérique par Artaud, Breton, Bounoure et Péret.

> *C'est surtout dans l'ordre du tableau-objet et de l'objet — au sens surréaliste du terme — que leur esprit d'invention se déploie avec le plus de liberté. L'objet, pour Jean Benoît, doit être le lieu géométrique de l'érotisme, de l'irrationnel poétique et de la subversion. Ces éléments culminent dans le costume-masque qu'il a conçu et exécuté en l'honneur de Sade et qui n'est pas sans évoquer ceux du Pacifique ou de la Colombie britannique*[43].

Passeron aura des éloges semblables, plaçant même Benoît à part de Marcel Duchamp:

> *La gravité religieuse et violente de l'érotique surréaliste reste aujourd'hui l'une des lignes durement persistantes du Mouvement, avec des poètes comme Joyce Mansour, Guy Cabanel, Octavio Paz, J.-P. Duprey. Les* Nana *de Niki de Saint-Phalle et les vêtements-objets du peintre canadien Jean Benoît, ses* costumes de nécrophile *(1964) intègrent le corps humain au cauchemar des objets. L'*Exécution du testament de Sade, *cérémonie mondaine au cours de laquelle Benoît s'est livré à un strip-tease solennel et auto-punitif fait apparaître bien innocents les objets de Man Ray et les* ready-made *de Duchamp — des oeuvres d'art!*[44]

On sait que la panoplie du cérémonial a été empalée sur les décors conçus par Duchamp pour l'Exposition qui allait ouvrir ses portes tout de suite après. On apprend qu'un signe de la réconciliation Matta-Breton fut que Matta se marqua lui aussi au chiffre de Sade dans sa chair, à l'imitation de Benoît[45].

3. Albert Dumouchel

Le directeur des *Ateliers d'arts graphiques* était Albert Dumouchel. Or, parlant du style de Dumouchel en général, Guy Viau dit qu'«il a d'abord été surréalisant»[46]. Le comparant à Pellan, Guy Robert prétend à son tour que le «courant surréaliste (...) a d'abord été exploité ici par Pellan et ensuite d'une façon plus ou moins abondante par Dumouchel»[47]. Qu'en est-il en réalité?

Il y eut un temps où Albert Dumouchel fut partisan de l'art fantastique, en 1947 et 1948, présentant au public des oiseaux de proie, des monstres, des bêtes aux membres démesurés,

ramenant au bord de la conscience tout le monde mystérieux qui grouille en chacun de nous, de fantômes furtifs, de monstres familiers. Ses personnages, si l'on peut dire, Dumouchel les rendait par des signes hiéroglyphiques qui trouvaient une résonance au fond de notre mémoire, réveillant un secret enfoui, un fond oublié de fantaisie et d'humour[48].

Il était, à l'époque, parmi les signataires de *Prisme d'yeux*. De plus, en 1949 et en 1950, il illustre deux recueils de poésie de Roland Giguère édités chez l'auteur et, en 1953, il illustre *Totems* de Gilles Hénault; il sera donc toujours très près aussi de la poésie surréalisante éditée chez Erta.

Dumouchel fournira à l'exposition surréaliste canadienne de 1964, organisée à London (Ontario) par Mrs. Paddy O'Brien[49], un *Martyre de Saint-Sébastien* fait d'ocre et de pierres couleur sépia où le sang déjà coulé ne dissimule pas entièrement les traits tirés de la figure, un travail sinistre intitulé *Remparts d'Avila* et des objets hétéroclites, *Petits jouets pour enfants*.

Dumouchel en était venu à faire partie du groupe *Cobra* après ces années 1947-48 où le surréalisme avait tant marqué son entourage. Du surréalisme d'alors, il dit, retenant surtout ses valeurs révolutionnaires:

C'est le mouvement le plus important, car la société d'après-guerre avait besoin de poésie, de retrouver les forces poétiques optimistes, constructives, qui étaient latentes en nous dans cette époque de brutalité. Nous avions besoin de savoir que nous étions plus que cela, nous voulions détruire tous les conformismes, c'était une époque de révolte contre tout ce qui était surfait, une volonté de se réaliser intégralement[50].

Il n'est pas étonnant que, devant ce programme ambitieux, Borduas ait accepté de collaborer aux cahiers dirigés par Dumouchel. Seules des interventions ministérielles écarteront, par leur censure, la collaboration des automatistes au dernier cahier.

4. Léon Bellefleur

Léon Bellefleur exécute son premier «cadavre exquis» en 1945 avec Rita Bellefleur, Jean Benoît et Mimi Parent, à Cap-à-l'Aigle (Charlevoix). En 1946, on note chez lui l'influence de Klee et de l'art naïf — dessins d'enfants. Il se lie d'amitié avec Gilles Hénault et participe à plusieurs soirées surréalistes — avec Albert Dumouchel, Jean Benoît et Jean Léonard —, soirées où l'on joue aux petits papiers et au «cadavre exquis»[51]. En 1947, il publie dans *Les Ateliers d'arts graphiques* un «Plaidoyer pour l'enfant» qui s'attarde aux valeurs de spontanéité des dessins d'enfant. Il signe *Prisme d'yeux* en février 1948 et participe à l'exposition *Prisme d'yeux* de mai.

Il fait en 1948 la connaissance de Roland Giguère, s'intéresse à Kandinsky, à Mirò, aux théories surréalistes du hasard objectif et de l'écriture automatique. En 1951, il participe à la deuxième Exposition internationale de *Cobra*, à Liège; il se rapproche des automatistes en 1952[52] et participe en 1955 à l'Exposition *Phases de l'art contemporain* à la Galerie Creuze, de Paris, avec ses compatriotes Dumouchel, Giguère, Riopelle, Leduc et Marcelle Ferron. Un peu le même itinéraire que chez Jean Thiercelin[53].

Dès 1950, Claude Gauvreau écrivait: «Jusque là, les aspirations de Bellefleur sont conditionnées par l'influence d'Albert Dumouchel, qui est présentement un automatiste mécanique intégral (...). Il s'y mêle, assez gauchement, des réminiscences de Klee et des souvenirs de dessins d'enfants»[54]. Ce qui suppose une certaine continuité de 1946 à 1950. Bellefleur précise lui-même quelles furent les influences qu'il a subies:

> *J'ai eu certaines difficultés à me dégager de l'influence de Paul Klee. J'ai également subi l'influence de Pellan et parfois même celle de Borduas. Le comportement de l'enfant et sa totale liberté, son exaltation aussi, dans sa façon de s'exprimer en dessin et en peinture m'ont beaucoup touché aussi et m'ont fait comprendre beaucoup de choses essentielles qui m'ont d'ailleurs servi dans ma propre démarche[55].*

Bellefleur, comme Giguère — et c'est Giguère qui le dit —, est influencé plus que d'autres par la poésie écrite. «Entre deux tableaux, il retourne à Nerval, Breton, Reverdy; il a besoin d'être enchanté par la couleur»[56]. C'est ainsi que Bellefleur illustre les poèmes de Martino, *Osmonde,* publiés par Giguère. De plus Bellefleur, Dumouchel, Giguère et sept de leurs amis profitent des éditions Erta pour donner chacun dix sérigraphies[57] et Bellefleur quinze dessins[58].

Dans sa préface à *Quinze dessins de Léon Bellefleur,* Hubbard affirme que «Léon Bellefleur est un surréaliste canadien»[59] et il analyse ses oeuvres dans ce sens. Sur ce sujet, le peintre donne quelques détails additionnels:

> *Ma pensée et mon tempérament me portaient davantage vers le Rêve, le «Hasard objectif», le surréalisme de Breton, sans pour autant adhérer au Mouvement, question de conserver farouchement ma liberté. Nous avons, ma femme et moi, côtoyé et même connu de bien près André Breton, de même que beaucoup de ses «disciples». Notre estime pour Breton et même notre dette envers lui sont très grandes. J'en ai pas moins poursuivi mon «Aventure» librement (...).*
> *Le Rêve, le Subconscient, les automatismes de toutes sortes — joints à beaucoup de présence (sans quoi tout peut devenir gratuit et mécanique).*
> *Donc le Surréalisme avec toutes ses données. Il faut ajouter à tout cela des préoccupations et des recherches psychiques (ce qui me distingue peut-être du Surréalisme proprement dit) toutes les symboliques, les mythes qui les révèlent, la Cabale, etc... Toutes ces choses constituent encore pour moi des supports de Voyance et j'ai tout canalisé à travers la peinture[60].*

Surréaliste donc, recourant à tous les automatismes plutôt qu'au seul automatisme non-figuratif du groupe de Borduas[61]. Bellefleur est catégorique quand on lui demande ce qu'est pour lui l'automatisme. Il est clair par sa réponse qu'il se rattache à la conception multiforme de Breton plus qu'à la conception exclusive de Borduas:

> *Un moyen d'investigation très libre qui peut prendre toutes sortes de formes. Mais l'automatisme pour moi ne reste qu'un moyen. Beaucoup d'autres préoccupations et même de moyens, par exemple: l'automagnétisme sont utilisés dans ma peinture. C'est pourquoi il est faux de me classer parmi les Peintres Automatistes[62].*

Car l'auto-magnétisme suppose un certain état de neutralité émotive, neutralité rejetée par Borduas mais admise par Breton — qui admettait également les «recherches psychiques» quoi qu'en pense Bellefleur; il n'y a qu'à se souvenir de «Rrose Sélavy».

B. Erta

Les Ateliers d'arts graphiques ont publié des textes littéraires de plusieurs écrivains, tels que Rémi-Paul Forgues, François Hertel, Émile-Charles Hamel. Parmi eux, on découvre Roland Giguère.

Giguère se signalera ensuite de façon particulière par sa collaboration à des revues surréalistes européennes et par la fondation d'une maison d'édition artisanale où il va reprendre la tradition de la publication de poèmes illustrés et de la collaboration peintres-poètes.

À l'occasion de cette reprise d'une tradition célèbre chez les surréalistes, nous étudierons les principaux poètes édités par Erta: Roland Giguère, Gilles Hénault, Claude Haeffely et Jean-Paul Martino[63].

1. Roland Giguère

Roland Giguère, en étudiant Claudel, met la main sur un ouvrage qui vient de paraître où Michel Carrouges présente Paul Éluard et Paul Claudel[64]. Carrouges n'est pas alors considéré par les surréalistes comme orthodoxe. Il ne le sera pas davantage avec son étude «Surréalisme et occultisme» parue dans les *Cahiers d'Hermès* en mars 1948. Il est même admonesté dans un manifeste de Breton, *À la niche les glapisseurs de Dieu,* le 14 juin 1948. Le premier contact de Roland Giguère avec le surréalisme se fit donc, avec Carrouges, par le côté hétérodoxe. Mais Giguère se mit immédiatement à la lecture de *Capitale de la douleur.*

Dans une thèse sur *Éluard et Giguère,* Françoise Chamblas divise en trois temps le rapport Éluard - Giguère. Nous ne retiendrons que les deux premiers. Dans un premier temps, qu'elle appelle «l'avant-poème», elle retrace certains traits communs (identité d'esprit, formules similaires, titres voisins, parenté de thèmes)[65] entre *Capitale de la douleur* d'Éluard et *Faire naître*, *Trois pas* et *Les Nuits abat-jour* de Giguère. Dans un second temps, elle analyse les oeuvres de Giguère qui s'échelonnent de *Midi perdu* jusqu'à *Le Défaut des ruines est d'avoir des habitants* (1950-1954) pour conclure que cette influence, encore perceptible dans des rapprochements de titres et de vers[66], tend à décliner:

> *La diversification des influences, le surréalisme grandissant dans l'oeuvre de Giguère, aident à comprendre la conquête progressive du projet personnel due à l'osmose de toutes ses connaissances. Ce surréalisme grandissant s'accompagne, au niveau thématique, d'une profonde interrogation sur les pouvoirs de la parole, où l'on voit également la poésie de Giguère prendre ses distances par rapport aux intentions de l'oeuvre d'Éluard[67].*

En réalité, il faut peut-être parler d'un déclin de l'influence de *Capitale de la douleur* au profit d'une nouvelle forme de surréalisme.

De fait, si on analyse les trois poèmes de Giguère parus dans *Les Ateliers d'arts graphiques* de février 1949, ce qui peut très bien frapper d'abord le lecteur, c'est la prise de conscience diffuse mais tragique du problème social québécois. Le dernier vers de chaque poème reproduit cependant chaque fois une réaction différente, allant de l'abandon à la résolution: «À quoi bon continuer»[68], «Attendons sans mourir»[69], «Rien n'est impossible»[70].

Alors que le premier poème dénote une certaine anxiété, le second projette un bonheur futur, une manière de grand soir et d'humanité régénérée:

> *Le temps clair reviendra*
> *Avec les hommes plus propres*
> *Les femmes plus rieuses*
> *Les enfants plus joueurs*
> *Le ciel plus large*
> *La terre plus ronde*
> *La mer plus douce[71].*

Le troisième est comme la synthèse des deux premiers (qui seraient la thèse d'une société corrompue et l'antithèse d'une révolution poétique); Giguère y confronte la société absurde où il vit et la société idéale qu'il veut contribuer à instaurer:

> *Pourtant*
>
> > *Cette lutte à parti-pris ne peut durer*
> > *L'homme à bout supplie la lumière*
> > *Les levers de soleil se font rares*
> > *Et l'on risque de crever*
> > *Dans une nuit sans réveil*
> > *Moulée par des fous*
>
> *Patience*
>
> > *Les jardins reviendront*
> > *Des fleurs nouvelles*
> > *Enfanteront des hommes nouveaux*

Hommes-sourire Hommes-jeunesse
Hommes-espérance[72].

Après avoir pris contact avec le surréalisme hétérodoxe par Carrouges[73], Roland Giguère entre en contact personnel avec d'autres membres du mouvement surréaliste-révolutionnaire. Il s'agit de deux jeunes intellectuels belges, MM. Lapeyre et Koenig. Lapeyre, architecte, est venu à Montréal grâce à une bourse de l'UNESCO comme professeur à l'École des beaux-arts (section architecture); Théodore Koenig, ingénieur chimiste spécialisé dans les cuirs, est venu exercer son métier dans les tanneries de Montréal. Or Koenig est un ami d'Alechinsky et il est le collaborateur officiel pour le Canada de la revue du mouvement *Cobra,* où se regroupent les surréalistes-révolutionnaires.

Le mouvement *Cobra* publie son premier numéro de revue en 1949. Dès ce premier numéro s'y retrouve la collaboration de Koenig. Et aussi, encarté, le «Cinémasurréalifeste», signé: «Le Groupe surréaliste-révolutionnaire, ses amis, ses voisins».

La même année, en 1949, Roland Giguère fonde Erta, où (avant son départ pour l'Europe, en 1955) paraissent successivement et à tirage limité ses recueils *Faire naître[74], Trois pas[75], Les Nuits abat-jour[76], Yeux fixes[77], Midi perdu[78], Images apprivoisées[79], Les Armes blanches[80].* Il fait de plus paraître des lithographies de Gérard Tremblay[81] et des dessins de Léon Bellefleur[82], des poèmes écrits avec Théodore Koenig[83] ou de Koenig seul[84], des poèmes de Gilles Hénault[85] et de Claude Haeffely[86].

De ses poèmes d'alors Giguère dira plus tard qu'ils étaient prémonition/propitiation. En quel sens? Autant se référer à ses propres explications:

> *L'âge de la parole — comme on dit l'âge du bronze — se situe, pour moi, dans ces années 1949-1960, au cours desquelles j'écrivais pour nommer, appeler, exorciser, ouvrir, mais appeler surtout. J'appelais. Et à force d'appeler, ce que l'on appelle finit par arriver (...).*
> *Entre-temps je quittai le Québec pour la France où je participai à de nombreuses activités tant littéraires que picturales avec le groupe Phases et le mouvement surréaliste. Je revins quelques années plus tard «en étrange pays dans mon pays lui-même» (Aragon) et je sentis bien vite qu'on y respirait plus à l'aise. Quelque chose, beaucoup de choses avaient changé (...). Ces poèmes, je me rendais compte qu'ils prenaient une résonance nouvelle, une dimension autre. Certains d'entre eux, écrits il y a huit ou dix ans, qui pouvaient alors passer pour des élucubrations, s'inséraient maintenant d'eux-mêmes dans leur réalité, dans la réalité. La prémonition est certainement un des pouvoirs de la poésie puisque le poète en somme n'est rien d'autre qu'un sismographe qui enregistre les tremblements d'être. Ou serait-ce le monde qui finit par ressembler à nos poèmes (...). Ce serait alors cette propitiation (...), autre attribut magique de la poésie[87].*

Il est vrai que l'automatisme en poésie ne peut faire autrement que de laisser surgir à la lumière un inconscient collectif en plus de révéler l'inconscient individuel[88]. De cette possibilité de création d'un mythe collectif Giguère sera devenu conscient à son retour de l'étranger. C'est sans doute ce qu'il faut entendre par la prémonition/propitiation de ses poèmes d'avant l'exil. Mais nous verrons que pareil vocabulaire en poétique attirera contre Giguère les mêmes blâmes que valut à Breton et ses disciples l'emploi des mots mythe, voyant et autres termes jugés idéalistes. Quand la revue *Cobra* change de nom pour celui de *Revue internationale de l'art expérimental* et indique son dégagement politique (sans cesser de porter le sous-titre de Cobra), Giguère continue sa collaboration. Bien plus, on y retrouve les noms de nouveaux adhérents canadiens: le graveur Albert Dumouchel et le cinéaste Norman McLaren[89].

En 1954, la plupart des membres du mouvement Cobra sont à Paris, prennent le nom de *Phases* et finissent par se rapprocher officiellement de Breton. Koenig et Giguère sont alors correspondants de *Phases,* le premier pour la Belgique et le second pour le Canada. De Montréal, Giguère fait paraître dans le premier numéro de *Phases* son poème de 1951, *Yeux fixes.* Il se rend ensuite à Paris et fait la maquette du numéro 2, en mars 1955[90]. De cette époque date l'étroite collaboration de Giguère avec le poète surréaliste-révolutionnaire Édouard Jaguer qui signe les textes de présentation de trois des expositions de Giguère à Paris[91].

Jamais, à Montréal, les automatistes n'avaient été d'accord avec les ouvertures de Koenig, de Giguère et de Hénault du côté du communisme stalinien. Parlant, par exemple, de Tzara, en 1950, Claude Gauvreau a des commentaires qui font connaître la teneur des propos de l'entourage de Borduas à propos du stalinisme:

> *Comme Aragon, Éluard, il (Tzara) s'est rallié au petit dogmatisme stalinien.*
> *Lui qui s'était montré toujours si intransigeant, lui que le procès Barrès trouvait encore trop anarchiste, lui qui refusa toujours de se rallier au surréalisme parce que le surréalisme était pour lui un pas en arrière sur Dada, lui qui se sentait trop pur même pour Breton, le voilà maintenant à la droite de Breton.*
> *Le voilà qui fait la popote avec tous les conasses: Claude Morgan, Aragon, Hervé, Martin-Chauffier, Cogniot, Roger Vailland, Jean Kanapa, et combien d'autres (...)!*
> *À un moment ou un autre, Aragon, Leiris, Chirico, Éluard, Desnos, Naville, Duits, Dali, ont tous trahi pour s'abriter sous la maternelle protection d'un absolutisme bêta.*
> *André Breton a d'autant plus de mérite de s'être maintenu incorruptible*[92].

C'est donc surtout dans la période *Cobra* que la poésie surréaliste de Giguère est influencée par le communisme. *Vivre mieux* était un rejet catégorique d'un monde déjà décrit comme absurde dans les poèmes des *Ateliers d'arts graphiques.* L'auteur dit quitter pour toujours «les routes jalonnées de feux morts»[93] et il évoque dans *Le Grand jour* ce qui est effectivement un Grand soir: «Vous entrez dans le noir du dernier soir»[94]. Il décrit ainsi le résultat de la révolution:

Plus tard la pitié des affamés
Plus tard le livre comme un oiseau blanc
Plus tard le culte des innocents
Beaucoup plus tard
Au moment de la grande clarté
Au moment de la grande éclipse[95].

Mais la révolte de Giguère fut essentiellement une révolte poétique. Il fait éclater plutôt les formes rigides de la pensée par des visions prophétiques présentées sous les formes d'une imagerie onirique. Comme dans ce poème — lui aussi des années 1949-1950 — qui tient en trois lignes:

Il vécut vingt ans avec une paille dans l'oeil
Puis un jour il se coucha
Et devint un vaste champ de blé[96].

Avec Giguère, la révolution s'intériorise, mais s'exprime avec les images sanglantes des révolutions politiques:

L'oeil rivé aux petites explosions
Qui secouent les galeries
Je me souviens avoir déposé des mines un peu partout
À l'intérieur[97].

On sent pourtant chez l'auteur une certaine lassitude devant l'inutilité des révoltes ouvertes, comme dans ce poème de 1951 qui explique peut-être la tendance de plus en plus grande, chez les surréalistes-révolutionnaires, à délaisser le surréalisme-révolutionnaire pour un surréalisme intégral:

Tant de veines éclatées
Tant de coups reçus
Tant de regards lancés
Tant de lames brisées
Tant de larmes
Tant de pas
Tant de paroles
Tant de coeur
Pour un si petit jour[98].

Au temps du surréalisme-révolutionnaire, Giguère ne tirait qu'à armes blanches. Il était avant tout un peintre, un peintre cependant pour qui «le paysage était à refaire»[99], un peintre-poète engagé dans la libération de la parole et de la peinture. Or c'est l'intériorisation de la révolte qui produisit précisément un rapprochement avec l'écriture automatique et, quand il décrit sa conception de l'automatisme, c'est à la célèbre comparaison de Breton qu'il se réfère:

Le poème m'est donné par un mot, une phrase «qui cogne à la vitre».
Un mot appelle l'autre, la plante croît, pousse ses ramifications, se développe
de feuille en feuille, de vers en vers. Le poème s'épanouit selon un élan, un
rythme naturel qu'il porte en lui dès le premier mot lâché. La préméditation
en poésie m'a toujours parue (sic) suspecte car je crois beaucoup plus ici à un
déclic, à une poussée soudaine qu'à une réflexion. La réflexion est en marge
du poème[100].

Il n'est pas étonnant, avec une telle poétique, de retrouver chez l'auteur des images si fréquentes chez les surréalistes, comme par exemple celle de la rose qui leur est chère[101] :

> *Un jour de rose ovaire*
> *Quand le vent ne siffle plus sur l'atoll*
> *Et qu'au centre de la géode*
> *Repose le nèfle (...)*
> *Une dernière voile passe qui conjure le retour*
> *Mais le geste meurt au sortir du coeur*
> *Et la vue s'enlise dans son mirage*
> *L'image ultime et sa transparence*
> *Visage lilial de l'avalanche*
> *Au corselet des libellules*
> *Resplendit la rose occulte[102].*

Giguère fera la connaissance de Breton et de ses amis et apprendra par l'expérience intime à quel point le «pape» est moins exclusif que ne le sont certaines personnes de son entourage. C'est l'influence personnelle de Breton, rappelle Giguère[103], qui obligera les surréalistes à faire une ouverture du côté de *Phases*, permettant ainsi l'adhésion d'Alechinsky[104], de Bellefleur et de Giguère au surréalisme «orthodoxe».

Le numéro de *Phases* dont Giguère fit la maquette comportait, encarté, le catalogue de l'exposition *Phases de l'art contemporain* tenue à la Galerie Creuze de Paris. On relève à cette exposition les noms des Québécois Bellefleur, Dumouchel, Giguère, Leduc, Riopelle[105] et Marcelle Ferron (qui ne figure pas au catalogue)[106]. Giguère est de presque tous les numéros qui suivent avec «L'Échelle humaine»[107], «La Main du bourreau finit toujours par pourrir»[108], une lithographie[109] et «Devant le fatal»[110].

Entre-temps, il participe à plusieurs revues d'avant-garde, comme *Place publique[111]* à Montréal, *Phantomas[112]* à Bruxelles (sous la direction de Théodor Koenig), *Temps mêlés[113]* à Verviers, *Boa[114]* à Buenos Aires, *Edda[115]* à Bruxelles (équivalent de *Phases)* et *Documento Sud[116]* à Milan.

La participation de Giguère à *Phases* fait connaître ses oeuvres au Japon en 1958, à Milan et à New York en 1961. À New York, l'exposition de *Phases* est intégrée dans l'Exposition internationale du surréalisme organisée par Breton. Giguère participe à cette exposition conjointe.

Dans les poèmes qu'il édite plus tard, Roland Giguère ne démord pas de sa révolte et crée un personnage, Miror, dont la peinture est à elle seule une révolution :

> *Miror eut soudain le goût de partir. Il écrivit sur les pierres du mur —*
> *en quelques lettres blanches comme jadis au tableau noir de l'école — les*
> *noms des pays et des villes qu'il voulait visiter, puis il descella quelques*
> *pierres et passa son corps par la brèche. De l'autre côté c'était le vide ou son*
> *équivalent : un passé anémique et nuageux... Miror se retira, reposa les pierres*
> *et se remit à écrire dessus, cette fois pas seulement des noms de pays et de*
> *villes mais aussi des dessins fouillés dont les détails étaient poussés à l'infini*

(...). Il passa des mois à dessiner ainsi les endroits où il eût aimé vivre et il oublia le mur[117].

Ce texte ne parut qu'en 1957, mais il date des années 1950-1951.

Il fut édité dans un recueil au titre sinistre, *Le Défaut des ruines est d'avoir des habitants* — recueil qui fit dire à René Char: «vous êtes armé»[118] et à Micheline Sainte-Marie: «Il a dompté les monstres, il possède de façon absolue l'arme de la conquête: le Verbe poétique le sert»[119].

Encore en 1966, Giguère se sert de l'image révolutionnaire du «Black power», qu'on peut associer à celle des nègres blancs, dans un recueil où le titre joue sur une dimension à la fois sociale et plastique: *Pouvoir du noir.* On pourrait y voir les mots et les dessins de Miror:

Il fait noir en nous comme il neige au jardin
il fait sombre et nous n'y voyons plus rien
sinon le tamanoir noir lové au creux de la nuit

le volcan hurle à la terre ses coulées de lave fumante
qui formeront plus tard les tortueux chemins
où l'on se perd la plume à la main (...)

Votre univers disions-nous est inflammable
et vos saisons inhabitables
il est vrai que nous étions au plus noir de nous-mêmes
le clair pourtant était à prévoir (...)

tout était dans les lignes
noir sur blanc au tableau d'ardoise[120].

On a souvent souligné et parfois blâmé les aspects «nocturnes» de la poésie de Giguère. Philippe Haeck, par exemple, condamne certains traits «idéalistes» de *Pouvoir du noir,* reprochant à un poème les épithètes «grands», «nobles» et «majestueux» ou à un autre poème le recours à l'image de la seiche parce que sa défense est passive!

C'est encore l'art refuge, l'art n'est pas une machine de guerre mais un mollusque qui se défend en laissant échapper une encre noire afin de brouiller les pistes: il n'est pas facile de mettre la main sur un poète surréaliste, la main du bourreau ne peut faire que des gestes dans le vide, dans le noir (...).
Le «poète», reconnaissant qu'il n'a pas les instruments pour transformer le monde se retire à l'écart en répétant pour lui seul les anciennes incantations, en plongeant dans la nuit poétique, dans l'ennui poétique, et le voilà amener à son tour, après d'autres qu'il a lus étant jeune: Rimbaud, Baudelaire, Nerval, Lautréamont..., à répéter pour quelques âmes d'élite le tour du poète maudit[121].

Réservons pour plus tard la question épineuse de l'idéalisme des surréalistes en rapport, surtout, avec la construction automatiste d'un mythe collectif. Tout est à savoir s'il faut choisir *entre* changer le monde et changer la vie. Giguère, disciple et ami de Jaguer, n'est pas le meilleur exemple d'un surréalisme non-aligné. Chez lui plus que chez tout autre au Québec le surréalisme a oscillé entre «éviter de (...) dévier sur le plan apolitique, où il perdrait tout son sens historique, ou s'engager exclusivement sur le plan politique, où il ne réussirait qu'à faire pléonasme»[122]. Mais il n'y a aucun doute qu'une partie de l'inspiration de Giguère l'apparente à Nerval et à Lautréamont. Bellefleur l'a d'ailleurs souligné:

> *Cette oeuvre est (...) profondément dramatique, et les sensations qu'elle provoque sont de l'ordre du «soleil noir» de Gérard de Nerval. Elle est une quête continue par la voie nocturne et subconsciente. Une toile, ou une lithographie de Giguère, et je pense ici aux plus représentatives, a une présence particulière qui rappelle souvent celle d'un masque noir et ce n'est pas par coïncidence que Giguère est en même temps un amateur et un collectionneur éclairé d'oeuvres primitives d'Afrique et d'Océanie. C'est toujours quelque chose de grave, de dramatique qui se passe dans ses tableaux. Et ce drame mystérieux se déroule alors sur une scène ou dans un espace souvent inquiétants. C'est aussi un artiste visionnaire et l'exemple le meilleur que je puis apporter de cette intuition particulière et de ce don, est ce «Portrait de Lautréamont»[123], malheureusement trop peu connu[124].*

C'est dans le sens ici indiqué par Bellefleur que le critique François-M. Gagnon a étudié chez Giguère «une triple valorisation de symboles négatifs: le soleil noir, le piège et l'oiseau de malheur»[125]. Les illustrations ne sont-elles pas, de fait, une façon pour Miror d'apprivoiser la vie et de la refaire?

En somme, le surréalisme apparaît très tôt chez Giguère. Si tôt, que François Ricard peut dire, à propos de *Liminaires,* un des plus anciens textes de Giguère:

> *Dès le début, dans* Liminaires, *le poète affirme son attention de ce qu'il nomme le «total», forme de vie entièrement renouvelée, rédimée par la parole, et qui se dresse comme un phare à l'horizon de sa pensée et de son désir: «Chaque mot dit par un homme vivant devenait un immense flambeau dans nos mains réunies. Tout s'additionnait, et, penchés sur nos calculs, les vaisseaux du coeur ouverts, nous attendions le total»[126]. Cette espérance, conçue dès l'origine, inspirera toute la poursuite ultérieure, semblable en cela à cette «surréalité» dont Breton, dans le* Second manifeste, *s'assignait pour idéal de préparer sans relâche la lointaine épiphanie[127].*

Le surréalisme de Giguère dure encore. Ce qui ne sera pas sans accentuer la distance qui sépare le groupe de *Prisme d'yeux* et d'Erta du groupe des automatistes, principalement de Claude Gauvreau:

> *«Breton est mort, dit Giguère. Le mouvement surréaliste est dissous. Mais l'esprit surréaliste souffle encore». Je respecte cette foi de Giguère, je reconnais et sais moi-même que le surréalisme est éternel comme le romantisme est éternel, mais je suis persuadé que l'égrégore surréaliste, c'est-à-dire le rassemblement collectif en fusion étrangère à tout épars et à tout aléatoire, n'existe pas plus désormais que l'égrégore romantique[128].*

Mais Gauvreau complète son jugement par un hommage enviable, même s'il tend à placer son oeuvre à lui comme plus adaptée aux temps qui ont changé:

> *S'il est vrai que la poésie non-figurative est à l'avant-garde en 1970, elle n'aurait jamais pu voir le jour sans le surréalisme, par conséquent, sans Giguère qui est du surréalisme. Il n'est pas excessif de soutenir avec fermeté*

que toute la poésie vivante du Québec découle avec une libéralité sans faille de celle de Roland Giguère[129].

Il importe, à ce propos, de se pencher sur les oeuvres nées dans l'entourage de Giguère, particulièrement sur celles qu'il a éditées.

2. Gilles Hénault

Gilles Hénault a fréquenté à peu près tous les groupes littéraires et artistiques de son temps, de *La Nouvelle Relève* jusqu'à *L'Hexagone.* C'est pourquoi il a fallu aborder l'oeuvre de Gilles Hénault en deux parties. Celle qui précède *Refus global* et dont il a été question antérieurement. Celle qu'on retrouve dans *Les Ateliers d'arts graphiques* et les éditions Erta que nous abordons maintenant.

Quand les éditions Erta font paraître *Totems,* le 15 décembre 1953, Hénault est à Sudbury où il fait de l'action syndicale chez les mineurs. Trois des poèmes du recueil avaient paru dans le troisième cahier des *Ateliers d'arts graphiques* sous un titre commun: *Le Temps des illusions.*

On remarque que les poèmes écrits par Hénault à cette époque n'ont plus le caractère d'une recherche gratuite et automatiste. Ils marquent une évolution vers le surréalisme-révolutionnaire. Il n'est désormais question que de «révolte»[130], et de «pain de tous les jours»[131]; l'art libre, l'art non-engagé, est balancé par-dessus bord, comme le tarot qui le symbolise: «l'Arlequin faisait faux bond dans le ciel vide»[132]. Hénault évoque, dans «le Jour du jugement», les procès de Nuremberg[133], et dans «Cablogramme», les guerilleros de Sarajevo[134] chantés par Éluard. Dans «Bordeaux-sur-Bagne», c'est Montréal qui devient un champ d'action pour la guérilla:

> *Et l'homme international surgi du miroir ardent*
> *du prolétaire soudé à la terre, au marteau, à la mine (...)*
> *Il faut que la révolte soit le pain*
> *de tous les emmurés de Bordeaux-sur-Bagne*
> *de tous les éculés du devoir quotidien[135].*

Ce poème, paru avec des coupures (et sans figurer au sommaire) dans *Place publique* d'août 1951, ne sera révélé en version intégrale qu'en 1970. L'invitation à dévorer le loup risquait de paraître trop séditieuse!

Dans chacun des nouveaux poèmes du recueil on voit paraître l'image du totem. Comme dans «Petite genèse apocryphe» qui raconte la lente libération de l'homme aux prises avec la barbarie:

> *L'homme a quitté la nuit de la préhistoire*
> *L'âge de pierre et des cloportes*
> *À l'entrée de la caverne*
> *Il a planté le totem de son destin[136].*

Le totem devient le symbole d'une tradition, d'une civilisation nouvelle, où s'entassent l'une sur l'autre les acquisitions de l'intelligence

recouvrée. Dans «Avec le feu, avec le vin», l'évocation est plus hermétique: le totem est rattaché à son sens originel d'arbre généalogique
(traduisant la succession des animaux gardiens de la tribu):

> *L'arbre à présence t'a faite mûre*
> *Plus que les raisons du désir.*
> *Je remonte les siècles comme un grand totem*
> *Les lumières ne sont plus que symboles*
> *Le sphinx lit les télégraphies des sourires.*
>
> *L'homme prend racine dans le terreau*
> *Qui transforme les pavots en opium[137].*

Symbole d'un homme nouveau planté en terre nouvelle, en «Inde
occidentale», le totem appelle l'interprétation hiéroglyphique réclamée
par Breton. Il ne fait pas de doute, en effet, que Hénault a tenté à sa
manière de recourir à ce type amérindien du mythe primitif[138]. Et c'est le
sens de l'apparentement que Hénault établit dans «Je te salue», qui commence par une évocation de la civilisation amérindienne et souligne les
torts causés par les blancs aux rouges et les bienfaits apportés par les
rouges aux blancs:

> *Peaux-Rouges*
> *Peuplades disparues*
> *dans la conflagration de l'eau-de-feu et des tuberculoses*
> *Traquées par la pâleur de la mort et des Visages-Pâles*
> *Emportant vos rêves de mânes et de manitou*
> *Vos rêves éclatés au feu des arquebuses*
> *Vous nous avez légué vos espoirs totémiques*
> *Et notre ciel a maintenant la couleur*
> *des fumées de vos calumets de paix[139].*

On comprend ainsi le sens de la prière qui termine le poème. Ce n'est
pas la civilisation chrétienne qui a converti les Indiens. C'est la civilisation
indigène qui indique l'orientation que doit prendre l'égrégore nouveau,
tel que le préconisait l'Exposition internationale du surréalisme de 1947:

> *Je te salue la vie pleine de grâces*
> *le semeur est avec toi*
> *tu es bénie par toutes les femmes*
> *et l'enfant fou de sa trouvaille*
> *te tient dans sa main*
> *comme le caillou multicolore de la réalité[140].*

Sans doute, il ne s'agit plus ici d'automatisme. Mais par le recours
au mythe primitif, *Totems* se rattache (de façon plus ou moins consciente)
au surréalisme. Il est d'ailleurs important de noter que ce recueil est le
premier de la collection de la «Tête Armée», où paraîtra aussi *Sur fil
métamorphose* de Claude Gauvreau avec illustrations de Jean-Paul
Mousseau.

Il en va bien autrement du recueil suivant: *Sémaphore* suivi de *Voyage
au pays de mémoire.* Le *Voyage* reprend des images inspirées de l'expérience

de Hénault près des mines de nickel de Sudbury, avec le même esprit de révolution sociale:

> *Les cheminées, les fumées masquaient un soleil de nickel, un rêve de naissante lune ou de mourante planète (...).*
>
> *Quel coup de grisou projettera soudain à ciel ouvert ses membres arthritiques, ses fossiles incrustés dans les strates crayeuses, ses filons disjoints et la lente poussée aveugle de ses galeries labyrintheuses! As-tu déjà respiré la poussière délétère des souvenirs pulvérisés? As-tu déjà marché dans l'antre de la vie close en te cognant aux parois rugueuses d'un futur de pierre? As-tu poussé des chariots vides, tout au long de tes jours souterrains? As-tu cherché au fond d'un puits la teneur en métal d'un minerai qui ressemblait étrangement à ton âme?[141]*

Désormais, ce qui doit exploser, comme par un coup de grisou, c'est le labyrinthe, c'est le terrier où sont tapis mineurs, ouvriers et paysans dont l'âme et les paysages n'ont pas place au soleil. D'où le sens donné au *Voyage* dans le même poème:

> *Si je voyage, c'est dans la profondeur des mots retenus[142].*

Celui qui avait osé jadis prendre la défense des «révolutionnaires de la toile» dans le journal du Parti croit plus que jamais à la supériorité d'une désarticulation de la rhétorique sur la réarticulation politique:

> *La parole articulée sèche à mesure qu'elle étend ses rameaux. Trop d'arabesques nous trompent sur le sens caché des mots, trop de fleurs de rhétorique tressent des couronnes artificielles aux plus dévêtus sentiments.*
>
> *Il me faut la parole nue.*
>
> *Il me faut des mots comme des balles et des cris purs qui transpercent. La poésie cherche à bercer l'âme, alors qu'elle devrait pétrir les choses, faire entendre au-dessus des cacophonies religieuses, philosophiques, morales et politiques le cri nu de l'homme[143].*

On comprend alors l'admiration de Gilles Hénault pour Éluard auquel il consacre un poème, Éluard dont la poésie offre

> *Mains monts et merveilles*
> *Miracle des yeux mariés au monde*
> *Et fertiles en promesses de bonheur[144].*

Faut-il parler de surréalisme? Au sens d'une révolution figurative, peut-être, comme dans ces mots:

> *Geysers de paroles bouillantes surgis aux frontières des scléroses, rendez au verbe impavide l'originel pouvoir de corroder, d'éroder, de décortiquer la réalité, au lieu de la recouvrir d'une limoneuse apparence[145].*

Mais on ne peut parler d'«automatisme psychique pur» qu'au sens général où l'entendait Breton plutôt qu'au sens d'abstraction non figurative où l'entend Borduas. Dans le poème suivant, par exemple, ne retrouve-t-on pas les grands thèmes et la démarche toute de contrastes propre aux surréalistes?

Les pas de ceux qui passent dans les miroirs
Les pas se perdent aux limites des rencontres
Et seul demeure le reflet d'un homme repris par la vague
Par la foule vague.
Le soleil brille un moment sur le réseau des regards
— Le désir tisse sa toile —
La femme s'échappe vers le couloir des songes
L'interdit brille en néon saccadé
La porte se referme
Automatique
La porte se referme
Automate[146].

3. Claude Haeffely

Claude Haeffely est arrivé au Québec en avril 1953. Il apportait avec lui une expérience nouvelle. À Paris, alors qu'il n'avait pas vingt ans, il avait fait l'expérience d'une édition artisanale, les éditions Rouge Maille, et il se montra vite intéressé par Erta, les éditions artisanales de Giguère. D'autant plus qu'à Rouge Maille il y avait eu Jean Cathelin.

Cathelin avait fait profiter Rouge Maille d'une profonde connaissance du surréalisme. Son père, le psychiatre Émile Malespine, avait dirigé de 1922 à 1928 la revue *Manomètre* qui publiait les oeuvres de Soupault, Tzara, Péret[147].

Haeffely apporte aux éditions Erta une vision toute nouvelle du surréalisme et une collaboration efficace à l'édition artistique.

On a réédité *Notre joie,* recueil de poèmes paru chez Rouge Maille avec ceux qui ont paru chez Erta. Images de jeune révolte, de jazz, d'érotisme où l'automatisme est celui du cri:

Le geste est né
avec le cri
fuyant le long des fleuves
le JOUR
la NUIT
fuyant au-delà des montagnes
et des plaines
le cri cherchant
sa résonance[148].

Mais on trouve aussi, dans *Notre joie,* un automatisme inspiré du jazz, avec modulations sur un dessin cubiste:

une soirée unique
un nègre poilu chante
un dessin de Braque:
c'est un désordre jaloux
c'est une pluie patiente
et des corps aux ailes blondes
c'est un homme mort de froid
c'est un fuseau noir et blanc
qui se balance dans le vent
c'est une femme exquise[149].

On retrouve surtout dans les poèmes de Rouge Maille l'automatisme des projections du désir, particulièrement celles du désir érotique. Comme ces vers de *Sorcellerie:*

> *Robinson seul évidemment*
> *comme un tube de pâte dentifrice*
> *éjectait des lignes roses (...)*
> *à Paris dans les cafés*
> *et parfois sur les lèvres des femmes*
> *pour les rendre plus accessibles.*
> *Robinson seul évidemment...* [150]

Les poèmes que Claude Haeffely publie chez Erta ne sont pas sans rappeler ceux de Roland Giguère parce qu'en plus des mêmes intérêts artistiques ils ont souvent vécu les mêmes expériences au Québec. Car il fut un temps où lui, Giguère, Bellefleur et Gérard Tremblay se rencontraient tous les soirs. Haeffely se rappelle en particulier une aventure qui le rapprochera des préoccupations de Giguère: un soir, lui, Giguère et son épouse furent chassés successivement de trois cafés de la rue Sainte-Catherine pour la seule raison qu'ils parlaient français plutôt qu'anglais. Haeffely réagira violemment et à la manière de Giguère devant cette crise sociale qu'il vit avec lui. Son oeuvre sera une oeuvre engagée, révolutionnaire. Elle sera profondément marquée par le conflit social des Canadiens d'expression française:

> *Le désert où pas un mot ne pousse*
> *la blancheur de ce monde mort*
> *et moi-même surpris de pourrir*
> *sans élever la voix* [151].

Ce n'est pas pour rien qu'un poème s'intitule «Shoe Shine», d'après le cri des cireurs de bottes dans la nuit lumineuse de la rue Sainte-Catherine. La rue de Montréal est devenue soudain barbelée comme autrefois celles de Paris ou Berlin ou Londres:

> *nuit-fumée nuit des lilas-rafales et des seins-pendentifs*
> *nuit trop cuite de nos villes barbeléennes (...)*
> *souviens-toi dans tes rêves déjà*
> *mes rétines abritaient un nid de guêpes et d'ironie* [152].

Dans les errances nocturnes du «Chat perché» on voit encore pointer la même révolte que chez Giguère. Sauf qu'elle se double d'images d'occupation qui se sont gravées sur la rétine du jeune Français:

> *Les hommes armés de nuages*
> *Les hommes armés de sang de pavés*
> *quelquefois la ville s'éclaire à ses plaines de sable*
> *aux étoiles de mer de ses baies*
> *en face de chez nous il y a l'air libre*
> *et des restes de forêt calmes.*
> *Vivre pour l'amour du ciel et des nuages...*
> *mais voilà il y a la guerre*

> *que l'on fabrique la guerre*
> *à penser à détester jusqu'à la fin[153].*

Les recueils suivants reprennent sous toutes sortes de modulations les mêmes images. Comme celle du bloc de matière brute qui se refuse au polissage d'une civilisation refusée par les surréalistes. Haeffely, écrivait jadis, dans *Notre joie:*

> *je n'étais d'abord*
> *qu'un grand BLOC décoloré[154].*

Il donne encore, dans *Le Sommeil et la neige,* de ces images de poète-sculpteur:

> *La survivance s'accomplit quand les sens*
> *ne retiennent plus qu'un intraduisible*
> *bloc minéral (...)*
> *C'est le cri du plâtre attaqué au couteau ou*
> *la plainte du prisonnier ou la matière*
> *délaissée d'une couteuse liberté (...)*
> *Je creusais la chaux vive des falaises pour*
> *regagner les postes[155].*

C'est le désir érotique qui semble seul avoir raison enfin de ce bloc de granit dans *Des nus et des pierres.* Ce désir qui est toute spontanéité et mine le roc:

> *c'est une femme,*
> *seins et napalm*
> *le feu crépite sous la pierre*
> *milliers de pierres égarées*
> *toute la tendresse de la chair*
> *contre les cruautés du granit[156].*

Alors, sous l'obéissance au désir, surgissent des poèmes de peintre et de sculpteur, poèmes souvent inspirés des automatismes figuratifs de la musique noire, parfois parfaitement abstraits:

> *Je pense (...) à ceux qui peignent des*
> *heures et des heures sans espoir. Je me*
> *souviens de ceux qui sculptent l'illustre*
> *cortège (...).*

> *Enav traorln éclair maje noce tremeur (...)*
> *Je parle seul. Simples exercices de percussion (...)*
> *Dans l'attente du rythme donné par les*
> *tambours, nous ne percevons que l'écho des*
> *tam-tams libérateurs[157].*

Mais c'est vraiment dans *Rouge de nuit* que le surréalisme de Claude Haeffely atteint une certaine pureté. On y retrouve la femme de pierre, la femme aux seins-pendentifs[158] sculptée par le désir:

> *Tous les dimanches, la statue me donne*
> *un susucre. Si je fais le beau, les deux*
> *pattes sous le menton, j'ai droit à un petit*

sourire ambigu. J'affirme alors qu'elle
est toute nue sous la pierre (...)
Fulvie en marbre rose
trop longtemps désirée et servie nue
en lignes brisées ondulantes[159].

Surtout, en plus de vers «exploréens»[160] à la manière de Claude Gauvreau, Claude Haeffely révèle le caractère automatiste — généralement figuratif — de sa poésie, qui se veut de plus en plus au service d'une révolution du langage:

J'écris aujourd'hui en fouillant
au plus rouge de mon instinct
afin de retrouver à travers les étroites
fissures du temps cette lumière
venue d'ailleurs au moment où
l'amour s'abîme (...)
Un cri peuple nos rêves
quelques mots éclatés circulent ou
s'échangent sous les terres betonnées
le silence règne
mort amplifiée par miroirs automatiques[161].

4. Jean-Paul Martino

Il serait excessif de parler de surréalisme à propos d'Alain Horic[162], de Françoise Bujold[163], de Gabriel Charpentier[164] ou de Jean-René Major[165], bien qu'ils figurent au catalogue des éditions Erta. Mais il faut mentionner Jean-Paul Martino.

Comme pour les oeuvres de Gauvreau, on a parlé de l'«occultation» des poèmes de Martino[166]. Son oeuvre ne figure dans aucune anthologie, dans aucun manuel d'avant 1969. *Osmonde* fut édité par Roland Giguère[167]. Martino y révèle son art d'écrire: «Les onomatopées rugueuses battent mes tempes», dit-il, et il parlera plus loin de «libération effervescente et translucide exploration (...)», «Je suis un vase d'airain rempli de chansons folles»[168].

Osmonde est poésie de la démence dans le sillage du surréalisme d'Artaud. Le poète consacre à Artaud des vers enthousiastes (où l'on trouve le symbole de la prison osseuse fréquent chez Horic à la même époque) qui rappellent en un sens le dépaysement d'Artaud:

Quelle était cette voix à ma fenêtre la nuit de mes vingt ans
C'était toi ANTONIN
C'était toi ARTAUD
Dès cet instant mon esprit a fleuri à travers sa prison osseuse
Comme des taches de soleil sur la neige sombre (...)
Les visions m'habitent
Aléatoire pour la raison trempée (...)
Ha Ha Ha Ha
Oh avant de te quitter ARTAUD je dois te dire
Oui ANTONIN elle m'a quitté

> *Évidemment*
> *Mais ça me fait du bien de savoir que tu sais*
> *On se comprend si bien*
> *C'est ça au 21 entre SCORPION et SAGITTAIRE[169].*

La parenté de Martino avec Gauvreau apparaît surtout dans le recueil paru chez Quartz. On sait que Martino avait lu les manuscrits de Gauvreau. On sait aussi que l'éditeur de Quartz, Klaus-Spiecker, participa à l'exposition «La Matière chante» qu'organisa Gauvreau. Le poème «Que d'émiettements de rêves dans le casse-noisette» de Martino, par exemple, paru chez Quartz, est d'une révolte plus violente encore que celle d'*Osmonde* et dite dans des formules qui rappellent l'image transfigurante (collages) de Gauvreau. Après un récit d'enfance coloniale, le poète y crie un chant heurté:

> *Adolescents manchots l'oeil klaxon solitude*
> *immense qu'étions-nous jeunes d'espace*
> *l'esprit inondé par une soif profonde*
> *entourés de soifs aveugles clatissant d'entité*
> *le dos à la margelle de l'énigme*
> *Cette soif intérieure intérieure*
> *striant le schiste des fronts taris*
> *La race estropiée titubant vomissant*
> *son flanc ouvert*
> *dans la périphérie d'une lampe hiératique*
> *se noyant dans sa sève.*
> *Nous étions adolescents l'oeil klaxon*
> *d'impeccables anges de granit*
> *marchant sur la nuit vers l'enchère luciférienne[170].*

La révolte profonde s'exerce contre le langage; les noms deviennent verbes, comme dans le langage exploréen de Gauvreau:

> *Mes dimanches m'agitent à l'orée longue de*
> *ma faim*
> *Je rustique des souvenirs et les affilent*
> *en crocs de serres*
> *Je les fais mordre à la solive qui justifie*
> *le plancher du haut*
> *Je colonnade un drôle de délire laqué de*
> *gingembre[171].*

Celui en effet, qui écrit: «je refuge sur la roue les songes dans des cornets»[172], celui surtout qui dit: «Ozeau soniature moge bel»[173], est un habitué des arcanes de Claude Gauvreau.

Erta paraît avoir joué un rôle de premier plan dans la vie du surréalisme au Québec, mais un rôle longtemps parallèle à celui qu'auront joué les automatistes. *Cobra* et *Phases* avec Giguère, *Rouge Maille* et *Manomètre* avec Haeffely, sont des points d'attache (peut-être un peu ténus comparativement au *Refus global* des automatistes) mais ils permettent à certains artistes et écrivains de se lier, de se rallier tout de même.

Nous verrons maintenant comment les efforts disséminés d'Erta et des automatistes finiront par se conjuguer autour d'une série de manifestations, principalement celles qui furent dirigées par Claude Gauvreau et par Roussil quand Pellan et Borduas quittèrent le Québec. Il en sera de même en Europe pour les efforts de *Cobra* et de *Phases* qui finiront par se conjuguer à ceux des surréalistes fidèles à Breton avec la collaboration des Québécois.

C. Les Manifestations des années 50

À partir de la fin de 1949, les efforts de regroupement se multiplient autour de publications, de spectacles et d'expositions.

Les tentatives de collaboration du dernier numéro des *Ateliers d'arts graphiques* (février 1949) s'étaient soldées par le désistement des automatistes. Toutefois, la participation des peintres aux éditions Erta, fondées en 1949, sera une lente mais féconde production.

Sur le plan des travaux de groupe, le travail du musicien Pierre Mercure avec les automatistes avait amené de belles réussites: un spectacle avec chorégraphie de Françoise Sullivan sur un poème de Thérèse Renaud (avril 1948); un autre, *Les Deux arts* (danse et théâtre, mai 1949), avec chorégraphie de Françoise Sullivan et costumes de Mousseau. Mais le projet d'opéra de Mercure sur livret de Gauvreau, *Le Vampire et la nymphomane* (novembre 1949), n'aboutira jamais. Le même mois, pourtant, ce sera la réussite du ballet *Le Combat* de Françoise Sullivan au Théâtre des Compagnons (novembre 1949).

Viennent régulièrement, chaque année, les expositions communes où tantôt l'un, tantôt l'autre se récuse pour des raisons de principes qui vont parfois jusqu'à la polémique. Mais les divergences tendent à s'aplanir peu à peu, au fur et à mesure que se succèdent les expositions: *Les Rebelles* (1950), *Étapes du vivant* (1951), *The Borduas Group* (1952), *Place des artistes* (1953), et *La Matière chante* (1954). C'est surtout avec *Place des artistes,* qui fait suite au départ de Borduas, que s'opère le rapprochement des irréductibles.

À la même époque paraissent trois numéros d'une revue, *Place publique,* qui, de février 1951 à mars 1953, font aussi leur part pour consolider les efforts avant-gardistes qui sont loin de s'orienter toujours dans le même sens. Il n'y a qu'à feuilleter le dernier numéro des *Ateliers d'arts graphiques* (1949) et le dernier numéro de *Place publique* (1952) pour constater la précarité en même temps que la nécessité de ce regroupement. C'est à la même période, nous l'avons dit, que *Phases* et les Surréalistes opèreront eux aussi le même genre de rapprochement (1954).

1. Le Vampire et la nymphomane

En 1949, les automatistes montréalais ont été bien près d'avoir leur opéra, avec musique de Pierre Mercure sur livret de Claude Gauvreau. Mais *Le Petit journal* a tout gâté en annonçant, dans «la Vie montréalaise»: «Deux chiens dans un opéra automatiste», avec photos de guenons la bouche ouverte et de bergers allemands au piano.

Mercure connaissait Claude Gauvreau depuis sa Rhétorique, année où ils furent adversaires à un concours oratoire inter-collégial. En 1946 (Mercure n'avait que 18 ans), Wilfrid Pelletier l'avait engagé comme bassoniste de l'Orchestre symphonique de Montréal. L'année suivante, il avait composé *Alice au pays des merveilles*. En 1948, il avait écrit la musique d'un ballet, *Pantomime* et en 1949, *Kaléidoscope*[174]. Il partait cette année-là pour l'Europe. Avant de partir, il demanda à Gauvreau un texte automatiste sur lequel il écrirait une musique.

On devine ce qu'aurait été cette musique par la description que fit Mercure de ses recherches à Paris:

> *La musique concrète, tout comme la musique aléatoire, me plaisait énormément. Gabriel Charpentier et moi-même avons passé des heures et des heures à faire des expériences de compositions fortuites et d'improvisations. Par exemple, nous écrivions chacun la moitié d'une composition pour deux pianos dont nous connaissions vaguement la forme et la durée. Chacun écrivait seul. Puis nous nous rencontrions le jour suivant pour jouer cette musique ensemble; les effets fantastiques de notre expérience nous excitaient beaucoup*[175].

Mercure fréquentait Borduas, Mousseau, les Riopelle, Marcelle Ferron, Mc Ewen, Charpentier[176]. «Tu verras comme le hasard peut préparer de belles choses», disait-il à ce dernier[177]. Il fut donc tout naturellement approché pour signer le *Refus global,* ce qu'il refusa[178] pour des raisons personnelles qui ne l'empêchèrent pas de réclamer un livret à son ami Gauvreau. Mais Pierre Saint-Germain, qui s'était procuré le livret, le rendit si ridicule (par exemple en mettant bout à bout les expressions les plus cocasses)[179] que Gauvreau lui fit parvenir une sommation de se rétracter[180]. Saint-Germain publia, forcément, la mise au point de Gauvreau[181]. Mais, le 11 décembre 1949, paraissait une lettre signée par Mercure lui-même, et qui n'était pas tendre:

> *Pareille ridiculisation de Claude Gauvreau et de moi-même ne pouvait rester sans réponse (...).*
> *Il m'importe peu que le texte de Gauvreau: Le Vampire et la Nymphomane, soit tourné au ridicule par un rédacteur qui a semblé vouloir négliger la force parfois renversante de sa prose, au profit de l'aspect plus risible de son vocabulaire. Ce texte d'ailleurs ne répond pas au désir que je lui ai exprimé en mai dernier, de me fournir une oeuvre susceptible d'être mise en musique.*
> *Il m'importe cependant de faire savoir que je n'ai jamais fait partie du groupe automatiste, et que si j'ai parfois prêté volontiers mon concours en*

tant que musicien à quelques-uns de leurs spectacles, je suis en désaccord complet avec plusieurs de leurs croyances.
D'ailleurs, la faillite complète du surréalisme à Paris me semble assez symptomatique de la destinée de ses produits et sous-produits.
Ce texte demandé à Gauvreau, je le voulais abstrait, court, et, connaissant l'originalité de son vocabulaire, comptais me permettre une petite expérience dans le domaine lyrique analogue au Pierrot lunaire *de Schoënberg[182].*

Claude Gauvreau, qui savait les réticences de Mercure, apprenait ainsi, par la voie des journaux, sa décision finale. La réponse de Gauvreau parut la semaine suivante, très longue, reprenant par le menu les démarches entreprises, pour se terminer sur un violent acte de foi au surréalisme:

Le surréalisme est mort? Qui l'a tué en le dépassant? S'il fallait admettre que certains hommes surréalistes d'Europe donnent des signes de fatigue après un effort de (...) connaissance qui durent depuis près de vingt-cinq ans, en quoi ces états individuels compromettraient-ils le grand mouvement collectif — impersonnel et universel — chaque jour progressif, *qui a ouvert une fenêtre inespérée et irremplaçable sur une plaine inconnue encore à explorer dans sa presque totalité (...)?*
Rien n'est éternel, mais, de grâce, n'enterrons pas prématurément les seuls vivants qui nous restent dans cette civilisation en ruines!
Il est notable également que ces enterrements gratuits et pseudo-libérateurs du surréalisme s'exercent toujours au profit d'un retour *régressif à des phases de pensée révolue et fort antérieure au surréalisme (le* Pierrot lunaire *d'Arnold Schoënberg que Mercure aurait voulu recomposer date de 1923, avant même la naissance du mouvement collectif surréaliste)[183].*

Cette lettre étant signée «Claude Gauvreau, signataire du *Refus global*», Leduc écrivit d'Europe à Borduas pour protester contre l'usage qu'on en faisait du manifeste; mais Borduas aurait admis que «le manifeste était pour chacun selon les besoins de chacun»[184]. Notons, pour notre propos, qu'en parlant, dans sa lettre, du «surréalisme (...) dans ses filiations diverses», Gauvreau souligne plus clairement que jamais que l'automatisme est pour lui dans la filiation du surréalisme.

En 1955, Mercure fait jouer *Dissidence,* pour piano et soprano, sur trois poèmes de Gabriel Charpentier; l'année suivante, on présente de lui *Cantate pour une joie,* sept poèmes de Charpentier édités par Roland Giguère, chez Erta. Mercure avait enfin son *Pierrot lunaire:*

hélas je ne suis
je ne suis qu'en désirance
et me retrouve clown
ou pierrot sans lune (...)

pierrot noir arlequin jaune
à la guitare danse sur tapis blanc
comme visage de pierrot noir
sur tapis rouge aux manches larges
remplies de vent tête penchée

> *sur des yeux tristes un sourire*
> *au-dessus d'un tréteau l'entrechat d'*
> *arlequin voleur à la guitare*
> *de la danseuse suspendue sans titre*
> *clavecin clochette sèche et dure*
> *comme rue la nuit où pierrot*
> *traîne sa manche noire échappe*
> *la guitare d'arlequin le jaune[185].*

Ce poème était plutôt cubiste, et les reproches de Gauvreau à propos du retard que signifierait la reprise d'un *Pierrot* étaient fondés. Éclatement de formes, éclatement de couleurs, éclatement de sons, c'étaient là des préoccupations cubistes. Le troisième poème de *Cantate pour une joie* était cependant dans l'esprit du surréalisme-révolutionnaire:

> *Ils ont détruit la ville (...)*
>
> *cris et rires gutturaux bottés de cuir*
> *les rues vieilles les vieilles maisons, les vieilles*
> *pierre par pierre rats et souris à l'eau les*
> *hommes pauvres et les femmes enceintes*
> *dans l'eau grise les pierres grises et la fumée*
> *vous verrez bien*
> *un enfant qui pleure son chien mort à côté*
> *de lui[186].*

Plus tard, *Tétrachromie* sera inspirée d'une oeuvre de Borduas, et on se plaît, chez les biographes de Mercure, à souligner l'influence de Borduas sur lui. Il est vrai que Mercure conserva son admiration pour Borduas et son amitié pour plusieurs automatistes.

2. Les Expositions

Les Rebelles

Au Salon du Printemps de 1950, on avait refusé des toiles de Jean-Paul Mousseau et de Marcelle Ferron. Mousseau avait alors décidé d'organiser un Salon des refusés que Claude Gauvreau intitula *Les Rebelles[187]*; cette exposition s'accompagna d'un manifeste:

> *Nous sommes le refus du baisage de cons et des hémorroïdes. Nous sommes le refus de masturber l'arrivisme.*
> *Jurys bôzardifiques, jurys-contrefaçons, baignez seuls en vos flasques de diarrhée! Nous refusons et nous refuserons de nous contaminer en vos parages[188].*

Parmi les automatistes, il n'y a guère que Pierre Gauvreau et Jean-Paul Riopelle qui soient dissidents, par suite d'une mésentente. On ne retrouve cependant pas que des automatistes aux *Rebelles*. On retrouve Robert Roussil (avec «La Famille», dans un coin, le mâle ayant le dos pudiquement tourné à la foule) et des amis de Roussil. On retrouve de plus Patterson Ewen et Maciej Babinski[189].

La réaction des critiques, celle de Boulanger en particulier, ne se fait pas attendre. Les dénonciations pleuvent de gauche et de droite; comme le dit cette lettre écrite au lendemain de l'exposition:

> *Comme d'habitude, on nous accuse d'avoir été trop intransigeants et de ne pas l'avoir été assez, de mener une action trop dictatoriale et excluante et de ne pas avoir été assez fermes et catégoriques...*
>
> *Vous qui avez lu l'histoire du surréalisme ne vous étonnerez pas de pareil état de chose. Même, le contraire serait davantage inquiétant (...).*
>
> *Nous sommes depuis longtemps convaincus que tout acte posé vers une fin immédiate, vers une intention déterminée consciemment, est un acte mort-né. De tels actes ne nous intéressent guère. Nous sommes convaincus également que les conséquences valables sont totalement imprévisibles — et nous sommes tellement convaincus de l'imprévisibilité de ces conséquences que sur les conséquences non plus nous ne maintenons aucune attention.*
>
> *Sans but ni conséquence organisée, quels sont donc les mobiles de nos actes? C'est comme toujours — sur n'importe quel plan — le désir[190].*

Cette exposition resta célèbre dans les annales de la culture québécoise, au point d'être souvent considérée, après *Prisme d'yeux* et *Refus global,* à cause de son manifeste «anti-bôzardifique», comme le troisième acte d'une libération. Et c'est vrai, compte tenu que le scandale causé précédemment par «la Famille» était un peu dû au hasard (le musée étant fermé, il avait fallu que «la Famille» couchât dehors) et que cette sculpture était officiellement exposée aux Rebelles, participant à la même manifestation.

Certains automatistes refusèrent cependant de reconnaître l'Exposition des Rebelles qui, en un sens, était le premier indice de la dissolution du groupe (Borduas refusera son concours aux *Étapes du vivant*) et de la montée de forces nouvelles.

> *L'Exposition des Rebelles n'était pas une exposition automatiste — que pouvions-nous exiger des autres participants sinon une adhésion théorique au texte de l'invitation et au texte de la proclamation? Nous reproche-t-on d'avoir manqué de brutalité autoritaire? Évidemment, on nous le reproche; et ceux qui nous le reprochent sont précisément ceux qui, en d'autres circonstances, nous accusent d'être d'intolérables dictateurs.*
>
> *Il n'y a pas de manuels «du bon automatiste». Les tenants de la discipline automatiste font ce qu'ils peuvent, suivant la lucidité et les exigences de leur conscience, sans restriction mentale et sans préoccupation de casuistique (...).*
>
> *Chez une minorité automatiste, il y eut longtemps cette manie de censurer le comportement individuel des autres (...). Cette manie, je l'appelle le «complexe de Calvin» (...).*
>
> *Demandez-vous, mon cher ami, où en sont rendus les purissimes puristes qui censurèrent Breton en signant «Un Cadavre»? (...)*
>
> *Pour éviter toute équivoque, je vous spécifierai que le complexe de Calvin était florissant autour du maigre noyau Riopelle (...).*
>
> *Ma polémique, avec Le Petit journal, a été fortement blâmée, en certains milieux[191].*

Il faut tenir compte pour évaluer ce récit et ses attaques contre Riopelle et ses amis, du fait que cette lettre a été écrite sous le coup de la colère: car d'une part Borduas défend Claude Gauvreau contre les attaques de Leduc à propos du *Petit journal* et d'autre part Pierre Gauvreau et Riopelle participeront, eux, à l'Exposition des *Étapes du vivant*[192].

Les Étapes du vivant

En mai 1951, une exposition collective, «les Étapes du vivant», organisée par Claude Gauvreau, Lefebvre et Mousseau, voulait «faire voir comment l'évolution plastique s'était produite, de la nature au figuratif à l'automatisme»[193]. On accepta des collaborateurs qui n'étaient pas tous des automatistes. Riopelle et Pierre Gauvreau acceptèrent donc d'y participer, mais non Borduas. Borduas songeait déjà, semble-t-il, à quitter Montréal pour les États-Unis, si on en juge par sa réaction devant les deux toiles que Riopelle avait fait parvenir de Paris: «c'est fini ça!»[194]. Car on sait par Marcelle Ferron que Borduas avait tendance alors à abandonner l'abstraction lyrique.

Cette exposition, organisée dans un quartier populaire, rue Ontario, laissa voir que l'avant-garde était plus accessible au peuple qu'on ne le croyait.

The Borduas Group

Quelques jours après la mort de Muriel Guilbault, en 1952, eut lieu, du 26 janvier au 13 février, l'exposition «The Borduas Group», à la Galerie XII du Musée des beaux-arts. Borduas, voulant sans doute détourner l'attention de Gauvreau, hanté par la mort de Muriel Guilbault, lui demanda de l'aider à organiser cette exposition: «J'accompagnai Borduas chez chaque peintre et, en cette période tragique pour moi, ce fut une expérience consolante de voir le maître à l'oeuvre. Il allait toujours vers le plus fin, le singulier, le rare»[195]. Ce souvenir l'habitera longtemps. Au point qu'il voudra renouveler l'expérience en 1954, à l'exposition «La Matière chante», demandant à Borduas de faire ce choix critique en public.

Le groupe s'enrichissait de nouvelles recrues, remplaçant les disciples partis en France et les dissidents. Il y eut donc Babinski, Borduas, Hans, Barbeau, Heckers, Marcelle Ferron, Jean-Paul Filion, Pierre Gauvreau, Madeleine Morin, Mousseau, Serge Phoenix, Gérard Tremblay[196]. On aura noté le retour de Pierre Gauvreau qui fut dissident aux Rebelles, et la présence de Gérard Tremblay, dont les éditions Erta venaient de publier trois fois les oeuvres, en 1951: dans *Horizons, Midi perdu* et *Yeux fixes*. Quant à Jean-Paul Filion, on le retrouve à l'Hexagone. Au printemps de 1953, Marcelle Ferron quitte le Québec pour Paris.

Place des artistes

L'exposition *Place des artistes,* en mai 1953, fut organisée par Roussil (en face de chez Tranquille) et si on y trouvait plusieurs automatistes, c'était parce que le principe de la cimaise permettait à tout artiste intéressé de louer un espace. Il y eut quatre-vingt-deux exposants, dont Barbeau, Borduas, Marcelle Ferron, Giguère, Hénault (poème-affiche), Leduc, Letendre, Matte, McEwen, Molinari, Mousseau... Les contributions de Borduas et de Hénault, entre autres, furent faites en leur absence; le premier était aux États-Unis depuis avril, le second à Sudbury. Cette exposition fut l'occasion d'une longue polémique socialiste. Roussil, qui y exposait «La Paix», annonçait qu'il voulait la couler dans l'aluminium et l'envoyer à Mao[197]. On y organisa même une manifestation pour la paix que des artistes considérèrent comme du «stalinisme de la plus pure obédience»[198]. Pris par surprise, Marcel Barbeau et des amis dont on connaît les idées anti-staliniennes firent parvenir de Québec à Montréal un manifeste protestataire dont Roussil refusa l'affichage[199]. Il parut dans *Samedi-dimanche,* en première page, par les soins de Claude Gauvreau[200]. La semaine suivante, riposte de Roussil dans le même journal, avec un entrefilet de Gauvreau qui tentait de servir d'arbitre entre Barbeau et Roussil.

La Matière chante

Refus global était-il dépassé? Après *Place des artistes,* on pouvait le croire. Pourtant, en 1954, Claude Gauvreau avait tenté de consolider le mouvement lancé par Borduas:

> *Il fallait tenter un dernier effort pour sauver l'égrégore automatiste et pour cela je ne voyais qu'un seul homme: Borduas. Le grand peintre n'avait quitté le Québec que depuis peu de temps et déjà les jeunes ne le connaissaient que de réputation. Plusieurs m'avaient confié leur curiosité d'assister à la critique réputée de Borduas[201].*

Borduas accepta. Mais il faut noter deux choses. En premier lieu, que l'automatisme, pour lui, était déjà du passé. En deuxième lieu, que Borduas offrait de la résistance, dénonçant ce «*show* où je serais le clown»[202] quand il apprit que Gauvreau prévoyait une sélection publique.

Le comportement de Borduas à l'exposition *La Matière chante* est décrit par Gauvreau lui-même comme un comportement de transition: «j'avais rédigé une série de règlements à l'exposition qui devaient servir en même temps d'invitation aux participants éventuels. Borduas réécrivit presque entièrement ce texte. Tout imprégné par l'ambiance «expressionniste abstraite» du New York d'alors, Borduas voulait mettre l'accent sur «l'accident» qui indique le degré exact du «Chant de la matière»[203]. La pensée de Borduas avait évolué au contact de Pollock.

L'exposition eut lieu du 20 avril au 4 mai, à la galerie Antoine. Parmi les nouveaux venus à l'automatisme, notons Klaus-Spiecker qui fondera quelques années plus tard les éditions Quartz.

Sur l'exposition, un critique comme Paul Gladu se montra passablement ironique, surtout à propos de la séance de sélection:

> *Je répéterai une partie du règlement de l'exposition qui dit: «Seront reconnus cosmiques et éligibles tous les objets conçus et exécutés directement et simultanément sous le signe de l'*Accident *(de l'accident qui donne la note exacte du chant de la matière. Travaux habituellement qualifiés, au Canada, d'«automatiste» ou de «surrationnel» et un peu partout ailleurs, d'«abstraction expressionniste». En dehors de ces étiquettes, un peu de flair est requis pour savoir si oui ou non c'est cosmique et éligible; si oui ou non ça chante le chaos ou l'harmonie universelle) (...)»*
>
> *En moi, je songeais à la polémique récente — au sujet du Salon du Printemps, au Musée des Beaux-Arts — qui s'est déroulée dans le journal* L'Autorité *et qui a mis aux prises Gauvreau et le directeur du musée, M. John Steegman (...).*
>
> *Je dis tout haut, à ma compagne étonnée, «que les manifestations du genre de la Place des Artistes, de la librairie Tranquille et celle-ci, comportent un élément de révolte et d'excentricité tout à fait admirable et nécessaire*[204].

Vers la fin de l'année, Borduas écrivit à Gauvreau: «Ici, comme je vous l'ai dit, Pollock, Kline et dix autres jeunes peintres sont au-delà du surréalisme. Bien entendu, dans le sens historique le plus rigoureux. Rien à voir avec Mondrian, bien sûr!»[205]. Et un poète et critique québécois, Gérald Robitaille, secrétaire et traducteur d'Henry Miller, le considère désormais comme «un des meilleurs disciples de Pollock»[206]. Guy Viau chercha à rétablir ces perspectives en disant de l'automatisme surrationnel (que *la Matière chante* tentait de faire perdurer): «ce mode d'automatisme n'avait pas été pratiqué par les peintres surréalistes européens et (...) il est né à Montréal et à New York (l'*Action painting,* de Jackson Pollock), à peu près en même temps et sans que les peintres canadiens et américains se fussent concertés»[207].

Gauvreau avait trop bien senti que Borduas s'était détaché de ses travaux de Montréal et le lui reprocha, s'attirant ainsi une explication très nette. À Paris, Borduas jugeait son séjour à New York comme une étape où le besoin de conscience *succède* à l'automatisme mécanique:

> *Vous me prêtez une drôle d'attitude à New York. Comme si j'avais eu quelque pouvoir et sur le langage par-dessus le marché. Non! À ce moment-là, à la suite des longues discussions de la «Table ronde», le terme d'automatisme avait été remplacé par celui d'«abstraction baroque». Désir, sans doute, d'indiquer le besoin de conscience qui succéda à l'automatisme mécanique. Je n'y étais pour rien! Il ne m'appartient pas d'y changer quoi que ce soit. Cela semble l'évidence même. Je faisais et montrais mes peintures aux amis et à la critique. Ils la qualifiaient pour se comprendre entre eux: rien de plus simple et de plus normal.*
>
> *Ici Mathieu et ses amis emploient le terme d'«abstraction lyrique» plus joli. Vous me voyez entrer en guerre pour ou contre ça? La barbe!... Je me fiche autant de celui-ci que de l'autre plus rude. Mais je parle pour être compris.*

> *D'ailleurs ma peinture file vers un autre monde plus* impersonnel,
> *plus général*[208].

Fini donc le surréalisme, fini l'automatisme surrationnel, finie même l'abstraction lyrique. Borduas déclare à Charles Delloye: «Les véritables disciples de Mondrian, ce ne sont pas les néo-plasticiens actuels. Ce sont Rothko, Newman, Kline, Clifford, Still et moi»[209]. On peut juger de la tête que devaient faire les néo-plasticiens de Montréal de se retrouver ainsi sur les mêmes rangs que Borduas, eux qu'on croyait différents et totalement séparés de lui:

> *Leur grand mérite fut de réagir contre la peinture molle et facile des disciples de Borduas. Les notions de construction et de discipline avaient tout à fait déserté cet art à recettes où l'*Accident *était monté sur un piédestal, et où la présence d'une volonté était considérée comme une honte*[210].

On ne pouvait mieux viser *la Matière chante*. Claude Gauvreau avait répondu par une lettre virulente, lettre refusée par *Le Petit journal* et publiée dans *Situations,* la revue des néo-plasticiens de Montréal. Certains passages sont un brillant résumé des principales écoles contemporaines parentes de l'automatisme:

> *Trois courants de pensée analogues naquirent simultanément en trois centres distincts: l'automatisme, l'expressionnisme abstrait, le tachisme. En 1946, deux disciples de Borduas, Riopelle et Barbeau, allèrent au-delà de leur maître et précédèrent Jackson Pollock sur sa propre voie et devancèrent de quelques années Willem DeKooning. Certes, à Paris, Nicolas de Staël mit au monde une forme d'expression assez semblable à celle du Borduas pré-new-yorkais et un peu avant lui, mais la forme de Riopelle et Barbeau fut plus libre et plus vigoureuse que celle de de Staël. Ces analogies eurent lieu indépendamment et sans influences réciproques; elles s'expliquent par la logique de l'évolution qui entendait comme inéluctable cette phase après l'abstractivisme et le surréalisme. Ce n'est qu'à New York, grâce au choc du contact de Pollock et DeKooning et Kline, que Borduas lui-même put rejoindre ces gens-là pour ensuite les dépasser; mais ce qu'il prit à New York, il aurait pu le recevoir quelques années plus tôt de certains de ses propres disciples*[211].

Gauvreau peut dire avec raison de Borduas qu'il «n'a jamais ressemblé ni à Mondrian, ni à Kline»[212]. On pourrait dire paradoxalement le contraire: il leur a si parfaitement ressemblé en étant, comme eux, parfaitement lui-même, qu'il fut tout à fait semblable et tout à fait différent. Quand Claude Jasmin, parlant de Riopelle[213], dit que le surréalisme est dépassé par l'art géométrique et le pop art, et même quand Pellan dit: «I don't believe in *automatism* as a doctrine, although its practice has many possibilities»[214], il n'est pas sûr que Borduas ne leur aurait pas donné raison, dans la mesure où il considérait à New York que Pollock avait dépassé le surréalisme et à Paris qu'il était lui-même en train de dépasser Pollock... allant bien au-delà de l'abstraction de Mondrian. Les forces jugées divergentes de Borduas et de Pellan, celles aussi des automatistes et des néo-plasticiens[215], ont donc tendance à se conjuguer désormais.

D. Trois francs-tireurs

D'autres personnages des lettres québécoises sont parfois évoqués à propos des automatistes ou à propos des surréalistes-révolutionnaires. Il a semblé nécessaire de regrouper ici trois d'entre eux dans le but surtout de clarifier la nature de l'influence qu'ils ont pu exercer ou subir en rapport avec le surréalisme. Il s'agit de Jean-Jules Richard, de Jacques Ferron et d'André Pouliot, visiteurs assidus des ateliers et arrière-boutiques où se tiennent les automatistes, les gens des *Ateliers d'arts graphiques* et de *Place publique*.

Nous parlerons d'abord de Richard, dont l'amitié pour Tranquille et pour Hamel remonte aux temps de la polémique du journal *Le Jour*. Nous aborderons ensuite la revue qu'il dirigea et qui fut éditée par Tranquille, pour ensuite étudier l'oeuvre de Ferron et celle de Pouliot que Ferron a fait connaître.

1. Jean-Jules Richard

Jean-Jules Richard est connu pour avoir été un de nos premiers écrivains engagés. Il est même possible que le plus ancien des écrivains socialistes et en même temps le premier des romanciers modernes au Québec soit précisément Jean-Jules Richard.

Richard (qui est né à Saint-Raphaël de Bellechasse en 1913, qui a quitté son village natal à 14 ans et écrit, la même année, son premier roman) est un fameux personnage. Pendant la crise économique, il loue ses services pour des corvées d'abattage en Abitibi et s'inscrit à une école privée d'Ottawa. Devenu «hobo» en 1932, il parcourt clandestinement en train de fret le Québec et l'Ontario. Pendant le court ministère de Bennett, il participe à la marche de la faim sur Ottawa, conduisant dans la capitale une délégation du Québec[216]; on le considéra alors comme un communiste parce qu'il était partisan des mesures sociales du New Deal[217].

Il avait vingt ans. Après chaque aventure, il transposait ses observations sous forme romanesque, s'efforçant de recourir à une esthétique qui soit neuve. Malheureusement, en partant pour la guerre, il détruisit tout ce qui lui restait de manuscrits. Ce n'est qu'au retour, en 1946, qu'il écrivit *Neuf jours de haine* paru en 1948. Ce roman, soumis à un concours en 1947, fut disqualifié et les Éditions de l'Arbre, dit-il, hésitèrent à le publier à cause de certaines libertés du texte.

Dans le roman, un militaire, Sade, est peintre. Une de ses toiles prendra, pour un soldat du peloton, une signification interprétative essentiellement surréalisante:

> *Il compose un dessin fantaisiste.*
> *Des rayons enchevêtrés dans des filaments de cuir. Des boules de lumière*

à moitié voilées par des ombres. Tandis qu'une aile diaprée essaye de s'évader d'un bec fourchu attaché lui-même à des boulets. Sade présente le dessin à Manier.

C'est l'image surréaliste de son caractère de provincial québécois (...). L'état d'esprit de Manier exploité par toutes sortes de profiteurs. Manier devient sérieux. Les boules de lumière, c'est sa boule de cristal. Comment Sade a-t-il deviné ce que Manier cachait? La boule de cristal de son rêve, personne ne sait qu'elle existe. C'est quand même sa pensée. Sa cervelle telle qu'il la voit dans le calme. Telle qu'il la veut, surtout, limpide, chaleureuse (...).

Le scotch d'ailleurs lui illumine et lui voile l'esprit. Des jeux de lumière et des reflets, du surréalisme[218].

Certaines descriptions de la conscience troublée (Frisé qui voit son frère Paul vaporisé par un obus) ou de la conscience en évanouissement (Manier mourant) atteignent vraiment chez Richard l'état surréel. Comme, par exemple, ces paroles que Paul, pulvérisé par une bombe, adresse en se volatilisant à son frère saisi de terreur:

Pourtant je vois. Mieux qu'avec mes yeux. Je suis possédé d'une lucidité plus pure. Je perçois au lieu d'entendre. Je discerne au lieu de voir. Je comprends au lieu de ressentir. C'est drôle.

Ça me rappelle ce livre sur le spiritisme (...). On y parlait d'élucubration d'esprit après la mort apparente. Je distingue sans effort mon état. Je suis dégagé de la matière[219].

La mort de Manier est traitée semblablement, un peu comme Malraux nous décrit la pensée de Tchen ou de Kyo mourants[220]. Mais les images perçues par Manier sont précisément les boules et les lueurs du tableau surréaliste que Sade avait fait de son esprit. Cette perte de conscience est d'abord perte de raison, transition surrationnelle avant la grande noirceur:

Heureusement Jean ne contrôle pas son raisonnement. Tout juste une lueur dans sa cervelle. Sa boule de cristal roule derrière un nuage de sang. Les pic-bois maintenant becquètent sa boule de cristal. Ils piquent le verre. Ce sont des pic-verres. Le Larousse a raison. Les pic-verres ont le bec en diamant. Ils font saigner sa boule de cristal. La boule descend ou le nuage sanglant monte. La lueur baisse[221].

Le roman comporte aussi bon nombre de descriptions et de réflexions sur le sadisme[222], sur l'érotisme[223] et sur les hallucinogènes. Sur ce dernier point, l'auteur mentionne souvent les effets de la morphine[224] ou de l'opium[225]. Il en reconstitue les extases[226]. Richard emploie même l'expression encore peu populaire de «voyage» pour désigner ce type d'hallucinations tant recherchées par la poésie surréaliste, héritière des dépaysements de Lautréamont:

Sa hantise prend des proportions. C'est comme les cauchemars de ses fièvres infantiles. Sitôt ferme-t-il les yeux, ses paupières avancent et reculent. Comme la montre. Pas de régulateur pour ses paupières. Il ne sait s'il doit avancer ou reculer. Si elles avancent, elles lui rentrent dans la tête avec à leur insu des mirages, des perceptions étranges du continu. Si elles reculent,

elles entraînent sa tête avec elles. Sa tête se vide, aspirée par l'attraction extravagante de l'espace.
Il se sent avec sa tête partir en voyage. Mais lui il reste là, sur la paille, dans le garage. Des filaments relient des nerfs à ses paupières vagabondes[227].

Richard évoque souvent, dans ce roman, la dimension surréelle. Au moment par exemple où son frère se volatilise devant lui, Noiraud s'écrie: «c'est de l'incantation, c'est de la magie noire»[228], et l'auteur commente: «la largeur, la longueur, la profondeur de la nuit dernière, la quatrième dimension de la nuit dernière culminent. Circonvenu, Noiraud repart pour l'implexe de l'avant: la cinquième dimension»[229].

Les emprunts à l'astrologie et à la voyance seront plus nombreux encore dans *Journal d'un hobo* (1965). Un jeune vagabond, pour se connaître lui-même, rend visite à un sorcier indien; celui-ci le décrit ainsi:

> *Pour changer de l'eau, tu as besoin d'un feu, d'un contenant, de l'eau. Le feu, c'est la vie. Le contenant: ton corps assujetti aux sens mineurs. L'eau, c'est ton esprit.*
> *Ton esprit c'est la conscience, la pensée, l'intelligence, la raison, le jugement, la volonté, l'instinct, l'entendement, le goût, la mémoire, l'imagination, le désir et enfin tout ce qui est limpide en toi et facile à comprendre.*
> *Quand l'eau se réchauffe, elle change. Ce sont les effets de la vie, des sens mineurs et de l'esprit. L'eau se remplit de bulles en fusion et c'est dans cette eau plus visible que tu trouves l'image des sens majeurs.*
> *Les sens majeurs sont l'intuition, la clairvoyance, la fascination, la télépathie, l'ubiquité, l'enchantement, l'agilité, l'incantation, l'évocation, l'hallucination, la sublimation, l'abstraction et enfin le magnétisme*[230].

Tout *le Journal d'un hobo* s'explique par cette monition du sorcier et les applications qu'il en fait à l'état mythique de l'androgyne qu'est le jeune «hobo». La sentence du sorcier sera souvent répétée au long du roman, parfois évoquée par la seule première phrase. Il s'agit de ces mots prophétiques:

> *Ainsi tu n'es pas bon et doux, tu es séduisant. Tu n'es pas aimable et calme, tu es magnétique. Tu n'es pas sage, tu es clairvoyant. Tu n'es pas juste, mais télépathique. Tu n'es pas passif puisque tu sais l'ubiquité. Pour toi qui es double, le secret de l'eau transformée par la vie sera facile*[231].

La notion de magnétisme ici exaltée était évoquée déjà dans *Neuf jours de haine*, dans une analyse de l'érotisme: «il y a partout des êtres riches de coeur. Ils surgissent d'eux-mêmes comme un mystère. Ils irradient le magnétisme»[232].

Le 21 février 1951, Richard sera le directeur-fondateur des cahiers de la *Place publique*[233], revue d'avant-garde où écrivent Hénault et Giguère, et où, en ce qui le concerne, il prend la défense de son recueil de nouvelles, *Ville rouge*, édité par Tranquille. Il y cite les dénonciations de *Time* et du clergé, qui indiquent comme incriminants son séjour à Varsovie au Congrès de la paix, sa présence à une assemblée socialiste à Toronto et les mises en garde du clergé à l'égard de la moralité «douteuse» de *Ville rouge,* pour leur répondre avec énergie[234].

Ville rouge avait effectivement de puissants alliés au Parti. Tel Pierre Gélinas, qui avait déjà publié la nouvelle «Trois taxis» dans *Le Jour*[235]. Il faut dire que le ton politique, autant que le niveau populaire de l'écriture, ne laissent guère de doutes sur les sympathies de l'auteur:

> *Il veut savoir autre chose. Quelque chose qui fait du bien en dedans. Quelque chose comme il n'y en a pas dans le rang ni même au village. Quelque chose de spécial à la ville.*
> *Il y a tellement de choses. Les étalages des journaux. Les magazines. Les livres. Les poètes qui écrivent avec des mots rouge violent*[236].

Richard fera aussi parler de lui à cause du *Procès du sans-culotte,* qui fera suite à l'incarcération, par la police de Montréal, d'une statue de Roussil. Il s'agit, on le sait, d'un procès fantoche qui évoque le procès de Barrès par les dadaïstes ou le procès de Dali par les surréalistes. Borduas refusa, par une lettre à Jean-Jules Richard, de participer à ce procès. Mais il fit cependant une recommandation:

> *Je souhaite que votre comité organise une souscription nationale, dans le but avoué d'élever un temple sur le colosse afin de soustraire sa verge fleurie des regards du sexe vilain. Temple où seules les dames auront le privilège de franchir le Saint-des-Saints; ce sera la récompense éternelle de votre monumental Maboula si acquitté; son éternelle punition si trouvé coupable*[237].

Claude Gauvreau ne refusa pas de prime abord sa collaboration. Mais nous savons par une lettre de Gauvreau, mieux que par celle de Borduas, les raisons qui rendirent les automatistes réticents devant ce procès qui voulait pourtant se dérouler dans l'esprit des manifestations surréalistes:

> *J'avais été invité à assister à la réunion préparatoire devant décider du Procès de la statue (le «sans culotte») de Robert Roussil (...).*
> *Il est hors de doute que Roussil est tombé entre les mains de sangsues qui cherchent à exploiter (sans risque) sa statue au profit d'amusements mondains, badins et rémunérateurs.*
> *Cette oeuvre a coûté à Roussil beaucoup d'efforts physiques et une grande dose de courage social.*
> *Rien ne m'apparut plus hideux que cette vermine bourgeoise qui — en ayant pris soin d'éviter toute possibilité de se compromettre — cherche à profiter en s'appropriant le sang intellectuel des parias.*
> *J'ai cru que le bon Roussil aurait sans doute besoin d'aide, dans un tel entourage. Je me suis donc rendu à cette réunion, non peut-être avec plaisir, mais certainement avec conviction.*
> *Roussil désirait m'avoir comme défenseur (...).*
> *À cette réunion, il n'y avait franchement que deux personnes totalement sympathiques: Jean-Jules Richard et Roussil*[238].

2. Place publique

Place publique, la revue de Richard, parut pour la première fois en février 1951. La revue, dès ses premières lignes, établit un programme d'art engagé qui rappelle les accusations de trop grande gratuité portées par Gélinas contre Borduas:

> *Les Cahiers de la place publique n'offrent pas un programme figé, encore moins un manifeste. Il convient de craindre plus que tout des cadres trop étroits qui risqueraient de limiter l'action (...).*
>
> *Dans les Cahiers de la Place publique, la littérature et les beaux-arts ne seront jamais des motifs d'évasion, un mur de retranchement. Il faut appuyer l'ouvrier dans ses revendications légitimes tout autant que l'intellectuel menacé dans sa liberté d'expression[239].*

C'était accepter une distinction de classes et d'intérêts, alors que les automatistes ne croyaient plus que la solution aux problèmes sociaux fût le remplacement d'une classe dirigeante par une autre ou qu'il y eût irrémédiablement telle chose qu'une revendication d'intellectuels et telle chose qu'une revendication ouvrière.

Il n'est donc pas étonnant de ne voir figurer aucun automatiste au sommaire des trois numéros de *Place publique*[240] qui est plutôt de la tendance du surréalisme-révolutionnaire que de la tendance de l'automatisme de Borduas.

3. Jacques Ferron

Les rapports de Jacques Ferron avec le surréalisme sont nombreux, dans la mesure où Ferron eut à se définir face à ceux qui l'entouraient, «ses amis les peintres qui, partis des élucubrations surréalistes, avaient fait tout autre chose que du surréalisme, décapant tout simplement le tableau de son élément figuratif»[241], comme il dit. Contrairement à sa soeur Marcelle, qui a signé le *Refus global,* Jacques Ferron n'a pas toujours été bien près du personnage de Borduas. Non seulement il s'en prit à Borduas dans *Le Ciel de Québec* (ciel dont il fait dégringoler à peu près toutes les étoiles, vraies ou fausses), mais encore il dit: «Je ne me suis jamais très bien entendu avec lui. Je le trouvais ennuyant. Je ne comprenais pas son jargon. En 1949, il était coiffé de Breton, du Marquis de Sade et du Docteur Mabille, des auteurs qui ne m'allaient pas»[242]. L'auteur était particulièrement engagé dans la lutte socio-politique. Malgré les attirances de sa première femme pour le stalinisme, il s'en détourna[243]. Ce n'est qu'une fois libéré de cette option politique qu'il pourra découvrir la valeur de *Refus global,* sans jamais accepter d'en faire un mythe.

Il publie son premier livre en 1949, *L'Ogre*[244], et obtient de l'inclure dans «les Cahiers de la file indienne». Mais rien dans cette oeuvre ne relève de l'écriture automatique. Claude Gauvreau, pour sa part, ne retient comme valable que cette réplique: «attention! attention! elle a trois rangées de dents!»[245]. C'était bien, en effet, la seule expression surrationnelle de la pièce.

Le conte suivant ne viendra que plus tard, aux Éditions d'Orphée: *La Barbe de François Hertel*. Ferron reprend le personnage diabolique de *L'Ogre*. On assiste d'abord à une scène de métamorphose:

Je priai Zazou de revenir à son incarnation femelle. Il accepta de bonne grâce. Je fermai les yeux, afin de ne pas le gêner dans sa métamorphose. Lorsque je les rouvris, j'avais devant moi, moqueuse et tendre, la fillette qui, sous un sycomore, sans que son geste fût vulgaire, m'avait révélé ses cuisses blanches (...).

Je lui racontai l'histoire de Poucet, dont les oiseaux mangèrent le pain; il en perdit sa piste et demeura dans la forêt.

Nous sommes perdus dans l'existence comme Poucet dans la forêt: nous vivons sans laisser de trace, et rien, d'un côté où de l'autre, ne nous commence ni ne nous achève. Tu as perdu ton Maître, nous n'en avons jamais eu. Ne t'alarmes pas; nous sommes heureux quand même (...). Le malheur, vois-tu, est de vouloir davantage, de chercher la piste que les oiseaux ont brouillée à jamais, de s'ouvrir à l'infini qui est l'Ogre de la forêt[246].

Malgré l'usage fréquent du style fantastique, c'est peut-être par son goût marqué pour les contes populaires que Ferron s'apparente le plus aux surréalistes. Dans ces contes, il vise moins à raconter qu'à interpréter le monde québécois comme il le fait ci-haut avec l'histoire de Poucet; il participe ainsi à la recherche de mythes nouveaux.

Avec cela, un petit côté «déséquivoqueur»[247], par quoi il s'apparente aux surréalistes-révolutionnaires. Il semble en effet s'être donné pour mission de sabrer dans les mythes artificiels et sans profondeur (comme le mythe de Dollard des Ormeaux[248] ou celui de la Dauversière[249]) pour en mettre d'autres en valeur: ceux qui, déjà existants, sont jusqu'à lui dissimulés parce qu'ils pourraient nuire au régime en place (cf. son culte pour Chénier et la révolte de 1837[250]).

Jacques Ferron s'adonne aussi au roman fantastique avec *La Charette*. Les personnages de ce roman «ont des accointances avec les puissances de la nuit et on les retrouve assez brusquement en enfer, quelque part dans le voisinage de la rue Saint-Denis», comme le dit bien Réginald Martel[251]. Celui-ci souligne précisément en quoi *La Charette* tient du fantastique dans l'écriture aussi bien que dans la situation (qui, elle, rappelle les diables de *L'Ogre*, de *la Barbe de François Hertel* ou de certains *Contes*): «leur long délire verbal est fascinant; il s'inspire de la mythologie à la fois tragique et farfelue qui est présente dans tant de contes merveilleux ou émouvants»[252]. Archanges, sirènes, chaperons rouges, lutins et sorcières se côtoyaient déjà dans les *Contes*. Selon le jugement de Jean Marcel,

ces légendes sont autant de libération provisoires, il leur suffit pour l'instant de superposer au pays réel un pays légendaire, l'un poussant l'autre de l'avant. Et lorsque le second aura rejoint le premier, on peut supposer que l'oeuvre aura joué son jeu; que la vie et le rêve enfin réconciliés, le pays sera redevenu convenable[253].

Est-ce cette idée de rendre le pays «convenable» qui amènera Ferron à se lancer en politique et à se porter candidat du Parti social démocratique aux élections de 1957 et 1958, aux côtés de Thérèse Casgrain, Michel Chartrand et Gaston Miron?[254] Il fera mieux encore.

Il fondera son propre parti, le Parti Rhinocéros[255], parti essentiellement «surréaliste» comme le seront, aux élections provinciales de 1970, le Parti Peau-éthique, le Parti des Poètes et le Parti Parti! Ferron s'y donne le titre d'Éminence de la Grande Corne.

La distanciation ainsi prise par la fiction et la fantaisie lui permettra de mieux juger, avec le temps, de l'importance du *Refus global* et de Borduas dans la libération québécoise. Il présente *Refus global* en 1959[256] et Borduas en 1960. Les mots d'éloge y sont assortis, comme il se doit chez lui, de pointes acérées contre l'auteur dont certains font un dieu:

> *Cet homme délicat, fin, candide et rusé, avait l'art des transitions. Son passage de l'École du Meuble à celle de la gloire par une sorte de révolution artistique, par ce refus global qui ouvrait la bouche aux plus petits appétits, qui redonnait à nos censeurs, cul par-dessus tête, leur véritable physionomie, est une pure merveille[257].*

C'est un revirement total par rapport à 1949. Influencé en cela par Vadeboncoeur, il explique ce revirement:

> *Le tableau est le grimoire où l'on peut lire l'avenir — après coup, bien sûr. On ne passe pas du figuratif au non-figuratif impunément, et c'est là l'intérêt de Borduas. Changeant sa manière de peindre, il a fait un grand brouhaha qui a étonné le pays. Refus global de la situation existante, recours aux puissances cosmiques précédant toute civilisation, aux influences telluriques et à l'amour fou. Un délire extravagant et laborieux dont je rigolais (...). Je ne connaissais rien à l'art. Aujourd'hui je ne rigole plus. La peinture n'est pas une amusette. Borduas a tout simplement fourni la preuve qu'il était un peintre authentique[258].*

Revirement aussi devant Claude Gauvreau qu'il décrit — à côté d'anecdotes amères — comme «l'âme de l'Automatisme»[259].

4. André Pouliot

La poésie automatiste du sculpteur André Pouliot ne fut publiée pour la première fois qu'en 1957, par les soins de Jacques Ferron, dans les «Cahiers de la file indienne». Deux proses seront ensuite éditées en 1959 par la revue *Situations*.

L'auteur, mort prématurément à l'automne de 1953, à trente-deux ans, écrivait depuis quelques années déjà; un des poèmes est daté du 29 novembre 1951. À son atelier de la place Christin «on venait de tous les clans et de tous les partis», dit la notice de *Modo Pouliotico[260]*. C'était l'ancien atelier de Mousseau puis de Robert Blair où l'on avait bu jusqu'à l'hyperesthésie[261].

Chez Pouliot, la pensée évolue souvent par assonances et par calembours:

> *Le néant, la négation, le refus total...*
> *Nous avons inventé le pentothal!*
> *Mais il n'y eut jamais de Pan total*
> *Et ce chétif nembutal*
> *N'est qu'un faux brutal*[262].

Les problèmes religieux et philosophiques sont objets de poèmes en prose d'allure extrêmement ironique. Dans ce cas, comme dans le cas ci-haut du «refus total», on devine que la composition est influencée par l'impact automatiste:

> *Thomas Aquinas, père de l'Église, est né de pères inconnus. Sa mère, Mme Parthénogénèse, fut sans doute engrossée par l'opération du Saint-Stagyrite Aristote. Aversion très marquée dès l'enfance pour les Averrhoistes. Drôle de philosophie qui s'appuie, dès que son système se met à branler, sur les données fantasmagoriques de la Révélation*[263].

On jurerait qu'il avait lu *L'Immaculée conception* de Breton et Éluard! Même le «Petit poème auto-matisse» laisse deviner une idéologie plus vigoureuse qu'elle ne le veut paraître; mais il est certain que l'auteur s'y abandonne plus que dans «Embarquement pour Cythare», qui est en vers rimés (si farfelues que soient certaines rimes). Il est cependant des passages du recueil où l'imagination erre en pleine liberté:

> *mais la folle est au logis, elle a quitté Chaillot*
> *On n'y voyait plus que des caillots.*
> *Ah! Ho! Hé! Voici un nègre, un aigre nègre,*
> *Il pisse du vinaigre sur la maigre pègre*
> *Tandis que le but-en-blanc*
> *La Flux-Flux-Flanc broie du noir*
> *Et que dans son Sépulcre Blanci*
> *Le sombre Truman (do not confuse with True-man)*
> *Fait la bombe*
> *Atomique.*
> *Batards avatars des lascars du caviar au radar!*
> *Le vitriol sur la gueule de l'infâme*[264].

On voit ici que même en liberté l'auteur ne peut retenir une phrase très logique et reportée sur trois vers (à propos de Truman). La continuité latente de cette imagination est le plus souvent due à un érotisme violent et spontané. Comme dans ce poème où le dépaysement obsessionnel déforme les mots en même temps qu'il en exploite toute la valeur «imagène»:

> *Zygmoide, schizoide (sur la corde roide)*
> *(Y a pas d'tréma, faut passer de vie*
> *À trémas)*
> *Ne se paie pas de trématismes qui veut.*
> *Le carème n'est ni un barème ni un trirème*
> *Ni un apophtègme*
> *Ni un critère ni un clystère*
> *Mais un piètre-à-terre*

Un phalanstère,
Un phallus-en-terre
Plantez un gland, s'il se déchêne
De sa gaine
(Place-en-terre)![265]

L'image est très belle si l'on considère qu'au début elle procède par liens sonores et à la fin par liens visuels. Par exemple, carême évoque quadrirème et appelle trirème et barème pour birème. À la fin, clystère amène phalanstère dont la sonorité entraîne assez facilement des images érotiques du phallus-en-terre en même temps que les images sociales du phalanstère. Ce sont les images splendides de chêne en terre et de chaîne humaine qui permettent ainsi de passer abruptement de l'image érotique à l'image sociale.

Un des textes publiés par *Situations*, ««Cows» que tu dis???», est un exemple typique de ces délires verbaux qui ont rendu Pouliot célèbre chez ses amis. Le moulin à paroles tourne sans fin. Les derniers mots sont les premiers et les premiers sont les derniers dans ce carrousel verbal:

Ma Yoyo, ma minoune, ma nounoune, ma gougoune, ma chouette, mon esperluette, ma saperli, ma popette, mon rouodudou, mon ouisti, ma titi, ma plume au vent, ma folle à la messe, ma molle à la fesse, ma fourmi frivole, ma libellule extatique, mon lépidoptère arthritique, mon bedon bucolique, ma fleur de miel, mon étoile de mer, mon astérie filante, ma claquemuche lippue, ma cloquebure, mamelliflue, ma muscadelle zygmophage, mon sapin de garenne, la lapine de Varennes, mon poulet de canon, mon 1/2 oussin (sic) poilu, mon coussin dodu, ma biche dodelinante, ma Daudelind marionette, ma biquette, ma bulle d'eau, ma p'tite goutte d'air, mon algue de farine, ma miche de von, ma huche de vin, ma mouche de moutarde, mon moutard qui prend la mouche, ma zibeline zazoue, ma patache où vas-tu, ma belle belette, mon tapir tapinois, mon topinambour, mon tambour chinois, mon chignon crêpé, ma crêpe chiffonnée, ma taupe sans trompette, ma trompe sans éléphantiasis, mon oasis à corne d'auroch, mon roc écorné, mon cornet corniflard, mon foin finaud, mon herbe folle, mon brin d'avoine, ma graine d'amour, ma fleur dérangée, ma pelure de coccinelle, ma Nana, mon ananas, mon charbon ardent, ma ciquine coquecigrue, mon cocon cacochyne, ma sibiche, verguemouille, ma citrouille bilatérale, ma voix Galactée, ma galoxie glauque, mon aboi sans biche aux, mon nez cerf velé, mon Yoyo, ma minoune, etc...[266]

L'autre texte, «Essor et délivrance», nous montre l'autre face de Pouliot, celle de l'artiste engagé. Pouliot s'inspire de ses premières expériences de pilotage et il place étrangement cette description moderne sous l'égide d'un vers de Mallarmé, en exergue: «Je suis hanté! L'Azur! L'Azur!»

Je pataugeais alors dans la fange d'un printemps anémique. J'étais un adolescent lourd d'inquiétudes matérielles et «chargé de chaînes». Mais ce dont je souffrais surtout, c'était de ce mal du siècle, la constatation chaque jour d'avoir à vivre dans un piètre monde, d'avoir à côtoyer de piètres humains, et d'user de magnifiques énergies contre de piètres problèmes... Contre une politique pourrie, une société veule, ignoble, dont le mot d'ordre semblait être un révoltant «chacun pour soi».

Nausée d'adolescent mal guéri.
Acculé par le circonstanciel à l'inacceptable, je voyais tout idéal piétiner avec moi dans cette boue universelle: je sentais venu, à l'intensité de mon dégoût, le moment de m'arracher à la viscosité. J'étais en proie à de sombres pensées, quand un vrombissement me fit lever la tête; j'aperçus, dans un ciel lumineux, cabriolant entre deux nuages, un fin monoplan jaune[267].

Pouliot semble donc se situer à la fois du côté des automatistes et du côté des surréalistes-révolutionnaires. Il aura vécu des expériences avec les deux groupes sans pour autant s'identifier clairement à l'un ou à l'autre. Peut-être voulait-il associer les deux tendances.

Mais, pour n'avoir laissé que trop peu d'écrits, Pouliot restera surtout célèbre par ses sculptures, son action syndicale, sa participation audacieuse au spectacle donné par les automatistes le 20 mai 1947[268] et à la célèbre fête de Balzac et par ses innombrables déclamations de poésie exploréenne dont les amis d'alors se plaisent à rappeler le souvenir.

Conclusion

Les automatistes ne furent pas les seuls à se situer dans la ligne du surréalisme au Québec. La vie qui entoure les *Ateliers d'arts graphiques,* les éditions Erta aussi bien que des personnages comme Richard, Ferron et Pouliot, ressortit à sa manière — mais dans une mesure plus restreinte — à un certain surréalisme parent de celui du mouvement automatiste. Surréalisme généralement beaucoup plus engagé sur le plan politique que celui des automatistes qui, eux, rejetèrent toute adhésion à un parti, par fidélité à *Rupture inaugurale* et à *Refus global.* Surréalisme côtoyant, dans une certaine mesure, le surréalisme-révolutionnaire de *Cobra.*

Nous verrons cependant, dans la période suivante, comment réussiront les tentatives de rapprochements entre certains de ceux qu'on a tendance à désigner (abusivement) comme les héritiers de Borduas et comme les héritiers de Pellan. Ce rapprochement, nous l'avons démontré, a déjà commencé à s'opérer, mais avec peu de succès, de 1949 à 1953, soit à partir du projet du dernier numéro des *Ateliers d'arts graphiques* jusqu'à celui de l'exposition Place des artistes.

Notes

1. *Les Armes blanches,* in *L'Age de la parole,* p. 106. «Je crois que ces quelques vers, écrit Giguère, définissent assez bien le climat de cette décade. Mes amis étaient peintres, eux refaisaient le paysage car «Le paysage était à refaire lui aussi, ils créaient de toutes pièces ces lieux exemplaires où nous allions rêver.» (Roland Giguère, «De l'âge de la parole à l'âge de l'image», *La Presse,* 16 avril 1966, p. 6)

2. Le titre de *Prisme d'yeux* évoque l'art prismatique des cubistes et Pellan est reconnu comme un ardent partisan du cubisme: «Pellan ne croyait qu'au cubisme qui déjà était, et un peu grâce à lui pour nous, sans mystère» (Borduas, *Projections libérantes,* pp. 17-18).

Le texte de *Prisme d'yeux* a été réédité dans le *Pellan* de Guy Robert, pp. 49-50.

3. Copenhague, Bruxelles, Amsterdam. Sur la collaboration de Dumouchel et McLaren à Cobra, voir mention dans «Pour saluer Cobra» de Jean-Claude Leblond, *Le Devoir*, 18 déc. 1976, p. 21, c. 8.

4. Roland Giguère, «A propos de...», propos recueillis par France Théorêt et Jan Stafford, *La Barre du jour*, nos 11-13, pp. 164-165.

5. Anagramme de ean Benoît.

6. Cité d'après un placard original, communiqué par Lucien Morin.

7. «Filion nous dit aimer beaucoup la peinture de Borduas mais ne pouvoir se conformer à toutes ses idées. La morale chrétienne, qui est la sienne, lui impose d'autres points de vue et par conséquent une peinture différente». (Louise Daudelin, «Gabriel Filion», *Notre temps*, 23 octobre 1948, p. 4)

8. Lucien Morin, Lettre inédite à Jacques Beauregard, 1er déc. 1967.

9. «Un artiste, Paul-Émile Borduas, lance de 1947 à 1949, trois manifestes, *Prisme d'yeux* (sic), *Refus global, Projections libérantes*»; Auguste Viatte, *Histoire littéraire de l'Amérique française*, p. 198. «Pellan fonde *Prisme d'yeux* en février 1948, et Borduas publie *Refus global* en août 1948: or ce texte doit beaucoup au petit manifeste *Prisme d'yeux*»; Guy Robert, *Pellan, sa vie et son oeuvre*, p. 52. Cf. la reprise de cette thèse dans Gérard Tougas, *Histoire de la littérature canadienne-française*, p. 152.

10. Lucien Morin, Lettre à Jacques Beauregard, 1er déc. 1967. Inédit.

11. Rencontre de Jacques de Tonnancour et A.-G. B., mars 1969.

12. Lucien Morin, Lettre à Jacques Beauregard, 1er déc. 1967. Inédit.

13. R.H. Hubbard, *L'Évolution de l'art au Canada*, pp. 115-124; Guy Robert (*Pellan, sa vie et son oeuvre*, p. 50) dit l'influence de *Capitale de la douleur* d'Éluard lu par Pellan en 1948.

14. Rencontre d'Alfred Pellan par André-H. Gagnon, Mireille Filion, Louise Harel et Jean-François Léonard, mars 1968. Cf. Guy Robert, *Pellan, sa vie et son oeuvre*, p. 58.

15. Donald D. Buchanan, «Introduction», *Alfred Pellan*, catalogue de la rétrospective de 1960.

16. Guy Gagnon, «Pellan et Parent révèlent hier soir *Prisme d'yeux*», *Le Droit*, 6 février 1948, p. 4. Jean Simard, «Autour du *Prisme d'yeux*», *Notre temps*, 14 février 1948, p. 5.

17. Madeleine Gariépy, «Exposition *Prisme d'yeux*», *Notre temps*, 22 mai 1948, p. 5; «Interview — Mimi Parent», *Notre temps*, 12 juin 1948, p. 5. Manquent Archambault, Rhéaume et Roberts, mais apparaît André Pouliot.

18. Paul-Émile Borduas, *Projections libérantes*, p. 35.

19. Albert Dumouchel, rencontre avec A.-G. B., avril 1970.

20. Tels que «Nu» de Mimi Parent, dans le numéro de mai 1947 et «les Jeux de la nuit» de Roland Truchon dans le numéro suivant.

21. Paul-Émile Borduas, *Projections libérantes*, p. 35. Il n'a pas été possible d'identifier le texte refusé par la censure.

22. Cf. François-M. Gagnon, «Contribution à l'étude de la genèse de l'automatisme pictural chez Borduas», *La Barre du jour*, nos 17-20, p. 215.

23. Roger Duhamel, *Les Ateliers d'arts graphiques*, n° 3, 21 février 1949, p. 3.

24. Id., *Ibid.*

25. René Huyghe, *L'Art et l'homme*, t. 3, p. 476.

26. Géraldine Bourbeau, «John Lyman, peintre — Louis Archambault, sculpteur», *Liaison*, vol. 1, n° 5, mai 1947, pp. 307-308.

27. Id., «Goodridge Roberts», *Liaison*, vol. 2, n° 18, octobre 1948, p. 495.

28. Id., «Borduas — de Tonnancour — l'École du meuble», *Liaison*, vol. 3, n° 26, juin 1949, p. 357.

29. Id., «*Prisme d'yeux*, Monsieur Borduas et l'automatisme», *Liaison*, vol. 2, n° 13, mars 1948, p. 172.

30. M. Trouillard, «Prisme d'yeux», *La Revue moderne*, mai 1948, p. 25.

31. André Breton, «Enfin Jean Benoît nous rend le grand cérémonial» (1962), in *Le Surréalisme et la peinture*, pp. 386-390.

32. André Breton, «Mimi Parent» (1960), *Ibid.*, pp. 390-391.

33. André Breton, «Henri Rousseau sculpteur?» (1961), *Ibid.*, pp. 372 et 375.

34. Jean-Louis Bédouin, *Vingt ans de surréalisme*, pp. 289, 300 et 304, n. 9.

35. René Passeron, *Histoire de la peinture surréaliste*, pp. 284, 289-290, 350-351.

36. Alain Jouffroy, *Une Révolution du regard*, pp. 34 ssq.

37. Robert Bénayoun, *Érotique du surréalisme*, pp. 8-9, 216-218, 228-231.

38. Vincent Bounoure, *Envers l'ombre*, ill. de Jean Benoît, Ed. Surréalistes, 1968.

39. Otto Hahn, «Le Surréalisme à l'heure du musée ou de la jeunesse», *Arts*, 1er au 7 déc. 1965, p. 20.

40. *Arts*, nos 10-11, 23 juin 1965, p. 5. Il est amusant de noter que Passeron prend l'ordre alphabétique de Breton pour un ordre de préférence; cf. René Passeron, *Histoire de la peinture surréaliste*, p. 309.

41. Jean-Louis Bédouin, *Vingt ans de surréalisme*, p. 300. Autre récit par Robert Bénayoun, *Érotique du surréalisme*, pp. 228-229.

42. Id., *Les Masques*, coll. «Que sais-je», n° 905, Paris, PUF, 1961.

43. Jean-Louis Bédouin, *Vingt ans de surréalisme*, p. 289.

44. René Passeron, *Histoire de la peinture surréaliste*, pp. 283-284.

45. Anette Michelson, «But Eros Sulks», *Arts*, March 1960, vol. 34, n° 6, p. 35.

46. Guy Viau, *La Peinture moderne au Canada français*, p. 58.

47. Guy Robert, in *Vie des arts*, n° 44, automne 1966, p. 41.

48. Guy Viau, *La Peinture moderne au Canada français*, p. 58.

49. Lettre inédite de Paddy O'Brien à Thérèse Labelle, 3 janvier 1967. Cf. London Public Library and Art Museum, *Surrealism in canadian painting*, catalogue, London (Ontario), Canada, 1964.

50. Interview d'Albert Dumouchel par F.-M. Poirier, C. Lanthier, L. Varin, E. Joly, T. Labelle, 14 décembre 1966.

51. «Les Cadavres exquis des disciples de Pellan», *Vie des arts*, été 1967, n° 47, pp. 22-25.

52. Jean-René Ostiguy, «Chronologie» in *Léon Bellefleur*, catalogue de la rétrospective de 1968-69, pp. 10-11.

53. Jean-Thiercelin, que vient d'éditer l'Hexagone, a été lui aussi collaborateur des revues *Phases, Edda* et *Documento Sud* et ses derniers poèmes ont été illustrés par Bellefleur: *Demeures du passevent*, 1974.

54. C. Gauvreau, *Dix-sept lettres à un fantôme*, 19 avril 1950, p. 18; inédit.

55. Léon Bellefleur, lettre inédite à Jean Richer, 21 février 1968.

56. Roland Giguère, «Léon Bellefleur, Éclaireur», in *Léon Bellefleur*, catalogue de la rétrospective de 1968-69, p. 9.

57. *100 Sérigraphies*, album de dix sérigraphies originales par Bellefleur, Beaudin, Dumouchel, Ewen, Ferron, Giguère, Jasmin, Mousseau, Raymond, Tremblay, chez Erta.

58. *Quinze dessins de Léon Bellefleur*. Chez Erta, 1954.

59. R.-H. Hubbard, «Le Monde mystérieux du rêve chez Léon Bellefleur», préface, *Quinze dessins de Léon Bellefleur*.

60. Léon Bellefleur, lettre inédite à Jean Richer, 21 fév. 1968. L'Esprit de cette lettre se retrouve dans une autre à Guy Robert, où Bellefleur rappelle que son automatisme est parfois figuratif: «Autre point que je veux signaler à propos de cette série de '68, *Lieux retrouvés* (avec personnages, pourquoi pas?)... À l'aide d'une grande variété d'automatismes, j'ai essayé de me retrouver dans l'inconscient et dans la mémoire des lieux où scènes vécus, peut-être même avant moi. Aussi inconscient que possible au travail, mais avec une présence aussi intense qu'il m'était possible... Tout ceci est encore bien surréaliste. Je n'y peux rien!» (Léon Bellefleur, Lettre à Guy Robert, 7 déc. 1972, in Guy Robert, *L'Art au Québec depuis 1940*, p. 101, n° 5)

61. «Chez lui la lumière surréaliste persiste plus longtemps. Celle-ci cependant ne joue plus le rôle de la magie noire; elle invite plutôt à la découverte d'un univers en merveilleuse expansion». (Jean-René Ostiguy, «Jeune peinture au Canada», *L'Oeil* (Paris), avril 1967, n° 148)

62. Léon Bellefleur, Lettre inédite à Jean Richer, 21 fév. 1968.

63. Cf. Claude Gauvreau, «Roland Giguère poète du Nouveau Monde», *Le Haut-parleur*, 28 juillet 1951 et aussi Wilfrid Lemoyne, «Un jeune poète montréalais imprime ses livres — La belle aventure des Éditions Erta», *L'Autorité, du peuple*, 30 jan. 1954, p. 6.

64. Michel Carrouges, *Éluard et Claudel*, 1945.

65. Françoise Chamblas, *Éluard et Giguère*, pp. 37-52.

66. «Les titres de quelques poèmes de cette période apparaissent comme un hommage à celui qui fut le détonateur de la poésie giguérienne. *Corps glorieux* (Giguère, *L'Age de la parole*, p. 44) rappelle *Corps mémorable* (Éluard, *Oeuvres complètes*, t. 2, p. 119) du poète français; *Échelle humaine* (Giguère, *L'Age de la parole*, p. 125) et *La Pyramide diminue (Ibid.,* p. 128) ne sont-ils pas un hommage à *La Pyramide humaine* (Éluard, *Oeuvres complètes*, t. 1, p. 201). Le souvenir d'Éluard est encore présent dans *Un amour au long cours.*

«Femme de toujours
J'écris ton nom en lettres capitales» (Giguère, *L'Âge de la parole*, p. 43) ne nous remémore-t-il pas la merveilleuse litanie de *Liberté:* «J'écris ton nom?» (Françoise Chamblas, *Éluard et Giguère*, pp. 59-60; inédit).

67. Id., *Ibid.,* p. 68.

68. Roland Giguère, «Déborder les cadres», *Les Ateliers d'arts graphiques,* février 1949, p. 26.

69. Id., «A vrai dire», *Ibid.,* p. 26.

70. Id., «Savoir voir», *Ibid.,* p. 27.

71. Id., «A vrai dire», *Ibid.,* p. 26.

72. Id., *Ibid.,* «Savoir voir».

73. Qui se rapprochera cependant de Breton en écrivant sur lui un article en décembre 1949 (numéro de témoignage paru en décembre 1949 à la Baconnière de Neuchâtel) et un livre en 1950 (*André Breton et les données fondamentales du surréalisme).*

74. Roland Giguère, *Faire naître,* illustré de 3 sérigraphies par Albert Dumouchel: Montréal, Erta, 1949, 100 ex.

75. Id., *Trois pas,* illustré de 4 gravures de Conrad Tremblay, Montréal, Erta, 1950, 33 ex.

76. Id., *Les Nuits abat-jour,* ill. de collages sur bois par Albert Dumouchel, Montréal, Erta, 1950, 25 ex.

77. Id., *Yeux fixes,* ill. de Gérard Tremblay; Montréal, Erta, 1951, 180 ex.

78. Id., *Midi perdu,* ill. Gérard Tremblay; Montréal, Erta, 1951, 20 ex.

79. Id., *Images apprivoisées,* poèmes accompagnés de «clichés trouvés», Montréal, Erta, 1953, 100 ex.

80. Id., *Les Armes blanches,* avec dessin de l'auteur, sérigraphie d'Albert Dumouchel, Montréal, Erta, 1954, 350 ex.

81. Gérard Tremblay, *Horizons,* intro. de R. Giguère, Montréal, Erta, 1951.

82. *Quinze dessins de Léon Bellefleur,* intro. de R.H. Hubbard, Montréal, Erta, 1954.

83. Roland Giguère et Théodore Koenig, *Le Poème mobile,* ill. de Giguère, Montréal, Erta, 1951, 100 ex.

84. Théodore Koenig, *Le Jardin zoologique écrit en mer,* ill. de Conrad Tremblay, Montréal, Erta, 1954, 300 ex.

85. Gilles Hénault, *Totems,* ill. d'Albert Dumouchel, Montréal, Erta, 1953, 325 ex.

86. Claude Haeffely, *La Vie reculée*, ill. d'Anne Kahame, Montréal, Erta, 1954, 100 ex.

87. Roland Giguère, «De l'âge de la parole à l'âge de l'image», *La Presse,* 16 avril 1966, p. 16.

88. André Breton, *Position politique de l'art d'aujourd'hui,* pp. 271-272.

89. *Revue internationale de l'art expérimental — Cobra,* n° 10. En 1954, le frère de Koenig, qui est directeur d'une galerie de Liège, organise une exposition de «Jeunes peintres canadiens» et rien n'empêchera plus des automatistes comme Mousseau d'y participer. (Critiques dans *La Meuse* (Liège), 3 novembre 1954; dans la *Gazette de Liège,* 5 novembre 1954). Une autre exposition du même genre avait eu lieu à Liège en 1950. Voir la critique qu'en fit Gauvreau. «Barroques (sic) canadiens dans les Pays-Bas», *Le Haut-parleur,* 3 fév. 1951, p. 2.

90. Voir «Dessins surréels» in *Les Dessins de Norman McLaren,* pp. 19-32. La plupart des dessins datent de la fin des années 40 et du début des années 50.

91. Edouard Jaguer, *Images à claire voie,* présentation de l'exposition de la Galerie Libre, 27 mars - 8 avril 1961.

Edouard Jaguer, *Des pierres où le regard s'affûte,* présentation de l'exposition de la Galerie Ranelagh (Paris), 21 mars - 30 avril 1962.

Edouard Jaguer, *A deux battants,* présentation de l'exposition tenue chez Charles Zalber (Paris; avec Biasi, Ginet et Meyer-Peterson), du 3 au 17 mai 1962.

92. Claude Gauvreau, *Dix-sept lettres à un fantôme,* 30 mars 1950, pp. 24-25. inédit.

93. Roland Giguère, *Vivre mieux,* in *l'Age de la parole,* p. 11.

94. Id., *Vieux jeux,* 1951, in *l'Age de la parole,* p. 18.

95. Id., *Les Nuits abat-jour,* 1950, p. 65 (cf. p. 300).

96. Id., *Yeux fixes,* 1951, Ibid., p. 87.

97. Id., *Ibid.*

98. Id., *Pour tant de jours,* 1951, *Ibid.,* pp. 15-16.

99. Id., *Paysage dépaysé* tiré des *Armes blanches,* 1954, *Ibid.,* p. 111.

100. «A propos de...», *La Barre du jour,* nos 11-13, pp. 165-166.

101. André Brochu, «Commentaire de Roses et ronces», *La Barre du jour,* nos 11-13, déc. - mai 1968, p. 50.

102. Roland Giguère, «Un jour de rose ovaire», 1955, *L'Age de la parole,* p. 37.

103. Rencontre de Giguère avec A.-G. B., avril 1970.

104. René Passeron, *Histoire de la peinture surréaliste,* pp. 320, 329, 351.

105. *Phases,* n° 2, mars 1955.

106. *Panorama - Peinture au Québec — 1940-1946,* p. 28 (où l'on indique comme date 1954).

107. Roland Giguère, «l'Échelle humaine» (tiré de *Lieux exemplaires),* *Phases* n° 3, novembre 1956.

108. Id., «La Main du bourreau finit toujours par pourrir», *Phases*, nos 5-6, janvier 1960.

109. Id., *Phases*, n° 7, mai 1961.

110. «Devant le fatal», *Phases*, n° 8, janvier 1963.

111. Id., «Au-delà» et «Horizons» (ce dernier tiré d'un livre déjà paru chez Erta), *Place publique*, n° 1, 21 février 1951, pp. 19 et 33 (le premier ne figure pas au sommaire); «Le Visage intérieur de la peinture» et «L'homme et la poutre», *Ibid.*, n° 2, août 1951, pp. 28-30 et 46 (le deuxième ne figure pas au sommaire).

112. Voir, au n° 1, p. 34, «Jeunes peintres» de Léon Koenig, tiré du catalogue de Liège. Roland Giguère, «Comme un massacre», *Phantomas*, vol. 1, n° 6, 15 décembre 1953.

113. Id., «Cendres» et «L'Oeil en proie aux pires malheurs», *Temps mêlé*, n° 13, fév. 1955.

114. Id., «Pequeño desastre de familia» et «Un mundo blando», *Boa*, n° 2, juin 1958.

115. Id., «Les Couleurs de l'oracle», *Edda*, n° 1, été 1958; «l'Ombre des jardins» et «Dans l'attente d'une transfiguration», *Edda*, n° 2, mars 1959; «le Temps est à l'écho», «la Nuit aux fenêtres» et «Journée enfin domptée», *Edda*, n° 3, mars 1961.

116. Id., «Un monde mou», *Documento Sud*, 1960.

117. Roland Giguère, *Le Défaut des ruines est d'avoir des habitants*, p. 35.

118. René Char, lettre à Roland Giguère, 17 nov. 1957.

119. Micheline Sainte-Marie, «Qui est Miror? une étude sur Roland Giguère», *Présence*, vol. 4, n° 4, déc. 1957 — jan. 1958, pp. 7-10.

120. Id., *Pouvoir du noir*, pp. 9-10.

121. Philippe Haeck, *L'Action restreinte/de la littérature*, pp. 85-86.

122. André Breton, *Position politique de l'art d'aujourd'hui*, p. 273.

123. Reproduit dans *La Barre du jour*, nos 11-13, «Connaissance de Giguère»,

124. Léon Bellefleur, «Giguère, peintre et artiste graphique»; *Ibid.*, p. 139. Cf. quelques rapprochements avec Lautréamont soulignés par Françoise Chamblas, *Éluard et Giguère*, p. 66.

125. François-M. Gagnon, «Le Soleil noir, le piège et l'oiseau de malheur», *La Barre du jour*, «Connaissance de Giguère», nos 11-13, p. 116.

126. Roland Giguère, *La Main au feu*, p. 9.

127. François Ricard, «Giguère et Ducharme revisited», *Liberté*, n° 91, vol. 16, jan.-fév. 1974, p. 96.

128. Claude Gauvreau, «Sur Roland Giguère poète», conférence du 12 février 1970, in *Études littéraires*, vol. 5, n° 3, déc. 1972, p. 501.

129. Id., *Ibid.*, p. 511.

130. Gilles Hénault, «Feu sur la Bête-angoisse», *Les Ateliers d'arts graphiques*, 21 février 1949, p. 19.

131. Id., «On tourne», *Ibid.*, p. 18.

132. Id., *Ibid.*

133. Id., «Le Jour du jugement», *La Barre du jour*, nos 17-20, pp. 329-330.

134. Id., «Cablogramme», *Ibid.*, pp. 331-332. Poème daté de 1948.

135. Id., «Bagne», *Place publique*, n° 2, août 1951, p. 31. Repris dans *La Barre du jour*, nos 17-20, p. 333; le poème y est daté de 1948 et le titre restauré: «Bordeaux-sur-Bagne». Les rééditions donnent: «d'un prolétaire». Cf. *Signaux pour les voyants*, p. 46.

136. Id., *Totems*, p. 10; *Signaux pour les voyants*, p. 102.

137. Id., *Ibid.*, p. 13; *Signaux pour les voyants*, p. 106. Deux coquilles: «T'a fait mûr» et «télégraphes».

138. Gilles Marcotte, *Le Temps des poètes*, p. 85.

139. Gilles Hénault, *Totems*, p. 26. Cf.: «Pour moi cela avait une espèce de valeur subversive, c'était pas du folklore, les Indiens. Je me disais: eux on les a détruits; nous, est-ce qu'on va nous détruire aussi et quand je disais nous, je pensais aux Canadiens-français, aux Québécois, mais je pensais aussi à tous les travailleurs qui étaient là et qu'on essayait de ruiner.» (Philippe Haeck, Jean-Marc Piotte et Patrick Straram, «Entretien; 30 ans après le *Refus global*», *Chroniques*, vol. 1, n° 1, p. 17)

140. Id., *Ibid.*, p. 27; *Signaux pour les voyants*, p. 122.

141. Id., «Exil», in *Voyage au pays de mémoire*, p. 62. Cf. «Mais pourquoi être parti pour Sudbury?» — «C'est parce qu'ici, justement les syndicats de gauche se faisaient de plus en plus rares et ce n'était pas une époque où quelqu'un qui était au parti communiste pouvait travailler dans un syndicat qui n'était pas un syndicat de gauche (...). Il fallait que je m'exile.» (P. Haeck, J.-M. Piotte et P. Straram, «Entretien; 30 ans après le *Refus global*» *Chroniques*, vol. 1, n° 1, p. 19)

142. Id., *Ibid.*, p. 63. *(Signaux pour les voyants*, p. 137)

143. Id., «Bestiaire», *Ibid.*, p. 56 (130).

144. Id., «À la mémoire de Paul-Éluard», *Sémaphore*, p. 46 (198).

145. Id., «No Man's Land», *Voyage au pays de mémoire*, p. 53 (127).

146. Id., «Miroir transparent», *Sémaphore*, pp. 47-48. Le texte, qui donnait «La soleil» a été corrigé dans *Signaux pour les voyants* où il est réédité (p. 200).

147. Haeffely restera en contact avec Cathelin et obtiendra de lui pour *Vie des arts*, des articles sur les automatistes: «Riopelle et le défi du peintre», *Vie des arts*, automne 1961, n° 24, pp. 44-51; «Riopelle sculpteur», *Ibid.*, printemps 1962, n° 26, p. 60.

148. Claude Haeffely, *Notre joie*, in *Des nus et des pierres*, p. 11.

149. Id., *Poème à gratter au couteau*, *Ibid.*, p. 13.

150. Id., *Sorcellerie*, *Ibid.*, pp. 17-18.

151. Claude Haeffely, *La Vie reculée*, gravures de Anne Kahane, Montréal, *Erta*, 1954, p. 23. Cf. mention de Claude Haeffely dans Jean Cathelin et Gabriel Gray, *Révolution au Canada*, p. 275.

152. Id., *Ibid.*, p. 15.

153. Id., *Ibid.*, p. 11. Notons que Haeffely a dirigé une revue littéraire, *Le Périscope;* cf. C. Haeffely, «*Le Périscope*», *Situations*, mars 1959, vol. 1, n° 3.

154. Id., *Notre joie,* in *Des nus et des pierres,* p. 12.

155. Id., *Le Sommeil et la neige, Ibid.*, p. 47, 50, 57.

156. Id., *Des nus et des pierres,* p. 71.

157. Id., *Le Sommeil et la neige, Ibid.*, pp. 49, 52-53.

158. Id., *Rouge de nuit,* p. 34.

159. Id., *Ibid.*, pp. 23, 34.

160. Comme «Ticmule mon
    engicle
    sous la touffe épicée
    do morte trop lourde
    malamoc talbasse»...etc. (Id., *Ibid.*, p. 13)

161. Id., *Ibid.*, pp. 24 et 27.

162. Malgré les rapprochements possibles, entre sa violence verbale et celle de Roland Giguère. Comme dans *Blessure au flanc du ciel,* dans *Les Coqs égorgés,* ou encore dans *L'Aube assassinée:*
    des mots qui tuent
    comme des cailloux de sang
    qui placent la mort
    à portée de la main (p. 36).

163. Françoise Bujold, *Au catalogue des solitudes,* avec 3 gravures de l'auteur, coll. de «la Tête armée», n° 5, Montréal, Erta, 1956; *La Fille unique,* avec trois bois gravés de l'auteur, Montréal, Goglin, 1958. L'auteur a aussi fait des maquettes pour les éditions Goglin et publié trois recueils de contes illustrés.

164. Gabriel Charpentier, *Cantate pour une joie,* Montréal, Erta, s.d. Cf. infra sur Pierre Mercure et Gabriel Charpentier (section C du présent chapitre).

165. Jean-René Major, *Où nos pas nous attendent,* Montréal, Erta, 1957, ill. de J.-P. Beaudin. Major fut, paraît-il, le lecteur du *Testament* lors de l'*Exécution du «Testament» du marquis de Sade* par Jean Benoît.

166. Paul Chamberland, «Fondation du territoire», *Parti pris,* mai-août 1967, vol. 4, nos 9-12, p. 41.

167. Jean-Paul Martino, *Osmonde,* frontispice de Léon Bellefleur, Montréal, Erta, 1957.

168. Id., *Ibid.*, pp. (17, 19 et 21).

169. Id., *Ibid.*, p. (31).

170. Id., *Objets de la nuit,* Montréal, Quartz, 1959, pp. (15-16). Martino publie aussi «Bois le feutre», extrait de *Kliklantin,* dans *Situations,* vol. 1, n° 1, jan. 1959, p. 37.

171. Id., *Objets de la nuit,* pp. (23-24).

172. Id., *Ibid.*, p. (34).

173. Id., *Ibid.*, p. (36).

174. Nous avons par ailleurs parlé de sa collaboration musicale aux deux spectacles des automatistes en avril 1948 et mai 1949.

175. *Trente-quatre biographies de compositeurs canadiens*, p. 63.

176. Rencontre de Gabriel Charpentier et de MM. Boucher, Gagnon, François et Robert Toupin, février 1967.

177. Gabriel Charpentier, *Ibid.*

178. Claude Gauvreau, «l'Épopée automatiste vue par un cyclope», p. 79.

179. «La Vie montréalaise — Deux chiens dans un opéra automatiste», *Le Petit journal*, 20 novembre 1949, p. 35.

180. Claude Gauvreau, «L'Épopée automatiste vue par un cyclope», p. 79.

181. «Étrange attitude — Gauvreau se fâche», *Le Petit journal*, 27 novembre 1949, p. 56.

182. «L'Opéra automatiste — le livret de M. Gauvreau n'a pas satisfait M. Mercure», *Le Petit journal*, 11 décembre 1949, p. 48.

183. «Encore l'automatisme — la Défection de Mercure est triste, dit Gauvreau», *Le Petit journal*, 18 décembre 1949, pp. 56 et 65.

184. Claude Gauvreau, «L'Épopée automatiste vue par un cyclope», pp. 79-80.

185. *Cantate pour une joie*, pour soprano, choeur et orchestre, poèmes de Gabriel Charpentier, musique de Pierre Mercure, Montréal, Erta, s.d.; nos 4 et 5.

186. Id., *Ibid.*, n° 3.

187. Claude Gauvreau, «L'Épopée automatiste vue par un cyclope», pp. 82-83.

188. Id., «L'Exposition des Rebelles», cité dans *La Barre du jour*, nos 17-20, p. 105, cf. pp. 106-107.

189. Claude Gauvreau, «L'Épopée automatiste vue par un cyclope», pp. 83-84, cf. *Dix-sept lettres à un fantôme*, 30 mars 1950, p. 23 (inédit).

190. Id., *Dix-sept lettres à un fantôme*, lettre du 5 avril 1950, pp. 6 et 8; inédit.

191. Id., *Ibid.*, pp. 9-11.

192. Pendant l'Exposition des Rebelles on apprend que *Refus global* a été traduit en anglais par un ami de Riopelle, membre du Collège de pataphysique, Simon Watson Taylor (Evan H. Turner, *Paul-Émile Borduas, 1905-1960*, p. 31; Claude Gauvreau, «L'Épopée automatiste vue par un cyclope», p. 78). Le même qui traduisit en anglais *l'Histoire de la peinture surréaliste*, de Marcel Jean (*The History of Surrealistic Painting*, Grove Press, 1967) et participa au numéro d'avril 1949 de la revue *Néon* avec Riopelle.

193. Claude Gauvreau, «L'Épopée automatiste vue par un cyclope», p. 86.

194. Id., *Ibid.*

195. Id., *Ibid.*, p. 87.

196. Cf. *Paul-Émile Borduas, 1905-1960,* p. 32. Critique élogieuse par Rolland Boulanger et par Paul Gladu (cité par Boulanger) dans *Arts et pensée,* mars-avril 1952, p. 63.

197. Guy Robert, *Roussil,* p. 58.

198. Claude Gauvreau, «L'Épopée automatiste vue par un cyclope», p. 90.

199. «Je sens et devine certains désirs de la part de Roussil et de ses amis staliniens de donner une orientation politique et engagée à cette exposition. Seulement, notre action, à nous, se situe complètement à l'extérieur des cadres trop étroits et étouffants de cette politique intéressée à un résultat immédiat. J'ai posé une question très directe à Roussil: «Fais-tu de la politique?» Il m'a dit: «Non». Mais son texte, des poèmes exposés sur le mur du fond prouve (sic) le contraire.» (Marcel Barbeau, Lettre à Marcelle Ferron, secrétaire, *Québec underground,* t. 1, p. 30).

Certains poèmes mentionnés sont de Hénault, particulièrement: «Bordeaux-sur-bagne».

200. Le 16 mai 1953, Repris dans *Québec underground,* t. 1, p. 30.

201. Claude Gauvreau, «L'Épopée automatiste vue par un cyclope», p. 93.

202. Lettre de Paul-Émile Borduas à Claude Gauvreau, *Liberté,* n° 22, avr. 1962, p. 232 (datée du 31 avril mais annonçant une arrivée prochaine le 16 avril).

203. Lettre inédite de Claude Gauvreau à Nicole Ladouceur, 20 mai 1968.

204. Paul Gladu, «A la galerie Antoine — Borduas, Paul-Émile, et l'accident», *Le Petit journal,* 25 avril 1954, p. 58. Cf. *L'Autorité du peuple,* 18 mars et 10 avril 1954, p. 7. Aussi 15 mai et 26 juin.

205. Lettre de Paul-Émile Borduas à Claude Gauvreau, New York, 25 septembre 1954, *Liberté,* avril 1962, n° 22, p. 237.

206. Gérald Robitaille, *Un huron à la recherche de l'art,* p. 211, note 2.

207. Guy Viau, *La Peinture moderne au Canada français,* pp. 49-50.

208. Lettre de Paul-Émile Borduas à Claude Gauvreau, Paris, 22 déc. 1956, *Liberté* avril 1962, n° 22, pp. 239-240. Le 26 février 1955, Borduas avait aussi fait une mise au point à propos d'une controverse semblable avec Leduc, «Objection ultime et fulgurante», de Borduas, parut le 12 mars 1955 dans *L'Autorité du peuple* de Saint-Hyacinthe.

209. Charles Delloye, «Témoignage», *Situations,* mai-juin 1961, vol. 3 n° 3. p. 72.

210. Paul Gladu, «Les Pastels de Jérôme à la Galerie Libre — Un poète de la lumière et un magicien du mouvement», *Le Petit journal,* 6 novembre 1960, p. 96.

211. Claude Gauvreau, «Paul Gladu, tartuffe falsificateur», *Situations,* jan.-fév. 1961, 3ᵉ année, n° 1, p. 45. Pour un résumé de la querelle entre automatistes et plasticiens au Québec, voir Normand Thériault, «La Peinture québécoise revécue à Terre des Hommes», *La Presse,* 13 juin 1970, p. 42.

212. Claude Gauvreau, «Dimensions de Borduas», *Liberté,* n° 22, avril 1962, p. 228.

213. Claude Jasmin, «Borduas et Riopelle chez Agnès Lefort», *La Presse,* 25 septembre 1965, p. 23 du supplément.

214. Cité par Donald W. Buchanan, Catalogue de 1960.

215. Nous étudierons au prochain chapitre le rôle de la revue *Situations* en rapport avec l'automatisme.

216. C. 1933. Bennett est au pouvoir de 1930 à 1935. Cf. Description romancée dans Jean-Jules Richard, *Journal d'un hobo,* pp. 270 ssq.

217. Pierre Saint-Germain, «Au fil des lettres — l'écrivain hobo J.-J. Richard dit que l'art c'est la chair», *Le Petit journal,* 8 août 1948, p. 40.

218. Jean-Jules Richard, *Neuf jours de haine,* pp. 265-266.

219. Id., *Ibid.,* p. 164.

220. André Malraux, *La Condition humaine,* in *Romans,* pp. 354-355 et 405-406.

221. Jean-Jules Richard, *Neuf jours de haine,* p. 282, Récit semblable, dans *Ville rouge,* pp. 282-283.

222. Id., *Neuf jours de haine,* p. 237.

223. Id., *Ibid.,* pp. 199-201.

224. Id., *Ibid.,* pp. 251-252, 289.

225. Id., «Qu'est-ce qu'elle dit», *Ville rouge,* p. 204; *Journal d'un hobo,* p. 121.

226. Id., «Prélude en si mineur», *Ville rouge,* p. 53. Une autre description d'hallucinations dans *Carré Saint-Louis,* pp. 91-121.

227. Id., *Neuf jours de haine,* p. 145.

228. Id., *Ibid.,* p. 143.

229. Id., *Ibid.,* p. 71. Le conte «L'Homme à sept têtes» (*Situations,* mars 1959, vol. 1, n° 3, p. 28) où justice est rendue contre le tyran du pays d'Acabec et de la province de Quémagog, tyran à sept têtes trahi par les joailliers de sa septuple couronne, est plutôt fantaisiste que fantastique.

230. Id., *Journal d'un hobo,* p. 32.

231. Id., *Ibid.,* pp. 32-33.

232. Id., *Neuf jours de haine,* p. 199.

233. Jean-Jules Richard, directeur, et Jean-Maurice Laporte, administrateur, «Introduction», *Place publique,* n° 1, 1951, p. 3.

234. *Time,* 1er janvier 1951; cité par Jean-Jules Richard, «la Seule guerre permise», *Place publique,* n° 1., février 1951, p. 5 et *Time,* 16 oct. 1950, cité par Jean-Jules Richard, *Ibid.,* p. 4, note 1.

235. *Le Jour,* 18 déc. 1943, p. 5; introduction de Pierre Gélinas.

236. Jean-Jules Richard, «Le Rocher noir», *Ville rouge,* p. 11.

237. Lettre de Paul-Émile Borduas à Jean-Jules Richard, «le 18 hêtre-frêne-chêne, (février) de l'an 2 à notre règne» (1950); *La Barre du jour,* nos 17-20, p. 45.

238. Claude Gauvreau, *Dix-sept lettres à un fantôme,* lettre du 4 mars 1950, pp. 1-3 (inédite).

239. Jean-Jules Richard et Jean-Maurice Laporte, «Introduction», *Place publique*, n° 1, 21 février 1951, p. 3.

240. Sauf Marcel Barbeau, en réponse à un article de Rémi-Paul Forgues qui dévoilait au public la déchirure qui allait s'accentuant dans ce qu'il appelle l'École de Saint-Hilaire. Cf. Rémi-Paul Forgues, «À propos des peintres de l'École de Saint-Hilaire», *Place publique*, n° 2, août 1951, p. 24 et Marcel Barbeau, «Réponse à Rémi-Paul Forgues», *Ibid.*, n° 3 mars 1952, p. 40.

241. Jacques Ferron, *Du fond de mon arrière-cuisine*, p. 246.

242. Jacques Ferron, *Historiettes*, pp. 176-177. Il a aussi écrit une saynète «Du refus global à l'acceptation sans vergogne» que *Place publique* refusa de publier (Cf. Claude Gauvreau, «L'Épopée automatiste vue par un cyclope», p. 85).

243. Cf. interview de Jean Marcel, *Jacques Ferron malgré lui*, pp. 19-20 et Jacques Ferron, «Adieu au P.S.D.», *La Revue socialiste*, n° 4, été 1960, pp. 7-14.

244. Il y eut auparavant, hors commerce, *Jérôme Salvarsan*, roman.

245. Jacques Ferron, «le Permis de dramaturge», *La Barre du jour*, juillet-décembre 1965, vol. 1, nos 3-5, p. 66. Repris dans *Du fond de mon arrière-cuisine*, p. 209.

246. Jacques Ferron, *La Barbe de François Hertel*, pp. 12-14.

247. Il blâmera par exemple Gauvreau d'avoir dit, à propos d'une pièce de Paul Toupin (Claude Gauvreau, «Première canadienne — le théâtre chicané de Paul Toupin», *Le Haut-parleur*, 17 fév. 1951, pp. 1, 4 et 5) des mots sympathiques sur Montherlant. Ferron s'en prend aux anciennes sympathies de Montherlant et de Toupin pour le fascisme («Lettre ouverte à Claude Gauvreau — sur les vaches», *Le Haut-parleur*, 3 mars 1951, p. 4; reprise le 7 avril 1951, p. 4). Mais il prend plus tard la défense de Claude Gauvreau accusé (?) de «surréalisme» par un chroniqueur de *Radio-monde* («Marcel Larmec et le surréalisme», *Le Haut-parleur*, 5 mai 1951). Voir réponse de Toupin, in lettre de Toupin à Gauvreau, *Le Haut-parleur*, 7 mars 1951, p. 2.

248. Alain Pontaut, «Jacques Ferron — Chénier a eu tort: il n'avait pas lu Guevara», *La Presse*, 3 février 1968, p. 24, c. 4.

249. Jacques Ferron, «Saint Tartuffe», in *Historiettes*, pp. 68-69.

250. Id., *Théâtre I*, «Les Grands soleils», Montréal, Déom, 1968.

251. Réginald Martel, «l'Ami impitoyable des Québécois», *La Presse*, 21 décembre 1968, p. 23, c. 5.

252. Id., *Ibid.*

253. Jean Marcel, *Jacques Ferron malgré lui*, pp. 13-14.

254. Cf. Gaston Miron, *l'Homme rapaillé*, p. 155.

255. Toutes les publications portant sur le parti Rhinocéros ont été éditées dans un ouvrage à l'humour grinçant: *Le Parti Rhinocéros programmé*.

256. Jacques Ferron, »Refus global», *l'Information médicale et para-médicale*, vol. XI, n° 11, 1959.

257. Id., «Paul-Émile Borduas», *Situations*, vol. 2, n° 1, 1960, p. 21.

258. Id., *Historiettes*, p. 179.

259. Id., *Du fond de mon arrière-cuisine*, p. 211; cf. p. 246.

260. André Pouliot, *Modo Pouliotico*, p. 3.

261. Claude Gauvreau, «L'Épopée automatiste vue par un cyclope», p. 81.

262. André Pouliot, *Modo Pouliotico*, p. 8.

263. Id., *Ibid.*, p. 25.

264. Id., *Ibid.*, p. 33.

265. Id., *Ibid.*, p. 40.

266. Id., ««Cows» que tu dis???», *Situations*, juil.-août 1959, vol. 1, n° 6, pp. 42-43.

267. Id., «Essor et délivrance», *Situations*, vol. 1, n° 6, juil.-août 1959, p. 5.

268. Il joue un rôle dans *Bien-être* de Claude Gauvreau et dans *Une pièce sans titre* de Jean Mercier (T.J. Maeckens). Cf. *L'Envers du décor*, vol. 6, n° 5, mars 1974, p. 3.

Chapitre V
Le Surréalisme
en question et en jeu

Le surréalisme sera mort quand il ne produira
plus — dans ses filiations diverses — des fruits
originaux et authentiques, et quand il aura été
dépassé par un autre mouvement de pensée plus
progressif et plus *dynamique.*

Claude Gauvreau[1]

Pellan et Borduas quittent tour à tour Montréal. Le premier pour
Paris, en 1952. Le second pour New York d'abord, en 1953, et pour Paris
ensuite. Ils allongent ainsi une liste importante d'exils qui sont entraînés
par le climat de plus en plus répressif des années cinquante.
Avec le départ des deux maîtres, les champs magnétiques sont alté-
rés. On verra apparaître alors, de 1953 à 1963, une nouvelle génération
où se fait une mise en question du surréalisme — c'est-à-dire que le
surréalisme ne va plus de soi, qu'on en discute ou qu'on en poursuive
l'expérience. Un premier foyer, le groupe de l'Hexagone, n'aura que peu
de rapports avec le surréalisme en général, mais prendra la relève d'Erta
en rééditant certains des recueils parus aux éditions de Giguère. Deux
autres foyers, les éditions Quartz et Orphée, regrouperont des auteurs
qui revendiquent l'amitié, l'influence ou la parenté de Borduas ou de
Gauvreau.
Puis ce sera une autre génération, celle des années soixante, où
naîtront des mouvements comme le Nouvel âge, l'Horloge, le Zirmate et
l'Opération Déclic qui d'une part revendiquent cette parenté de Gauvreau
ou de Borduas mais d'autre part feront dire à Gauvreau lui-même que
«l'automatisme est maintenant dépassé»[2]. Le surréalisme cède à autre
chose, devient autre chose; durant cette période, il a exercé une influence
diffuse un peu partout, mais nous ne retenons que les mouvements, les
événements, les oeuvres qui paraissent avoir une signification particulière
par rapport à lui.

A. De l'Hexagone à «Situations»

1. L'Hexagone

Durant les expositions avant-gardistes qui suivent *Refus global* et
Prisme d'yeux, les publications sont rares. Il est cependant un groupe
dont il faut parler, groupe formé à l'origine de six membres et qui prendra
le nom d'Hexagone[3]. Le lancement du premier ouvrage se fait en 1953; il

fely, qui assiste au lancement, se lie d'amitié avec Miron et il s'opérera dès les débuts de l'Hexagone un rapprochement entre les amis de Haeffely et ceux de Miron, soit entre Erta et l'Hexagone. L'Hexagone est-il surréaliste? Non. D'abord, il est entendu au point de départ que l'Hexagone n'est pas une école. Le groupe tient précisément son nom de la diversité de points de vue de chacun des six fondateurs[4]. Il est remarquable, cependant, qu'on y retrouve assez tôt des auteurs publiés jadis chez Mithra-Mythe (Paul-Marie Lapointe)[5] ou chez Erta (Horic, Hénault, Giguère lui-même). D'où la tentation de parler de l'Hexagone quand il est question de surréalisme.

Les Influences
Il ne semble pas que l'Hexagone ait de «maître» au départ. Mais on note sur ce groupe le prestige considérable de Grandbois. L'Hexagone fait connaître de lui *L'Étoile pourpre* en 1957. Puis, *Liberté* lui consacre un numéro[6] et l'Hexagone réédite son oeuvre entière[7]. Ce qui fait dire à Pierre de Grandpré que «les jeunes poètes du post-surréalisme canadien-français ont rendu hommage à leur chef de file et au plus important de leurs devanciers»[8].

On note aussi l'influence évidente de Paul Éluard et de René Char, influence qui semble rattachée à l'arrivée de Jean-Guy Pilon; se plaçant sous l'égide du recueil *Les Matinaux* de Char, l'Hexagone fonde une collection du même nom et Pilon obtient de Char (partisan, ami et héritier littéraire d'Éluard) un avant-propos pour *Les Cloîtres de l'été*[9]. Il y a encore l'influence sur l'Hexagone de Paul-Émile Borduas, comme nous l'apprend l'un de ses fondateurs, Louis Portugais[10], sans parler de celle de Jarry et d'Éluard sur Portugais lui-même si l'on en croit son ami Patrick Straram[11]. Mais ces rapprochements hâtifs, concernant explicitement Pilon et Portugais, ne sont pas suffisants pour parler du surréalisme de l'Hexagone.

La Poésie et nous
Il faut se référer à *La Poésie et nous,* recueil des conférences de la première Rencontre des écrivains où les auteurs de l'Hexagone jouent un rôle de premier plan, pour vérifier l'importance du surréalisme dans leur poétique. Voyons principalement les textes de Gilles Hénault, Michel Van Schendel et Yves Préfontaine.

Gilles Hénault révèle une très grande influence sur lui des surréalistes européens, principalement de ceux qui furent les plus politiquement engagés. Mais il démontre en même temps combien il entend prendre de distance avec eux par le fait que leurs engagements sont trop immédiate-ment rattachés à des situations européennes — on se souvient du refus de Borduas de signer *Rupture inaugurale.* Hénault dit:

> *Je pense en particulier aux derniers poèmes de Desnos, à des poèmes*
> *d'Éluard, d'Aragon, de Loys Masson, de Seghers, de René Char, de Pierre*

Emmanuel, de Prévert, de Marcenac et de cent autres. Ce ne sont pas seulement des poèmes engagés, ce sont des poèmes datés — poésie '45, '46, '47. Certains sont à la fois un avertissement et un dernier appel. On me dira que ce n'est pas si simple. L'histoire ne conditionne pas tout. Vous oubliez, me direz-vous, tous ceux qui ont continué à écrire de beaux poèmes très gratuits, très purs. Vous oubliez que Tristan Tzara était Roumain et non pas Français; vous oubliez que les recherches d'Engels et de Freud précèdent la révolution surréaliste; vous oubliez l'amour. Je n'oublie rien de tout ça. Je n'oublie pas non plus le révolver de Jarry, ni les manifestes, ni les médailles que Prévert s'accrochait au pantalon pour marquer son mépris des décorations. J'irai même jusqu'aux tables tournantes, si l'on veut.

Ce que j'entends souligner, c'est que la filiation se fait ici strictement sur le plan de la littérature. Nous voyons surgir devant nous ces étranges floraisons sans participer réellement à l'esprit qui les fait naître (...).

Pourtant, nos racines profondes sont dans notre vie à nous, et c'est pourquoi nous comprenons mal parfois les démarches des poètes français, et nous refusons de les suivre sur le terrain de leur engagement[12].

Sur place, on trouvait donc une tradition, tradition que Michel Van Schendel[13] décrit en soulignant, dans *La Poésie et nous,* l'aspect de recherche de la poésie automatiste québécoise. Mais, partisan de la littérature de combat, il prend soin de mettre des réserves:

La culture n'existe qu'en ruant dans les brancards. La poésie en apporte le témoignage, et c'est par rapport à ce témoignage qu'il convient de juger l'oeuvre de St-Denys Garneau, d'Alain Grandbois, d'Anne Hébert, les efforts des surréalistes et des automatistes (...).

À partir de cet instant, où les digues étaient rompues, il fallait que le flot allât jusqu'à son terme. L'entreprise de libération du langage ne pouvait plus être contenue. Il me semble que c'est ainsi qu'il faut comprendre les expériences automatistes. On peut ne pas aimer les quelques oeuvres publiées par des automatistes, mais on ne peut pas leur contester au moins un mérite: celui d'avoir engagé la poésie canadienne dans la voie des recherches (...).

Le principal mérite des Automatistes est d'avoir créé un laboratoire du mot, où serait éprouvée sa densité, sa puissance de suggestion, et où il serait loisible d'étudier les réactions du langage et de la sensibilité canadienne.

Je pense à deux oeuvres marquantes de cette tendance, deux oeuvres qui n'ont rien en commun sauf le recours aux mêmes techniques de base; Sur fil métamorphose *de Claude Gauvreau et* Le Vierge incendié *de Paul-Marie Lapointe (...).*

Jamais sans doute la grande révolte des poètes canadiens contre le vers régulier n'a été aussi totale que dans les deux volumes de Claude Gauvreau et de Paul-Marie Lapointe[14].

Cet héritage local qu'est la poésie automatiste, c'est encore celui qui l'a pratiqué le premier, bien avant de se joindre à l'Hexagone, Gilles Hénault, qui en décrit le mieux les dimensions aux participants du colloque de l'année suivante. Il résume en trois paragraphes les notions essentielles de sa poésie, paragraphes où on reconnaît bien les idées antérieurement brassées dans l'entourage de Borduas que fréquentait Hénault au temps du *Théâtre en plein air:*

Éclatement des schèmes de la pensée, mise à nu du subconscient, dynamitage à coeur ouvert, refus du descriptif et du narratif, retour aux sources

philosophiques du mouvant, à la prise de conscience du devenir héraclitéen,
hypotasie de l'imaginaire, telles sont quelques-unes des caractéristiques du
mouvement poétique contemporain (...).
L'automatisme se justifiait ainsi: le «moi» conscient et inconscient draine
les courants poétiques, les perceptions enrobées dans leur gangue sensorielle
pour les projeter en images, en signes et en structures dont la lecture, ou
plutôt la perception par une autre sensibilité révèle une expérience globale,
absolue.
Cette attitude, bien que très subjective, révolutionnait à la fois la poésie
et le langage. Elle établissait entre ces deux éléments, un rapport de vases
communiquants, tout en maintenant entre eux une distance, qui allait per-
mettre de faire du langage en soi la matière et le lieu de toutes les transfor-
mations[15].

Yves Préfontaine, lui, dans *La Poésie et nous*, montre qu'il se range
aussi derrière René Char (dont on sait qu'il soutient Breton contre les
surréalistes-révolutionnaires) et dénonce les formes trop explicites du
militantisme de poètes comme Aragon. De même que Wilfrid Lemoyne,
qui dit: «j'y tiens, ce n'est pas toujours la poésie dite *sociale* qui, en fin de
compte, cause le plus d'émoi social»[16], Préfontaine dénonce le Césaire
devenu partisan pour se référer de préférence à Artaud. Prônant une
poésie de l'homme, il explique ce qu'il entend par là:

S'agit-il de l'Homme dont nous parle Antonin Artaud, «L'Homme
écartelé dans l'espace, l'Homme aux bras ouverts, invisibles, cloué aux
quatre points cardinaux»[17], ou de l'homme être social (...)?
René Char nous disant «je ne plaisante pas avec les porcs»[18], ou «je suis
l'imbécile des cendres bien froides qui croient à un tison quelque part sur-
vivant»[19], — ne vise pas nécessairement quelque adversaire sur un plan
politique, quelque impitoyable bourreau de l'homme quotidien, — ne songe
pas inévitablement à une révolution sociale. (Même si celle-ci urge tragique-
ment). Les problèmes sociaux sont affaire de sociologie, non de Poésie. Et s'il
doit y avoir engagement du poète et de la Poésie, je ne crois pas que ce soit
sur un plan social, mais sur le plan de l'esprit, «de ce cri de l'esprit qui retour-
ne vers lui-même, bien décidé à broyer désespérément ses entraves»[20] (...).
Lier la poésie indissolublement au social comme il est de mise aujourd'hui
pour certains, est une erreur qui en plus d'être grossière dénote un infantile
besoin de prouesses dialectiques radicalement spécieuses, du genre «l'homme
étant un être foncièrement social, la poésie, moyen d'expression humain, ne
peut qu'exprimer le contexte social où elle s'épanouit», etc., etc. (Aimé
Césaire est un géant quand il fait rutiler les images au creuset de son poème,
non quand il se préoccupe de fraternité sous le drapeau rouge)[21].

Il ne faut pas être surpris de ce que *Boréal*, publié par Préfontaine
l'année même où il prononçait ces paroles, soit un pur voyage aux enfers
du pays des neiges. Il recourt à la révolte de Rimbaud, décrivant l'enfer
des glaces et leur cauchemar, comme pour apprivoiser à sa manière le
paysage et la parole[22].

Mais on reconnaît difficilement le Préfontaine des premières années
dans une lettre refusée en 1960 par *Le Devoir* et publiée par *Liberté*:
«Étudiants québécois, commencez donc dès maintenant d'accumuler des

armes et des grenades. Vos confrères européens et sud-américains ne vous font pas un peu honte qui renversent des gouvernements et sauvent des peuples du sommeil et de la mort?»[23] Préfontaine semble avoir opté désormais pour Marx.

Il n'est donc pas étonnant de voir Préfontaine préfacer un recueil, cette même année, de ces mots de révolte: «Assez d'une littérature de fond de tiroir. Il s'agit de manifester. Ou alors, que règne *leur* silence sur notre aphasie d'abouliques»[24]. Il s'est opéré un virage[25]. «Assassine ce mythe»[26], disaient les derniers mots de *l'Antre du poème*. Le voyage aux enfers est terminé. Pour Préfontaine, les temples sont effondrés et de l'antre est revenu à la lumière un Orphée qui déclare: «Quant au rôle du poète, je précise qu'il n'éveille plus en moi l'illusion religieuse (...). La magie, poétique ou autre, n'a d'efficience sociale directe que chez les peuples archaïques»[27]. C'est pourquoi, de *Refus global* qui disait: «Place à la magie!» Préfontaine put dire, en prenant lui aussi ses distances:

> Refus global *est dépassé, c'est entendu.* Mais Refus global *reste une borne lumineuse dans une ténèbre intellectuelle, un désert de l'esprit qui se contemplait avec béatitude et mansuétude, où la plus vigoureuse des bêtises encensait les plus cauteleux des pouvoirs*[28].

Miron

La pensée de Gaston Miron sur les surréalistes européens ou sur les automatistes québécois ne s'exprime pas de façon tellement différente de celle des Hénault, Van Schendel ou Préfontaine. On l'a vu, les amitiés de l'Hexagone pour les surréalistes allaient plutôt vers les surréalistes engagés, sans aller jusqu'au surréalisme-révolutionnaire.

On demanda un jour à Miron de décrire sa bibliothèque idéale. Le fondateur de l'Hexagone et directeur de la collection «Les Matinaux» nomma Rutebeuf, du Bellay, Éluard et Frénaud. À propos d'Éluard, il précise le motif de son choix. Ses raisons sont toutes en rapport avec la deuxième manière d'Éluard:

> *En novembre 1946, Paul Éluard perdait brutalement sa femme, Nush. Son désespoir fut grand. À la suite de ce malheur, il publia, l'année suivante, un recueil intitulé:* Le Temps déborde. *C'est aux poèmes de cet ouvrage que je m'attache au cours de cet été qui tourne et fuit. Encore ici je me projette. Je revis mon désespoir. Je me souviens du printemps et de la fille que j'aimais et qui m'a quitté (...). Éluard a éprouvé ces sentiments-là au plus haut degré. On se croit toujours seul à souffrir. Éluard n'a-t-il pas dit que la poésie était pratique? Aussi, le lisant, je reçois un enseignement. Je le vois évoluer des limites du malheur à la vie de tous. À son exemple, c'est dans cette direction que je m'engage, car je vis toujours. Pour trouver, comme lui, les camarades et une fraternité*[29].

C'est donc à Éluard deuxième manière qu'il s'identifie, à Éluard politiquement engagé, plutôt qu'à celui des révoltes pures. En 1957 et 1958, d'ailleurs, comme nous l'avons dit à propos de Jacques Ferron,

Miron s'était porté candidat au Parti social démocratique avec Thérèse Casgrain, Michel Chartrand et Ferron[30]. On ne doit pas se surprendre si pour lui *Refus global* est une date importante et s'il prend ses distances avec le manifeste de Borduas:

> *Hors Marcel Dugas et Jean-Aubert Loranger, nous ne pouvons nous trouver de précurseurs valables (...). Il revient à deux grands poètes, Alain Grandbois et Saint-Denys Garneau, d'élever la poésie chez nous au niveau des préoccupations contemporaines (...).*
>
> *Jusqu'en 1948, mis à part Regards et jeux dans l'espace et Les Iles de la nuit, nous assistons à des efforts isolés, des essais timides, non aboutis et à des récurrences de l'ancienne poétique (...).*
>
> *Cette année 1948 voit paraître Refus global. Indépendamment de certaines intentions qui l'inspirent et que je ne partage pas d'emblée, ce manifeste est une date. En propos de violence, de révolte, de refus, mais aussi de revendication, il ébranle, sans encore leur porter le coup mortel, nos dogmatismes, nos sentimentalismes, nos académismes, et le requisitoire embrasse tout l'homme et toute la vie (...). Deux poètes ont illustré de façon exemplaire et personnelle, c'est-à-dire concernée, cette poussée du moment: Claude Gauvreau, dont le principal de l'oeuvre n'est malheureusement pas encore édité, et Paul-Marie Lapointe, dont Le Vierge incendié n'a pas fini de nous hanter. Avec le recul nécessaire, il apparaît que le mouvement de Refus global n'a pas eu les répercussions attendues par ses promoteurs, du moins en littérature (...).*
>
> *La constellation des poètes de 1953 va poursuivre cet effort, l'affermir et l'agrandir, lui donner une réalité collective et nombreuse[31].*

2. Liberté 1959-61

Avant d'aborder d'autres maisons d'édition qui ont côtoyé l'Hexagone, il convient de dire un mot de la revue *Liberté* qui a été longtemps identifiée comme une édition de l'Hexagone. Même si, en réalité, les conseils d'administration de *Liberté* et de l'Hexagone sont autonomes, il est notoire que certaines personnes siégaient aux deux conseils (Pilon, Carle...) et ont contribué à donner aux deux maisons un esprit commun, celui de viser à l'identification du peuple québécois par la libération de la parole.

Liberté paraît en janvier 1959 et se présente jusqu'en 1961 comme publication de l'Hexagone[32]. La revue est sympathique aux peintres et aux poètes québécois dont nous avons démontré qu'ils subirent l'influence du surréalisme. Par exemple, à la mort de Borduas, Jacques Godbout écrit: «Le phénomène Borduas dépasse la peinture. En ce pays où les chefs n'ont pas d'enfance parce qu'ils n'ont pas de parents, le maître à penser, le maître à vivre est un phénomène de génération spontanée; une fusée, un feu d'artifice»[33].

Plus tard, après sa séparation d'avec l'Hexagone, *Liberté* continue d'honorer Borduas. Par exemple, les numéros 19-20 allaient publier un inédit de Borduas et les témoignages sur lui de Robert Élie et André Jasmin[34]; le numéro 22 est consacré pour un tiers à la correspondance de

Paul-Émile Borduas et Claude Gauvreau[35] et les numéros 59-60 portent comme titre principal: «Le Refus global vingt ans après».

L'étude de *Liberté* des années 59-60 autant que celle de l'Hexagone nous amène à conclure que les deux n'ont du surréalisme et de l'automatisme que des traces diffuses. Et encore ces traces les apparentent-elles au surréalisme-révolutionnaire plutôt qu'au surréalisme de Breton. Surtout dans la mesure où l'Hexagone a pris le relève d'Erta.

3. Éditions occultes

Certaines petites maisons d'édition ont eu bien peu de publicité et n'ont jamais obtenu auprès du public québécois la renommée de l'Hexagone. Il faut songer particulièrement ici aux éditions Orphée et Quartz. Nous leur devons cependant beaucoup. Elles ont fait circuler des oeuvres jusqu'alors connues des seuls initiés des cafés fréquentés par les Artistes: La Hutte suisse, La Petite Europe ou l'Association espagnole.

Il convient donc de jeter un coup d'oeil sur les publications de ces éditeurs-artisans que sont André Goulet (Orphée) ou Klaus-Spiecker (Quartz), pour ne nommer que ceux qui nous concernent de plus près. Ce Goulet chassé de Sainte-Marie pour avoir fréquenté les automatistes et les radicaux espagnols exilés par Franco; ce Klaus-Spiecker que Borduas avait admis parmi les exposants de «la Matière chante».

Quartz

Les éditions Quartz ont fait paraître des recueils de Jean-Paul Martino (dont la première oeuvre avait été publiée chez Erta), Diane Pelletier-Spiecker, Kline (Micheline) Sainte-Marie, Michèle Drouin et Peter Byrne.

En 1958, Klaus-Spiecker édite, de Diane Pelletier-Spiecker, *les Affres du Zeste,* dont il fait aussi les illustrations, selon la tradition héritée des surréalistes.

> *Je danserai à la mémoire-délire[36]*
> *et qu'à l'ivresse du temple esprit*
> *ma voix languisse*
> *et acrobate vers une lourdeur somnolente[37].*

Délire, ivresse, sommeil sont ici les voies du dépaysement recherché, comme dans un autre recueil de Quartz, les *Poèmes de la sommeillante* de Kline Sainte-Marie[38]. On aura noté, chez Pelletier-Spiecker, l'emploi du nom (acrobate) comme verbe, ainsi que le faisait Gauvreau et que le fera Martino. Plus loin, des expressions comme «le cauchemar s'ouvre au cri du sommeil»[39] et «au plein du vol je chute tel le cri de l'oiseau»[40] exploitent ce même thème de la période surréaliste des sommeils. Ils exploitent aussi le style «exploréen» de Gauvreau... sans aller jusqu'à la parfaite abstraction des *Jappements à la lune.*

Dans *la Duègne accroupie,* de Michèle Drouin, on retrouve aussi des images qui évoquent la poésie de Gauvreau; mais il ne s'agit plus de la même violence verbale que dans *Étal mixte* ou *Les Boucliers mégalomanes;* on pense surtout à des titres comme «l'Ombre sur le cerceau», dans *Refus global:*

> parole vaine à l'ombre de l'aisselle
> et qui fait un bruit de robe qu'on retire
>
> je plains celle qui fut un rigide cerceau
> le chien savant immanquablement fait le bond
> qui fait foi
> de la valeur du dompteur
>
> ma tempe qui fut un cerceau non pas
> celui qu'ont les filles à leurs hanches
> mais celui perdu et retrouvé des prestiges
> affolants
>
> eût-il fallu que le cerceau roula (sic) jusqu'à
> l'abondance de la mer[41].

Les éditions Quartz ont donc donné la chance à certains poètes, influencés par Gauvreau ou par Artaud, de se faire connaître. À vrai dire, Martino, dont nous avons parlé au chapitre précédent, est le seul qui jusqu'à maintenant ait vaincu un tant soit peu l'occultation qui frappe les éditions Quartz.

Orphée

La maison d'André Goulet est mieux connue que Quartz. Elle est plus ancienne et plus prolifique. De plus, les presses artisanales de Goulet éditent aussi la revue *Situations* et les premières parutions des éditions Delta/Canada, l'Estérel, l'Obscène Nyctalope.

Goulet a contribué pour beaucoup au rapprochement des éléments avant-gardistes qui furent trop souvent déchirés par des idées inutilement sectaires[42]. Dans une liste impressionnante de productions, on trouve chez Orphée des collaborateurs à la fois disparates et semblables, Jacques Ferron, Yves préfontaine, Claude Mathieu[43], Jean-Claude Dussault, Gilles Groulx, Gérald Robitaille[44], Louis Geoffroy, Ronald Després[45] et Claude Gauvreau[46]. Nous avons déjà abordé certains d'entre eux et il sera question de Geoffroy à propos de l'Opération Déclic. C'est le moment d'étudier ici, occasionnellement regroupés autour d'Orphée, Dussault, Groulx et la revue *Situations*.

Jean-Claude Dussault

Jean-Claude Dussault s'était mis en contact avec Claude Gauvreau le jour où parut le dernier article de la polémique entre Gauvreau et Saint-Germain dans *Le Petit journal,* le 18 décembre. Jean-Claude Dussault lui écrit à la fois pour l'appuyer et pour lui demander des éclaircissements sur l'automatisme, sur la poésie, sur la culture contemporaine. La correspondance dure jusqu'à la dix-septième lettre de Gauvreau, le 10 mai 1950, alors qu'on se donne rendez-vous et que commence la participation de

Dussault aux activités des automatistes. Les *Dix-sept lettres à un fantôme* furent pour Dussault l'occasion d'un profond déblocage[47]. Dans la dernière lettre de Gauvreau à Dussault, qui lui demandait de l'incorporer au mouvement, Gauvreau répond:

> *Je n'ai aucune autorité pour «incorporer» qui que ce soit dans quelque mouvement que ce soit (...).*
>
> *Comment pensez-vous donc que ce «mouvement» existe? Évidemment, par les rencontres fortuites d'individus ayant des aspirations apparentées. Le mouvement s'est développé par des échanges, des conversations, des discussions, des manifestations, des initiatives individuelles — rapports qu'il serait inimaginable de systématiser.*
>
> *Le décor humain se renouvelle constamment.*
> *Partent ceux qui sont las; arrivent ceux qui ont de l'espoir.*
> *Restent ceux qui sont conscients et forts.*
> *Nos portes sont ouvertes à tous. Ce n'est pas nous qui décrétons si tel individu fait partie du mouvement surrationnel; c'est chaque individu qui décide pour soi de sa participation au mouvement (lequel mouvement est impersonnel).*
>
> *Bien sûr, ceux que notre mouvement intéresse ne sont pas toujours très à l'aise pour aborder ceux qui constituent déjà le noyau. La fondation d'une Centrale (autre cher projet) simplifierait grandement cette complication[48].*

Les *Dix-sept lettres à un fantôme* sont un document précieux sur l'histoire de l'automatisme, et nous y avons puisé abondamment. Elles sont précieuses, évidemment, pour connaître le point de départ de l'écrivain Jean-Claude Dussault, dont Gauvreau disait qu'il fut son «premier disciple»[49]. Dès le 13 janvier, Gauvreau écrit à Dussault:

> *Il faut écrire et encore écrire! Écrivez en pleine générosité! Advienne que pourra! Mettez en pratique l'excellente découverte de Borduas, à savoir que «la conséquence est plus importante que le but»[50].*

Effectivement, durant cette année 1950 où il fut, à compter du 10 mai, de toutes les soirées automatistes (principalement à la Hutte suisse avec Claude Gauvreau, Barbeau, Mousseau), Dussault écrivit ses premiers poèmes automatistes. Malheureusement, la plupart de ces poèmes furent détruits par la suite, faute d'éditeur. Seuls subsistent les poèmes que lui arracha presque André Goulet et qui furent publiés dans la première partie de *Proses,* sous le titre «Tant... que merveilles!», tiré d'une phrase médiévale. D'autres ont paru dans le journal *Le Haut-parleur*[51].

Les poèmes du *Haut-parleur* évoquent de toute évidence un choc ressenti par Dussault au contact des automatistes. Choc esthétique, entre autres, si on considère la mention deux fois répétée du baroque dans ces poèmes:

> *Balançons l'épimonde en un renversier baroque,*
> *Les heures en grappes dégoutent (sic)*
> *L'impondérable jus d'un mystère*[52].
>
> *Transplantation des muqueuses à propriétés baroques*
> *La sueur imprègne l'enthousiasme des initiés*

à la racine des yeux
Ma puissance suffira-t-elle à relever le défi
de ces inconnus?[53]

Déjà l'imagerie automatiste de Dussault se charge de scènes sacrées qui hantent ses recherches: oraison, sacrifices...

Communication de chair et d'âme
Les parapets de l'oraison cueille en vain l'aisselle[54].

Mystification,
Chanson banale en duvet sur les lèvres
Au réflexe angoissé de l'esprit se pose le problème
insoluble de l'évasion pour une même réalité
Stagnation des âmes toutes surprises de leur solitude[55].

Le grand-prêtre crève les yeux de l'enfant-chat
La momie décrit des volutes par la magie de
ses bandages
Mais je ne peux percevoir le fond de la scène
Variations prosternales
Craquements de genoux offerts en hommage à la négation[56].

Mise en question de l'ère chrétienne, retour au point zéro pour refaire une civilisation nouvelle, considération du désir comme maillon essentiel de l'oeuvre d'art, tels sont les thèmes de «Tant... que merveilles!»

J'ai remis à zéro
      la roue
                  folle d'avoir tourné.
Repenser le désir.
      Filets, rapatriez vos noeuds
Naissent les langueurs au miroir[57]
Relent
            des cathédrales qui se devinent,
                        froisse la terre.
L'éternité promulgue.
Regénérer les sphinx en mirages;
      les sbires au désert montent la garde[58].

Ces images poétiques sont essentiellement rattachées à la vision de Mabille sur la fin d'un égrégore et le début d'un nouveau. Or, en marge de son expérience automatiste, Dussault découvre la philosophie orientale dont le spiritualisme est en nette contradiction avec le monisme athée des automatistes. Avant même de les rencontrer, il écrivait:

J'étudie l'histoire des vieilles civilisations, plus particulièrement de
l'Inde. J'y trouve des marques de barbarie bien décevantes (le culte de Civa,
les Thugs assassins). J'y découvre aussi la mystique assez troublante qui
consiste à tuer toutes les passions et à vivre dans la contemplation[59].

L'expérience hindoue côtoie donc l'expérience surrationnelle, mais de façon encore bien superficielle. C'est cette expérience qui est à la source du «Conte indien» paru dans *Situations*[60]. Cette expérience se retrace aussi dans les images suivantes, pourtant extraites de «Tant... que merveilles!»:

> *La pythie parle dans l'encerclement*
> *des prophètes,*
> *tisse les haines.*
>
> *Science d'avoir vécu sous le coup d'un secret;*
> *je continue l'échec de la révolte[61].*
>
> *Cavités à l'éclosion des réminiscences.*
> *Ne furent les grimaces que des chiens de faïence,*
> *Prisez le haschich:*
> *relent de chanvre indien dit*
> *L'immortel[62].*

Ces images de pythie, de prophétie, de chanvre indien, de science occulte, sont peut-être, à l'origine, une tentative d'interprétation du monde par le mythe hindou, comme d'autres le faisaient par le mythe indien d'Amérique. Mais, durant l'année 1950-1951, Dussault est à Paris où il passe de longues heures à la Bibliothèque nationale, découvrant René Guénon et son *Introduction à l'étude des doctrines hindoues*. À partir de ces lectures, Dussault enre en contact avec les gens du milieu de Guénon. C'est pourquoi *Proses,* à compter de la deuxième partie, confond l'expérience hindoue et celle du surréalisme automatiste. Le recueil suivant, *Le Jeu de brises,* ne traduit plus que l'état d'esprit de la religion hindoue.

On comprend qu'un critique ait comparé la poésie de Dussault, dans *Proses,* à celle de René Daumal et de René Gilbert-Lecomte[63]. Ces poètes de la revue *Grand jeu* avaient, longtemps avant Dussault, une démarche similaire, passant du surréalisme au divinisme hindouïsant. Mais c'est la démarche de Guénon que Dussault a suivie, passant même comme lui de la culture hindoue à la culture islamique (puisque l'intégration à l'hindouisme n'est possible qu'à la condition d'appartenir par naissance à une caste).

De l'intérêt de Dussault pour l'Islam naît *Sentences d'amour et d'ivresse;* la première partie des *Sentences* est une traduction libre de textes soufis parus en anglais et la deuxième partie est constituée de textes de son cru, à la manière du Soufi Omar Kayyam. Mais contrairement à Guénon, qui deviendra grand-prêtre musulman, Dussault n'a plus aujourd'hui envers ces cultures qu'une attitude purement critique, purement prospective; c'est le sens des deux essais qui sont écrits par la suite[64].

Vis-à-vis de l'automatisme, son attitude passe de la défense du *Vierge incendié*[65] et de la liberté d'expression de Gauvreau[66] à la condamnation (durant sa période hindoue) du monisme athée du même Gauvreau. On percevra un rejet tardif de la philosophie de Mabille dans les paroles du sage de ses *Dialogues platoniques:*

> Le Sophiste: — *L'artiste le plus parfait devient ainsi celui qui a la connaissance la plus profonde de l'Ordre, et qui, s'en servant comme modèle, possède les moyens les plus propres à en rendre l'image visible (...).*

Ce n'est que l'Esprit qui peut générer l'Ordre, car l'Esprit est au-dessus du semblable et du dissemblable, en Lui il n'y a nulle diversité: l'Esprit est unité (...).
Celui, par exemple, qui prétendrait que l'homme est fait d'une unique matière qu'il croit pouvoir connaître avec ses sens extérieurs, qui prétendrait qu'il n'est pas de hiérarchie chez l'homme ni de partie supérieure, qui prétendrait enfin que la seule réalité et la seule vie c'est cette matière dont il parle et qu'il croit connaître — celui-là, dis-je, crois-tu que si un jour il se met dans la tête de faire une oeuvre d'art, cette oeuvre-là puisse servir à l'exaltation de l'esprit?
L'Étudiant: — *Il en serait le premier surpris et révolté, puisqu'il nie l'existence de l'esprit*[67].

Surpris et révoltés furent les amis automatistes de Dussault de le voir ainsi défendre le dualisme matière-esprit. Aujourd'hui, Dussault ne défend plus l'art traditionnel qu'il défendit autrefois. Sa défense de l'art traditionnel, intitulée *Lettres aux artistes,* est restée inédite. Inédite aussi l'étude sur le surréalisme et l'automatisme qu'il avait écrite antérieurement et qui s'intitule *Le Sens du pathétique.* Il découvrit Brown en 1960 (*Eros et thanatos*) et, par lui, des textes de Freud et de Marcuse non encore traduits en français (*Eros et civilisation* ne paraît en français qu'en 1963). Dussault est le premier à les faire connaître au Québec.

Gilles Groulx

Gilles Groulx a écrit des poèmes automatistes en 1953 et en 1954. Même si Claude Gauvreau n'avait pas raconté que Gilles Groulx avait lu ses manuscrits, on aurait pu deviner l'influence du style de Gauvreau dans ces poèmes, parus en 1957. Mêmes paronymes, même collage verbal:

> occulte rebondi
> > fais Z sur un petit rond taudis
> > > petite épingle de bois sur fil-émane
>
> occulte télé-rebondi
> > urnifié éléazade
> > orbionque
> > et la sainte chrinque
> > > > vain à feindre des pourpasses pour mordre
> > > > > et désordre alchimique
> > > > > > du rire
> > > > grotesque et occulte rebondi[68].

Les poèmes sont parfois créés dans une écriture entièrement non-figurative:

> tu lins
> tu long-lasses
> bonnasse

ichon mioum
fiesque insipart
satisfait uric
à long
bon salon
sarlafilique
bon cabar[69].

à fond fiac
tabac calot
iche urnifique
Urnifiboncabale
marnac éfer
lubifibon
CALOT calot lambin
lampion alin
calot lamber
cherche à chunifier
le cher monçe
épars[70].

Il ne semble pas cependant que Gilles Groulx, devenu cinéaste, ait jamais publié d'autres poèmes non-figuratifs de ce genre. Mais, comme Guy Borremans et Patrick Straram, il continue de faire au cinéma des essais où on décèle parfois des traces du surréalisme.

4. Situations

Orphée administre, au tournant des années 60, la revue *Situations*. Au début, on trouve à la direction de la revue Jacques Ferron, Guido Molinari, Yves Préfontaine et Fernande Saint-Martin. La revue est à l'image des éditions de Goulet: ouverte aux avant-gardistes en général et à ceux qui sont engagés sur le plan politique en particulier. Elle relève d'une morale existentialiste plutôt que surréaliste, tel que le titre le suggère.

Situations a toujours donné au *Refus global* une importance majeure[71]. Cependant, elle reste ouverte aux surréalistes-révolutionnaires comme Hénault, Haeffely. On y retrouve même un texte de Depocas prônant le «nationalisme culturel»[72] aussi bien qu'un texte de Gauvreau qui le rejette à propos de Gladu[73] comme il le rejettera plus tard devant Depocas[74].

Situations, dont le comité de direction est formé, tantôt de Guido Molinari et de Fernande Saint-Martin, tantôt d'André Goulet et de Michel Chartrand, n'est pas sans présenter un caractère chaotique. Elle contribuera peut-être, cependant, à donner à la nouvelle génération qui va suivre cette admiration pour un Borduas contestataire qu'on ira parfois jusqu'à associer à des luttes nationalistes contraires à la pensée des auteurs du *Refus global,* contraires aussi bien à la pensée de Borduas[75] qu'à celle de Gauvreau[76]. Mais il faut se rappeler que Borduas se considère lui-même, à la fin, comme un néo-plasticien[77] et qu'il refusera de se faire cantonner dans des idéologies trop étroites. La parenté est effectivement très nette entre les automatistes et les néo-plasticiens. Elle tient principalement à leur foi dans le non-figuratif. Fernande Saint-Martin, par exemple, ne tarit pas d'éloges, dans le premier numéro de *Situations,* pour la poésie de Gauvreau:

> *Cette poésie automatiste n'est-elle pas la seule (...) à nous avoir donné le spectacle d'une production littéraire, dans une forme nouvelle, tout à fait contemporaine des valeurs qui existaient en France. — Les textes de Claude Gauvreau, dans* Refus global *ont été publiés en 1948, la même année que* Les Épiphanies *d'Henri Pichette[78].*

Dans le deuxième numéro de la revue, Fernande Saint-Martin analyse les efforts des dix premières années du *Refus global.* Elle démontre que *Refus global* commence à servir de point de ralliement des forces vives. Elle insiste, ce qui est nouveau, sur la diversité des partisans du manifeste:

> *Le* Refus global *est le signe d'une rencontre, d'une communauté, d'une conjonction, la première chez nous, entre des disciplines artistiques et intellectuelles qui, refusant de retrancher l'individu dans l'horizon borné de sa spécialité, entendait constituer une nouvelle définition de l'homme dans la synthèse de toutes responsabilités.*
>
> *Ce groupe, formé par des peintres, écrivains, comédiens, danseurs et chorégraphes, psychologues, photographes, chanteurs et décorateurs, qui a signé* Refus glogal, *jetait les bases au Canada français d'une communauté féconde entre les multiples voies et dimensions de l'engagement artistique et poétique[79].*

Mais, par la suite, Fernande Saint-Martin prend vis-à-vis de l'automatisme une distance que Borduas lui-même devait prendre à son arrivée à New York. Elle met en question la «notion d'intention», et souligne ce qui lui paraît un défaut dans la structure automatiste:

> *Du surréalisme dont il se dissociait cependant sur de nombreux points, voulant le purifier de ses scories, l'automatisme de Borduas et de son groupe n'en conservait pas moins la tendance fondamentale, qui était celle d'une philosophie en réaction contre l'idéalisme nominaliste de la philosophie classique, celle d'un retour vers le concret, vers la connaissance et l'évaluation adéquate de l'«objet». Pour «Refus global» comme pour Breton, cet objet continue de se définir pourtant en termes subjectivistes extrêmes, pour ne pas dire magiques, et c'est lui qui constituera la pierre d'achoppement des deux groupes de pensée[80].*

Les rapports de Fernande Saint-Martin avec les automatistes sont donc complexes. Il s'ensuit une drôle de situation. Par exemple, Fernande Saint-Martin assiste à la lecture de *Beauté baroque* et manifeste son approbation au point de recommander à l'auteur de présenter son roman au concours du Cercle du livre de France[81]. Mais Gauvreau, lui, rejette en termes violents le peintre néo-plasticien Guido Molinari qui est le mari de Fernande Saint-Martin:

> *Les forces contre-révolutionnaires en gestation, avec Molinari à leur tête étaient très hostiles envers l'exposition* (la Matière chante, *1954) et envers*

Borduas personnellement et avaient même essayé sans succès de boycotter l'entreprise[82].

Situations fit paraître de Gauvreau une analyse qui voulait faire le point sur les automatistes et les néo-plasticiens. Or, pour Gauvreau, les néo-plasticiens, «épigones de Mondrian», n'étaient que des «innovateurs locaux». Il en va autrement, pense-t-il, des automatistes, qui ont sans doute en commun avec les surréalistes de vouloir aller au-delà du figuratif, mais qui se distinguent d'eux en abandonnant la figuration onirique. En cela, les automatistes vont au-delà des disciples de Breton alors que les néo-plasticiens ne seraient que des imitateurs, des disciples de Mondrian:

> *Les automatistes ont été et demeurent des créateurs authentiques (...).*
> *Les Plasticiens ne sont pas des créateurs, ce ne sont que des innovateurs locaux (...).*
> *En 1933, encore, Mondrian lui-même parlait de «représentation figurative plus abstraite». Il est évident que l'art dit abstrait, héritier immédiat du cubisme est la dernière étape «figurative» pensable. À partir du surréalisme l'accent est définitivement placé sur l'exploration du monde intérieur de l'homme. Le déplacement d'accent est capital: le surréalisme va strictement au-delà du figuratif, même s'il conserve une imagerie d'ordre onirique. L'Automatisme, lui, est de caractère transfiguratif concret; il se situe au-delà du surréalisme (...). Insinuer que l'automatisme n'a été qu'une forme imitative du surréalisme porterait à faux[83].*

Mais le dernier mot de cette querelle revient à Fernande Saint-Martin qui démontre en quoi la peinture de Borduas, comme celle de Mondrian, se rattache au cubisme. Rien d'étonnant à cela puisque les surréalistes — que les automatistes entendaient dépasser — ont toujours reconnu leur appartenance au cubisme[84]. Saint-Martin décrit l'effet ressenti devant les toiles de Borduas au niveau des schèmes plastiques:

> *Même en rejetant la thèse surréaliste qui justifiait encore la permanence de la figuration et à laquelle s'était rallié Pellan, Borduas retrouva sur le plan esthétique la trace de cette même influence tendant à dévaloriser les valeurs symboliques axées sur la structuration plastique elle-même, au profit d'un monde d'allusions plus proprement littéraires[85].*

On sait que le séjour de Borduas à New York le mit en contact avec la peinture abstraite américaine. Et, à ce propos, Fernande Saint-Martin raconte sa version à elle des réactions de Molinari en 1954, lors de l'exposition *La Matière chante:*

> *Borduas avouait combien le contact avec ces mondes picturaux radicalement différents que constituaient les oeuvres américaines lui avait fait prendre conscience de la dépendance de toute son oeuvre antérieure de la perspective cubiste. Et il reconnaissait que la peinture expressionniste abstraite américaine posait une structure spatiale beaucoup plus dynamique, une désintégration de la perspective, une brisure avec l'espace cubiste que l'Automatiste canadien n'avait pas su réaliser[86].*

Il se fait malgré tout, un peu grâce à *Situations* et par delà les divergences d'opinions de Gauvreau et Molinari qui rappellent les luttes Pellan-

Borduas, une consolidation réelle des automatistes et des néo-plasticiens qui se manifestera surtout dix ans plus tard, avec le Nouvel Age, les Trente A, l'Horloge, le Zirmate et l'Opération Déclic.

B. Les «Relais admirables».

Le regroupement de la «Place des arts» opéré par Roussil après le départ de Borduas en 1953, ou même le regroupement informel opéré à la Hutte suisse, à l'Association espagnole ou encore dans la revue *Situations* vont aboutir à des efforts de plus en plus structurés. On verra par exemple les avant-gardistes de toutes obédiences se regrouper au Bar des arts avec Serge Lemoyne, en 1963, et participer à différentes manifestations littéraires et artistiques, particulièrement à l'Opération Déclic.

Car «happenings», manifestes-agis, poèmes-objets se succèdent jusqu'à Déclic qui rendra au *Refus global* son actualité lors de son vingtième anniversaire en novembre 1968.

Nous verrons donc quelques oeuvres parues à cette époque et qui subissent l'influence du surréalisme, comme celles de Langevin et de Straram, celles de Péloquin et de Vanier. Ces poètes, et bien d'autres dont le nombre devient si grand qu'il est impossible de les aborder tous, ont pris le relais des signataires du *Refus global* et de *Prisme d'yeux*.

1. L'Opération Déclic

Nous n'avons retenu de cette époque que les écrivains qui ont participé de façon active à ces manifestations et dont l'oeuvre a commencé à germer avant l'Opération Déclic. N'ont pas été retenus ceux dont la production est trop marginale (p.e. Daniel Saint-Aubin), ceux dont l'oeuvre n'a été connue qu'après leur participation à Déclic et à ce qui l'entoure (p.e. Albert-G. Paquette) ni ceux qu'on a pu tardivement associer au surréalisme (p.e. Paul Chamberland, Raoul Duguay et Lucien Francoeur).

Nous avons vu que depuis *Situations* et l'influence à Montréal de l'*Internationale situationniste,* soit depuis les années 1959-60, on cherche à déclencher une révolution culturelle au Québec en revendiquant la paternité de Borduas mais en rejetant l'automatisme et le surréalisme considérés comme dépassés[87]. Gauvreau, cependant, n'est pas prêt à considérer l'automatisme comme dépassé avant la dernière des Opérations Déclic. Alors seulement il baissera pavillon. Mais il faut dire que Déclic se situe, plus ouvertement que le Nouvel Age, en ligne directe avec le *Refus global*.

L'ordre du jour du «Rendez-vous Refus global», annoncé pour le 7 novembre 1968, promet, entre autres: l'audition de l'«Étoile noire» de François Morel[88], la lecture de poèmes, d'un monologue et d'objets dramatiques («Au coeur des quenouilles», «Bien-être», et l'«Ombre sur le cerceau») de Gauvreau, la projection du film «Via Paul-Émile Borduas»

de Fernand Bélanger de même qu'une discussion sur *Refus global*[89].
Le Devoir résumait ainsi les buts de l'Opération Déclic:

> *Le groupe se propose quatre points: 1) Il revendique l'actualité du Refus
> global de Borduas. 2) Il se veut essentiellement interrogation sur le couple
> Art - Société. 3) Il se veut expérience, centre de confrontation et lieu de
> conscience en gestation. 4) Il est geste, manifeste agi.*
>
> *D'une façon un peu moins fragmentaire Opération Déclic entend per-
> mettre aux artistes engagés, quelle que soit leur discipline, de se réunir afin
> de formuler leurs préoccupations actuelles, afin de se situer dans le contexte
> socio-économique. Opération Déclic aimerait redéfinir la situation de l'acti-
> vité créatrice dans la société québécoise*[90].

Quelques jours plus tard, le 8 décembre, en la fête de l'Immaculée-
Conception de surréaliste mémoire[91], «un manifeste agi» fera la man-
chette des journaux qui le relient au surréalisme et à l'*Opération Déclic:*

> Une «manifestation surréaliste» qui serait une phase de «l'Opération
> Déclic» a troublé une investiture de chevaliers de l'Ordre du Saint-Sépulcre
> réunissant quelque 1,500 personnes (...).
> Si le «happening» a surpris et choqué l'assistance de l'église Notre-
> Dame, il n'est pas sans précédent dans l'histoire littéraire du siècle, en parti-
> culier dans l'histoire du surréalisme français, dont les idées étaient teintées
> d'anarchisme et d'anticléricalisme. Par exemple, le poète Aragon, alors
> disciple de Breton, avait été condamné par un tribunal pour avoir, par pure
> fantaisie, dévalisé des troncs d'église[92].

Les manifestants avaient lu à haute voix un manifeste dont le texte
nous est maintenant connu pour avoir été ensuite édité par une maison
clandestine, «Création à Dieu», sous le titre de *Place à l'orgasme.* On y
retrouve la structure et des mots d'un passage du *Refus global,* particulièrement: «Place à la magie (...), Place à l'amour (...), Place aux mystères
objectifs»[93].

Plus tard, les participants du «manifeste agi» de Notre-Dame ont
commenté leur geste en le rattachant à l'*Opération Déclic* du 7 novembre
qu'ils voulaient dépasser parce qu'elle était trop impliquée dans des reven-
dications immédiates auprès du Ministère des Affaires culturelles. L'un
d'eux dit à Jean-Claude Germain: «Vingt ans après, le Manifeste de
Borduas a enfin trouvé son complément. Au *Refus global,* les manifestants
anonymes de l'église Notre-Dame ont répondu par l'engagement global»[94].
Et Claude Paradis, l'un d'entre eux, précise plus tard qu'il ne s'agissait
pas de provoquer mais d'affirmer des valeurs parallèles ou, si l'on veut,
une contre-culture: «Nous voulons poser des gestes, à caractère politique,
en ce sens qu'ils soient comme des «bombes». Nous voulons souligner
ainsi qu'il existe d'autres valeurs. C'est dans la ligne de Borduas. Si
nous avons un Guevara Québécois, c'est Borduas»[95].
Mais il ne faut pas se tromper sur le sens de cette révolution. Il s'agit
bel et bien d'un terrorisme intellectuel, d'une révolution du «signe»:

> *Il faut baliser les chemins par des signes. Un chemin qui existe déjà et
> que Borduas a été le premier à ouvrir (...). Dans le grand obscurantisme de*

Duplessis, il y avait un homme qui était lucide. Une conscience. Pour nous, Borduas, c'est une balise dans le temps. L'histoire, ce n'est pas des mots, c'est des gestes[96].

Quelques mois plus tard, d'autres gestes allaient prolonger le *Déclic*. On allait d'abord lancer des poules avec un message aux pattes lors du vernissage de l'exposition «Rembrandt et ses élèves», au Musée des beaux-arts de Montréal, le 9 janvier 1969[97]. Le mois suivant, le journal *La Presse* titre en tête de la «une»: «600 spectateurs ont un «choc nerveux» à la Comédie canadienne»[98]. Que s'est-il passé? Il y a que pendant la pièce *Double jeu* de Françoise Loranger, qui comporte un acte de psychodrame ou de socio-drame avec participation des spectateurs, cinq d'entre eux en ont profité pour faire une manifestation. Trois hommes et deux femmes, dans une chorégraphie impeccable, se dévêtant complètement, étranglent deux colombes, égorgent un coq noir, se maculent de sang et s'esquivent.

Un journaliste, présent au spectacle, constate que «dans ses réactions, la foule s'est divisée en trois catégories: ceux qui ont fui, ceux qui se sont révoltés contre la violation de la morale et du savoir-vivre conventionnels, et enfin ceux qui ont essayé d'aller au-delà des gestes»[99].

Mais le jour même où la nouvelle est rapportée dans les journaux, les participants ont déjà eu le temps, sous le couvert de l'anonymat, de discuter avec un journaliste de la portée de leur geste:

> *X, qui se trouve avec sa compagne, Y (...), se refuse à «expliquer» le sens de ce «manifeste agi»:*
> — *Ce qui s'est passé hier soir constitue une espèce de signe. C'est en quelque sorte du terrorisme culturel. Ce que nous voulons, c'est réagir de façon violente — au niveau du signe toujours — devant la violence même de la culture établie*[100].

On saura plus tard, par des rapports d'arrestations[101], que les participants sont ceux de l'Opération Déclic, particulièrement: Claude Paradis, Monique Duplantie-Paradis et Lucie Ménard.

Ce style d'intervention dans des pièces à l'affiche n'était pourtant pas nouveau dans les annales de la littérature[102]. Gauvreau s'y retrouve et il est si enthousiasmé par le groupe de Paradis qu'il leur remet le texte de *La Charge de l'orignal épormyable*[103]. Il se retrouve aussi dans le film *Bozarts* de Jacques Giraldeau qui reprend l'esprit et le sous-titre du manifeste des *Rebelles*. Giraldeau parle d'ailleurs de «cheminement collectif dont il fait état dans son film en reliant symboliquement le *Refus global* de Borduas et l'*Opération Déclic*»[104].

Quelques mois après la présentation de *Bozarts* au grand public, c'est le sculpteur Armand Vaillancourt qui proclame à cheval et en armure sur la scène du Grand Théâtre de Québec un manifeste dont certains mots rappellent le *Refus global* et *Place à l'orgasme:*

> *Place à la vie.*
> *Place à la liberté.*
> *Place à l'amour*[105].

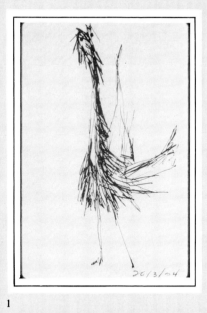

1

2

4

3

Bêtes noires

1. *Gilles Groulx, dessin, 1954.*
2. *Albert Dumouchel, **La Boîte aux papillons**, 1963.*
3. *Léon Bellefleur, **Le Poisson dans la ville**, 1946.*
4. *Roland Giguère, dessin, 1955.*

1

Pouvoir du noir

1. Norman Mclaren, **Nostalgie**, 1953.
2. Albert Dumouchel, dessin pour **Totems**, de Gilles Hénault, 1953.
3. Roland Giguère, **Le Noeud gordien**, 1960.

2

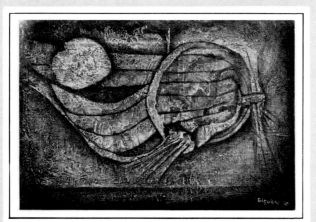

3

1

2

1. *Norman McLaren,* **Lascivité,** *1948.*
2. *Albert Dumouchel,* **Les Hommes fleurs;** *dessin pour* **Totems,** *de Gilles Hénault, 1953.*
3. *Roland Giguère,* **Ville rêvée,** *1958.*

3

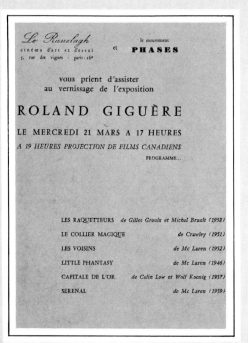

Boîte aux lettres

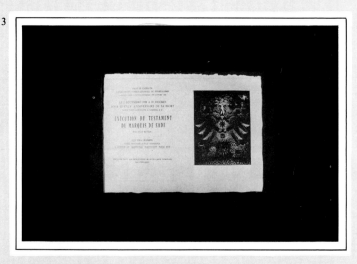

1. Invitation à une exposition de Roland Giguère à Paris.
2. Laissez-passer pour **Bien-être**, de Claude Gauvreau.
3. Jean Benoît, Convocation à L'Exécution du testament du marquis de Sade, 1959.

1

1. *Mimi Parent, **J'habite au choc**, 1955.*
2. *Jean Dallaire, **Anouk**, 1954.*
3. *Jean Benoît, costume pour **L'Exécution du testament du marquis de Sade**, 1959.*
4. *Jean-Benoît, **Le Nécrophile** (extrait).*

2

3

4

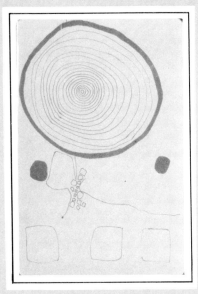

Les «relais admirables»

1
2
3

1. *Reynald Connolly, illustration pour* **Calorifère,** *de Claude Péloquin, 1965.*

2. *Reynald Connolly, illustration pour* **Je,** *de Denis Vanier, 1964.*

3. *Roger des Roches,* **Les Prophètes aéronautiques,** *1970.*

Caricatures

1

2

3

1. *Robert Lapalme.*
2. *Robert Lapalme.*
3. *Jacques Garnier.*

L'Age de l'image

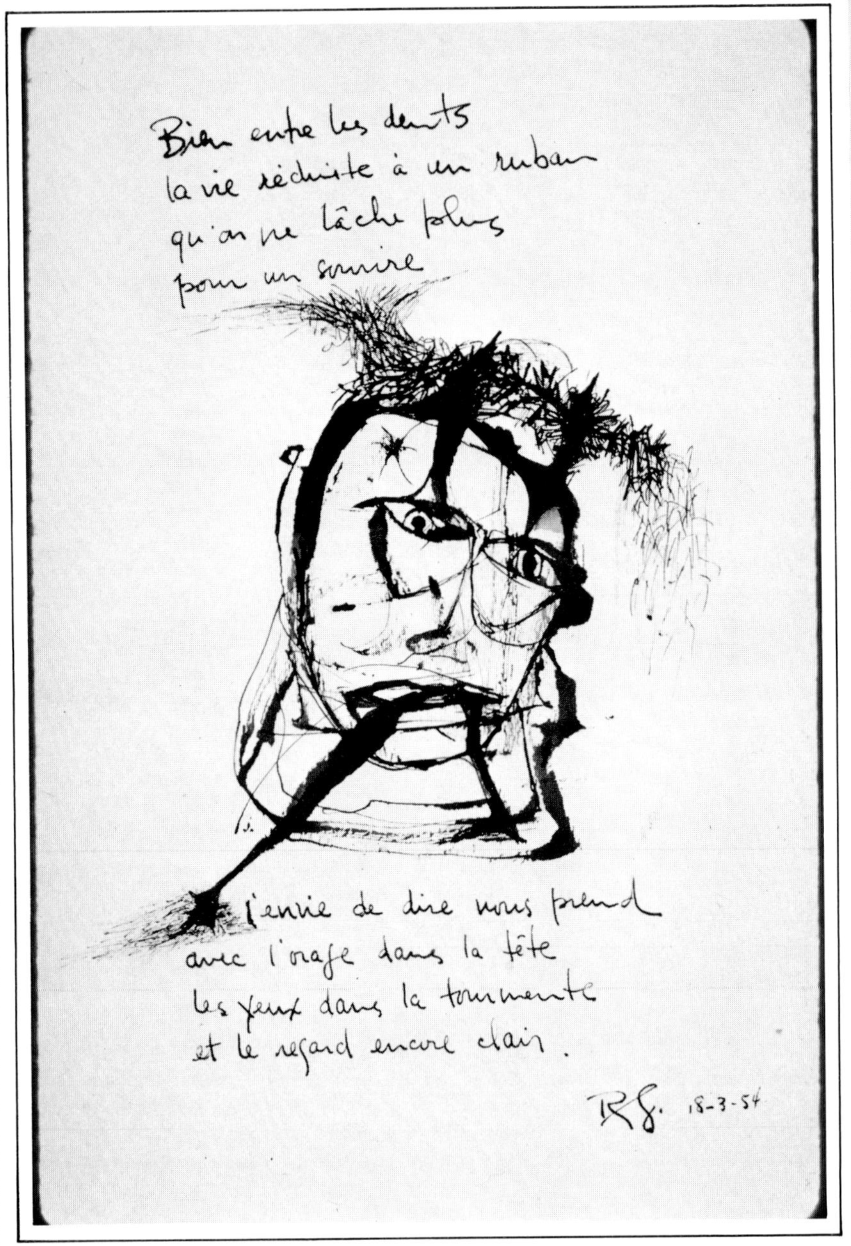

Roland Giguère, encre, 1954.

Refus global aura donc mis vingt ans à donner droit de vivre à la contre-culture. Mais Gauvreau, avec admiration et enthousiasme devant ces manifestes agis, s'écrie:

> *Enfin — et il y a longtemps qu'on attendait ça — l'automatisme est maintenant dépassé. Les relais sont d'une authenticité on ne peut plus admirable[106].*

2. Personnalistes et situationnistes

Quand Miron quitta le Québec pour l'Europe (il passa vingt mois en France durant les années 1959-61), l'Hexagone eut des moments difficiles. Il fut même presque impossible pour les poètes de compter alors sur une édition à l'Hexagone. C'est ainsi que les refusés de l'Hexagone trouvèrent accueil auprès de Gilbert Langevin qui fonda l'Institut et les éditions Atys[107] où on tentait de rallier le personnalisme d'Emmanuel Mounier et le socialisme de Karl Marx[108].

L'esprit de certains membres d'Atys s'orienta vite vers le marxisme et, lorsque *Liberté* publia les textes des jeunes d'Atys, ce ne fut pas sans des réserves sur ce point que l'éditeur les présenta pour ensuite faire connaître leurs projets:

> *Dans la section spéciale qui suit, Liberté et ses collaborateurs habituels s'effacent et font place à plus jeunes qu'eux (...). Yves-Gabriel Brunet, André Major et Jacques Renaud ont publié des recueils à la jeune maison Atys dont Major fut le secrétaire (...). Même s'il ne convient pas de parler d'un groupe organisé et homogène, il reste que semblent là exprimées des tendances réelles et représentatives dans l'ensemble. En fait, ils ne sont pas six, mais une vingtaine dont les deux tiers au moins écrivent (...).*
> *Ils sont terriblement sérieux. Leur projet immédiat: fonder une maison d'édition et une revue politique[109].*

Ils allaient fonder à l'automne la revue et les éditions *Parti pris*[110].

Gilbert Langevin

«L'Hexagone fut à *Liberté* ce qu'Atys fut à *Parti pris*»[111], déclare Langevin, insistant, de ce fait, sur l'aspect d'engagement politique de sa maison d'édition à laquelle il reconnaît une parenté avec *Parti pris*. Mais Atys a aussi une parenté avec le Bar des arts[112] dont il sera question plus loin et qui fit connaître la poésie de Claude Gauvreau, de Jean-Paul Martino, de Claude Péloquin.

Pour l'instant, il y a lieu de parler, à propos de Gilbert Langevin, de certains poèmes automatistes qu'il publia sous le pseudonyme de Zéro Legel. Ce pseudonyme (ou cet hétéronyme, comme il dit[113]), Langevin semble ne l'utiliser que pour ceux de ses textes de révolte intérieure qui n'ont rien à voir directement avec ses engagements politiques et qui l'apparentent plutôt aux automatistes. Comme dans ce passage de «Flashback» qui évoque Borduas et Gauvreau:

> *Puis, Gilchrist Langenoir se remit à faire un tapage à réveiller toutes les momies du perchoir d'Haïti (...).*
> *Je roule de Calibre en Borduas. Je m'engorge les yeux. Je me suicide*

sur ma chaise électrique à moi. Je sais faire ça, Le ça. Tu penses à Freud. Il ne s'agit pas de «ça»-là. Il s'agit du «je» que je suis, du moi que vous fusillez, masse de couillons.

À propos, si l'on a crucifié Antonin Artaud et interné Jésus-Christ, je ne vois vraiment pas pourquoi je mettrais en doute que Maurice Duplessis ou Caryl Chessman a ou ont assassiné Wilbert Coffin, quoi qu'en dise Jacques Duval... ou Ane (sic) Hébert (...). Il n'existe qu'une terrasse au centre de Montréal, soit la Terrasse St-Denis où est situé l'Antre de CLAUDE GAUVREAU, poète et dramaturge beaucoup plus génial que Claudel, etc...

Mon fils rebelle, André, le romancier, l'évadé de l'ennui, s'amuse frénétiquement. Oquin est bien plein. Straram onologue. De mon côté, j'autologue[114].

Comme dans ces quelques poèmes qui devaient paraître aux Éditions du Cerceau sous le titre de *Torpilles sous cloches* (et qui ont paru dans *Les Écrits de Zéro Legel*). En particulier, la litanie intitulée «Éloge succinct d'un premier ministre mort en temps de paix»:

> *Je bafoue ta bacchanale*
> *tes cris-crans-crocs*
> *rouche à richesse*
> *terreur des pauvres*
> *bourreau sans hache*
> *arche de finance*
> *refuge des mensonges*
> *requin des honneurs*
> *barbe sans barbe*
> *épouvantail à gogos[115].*

La révolte contre le langage, relativement discrète chez Langevin, devient féroce dans «Peravilatte», dernier poème des *Écrits de Zéro Legel.* C'est l'explosion totale et automatiste du langage:

> *claqueder margintal*
> *té marjoular à fliberdine*
> *la derdapelle olo en maffe*
> *mais noz aballe carganboula*
>
> *je frusse au mi du cicanmo*
> *je daje les mandusses*
> *orac orac jeter délixe*
> *et les garvims me bellatisent[116].*

Dans les livres qui suivent les *Écrits de Zéro Legel,* le poète s'éloigne progressivement de la «belle écriture» des *Origines* pour user de plus en plus de formules plus libérées héritées des nouveaux regroupements qu'il fréquente; formules plus violentes aussi.

> *Salarié d'injustice par l'énormité*
> *je me déréalise*

s'écrie l'auteur du *Stress,*

> *Mes rêves ont des pensées de sable*
> *je dresse le bûcher moral*
> *où j'immolerai leur velléité[117].*

Mais *Ouvrir le feu,* titre significatif, est peut-être le premier livre de Langevin où la violence est systématique. Et les images apparaissent axées sur les pôles désir/délire[118], singe nu/ange velu[119]. Désir/délire encore dans *Novembre — suivi de La Vue du sang[120]* en même temps qu'images de violence: révolte, guerre, anti-guerre, tuerie, illégalité et viol[121]. Les anges y sont en état de violence eux-mêmes, aux prises avec orages et tempêtes[122]. C'est la poésie au service de la révolte, armée ou pas:

> *encre et cendres descendent*
> *au fond du temps*
> *défendre les valeurs*
> *du feu et du sang*
>
> *Amériquois*
> *avec ou sans fusil*
> *par gestes et par cris[123].*

Dans *Griefs —* ce titre est tout aussi agressif que les deux précédents — c'est le même retour des thèmes désir/délire[124] et les mêmes images opposées de singe et d'ange (dieu, corps immortel)[125]. On peut parler de révolte métaphysique.

Puis c'est le retour de «Langenoir», avec les tomes 2 et 3 des *Écrits de Zéro Legel.* D'abord le tome 2 intitulé *La Douche et la seringue* où on retrouve l'écriture automatique qui accentue le duel ange/singe[126] et n'évite pas le rapport désir/délire[127] qui, lui, est rapproché du phénomène poétique:

> *Aux multiples phénomènes de la démence s'apparente la tentation de crier plus fort que l'invisible.*
> *Écrire ne relève pas de la poésie. Écrire à travers, oui (...).*
> *Péril souverain: se perdre au fil de la plume[128].*

L'auteur tend d'ailleurs à dévaloriser son écriture, comme les Grecs croyant que les poètes étaient prophètes parce qu'un dieu ravissait leur esprit (c'est la dé-mence) pour leur insuffler ce qu'on appelle l'en-thou-siasme, l'in-spiration. D'où ces phrases pessimistes sur l'écriture automatique pourtant si révélatrice chez lui:

> *Cartebloc garde sous clef tout simplement quelques écrits sans impor-tance il n'aura jamais le goût ni le courage d'écrire un roman de long en large des contes quelques maximes des poèmes qu'il n'a jamais osé lire à personne voilà ce qui constitue son oeuvre fresque molle de son désoeuvrement flasques fruits déjà pourrissants[129].*

L'Avion rose ne retient guère des oeuvres précédentes que l'ange et le désir[130], comme si l'auteur était «parti». Langevin y abuse vraiment des automatismes trop faciles des contrepèteries et calembours (non sans s'en défendre dans une «interview» avec lui-même)[131]. Certains poèmes sont pourtant tellement vrais:

> *où s'est-il enfui*
> *ce merveilleux artiste*

> *le revoici le revoici*
> *travesti en boutade[132].*

Ce n'est pas boutade quand même, de la part de Langevin, que de rejeter, dans *L'Avion rose,* nihilisme et anarchie[133] pour persister encore, dans un texte de novembre 1974, dans la défense des théories fraternalistes. Mais, dans *L'Avion rose,* le fraternalisme d'Atys est rapproché du deuxième manifeste de Borduas (qui n'est pas nommé):

> *Il est temps plus que jamais d'entrer au service des* projections libérantes.
> *Arriverons-nous à sortir des ornières pour aboutir ailleurs que dans un marécage institutionnel? Aurons-nous le courage de créer des liens et des lieux où la communication puisse croître et enfanter la solidarité?[134]*

Ce rapprochement des *Projections libérantes,* ce recours à l'écriture automatique, cette abondance d'images de prospection intérieure font que le critique et poète Pierre Nepveu a raison d'associer Langevin au surréalisme, particulièrement à celui qui se trouve dans les éditions Erta — Nepveu parle surtout d'*Origines,* il faudrait parler de toute l'oeuvre —:

> *Il y a un certain surréalisme dans l'oeuvre de Langevin, et en ce sens, le poète d'*Origines *est plus proche de Roland Giguère que d'aucun autre poète québécois. Mais ce surréalisme n'est pas celui de la libre association et de l'écriture automatique; je le définirais plutôt comme un surréalisme de la représentation, où le travail de l'imagination consiste à transposer d'emblée le paysage de la conscience sur le plan du concret le plus brutal. Et c'est le surréalisme des calembours, du jeu lucide sur les signifiants[135].*

Surréalisme généralement figuratif et engagé, surréalisme d'Éluard et de Char, surréalisme «fraternaliste», telle serait la poésie de Langevin.

Patrick Straram

Parallèlement à l'influence de Gilbert Langevin et de sa philosophie fraternaliste, s'exerça l'influence de Patrick Straram et du situationnisme. De Straram, on dit qu'il «a manifesté une attitude critique exemplaire qui reprend à sa façon, ou réactualise, la grande tradition des valeurs entrevues chez Gauvreau et les Automatistes»[136]. Effectivement, Straram exercera une influence critique malgré un style «métagraphique» qui l'amène à se projeter autant qu'à observer. L'année même de la parution de *Situations,* en janvier 1959, Straram met en chantier un cahier où il dévoilera le situationnisme[137]. Il sera d'ailleurs un temps directeur de *Situations[138].*

Pour Straram, le situationnisme dépasse le surréalisme. Le situationnisme, qui a «pour règle (...) la rédaction collective» et qui se dit opposé «à la survivance de formes telles que la revue littéraire ou la revue d'art», devait amener un progrès dans la colonie artistique montréalaise. Citant *l'Internationale situationniste,* Straram fait découvrir un esprit nouveau, celui de l'écriture communautaire. De ceux du groupe qui, quand même, auront fait suivre leur texte d'une signature, il écrit: «Les quelques articles rédigés et signés personnellement doivent être considérés eux aussi comme intéressant l'ensemble de nos camarades et comme des points particuliers de leur recherche commune»[139].

C'était dépasser de beaucoup le surréalisme engagé auquel se référait pourtant son *Cahier pour un paysage à inventer,* qui avait pour collaborateurs des gens comme Gaston Miron, Paul-Marie Lapointe, Gilles Hénault, Louis Portugais, et qui se considérait comme la réalisation d'un vers de Giguère cité en exergue:

> *le paysage le beau paysage n'était plus beau*
> *le paysage était à refaire.*

Mais il ne faut pas s'y tromper, Straram ne s'arrête ni au surréalisme ni à Cobra:

> *Pour nous, le surréalisme a été seulement un début d'expérience révolutionnaire dans la culture, expérience qui a presque immédiatement tourné court pratiquement et théoriquement. Il s'agit d'aller plus loin. Pourquoi ne peut-on plus être surréaliste? Ce n'est pas pour obéir à la sommation, qui est faite en permanence à l'«avant-garde», de se distinguer du scandale surréaliste (...). Si l'on n'est pas surréaliste, c'est pour ne pas s'ennuyer.*
> *L'ennui est la réalité commune du surréalisme vieilli, des jeunes gens furieux et peu renseignés, et de cette rébellion des adolescents confortables qui est sans perspectives mais bien éloignée d'être sans cause. Les situationnistes exécuteront le jugement que les loisirs d'aujourd'hui prononcent contre eux-mêmes[140].*

Cette idée, reprise par Straram, qu'il faut dépasser le surréalisme fera son chemin. Son influence est d'autant plus réelle qu'il avait non seulement contribué à la naissance de l'Internationale situationniste avec les anciens lettristes Guy-Ernest Debord et Isidore Isou, mais qu'il avait aussi collaboré à la revue *Les Lèvres nues* des surréalistes belges[141]. Cet homme, qui porte comme surnom l'anagramme de Boris Vian[142] n'a pas fini de nous étonner. «Strange orange»[143], pour parler comme ses poèmes, il appuie de toutes ses forces Gilles Groulx[144], le relie au passage à Roland Giguère (dont il rappelle que le vernissage à l'exposition organisée par Phases fut accompagné de films de Groulx et de Mc Laren)[145] et parle avec autant d'aisance d'André Breton et de Michel Leiris que de Jean-François Lyotard et de Roland Barthes![146] Lui qui compare Groulx à Maïakovski[147], il sait faire porter l'analyse sur les points essentiels. Par exemple:

> *Si nous tenons pour films décisivement politiques* Othon, Sotte il segno dello scorpione, Eros + massacre, Ice *(par exemple) c'est parce qu'ils ne se (nous) satisfont pas de la pure et simple délivrance d'un «message politique» mais,* commençant par le commencement *(c'est l'une des conditions, aussi, de l'analyse politique) effectuent sur leur* matérialité même *(celle des signifiants qu'ils mettent en jeu, mais celle aussi des conditions et modes de production de ces signifiants)* un travail scriptural *qui en tant que tel constitue un travail politique[148].*

L'écriture de Straram doit-elle beaucoup au surréalisme? Sûrement. Non seulement à cause de l'abondance des jeux de mots qu'il justifie par des textes de Breton et de Desnos[149], mais à cause de sa théorie même du collage qu'il emploie constamment.

> *La seule expression-exposition qui m'intéresse, la seule à travers laquelle*
> *je pense pouvoir communiquer valablement, écriture et langage parlé con-*
> *fondus, comme idées et informations, renvoyant l'un à l'autre, s'inter-*
> *agissant, lui irait peut-être le qualificatif de* collage. *N'était que j'entends*
> *collage comme morale, comme méthode d'approche du et de participation*
> *au monde, comme mode et style de vie[150].*

On trouve alors chez lui de ces poèmes où on nous permettra de
«décoller» certains extraits pour, par recoupement, souligner des traits
surréalistes du personnage:

> *dissection-images de femmes flashes*
> *collage-sensations*
> *étreindre mon cactus-ookpic*
> *ou le vertige de boire*
>
> *la durée immensité de l'angoisse panique et de l'immense tristesse qui*
> *dure de n'avoir pas dit avant qu'il parte à Mario combien est belle cette*
> *nuit qu'il instiguat camarade d'une dérive et la réflexion dans la dérive à quoi*
> *je suis sensible au point d'en être si malheureux de ne l'avoir pas dit en*
> *toutes lettres si je lui ai bien dit que tout était assez parfait ainsi parlait Zara-*
> *thoustraram*
>
> *Cactus-ookpik*
> *bien sûr: consul Patrick (...)*
>
> *et que notre roman ce blues soit à jamais à suivre*
> *cactus-ookpik et bison ravi à ainsi le vivre[151].*

Ainsi, au travers des anagrammes ookpik, Zarathoustra, strange
orange, bison ravi, un homme paraît se chercher, chercher le sens d'une
énigme comme ce Leiris devant l'Objet de la Taverne du Bison, dans *La
Faim de l'énigme[152]*. Ce rapport Patrick Straram — Michel Leiris de
même que ces aveux de faim et de soif de déchiffrement sont significatifs.

Straram ne craint pas de soutenir des théories qui sont très près de
celles des surréalistes et des automatistes sur la valeur politique de l'écriture qu'il pratique:

> *Certains savent que changer la vie n'est possible qu'en détruisant capi-*
> *talisme/impérialisme pour pouvoir édifier le socialisme procès de production*
> *que peut seul accomplir un prolétariat ouvrier/paysan, avec l'appui d'un*
> *parti comme l'entendait Lénine (...).*
> *D'autres pensent que toute «politique» est néfaste, en ceci qu'elle le*
> *«gomme», qu'elle annihile l'individu, et qu'elle ne servira jamais qu'à rem-*
> *placer un pouvoir coercitif par un autre (...). Seul l'homme, et avec son*
> *«oeuvre», peut donc changer la vie, et la révolution à faire est celle du moi,*
> *en soi (...).*
> *Dans la lutte de subversion de l'idéologie de la classe dominante, ma*
> *tâche principale est de produire une écriture autre, que le Système ne puisse*
> *la récupérer[153].*

Il est difficile de mieux camper les conflits de l'avant-garde littéraire
de l'époque surréaliste tels que les a vécus Straram au temps où il s'était
joint aux surréalistes belges et tels qu'ils se vivent encore dans l'entourage

de ceux dont il nous reste à parler, Claude Péloquin, Denis Vanier et Louis Geoffroy (on sait que Straram a fait une postface à Vanier et publié deux livres aux éditions de Geoffroy)[154]. Il faudrait par ailleurs approfondir un jour les liens d'inter-textualité entre Patrick Straram et Gilles Groulx ou même Guy Borremans (dont d'aucuns tiennent le film *la Femme image* comme très près du cinéma surréaliste)[155].

3. Zirmates, Langues de feu et Nyctalopes

À la fin de 1963, et au début de 1964, des artistes et des poètes se réunissent au Bar des arts. Ils visent à fonder un groupe d'anti-conformistes, en réaction contre l'académisme qui mine l'abstrait. Ce qui n'est pas sans rappeler les objections de Claude Gauvreau à l'égard des néoplasticiens[156]. Au Bar des arts, ces artistes organisent, du 20 au 27 avril 1964, la «Semaine A» avec cinquante participants, au Centre social de l'Université de Montréal. Ils prennent le nom de «Nouvel âge» qui regroupe «tout ce qui n'est pas croulant»[157]. Ils visent à créer des «spectacles d'improvisations simultanées de musique, danse, peinture et poésie»[158]. On sent s'exercer l'influence des situationnistes dans l'idée de création communautaire. On voit en même temps poindre le groupe Fusion des arts que fondera plus tard Richard Lacroix.

L'année suivante, une tentative, par Serge Lemoyne, de vivre un mois de manifestations, les «Trente A», ne réussit pas. C'est un sous-groupe, les «Horlogers du Nouvel Age», qui, à l'Association espagnole, réussit à donner un spectacle tous les vendredis soirs, de la fin de février au début d'avril 1965, avec principalement Claude Péloquin et le baron filip.

Claude Péloquin
À l'automne de 1965, les Horlogers deviendront le Zirmate. Le Zirmate se produit en octobre 1965 à la salle La Guillotine de la discothèque La Bastille. Le Zirmate atteint son point culminant à l'Expo '67. Puis le groupe reprend avec Serge Lemoyne l'expérience des «Événements» vécus en 1967 («Événement infragalaxique»).

Le sculpteur Serge Lemoyne, un des principaux animateurs des «Événements», se réclame de *Refus global* pour situer l'action du groupe dans son contexte:

> *Nous respectons énormément Borduas; dans son oeuvre, il y a des ruptures, il n'a pas craint d'aller ailleurs, de toujours recommencer. Nous, on voudrait être un peu comme ça[159].*

Un des assidus du Zirmate, Philippe Gingras (dit: le baron filip), rattachait lui aussi les «Événements» aux automatistes. Il souligne par contre que l'Horloge n'entendait pas prendre position pour autant sur la querelle des automatistes et des néo-plasticiens qui se côtoyaient dans l'auditoire:

> *Le génie exalté se rongeait d'impatience depuis les beaux jours des automatistes à Borduas. (Le grand poète Claude Gauvreau sera d'ailleurs le plus fervent adepte de la troupe, se délectant des fantaisies du baron filip, appréciant à sa juste valeur le jeu incisif et percutant de Péloquin, admirant le travail d'organisateur de Lemoyne (...)).*
>
> *On peut même certains soirs retrouver à des tables voisines des ennemis aussi irréductibles que Claude Gauvreau, le plus fidèle fan de l'Horloge, et Guido Molinari, Machiavel sarkastik de la faune artistik*[160].

Le baron filip ira jusqu'à affirmer que «Lemoyne aura joué pour sa génération le rôle de catalyseur que Borduas joua pour la sienne». Il est encore trop tôt pour évaluer pareil jugement. Mais nous savons que le Nouvel âge voulait à la fois tabler sur Borduas et dépasser les automatistes et les néo-plasticiens:

> *Les surréalistes, dit Lemoyne, étaient négatifs, ils se retranchaient; nous, on est positifs: on veut aller vers le public (...). Ceux qui étaient avant nous (...) sentaient le besoin absurde de se réunir en petits groupes limités et formés. Ils se donnaient des idées d'être sur un piédestal. Nous, c'est très important, nous rejetons l'esprit de clan. Et puis, nous avons conservé le goût de l'aventure*[161].

Le Zirmate avait son poète: Claude Péloquin, À vrai dire, le Zirmate, c'est peut-être d'abord Péloquin.

Péloquin est un poète dont la révolte se situe au-delà de la révolution politique. Sa révolte s'attaque aux défaillances de la situation humaine, aux interdits psychiques et aux insuffisances du langage. À Paul Chamberland, Péloquin se présente ainsi:

> *Je ne me considère pas comme un poète, mais plutôt comme un technicien du langage. La poésie est plus contemplative. Moi, ce que je fais, c'est de la recherche; je recherche du côté des aspects nucléaires, occultes de la réalité. La poésie doit utiliser toutes les techniques contemporaines (...). J'ai quitté le côté révolte du surréalisme (...). Je sais très bien où je vais. Je considère que de Jéricho à maintenant il y a eu du progrès en rigueur. Progrès vers la recherche et la réceptivité. Ce que je veux, c'est créer une dimension nouvelle, la rendre accessible. L'ailleurs-ici, c'est-à-dire la seule réalité, la Réalité, l'aspect occulte, interdit de ce qu'on appelle la réalité. Par exemple, la schyzophrénie (sic), dans d'autres civilisations, sera normale. Pénétrer l'inconnu*[162].

Dans une interview qu'il accorde à Denise Boucher, on peut lire, sous une photographie de Péloquin discutant de la vie et de la mort avec Gauvreau: «J'ai lu Michaux et Artaud. C'est un bon bagage!»[163] Mais quand il dit à Chamberland: «Il faut se désincarner» et que celui-ci réplique: «Ça ne rejoint pas Artaud, ce que tu dis?», Péloquin précise: «Non, je me sens plutôt près de Michaux»[164]. Et de Claude Gauvreau dont il a lu les oeuvres (mêmes inédites), il déclare:

> *C'est un poète plutôt mystique (vie intérieure). Je ne vais pas dans le même sens que lui. Son langage est automatique. Mais il faut d'abord faire le*

voyage avec les symboles. Il faut d'abord les délimiter dans sa pensée, les «voir»; ils existent en d'autres dimensions (visuelles par ex.). Je crois à la technologie plus qu'à l'automatisme. La poésie doit être mathématique, déductive. Il doit y avoir beaucoup de précision dans l'enchaînement des symboles[165].

Ce n'est vraiment que dans *Les Mondes assujettis* que se retrace l'influence de Gauvreau. Qu'il s'agisse de l'emploi de noms comme verbes, dans «le Passant», ou d'images «exploréennes» dans «Orchestre afghan»:

> *Le soir se brume*
> *Sur les toits impersonnels*
> *Que des volutes poursuivent*
> *Mon pas catafalque*
> *Dans toutes les voix du jour passé*
>
> *Cetar yé ya Daïra Delroba*
> *Dans l'Harmonia Ritchak*
> *Robab Sorang Santour de Tabla*
> *Tanbour tant que tu pourras*
> *Zerberali*
> *Bahor Pancheri au Loggar*
> *Dans la cité de Kaboul*[166].

Avec le recueil *Calorifère,* dont les graphismes sont de Pierre Cornellier, Serge Lemoyne et Reynald Connolly, on voit apparaître les Zirmates auxquels s'ajoutent Gilles Chartier et Jean Sauvageau: *Calorifère* est un objet plus qu'un livre, écrit par celui-là même qui déclare: «le livre, il faut quitter le livre (...). Je crois que les bandes magnétiques ou autres moyens de ce genre deviennent plus importants (...)»[167].

Et Péloquin fait lui-même l'histoire du Zirmate:

> *Tout ça a commencé avec les happenings (Nouvel Age, Horloge) pour s'approfondir dans le Zirmate (l'équipe actuelle). Ce qui est indispensable: l'impact de plusieurs disciplines; que des types de plusieurs disciplines travaillent ensemble; c'est devenu indispensable. Le Zirmate possède actuellement la forme spectacle. Il faudrait aussi utiliser d'autres moyens: principalement la recherche en laboratoire. Je verrais bien aussi qu'il y ait des lieux — agences de voyages — où les gens viennent, dans l'esprit du Zirmate poursuivre des recherches. «L'initié» doit poursuivre une chose essentielle: être, resté ouvert sur l'inconscient et la technologie moderne. Les uns, dans ces lieux, poursuivraient des recherches, les autres, les initiés, se reposeraient. Nous marquons un pas de plus par rapport au Refus global: nous pouvons avoir les laboratoires, entreprendre un travail plus rigoureux*[168].

C'est dans le sens d'un refus porté plus loin encore que celui de Borduas, que Péloquin multiplie les manifestes. Tel le *Manifeste subsiste,* de 1965, avant même la parution de *Calorifère*[169], où il est rappelé au lecteur que:

> *Subsiste est aussi porteur d'un refus dans l'attitude qui lui est propre. La moindre attitude ou acte révolutionnaire combattant l'ordre établi, peut pousser toute la planète plus avant*[170].

Le Manifeste infra, signé par certains membres du Zirmate (Péloquin, poète; Lemoyne, peintre; Cornellier, peintre; Sauvageau, musicien;

Gilbert Labelle, mathématicien), rappelle par ses débuts les débuts mêmes du surréalisme dans les *Champs magnétiques:*

> *Fondé par une recherche de l'Autre-Réalité dans l'Arrière-Réel par un Possible absolu.*
> *Mouvement de pénétration d'un Ailleurs dans l'Homme cosmique, à partir du réel continuellement remis en question; l'évolution de ce mouvement s'opère à partir des Dessous et des zones infiniment profondes et voilées dans une réalité prise sous ses deux formes d'existence: (ailleurs et ici).*
> *À partir aussi des Dessous des sciences psi et para, du cosmos, du réel, de la magique et de l'Éveil...[171].*

Le *Manifeste* s'en prend alors à toutes les formes antérieures de poésie dont il ne retient guère que celle de Claude Gauvreau, considérant que chez lui, la recherche s'est approfondie et reste valable:

> *Les Hugo, Aragon, Nelligan, Hébert, Lapointe (2), Garneau (2) et tous les autres (sauf Gauvreau), de même que le Chamberland de Terre-Québec, passent à côté de la Magique poétique... l'Insolite est né, il se retrouve partout et ils n'en sont pas. Dommage... (...).*
> *Le surréalisme n'est plus sur le Réel, il réside dans ses fibres... Il est le Réel... Et tant et tant de poètes de chevalet, qu'ils sortent de l'Hexagone (pour ne nommer que cette maison-là) ou d'ailleurs, n'en sont qu'aux pleurs de l'enfer blanc qu'est la poésie de recherche, les constats à la rose qu'étale notre gente poésie à tour de recueils n'en sont que les larmes. Le voyage poétique en est le grincement... Des bonshommes comme Edison, Gurdjieff, Poe, A.C. Clarke, Breton, Michaux, Wells, ainsi que les Dali, Tinguely et Cie, ont dû porter la Peur pour faire oeuvre vraie[172].*

Des critiques et des artistes québécois sont tour à tour dénoncés: «Un Ouellette peut bien prendre le café avec Varèse, un Giguère avec Breton, un Jutra avec tout le cinéma, un Bellefleur-la-pétanque peut bien jouer avec l'occultisme, un Garand peut bien se voir apparenter à Stockhausen accouplé avec un Mondrian forgeron de clefs pour lesquelles ils n'ont pas encore trouvé les portes»[173].

Le *Manifeste* est on ne peut plus familier avec le surréalisme sous toutes ses formes: «INFRA demande (il est gentil) à tous (auteurs, éditeurs, critiques), de faire un très sérieux examen de conscience et de se rasseoir. Ces messieurs sont en voie de nous créer leurs petits Aragons-à-Elsa, leurs Soupaults-à-deux faces»[174]. Et à *Parti pris* il rappelle la position de Péret vis-à-vis du stalinisme d'Éluard et confrères:

> *Que l'on n'associe pas la poésie au vouloir sensationaliste du «poète» en transe, victime de systèmes politiques désuets. Voilà pourquoi, ceux-là même qui oeuvrent ici à la révolution (Parti pris par exemple) et tous ces écrivains qui confondent poésie avec journalisme de combat, n'en sont qu'au lyrisme quand ils «poétisent» (...). L'engagement du poète n'est pas où ils l'ont bien voulu. Péret a dénoncé déjà ces poètes de l'honneur poétique[175].*

Il n'est donc pas étonnant de lire dans *Manifeste infra* des mots de reconnaissance à Borduas; «INFRA peut parler maintenant ouvertement de recherche. *Refus global* de Borduas devait se dégager du calcaire. Pour nous, un laboratoire, c'est vrai; eux n'avaient pas le temps de le voir»[176].

Mais Péloquin, comme il le dit, considère qu'il a dépassé l'étape du dégrossissement. Il a dépassé la révolte pour vivre le refus, mais un refus autre que celui du manifeste des automatistes:

> *Disons que je suis anarchiste. Je veux démystifier tous les systèmes (...). Je ne suis pas un révolté. Je suis plutôt du côté du refus. Je refuse tout ce qui n'est pas recherche. La révolte se referme trop sur elle-même, elle est stérile. Le refus implique un amour infini du devenir; il faut aller le plus vite possible[177].*

Dans *Mets tes raquettes,* la volonté de changer la vie est évidente. Au sens où Breton l'entend: ««Transformer le monde» a dit Marx, «changer la vie», a dit Rimbaud: ces deux mots d'ordre pour nous n'en font qu'un»[178]. Il n'y a qu'à relire les aphorismes de ce livre pour voir l'ampleur du projet:

> *Si j'écris, si je pense et si je médite, c'est uniquement qu'il y a un conflit en moi, un conflit qui va au commencement du monde. Le chrétien dit qu'il faut respecter le corps, moi je dis qu'il faut le changer et lui garder la vie.*

Changer la vie, découvrir toutes les ressources du corps, se lancer dans l'aventure de Rimbaud, dans l'anarchie la plus totale:

> *C'est précisément dans l'inexistence des forces du bien ou du mal que ma révolte, mon libertisme et mon anarchie se nourrissent[179].*

Péloquin se heurte cependant à la résistance du système, à une tâche impossible qui le pousse à l'occultation. Le livre qui suit, *Éternellement vôtre,* est lourd de ces questions d'occultation, de folie et d'absurde: prise de conscience de soi et des autres[180].

Le rôle de Péloquin, dans ce monde absurde, est donc d'écrire pour nous faire voir quelque chose de lisible sur la surface du réel, quelque chose de surréel qu'il est seul à voir:

> *ÉCRIRE:*
> *C'est aussi traverser et voir à quoi tiennent ses*
> *chances de GUÉRISON TOTALE...*
> *C'est être assez visionnaire pour tenir pendant*
> *que les autres s'évertuent à vivre en griffant*
> *la MORT dans le dos (...).*
> *ÉCRIRE c'est reconnaître c'est com-prendre ce*
> *qui se perd*
> *C'est voir passer et retenir un peu*
> *ÉCRIRE c'est pelleter de l'engrais*
> *ÉCRIRE c'est être démentiel au point de mettre*
> *une surface de différente couleur sur une autre*
> *surface pour rendre la première intelligible[181].*

Le rôle du poète dément (comme l'entendait Platon, c'est-à-dire aliéné par l'esprit d'un dieu, enthousiaste, inspiré) c'est de contribuer à changer les champs magnétiques dont parlaient les surréalistes:

> *Le FOU met toute son énergie à être*
> *A NE PLUS SAVOIR MOURIR*

A NE JAMAIS DISPARAÎTRE DU CHAMP MAGNÉTIQUE DU BONHEUR[182].

Chômeurs de la mort est composé de «ready-made» et de quelques réflexions. Découpages d'annonces de tombes à usages multiples, par exemple, ou de «vente annuelle d'hiver» de pierres tombales qui évoquent chez le lecteur des réflexions du genre de celles de Camus, dans *Noces.* Mais contrairement à Camus, Pélo n'imagine pas Sisyphe heureux devant sa tombe trop petite ou son caveau fleuri avant la mort. Pélo dénonce l'euthanasie, les commerces de la mort et même le fatalisme de René Char qui dit pourtant: «Nous n'avons qu'une ressource avec la mort: faire de l'art avant elle»[183]. Pélo fait ses dénonciations au nom de Breton («Mais les gens sont si bien en train de se noyer, que ne leur demandez pas de saisir la perche») et d'Artaud («La raison, faculté européenne, exaltée démesurément par la mentalité européenne, est toujours un simulacre de la mort») cités en exergue de la section des réflexions[184]. L'ouvrage, s'il faut l'étiqueter, est «éternaliste», mot qui revient souvent[185]. Pélo, comme il le dit, cherche de plus en plus à joindre les rangs de ceux «qui font quelque chose d'éternifiant»[186].

À ce point de vue, les dernières années furent particulièrement remarquables pour lui en productions «éternifiantes»: un film, *Pélo le magnifique[187];* un disque qui l'accompagne, *Pélo Krispé[188]*; un spectacle[189]; une exposition, *Salon Claude Péloquin[190]* en 1974 et une rétrospective de toutes ses oeuvres en cinq tomes, *Le Premier tiers.*

Denis Vanier

On a beaucoup négligé Vanier dans les milieux critiques[191]. Pourtant, sa production devient de plus en plus imposante, et l'effet de dépaysement qu'elle recherche et atteint si facilement n'est pas banal. Même que dégoût et violence sont si intenses chez lui que certains effets surréalistes à la Dali paraissent pâles à côté des siens.

Vanier se situe (sa passion, sa dé-mence et même son totem — Langue de feu) assez bien dans ces quelques vers parus dans un des premiers numéros de *Hobo-Québec:*

> *Quand je mourrai éclaté*
> *dans ma camisole de force où boivent des*
> *langues de feu*
> *gardez-moi comme une adhérence au corps*
> *de la passion[192].*

Ces vers révèlent ce qui, chez Vanier, est terrorisme du langage, avec viol et violence en même temps que prière-désir. Pareils contrastes, ici décelables dans le texte, ont été soulignés entre illustrations et textes à propos de *lesbiennes d'acid:*

> *La maquette de la page couverture s'impose par son caractère insolite.*
> *Cette femme allongée dans les voiles, entourée de lys et de cierges, fait songer*
> *à une quelconque Ophélie. Mais une Ophélie particulière: elle sourit, ses*

mains tiennent un chapelet dont la croix est remplacée par la vignette d'une marque de cigarettes. Je ne puis m'empêcher d'y rapporter le texte suivant: «Les enfants se masturbent en riant/ et ne fument plus d'Export A». Car, par rapport à l'ensemble des illustrations, cette page couverture fonctionne à la manière d'une antiphrase. Tout y est légèreté, pudeur, pureté même. Mais lorsque nous feuilletons le recueil, les voiles sont tombés, les cigarettes abandonnées: les illustrations étalent crûment le sexe, prônent la marijuana[193].

Devant pareilles illustrations, on peut facilement évoquer certaines images des films de Buñuel, du type *Viridiana,* mêlant l'érotisme et le sacré, le limpide et l'horrible. Mais il y a des images qui sont particulières à Vanier, images de police et de prison entremêlées à celles des croix gammées et des articles de «sex-shop». Police et prison où mène la transgression et dont on ne se défait jamais que par le désir-prière:

> *Le désir c'est la prière*
> *Le corps plein de décharge comme un abattoir*
> *je brûle tous les pushers, une crise d'épilepsie*
> *dans le parfum de police[194].*

Les premières oeuvres de Vanier avaient été lancées par les Presses sociales de Michel Chartrand[195] en 1965 (avec préface de Claude Gauvreau et dessins du Zirmate Reynald Connolly pour *Je,* son premier recueil) et par les éditions Estérel (avec post-faces de Claude Gauvreau et de Patrick Straram pour le deuxième recueil, *Pornographic Delicatessen).* Straram, faisant ressortir les traits de terrorisme littéraire de l'oeuvre, concluait: «Je tiens le cri-coeur de Denis Vanier pour déflagrateur, prémonitoire»[196]. Quant à Gauvreau, il campait le jeune poète dans le sillage de *Refus global,* parmi les post-surréalistes:

> *L'élan spontané de Denis Vanier le porte dans des zones de la pensée assez profondes pour être inconfortables aux hypocrites. Les thèmes qui surgissent de son extase sont assez troublants d'un tenants d'un conscient de surface bienséant pour être inassimilables à ceux que Borduas appelait déjà dans* Refus global *les «molles consciences contemporaines» (...).*
> *Vanier écrit dans un état de bouleversement assez ému pour arracher au tréfonds de l'inconscient les préoccupations humaines les plus secrètes et les plus intimes (...).*
> *Après le Surréalisme et l'Art Brut, une telle réalité patente ne contrariera que les provinciaux pusillanimes[197].*

C'était déjà dans *Je,* où deux poèmes sont dédiés au poète automatiste, Gauvreau, où un autre poème porte en exergue un vers de Tzara et un autre mentionne Claude Péloquin. Vanier ramasse, semble-t-il, les chaînons divers du surréalisme pour le dépasser à sa manière. Par exemple, il n'utilise pas l'image «exploréenne» qu'il laisse à son préfacier, mais se réfère à des moyens de dépaysement nouveaux, comme la référence aux hallucinogènes[198] ou aux provocations du dégoût:

> *Une plaie qui s'incruste*
> *des délires qui croissent comme des plantes*
> *jaunis de soleil*

un vent qui souffle la mort
un mal d'être (Péloquin)[199].

Dans un poème dédié à Gauvreau, le poète fait allusion à la ruine de l'égrégore canonique et au nouvel âge de la parole, terminologie bien proche de celle des automatistes:

> *peuple coloré à viscères nuptiales*
> *peuple foetus criant à l'éclosion d'un verbe nouveau*
> *dans la langue des «interdits-de-parole»*
> *qui ont pressenti l'homme avant son envol*
> *peuple démiurge*
> *crucifié dans sa gale et son acharnement*
> *à crever dans la fange des vagins à sec (...)*
> *Il est grand temps*
> *de renacler le fumier du déchirement absolu et de*
> *s'introduire dans le dégoût des races canoniques[200].*

Cinq vers en hommage «à Muriel Guilbault, *Beauté baroque*», disent comment sa mort (sa «carie») fit couler l'encre de ceux dont le coeur s'est abâtardi, mais comment aussi cette mort a versé son «acide», son «toxique» révélateur et stimulant, dans ce qui était un pays désert:

> *Ta carie alimente des bengales de bâtardise*
> *sur les poitrails d'encre*
> *au suprême*
> *quand brûlés aux raies baroques*
> *les archives de sable s'intoxiquent à la gourde sonnante[201].*

On comprend pourquoi Gauvreau, dont on trouve une photo-montage en compagnie de Vanier dans *lesbiennes d'acid* (ils tiennent en mains des reproductions de corps féminins), a pu considérer ce poète comme un disciple, en revenant sur le sujet dans une seconde préface qui en parle en termes de pensée libertaire et surrationnelle:

> *Denis appartient à cette génération de jeunes penseurs qui parachèvent exemplairement le saccage de tous les tabous.*
> *La liberté morale qui circule dans les objets du jeune poète se comprend par la rupture intégrale avec les abstractions desséchantes.*
> *Un souffle libertaire charrie sur les chaudes images des gouttelettes d'eau de source (...).*
> *Denis Vanier est un merveilleux imagier surrationnel[202].*

Faut-il parler de surréalisme? En tout cas, les «ready made» abondent. Ils sont tirés d'annonces illustrées d'objets insuités de toilette, ce qui n'est pas sans rappeler l'urinoir controversé du dadaïste Marcel Duchamp ou encore ce projet de musée futuriste, où une salle serait composée d'articles de salles de bain, mis de l'avant par *L'Esprit nouveau,* la revue d'Apollinaire[203]. Il y a en ce sens toute une collection d'«objets de base», pour reprendre un de ses titres, particulièrement dans *lesbiennes d'acid[204].* Ce seul recoupement nous mène bien près des surréalistes, anciens dadaïstes, anciens cubistes[205].

Quel est l'esprit nouveau cherché par Vanier? Par boutade, il déclare: «Depuis qu'on me lit, j'ai l'impression qu'on fait plus l'amour, qu'on prend plus d'acide, qu'on pose plus de bombes»[206]. Il s'agit donc d'une poésie qui se veut efficace et ne veut pas être réduite à un pur idéalisme, à une pure mystique:

> *Elle est à la fois mystique et sexuelle. C'est une poésie dont la manipulation est essentiellement subversive et transcendante. Je veux l'explosion des structures dans le sang, l'intrusion forcée des abattoirs de l'ordre, pour l'illumination pure et la suprême conjonction avec l'au-delà (...). J'écris comme un animal, par instinct. Mon appréhension de l'univers est alors immédiate et purement suggestive. Mon écriture n'est pas libérée: elle s'engouffre volontairement parmi tous les symboles et toutes les réalités. Je veux tout capter des manifestations du réel, parce que je pressens une réalité de l'équilibre que je crois véritable[207].*

Mystique et sexualité, subversivité et transcendance, illumination pure et instinct animal: cette poésie est un carrefour, un jeu dialectique qui rappelle cette définition du monisme surréaliste qui se voulait une ouverture permanente à la matière et à la pensée, entre le monisme idéaliste de Hegel et le monisme matérialiste de Marx[208]. La formule prière-désir, fréquente chez Vanier, illustre assez bien cette dialectique:

> *De la pornographie religieuse sacrée: avec la*
> *marijuana le début d'une forme de la révolution,*
> *l'augmentation du tonus vagal.*
> *Le désir c'est la prière.*
> *Un livre plein de french-kiss et de maladies de femme.*
> *À l'heure où la police monopolise l'information le*
> *terrorisme culturel et l'utopie irrécupérable sont*
> *nécessaires.*
> *Il faut détruire la langue, le style, ne travailler*
> *qu'avec l'au-delà multisexuel de l'écriture: images*
> *tribales et solitaires[209].*

On comprend que, devant cette dialectique, la critique matérialiste en soit restée sur sa faim, au point qu'une préface de Straram se termine sur une inquiétude, un «questionnement»[210] et qu'un article de Thérèse Dumouchel, autrefois de *Parti pris*, se fasse accusateur:

> *Vanier encaisse: échanges marchands, images mystifiées insoutenables des deux sexes, sexualité recluse dans les limites de la rationalité capitaliste, vomissure et marshmallow, masturbation solitaire, solitude partout. Voyant que toute cette cochonnerie est un produit du système, subordonnant les rapports sexuels à la stricte dépendance productive (...), luckyluke-vanier produit une stratégie de la subversion de cette écoeuranterie légalisée. Premier élément matériel nécessaire à cette stratégie la greffe du chanvre et du houblon (...). Il ajoute un deuxième élément matériel nécessaire: une cellule verbale terroriste habitée de toutes les vertus courantes du code à subvertir. Troisième élément matériel: la fée des étoiles pourvue pour les besoins de la stratégie d'un clitoris artificiel. Cette stratégie devant se concrétiser dans la pratique sexuelle de l'oralité, bouddha-luckyluke-vanier l'expose à son tour dans un*

code, à codage dit poétique, pour les initiés assurés d'y trouver la pierre
philosophale de la libération sexuelle (...). Le pèrenoël-bouddha-luckyluke-
vanier est l'exact envers des produits du système, non sa transgression²¹¹.

Il était dans la logique de leur position critique que Dumouchel et
Straram, deux des premiers dix membres du collectif de production de
Chroniques, réagissent ainsi devant un poète qui se veut à la fois mystique
et matérialiste. Reste à savoir si la «mystique» de Vanier est à prendre
au sens idéaliste ou au sens surréaliste du terme. Claude Beausoleil, lui,
situe carrément Vanier dans une perspective surréaliste:

> *Un texte qui détonne sur la raison de l'époque: du sur-surréalisme.*
> *Une imagerie par des rapprochements incongrus mais qui renvoient à une*
> *exigence intrinsèque de la condition textuelle (...), une poursuite de l'éclate-*
> *ment (s) à travers l'agression des rapports verbaux traditionnels, «cadavre si*
> *brillant d'humain/que charrie une marée d'irréel». Les «Falmencos» de Je*
> *sont devenus des «toréador», ils paradent davantage mais la violence des*
> *premiers textes est encore là (...). L'environnement et sa dénonciation-*
> *énonciation ne sont pas exclus malgré les rapports surréalisants²¹².*

Peut-on penser autrement de celui dont les poèmes mêlent calvaires
et autres images bibliques aux cris et aux bêlements:

> *Cadavre dissident de formes éclatées*
>
> *le langage*
> *n'est plus aux pores de l'homme*
> *tant l'obsession s'enlise au cri*
>
> *ces calvaires souillés*
> *font «couleuvre» un sang bêlant*
> *aux gorges luxueuses*
> *des chiens bibliques²¹³.*

C'est la mort annoncée du mouton sans couleur de Jean-Baptiste.
Et devant le défilé de la Saint-Jean, défilé disparu depuis sous la pluie des
«cocktails-molotov» et des matraques, le poète dont on a dit que chez lui
«l'art tendra à devenir un acte de terrorisme»²¹⁴ s'écrie:

> *Terre à définir sur matelas de bronze*
> *vu d'un point néant²¹⁵.*

Repartir à zéro, refaire un pays, refaire une vie, refaire une écriture
en commençant par le rejet nihiliste de ce qui est, comme pour refaire à
soi seul l'itinéraire qui va de Dada au surréalisme, tel semble son programme que Beausoleil tire du nom même du poète (dénie; va nier), ce
qui n'est pas des plus convaincant. Mais ce critique ajoute: «Tout un
programme de convulsions («La beauté sera convulsive ou ne sera pas»
Breton), de torsions, d'agressions»²¹⁶; et nous voilà en plein surréalisme.

Louis Geoffroy

Les éditions de l'obscène Nyctalope, c'est Louis Geoffroy. Geoffroy
y a publié des poèmes à variantes mobiles qui rappellent à la fois les
feuillets de Queneau qui fonctionnent comme des persiennes et le poème-

objet qui serait claire-voie de jalousie pour voyeurs. Il s'agit d'un jeu de cartes de visite, *Graffiti,* devant être bientôt suivi d'un *Poker.*

Geoffroy a aussi fait paraître *Les Nymphes cabrées* et un conte, *Max-Walter Swanberg* où l'érotisme est de parenté nettement surréaliste. Le conte, d'ailleurs, paru en 1972 mais daté de 1965, se situe dans le décor d'un «musée d'art surréaliste»[217] — joli mot pour dire bordel[218] —, où les visiteurs nocturnes donnent l'impression d'avoir été peints par le maître scandinave[219].

Empire State Coca Blues a des références explicites au surréalisme ou encore à Henry Miller[220] dont on sait à quel point Breton et ses amis admiraient les travaux. Dans *Le Saint Rouge et la pécheresse,* Geoffroy recourt aussi à ce procédé consistant à énumérer des oeuvres ou des auteurs dont plusieurs sont en rapport direct avec le surréalisme, comme la *Nadja* de Breton ou le peintre Svanberg[221]. *Totem poing fermé* qui mentionne Gauvreau est une manière[222] d'exercice automatiste. Ses «Méditations» entre autres, ont des airs de «jam session». Chez un amateur du «jazz-lib», c'est une parenté très nette avec l'automatisme particulier de Paul-Marie Lapointe pour qui la modulation improvisée est «la plus haute forme de poésie, comme la plus haute forme d'art»[223]. Comment ne pas penser à Lapointe en lisant «Phallologie»:

> *Arbres cunéiformes aux abstractions déconcertantes*
> *arbres magiques aux sortilèges de cuisine*
> *arbres d'une tendresse aux méandres verbeux (...)*
> *voyez-vous les colonnes scolopendres virtuelles*
> *voyez-vous les estrapades révolutionnaires (...)*
> *et l'aubépine grisâtre d'une mitraillette soyeuse*
> *les autres sont passés dans des chemins terreux*
> *et leurs pas ensevelis sous les chapiteaux divers*
> *hellènes les arbres gémissent*
> *les arbres tendent leurs mains aux hallucinations*
> *les arbres vrombissent dans les cieux de lit*[224].

LSD est, lui aussi, écrit d'une seule coulée, mais cette fois à la manière d'un «trip» d'acide; c'est l'affabulation hallucinatoire:

> *les fables se succèdent à intervalles réguliers*
> *fratricides cherchant qui convaincre*
> *le vinyle de ta jambe donne nettement l'impression que tu es un film*
> *d'Andy Warhol et que j'y cherche des significations sans significations*
> *tu es réalité et vertement réprimandée par ta réalité*
> *— l'acide a un drôle d'effet aujourd'hui (...)*
> *oooh je ne vois plus rien*
> *les feuilles me mangent*
> *m'engloutiphagent*
> *je m'absorbe par l'interne et le surconscient*
> *je frémille d'indigeste (...)*
> *redescendre*
> *tu m'écartèles au-delà de tout surtemps mauve*
> *vers les fauves intrinsèques*
> *le gouffre s'ouvre*
> *et je phraséologise le gouffre*[225].

La dernière publication, *Être ange étrange* est définie comme étant une «érostase» et se compose de trois récits d'amour qui sont un tour de l'horizon de Geoffroy où l'on retrouve, pêle-mêle, Jean Béliveau, la bière Black Horse et les «patates chips feuille d'Érable». Où on trouve surtout ce qu'il aime le plus en accompagnement à ses plaisirs avec Elle, Emmanuelle: Bataille, Dali, Davis, Doors, Gauvreau, Godard, Mingus... Particulièrement Gauvreau à qui il dédie le premier récit qui se termine par ces mots: «il me vient en tête de réécrire la seule histoire d'amour jamais publiée, *Toi ma nuit* (ou surtout *Nadja*, ou *Beauté baroque*, et même *L'Écume des jours*, *L'Histoire de l'oeil)*»[226].

Breton ou Gauvreau ou Vian accompagnent donc ce récit automatiste écrit plus ou moins à leur manière — si tant est qu'ils ont la même. À en juger par ces déclarations, le rapport à l'écrit est un rapport charnel et acharné:

> *Ce n'est que le commencement de la longue marche sans fin et transgression sans permission (...).*

> *Écrire de ne plus écrire, vivre de toute description inadéquate, de toute relation faussée à la base par des mots, tes jambes ouvertes n'accueillent plus de moi que les mots que je brandis comme des palliatifs, des phalliatifs et des manques se comblant mutuellement hors de moi (...).*

> *Écrire que je sais plus t'écrire, je meurs chaque instant un peu plus de ton corps que mon délire mégalomane m'illustre partout, dans toutes les pages de tous les romans*[227].

Retenons pour terminer, en rapport avec notre analyse d'ensemble, la conception subversive que Geoffroy s'est faite de l'écriture, conception qui explique à la fois des recours au scabreux comme dans *Max Walter Swanberg* et des recours à des spectacles-provocations comme Déclic (pour le vingtième anniversaire du *Refus global*). Pour lui, l'écriture «est toujours un travail de subversion. L'apport que tu fais de toi-même au sein d'une société donnée a comme but principal d'essayer de changer cette société. En ce sens-là, c'est toujours un travail de subversion; sans ça c'est inutile»[228].

Une mise en question

L'attrait pour le surréalisme avait été profond durant les années '50, au point qu'on songea même à créer en 1951, à Montréal, une Centrale Surrationnelle. Le nom lui-même indique à la fois la part de filiation et la part d'autonomie que devait avoir cette Centrale par rapport à l'organisation de Breton:

> *La soif libératrice est telle chez un nombre si extraordinaire de personnes, qu'une Centrale Surrationnelle fonctionnera dès l'automne prochain. Mousseau a décidé de concrétiser définitivement ce projet qui flotte dans les espaces depuis des années. On ne saurait exagérer la gravité conséquente d'une semblable entreprise. C'est probablement au milieu des décors de la Place Christin que la Centrale sera située*[229].

La Centrale existera, de fait[230], mais pas avec le caractère officiel des Centrales surréalistes. Borduas a d'ailleurs beaucoup de réserves à l'égard de toute forme arrêtée d'école et de secte artistique et littéraire.

Une école, ou mouvement, au nom précis (exemple: le surréalisme) n'exprime — en dehors de ses personnalités — qu'un «rapport momentané» d'une forme (en temps et lieu déterminés) à un fond poétique absolu. Vous semblez oublier le rapport et identifiez le vocable à l'absolu. À ce compte, pour nous définir, nous devrions énumérer toutes les écoles du passé qui ont laissé des traces vivantes en nous. Ce serait incommode et inutile: le présent contenant le passé.

Le surréalisme (comme toute école) exprime un moment de l'aventure spirituelle de l'homme épousant, au moyen de formes nouvelles, enthousiasmantes et fraîches, certaines valeurs poétiques ainsi renouvelées. Surréalisme veut dire avant 1950, à la fois l'expression précise et adéquate, et la découverte (ou la défense) de ces valeurs morales. Après 50, le surréalisme ne veut plus dire qu'un académisme formel désagréable. La forme contient le fond. Quand elle se fane, se fige, le fond fait de même (...). L'aventure poétique enrichie du surréalisme emprunte depuis d'autres voies, d'autres formes[231].

Ces réserves de Borduas vis-à-vis du surréalisme décrivent les réserves qu'eurent aussi les poètes de l'Hexagone et ceux de Quartz et d'Orphée, non seulement vis-à-vis du surréalisme, mais aussi de l'automatisme surrationnel lui-même.

Pourtant, on assistera à un regain de faveur des automatistes à la fin des années 60, surtout lors du vingtième anniversaire de *Refus global.*

D'où vient ce renouveau? Il vient de plusieurs sources.

Une source au niveau des publications, principalement celles de *La Barre du jour.* Il ne fait pas de doute que les efforts de Marcel Saint-Pierre, de France Théorêt, de Nicole Brossard et de Roger Boublière, pour ne nommer que ceux-là, auront permis aux automatistes, les automatistes littéraires en particulier, de retrouver une certaine notoriété. Des collaborateurs spéciaux aux numéros sur les automatistes, François-Marc Gagnon et Bernard Tesseydre, ont publié par la suite sur le sujet des travaux de plus grande envergure[232].

Une source plus importante au niveau des réalisations artistiques. Il faut songer à l'Opération Déclic. Il faut songer à l'École des beaux-arts où les Satellites de Janou Saint-Denis présentent, en 1959, *La Jeune fille et la lune* et *Les Grappes lucides* et où on publie intégralement le *Refus global* pour fêter le vingtième anniversaire du manifeste[233]. Il faut songer aux travaux d'Yves Robillard à l'Université du Québec, comme Apollo Variétés[234].

Il faut songer enfin à l'effort du groupe Zéro pour monter *La Charge de l'orignal épormyable* et *Magie cérémonielle*[235] et à l'effort du Théâtre du nouveau monde, qui malgré l'échec de Zéro, risque à son tour, avec succès, *Les Oranges sont vertes.* Cette dernière pièce est jouée si souvent à guichet fermé qu'elle est reprise durant un autre mois l'année suivante avec le même bonheur et sera suivie, en mars 1974, d'une reprise par le TNM de *la Charge de l'orignal épormyable.*

Le public n'a plus, devant la littérature automatiste, cet «éclat de rire exorbitant tout à fait général et incontrôlablement hystérique», «cette hilarité épormyable de bossus en transe», ces «hypertonitruants tonnerres de rire»[236] qui accueillaient *Bien-être* vingt ans plus tôt. Il a même tendance à dépasser les automatistes.

Le public québécois a changé. Et «l'automatisme psychique pur», tel qu'il a été vécu au Québec depuis la fin des années 40, y est pour beaucoup.

Notes

1. Cité par Pierre Saint-Germain, «Encore l'automatisme», *Le Petit journal,* 18 déc. 1949, pp. 56 et 65.

2. Claude Gauvreau, «15 février 1969», *Liberté,* n° 61, 1969, pp. 96-97; repris dans *Québec underground,* t. 1, p. 386.

3. Ce sont Gilles Carle, Mathilde Ganzini, Olivier Marchand, Gaston Miron, Louis Portugais, Jean-Claude Rinfret.

4. Jean-Guy Pilon, «Le Temps de notre jeunesse», in Guy Robert, *Littérature du Québec* (1ère éd.,), p. 129.

5. Paul-Marie Lapointe, *Choix de poèmes - Arbres,* Montréal, l'Hexagone, 1960; *Pour les âmes,* Montréal, L'Hexagone, 1964; *Le Réel absolu,* Montréal, l'Hexagone, 1971.

6. *Liberté,* oct. 1959.

7. Alain Grandbois, *Poèmes,* Montréal, l'Hexagone, 1967.

8. Pierre de Grandpré, *Dix ans de littérature au Canada français,* p. 32.

9. Jean-Guy Pilon, *Les Cloîtres de l'été,* coll. «Les Matinaux», Montréal, l'Hexagone, 1954. On sait que *Liberté,* dont fera partie Pilon, consacra son numéro 58 à René Char (vol. 10, n° 4, jan.-août 1968).

10. L(ouis) P(ortugais), in *Cahier pour un paysage à inventer,* 1960, n° 1, p. 104.

11. P(atrick S(traram), *Ibid.,* p. 106.

12. Gilles Hénault, «La Poésie et la vie», in *La Poésie et nous,* coll. «Les Voix», Montréal, l'Hexagone, 1958, pp. 35-36.

13. Michel Van Schendel, *Poèmes de l'Amérique étrangère,* coll. «Les Matinaux», Montréal, L'Hexagone, 1958; *Variations sur la pierre,* Montréal, L'Hexagone, 1964.

14. Id., «Vues sur les tendances de la poésie», in *La Poésie et nous,* pp. 16, 20-22.

15. Gilles Hénault, «Le langage est mot de passe», *Situations,* vol. 1, n° 8, pp. 22-23; réédité par Guy Robert dans *Poésie actuelle* (Montréal, Déom, 1970) sous le titre «La poésie est mot de passe».

16. Wilfrid Lemoyne, «La Poésie et l'homme», in *La Poésie et nous,* p. 70.

17. Antonin Artaud, «Vie et mort de Satan le Feu (une Race-Principe)» Note de Préfontaine.

18. René Char, «Moulin premier». Note de Préfontaine.

19. Id., «A une sérénité crispée». Note de Préfontaine.

20. Communication surréaliste; janvier 1925. Note de Préfontaine.

21. Yves Préfontaine, «La Poésie et l'homme: quelques aspects», in *La Poésie et nous*, pp. 78 et 85-87.

22. Yves Préfontaine, *Boréal* (1957), Montréal, Estérel, 1967, pp. 15-19.

23. Id., «Lettre refusée au Devoir», *Liberté*, n° 12, nov.-déc. 1960, p. 359.

24. Id., *L'Antre du poème*, Trois-Rivières, Ed. du Bien Public, 1960, p. 10.

25. Gilles Marcotte, *Le Temps des poètes*, p. 94.

26. Yves Préfontaine, *l'Antre du poème*, p. 85.

27. *Pays sans parole*, Montréal, l'Hexagone, 1967, p. 8.

28. Id., «Un Film de Jacques Godbout — Borduas au cinéma», *Liberté*, n° 27, mars-avril 1963, p. 161.

29. Gaston Miron, «Ma bibliothèque idéale», Radio-Canada, 16 sept. 1961; in *l'Homme rapaillé*, Montréal, PUM, 1970, p. 106.

30. Renée Cimon, «Chronologie de Gaston Miron», *Ibid.*, p. 155.

31. Gaston Miron, «Situation de notre poésie» (1957), in *l'Homme rapaillé*, pp. 92-94.

32. Jean-Louis Major, «L'Hexagone: une aventure en poésie québécoise», p. 178. Noter que pour André Belleau de la direction de *Liberté*, il n'y eut jamais appartenance de *Liberté* à l'Hexagone (conversation téléphonique avec A.-G. B., 1er déc. 1973).

33. J(acques) G(odbout) «Paul-Émile Borduas», *Liberté* 60, n° 8, mars-avril, p. 133.

34. Jacques Folch, «Une vie de peintre», «Borduas parle»; Robert Élie, «Témoignage»; André Jasmin, «Notes sur Borduas», *Liberté*, jan.-fév. 1962, nos 19-20; MM. André Jasmin et Aubert écriront un texte radiophonique sur Borduas présenté à Radio-Canada le 25 novembre 1967, «L'Histoire comme ils l'ont faite», avec témoignages de Gilles Hénault, Robert Élie, Aline Legrand et Pierre Vadeboncoeur; cf. aussi Jacques Folch, «Jean-Paul Mousseau», *Liberté*, mai-juin 1963, vol. 5, n° 3.

35. Claude Gauvreau, «Dimensions de Borduas»; P.-E. Borduas, «Lettres à Claude Gauvreau»; Jean Ethier-Blais, «Épilogue et méditation», *Liberté*, n° 22, avril 1962.

36. Diane Pelletier-Spiecker, *Les Affres du zeste*, coll. «Les Refus de la colombe», Montréal, Quartz, 1958, p. (8). Illustrations de Klaus Spiecker.

37. Id., *Ibid.*, p. (12).

38. Kline Sainte-Marie, *Poèmes de la sommeillante*, Montréal, Quartz, 1963.

39. Diane Pelletier-Spiecker, *Les Affres du zeste*, p. (18).

40. Id., *Ibid.*, p. 19. Cf. aussi, «Sebia» in *Situations*, vol. 1, n° 2, fév. 1959, pp. 8-9.

41. Michèle Drouin, *La Duègne acroupie,* dessin et frontispice de l'auteur, Montréal, Quartz, 1959, p. V.

42. Goulet a déjà exposé des peintures et participé aux rencontres de l'atelier de la Place Christin; cf. Claude Gauvreau, «Au-delà de l'immondice jésuitique - André Goulet dit Goulo», *Le Haut-parleur,* 22 déc. 1951, p. 5.

43. De Claude Mathieu, retenons pour mémoire ses nombreuses références, dans *Vingt petits écrits ou le Mirliton rococo* (Montréal, Orphée, 1960) aux surréalistes Julien Gracq (p. 30), André Pieyre de Mandiargues (pp. 34-35 et 40) et René Char (pp. 21 et 69-72).

44. Gérald Robitaille est l'ancien secrétaire particulier et traducteur de l'écrivain Henry Miller.

45. Ronald Després a écrit une étrange sotie du masochisme où les clients à la vivisection lisent Éluard et collectionnent Picasso *(Le Scalpel ininterrompu,* p. 41).

46. *Étal mixte* de Gauvreau fut édité chez Orphée (2 novembre 1968) mais Gauvreau, se ravisant, refusa de signer le contrat. Ce n'est qu'en 1977 que 202 exemplaires (sur 1000) seront mis en vente.

47. Rencontre de J.-C. Dussault et A.-G. B., 9 avril 1970.

48. Claude Gauvreau, *Dix-sept lettres à un fantôme,* 10 mai 1950, pp. 15-17 (inédit).

49. Claude Gauvreau, «L'Épopée automatiste vue par un cyclope», p. 79.

50. Id., *Dix-sept lettres à un fantôme,* lettre du 13 jan. 1950, p. 17 (inéd.).

51. Ont paru dans *Le Haut-parleur* du 21 jan. 1951: «Nuits d'été» (26 juillet 1950), «Attente» (11 août 1950) et «Sacrificial» (11 août 1950).

52. Jean-Claude Dussault, «Nuits d'été», *Le Haut-parleur,* 21 janvier 1951.

53. Id., «Sacrificial», *Ibid.*

54. Id., «Nuits d'été», *Ibid.*

55. Id., «Attente», *Ibid.*

56. Id., «Sacrificial», *Ibid.*

57. Jean-Claude Dussault, *Proses (suites lyriques),* p. 13.

58. Id., *Ibid.,* p. 16.

59. Lettre inédite de J.-C. Dussault à C. Gauvreau, 12 mars 1950.

60. Jean-Claude Dussault, «Conte indien», *Situations,* vol. 1, n° 6, juil.-août 1959.

61. Id., *Proses,* pp. 17-18.

62. Id., *Ibid.,* p. 20.

63. Gilles Marcotte, *Le Temps des poètes,* pp. 90-101.

64. Jean-Claude Dussault, *Essai sur l'hindouisme;* Id., *La Civilisation du plaisir.*

65. Id., «Le Vierge incendié», *Le Haut-parleur,* 14 mars 1951, p. 4.

66. Id., «Le Cas Gauvreau et la liberté d'expression», *Place publique,* n° 3, mars 1952, pp. 45-46.

67. Id., *Dialogues platoniques,* pp. 27, 29, 63-64.

68. Gilles Groulx, *Poèmes,* Montréal, Orphée, 1957, p. (11). Daté de janvier 1954. Réédité dans *Les Herbes rouges,* n° 14, p. 21.

69. Id., *Ibid.,* p. 29. Daté de février 1954. *Les Herbes rouges,* n° 14, p. 33.

70. Id., *Ibid.,* p. 31. Daté de février 1954. *Les Herbes rouges,* n° 14, p. 32.

71. Une enquête sur l'automatisme qui vient de passer le cap des dix ans (vol. 1, n° 2, fév. 1959); un article de Molinari rappelant que l'automatisme culmine dans *Refus global* («Les Automatistes au musée», vol. 1, n° 7); un numéro spécial sur la mort de Borduas que Ferron nomme «le plus grand artiste que nous ayons jamais eu» («Paul-Émile Borduas», vol. 2, n° 1) et que Michel Fougères décrit comme «un point de repère prophétique» («Borduas», *Ibid.);* les textes de la rétrospective Borduas à Amsterdam («Borduas», vol. 3, n° 3).

72. Jean Depocas, «Une nation et la littérature», *Situations,* vol. 1, n° 3, p. 19.

73. «Paul Gladu pose (...) le problème du Canadianisme et de l'Internationalisme. A ce propos je vais citer une réflexion fort juste de Claire France (...) dans un récent numéro de la revue *Situations* (...): «Vouloir faire Canadien c'est déjà ne plus l'être». En effet, la volonté limitative tendrait à ruiner l'authenticité de l'acte et à ne plus communiquer qu'un résidu abstrait de la réalité dont on voudrait être le porte-parole. Il n'y a qu'un moyen d'exprimer ce qu'on est vraiment, c'est par l'authenticité intégrale. L'universel suppose obligatoirement l'authenticité impeccable, et l'authenticité nécessaire contient sans doute le milieu dans lequel il a pris naissance harmonieusement ou passionnément. Les automatistes, qui ne se préoccupèrent que de créer et qui furent des précurseurs sur le plan universel, furent profondément Canadiens; bien entendu, une telle réalité profonde, beaucoup plus que par l'introduction arbitraire de détails pittoresques, se transmet par des qualités spirituelles caractéristiques spontanément exprimées: de la vigueur, le sens du baroque, un certain côté fruste, une fraîcheur rude. On n'imagine pas un Français qui s'appliquerait à être français: il se contente de l'être sans s'en préoccuper». (Claude Gauvreau, «Paul Gladu, tartuffe falsificateur», *Situations,* 3e année, n° 1, p. 51)

74. Jean Depocas, «De l'amour fou à vénus-3: entretien avec Claude Gauvreau», *Parti pris,* avril 1966, vol. 3, n° 9, p. 16.

75. «Non, pas question de nationalisme: je les ai tous en horreur. De se reconnaître d'un pays (vaste, divers et un peu confus), d'un continent, d'un temps particulier (qui hélas s'allonge trop vite!) est autre chose. Voici les différentes étapes de cette reconnaissance qui dans d'autres conditions eut pu être simplifiée. Je me suis reconnu de mon village d'abord, de ma province ensuite, Canadien français après, plus Canadien que Français à mon premier voyage en Europe, Canadien (tout court, mystérieusement semblable à mes compatriotes) à New York, Nord-Américain depuis peu, de là, j'espère «posséder» la Terre entière!». (Paul-Émile Borduas, lettre à Claude Gauvreau, Paris, 21 janvier 1959, *Liberté,* n° 22, avril 1962, pp. 249-250)

76. «Je suis absolument anti-anarchiste et pro-républicain. Ceci veut dire que je suis partisan d'une république selon les moyens possibles. J'aimerais être témoin de la république du Canada: il me ferait plaisir de voir l'affrontement des deux cultures en dehors d'un appui impérialiste partial. Cependant, advenant que les Anglo-Saxons du Canada soient trop sentimentaux pour accepter une république, la république du Québec serait la seule solution pour nous. Je ne parviens pas à oublier les minorités françaises non-québé-

coises du Canada: mais la république est toujours la bienvenue. Je ne serais jamais un adversaire de la république du Québec». Jean Depocas, «De l'amour fou à vénus-3: entretien avec Claude Gauvreau», (*Parti pris,* vol. 3 n° 9, p. 16)

77. Les néo-plasticiens québécois sont Louis Belzile, Jean-Paul Jérôme, Fernand Toupin et Jauran (pseud, du critique Rodolphe de Repentigny). On trouvera le texte du *Manifeste des plasticiens* dans Guy Robert, *L'Art au Québec depuis 1940,* pp. 107-109.

78. Fernande Saint-Martin, «L'Aventure poétique», *Situations,* vol. 1, n° 1, jan. 1959, p. 11. Elle y revient au deuxième numéro: «Les poèmes et le *Bien-être* de Gauvreau ont introduit l'automatisme dans notre littérature, cet automatisme dont un Kirouac (sic) par exemple commence à peine à explorer les possibilités» (Id., «Le manifeste de l'automatisme», vol. 1, n° 2, p. 17).

79. Id., «Le Manifeste de l'automatisme», *Situations,* vol. 1, n° 2, février 1959, pp. 14-15.

80. Fernande Saint-Martin, «Le Manifeste de l'automatisme», *Situations,* jan. 1959, vol. 1, n° 1, pp. 15-16.

81. Claude Gauvreau, «L'Épopée automatiste vue par un cyclope», p. 92.

82. Id., *Ibid.,* p. 93.

83. Claude Gauvreau («Paul Gladu, tartuffe falsificateur», pp. 38-39, *Situations,* vol. 3, n° 1). Gauvreau précisera plus tard la différence qu'il fait entre surréalisme et automatisme: «En 1942, Borduas avait intitulé «Peintures surréalistes» son exposition de gouaches non-figuratives. Borduas avait foi en la magie de la «beauté convulsive»... mais les rapports objectifs entre son oeuvre et le surréalisme étaient sans doute encore imprécis». (Claude Gauvreau, «Exposé au Musée d'art contemporain de Montréal», 21 juin 1967; *Québec underground,* t. 1, p. 65)
    Guido Molinari a précisé ses positions sur le sujet:
    «Ce qui me frappait, c'est que la conception de l'Automatisme, tel que défini par Breton, était beaucoup plus radicale que les oeuvres faites par les surréalistes européens et que la peinture automatiste du groupe Borduas me semblait encore extrêmement contrôlée — où je ne trouve pas l'élaboration d'un «objet nouveau» mais que la peinture automatiste conserve des schèmes de la peinture classique, c.à.d. la dichotomie d'objet et de fond ainsi que la structure tonale (...).
    Depuis 1951, j'ai constamment démontré par la discussion et des écrits que l'Automatisme du groupe de Borduas n'est en fait qu'une variante du Surréalisme, puisqu'il conserve les structures de l'objet pictural (...).
    Je considère que l'Automatisme est mal défini, puisqu'il implique beaucoup trop la notion neurologique des automatismes, qui sont en fait des gestes pratiquement innés, conditionnés par la réception — alors que je crois personnellement que toute activité artistique se fait toujours à partir de la destruction des structures connues de l'objet et l'élaboration d'une problématique totalement différente qui permet de créer un «objet nouveau» que les structures de la perception n'ont pas encore réussi à élucider, par exemple, la notion de série sur laquelle je travaille actuellement». (Guido Molinari, Lettre inédite à Michèle Vanier, 12 oct. 1968)

84. Car, et Aragon est formel, le surréalisme est né du cubisme. Cf. *Aragon parle* avec Dominique Arban, Paris, Seghers, 1968, p. 43.

85. Fernande Saint-martin, *Structures de l'espace pictural,* pp. 135-136.

86. Id., *Ibid.,* pp. 137-138. On comprend, dans cette perspective, la réflexion paradoxale de Borduas en 1956: «Les gouaches de 1942, que nous croyions surréalistes, n'étaient que cubistes» (avril 1956; paru dans *Le Devoir,* 9 juin 1956); en voir l'analyse de Guy Robert, dans son *Borduas,* p. 104 et ssq.).

87. Il est intéressant de noter l'interprétation que fait Molinari de la valeur révolutionnaire de *Refus global:*
«La notion de *Refus global* à ce moment était beaucoup plus influencée par l'exemple et l'influence de l'existentialisme sartrien — Sartre était venu à Montréal et son théâtre y avait été présenté. Donc c'est la double influence de Breton sur la poésie contemporaine et le sens de l'absurde chez Camus et Sartre qui a poussé les signataires du manifeste intitulé *Refus global* à refuser à la société le droit de censurer l'artiste — ils réclamaient en fait le droit d'être des facteurs déterminants pour apporter la transformation de la société québécoise». (Guido Molinari, Lettre à Michèle Vanier, 12 oct. 1968; inédit)

88. Présentée pour la première fois en 1962 (Cf. Claude Gingras, «Trois scènes de Salomé et une création de François Morel», *La Presse,* 14 mars 1962, p. 25). François Morel avait été appelé à écrire la musique de deux programmes consacrés à la mémoire de Borduas, à Radio-Canada, le 25 nov. 1967 et le 18 oct. 1968. (Cf. *La Presse,* 17 oct. 1968, p. 21)

89. *La Presse,* 7 nov. 1968; in *Québec underground,* t. 1, p. 376.

90. *Le Devoir,* 7 nov. 1968; in *Québec underground,* to. 1, p. 376.

91. Cf. André Breton et Paul Éluard, *l'Immaculée-Conception.*

92. Louis-Bernard Robitaille, «Opération Déclic? Investiture troublée par un «happening» en l'église Notre-Dame», *La Presse,* 9 déc. 1968.

93. *Place à l'orgasme,* Création à Dieu, 1968. Cf. *Refus global,* p. 30.

94. Jean-Claude Germain, «Le Théâtre québécois libre au pouvoir», *Digeste éclair,* fév. 1969, pp. 8-13.

95. Claude Paradis, in *Liberté,* jan.-fév. 1969.

96. Jean-Claude Germain, «Le Théâtre québécois libre au pouvoir», *Digeste éclair,* fév. 1969, p. 13.

97. Cf. *Québec underground,* t. II, p. 467.

98. Claude Turcotte, «600 spectateurs ont un «choc nerveux» à la Comédie canadienne», *La Presse,* lundi 17 février 1969, p. 1, édition du matin. L'édition du soir porte un titre légèrement différent et plus près de la réalité: «600 spectateurs sont ébahis par un «happening» à la Comédie canadienne».

99. Id., *Ibid.,* p. 2.

100. Louis-Bernard Robitaille, «Deux des auteurs du scandale s'expliquent», *La Presse,* 17 février 1969, p. 1.

101. Michel Auger, «Couple accusé de s'être dévêtu à la Comédie canadienne et de cruauté envers les animaux», *La Presse,* 27 fév. 1969, p. 3. Michel-G. Tremblay, «Un autre des faux interprètes de *Double jeu* comparaît», *La Presse,* 8 mars 1969, p. 7.

102. Jacques Vaché, en 1917, trouble les spectateurs des *Mamelles de Tirésias* d'Apollinaire en tirant à blanc sur eux (cf. André Breton, *Second manifeste du surréalisme*, p. 155). Les dadaïstes sabotent les *Mariés de la tour Eiffel* de Cocteau joué avec les Ballets suédois en 1921 et les surréalistes sifflent *Le Coeur à gaz* de Tzara en 1923 où il y eut blessures et poursuites judiciaires (cf. Michel Sanouillet, *Dada à Paris*, pp. 284-5 et 382-385). Ils jettent aussi tracts et banderole du haut d'un balcon sur les spectateurs du ballet *Roméo et Juliette* de Diaghilev en 1926 (cf. Marcel Jean, *Histoire de la peinture surréaliste*, p. 156).

103. Réginald Martel, «Gauvreau: Mort et résurrection», *La Presse*, 2 mai 1970, p. 28. Voir aussi la polémique qui entoure l'arrêt brusque de la pièce au milieu de la 3e représentation. Claude Gauvreau: «Il est impérieux de ne pas taire mon admiration pour Claude Paradis» («La Mort de l'Orignal épormyable», *La Presse*, 16 mai 70, p. 49). Monique Duplantie, Jacques Crête et Albert-G. Paquette: «Qu'il nous soit permis de confesser notre foi inconditionnelle (...) à l'endroit de Claude Gauvreau. Qu'il soit fait aussi, de même manière, à l'endroit de Claude Paradis à qui essentiellement nous sommes redevables de ce que la lumière ait irradié de l'alors obscur» («Une nouvelle charge épormyable», *La Presse*, 23 mai 1970, p. 41).

104. Luc Perreault, «Du Refus au déclic», *La Presse*, 14 février 1970, p. 39.

105. Cité in *Québec underground*, t. 1, . 56; comparer avec *Refus global*, p. 20.

106. «Je sais que ce geste avait une valeur symbolique et qu'il s'intégrait avec une égale nécessité aisée aux autres fragments de la courageuse manifestation globale. À bas donc toute censure!
    Artiste vieillissant et souvent frappé par les épreuves, je ne peux pas faire moins que d'articuler de la manière la plus formelle ma solidarité absolue envers les jeunes poètes familiers du merveilleux qui ont fait résonner publiquement le signal de l'épanouissement individuel et collectif. Samedi 15 février 1969, à la Comédie canadienne, c'est Prométhée qui s'est incarné en eux. Enfin — et il y a longtemps qu'on attendait ça — l'automatisme est maintenant dépassé. Les relais sont d'une authenticité on ne peut plus admirable».
    (Claude Gauvreau, «15 février 1969», *Liberté*, n° 61, 1969, pp. 96-97) Ce texte avait été refusé par *La Presse, Le Devoir,* et *le Journal de Montréal;* cf. *Québec underground*, t. 1, p. 386.

107. «Interview: Gilbert Langevin» par François Hébert, Marcel Hébert, et Claude Robitaille, *Hobo-Québec*, nos 5-7, juin-août 1973, p. 23.

108. «J'ai fondé une philosophie: le fraternalisme. C'était un mélange d'existentialisme, de marxisme (...). Nous avons publié 5 cahiers (*Silex*)». (Id., *Ibid.)* Noter que *Silex* n° 5 présente François Hertel comme représentant des Ed. Atys en Europe et un extrait de son livre, *Pour un ordre personnaliste* (p. 7) sous le titre, au sommaire, de «Pour un ordre fraternaliste» (p. 5).

109. André Belleau, «La littérature est un combat», *Liberté*, n° 26, mars-avril 1963, vol. 5, n° 2, p. 82.

110. Parler longuement de *Parti pris* nous entraînerait loin de notre propos. Cependant, il convient de noter que le premier numéro, qui entendait situer *Parti pris*, évoque à quelques reprises l'importance du *Refus global*. En faisant l'historique de ce qu'il est convenu d'appeler l'aliénation québécoise, Pierre Maheu écrit: «Tout nous était matière à opposition: c'était, pour reprendre

l'expression d'un précurseur, un *Refus global* (...). Le sens de nos gestes ne dépendait pas de nous, il allait s'inscrire dans l'ordre de Valeurs qui nous niait (...). Nous ne pouvions trouver dans la révolte que la solitude, le mal-être et le vide intérieur dont témoignent les dernières toiles de Borduas, expression d'une révolte poussée jusqu'à la limite» (Pierre Maheu, «De la révolte à la révolution», *Parti pris*, vol. 1, octobre 1963, pp. 11-12)

Mais il est clair que *Parti pris* entend aller plus loin que la révolte du *Refus global;* il entend opérer une révolution: «Notre révolte, finalement, n'aura pas été une crise d'adolescence mais un premier pas vers notre passage à l'attitude révolutionnaire». (Id., *Ibid.,* p. 14)

111. François Hébert, Marcel Hébert et Claude Robitaille, «Interview: Gilbert Langevin», *Hobo-Québec,* nos 5-7, jan.-août 1973, p. 23.

112. Id., *Ibid.;* cf. Id., *Griefs,* p. 63.

113. Cf. François Hébert, Marcel Hébert et Claude Robitaille, «Interview: Gilbert Langevin», *Hobo-Québec,* nos 5-7, juin-août 1973, pp. 23 et 26. Cf. Gilbert Langevin, *L'Avion rose,* p. 65, note.

114. Zéro Legel, «Flash-back», *Quoi,* vol. 1, n° 1, jan.-fév. 1967, pp. 48-49.

115. *Les Herbes rouges,* n° 2, déc.-mars 1968-1969, pp. 7-9. Révolte aussi, mais engagée dans «Le Temps des vivants» paru dans *Le Voyage,* vol. 1, n° 2, p. 4 et chanté par Pauline Julien (*Comme je crie, comme je chante, Gamma Gs 125);* Gilbert Langevin, *Chansons et poèmes,* p. 43.

116. Gilbert Langevin, *Les Écrits de Zéro Legel,* t. 1, p. 156.

117. Id., *Stress,* pp. 15 et 22.

118. Id., *Ouvrir le feu,* p. 15.

119. Id., *Ibid.,* pp. 23 et 42.

120. Id., *Novembre suivi de La Vue du sang,* pp. 13, 20 et 70.

121. Id., *Ibid.,* pp. 10, 22, 29, 37 et 70.

122. Id., *Ibid.,* pp. 39 et 81.

123. Id., *Ibid.,* pp. 51 et 61.

124. Id., *Griefs,* pp. 25 et 44.

125. Id., *Ibid.,* pp. 24, 49 et 52.

126. Id., *La Douche et la seringue,* pp. 36, 46, 54, 82 et 83.

127. Id., *Ibid.,* pp. 22 et 73.

128. Id., *Ibid.,* pp. 73-74.

129. Id., *Ibid.,* p. 21.

130. Id., *L'Avion rose,* pp. 30, 57 et 63.

131. Id., *Ibid.,* p. 15.

132. Id., *Ibid.,* p. 71.

133. Id., *Ibid.,* p. 15.

134. Id., *Ibid.* p. 101.

135. Pierre Nepveu, «La Poétique de Gilbert Langevin», *Livres et auteurs québécois 1973,* p. 316.

136. *Québec underground,* t. 1, p. 77.

137. «Il est le premier à nous avoir fait connaître l'*Internationale situationniste*», *Québec underground,* Ibid.

138. Patrick Straram, «Nationalité? domicile?», *Parti pris,* vol. 2, nos 10-11, p. 59. Il écrit, entre autres, une chronique de peinture: «Une écriture géothermique», *Situations,* vol. 1, n° 6, juil.-août 1959.

139. Id., citant l'*Internationale situationniste, in Cahier pour un paysage à inventer,* p. 106. On connaît par ailleurs l'habitude que prendront Straram et ses amis de signer plus tard leurs textes d'un totem.

140. Internationale situationniste, «Situation d'un critique et d'une production», *Ibid.,* pp. 85-6.

141. André Roy, Claude Robitaille, Claude Beausoleil, «Entretien avec Patrick Straram — le bison ravi», *Hobo-Québec,* nos 9-11, pp. 28-29.

142. Bison ravi. Cf. reproduction d'une peinture de Labisse sur cet anagramme de Vian dans Noël Arnaud, *Les Vies parallèles de Boris Vian,* p. 265.

143. Patrick Straram, «Strange orange», *Les Herbes rouges,* n° 2, p. 12.

144. Id., *Gilles cinéma Groulx le lynx inquiet 1971.*

145. Id., *Ibid.,* pp. 30-31.

146. Id., *4x4/4x4, in Les Herbes rouges,* n° 16, pp. 3, 6-10, 62.

147. Cf. Id., *Ibid.,* p. 22 et *Gilles cinéma Groulx...* p. 86, c. 1.

148. Id., *Gilles cinéma Groulx...* p. 97, c. 1.

149. Id., *irish coffees au No Name Bar & vin rouge Valley of the Moon,* pp. 4 et 17.

150. Id., *Ibid.,* p. 8.

151. Id., *Ibid.,* pp. 20, 38, 40.

152. Id., *La Faim de l'énigme,* pp. 56-7 et 165.

153. Id., «Précisions maximales minimales», *La Barre du jour,* n° 42, pp. 67-83. Cf. Id., «Nationalité? domicile?», *Parti pris,* vol. 2, nos 10-11, pp. 59-60.

154. Id., «to a strange night of stone», in Denis Vanier, *pornographic delicatessen;* Patrick Straram, *en train d'être en train vers où être, Québec,* l'obscène Nyctalope éd., 1971; Id., *irish coffees au No Name Bar & vin rouge Valley of the Moon,* L'Hexagone éd./l'obscène Nyctalope éd., 1972.

155. Cf. «Films de Jutra et Borremans demain à la Cinémathèque», *La Presse,* 19 mai 1970; Gilles Marsolais, *Le Cinéma canadien,* pp. 46, 50-51.

156. D'ailleurs, c'est le Bar des arts qui remet Gauvreau en lumière, si on croit la réponse de Gilbert Langevin à la question: «Quelles étaient vos relations avec Gauvreau et Martineau?»
    «C'est avec la fondation du Bar des arts en 63-64, où se réunissent tous ceux d'Atys, tous ceux qui sympathisent avec ce qui s'y faisait, que les rencontres se font. Au même moment il y a la fondation de *Parti pris* et en

65 de *Passe partout.* Tout cela coïncide avec le Bar des arts et le Perchoir d'Haïti. Je suis à ce moment-là animateur, je présente les autres, je récite des poèmes. On a présenté 40 à 45 poètes, des gens aussi différents que Gilles Constantineau, Michel Van Schendel, Claude Gauvreau (...). Il y a aussi des happenings, des expériences de poèmes-objets, des expositions de peintures, l'affichage de poèmes écrits de la main de l'auteur. Une soirée est consacrée entièrement à Gauvreau. C'est à ce moment qu'on prend contact avec lui.» (François Hébert, Marcel Hébert, Claude Robitaille, «Interview: Gilbert Langevin», *Hobo-Québec,* nos 5-7, juin-août 1973, p. 23)

157. *Québec underground,* t. 1, p. 119.

158. Cf. étude dans *Québec underground,* t. 1, pp. 172-349; quelques notes in Guy Robert, *L'Art au Québec depuis 1940,* pp. 421-422.

159. Gil Courtemanche, «Nouvel Age, Nouvel Art, vieux problème», *La Presse,* Montréal, 18 avril 1964.

160. Le baron filip, «Quelques notes historiques sur «l'Horloge», troupe d'avant-garde, section arts intégrés», 14 fév. 1973, in *Québec underground,* t. 1, p. 130.

161. Gil Courtemanche, «Nouvel Age, Nouvel Art, vieux problème?»» *La Presse,* 18 avril 1964.

162. Paul Chamberland, «Faire le voyage — Entretien avec Claude Péloquin», *Parti pris,* avril 1966, vol. 3, n° 9, p. 41.

163. Denise Boucher, «Jean-Claude Péloquin, alias Pélo, poète de chez nous: «J'aime l'homme, le Québec, la bière et je déteste la mort»,» *La Presse,* supplément *Perspectives,* 11 oct. 1969, p. 27.

164. Paul Chamberland, *op. cit.,* p. 43.

165. Id., *Ibid.,* p. 45.

166. Claude Péloquin, *Les Mondes assujettis,* coll. «Métropolitaine», Montréal, chez l'auteur, 1965, ill. de Connolly, p. (10 et 22).

167. Paul Chamberland, «Faire le voyage — Entretien avec Claude Péloquin», *Parti pris,* avril 1966, vol. 3, n° 9, p. 42.

168. Id., *Ibid.,* pp. 41-42.

169. Claude Péloquin, *Calorifère,* ill. de Cornellier, Lemoyne et Connolly, Montréal chez l'auteur, 1965.

170. Claude Péloquin, *Manifeste subsiste,* Montréal, chez l'auteur, 1965; cité par Paul Chamberland, *op. cit.,* p. 34.

171. Claude Péloquin, *Manifeste infra suivi des Émissions parallèles,* Montréal, L'Hexagone, 1967, p. 11.

172. Id., *Ibid.,* pp. 19-20.

173. Id., *Ibid.,* p. 19.

174. Id., *Ibid.,* p. 17.

175. Id., *Ibid.,* p. 26.

176. Id., *Ibid.,* pp. 26-27.

177. Claude Péloquin, cité par Paul Chamberland, «Faire le voyage — Entretien avec Claude Péloquin», *Parti pris,* avril 1966, vol. 3, n° 9, p. 43.

178. André Breton, *Discours au congrès des écrivains,* in *Manifestes,* p. 285. Repris in André Breton et Paul Éluard, *Dictionnaire du surréalisme,* à «Marx», p. 17.

179. Claude Péloquin, *Mets tes raquettes,* pp. 31 et 112.

180. Id., *Éternellement vôtre,* pp. 23, 30, 48, 72.

181. Id., *Pour la grandeur de l'homme,* pp. 34 et 54.

182. Id., *Ibid.,* p. 56.

183. Id., *Chômeurs de la mort,* p. 53.

184. Id., *Ibid.,* p. 55.

185. Id., *Ibid.,* pp. 9, 23, 32, 43 et 48.

186. Id., *Ibid.,* p. 79.

187. Présenté à Radio-Canada, 14 fév. 1974, «Des goûts, des formes et des couleurs».

188. Les Disques Clic, CSN 1002; en direct du Patriote de Montréal.

189. Théâtre du Nouveau Monde, 11 nov. 1974, «Jour de l'Armistice».

190. Galeries Martal et Espace 5, rue Sherbrooke, à Montréal, jusqu'au 25 déc. 1974.

191. Il y eut cependant le «Pour baiser Vanier» de Claude Bélanger, *La Barre du jour,* n° 38, 1973, pp. 65-79.

192. Denis Vanier, «Sulphate de magnésium alpha tocoférum 25. vl.», *Hobo-Québec,* n° 3, p. 2; repris dans *Le Clitoris de la fée des étoiles, Les Herbes rouges,* n° 17, fév. 1974, p. (37).

193. Yves Bolduc, «*Lesbiennes d'Acid* de Denis Vanier», *Livres et auteurs québécois,* 1972, p. 160.

194. Denis Vanier, «Sulphate de magnésium alpha tocoférum 25. vl.», *Hobo-Québec,* n° 3, p. 2.

195. Chartrand fut un temps directeur de la revue *Situations* avec Goulet. Voir le vol. 3, n° 3 de cette revue.

196. Patrick Straram, «To a Strange Night of Stone», in Denis Vanier, *Pornographic Delicatessen,* p. (84).

197. Claude Gauvreau, «Préface», in Denis Vanier, *Je,* p. 7.

198. Denis Vanier, *Pornographic Delicatessen,* pp. (29-30).

199. Id., *Je,* p. 12.

200. Id., *Ibid.,* pp. 18 et 21.

201. Id., *Pornographic Delicatessen,* p. (37).

202. Claude Gauvreau, «Préface», *Ibid.,* pp. (57-58).

203. Cf. «1925», *L'Esprit nouveau,* n° 24, 1925, pp. 86-87.

204. Denis Vanier, *lesbiennes d'acid*, pp. 8, 62, 64.

205. «Ce sont les journalistes qui ont commencé à nous appeler les *surréalistes*». (Louis Aragon, *Fernand Seguin rencontre Louis Aragon*, p. 55).

206. Réginald Martel, «Un poète canadien chez les Beatles», *La Presse*, 29 mars 1969, p. 22, c. 8.

207. Id., *Ibid.*, cc. 6-7.

208. Gérard Durozoi et Bernard Lecherbonnier, *Le Surréalisme, théories, thèmes, techniques*, pp. 84-87.

209. Denis Vanier, «Préface refusée à *La Libération technique de Suzanne Fran-coeur*, *Hobo-Québec*, n° 4, p. 4; partiellement repris dans *Poëmes* de Gilles Groulx, in *Les Herbes rouges*, n° 14, p. (43).

210. Patrick Straram, «Voyages 2», in Denis Vanier, *Le Clitoris de la fée des étoiles*, in *Les Herbes rouges*, n° 17, p. (10).

211. Thérèse Dumouchel, «Le Père Noël et le Clitoris de la Fée des Étoiles», *Chroniques*, vol. 1, n° 1, p. 77, jan. 1975.

212. Claude Beausoleil, «Le Texte vaniérien», *Cul Q*, nos 8-9, p. 31.

213. Denis Vanier, *Pornographic Delicatessen*, p. (46).

214. Claude Bélanger, «Pour baiser Vanier», *La Barre du jour*, n° 38, p. 67.

215. Denis Vanier, *Pornographic Delicatessen*, p. (28).

216. Claude Beausoleil, «Le Texte vaniérien», *Cul Q*, nos 8-9, p. 31.

217. Louis Geoffroy, *Max-Walter Swanberg*, pp. 9 et 19.

218. Michel Beaulieu, «A bout portant», *Hobo-Québec*, n° 8, sept. 1973, p. 3.

219. «Svanberg, il faut le dire, nous fait les honneurs d'un monde qui n'est autre que celui du «scabreux», au sens le plus subversif du terme. J'ai toujours pensé, pour ma part, qu'un certain scabreux circonscrit au plan érotique, dont nous nous extasions dans certains rêves au point d'en garder la plus cruelle nostalgie, est tout ce qui a pu donner à l'homme l'idée de paradis». (André Breton, «Max Walter Svanberg», *Le Surréalisme et la peinture*, p. 242)

220. Louis Geoffroy, *Empire State Coca Blues*, pp. 12-13.

221. Id., *Le Saint rouge et la pécheresse*, pp. 30 et 65.

222. Id., *Totem poing fermé*, p. 49.

223. Paul-Marie Lapointe, «Notes pour une poétique contemporaine», in Guy Robert, *Poésie actuelle*, p. 202.

224. Louis Geoffroy, *Totem poing fermé*, p. 36.

225. Id., *L.S.D.*, pp. 39-42.

226. Id., *Être ange étrange*, p. 61.

227. Id., *Ibid.*, pp. 15-17.

228. Claude Robitaille et André Roy, «Entretien avec Louis Geoffroy», *Hobo-Québec*, n° 8, sept. 1973, p. II.

229. Claude Gauvreau, «Six paragraphes», *Le Haut-parleur,* 26 mai 1951, pp. 5 et 7.

230. «Dans les années 50, l'atelier qu'avait Mousseau Place Christin pour nous était un lieu de rendez-vous très cher. Nous y passions des nuits à discuter ou à improviser de la danse en buvant du vin et du cidre». (Claude Gauvreau, «L'Épopée automatiste vue par un cyclope», p. 81)

231. Paul-Émile Borduas, lettre à Claude Gauvreau, 21 janvier 1959; in *Liberté,* n° 22, p. 249.

232. Bernard Tesseydre publie deux synthèses sur Leduc (*La Barre du jour,* 1969); *Métamorphose et continuité de Fernand Leduc,* Musée d'art contemporain, 1971 et catalogue sur l'exposition de 1971); François Gagnon, lui, donne trois études sur Borduas (*La Barre du jour,* 1969, *Etudes françaises,* 1972 et Conférence J.A. de Sève sur *Ozias Leduc et Paul-Émile Borduas*) et prépare un livre sur Borduas.

233. Lors de l'occupation de l'École des beaux-arts (octobre 1968), les occupants se réfèrent souvent à Borduas. Ils citent ses écrits: «nous poursuivons dans la joie notre sauvage besoin de libération» (Cf. *Québec underground,* t. II, p. 115).

Un autre exemple, dans les documents de l'Université libre d'art quotidien: «Vomissant son malaise, son aliénation, un homme nouveau émerge d'une situation nouvelle; situation nécessitée par besoin dans un climat de contestation et de *Refus global*» (*Ibid.,* p. 263).

234. Claude Jasmin a commenté *Apollo-Variétés* en ces termes: «Aller plus loin que Pellan et Borduas.

C'est être fidèle à l'esprit des Pellan et des Borduas, que de mener ce combat visuel. Pellan, revenu d'un long séjour à paris, nous apportait les nouvelles, pas fraîches, de 1913, du cubisme et celles, pas très fraîches non plus, du surréalisme de 1920-1930.

Nous avions un grand besoin de cet air nouveau. Et, ici, il a dû se battre contre l'académisme des instituts. Encore, aujourd'hui, il faut livrer ces batailles. De nouveau, l'académie d'un certain art moderne, bien catalogué maintenant, est à renverser.

Les stagiaires de l'UQAM font cette lutte. Il était temps. Borduas se détournait d'Alfred Pellan, voulait dépasser Picasso ou Juan Gris, le cubisme orthodoxe ou orphique, il voulait aussi rejoindre le surréalisme, aller plus loin tout de même que les imagiers Tanguy, Magritte ou Salvator Dali. Et il trouvera l'*automatisme* et cela coïncidera avec le tachisme de Pollock ou de Mathieu. Il faut toujours, en art, être de pointe. Chercher plus loin.» (Claude Jasmin, «Apollo Variétés, faire voir vrai», *Point de mire,* 4 septembre 1971)

235. Zéro présente *la Charge de l'orignal épormyable* le 2 mai 1970 et *Magie cérémonielle* (hommage à Claude Gauvreau, avec deux textes de Gauvreau et un de Duguay) en mai 1972.

236. Claude Gauvreau, «L'Épopée automatiste vue par un cyclope», pp. 65-66.

Conclusion

> La révolution dans la Province de Québec
> sera une révolution globale et une révolution idéo-
> logique, ou elle ne sera pas (...). Je ne parle pas
> en sociologue, mais en ami de Breton qui voulait
> que la révolution fût totale ou ne soit pas.
>
> Marcel Rioux[1]

Nous sommes maintenant en mesure de considérer comme fondé que le surréalisme a exercé une profonde influence au Québec et qu'il y a même pris des connotations particulières.

Particularités québécoises du surréalisme

Les surréalistes furent connus entre les deux guerres par des Québécois vivant en France (Alfred Pellan, Alain Grandbois...) et ils furent connus au Québec par les lecteurs de *La Nouvelle Revue française* et de *Minotaure*. Quelques Québécois ont connu les surréalistes lors de rencontres et lors d'expositions tenues à New York durant la deuxième guerre mondiale.

Le groupe de Paul-Émile Borduas, en particulier, subit profondé-ment l'influence des revues surréalistes new-yorkaises *(VVV, Hémisphères)* en même temps que celle de l'enseignement de Pellan à l'École des beaux-arts[2].

Un mouvement est lancé par Borduas, mouvement qui part d'une exposition dite surréaliste en 1942, passe par une participation de Jean-Paul Riopelle à l'exposition surréaliste internationale et au manifeste *Rupture inaugurale* de 1947, pour aboutir à la publication d'un manifeste surrationnel québécois, *Refus global,* en 1948. Un autre mouvement, plus diffus, est lancé dans l'entourage de Pellan, mouvement qui part d'une exposition-manifeste, *Prisme d'yeux,* en 1948, pour se retrouver ensuite avec *Cobra* et avec *Phases* et aboutir à la participation de Qué-bécois comme Jean Benoît, Roland Giguère et Mimi Parent à l'exposition conjointe de *Phases* et du *Surréalisme international* en 1960-1961, à New York.

Les distinctions entre les deux mouvements québécois s'estompent cependant au fur et à mesure que le *Refus global* prend valeur symbo-lique de contestation pure et simple de l'ordre établi d'une part, et que le surréalisme-révolutionnaire abandonne le stalinisme, d'autre part. Si bien qu'à l'Opération Déclic de 1968, nous retrouvons la plupart des avant-gardistes du Québec réunis pour le vingtième anniversaire du manifeste surrationnel.

Refus global était, à l'origine, une manifestation d'autonomie à l'intérieur des autres manifestations surréalistes mondiales, particulièrement *Rupture inaugurale* (1947). Il ne faut cependant pas, dans le but de souligner l'originalité de cette autonomie, exagérer l'importance donnée au rêve par les surréalistes européens par rapport au peu d'importance que les Québécois lui accordent. En ce sens, Robert Elie insiste trop quand il écrit qu'après une

> *brève période d'un cubisme très personnel, le surréalisme veut conduire Borduas sur les chemins dangereux du rêve, vers une figuration qui ouvre la porte à la pire des littératures comme en témoigne Dali. Mais (...) le jeu des symboles n'a pas retenu Borduas bien longtemps et l'automatisme qu'il pratiqua avec ferveur, ne lui parut pas ouvrir toutes grandes les écluses du rêve*[5].

Il faut se rappeler la définition du surréalisme donnée par Tzara pour voir à quel point les avenues surréalistes étaient nombreuses et comment les projets de révolution surréaliste laissaient place à une avenue proprement québécoise où l'automatisme, jusque là figuratif, devient non-figuratif:

> *Amour des fantômes, des sorcelleries, de l'occultisme, de la magie, du vice, du rêve, des folies, des passions, du folklore véritable ou inventé, de la mythologie (voire des mystifications), des utopies sociales ou autres, des voyages réels ou imaginaires, du bric-à-brac, des merveilles, des aventures et moeurs des peuples sauvages et généralement de tout ce qui sortait des cadres rigides où l'on avait placé la beauté pour qu'elle s'identifiât avec l'esprit*[4].

L'autonomie des automatistes québécois tient, croyons nous, en ce que les automatistes rêvent sur toile et sur papier... sur écran paranoïaque, au lieu de transcrire sur toile et sur papier leurs rêves antérieurs[5]. En poésie, Claude Gauvreau, Thérèse Renaud et Rémi-Paul Forgues sont les premiers adeptes de l'écriture automatique non-figurative. D'autres poètes feront de brèves excursions dans ce genre au tournant des années 50, principalement Paul-Marie Lapointe, Jean-Claude Dussault et Gilles Groulx.

Les poètes qui gravitent autour des éditions Erta, comme Roland Giguère et Claude Haeffely, sont plus étroitement reliés encore au mouvement surréaliste international. Comme ses amis peintres (Léon Bellefleur et Albert Dumouchel) et même avant eux, Giguère se joint aux mouvements surréalistes-révolutionnaires *COBRA* et *Phases de l'art contemporain* pour ensuite participer à l'Exposition surréaliste de New York. D'ex-automatistes participent aussi à *Phases,* comme Marcelle Ferron, Fernand Leduc, Jean-Paul Mousseau. Fernand Leduc et Jean-Paul Riopelle collaborent — très brièvement — aux activités des surréalistes-révolutionnaires à Paris. Trois expositions de Roland Giguère en France (1961-62) sont préfacées par le poète Édouard Jaguer, celui-là même qui avait été le principal porte-parole des surréalistes-révolutionnaires.

En plus de Jean-Paul Riopelle, Jean Benoît et Mimi Parent jouent un certain rôle auprès de Breton et font l'objet de mentions enthousiastes dans son livre *Le Surréalisme et la peinture* (éd. de 1945). Mais d'autres Québécois sont aussi des amis personnels de Breton, comme Léon Bellefleur, Fernand Leduc, Roland Giguère et Marcel Raymond. Riopelle participe plus tard aux premiers moments de l'abstraction lyrique avec Mathieu; Borduas à ceux de «l'action painting» avec Pollock.

En poésie, Roland Giguère est cependant le seul (excepté les Néo-Québécois Claude Haeffely et Théodor Koenig) dont les poèmes paraissent dans les revues des milieux surréalistes étrangers telles que *Cobra, Boa, Edda, Phantomas* et *Phases*. Il collabore même à la publication de *Phases*.

La Révolution globale après un quart de siècle

Refus global avait été une tentative par les automatistes de se situer au-delà des mouvements révolutionnaires fascistes ou staliniens (et surtout pas entre les deux!). Mais *Combat,* organe du Parti au Québec, comprit difficilement cette position du manifeste surrationnel. On y traita Borduas et ses disciples de «révolutionnaires de la toile» (Pierre Gélinas) et on prit ensuite sa défense (Gilles Hénault). L'accusation faite aux automatistes d'être des «révolutionnaires de la toile» se basait sur la considération, à courte vue, que Borduas comme Breton, aurait choisi bourgeoisement la révolution psychique plutôt que la révolution sociale[6].

Claude Gauvreau exprima à ce sujet comment le groupe de Borduas entendait précisément agir sur le changement du monde par le changement de la vie, par la mise en pratique généralisée d'une attention portée sur les conséquences plutôt que sur l'intention. Là-dessus, le groupe se considérait en état de recherche[7].

Ce qui n'empêche pas qu'on ait pu parler de «terrorisme du langage»[8] ou d'«instrument immédiat de guérilla»[9] à propos de la poésie de Gauvreau ou de Vanier.

Patrick Straram a mieux estimé l'importance de ces «révolutionnaires de la toile». Mais à l'encontre de Jean-Pierre Roy, il les dresse devant les bourgeois plutôt que de les classer parmi eux.

Ce n'est point céder au moindre trotskysme que de dire combien (...) sont Gauvreau, Ouellette, Langevin, Garcia, Duguay, Vanier, militants authentiques d'une vraie Révolution au Québec, à laquelle incitent directement Miron, Lapointe, Chamberland, Godin, quand la poésie d'autres n'a place que propriété (sic) privée, d'une élite au sein d'une société de l'inégalité des classes, «expression» bourgeoise...[10].

De l'aveu même de Pierre Vadeboncoeur alors un des principaux collaborateurs de *Cité libre*, c'est bel et bien Borduas qui fut le chef de file de la révolution qui transforma le Québec d'aujourd'hui:

> *Personne ou presque n'avait été assez spirituel pour tenter enfin une véritable expérience. Borduas s'en est remis complètement à l'esprit. Il a joué tout. Le Canada français moderne commence avec lui[11].*

Comme quoi le travail en profondeur sur les structures du langage est plus efficace que les bouleversements de partis au pouvoir. La révolution que Borduas voulait était globale, celle-là même que voulaient les surréalistes, celle-là même que souhaitait encore, aux premières années de la Révolution tranquille, Marcel Rioux qui, en son nom, évoquait Breton[12].

La révolution par le langage (verbal et non verbal), Breton la voulait à partir d'un principe tiré de cette interrogation: «la médiocrité de notre univers ne dépend-elle pas essentiellement de notre pouvoir d'énonciation?»[13]. Il s'en prit donc à ce pouvoir pour parvenir, grâce au langage automatique, à exercer de «doux ravages»[14].

Qui aurait cru, en 1948, que le manifeste des automatistes québécois allait, lui aussi, exercer tant de ces «doux ravages» en s'attaquant principalement aux fausses notions d'ordre en art, en littérature, et partant, dans la vie, pour créer de nouveaux objets, situés dans une nouvelle conception du temps et de l'espace?

Breton avait persisté à croire en la force révolutionnaire de l'automatisme au-delà des révolutions politiques fascistes ou staniliennes. Il l'avait décrit à plusieurs reprises et en termes non équivoques[15]. Borduas et les automatistes aussi ont cru, au Québec, en cette force révolutionnaire du langage, et l'automatisme nous apparaît alors comme l'instrument de la révolution psychique, la sonde qui provoque l'éruption[16]. C'est en ce sens qu'il faut croire que Breton et le surréalisme en général, que Borduas et l'automatisme en particulier ont bel et bien contribué à l'éclatement des structures du vieux Québec.

Notes

1. In Fernand Dumont, Pierre Lefebvre, Marcel Rioux, «Le Canada français — édition revue et corrigée», *Liberté*, jan.-fév. 1962, pp. 50-51.

2. Pierre Gauvreau, Fernand Leduc et Adrien Villandré participent aux combats contre le directeur Maillard à l'École des beaux-arts; la rupture entre Borduas et Pellan est postérieure à ce combat contre les traditionnalistes. (Cf. Claude Gauvreau, «L'Épopée automatiste vue par un cyclope», pp. 51-52)

3. Robert Élie, «Borduas à la recherche du présent», *Écrits du Canada français*, n° 24, 1968, p. 97.

4. Tristan Tzara, «Essai sur la situation de la poésie», *Le Surréalisme au service de la révolution,* n° 4, 1934.

5. Breton fera aux Québecois sur ce point des concessions qui sont rappelées par Jean-Louis Bédouin (*Vingt ans de surréalsime*, pp. 146, 149-151).

6. Pour paraphraser les commentaires de Jean-Pierre Roy à un auditoire montréalais mettant en opposition la révolution de Marx et celle de Rimbaud: «André Breton, par exemple, est un cas typique d'artiste qui veut poser le problème de la révolution, mais qui ne peut sortir de sa classe et qui finit par choisir Rimbaud entre Marx («changer le monde») et Rimbaud («changer la vie)». (Jean-Pierre Roy, «Pour une problématique formaliste de l'art populaire», *Québec underground, t.* 1, p. 330)

7. «Je viens de lire (grâce aux anarchistes) une étude merveilleuse qui analyse par tous les détails, avec une rigueur admirable, le fonctionnement de l'économie soviétique stalinienne. L'article, s'intitule: «Les rapports de production en Russie», et l'auteur est un marxiste anti-étatiste: Pierre Chaulieu.

  Ne s'attardant pas aux vices accessoires de la société russe (qui ne sont que des conséquences), il remonte à la cause ultime: l'économie soviétique n'est pas substantiellement différente de l'économie capitaliste, elle est aussi une économie d'exploitation, voilà pourquoi tout est pourri en URSS comme ailleurs!

  Évidemment, sur la question de la «superstructure», Chaulieu est peut-être trop orthodoxe dans son marxisme. A mon avis, les «superstructures» ne sont pas exclusivement déterminées par les rapports de production. Les marxistes ont décidément trop tendance à considérer la morale comme une vulgaire «superstructure». Dès que je posséderai l'information suffisante, je tâcherai d'approfondir ce problème.

  Mais, sur le seul plan de l'économie, l'étude de Chaulieu est un chef-d'oeuvre.

  Autre article réconfortant: celui d'un anarchiste américain, un type passablement formidable, Holley Cantine. Ses idées sur la liberté en art et sur l'importance d'une activité créatrice désintéressée dans une société libérée sont très proches des nôtres.

  Cantine est un des seuls hommes, en dehors de l'automatisme et du surréalisme, qui semblent s'apercevoir du rôle néfaste de l'intention et apprécier la valeur d'une activité non-préconçue.

  Ah, ainsi donc, il en existait de ces hommes — totalement isolés — dont l'action puisse marcher sans gêne à côté de la nôtre!

  Voilà que l'univers se peuple d'inconnus — des frères qui nous aideront à vider la barque pestilente!

  Les énergies saines sont donc plus nombreuses que je ne l'espérais! Ce monde qui crève va donc se dissoudre assez vite pour que nous l'entendions faire pfeuh!» (Claude Gauvreau, *Dix-sept lettres à un fantôme,* lettre du 10 mai 1950, pp. 26-27, inédite)

8. Michel Van Schendel, «Claude Gauvreau», in Pierre de Grandpré, *Histoire de la littérature française du Québec,* t. III, p. 242.

9. Patrick Straram, «to a strange night of stone», in Vanier, *pornographic delicatessen,* p. (72).

10. Id., *Ibid.*

11. Voir chapitre III, note 123. Voir aussi «Borduas ou la minute de vérité de notre histoire», *Cité libre,* jan. 1961, pp. 29-30.

12. Voir texte cité en exergue.

13. André Breton, *Point du jour*, p. 4.

14. André Breton, *Les Pas perdus*, p. 184.

15. Cf. André Breton, «Position politique de l'art d'aujourd'hui», in *Manifestes du surréalisme*, p. 271.

16. Id., «Le Maître de l'image», *Les Nouvelles littéraires*, 9 mai 1925: «C'est par la force des images que, par la suite des temps, pourraient bien s'accomplir les *vraies* révolutions. En certaines images, il y a déjà l'amorce d'un tremblement de terre.» (cité par Fernande Saint-Martin, *La Littérature et le non-verbal*, p. 114).

Bibliographie

A. OEUVRES QUÉBÉCOISES

1. poèmes; livres d'art; livrets d'opéra
   et pièces de théâtre; manifestes;
   récits, contes, nouvelles et romans.

AUBERT DE GASPÉ FILS, Philippe-Ignace-François, *L'Influence d'un livre,* Québec, William Cowan et fils, 1837, 122 pp. Réédité sous le titre *Le Chercheur de trésors (ou L'Influence d'un livre),* in *Littérature canadienne,* Québec, Desbarats et Derbishire, t. 2, 1864, pp. 123-220. Nous citons Réédition/Québec, Montréal, 1968, 98 pp. Autre réédition à L'Étincelle, préface de Léopold Leblanc, 1974, 128 pp.
—— *Rose Latulippe* (ill. de Vernier), Québec/Montréal, Bélisle/Beauchemin, s.d., 27 pp.

BELLEFLEUR, Léon, *12 dessins,* Montréal, Graph, 1966 (12 pp. dans jaquette).

BENOIT, Jean, «Osiris», *Les Ateliers d'arts graphiques,* n° 3, 1949.
—— Voir Bounoure, *Envers l'ombre,* 1968.

BENOIT, Réal, «L'Empereur de Chine», *Regards,* 2ᵉ an., vol. 3, n° 2, nov. 1941.
—— «Elzéar», *Ibid.,* vol. 3, n° 6, mars 1942.
—— «Allégories», *Ibid.,* vol. 3, n° 7, avril 1942.
—— *Nézon,* ill. Jacques de Tonnancour, Montréal, Parizeau, 1945, 131 pp.
—— «Rhum soda», *Écrits du Canada français,* n° VIII, 1961, pp. 91-164.
—— *Rhum soda,* éd. revue et augmentée, préf. de Marcel Dubé, coll. «Francophonie vivante», Montréal, Leméac, 1973, 127 pp.

BORDUAS, Paul-Émile, *Projections libérantes,* Saint-Hilaire, Mithra-Mythe Ed., 1949, 40 pp. Réédité dans *Les Automatistes,* numéro spécial de *La Barre du jour,* 17-20, 1969, pp. 5-44; édition critique dans *Études françaises,* vol. 8, n° 3, 1972, pp. 243-305; réédition dans Guy Robert, *Borduas,* 1972, pp. 285-317 et dans Borduas, *Textes,* coll. «Paroles», n° 34, Parti pris, 1974, pp. 21-70.
—— *Communication intime à mes chers amis:* «1ᵉʳ avril 1950»; «En guise d'introduction écrite en post-scriptum,» s.d.; «Ce n'est pas encore tout à fait ça, 9 avril 1950», in *La Presse,* 12 juil. 1969, p. 24, intr. de Réginald Martel.
—— Papiers Borduas, classification de P. Théberge, Galerie nationale du Canada.
—— et Magdeleine Arbour, Marcel Barbeau, Bruno Cormier, Claude Gauvreau, Pierre Gauvreau, Muriel Guilbault, Marcelle Ferron-Hamelin, Fernand Leduc,

Thérèse (Renaud-) Leduc, Jean-Paul Mousseau, Maurice Perron, Louise Renaud, Françoise Riopelle, Jean-Paul Riopelle, Françoise Sullivan, «Refus global», in *Refus global,* St-Hilaire, Mithra-Mythe Editeur, 1948. Edition partielle dans *Aujourd'hui, Art et architecture,* n° 26, avril 1960; reproduit dans *Paul-Émile Borduas 1905-1960,* dans Gérard Tougas, *Histoire de la littérature canadienne française,* 2ᵉ éd., annexe II et dans Pierre de Grandpré, *Histoire de la littérature française du Québec,* t. 3, 1969. Rééditions intégrales du manifeste dans *La Revue socialiste,* n° 4, été 1960; dans Guy Robert, *Borduas,* pp. 273-283, dans *Le Quartier latin,* 7-20 nov. 1970, vol. 53, n° 5; dans Borduas, *Textes,* coll. «Paroles, n° 34, Montréal, Parti pris, 1974, pp. 7-20; et dans les rééditions du cahier *Refus global* (voir *Refus global,* ci-dessous).

BRUNET, Yves-Gabriel, *Les Hanches mauves,* Montréal, Atys, 1961, 77 pp.
—— *Poésies I — poèmes de 1958-1962 —;* Montréal, L'Hexagone, 1973, 157 pp. (Contient *Les hanches mauves* et *Les Nuits humiliées).*

BUJOLD, Françoise, *Au catalogue des solitudes,* ill. de l'auteur, coll. «La Tête armée», n° 5, Montréal, Erta, 1956. c. 36 pp.
—— «La Fille unique», ill. de l'auteur, Montréal, Goglin, 1958, c. 32 pp.

BYRNE, Peter, «L'Événement», *Situations,* vol. 1, n° 4.
—— *Once & Some Words between the minutes,* ill. Klaus, Spiecker, Montréal, Éd. Quartz, 1960, c. 60 pp.

100 Sérigraphies, Album de dix sérigraphies originales par Bellefleur, Beaudin, Dumouchel, Ewen, Ferron, Giguère, Jasmin, Mousseau, Raymond, Tremblay, Montréal, Erta, 1957.

Chansons et poèmes de la résistance, Montréal, Orphée, 1969. Les Alexandrins, Thérèse Arbic, Gaston Brisson, Robert Charlebois, Marcel Delambre, Yvon Deschamps, Clémence Desrochers, Georges Dor, Raoul Duguay, Gilles Fecteau, Louise Forestier, Frank Furtado, Robert Gadouas, Jacques Galipeau, Claude Gauvreau, Alain Gélinas, Pauline Julien, Michèle Lalonde, Jacques Larue-Langlois, Ginette Letondal, Raymond Lévesque, Hélène Loiselle, Gaston Miron, Danielle Oderra, Jacques Perron, Elise Pouliot, Le Quatuor du Jazz libre du Québec (Yves Charbonneau, Jean Préfontaine, Maurice Richard et Guy Thouin), Michel Robidoux, Michèle Rossignol, Réjean Roy, Jean-Jacques Sheitoyan, Tex et Lionel Villeneuve.

CHARPENTIER, Gabriel, *Aire,* Ed. de la Revue moderne, 1948.
—— *Les Amitiés errantes,* Paris, Seghers, 1951.
—— *Le Dit de l'enfant mort,* Paris, Seghers, 1954.
—— *Cantate pour une joie,* pour soprano, choeur et orchestre. Montréal, Erta, s.d., c. 12 pp.

CRÉMAZIE, Octave, *Oeuvres I —* Poésies; texte établi, annoté et présenté par Odette Condemine, Ottawa, Ed. de l'Univ. d'Ottawa, 1972, 613 pp.; t. II, *Proses,* 1976.
—— *Oeuvres complètes,* Mtl. Beauchemin et Valois, 1882, 543 pp.

DE GRANDMONT, Eloi, *Le Voyage d'Arlequin,* illustré par Pellan, Montréal, «Les Cahiers de la File Indienne», n° 1, 1946, 39 pp.

DELAHAYE, Guy, *Les Phases; tryptiques* (sic), Montréal, Déom, 1910, 144 pp. Pseud. de Guillaume Lahaise.
—— «*Mignonne allons voir si la rose*»... *est sans épines,* Montréal, Déom, 1912, XLII et 68 pp.

—— «La Douloureuse prière qu'il ne faut pas exaucer», *L'Étudiant,* vol. 4, n° 4, 31 déc. 1914.

—— avec René Chopin, Marcel Dugas, Paul Morin et Antoine Sylbert, *L'Aube,* 1908 (création communautaire sous la direction de Delahaye), cité par Jules Fournier, *Anthologie des poètes canadiens,* 1920, p. 270.

—— avec René Chopin, Marcel Dugas, Paul Morin et Antoine Sylbert, *L'Encéphale* (Id., Ibid.).

DE REPENTIGNY, Rodolphe (Jauran), *Le manifeste des plasticiens,* à l'Échouerie, 10 fév. 1954.

DESROCHERS, Alfred, *L'Offrande aux vierges folles,* Mtl., A.C.F. 1928, 60 pp.

—— «Le Poêle noir aux larmes d'or», *Les Idées,* 1935, vol. I, n° 2 (extrait de *Retour de l'enfant prodigue).*

—— *À l'Ombre de l'Orford,* Montréal, Fides, 1948, 116 pp.; réédition avec avant-propos de Victor-Lévy Beaulieu et Michel Roy, Montréal, L'Aurore, 1974, 92 pp.

DE TONNANCOUR, Jacques G., *Prisme d'yeux,* février 1948, ronéotypé, 1 p., contresigné par Louis Archambault, Léon Bellefleur, Albert Dumouchel, Gabriel Filion, Pierre Garneau, Arthur Gladu, Jean Benoît, Lucien Morin, Mimi Parent, Jeanne Rhéaume, Goodridge Roberts, Roland Truchon, Gordon Webber.

10 bois gravés de Robert Roussil, Paris, Erta, 1958.

DROUIN, Michèle, *La Duègne accroupie,* ill. de l'auteur, Montréal, Ed. Quartz, 1959, 42 pp.

DUBUC, (Pierre)-Carl, *La Fille du soleil,* inédit (jouée du 7 au 16 nov. 1946, Gesù).

—— *Jazz vers l'infini,* ill. de Gabriel Filion et Fernand Bonin, Montréal, Ed. Pascal, 1944, 93 pp.

DUGAS, Marcel, *Feux de bengale à Verlaine glorieux,* Montréal, Marchand Frères, 1915, 43 pp.

—— *Psyché au cinéma* — «*Un homme d'ordre»,* Montréal, Paradis-Vincent éd., 1916.

DUSSAULT, Jean-Claude, «Nuit d'été», «Attente», «Sacrificial», *Le Haut-parleur,* 21 janvier 1951.

—— *Proses (suites lyriques)* Montréal, Orphée, 1955, 123 pp.

—— *Dialogues platoniques,* Montréal, Orphée, 1956.

—— *Le Jeu des brises,* Montréal, Orphée, 1956, 51 pp.

—— *Sentences d'amour et d'ivresse,* Montréal, Orphée, 1958, s.p.

—— «Conte indien», *Situations,* vol. 1, n° 6, juil.-août 1959.

FERRON, Jacques, *L'Ogre,* Montréal, «Les Cahiers de la file indienne», n° 4, 1949, 83 pp.

—— «La Mort de M. Borduas» (théâtre, Ste-Agathe, 29 avril 1949), in *Les Herbes rouges,* n° 1, 1968, pp. 3-8.

—— «Du refus global à l'acceptation sans vergogne» (saynète inédite, refusée par *Place publique* dont les trois seuls numéros paraissent entre février 1951 et mars 1952).

—— *La Barbe de François Hertel suivi de: Le Licou,* Montréal, Orphée, 1951, 40 pp.

—— *La Charette,* Montréal, HMH, 1968.

—— *Théâtre I,* Montréal, Déom, 1969, 230 pp.

—— *Historiettes,* Montréal, Ed. du Jour, 1969, 182 pp.

—— *Le Ciel de Québec,* Montréal, Ed. du Jour, 1969.

—— *Le Parti Rhinocéros programmé,* coll. «Parti/L'Aurore», Montréal, L'Aurore, 1974, 95 pp.

FORGUES, Rémi-Paul, «Tristesse», *Le Jour,* 25 déc. 1943.

—— «Tu es la/Douce yole iris/de ma fin», *Les Ateliers d'arts graphiques,* n° 2, 1947, p. 70.

—— «Recherche», *Place publique,* n° 3, mars 1952, p. 28.

—— «Rêve éveillé», «Ombres», «La Rose aux rayons d'or», «Nocturne», *La Barre du jour,* nos 17-20, jan.-août 1969, pp. 278-281.

—— *Poèmes du vent et des ombres,* préface de Gaétan Dostie, Montréal, L'Hexagone, 1974, 81 pp.

GARNEAU, Hector de Saint-Denys, *Regards et jeux dans l'espace,* Montréal, L'Auteur, 1937, 80 pp.

—— Poésies complètes, Collection «Nénuphar», n° 12, Montréal, Fides, 1949, 227 pp.

—— *Oeuvres,* édition critique présentée par Jacques Brault et Benoît Lacroix, Montréal, PUM, 1970, XXVIII et 1320 pp.

—— *Journal,* préface de Gilles Marcotte, Avertissement de Robert Elie et Jean Le Moyne, Montréal, Beauchemin, 1967, 270 pp.

GARNEAU, Sylvain, *Objets trouvés,* ill. de Pierre Garneau, Montréal, Ed. de Malte, 1951. Repris dans *Objets retrouvés.*

—— *Objets retrouvés,* coll. «Poésie Canadienne; nos 11-12, Montréal, Déom, 1965, 334 pp., Intr. de Guy Robert.

GAUVREAU, Claude, *Les Entrailles,* comprend 26 objets dramatiques: Les Reflets de la nuit, La Jeune fille et la lune, La Prière pour l'indulgence, La Statue qui pleure, Le Drame des quêteux disloqués, Bien-être, Pétrouchka, Le Rêve du pont, Au coeur des quenouilles, Nostalgie sourire, Le Soldat Claude, La Nymphe, Apolnixède entre le ciel et la terre, Les Grappes lucides, Le Prophète dans la mer, Amère, Le Gigot créateur, Instinct semi-palpé, L'Hélidmonde, la Mayonnaise ovale et le dossier de chaise médiéval, Fatigue et Réalité sans soupçon, L'Ombre sur le cerceau, Le Cornet à dés du curé, Le Corps terni et sublimé, L'Enfant nuage au sourire chatoyant, Le Carrefour des chats qui deviennent des hommes. (Les vingt-six objets, composés de mai 1944 à août 1946, sont imprimés par ordre chronologique) 100 pp.

«Bien-être», «Au coeur des quenouilles» et «L'Ombre sur le cerceau» ont paru dans *Refus global;* «Les Reflets de la nuit», «La Prière pour l'indulgence», «Le Rêve du pont» et «Le Prophète dans la mer» ont paru sous le titre conjoint de *Sur fil métamorphose»;* «Apolnixède entre le ciel et la terre», «Instinct semi-palpé», et «La Jeune fille et la lune» ont paru dans *la Barre du jour,* nos 17-20.

—— «Raie, fugue, lobe, ale», in *Refus global* (1948).

—— *Le Vampire et la nymphomane* (1949), livret d'opéra commandé par Pierre Mercure. Intégrale, pp. 175-209.

—— *L'Angoisse clandestine,* inédit joué à «Nouveautés dramatiques», 24 août 1951. Attribué erronément à Muriel Guilbault.

—— *Le Coureur de Marathon,* joué à Radio-Canada, «Nouveautés dramatiques», 18 fév. et 15 juin 1951. Publié dans *Écrits du Canada français,* vol. 4, 1958. Attribué erronément à Muriel Guilbault.

—— *Le Domestique est un libertaire,* joué à Radio-Canada, «Nouveautés dramatiques», 28 août 1953.

—— *L'Oreille de Van Gogh,* inédit. Joué aux «Nouveautés dramatiques» de Radio-Canada le 6 fév. 1954. Attribué erronément à Muriel Guilbault.

—— *Lendemain de trahison,* inédit, joué aux «Nouveautés dramatiques» de Radio-Canada le 27 août 1954. Attribué erronément à Muriel Guilbault.

—— *Ni ho ni bât* (inédit), récit d'expériences psychiques écrit en même temps que *Brochuges* (c. 1954).

—— *Les Grappes lucides,* joué à Radio-Canada, «Nouveautés dramatiques», 12 août 1955. (Extrait de *Les Entrailles).*

—— *Brochuges,* Montréal, Ed. de Feu Antonin, 1956, 63 pp. ˙Intégrale, pp. 609-636.

—— *Sur fil métamorphose,* dessins de Jean-Paul Mousseau, coll. «La Tête armée», n° 4, Montréal, Erta. 1956. Comprend quatre objets dramatiques tirés de *Les Entrailles:* «Le Reflet de la nuit», «Prière pour l'indulgence», «Le Rêve du pont», «Le Prophète dans la mer». 55 pp.

—— *Erostrate et la mère de l'autre,* «Nouveautés dramatiques», joué à Radio-Canada, 19 mai 1957.

—— *A l'écoute du sang,* joué à Radio-Canada, «Nouveautés dramatiques», 30 nov. 1958.

—— *Six ouïes,* textes radiophoniques. Comprend «Magruhilne et la vie», «La Visite du Dynosaure», «Amours immodérées», «Les Voix du griffon Cabousta» (1958), «La mère luait les sombres», «Une journée d'Erick Satie». L'intégrale omet la deuxième et intitule l'ensemble *Cinq ouïes.*

—— *Amnésie,* joué à Radio-Canada, «Images du Canada», 14 jan. 1959 (basé sur *Ni ho ni bât).*

—— «Gra-bu-ge», *Liberté,* mai-juin 1959, n° 3, p. 162 (numéro consacré à Queneau).

—— «Un Chien crevé entre au charnier» et «Caramel dur», *Les Trente A, Montréal,* s. éd., 1965, pp. 24 et 41.

—— «Caramel dur», «Poème circonvolutoire», *Passe-partout,* vol. 1, n° 4, avril 1965, pp. 8-10.

—— *Beauté baroque,* éd. partielle dans *La Barre du jour,* vol. 2, n° 4, automne 1967, pp. 30-41 (fragments, fin de la 2ᵉ partie), et fragments dans *Parti pris,* avril 1966, vol. 3, n° 9, pp. 20 à 35. Intégrale, pp. 379-500.

—— *L'Imagination règne.* Textes radiophoniques écrits entre 1963 et 1967, dont: «Affaire de taille» 5 fév. 69, «Automatisme à quatre voix».Treize textes pour la radio. Intégrale, pp. 897-1195.

—— *Les Boucliers mégalomanes,* poèmes partiellement édités dans *Le Journal des poètes,* 37ᵉ année, n° 5, juil. 1967, dans *Chansons et poèmes de la résistance, Montréal,* Orphée, 1969, dans *Métamorphose* (Limoges) n° 9, 1969 et dans *Culture vivante,* n° 22. Intégrale, pp. 1225-1261.

—— *Étal mixte,* avec six dessins de l'auteur, Montréal, Orphée, 1968. Circulation restreinte. 71 pp. Extraits dans *Situations,* vol. 1, n° 1, jan. 1959 et dans *La Barre du jour,* nos 17-20, pp. 29 et 39-41 et n° 29, pp. 96-106 et 197. Intégrale, pp. 211-265.

—— *L'Asile de la pureté,* 5 actes, 1953. Intégrale, pp. 501-608.

—— *Les Oranges sont vertes,* Montréal, La Fondation du Théâtre du Nouveau Monde, juillet 1971, 251 pp. Hors commerce. Intégrale, pp. 1363-1487.

—— «Un sou dans l'égout», *La Presse,* 10 juillet 1971, p. C. 2.

—— *La Charge de l'orignal épormyable,* fiction dramatique en quatre actes; Montréal, La Fondation du Nouveau Monde, 1973, 248 pp. Hors commerce. Intégrale, pp. 637-753.

—— «Trop belle pour mourir», in Robert Charlebois, *Charlebois,* Barclay, 80200 Y, c. 1974.

—— *Faisceau d'épingles de verre.* Trente-neuf textes radio-phoniques non-figuratifs, dont six devaient être retenus dans l'édition préparée par l'auteur. L'intégrale en donne quatre, pp. 837-862.

—— *Oeuvres créatrices complètes,* coll. du «chien d'Or», Montréal, Parti pris, 1977, 1503 pp.

GEOFFROY, Louis, *Les Nymphes cabrées,* Montréal, L'Obscène Nyctalope, 1968.
— — *Graffiti,* Montréal, L'Obscène Nyctalope, 1969, 44 pp.
— — *Le Saint rouge et la pécheresse,* Montréal, Ed. du Jour, 1970, 95 pp.
— — *Empire State Coca blues,* Montréal, Ed. du Jour, 1971, 75 pp.
— — *Max-Walter Swanberg,* ill. de Lucus Pégol, Montréal, L'Obscène Nyctalope, 41 pp.
— — *LSD,* Montréal, Orphée, 1973.
— — «Pepsi sanglant», *Cul Q,* n° 1, automne 1973, pp. 46-48.
— — *Totem poing fermé,* Montréal, L'Hexagone, 1973.
— — *Un verre de bière mon minou (Let's go get stoned), LMNOGH — Tome Zéro, chronique,* Ill. de Lucus Pégol, Montréal, Ed. du jour, 1973, 178 pp.
— — *Être ange étrange,* Montréal, Ed. Danielle Laliberté, 1973.
— — *Poker* (roman), Montréal, L'Obscène Nyctalope (à paraître).

GERMAIN, Jean-Claude, «Article 108» (signé «Je dakar surréaliste, ai aussi juré d'écoeurer les anges. Claude Gauvreau, Henry Miller, Jean-Claude Germain»), *Nouvelles de l'Aeflum* (Association des étudiants de la faculté des Lettres de l'Université de Montréal), 19 déc. 1958, pp. 4-5.

GIGUÈRE, Roland, «Déborder les cadres», «A vrai dire», «Savoir voir», *Les Ateliers d'arts graphiques,* fév. 1949, n° 3, pp. 26-27.
— — *Faire Naître,* ill. par Albert Dumouchel, Montréal, Erta, 1949, s.p.
— — *Les Nuits abat-jour,* ill. par Albert Dumouchel, Montréal, Erta, 1950.
— — *Trois pas,* ill. par Conrad Tremblay, Montréal, Erta, 1950.
— — «Au-delà», «Horizons», *Place publique,* n° 1, 21 fév. 1951, pp. 19 et 33.
— — *Midi perdu,* ill. de Gérard Tremblay, Montréal, Erta, 1951.
— — *Yeux fixes,* ill. de Gérard Tremblay, Montréal, Erta, 1951, 20 pp.
— — «Comme un massacre», *Phantomas* (Bruxelles) vol. 1, n° 6, 15 déc. 1953.
— — *Images apprivoisées,* ill. de «clichés trouvés», Montréal, Erta, 1953.
— — *Les Armes blanches,* ill. de l'auteur et d'Albert Dumouchel, Montréal, Erta, 1954, 29 pp.
— — «Cendres», «L'Oeil en proie aux pires malheurs», *Temps mêlés* (Verviers), n° 13, fév. 1955.
— — «L'Échelle humaine», *Phases,* n° 3, nov. 1956.
— — *Le Défaut des ruines est d'avoir des habitants,* Montréal, Erta, 1957, 109 pp.
— — «Lieux exemplaires», *Écrits du Canada français,* n° III, 1957, pp. 119-134.
— — «Les Couleurs de l'oracle», *Edda* (Bruxelles), n° 1, été 1958.
— — «Pequeño desastre de familia», «Un mundo blando», *Boa* (Buenos Aires), n° 2, juin 1958.
— — *Adorable femme des neiges,* Aix-en-Provence, Erta, 1959, 12 pp. Repris avec *L'Immobile et l'éphémère* in *Ecrits du Canada français,* n° XVI, 1963, pp. 119-134.
— — «L'Ombre des jardins», «Dans l'attente d'une transfiguration», *Edda,* n° 2, mars 1959.
— — «La Main du bourreau finit toujours par pourrir», *Phases,* nos 5-6, jan. 1960.
— — «Un monde mou», *Documento Sud* (Milan), 1960.
— — (Lithographie), *Phases,* n° 7, mai 1961.
— — «Le Temps est à l'écho», «La Nuit aux fenêtres», «Journée enfin domptée», *Edda,* n° 3, mars 1961.
— — «Devant le fatal», *Phases,* n° 8, jan. 1963.
— — *L'Age de la parole,* Montréal, L'Hexagone, 1965. Contient: *Les Nuits abat-jour, Midi perdu, Yeux fixes, Les Armes blanches, Lieux exemplaires, En pays perdu, Adorable femme des neiges,* 170 pp.
— — «Mémoire d'ombre» et «L'Age de la parole», *La Barre du jour,* vol. 1, n° 1, pp. 15-16, 1965.

—— *12 Dessins,* Montréal, Graph, 1966 (12 p. dans jaquette).
—— *Pouvoir du noir,* Montréal, *Affaires culturelles,* 1966, 23 pp.
—— *Naturellement,* huit poèmes et huit sérigraphies, Montréal, Erta, 1969, 40 ex. Extraits in *Perspectives,* sept. 1969, pp. 1 et 19-19.
—— *La Main au feu,* Montréal, Ed. de l'Hexagone, 1973. Contient: *Au futur, Persistance de la poésie, Rêve à l'aube, Miror, Lettres à l'évadé, La Main de l'homme, Dialogue entre l'immobile et l'éphémère, Pouvoir du noir, Naturellement,* 145 pp.
—— et Théodore Koenig, *Le poème mobile,* ill. de Giguère, Montréal, Erta, 1951.

GODBOUT, Jacques, «A Raymond Queneau, ces — Exercices de style», *Liberté,* vol. 1, n° 3: Michel Beaulieu, «A pierre fendre»; Claude Gauvreau, «GRA-BU-GE»; Gilles Hénault, «L'adieu au calumet»; Paul-Marie Lapointe, «L'Incendie»; Fernand Ouellette, «Hydrogène»; Jean-Guy Pilon, «L'Évitée»; Yves Préfontaine, «Insistance»; Michel Van Schendel, «En avant marche»; Jacques Godbout, «p.c.c.», 1959.

GRANDBOIS, Alain, *Les Iles de la nuit,* ill. d'Alfred Pellan, Montréal, Parizeau, 1944. 135 pp.
—— *Poëmes,* Hankéou, 1934, 32 pp.
—— *Avant le chaos,* Montréal, Ed. Modernes, 1945, 203 pp.
—— *Rivages de l'homme,* Québec, 1948, 96 pp.
—— *L'Étoile pourpre,* Montréal, Ed. de l'Hexagone, 1957, 78 pp.
—— *Poèmes (Les Iles de la nuit, Rivages de l'homme, L'Étoile pourpre),* Montréal, Ed. de l'Hexagone, 1963, 251 pp.

GROULX, Gilles, *Poèmes,* Montréal, Orphée, 1957. 43 pp. Deux poèmes réédités dans *Les Herbes rouges* (n° 4, déc. 1971); tous réédités avec cinq poèmes et trois dessins inédits, *Ibid.,* n° 14, nov. 1973; autre inédit dans *Hobo-Québec,* nos 12-13, 1973.

GUILBAULT, Muriel, «Le Coureur de Marathon». Voir Gauvreau, Claude.
—— «Lendemain de trahison». Voir Gauvreau, Claude.
—— «L'Oreille de van Gogh». Voir Gauvreau, Claude.

HAEFFELY, Claude, *La Vie reculée,* ill. d'Anne Kahane, Mtl., Erta, 1954, 21 pp.
—— *Le Sommeil et la neige,* ill. Gérard Tremblay, Mtl., Erta, 1956.
—— «Rose La Flamme», *Situations,* vol. 1, n° 7, 1959, p. 90.
—— «Des nus et des pierres», *Amérique française,* 1963, vol. 14, n° 1, pp. 3-5.
—— *Le Temps s'effrite rose,* ill. de Michèle Cournoyer, Montréal-Londres, Ed. du Chiendent, 1971; 20 ex.
—— *Rouge de nuit,* ill. Gilles Boisvert, Montréal, l'Hexagone, 1972. 35 pp. (incluant *Le Temps s'effrite rose).*
—— *Des nus et des pierres,* coll. «Poésie canadienne», n° 32, Montréal, Déom, 1973. 80 pp. (comprenant: *Notre joie, Poèmes-poilus, La Vie reculée, Le Sommeil et la neige)*

HAMEL, Émile-Charles, «Projections dans l'avenir», *Les Ateliers d'arts graphiques,* n° 2, 1947, p. 67 (poèmes).
—— *Solitude de la chair,* Montréal, CLF, 1951, 242 pp.
—— *Prix David,* Montréal, Ed. de l'Homme, 1962. 286 pp.
—— *Envoûtement* (roman inéd.); cf. *La Barre du jour,* n° 9, p. 55.

HÉNAULT, Gilles, *Théâtre en plein air,* dessins de Charles Daudelin, coll. «Les Cahiers de la File Indienne», n° 2, Montréal, 1946. 41 pp.
—— «1 + 1 + 1 = 3 poèmes», *Les Ateliers d'arts graphiques,* 1947, n° 2, p. 30.
—— «Feu sur la bête-angoisse», «On tourne», *Les Ateliers d'arts graphiques,* 21 fév. 1949, p. 19.

—— «Bagne», *Place publique,* n° 2, août 1951, p. 31.

—— *Totems,* ill. d'Albert Dumouchel, coll. «La Tête armée», n° 1, Montréal, Erta, 1953, 26 pp.

—— *Voyage au pays de mémoire,* gravures de Marcelle Ferron, Montréal, Erta, 1959.

—— «L'Adieu au calumet», *Liberté,* vol. 1, n° 3, 1959.

—— *Sé/ma/phore suivi de Voyage au pays de mémoire,* Montréal, L'Hexagone, 1962, 71 pp.

—— «Les Grands sacristains» et «Mobile», *Le Devoir,* 8 avr. 1965 (suppl. littéraire), p. 35, col. 3-4.

—— «Tu m'exorcises» dans *Un siècle de littérature canadienne,* HMH, 1967, pp. 540-541.

—— «Bordeaux-sur-bagne», «Cablogramme», «Le Jour du jugement», *La Barre du jour,* nos 17-20, pp. 329-335; 1969.

—— *Signaux pour les voyants,* Montréal, L'Hexagone, 1972, Contient: L'Invention de la roue, Allégories, Dix poèmes de dissidence, Théâtre en plein air, Totems, Voyage au pays de mémoire, Sémaphore, 211 pp.

KOENIG, Théodor, *Le Jardin zoologique écrit en mer,* ill. de Conrad Tremblay, Montréal, Erta, 1954, 31 pp.

LAHAISE, Guillaume, Voir Delahaye, Guy.

LANGEVIN, Gilbert (sous le pseud. de Gyl Bergevin), «Estivales», *Silex,* n° 1 1958.

—— *A la gueule du jour,* Montréal, Atys, 1959. 28 pp.

—— *Poèmes-effigies,* Montréal, Atys, 1960 (à l'effigie de Larsen, Miron, Carrier, Chatillon, Marguère et autres).

—— *Le Vertige du sourire,* Montréal, Ateliers Pierre Guillaume, 1960.

—— *Symptômes,* Montréal, Atys, 1963. c. 55 pp.

—— (sous le pseud. de Zéro Legel) «Poéscope (néo-dada)», *Silex,* n° 5, mars-avril 1964.

—— *Un peu d'ombre au dos de la falaise,* Montréal, Ed. de l'Estérel, 1966, 81 pp.

—— (sous le pseud. de Zéro Legel), «Flash-back», *Quoi,* vol. 1, n° 1, jan.-fév. 1967, pp. 48-49.

—— *Noctuaire,* Montréal, Ed. de l'Estérel, 1967, 36 pp.

—— *Pour une aube,* Montréal, Ed. de l'Estérel, 1967. 75 pp.

—— «Le Temps des vivants», *Le Voyage,* vol. 1, n° 2, p. 4, 1968.

—— (sous le pseud. de Zéro Legel), «Éloge succinct d'un premier ministre mort en temps de paix», *Les Herbes rouges,* n° 2, déc.-mars 1968-69, pp. 7-9.

—— *Origines 1959-1967,* Montréal, Ed. du Jour, 1971, 275 pp. Comprend: *A la gueule du jour; Symptômes; Un peu plus d'ombre au dos de la falaise; Noctuaire; Pour une aube.*

—— *Ouvrir le feu,* coll. «Les Poètes du Jour», Montréal, Ed. du Jour, 1971, 65 pp.

—— *Stress,* Montréal, Ed. du Jour, 1971, 48 pp.

—— *Les Ecrits de Zéro Legel,* 1iere série, Montréal, Ed. du Jour, 1972, 156 pp.

—— *Chansons et poèmes,* Montréal, Ed. Québécoises — Ed. Vert Blanc Rouge, 1973. 78 pp.

—— *La Douche et la seringue,* Montréal, Ed. du Jour, 1973, 115 pp.

—— *Novembre suivi de La Vue du sang,* Montréal, Ed. du Jour. 1973, 84 pp.

—— Griefs, Montréal, L'Hexagone, 1975, 69 pp.

—— *L'Avion rose,* Montréal, Ed. de *La Presse,* 1976, 102 pp.

LAPOINTE, Paul-Marie, *Le Vierge incendié,* dessins de Pierre Gauvreau, Saint-Hilaire, Mithra-Mythe Editeur, 1948. 106 pp.

—— «L'Incendie», *Liberté,* vol. 1, n° 3, 1959.

—— *Choix de poèmes — Arbres,* Montréal, L'Hexagone, 1960. 32 pp.

—— «Gravitations» (poème), dans *Le Nouveau journal,* 7 déc. 1961, p. 19, col. 4.

—— «Foi en l'homme» dans *Littérature du Québec,* t. 1, Montréal, Déom, 1964, pp. 85-97.

—— *Pour les âmes,* Montréal, L'Hexagone, 1964. 73 pp.

—— «Chaque jour» (poème) dans *Culture vivante,* n° 1, 1966, p. 46.

—— «Épitaphe pour un jeune révolté» dans *Un siècle de littérature canadienne,* éd. HMH, Montréal, 1967, p. 542.

—— *Le Réel absolu,* Montréal, L'Hexagone, 1971. Contient: *Le Vierge incendié, Nuit du 15 au 26 novembre 1948, Choix de poèmes, Pour les âmes,* 270 pp.

LE BARON, Pierre-Yve, *Les Équilibres illusoires,* dessins de Tomi Simard, Montréal, «Les Cahiers de la File Indienne», s.d., 49 pp.

LEDUC, Fernand, «Qu'on le veuille ou non», in *Refus global.*

LEDUC, Ozias, *Comprendre* (inédit) (Mention dans Maurice Gagnon, *Peinture moderne,* éd. 1943, p. 74, note 1).

LÉONARD, Jean, *Naïade,* Montréal, ill. de Jean Benoît, Montréal, chez l'auteur, 1948, 127 pp.

LORANGER, Jean-Aubert, *Les Atmosphères et Le Passeur,* Montréal, Ed. Louis Ad. Morissette, 1920, 62 pp.

—— *Poëmes,* Montréal, Ed. Louis Ad. Morissette, 1922, 112 pp.

—— *Le Village, contes canadiens,* Montréal, Garand, 1925.

—— *Terra nova,* inédit. Extraits dans Jules Fournier, *Anthologie des poètes canadiens,* éd. 1933, pp. 243-244; dans Berthelot Brunet, *Histoire de la littérature canadienne-française,* p. 206.

—— «La 'Long Trail' ou l'inquiète paternité», *Les Idées,* vol. VII, nos 1-2, jan.-fév. 1938. Devait faire partie de *Terra Nova,* d'après Berthelot Brunet, *op. cit.,* p. 206.

—— «Mrs Carrey-Nations ou La Pionnière de la prohibition», *Les Idées;* vol. IX, n° 1, janvier 1939.

—— «Le Garde-forestier», *Les Idées,* vol. IX, n° 4, avril 1939.

—— *Notre-Dame de Bonsecours,* cité par Berthelot Brunet, *Histoire de la littérature canadienne-française,* p. 94. C'est peut-être à ce recueil, plutôt qu'à *Terra Nova,* que devrait logiquement se rattacher «Sur l'abside de Montréal».

—— *Les Atmosphères* suivi de *Poëmes,* coll. «Sur Parole», Montréal, HMH, 1970. 175 pp.

—— «Le Dernier des Ouellette», «Une poignée de mains», «La 'Long Trail'», «De miraculeuses matines», «La Savane des Cormier», «Le Garde-forestier» et «Mrs Carrey-Nations», *Écrits du Canada français,* n° 35.

MAJOR, Jean-René, *Les Archipels signalés,* ill. de R. Giguère, Paris, Erta, 1958.

—— *Toundras* suivi par *Les Archipels signalés,* Paris, Pierre Belfond, 1971, 69 pp.

MARCHAND, Olivier, et Gaston Miron, *Deux sangs,* Montréal, L'Hexagone, 1953. 69 pp.

MARTINO, Jean-Paul, *Osmonde,* ill. de Léon Bellefleur, Montréal, Erta, 1957. 55 pp.

—— «Bois le feutre (extrait de *Kliklantin)»*, *Situations,* vol. 1, n° 1, jan. 1959, p. 37, repris dans *Objets de la nuit.*

—— *Objets de la nuit,* Montréal, Quartz, 1959. 39 pp.

MATHIEU, Claude, *Vingt petits écrits ou le Mirliton rococo,* Montréal, Orphée, 1960, 101 pp.

MCEWEN, Jean, «Abstraction n° 12» (extrait de *Le Coeur dans la nuit*, en préparation), *Amérique française*, juin-juil. 1946, vol. 5, n° 6, pp. 43-44.

MCLAREN, Norman, *Les Dessins de (...)*, Montréal, Les Livres Toundras, 1975, 192 pp. ill.

MELOCHE, Suzanne, «Poèmes», *Situations*, vol. 1, n° 7, 1959, p. 89.

MERCIER, Jean (sous le pseud. de J.T. Maeckens), *Pièce sans titre*, inéd.; jouée avec *Bien-être* de C. Gauvreau, le 20 mai 1947, au M.R.T.

MERCIER-GOUIN, Lomer, *Polichinelle*, inédit. Joué au Gesù, 2 fév. 1950 et ss.

MERCIER-GOUIN, Ollivier, *Poèmes et chansons*, dessins et introduction de Jean Cocteau, Montréal, Beauchemin, 1957, 62 pp.

MIRON, Gaston, *L'Homme rapaillé*, Montréal, Presses de l'Université de Montréal, 1970, 171 pp.

—— *Courtepointes*, Ottawa, coll. «Textes», n° 1, PUO, 1975, 51 p.

MORIN, Paul, *Le Paon d'émail*, Paris, Lemerre, 1911. 166 pp.

NELLIGAN, Émile, *Poésies complètes, 1896-1899*, coll. «Nénuphar», Montréal, Fides, 1952. 331 pp.

—— «Trio d'Haridot», *La Barre du jour*, n° 16, oct.-déc. 1968, p. 73.

PAQUETTE, Albert G., *Quand les québécoisiers*, Montréal, Ed. du Jour, 1973, 207 pp.

(PELLAN, Alfred), *Cinquante dessins d'Alfred Pellan*, avant-propos d'Éloi de Grandmont, coll. «Cahiers noirs», Montréal, Parizeau, 1946.

PELLETIER-SPIECKER, Diane, *Les Affres du zeste*, Montréal, Ed. Quartz, 1958, ill. de Klaus Spiecker, 31 pp.

—— «Sebia», *Situations*, vol. 1, n° 2, fév. 1959, pp. 8 ss.

PÉLOQUIN, Claude, *Jéricho*, Montréal, Publications Alouette, 1963, 34 pp.

—— *Les Essais rouges*, Montréal, Publications Alouette, 1964, 69 pp.

—— *Les Mondes assujettis*, Montréal, Collection Métropolitaine, 1965, ill. de Connolly, 76 pp.

—— *Manifeste subsiste*, Montréal, Chez l'auteur, 1965.

—— «Convergences», «Marines», *Passe partout*, vol. 1, n° 1, jan. 1965, pp. 1-3.

—— «Il y a hier», *Passe partout*, vol. 1, n° 3, mars 1965, p. 15.

—— *Calorifère*, ill. de Reynald Connolly, Pierre Cornellier et Serge Lemoyne, Montréal, Chez l'auteur, 1965-66, c. 41 pp.

—— *Manifeste infra suivi des Emissions parallèles*, Montréal, L'Hexagone, 1967, 74 pp. Réédition, 1974.

—— *Pyrotechnies*, Montréal, Chez l'auteur, 1968 (4 poèmes-affiches). «Le Fouuuuuuuu», in «A Canadian Folio», *Unicorn Folio*, Series three, Number one, Santa Barbara, Unicorn Press, 1969.

—— *Pour la grandeur de l'homme*, Montréal, Chez l'auteur, 1969; rééd. aux Éditions de l'Homme, 1971, 127 pp.

—— *Le Repas est servi*, Montréal, Ed. Eternité, 1970, 125 pp., ill.

—— *Un grand amour*, Montréal, Éditions immédiates, 1971.

—— *Mets tes raquettes*, Montréal, Ed. La Presse, 1972, 166 pp.

—— *Éternellement vôtre*, Montréal, Chez l'auteur, 1972; réédition aux Éditions du Jour, 1974, 127 pp.

—— *Chômeurs de la mort*, Montréal, Éditions Mainmise, 1974, ill. 141 pp.

—— *Les Amuses crânes*, Montréal, Chez l'auteur, 1974.

—— *Le Premier tiers; oeuvres complètes (1942-75)*; t. 1, Les Mondes assujettis,

Manifeste infra, Emissions parallèles, Chômeurs de la mort; t. 2, Jéricho, Manifeste subsiste, Les Amuses crânes; t. 3, Calorifère, Les Essais rouges, Pour la grandeur de l'homme; Montréal, Beauchemin, 1976, 311, 148 et 290 pp.

PÉTEL, Pierre, *Aïe! Aïe! Aïe!,* Montréal, Ed. A la Page, 1962, 55 pp.

—— *Il n'y a plus d'indiens à Hochelaga,* Montréal, Ferron Ed., 1968.

PETITCLAIR, Pierre, «Une aventure au Labrador», *Le Fantasque,* vol. 2, 2 nov. (pp. 361-363) et 9 nov. 1840 (pp. 369-374).

—— «Pierre Schlemihl, ou l'homme qui a vendu son ombre», *Le Fantasque, vol. 5, n° 6, pp. 41-43, 16 déc. et n° 7, 23 déc. 1843, pp. 49-51.*

PILON, Jean-Guy, *Les Cloîtres de l'été,* coll. «Les Matinaux», Montréal, L'Hexagone, 1954, 30 pp. Avant propos de René Char.

—— *L'Homme et le jour,* Montréal, L'Hexagone, 1957. 53 pp. Cent exemplaires de luxe avec gouache originale de Juan Miró.

—— *Comme eau retenue,* Montréal, L'Hexagone, 1968. (Contient: *Les Cloîtres de l'été, L'Homme et le jour, La Mouette et le large, Recours au pays, Pour saluer une ville).* 195 pp.

Place à l'orgasme, manifeste du 8 déc. 1968, opération Déclic. Montréal, création à Dieu, 1968. Texte réédité dans *Québec Underground.* Vol. 1, p. 382.

POULIOT, André, *Modo pouliotico,* ill. de Robert Millet, coll. «Les Cahiers de la file indienne», Montréal, 1957, 44 pp.

—— ««Cows», que tu dis?», «Essor et délivrance», *Situations,* vol. 1, n° 6, juil.-août 1959, pp. 5 et 42-43.

PRÉFONTAINE, Yves, *Boréal,* Montréal, Orphée, 1957. 42 pp.

—— *Les Temples effondrés,* Montréal, Orphée, 1957. 83 pp.

—— «Ce qu'il y a au bout», *Situations,* vol. 1, n° 1 (1959).

—— «Les Épousailles», *Situations,* vol. 1, n° 5, mai-juin 1959.

—— *L'Antre du poème,* Trois-Rivières, Bien Public, 1960, 87 pp.

—— *Boréal,* éd. corrigée par l'auteur et comprenant un poème inédit, Montréal, Ed. l'Estérel, 1967, 45 pp.

—— *Pays sans parole,* Montréal, L'Hexagone, 1967, 77 pp.

Prisme d'Yeux, manifeste. Voir de Tonnancour, Jacques et al.

«*Refus et dépassement» et le surhumanisme,* manifeste sur feuille miméographiée; extrait dans Germain Lesage, «Une Éruption surréaliste», p. 335.

Quinze dessins de Léon Bellefleur, Introd. par le Dr. R.H. Hubbard, Montréal, Erta, 1954. c. 23 pp.

QUINTAL-DUBÉ, Paul, *L'Éducation poétique,* ill. de dix hors-texte en camaïeu, par Roger Veillault, Paris, *Les Ateliers d'arts typographiques,* 1930, 97 pp. Préface de Joseph Bédier.

Refus global, cahier publié par Mithra-Mythe, à St-Hilaire, août 1948, comprenant: «Refus global», manifeste surrationnel de Paul-Émile Borduas contresigné par quinze de ses disciples.

«Commentaires sur des mots courants» de Paul-Émile Borduas, «Au coeur des quenouilles», «Bien-être» et «L'Ombre sur le cerceau» de Claude Gauvreau, «L'Oeuvre picturale est une expérience» de Bruno Cormier, «Le Danse et l'espoir» de Françoise Sullivan, «Qu'on le veuille ou non» de Fernand Leduc, «Raie, fugue, lobe, ale» de Claude Gauvreau, une lithogravure de Jean-Paul Riopelle, des photographies et un extrait de film de Maurice Perron, des reproductions de peinture de Barbeau, Borduas, Mousseau et Riopelle.

Rééditions intégrales en 1968 par les étudiants de l'École des Beaux Arts de

Montréal; en 1972 par les Ed. Anatole Brochu de Shawinigan et en 1972 aussi dans *Borduas et les Automatistes 1942-1955* (sauf les photographies).

RENAUD-LEDUC, Thérèse, «Poème» *Le Quartier latin,* 13 nov. 1945, p. 3.
—— *Les Sables du rêve,* dessins de Jean-Paul Mousseau, Montréal, «Les Cahiers de la File Indienne», n° 3, 1946, 37 pp. Réédition in *Les Herbes rouges,* no 29, 1974.
—— «Récit d'une errance», *Les Écrits du Canada français,* n° 34, 1972, pp. 123-147.

RICHARD, Jean-Jules, «Neige du soir», (extrait de *Vagabondages,* inédit), *Le Jour,* 27 nov. 1937, p. 8.
—— «Le Cimetière des bateaux», *Le Jour,* 8 jan. 1939, p. 8.
—— «Le Lac», *Le Jour,* 21 jan. 1939, p. 4.
—— «Les Cinémas», *Le Jour,* 25 fév. 1939, p. 4.
—— «Skis», *Le Jour,* 25 mars 1939, p. 4.
—— «Trois Taxis», *Le Jour,* 18 déc. 1943; intr. de Pierre Gélinas.
—— *Ville rouge,* Montréal, Ed. Tranquille, 1949. 285 pp.
—— *Le Feu dans l'amiante,* Montréal, chez l'auteur, 1956. 287 pp. Rééd. à L'Étincelle, coll. «Réédition-Québec», 1971, 212 pp.
—— *Journal d'un hobo,* Montréal, Ed. Parti pris, 1965. 292 pp.
—— *Faites-leur boire le fleuve,* Montréal, CLF, 1970, 302 pp.
—— *Carré Saint-Louis,* Montréal, Ed. de l'Actuelle, 1971, 252 pp.
—— *Louis Riel Exovide,* roman historique, Montréal, Ed. La Presse, 1972, 260 pp.
—— *Neuf jours de haine,* Montréal, Ed. de l'Arbre, 1948. 353 pp. Repris aux éditions CLF (poche) 1968 et Ed. L'Actuelle en 1972.
—— *Le Voyage en rond,* Montréal, CLF, 1972, 295 pp.
—— *Comment réussir à 50 ans* (roman d'humour), Montréal, Ed. Vert-blanc-rouge/Ed. de l'heure, 1973, 168 pp.
—— *Pièges — Trois épisodes dans la vie d'une femme,* Montréal, L'Actuelle, 1973, 173 pp.

ROBITAILLE, Gérald, *The Book of knowledge,* Paris, Le Chichotte, 1964, 90 pp.
—— *Images,* Montréal, Delta/Canada, s.d., 44 pp. (le texte est daté de Montréal-Paris, 1949-1967). Dessins de George Juhasz.

ROUSSIL, Robert, *Manifeste.* Commentaires et notes de Claude Jasmin. Coll. «Les Idées du Jour», Montréal, Ed. du Jour, 1965. 91 pp.

SAINT-AUBIN, Daniel, *Voyages prolongés,* ill. de l'auteur, coll. «Poésie canadienne», n° 13, Montréal, Déom, 1966, 89 pp.

SAINTE-MARIE, Kline (Micheline), *Poèmes de la sommeillante,* Montréal, Ed. Quartz, 1963, s.p.

«Soirée magnétique», *Le Fantasque,* vol. 1, n° 35, 1er oct. 1838, pp. 209-211.

STRARAM, Patrick, *Le Manuscrit sous le signe du cancer,* «Nouveautés dramatiques», Radio-Canada, 4 oct. 1959.
—— *Trains de la nuit, Ibid.,* 6 déc. 1959.
—— «Tea for one», *Écrits du Canada français,* n° 6, 1960, pp. 125-154.
—— *Curieuses fiançailles,* «Nouveautés dramatiques», Radio-Canada, 29 jan. 1961.
—— «20,000 draughts sous les tables» *Écrits de la taverne Royal,* Montréal, Ed. de l'Homme, 1962, pp. 109-139.
—— *en train d'être en train vers où être,* Québec, Montréal, l'obscène Nyctalope, 1971.
—— *one + one cinémarx & Rolling Stones,* Montréal, Les Herbes rouges, 1971.

—— *irish coffees au No Name Bar & vin rouge Valley of the Moon,* Montréal, L'Hexagone et l'obscène Nyctalope, 1972, 254 pp., ill. Un extrait dans *Les Herbes rouges,* n° 2, déc.-mars 1968-69, pp. 12-15.

—— «4 x 4 / 4 x 4», *Les Herbes rouges,* n° 16, 1974, 67 pp., ill.

—— *la faim de l'énigme,* Montréal, L'Aurore, 1975, 170 pp.

—— avec Madeleine Gagnon et Jean-Marc Piotte, *portraits du voyage,* Montréal, L'Aurore, 1975.

THIERCELIN, Jean, *Demeures du passe-vent,* avec deux dessins de Léon Bellefleur, coll. «En tous lieux», Montréal, L'Hexagone, 1974, 76 pp.

TRANQUILLE, Henri, «Flirt», *Le Jour,* 8 avril 1939, p. 4.

—— «Ode au verbe», *Le Jour,* 18 mars 1939, p. 4.

—— «Remous», *Le Jour,* 15 avril 1939, p. 4.

TREMBLAY, Gérard, *Horizons,* introd. de Roland Giguère, Montréal, Erta, 1951.

VAN SCHENDEL, Michel, *Poèmes de l'Amérique étrangère,* coll. «Les matinaux», Montréal, L'Hexagone, 1958, 46 pp.

—— *Variations sur la pierre,* Montréal, L'Hexagone, 1964. 46 pp.

VANIER, Denis, *Je,* ill. de Reynald Connolly, «Images et verbe», Ed. Le Crible, 1965, 41 pp. Réédition à L'Aurore, préface de Roger Des Roches, 1974, 53 pp.

—— *Pornographic Delicatessen,* Montréal, Estérel, 1968, post-faces de Claude Gauvreau et Patrick Straram, 90 pp.

—— *Catalogue d'objets de base,* Vampire Press, 1969.

—— *lesbiennes d'acid,* coll. «Paroles», Montréal, Parti pris, 1972 (inclut «Mustard Darling» paru dans *Ether* trois, nov. 1970, pp. 2-7), 73 pp., ill.

—— «:or nous savons ce qu'il en est de ce tissage», *Les Herbes rouges,* n° 9, pp. 26-30, 1973.

—— *Le Clitoris de la fée des étoiles,* in *Les Herbes rouges,* n° 17, fév. 1973, non paginé, ill.

—— «Vanier lu par Jenny Rock», *Hobo-Québec,* nos 27-28, jan.-avr. 1976, p. 25, ill.

—— «La 303 suprême dont les balles ne tuent pas», *Cul Q,* nos 8-9, pp.53, 54, 56, 58 et 60 (intercalé avec «pour une autopsie de la mort brutale sans éviction du jour au lendemain» de Josée Yvon), jan. 1976, ill.

VANIER, Denis et Josée Yvon, «Nouvelles de l'est», *Hobo-Québec,* nos 16-17, fév.-mars 1974, pp. 4-6, ill.

—— «L'est cropophagique», *Ibid.,* n° 18, avr.-mai 1974, pp. 16-17, ill.

—— «Tuer, fourrer, manger», *Ibid.,* n° 19, sept.-oct. 1974, pp. 3-4, ill.

—— «Transpercées», *Ibid.,* n° 21, jan.-fév. 1975, pp. 8-11, ill.

—— «Ginette hybride en chaleur le poil pogné dans graisse de sang», *Ibid.,* nos 23-24, mai-août 1975, pp. 2 et 23, ill.

—— «Vers une bombe du peuple», *Ibid.,* n° 25, sept.-déc. 1975, pp. 20-22, ill.

—— «Offerts à la chasse/The return of the Lady Dealer», *Ibid.,* nos 29-30, mai-août 1976, pp. 12-13.

2. Affiches, caricatures, catalogues,
correspondance publiée, traductions.

Alfred Pellan, catalogue, éd. The National Gallery of Canada, The Montréal Museum of Fine Art, Le Musée de la Province de Québec, The Art Gallery (Ottawa, chez l'imprimeur de la Reine, 1960).

Barbeau, Catalogue de l'exposition de 1969 de Marcel Barbeau, Montréal, Musée d'Art Contemporain, 1969, 20 pp. Intr. de Bernard Teyssèdre.

BARBEAU, Marcel, (Lettre à la rédaction), *Situations,* vol. 1, n° 2, fév. 1959, pp. 36-39.
—— «Lettre à Marcelle Ferron», in *Québec Underground,* t. 1, p. 30.
BELLEFLEUR, Léon, «Lettre à Guy Robert», in Guy Robert, *L'Art au Québec...,* p. 101.
BORDUAS, Paul-Émile, «Lettre à Claude Gauvreau», *Liberté,* vol. 3, n° 13, jan.-fév. 1961, pp. 431-433.
—— «Lettres à Claude Gauvreau», *Liberté,* n° 22, 4ᵉ année, avril 1962, pp. 230-251. Une lettre s'intitule: «Petite pierre angulaire posée dans la tourbe de mes vieux préjugés.» 25 nov. 52, 5 août '53, 23 mai, '53, 26 avril '54, 31 (mars) '54, 21 mai '54, 27 mai '54, 9 août '54, 25 sept. '54, 12 oct. '56, 22 déc. '56, 7 fév. '57, 11 fév. '57, 15 fév. '57, 12 nov. '57, 24 déc. '57, 18 mai '58, 7 oct. '58, 25 nov. '58, nov.-déc. '58, 21 jan. 1959. La dernière n'est pas datée.
—— «Lettre à Claude Gauvreau», *La Barre du Jour,* nos 17-20, jan.-août 1969, p. 46.
—— «Petite angulaire posée dans la tourbe de mes vieux préjugés, — Une lettre (nov.-déc. 1958) de Borduas à Gauvreau». *Situations,* t. 3, n° 2, mars-avril 1961, pp. 60-64.
—— Lettre à Fernand Leduc (à Paris), 6 jan. 1948. Extraits dans Bernard Teyssèdre, «Métamorphose et continuité de Fernand Leduc, p. (6).
—— «Lettre à Gilles Corbeil», *Arts et pensée,* 3ᵉ année, n° 18, juillet-août 1954, p. 177-179.
—— «Lettre à Gilles Corbeil», *Études françaises,* vol. VIII, n° 3, p. 242 (5 avr. '55)
—— «Lettre à Jean-Jules Richard» (antérieure au 4 mars '50), *La Barre du Jour,* nos 17-20, jan.-août 1969, p. 45.
—— «Lettre à Jean-Paul Riopelle», 21 fév. 1947, in *Ozias Leduc et Paul-Émile Borduas,* pp. 65-67.
—— «Lettre à John Lyman», 13 fév. 1948 in *Paul-Émile Borduas 1905-1960,* p. 41.
—— (Lettre à la rédaction), Paris, 11 nov. 1958, *Situations,* vol. 1, n° 2, fév. 1959, pp. 32-35. Reprise dans *Aujourd'hui,* Art et Architecture, avril 1960, p. 9.

BORDUAS, Amsterdam, Stedelijk Museum, 22 déc. 1960 — 30 jan. 1961, Cat. 255. Comprend, outre les illustrations: «Tableau», de Borduas, «Borduas» de Robert Elie, «Témoignage» de Charles Delloye et d'autres témoignages de Charles A. Lussier, Jeanne Miles, Dorothy Gees Seckler et Franz Kline. 30 pp. ill.

Borduas et les Automatistes, 1942-1955, Montréal, Musée d'Art Contemporain, 1971. Textes de Henri Barras, Bernard Teyssèdre, Fernand Dumont et Laurier Lacroix. Réédition des textes de *Refus global.* Biographies et illustrations. 153 pp.

La Collection Borduas du Musée d'art contemporain, Montréal, Ministère des Affaires culturelles, 1976, 97 pp. Illustrations, notes biographiques, bibliographie.

BRETON, André, «Lettre à Fernand Leduc», 17 sept. 1943. Extraits dans Bernard Teyssèdre, «Fernand Leduc, peintre et théoricien du surréalisme à Montréal», pp. 235-236.
—— *Lettre à Fernand Leduc,* 17 sept. 1943. Archives du département d'histoire de l'art, Université de Montréal. Extrait dans B. Teyssèdre, «Fernand Leduc...», p. 235 ss.

—— Lettre à Marcel Rioux, in *Cité libre,* avril 1960, 11ᵉ an., n° 26.

CHAR, René, Lettre à Roland Giguère, 17 nov. 1957; cf. *La Barre du jour,* nos 11-13, p. 187.

CHARBONNEAU, Robert, «Réponse à Jean-Louis Gagnon», *La Relève,* vol. 2, n° 6, pp. 163-165.

DANSEREAU, Pierre-Mackay, «Lettre à Robert Charbonneau», *La Relève,* vol. 3, n° 2, pp. 58-62.

De TONNANCOUR, Jacques G., «Lettres à Borduas», *La Nouvelle Relève,* juil. 1942, t. 1, pp. 608 ss.

DUBUC, Jacques, «Lettre à Gérard Pelletier», 23 oct. 1948, *Le Devoir,* 30 oct. 1948, p. 5, cc. 2-3.

Fernand Leduc, catalogue de la rétrospective de 1970-71. Montréal Musée d'Art contemporain, 1971. Introduction de Bernard Teyssèdre. 60 pp.

FERRON, Jacques, «Réponse à M. Robert Cliche», *Le Canada,* 16 fév. 1949, p. 4.

—— «Lettre ouverte à Claude Gauvreau — sur les vaches (Montherlant et Toupin)», *Le Haut-parleur,* 3 mars 1951, p. 4.

FERRON, Marcelle, (A la rédaction), *Situations,* vol. 1, n° 2, fév. 1959, pp. 40-1.

GAGNON, Jean-Louis, «Lettre à (Robert) Charbonneau» et «Deuxième lettre à Charbonneau», *Les Idées,* jan. et sept. 1936, pp. 43-54 et 159-168; la deuxième lettre est suivie d'une note du rédacteur, Albert Pelletier, pp. 168-174.

GARNEAU, Hector de Saint-Denys, Lettre à Georges-Henri d'Auteuil, 2 août 1931, in *Cahiers de Sainte-Marie,* n° 4, avril 1967.

—— *Lettres à ses amis,* «Constantes», Mtl, HMH, 1967. 489 pp.

GAUVREAU, Claude, «ce n'était qu'une première charge de l'orignal» (lettre à la rédaction), *Le Devoir,* 13 mai 1970, p. 10.

—— *Dix-sept lettres à un fantôme,* inédites (extraits in *La Barre du jour,* nos 17-20 et *Études françaises,* vol. 7, n° 4).

—— (Lettre à la réd.), *Situations,* vol. 1, n° 2, fév. 1959, pp. 42-46.

—— «Lettres à Jean-Isidore Cleuffeu», *Études françaises,* vol. 7, n° 4, nov. 1971, pp. 373-388.

—— «Lettre au rédacteur», *Le Devoir,* 28 sept. 1948, p. 5, c. 2.

—— «Lettre ouverte à M. Robert Cliche», *Le Canada,* 22 fév. '49, p. 4.

——«Deux lettres de Claude Gauvreau (à André Goulet)» 26 juil et 3 août 1950, *Hobo-Québec,* mai-août 1976, nos 29-30, pp. 36-38.

GROULX, Lionel, «Vivre», *L'Action nationale,* vol. 4, nov. 1934, pp. 171-176.

Jacques de Tonnancour, catalogue de l'exposition de novembre 1966, Québec, Musée du Québec, 1966, 16 pp.

Jean Dallaire — Rétrospective, Québec, Ministère des Affaires culturelles, 1968. 44 pp. ill. Introd. du Dr. Paul Dumas.

LA PALME, Robert, «Chut/ Voilà les Automatistes», *Le Canada,* 19 avril 1949, p. 4. Reprise dans *Canadian Art Magazine,* 1950 et dans *La Palme 1930-1950,* Montréal, CLF, 1950, p. 114 et dans *La Barre du jour,* nos 17-20, p. 101. Caricature.

—— «L'Ombre sur le cerveau», *Le Canada,* 13 sept. 1948, p. 4. Repris dans *Études françaises,* vol. VIII, n° 3, p. 306. Caricature.

—— «Le Surréalisme se meurt, dit un théologien», *Le Canada,* 21 déc. 1948, p. 4. Caricature.

—— «Les Toto-matistes», *Le Quartier latin,* 30 nov. 1948, p. 1. Repris dans *Études françaises,* vol. 8, n° 3, 1972, p. 307. Caricature.

LEDUC, Fernand, *Lettre à André Breton,* 5 oct. 1943. Archives du département d'Histoire de l'art. Université de Montréal. Extraits dans B. Teyssèdre, «Fernand Leduc, peintre et théoricien du surréalisme à Montréal», p. 236.

—— *Lettres à Guy Viau,* inédites. 20 oct., 3, 14 et 22 nov., 19 déc. 1944 et 30 jan. 1945. Quelques citations dans Bernard Teyssèdre, «Fernand Leduc...», pp. 243-247.

—— *Lettre à Thérèse Renaud,* in Bernard Teyssèdre, «Fernand Leduc peintre et théoricien du surréalisme à Montréal», p. 263.

LEFORT, Agnès, «Nouvelle lettre à Claude Gauvreau», *Le Haut-parleur,* 26 avril 1951, p. 6.

Léon Bellefleur, catalogue de l'exposition 1968-69, Ottawa, L'Imprimeur de la Reine, 1968, 30 pp. ill.

Marcelle Ferron de 1945 à 1970, catalogue, Montréal, Musée d'Art contemporain, 1970, 50 pp. ill.

MARCHAND, Jacques, Lettre ouverte à Jacques Ferron sur Claude Gauvreau, *Hobo-Québec,* nos 19-20, sept.-oct. 1974, p. 7.

Mousseau — Aspects, catalogue de la retrospective du Musée d'Art Contemporain, 14 déc. 1967 et ss. 43 pp. ill. Intr. de Gilles Hénault.

La Nuit de la poésie, 27 mars 1970. Gaston Miron, Michel Garneau, Raoul Duguay, Claude Péloquin, Pierre Chatillon, Gatien Lapointe, Sylvain Lelièvre, Michèle Lalonde, Roger Soublière, Michel Beaulieu, Yves-Gabriel Brunet, Nicole Brossard, Marie-France Hébert, Denis Vanier, Michel Van Schendel, Claude Gauvreau, Paul Chamberland, Jacques Brault, Jean-Guy Pilon, Guy Robert, Georges Dor, Gérald Godin, Michel Breuleux, Pierre Cadieux, Michel Bujold, Robert Lalonde, L.-P. Hébert, Gilbert Langevin, Roger Des Roches, Suzanne Paradis, Marie Laberge, Bernard Tanguay, Jean Roger, Pierre Morency, Jacques Garneau, Louis Royer, Jean-Paul Filion, Marie Savard, Raymond Lévesque, Guy Gervais, Roland Giguère, Michel Bernier, Paul Toutant, Pierre Mathieu, Gaston Gouin, Gaétan Dostie, Jean Turcotte, Jocelyne Fournier, Danièle Panneton, l'Institut théâtral du royaume, Claude Saint-Denis, Michèle Rossignol, le t.m.n. (théâtre du même nom), l'Infonie, Pierre Moretti et autres... (d'après l'affiche).

Panorama — Peinture au Québec — 1940-1966, Montréal, Musée d'Art contemporain, 1967. 120 pp. ill. Préface de Gilles Hénault.

Paul-Émile Borduas 1905-1960, Montréal, Musée des Beaux-Arts, jan. 11 - fév. 11 1962, et al...; contient, outre des illustrations, une préface suivie d'une longue chronologie par Evan H. Turner, «Borduas and the Contemporary Art Society» de John Lyman; «La Démarche du peintre», de Guy Viau; extraits de *Refus global;* «Le Texte de M. Borduas (en réponse à J.-R Ostiguy)», paru dans *Le Devoir* les 9 et 11 juin 1956. 64 pp. ill.

Pellan, Catalogue de la rétrospective de Paris, 1955.

«Rendez-vous Refus global», ordre du jour de l'Opération Déclic du 7 nov. 1968, *La Presse* et *Le Devoir,* 7 nov. 1968.

Riopelle — Été 1967. Catalogue de l'exposition du Musée du Québec. Textes de Pierre Schneider. Québec, Musée du Québec, 1967, c. 72 pp. ill., 4 Lithographies.

RIOPELLE, Jean-Paul (Lithographie dans) *Néon*, n° 5, avril 1949, (avec, notamment, Max Ernst, Henri Pastoureau et Simon Watson Taylor).
—— Maurice Perron, Magdeleine Arbour, Pierre Gauvreau et Françoise Riopelle.
—— «Lettre à Gérard Pelletier», 16 nov. 1948; *Le Devoir*, 20 nov. 1948, p. 10 (commentaires de Gérard Pelletier intercalés).
—— Maurice Perron, Magdeleine Arbour, Pierre Gauvreau et Françoise Riopelle, «Lettre au rédacteur-en-chef» (André Laurendeau), *Le Devoir*, 1er nov. 1948, p. 7 et 13 nov. 1948, p. 9.

ROBITAILLE, Gérald, *Les Eaux remiroitées*, à paraître chez Delta / Canada. Trad. du *Waters reglitterized* de Henry Miller.
—— *Jours tranquilles à Clichy*, Paris, Eric Losfeld & Terrain vague, 1967; traduction du *Quiet Days in Clichy* de Henry Miller.

Roussil, catalogue de l'exposition de 1965-66, Montréal, Musée d'art contemporain, 1965. Textes de Guy Robert.

TOUPIN, Paul, «Lettre de Toupin à Gauvreau», *Le Haut-parleur*, 7 mars 1951, p. 2.

TRANQUILLE, Henri, *Lettres d'un libraire*, Montréal, Leméac, 1976; t. I, 146 pp., t. 2, 151 pp.

VIAU, Guy, *Lettres à Roger Vigneau*, fin juillet 1943 et 9 juin 1944, in Bernard Teyssèdre, «Fernand Leduc, peintre et théoricien du surréalisme à Montréal», pp. 243-246.

3. Ballets, danses, disques, films, oeuvres musicales.

BÉLANGER, Fernand, *Via Paul-Émile Borduas*, film présenté en 1968, «Opération Déclic».

BERTOLINO, Daniel, *La Poésie*, film présenté à l'émission «Des goûts, des formes et des couleurs», sur Claude Péloquin, Radio-Canada, T.V., 14 fév. 1974. Quelques séquences tirées d'un documentaire intitulé *Pélo le magnifique*.

BORDUAS, Paul-Émile, Entrevues radiophoniques, Radio-Canada, 19 et 21 déc. 1950, 13 oct. 1954, mai 1957.

BOULERICE (Centre de diffusion Yvan B.), Monographies *Alfred Pellan* I et II, *Fernand Leduc, Jean McEwen, Paul-Émile Borduas* I et II, textes, analyses et diapositives.

BRETON, André, *Où en est le surréalisme?* «Revue des arts et des lettres», Radio-Canada, c. fév. 1953.

BORREMANS, Guy, réal., *La Femme-image*. 1960, 37 min., n. et b. Dist. Guy Côté.

GAUVREAU, Claude, «Trop belle pour mourir», in Robert Charlebois, Barclay, 80200Y (disque).

GIRALDEAU, Jacques, réal. *Bozarts*, couleur, 16 mm. 58 min., ONF, 1969.

GODBOUT, Jacques, réal. *Paul-Émile Borduas*. Couleur, 16 et 35 mm. 29 min. ONF, 1963.

JULIEN, Pauline, *Comme je crie, comme je chante*, poèmes de Gilbert Langevin. Disque Gamma, 6S 125.

LABRECQUE, Jean-Claude, réal. *La Nuit de la poésie*. Couleur, 112 min., 16 mm. ONF, 1970.
—— et Jean-Pierre Masse, réal., *Claude Gauvreau poète*, n. et b. et coul., ONF, 1975.

MERCURE, Pierre, *Dualite*. Voir Sullivan, 3 avril 1948.
—— «Moi je suis de cette race rouge et épaisse qui frôle les éruptions volcaniques et les cratères en mouvement», 3 avril 1948.
—— *Pantomime*, ballet, 1948.
—— *Kaleïdoscope*, orchestre de Radio-Canada, 1949.
—— *Les Deux arts*, Voir Sullivan, 8-9 mai 1949.
—— *Cantate pour une joie*, pour soprano, choeur et orchestre. Sur poème de Gabriel Charpentier édité chez Erta, s.d., s.p. 1953.
—— *Dissidence*, 1955 sur 6 poèmes, dont 3 de Charpentier.
—— *Triptyques*, 1959. Partition: Toronto, RICORDI, 1963.
—— *Lignes et points*, 16 fév. 1965, RCA (RCI-230).
—— *Toi*, 1966.
—— *Tétrachromie*, Columbia.

MILLER, David et Pierre Vinet, réal. *Vaillancourt sculpteur*, n. et b., 18 min., 16 mm. ONF, 1964.

MILLET, Robert, «Borduas (reproductions d'une séquence filmée)», *Situations*, vol. 2, n° 1, 1960.

MOREL, Francois, *L'Étoile noire*, mars 1962.

MOUSSEAU, Jean-Paul, *Eimotobol*, bal masqué. Décor de Mousseau. 9 mai 1953.

PÉLOQUIN, Claude, *Moi un savon*, 8 min., 20 sec., coul, ONF, 16 et 35 mm.
—— *Une balle de gin*, 7 min., 55 sec., coul., ONF, 16 et 35 mm.
—— et Yves André, *L'Homme nouveau*, 10 min., coul., ONF, 1970, 16 et 35 mm.
—— et Jean Sauvageau, *Laissez-nous vous embrasser où vous avez mal*, Polydor, stéréo 2424 061.
—— et Kinchamali, *Pélo Krispé*, Montréal, Clic records Inc., CSN 1002.

Poèmes et chants de la résistance 2, Montréal-Toronto, Transworld, RE-604.

Poèmes et chants de la résistance 3, Montréal-Toronto, Transworld, R-2 603.

PORTUGAIS, Louis, réal., *Correlieu*, (Ozias Leduc), 16 mm., 19 min., ONF, 1959. Coul.
—— *Saint-Denys Garneau*, n. et b., 16 mm., 28 min., ONF, 1960.
—— *Voir Pellan*, coul., 16 et 35 mm., ONF, 1969.

SEGUIN, Fernand rencontre Jean-Paul Riopelle, «Le Sel de la semaine», Radio-Canada, 28 oct. 1968.

SIMARD, Jean et Fernande, «Paul-Émile Borduas», Radio-Canada, «L'Art et la vie», 27 jan. 1957; extraits dans *Le Journal musical canadien*.

SULLIVAN, Françoise, «*Bleu et or*», chorégraphie, *29-31 jan. 1945*.
—— chor. «*Le combat*», ballet, Montréal, Théâtre des Compagnons, nov. 1949.
—— chor. *Les Deux arts*, spectacle de danse-théâtre. Musique de Pierre Mercure. Costumes et affiches de Mousseau. Montréal, Théâtre des Compagnons, 8-9 mai 1949.
—— et Jeanne Renaud, «Dualite», musique de Pierre Mercure. Costumes de Mousseau. Régie de Riopelle. Chor. de Sullivan. 3 avril 1948.
—— et Jeanne Renaud, «Moi je suis de cette race rouge et épaisse qui frôle les éruptions volcaniques et les cratères en mouvement» poème de Thérèse Renaud,

dit par Claude Gauvreau. Danse sur chor. de F. Sullivan, costumes de Mousseau. Musique de Mercure. Régie de Riopelle, Montréal, Maison Ross, 3 avril 1948.
—— *Rose Latulippe.* Ballet de F. Sullivan sur légende rapportée dans *L'Influence d'un Livre* de Ph.-Aubert de Gaspé fils. Musique de Maurice Blackburn. Montréal, Radio-Canada, T.V., 14 mai 1953.

B. OUVRAGES ET ARTICLES DE CRITIQUE
(incluant essais, mémoires, préfaces)
1. Littérature québécoise

«A «l'heure du Concert», un programme entièrement consacré à la danse du XXe s.» *La Semaine à Radio-Canada,* vol. 14, n° 19, pp. 6-7; 1er fév. 1964. Ill.

AMPLEMAN, Jean, «Des Disciples au maître», *Notre temps,* 27 avril 1946, p. 5.
—— (sur les Sagittaires) *Notre temps,* 22 fév. 1947.

ANONYME (Aragon ou Caillois?), «*La Nouvelle Relève*», *Lettres françaises,* n° 2, 1er jan. 1942, p. 63.

—— «*La Nouvelle Relève*», *VVV, View, Dyn, Gants du ciel, Art of this Century*», *Lettres françaises,* oct. 1944, n° 10, pp. 58-75.

—— «*Le Jeu retrouvé* de Louis-Marcel Raymond», *Lettres françaises,* n° 11, pp. 74-75.

—— «*La Nouvelle Relève*», *Lettres françaises,* n° 15, jan. 1945.

ARAGON, Louis, «Crise de l'esprit critique au Canada», *Les Lettres françaises,* 17 jan. 1947.

AUBRY, Simone, «A propos de 'Peinture moderne'», *La Relève,* Montréal, 1941, 8e cahier, 5e série, p. 255 (sur Borduas, Eluard).

—— «L'oeuvre de Jean (sic) Pellan», *La Relève,* Montréal, 1941, 3e cahier, 5e série.

«Au-delà du refus», *Le Canada,* 10 sept. 1949, p. 5 (cf. Robert Elie).

AUDET, Noël, «Saint-Denys Garneau ou le procès métonymique», *Voix et Images,* vol. I, n° 3, pp. 432-441.
—— «Alain-Grandbois ou le procès métaphorique», *Voix et Images,* vol. 2, n° 1, pp. 60-70.

AUGER, Michel, «Couple accusé de s'être dévêtu à la Comédie canadienne et de cruauté envers les animaux», *La Presse,* 27 fév. 1969, p. 3.

«L'Automatiste», *Time,* october 18, 1948, p. 22 (N.B. Le correspondant de Montréal est Stuart Keate).

«Les Automatistes s'élèvent contre l'affaire Borduas», *Le Petit Journal,* 19 sept. 1948, p. 26.

AYRE, Robert, «Painting», *The Arts in Canada,* The Macmillan Company of Canada Ltd., 1958, pp. 9-32. Malcolm Ross ed. (sur Borduas pp. 12, 14-15, 19-20; Fernand Leduc, 15, 22, 29; Jean-Paul Mousseau, 26-29; *Refus global,* 16, 22-23; Jean-Paul Riopelle, 12, 14, 17, 19, 22, 29; Louis Archambault, 14; Léon

Bellefleur, 26-27, 29; Jacques G. de Tonnancour, 21, 30; Albert Dumouchel, 26; Alfred Pellan, 12, 14-16, 23-24; *Prisme d'yeux,* 16; Goodridge Roberts, 12, 19, 30; Gordon Webber p. 19.

ARBOUR, Renée, «Exposition Pellan», *La Nouvelle Revue canadienne,* vol. II, nᵒ 2, juin-juillet 1952, pp. 141-143.

Archives des lettres canadiennes, t. IV, «La Poésie canadienne-française», Montréal, Fides, 1969, 701 pp.

BAILLARGEON, Pierre, *Les Médisances de Claude Perrin,* Montréal, Parizeau, 1945. 197 pp.
—— *Le Choix — Essais,* coll. «Constantes», nᵒ 21, Montréal, HMH, 1969, 172 pp.

BARBEAU, Marcel, «Réponse à Rémi-Paul Forgues», *Place publique,* nᵒ 3, mars 1952, p. 40.
—— «Face à la meute», *La Revue socialiste,* nᵒ 3, hiver 1959-60, pp. 14-15, 71.
—— «Une victime du conservatisme — l'exilé Borduas — Chez un peuple assujetti, les chemins de l'épanouissement personnel sont barricadés», *La Revue socialiste,* nᵒ 4, été 1960, p. 56.

BASILE, Jean (pseud. de Jean-Basile Bezroudnoff), «Décès du *pape* du surréalisme», *Le Devoir,* 30 sept. 1966, p. 8, col. 4-6.
—— «Un cadavre exquis», *Le Devoir,* 29 avr. 1967, p. 15, col. 1-5 (mort de Breton).
—— «Le Groupe de danse moderne de Montréal», *Le Devoir,* 10 fév. 1964, p. 6.

BAUDET, André, «Le Maréchal Ferron», *Brèches,* nᵒ 1, 1973, pp. 43 ss.

BEAUJOUR, Michel, «André Breton mythographe: *Arcane 17», Études françaises,* vol. 3, nᵒ 2, mai 1967, pp. 215-233.

BEAULIEU, Germain, «Un nouveau livre *Les Phases», Le Nationaliste,* vol. 7, nᵒ 10, 8 mai 1910, p. 3.

BEAULIEU, Maurice, «La Poésie, la vie et nous», *La Revue socialiste,* nᵒ 4, été 1960 (Borduas, Gauvreau, Lapointe, surréalistes can.-fr.).

BEAULIEU, Michel, «A bout portant», *Hobo-Québec,* nᵒ 8, sept. 73, p. 3.

BEAULNE, Guy, «Le Théâtre radiophonique», *Écrits du Canada français,* nᵒ 4, 1958, p. 11.

BEAUPRÉ, Paul, *Acceptation globale,* chez l'auteur, 202 pp. Montréal, 1971.

BEAUSOLEIL, Claude, «*Max Walter Swanberg* conte érotique par Louis Geoffroy», *Cul Q,* nᵒ 1, automne 1973, p. 49.
—— «Le texte vaniérien», *Cul Q,* nos 8-9, pp. 27-52.

BÉDARD, Jean, «La Sauvagerie apprivoisée de Pellan», *Culture vivante,* nᵒ 26, pp. 2-11.

BÉGUIN, Albert, «Réduit au squelette» (Garneau), *Esprit,* nov. 1954, pp. 640-9.

BÉLAIR, Michel, «Mycroft Mixeudeim: une voix prophétique?» *Le Devoir,* 4 mai 1970, p. 8.

BÉLAND, Paul, «Le Goût», *Le Quartier latin,* 4 déc. 1945, p. 3.

BÉLANGER, André-J., *L'Apolitisme des idéologies québécoises,* Québec, PUL, 1974.

BÉLANGER, Claude, «Pour baiser Vanier», *La Barre du jour,* nᵒ 38, 1973, pp. 65 ss.

BÉLANGER, Marcel, «La lettre contre l'esprit ou quelques points de repère sur la poésie de Claude Gauvreau», *Études littéraires,* déc. 1972, vol. 5, n° 3, pp. 481-497.

BELLEAU, André «La littérature est un combat», *Liberté,* n° 26, mars-avril 1963, vol. 5, n° 2, p. 82.

BELLEFLEUR, Léon, «Plaidoyer pour l'enfant», *Les Ateliers d'arts graphiques,* 1947, n° 2, p. 42.

—— «Giguère, peintre et artiste graphique», *La Barre du jour,* nos 11-13, p. 139.

BÉRAUD, Jean, *350 ans de théâtre au Canada français,* coll. «L'Encyclopédie du Canada français», Montréal, CLF, 319 pp.

BERGERON, René, *Art et bolchevisme,* Montréal, Fides, 1948 (Sagittaires).

—— «Drôle d'abcès tristement crevé», *Le Progrès du Saguenay,* 10 fév. 1949 (Borduas).

BERNARD, Harry, «L'Idée baudelairienne au Canada», *Le Canada français,* mai 1929, vol. 16.

—— *Essais critiques,* Montréal, ACF, 1929, 197 pp.

—— «Encore M. Borduas», *Le Courrier de Saint-Hyacinthe* 1er oct. 1948.

—— «Le Cas Borduas», *Le Courrier de Saint-Hyacinthe,* 24 sept. 1948, p. 1.

BERTRAND, Claude et Jean Stafford, «Lire le Refus global», *La Barre du jour,* nos 17-20, jan.-août 1969, p. 127.

BESSETTE, Gérard, «Les Moins de trente ans», *Liberté,* nos 15-16, mai-août 1961.

BLAIN, Maurice, *Approximations — Essais,* coll. «Constantes», n° 11, Montréal, HMH, 1967, 245 pp.

BLAIS, Jacques, *Saint-Denys Garneau et le mythe d'Icare,* coll. «Profils» n° 8, Sherbrooke, Ed. Cosmos, 1973.

—— «La Poésie québécoise au tournant de la guerre», *Archives des lettres canadiennes,* t. IV, Ottawa, Fides, 1969, pp. 143-173.

—— *Présence d'Alain Grandbois,* coll. «Vie des lettres québécoises», n° 11, Québec, PUL, 1973. 261 pp., ill.

—— *De l'ordre et de l'aventure,* La Poésie au Québec de 1934 à 1944, coll., «Vie des lettres québécoises» n° 14, Québec, PUL, 1975, 410 pp.

«Bombe automatiste chez Tranquille», *Montréal-matin,* 5 août 1948, p. 5 et *La Patrie,* 7 août 1948, p. 43.

BON, Antoine, «Alfred Pellan», *Revista franco-bresileira,* in *Amérique française,* fév. 1944, 3e année, n° 19.

(BORDUAS, Paul-Émile, John Lyman et Robert Elie?), «L'Art d'aujourd'hui», *Le Jour,* 6 mai, 1939, p. 4.

BORDUAS, Paul-Émile, «Fusain», *Amérique française,* nov. 1942, t. II, n° 3, pp. 32-33. (de Tonnancour).

—— «Des mille manières de goûter une oeuvre d'art», in Guy Robert, *Borduas,* pp. 257-272 (texte annoté par Robert d'une version pour l'édition de la conférence intitulée «Manières de goûter une oeuvre d'art»). Première édition, avec omissions et coquilles, dans *Amérique française,* jan. 1943, t. 2, n° 4, pp. 31-44.

—— «Commentaire sur des mots courants», in *Refus global.*

—— «Quelques pensées sur l'oeuvre d'amour et de rêve de M. Ozias Leduc», *Canadian Art,* été 1953, vol. 16, n° 4, pp. 158-161, 168. Repris dans *Ozias Leduc et Paul-Émile Borduas* et dans Guy Robert, *Borduas.*

—— «Borduas situe la peinture contemporaine... et répond à Fernand Leduc». *L'Autorité du peuple*, Saint-Hyacinthe, 5 mars 1955.

—— «Objectivation ultime et fulgurante», *L'Autorité du peuple* (Saint-Hyacinthe), 12 mars 1955.

—— (Réponse au questionnaire de Jean-René Ostiguy), 10 avril 1956, *Le Devoir*, 9 et 11 juin 1956.

—— «Paul-Émile Borduas — Écrits théoriques — textes réunis et présentés par Charles Delloye», *Aujourd'hui, art et architecture,* Paris, n° 26, avril 1960, pp. 6-10.

—— «Réponse à une interview», *Aujourd'hui art et architecture,* n° 26, avril 1960, p. 9 (tiré de *Situations,* nov. 1958).

«Borduas devra-t-il s'exiler?» *Le Canada,* 20 mai 1949, p. 4.

«Borduas expose à New York du 5 au 30 janv. 1954», *Arts & pensée,* 3e année, n° 15, jan.-fév. 1954, p. 94.

«Borduas: l'homme et l'oeuvre (repères chronologiques)», *Études françaises,* août 1972, vol. 8, n° 3.

«Borduas, 1905-1960», *Le Nouveau journal,* 13 janv. 1962, p. XII.

—— *Situations,* 3e an., n° 3, mai-juin 1961, pp. 72-73.

«Borduas parle», *Liberté,* nos 19-20, 4e année, jan.-fév. 1962, pp. 5-16. «Propos recueillis à la radio et à la télévision et publiés grâce à la bienveillance de Madame Borduas et de la Société Radio-Canada», déc. 1950; 1955; mai 1957.

«Borduas — ... quelques uns des textes qui ont servi de présentation au catalogue de l'exposition (d'Amsterdam, déc. 1960)», *Situations,* 3e an. n° 3, mai-juin 1961, pp. 65-73.

«Borduas renvoyé de l'École du Meuble», *Le Devoir,* 18 sept. 1948, p. 3.

BOSQUET, Alain, *La Poésie canadienne,* Paris/Montréal, Seghers/HMH, 1962. 275 pp. Repris en 1966 sous le titre de *Poésie du Québec.*

BOUCHER, Denise, «Jean-Claude Péloquin, alias Pélo, poète de chez nous: «J'aime l'homme, le Québec, la bière et je déteste la mort»», *La Presse,* suppl. Perspectives, 11 oct. 1969, p. 2.

BOUCHER-DUMAS, Lucienne, «Les Sagittaires», *Jovette,* avril 1953.

BOULANGER, Rolland, «(Mabille)», *Notre temps,* 22 nov. 1947.

—— «Critique de la critique», *Notre temps,* 6 mars 1948, p. 5.

—— «Dynamitage automatiste à la librairie Tranquille», *Montréal-matin,* 9 août 1948, pp. 5-7.

—— «Jean-Paul Mousseau et les automatistes», *Notre temps,* 20 nov. 1948, p. 4 (sur les «théoriciens du surréalisme»).

—— «Deux expressionnistes à Montréal», *Notre temps,* 12 mars 1949, p. 4.

—— «Modernes et officiels au 66e salon», *Notre temps,* 7 mai 1949, p. 4 (Mousseau, Pellan, Bellefleur, Borduas, Riopelle).

—— «D'une galerie à l'autre», *Notre temps,* 14 mai 1949, p. 4.

—— «Borduas entre parenthèses», *Notre temps,* 22 mai 1949, p. 4.

—— «En visitant chez Tranquille», *Notre temps,* 28 mai 1949, p. 4.

—— «Un peu de rétrospective chez Tranquille», *Notre temps,* 13 août 1949, p. 4.

—— «Dix années de peinture canadienne», *Notre temps,* 26 nov. 1949, pp. 10-28.

—— «1941 — Contrastes — aujourd'hui», in *Peinture vivante du Québec — 1966 — Vingt-cinq ans de libération de l'oeil et du geste,* pp. 5-30 (Rapprochements automatisme et surréalisme, p. 20).

BOURASSA, André-G., «*Le Livre de Christophe-Colomb,* un essai de théâtre total comme représentation de l'univers claudélien»; mémoire en vue du D.E.S. (lettres françaises), Montréal, U. de M., Édition ronéotypée, U. de M. (éd. perm.), 1968, XVIII et 182 pp.

—— «Claude Gauvreau — Éléments de biographie», *La Barre du jour,* nos 17-20, jan.-août 1969, pp. 336-341.

—— «Gilles Hénault — Éléments de biographie», *Ibid.,* pp. 310-314.

—— «Remi-Paul Forgues — Éléments de biographie», *Ibid.,* pp. 274-276.

—— «Sur le *Théâtre en plein air* de Gilles Hénault», *Ibid.,* pp. 315-328.

—— «Prolongements du surréalisme», *Livres et auteurs québécois* 1974, pp. 371-375, ill.

—— «*Les Sables du rêve* de Thérèse Renaud et *Glück* de 476 Claude Haeffelv». *Ibid.,* 1975, pp. 104-106.

BOURBEAU, Géraldine, «John Lyman, peintre — Louis Archambault, sculpteur», *Liaison,* n° 5, mai 1947, pp. 307-308.

—— «Jean Dallaire, peintre, Goodridge Roberts, peintre», *Liaison,* n° 6, juin 1947, pp. 361-363.

—— «Exposition Mimi Parent», *Liaison,* n° 8, oct. 1947, pp. 494-496.

—— «Le Surréalisme, Pierre Gauvreau, Lucien Morin, Arel», *Liaison,* vol. 1, n° 10, déc. 1947, Montréal, pp. 610-613.

—— «Prisme d'Yeux», Monsieur Borduas et l'automatisme», *Liaison,* vol. 2, n° 13, mars 1948, pp. 172-175.

—— «Un groupe de céramistes — Paul-Émile Borduas», *Liaison,* n° 15, mai 1948, vol. 2, pp. 294-297.

—— «Goodridge Roberts», *Liaison,* vol. 2, n° 18, oct. 1948, p. 495.

—— «Borduas — de Tonnancour — L'École du meuble», *Liaison,* vol. 3, n° 26, juin 1949, pp. 355-359.

—— «Normand Hudon — Ferron — Mousseau», *Liaison,* n° 33, mars 1950, pp. 178-179, vol. 4.

—— «Marcel Baril, peintre — graveur», *Liaison,* n° 37, oct. 1950, pp. 429-431. (Sur «le surréalisme de Baril»).

BOURDAGES, François, «Pour réparer les erreurs du passé», *Le Devoir,* 17 juil. 1971, p. 11 (Gauvreau).

BOURGOGNE, François, (Mousseau au Lycée Pierre Corneille), *L'Autorité du peuple,* 30 oct. 1954.

BOURNEUF, Roland, *Saint-Denys Garneau et ses lectures européennes,* coll. «Vie des Lettres Canadiennes», n° 6, Québec, PUL, 1969. 333 pp.

BOURQUE, Paul-André, «Jean-Jules Richard: de la haine à l'amour par le rire», *Livres et auteurs québécois,* 1973, pp. 345-363.

BRASSIER, Jacques, «Pour qu'on vive!», *L'Action Nationale,* vol. 3, jan. 1934, pp. 53-54.

BRAULT, Jacques, «Une poésie du risque», *Culture vivante,* 1966, vol. 1, pp. 41-45.

—— *Alain Grandbois,* coll. «Classiques canadiens», n° 13, Montréal, Fides, 1967. 96 pp.

—— *Alain Grandbois,* coll. «Poètes d'aujourd'hui», n° 172, Paris, Seghers, 1968, 190 pp.

—— «Miron le magnifique», *Conférences J.A. de Sève,* 1-10, Montréal, Presses de l'Université de Montréal, 1969, pp. 141-180.

—— «Saint-Denys Garneau réduit au silence», *Archives des lettres canadiennes,* t. IV, Ottawa, Fides, 1969, pp. 323-331.

BRETON, André, Elisa et Benjamin Peret, «Aparté (1949)», in André Breton, *Le Surréalisme et la peinture,* pp. 218-19, (sur Riopelle), ill.
—— «Enfin Jean Benoît nous rend le grand cérémonial (1962)», *Ibid.,* pp. 386-390; cf. p. 372, ill.
—— «Mimi Parent (1960)», *Ibid.,* p. 390-391, ill.
«Brièvetés», *Montréal-matin,* 20 et 24 sept. 1948, p. 4.

BRIGIDI, G.A., «Ethique du fascisme et son application pratique», *Revue trimestrielle canadienne* (Polytech.), sept. 1935, 21ᵉ an., n° 83, pp. 225-49.

BROCHU, André, «Commentaire de *Roses et ronces», La Barre du jour,* nos 11-13, déc.-mai 1968, pp. 45-64.

BRUNET, Berthelot, «*Poèmes* de Jean Loranger», *Le Mâtin,* 22 avril 1922.
—— «Exégèse de nos lieux communs», *Les Idées,* avril 1938, 4ᵉ an., vol. 7, nos 4 et mai-juin, nos 5-6, pp. 229-250 et 280-299.
—— *Histoire de la littérature canadienne-française suivie de Portraits d'écrivains,* coll. «Reconnaissances», Mtl., HMH, 1970. 332 pp.

BRUNET, Yves-Gabriel, «Portrait d'un poète — Claude Gauvreau», *Culture vivante,* n° 22, sept. 1971, pp. 31-35.

BUCHANAN, Donald, «Introduction», in *Alfred Pellan,* catalogue.

BUCHANAN, C.W., «New looks on the arts», *Canadian Arts,* hiv. 1948, pp. 85-86.

«Les Cadavres exquis des disciples de Pellan», *Vie des arts,* été 1967, n° 47, pp. 22-25.

CAILLOIS, Roger, «*La Relève», Lettres françaises,* n° 1, 1er oct. 1941, p. 52.

CALABRESE, Giovanni, «L'Été/Léthé», *Brèches,* n° 1, print. 1973, pp. 15 ss.

CASSOU, Jean, «Introduction» au catalogue *Pellan* (1955).

CATHELIN, Jean, «L'École de Montréal existe», *Vie des arts,* n° 23, été 1961, pp. 14-20 et 40.
—— «Riopelle et le défi du peintre», *Vie des arts,* n° 24, aut. 1961, pp. 44-51.
—— «Riopelle sculpteur», *Vie des arts,* print. 1962, n° 26, p. 60.
—— *Révolution au Canada,* Paris, Les Presses du mail, 1963, 322 pp.
—— «Six peintres de Montréal à Paris», *Vie des arts,* hiv. 1964-65, n° 37, p. 32 (Pellan, Borduas, de Tonnancour...).

CHAMBERLAND, Paul, «Faire le voyage — Entretien avec Claude Péloquin», *Parti pris,* avril 1966, vol. 3, n° 9, p. 41.
—— «Fondation du territoire», *Parti pris,* mai-août 1967, vol. 4, nos 9-12, pp. 11-42.

CHAR, René, «Avant-propos», in Jean-Guy Pilon, *Les Cloîtres de l'été.*

CHARBONNEAU, Robert, *La France et nous, journal d'une querelle, Réponses à Jean Cassou, René Garneau, Louis Aragon, Stanislas Fumet, André Billy, Jérôme et Jean Tharaud, François Mauriac et autres,* Montréal, L'Arbre, 1947, 79 pp. (à propos du régime de Pétain).

CHARTIER, Émile, «Octave Crémazie», *Revue trimestrielle canadienne,* déc. 1927, 13ᵉ an., n° 52, pp. 367-388.

CHÂTILLON, Pierre, «La Naissance du feu dans la jeune poésie du Québec», *Archives des lettres canadiennes,* t. IV, pp. 255-284.

Choix de poèmes contemporains, Montréal, Ed. Pascal, 1954.

CHONEZ, Claudine, («Interview de Breton»), *Notre temps,* 4 sept. 1948.

CHOPIN, René, «Le Surréalisme — *Les Iles de la nuit», Le Devoir,* 2 sept. 1944.

—— *«Avant le chaos* par Alain Grandbois», *Le Devoir,* 21 avr. 1945.

«Chronique du porc-épic», *Place publique,* n° 3, mars 1952, p. 47.

«Chronologie des pièces de théâtre québécoises jouées à la Société Radio-Canada de 1950 à nos jours», *La Barre du jour,* vol. 1, nos 3-5, juil.-déc. 1965, pp. 142-164.

«Claude Gauvreau 1925-1971», *Le Devoir,* 17 juil. 1971, p. 12. Articles de Bruno Cormier, «L'Avenir d'une oeuvre de génie»; Paul-Marie Lapointe, «Bon message: plus nécessaire en 1971 qu'en 1948»; Gilles Groulx, «Un élève du poète»; Jacques Ferron, «Un Charlus qui n'aurait pas été garçonnier»; Gaétan Dostie, «Urgutuznue sans cadenas»; Claude Gauvreau, «Lettre à un fantôme» et «L'Épopée automatiste vue par un cyclope» (extraits)... etc.

CLICHE, Robert, «Ceux qui cadenasseraient volontiers l'atelier de Pellan», *Le Canada,* 14 fév. 1949, p. 4.

—— «M. Cliche répond à MM. Ferron et Gauvreau», *Le Canada,* 28 fév. 1949, p. 4.

CLOUTIER-COURNOYER, Françoise, «Espace cosmique et matière dans l'oeuvre de Borduas», in *La Collection Borduas du Musée d'art contemporain,* pp. 15-27.

CLOUTIER-(VOJCIECHOWSKA), Cécile, «La Jeune poésie au Canada français», *Incidences,* n° 7, jan. 1965, pp. 4-11 (Gauvreau).

—— «L'Avant-garde dans la littérature québécoise», *Présence francophone,* n° 3, pp. 60-68.

COCTEAU, Jean, Dessins inédits et introduction, in Ollivier Mercier-Gouin, *Poèmes et chansons.*

COLOMBOURG, Laurent, «Tout est à recommencer», *Sept-jours,* vol. 1, n° 39, 10 juin 1967, p. 48, cc. 1-3 (Breton).

CORBEIL, Gilles, «Notice biographique», *Arts et pensée,* n° 17, 3ᵉ an., mai-juin 1954, pp. 136-137 (Borduas, Breton).

CORMIER, Bruno, «L'Oeuvre picturale est une expérience», in *Refus global.*

—— «Rupture», *Le Quartier latin,* 16 nov. 1945, p. 4.

—— «Pour une pensée moderne», *Le Quartier latin,* 11 déc. 1945, p. 3.

—— «La Liberté des autres», *Cité libre,* 3ᵉ an., n° 47, mai 1962, pp. 6-10.

—— «Miroir de l'aliénation de notre époque», *l'Envers du décor,* mars 1974, vol. 6, n° 5, p. 2.

CORRIVEAU, Hugues, «Défense de toucher», *La Barre du jour,* nos 39-41, 1973, pp. 58-84 (sur Hénault).

COURCHESNE, Edgar, «L'Oeuvre architecturale de dom Bellot», *L'Action nationale,* vol. 2, 1933, pp. 250 ss.

COURTEMANCHE, Gil, «Nouvel Age, nouvel art, vieux problème», *La Presse,* 18 avril 1964.

COUTURIER, Marie-Alain, *Chroniques,* Montréal, L'Arbre, 1947, 191 pp.

DALLAIRE, André, «Le «fantastique» Ferron», *Brèches,* n° 1, printemps 1973, pp. 29 et ss.

D'AMOUR, Jean-Paul, «Continuation du travail d'un signataire du manifeste *Refus global:* Marcel Barbeau», *La Revue socialiste,* n° 4, été 1960, p. 63.

«Dans le courrier», *Le Canada,* 16 août et 9 oct. 1948, p. 4 et p. 5 *(Refus gl.).*

«Dans le courrier», *Le Canada,* 9 juil. 1949, p. 48 *(Projections libérantes).*

«La Danse, art visuel par excellence», *La Semaine à Radio-Canada,* vol. 3, n° 40, 12 juil. 1953 *(Rose Latulippe),* ill.

DANSEREAU, Jeanne, «Ses amis s'appelaient Nelligan, Paul Morin et Osias (sic) Leduc — Guillaume Lahaise, qui vient d'avoir 80 ans, fut en son temps le poète de l'irrespect», *La Presse,* 5 oct. 1968, p. 29, cc. 1-6.

D'APOLLONIA, Luigi, «Les Journaux et Borduas», *Relations,* avril 1960, pp. 95-96.

DASSONVILLE, Michel, *Crémazie,* coll. «Classiques canadiens», n° 6, Montréal, Fides, 1956. 96 pp.

DAUDELIN, Louise, «Gabriel Filion», *Notre temps,* 23 oct. 1948, p. 4.

DE GRANDMONT, Éloi, «Avant-propos», in *Cinquante dessins de Pellan.*
—— «Surréalisme», *Le Canada,* 24 avril 1946, p. 5.

DE GRANDPRÉ, Pierre, «Courrier de France», *Le Devoir,* mars 1948, p. 1, cc. 7-8 et p. 2, cc. 3-4 (sur Goll et Nadeau).
—— «Courrier de France», *Le Devoir,* 30 oct. 1948, p. 1, cc. 7-8 (sur Breton).
—— «Rapatriement d'une poésie», *Québec 1965,* vol. 2, n° 3, jan. 1965, pp. 13-19 (sur Claude Gauvreau).
—— *Dix ans de vie littéraire au Québec,* Montréal, Beauchemin, 1966, 293 pp.
—— *Histoire de la littérature française du Québec,* sous la direction de Pierre de Grandpré, 4 tomes, Montréal, Beauchemin, 1967-69. 368 pp., 390 pp., 407 pp., 428 pp., ill.

DEHARME, Lise, «Plus de paix sur la terre», *La Revue moderne,* vol. 30, n° 9, jan. 1949, p. 36 (d'après Breton).

«De la vraie à la fausse censure», *Le Canada,* 28 oct. 1948.

DELISLE, Jacques, «Réflexions sur la peinture», *Le Devoir,* 5 fév. 1946.

DELLOYE, Charles, «Paul-Émile Borduas», *Aujourd'hui — Art et architecture,* n° 25, 1960, p. 49 («in memoriam»).
—— «Paul-Émile Borduas — Écrits théoriques, textes réunis et présentés par Charles Delloye», *Aujourd'hui — art et architecture,* Paris, n° 26, avril 1960, pp. 6-10.
—— «Préface», Catalogue de l'exposition *Borduas* à Amsterdam, *Situations,* vol. 3, n° 2, p. 67.
—— «Témoignage», *Situations,* vol. 3, mai-juin 1961, pp. 70-72.
—— «L'Exposition Borduas à Amsterdam», *Vie des arts,* n° 22, print. 1961, pp. 48-49.

DEPOCAS, Jan, «Une nation et la littérature», *Situations,* vol. 1, n° 3, p. 19.
—— «De l'amour fou à vénus — 3: entretien avec Claude Gauvreau», *Parti pris,* vol. 3, n° 9, avril 1966, pp. 14-19.

DE REPENTIGNY, Rodolphe, «Un renouveau par la couleur pure», *La Presse,* c. 25 avr. 1954.
—— «(Mousseau au Lycée Pierre-Corneille)», *La Presse,* 24 oct. 1954.
—— «Espace 55», *La Presse,* 12 fév. 1955.

DE ROQUEBRUNE, Robert, *Cherchant mes souvenirs, 1911-1940,* coll. «Nénuphar», Montréal, Fides, 1968, 243 pp. (de Roquebrune est pseud. de Laroque).

DE ROUSSAN, Jacques, «*La Peinture moderne au Canada français* par Guy Viau, *Vie des arts,* n° 36, aut. 1964, pp. 44-45.

—— «*L'École de Montréal,* par Guy Robert», *Vie des arts,* n° 38, print. 1965, p. 66.

—— *Jacques Ferron,* Montréal, PUQ, coll. «Studio», 1971.

DESFORGES, Louise, avec coll. de Jean-Pierre Piché, «Nouveau regard critique sur le premier roman écrit au Canada: *L'Influence d'un Livre»,* in *Voix et images du pays* V. 1972, pp. 15-56.

DESROCHERS, Alfred, *Paragraphes,* interviews littéraires, Mtl, ACF, 1931. 181 pp.

—— «L'Avenir de la poésie au Canada français», *Les Idées,* juillet 1936, 2ᵉ an., vol. 4, n° 1, pp. 1-10 et n° 2, août 1936, pp. 108 ss.

—— «La Tentation surréaliste», *Liberté,* nos 15-16, mai-août 1961.

—— «Notes sur la poésie moderne», *Liberté,* nov.-déc. 1964, vol. 6, n° 6, p. 419.

DES ROCHES, Roger «Notes», *Hobo-Québec,* n° 4, avr.-mai 1973, p. 5.

—— Préface à *Je,* 2ᵉ éd., de Denis Vanier, Montréal, L'Aurore, 1974, pp. 11-18.

DE TONNANCOUR, Jacques G., «Roberts», *Le Quartier latin,* aut. 1940.

—— «Pellan, propos sur un sorcier», *Amérique française,* 24 déc. 1941, 1ᵉʳᵉ an., n° 2, pp. 13-22.

—— «Propos sur l'art», *Gants du ciel,* juin 1944, pp. 45-50.

DOSTIE, Gaétan, «Paul-Marie Lapointe, The Seismograph of Québec», *Ellipse* 11, 1972, pp. 54-65.

—— Préface à *Poèmes du vent et des ombres* de Rémi-Paul Forgues.

DOYON, Charles (pseud. Loup garou), «L'Exposition surréaliste Borduas», *Le Jour,* 2 mai 1942, p. 4.

—— «Roberts», *Le Jour,* 10 avril 1943.

—— «Jacques de Tonnancour», *Le Jour,* 17 avril 1943, p. 6.

—— «Borduas, peintre surréaliste», *Le Jour,* 9 oct. 1943, p. 6.

—— «La Jeune génération», *Le Quartier latin,* 17 déc. 1943, p. 8.

—— «Décembre et la peinture», *Le Jour,* 1ᵉʳ janv. 1944, p. 5.

—— «S.A.C. 46», *Le Jour,* 23 fév. 1946, p. 3. (Leduc «théoricien»).

—— «Borduas et ses interprètes», *Le Jour,* 11 mai 1946, p. 7.

—— «Art esotérique? Le beau, c'est l'invisible (Rodin)», *Le Clairon,* 7 mars 1947.

—— «*Refus global»,* Le Clairon (Saint-Hyacinthe), 27 août 1948.

—— «L'Actualité artistique, Refus contre refus», *Le Clairon* (Saint-Hyacinthe), 24 sept. 1948, p. 5.

—— «Litanies de l'intolérance», *Le Clairon,* 1ᵉʳ oct. 1948.

—— «L'Affaire Borduas. L'École du Meuble», *Le Clairon,* 8 oct. 1948.

—— «À paraître», *Le Clairon* (Saint-Hyacinthe), 10 déc. 1948.

—— «*Projections libérantes»,* Le Clairon (Saint-Hyacinthe), 29 juil. 1949.

—— «Attaque à la liberté — Est-on en train de faire de l'art un esclave soumis aux caprices de l'ignorance — Coffrer ou exposer la statue», *Le Haut-parleur,* 24 mars 1951.

DUBUC, Jacques, «La Peau du lion et de l'âne. En marge du *Refus global* et de ses piètres défenseurs.» *Le Devoir,* 4 déc. 1948, p. 13.

DUBUC (Pierre-) Carl, «Les Jeunes peintres exposent», *Le Quartier latin,* 10 nov. 1944, p. 1.

DUCIAUME, Jean-Marcel, «Le Théâtre de Gauvreau: une approche», *Livres et auteurs québécois* 1972, Montréal, Fides, pp. 327-340.

DUGAS, Marcel, *«Les Phases* et M. Lozeau», *Le Devoir,* 21 avril 1910, p. 3.

—— *«Les Phases* et M. Albert Lozeau, interview avec M. Guy Delahaye», *Le Nationaliste,* vol. 7, n° 9, 1er mai 1910, p. 2.

—— *Apologies,* Montréal, Paradis-Vincent, 1919, 110 p.

—— (sous le pseud. de Tristan Choiseul), *Confins,* Paris, 1921. Repris sous le titre de *Flacons à la mer,* Paris, Les Gémeaux, 1923.

—— *Littérature canadienne; Aperçus,* Paris, Firmin-Didot, 1929, 202 p.

—— *Cordes anciennes,* Paris, Ed. de l'armoire du Citronnier, 1931.

—— (sous le pseud. de Sixte le débonnaire), *Nocturnes,* Paris, «Archipels», Jean Flory, 1936.

—— *Approches,* Québec, Ed. du Chien d'or, 1942. 113 pp. n.b.: L'exemplaire utilisé comporte une double dédicace de l'auteur à H. de Saint-Denys Garneau (1ere page de garde) et à M. et Mme Michel Gallagher (2e page de garde).

—— *Paroles en liberté,* Montréal. L'Arbre. 1944, 174 pp.

DUGUAY, Raoul «Intellectualisme et Surréalisme: Poésie ou snobisme?» dans *L'Opinion,* oct. 1961, p. 4.

—— «Or art (poésie) total du cri au chant au», *Quoi,* printemps-été 1967, vol. 1, n° 2, p. 17.

—— (luoar yaugud), «La transe et la gression», *La Barre du jour,* n° 42, automne 1973, p. 44.

DUHAMEL, Roger, «Notes de lecture. *Refus global»,* Montréal-matin, 14 sept. 1948, p. 4.

—— «Les Zélateurs d'une mauvaise cause», *Montréal-matin,* 27 sept. 1948, p. 4 *(Refus global).*

—— («Préface»), *Les Ateliers d'arts graphiques,* n° 3, 21 fév. 1949, p. 3.

—— «Courrier des Lettres», *L'Action Universitaire,* Montréal, 16e année, n° 1, oct. 1949, pp. 68-70. (Borduas).

—— «Saint André Breton — Ne priez pas pour nous», *Le Droit,* 29 oct. 1966, p. 14, col. 1-4.

DUMAS, Paul, «Peinture moderne», *Action nationale,* fév. 1941, pp. 160-169.

—— *Lyman,* coll. «Art Vivant», Montréal, L'Arbre, 1944, 31 pp. 20 tableaux.

—— «Borduas», *Amérique française,* juin-juil. 1946, vol. 5, n° 6.

—— «Aspects de l'art canadien», *Médecine de France,* n° 87, 1957, Paris, pp. 17-31. (Borduas, P. Gauvreau, Mousseau, Riopelle...).

—— «La Peinture contemporaine au Canada», *Cimaise,* nos 80-81, avril-juil. 1967, p. 64.

—— Préface du catalogue *Jean Dallaire — Rétrospective.*

DUMONT, Fernand, Pierre Lefebvre, Marcel Rioux, *«Le Canada français-*édition revue et corrigée», *Liberté,* nos 19-20, 4e année, jan.-fév. 1962, pp. 24-53 (révolution globale et Breton).

DUMONT, Francis, «Où en est le surréalisme», *Le Devoir,* 7 avr. 1962, p. 31, col. 1-8.

DUPLANTIE, Monique, Jacques Crête et Albert G. Paquette, «Une nouvelle charge épornayable», *La Presse,* 23 mai 1970, p. 41.

DUQUETTE, Jean-Pierre, «Fernand Leduc; de l'automatisme aux microchimies».

DURAND, Lucille, «*Sur fil métamorphose*», *Le Devoir,* 17 nov. 1956, pp. 5-6, col. 3 à 7, vol. 47.

DUSSAULT, Jean-Claude, «Un prix littéraire — *La Fin des songes* de Robert Élie», *Le Haut-parleur,* 3 mars 1951, p. 4.

—— «*Le Vierge incendié*», *Le Haut-parleur,* 14 mars 1951, p. 4.

—— «Le Cas Gauvreau et la liberté d'expression», *Place publique,* n° 3, mars 1952.

—— *Essai sur l'hindouisme,* Montréal, Orphée, 1965. 99 pp. Repris sous le titre de *500 millions de yogis,* Montréal, Ed. du Jour, 1970.

—— *La Civilisation du plaisir,* «Cahiers de Cité Libre», n° 3, Montréal, Ed. du Jour, 1968, 134 pp.

—— «Quoi de neuf du côté du surréalisme?» *La Presse,* 28 fév. 1970, p. 35.

—— *Le Corps vêtu de mots,* Montréal, Ed. du Jour, 1972, 160 pp.

«Un Échantillon de futurisme», *Le Devoir,* 7 sept. 1912.

«L'École futuriste», *Le Devoir,* 17 août 1912.

ELIE, Robert, «Au-delà du refus», *Revue dominicaine,* juil.-août 1949, pp. 5-18, et sept. 1949, pp. 67-78.

—— «Rupture», *La Relève,* vol. 2, n° 7, p. 197.

—— *Borduas,* Montréal, L'Arbre, coll. «Art Vivant», 1943, 24 pp. 20 tableaux (surréalisme, p. 15; Éluard, pp. 22-23).

—— «La Peinture — Borduas», *La Nouvelle Relève,* vol. 5, n° 1, mai 1946, pp. 267-270.

—— «Borduas», *Arts et pensée,* n° 17, 3ᵉ ann., mai 1954, p. 134.

—— «Hommage à Paul-Émile Borduas», *Vie des arts,* n° 19, 1960, pp. 18-31.

—— «Paul-Émile Borduas», *Situations,* 3ᵉ an., n° 3, mai 1961, p. 69.

—— «Témoignage», *Liberté,* nos 19-20, 4ᵉ an., jan.-fév. 1962, p. 17 (Borduas)

—— «Borduas à la recherche du présent», *Écrits du Canada français,* n° 24, 1968, p. 97.

ÉMOND, P., «L'Automatisme, réalité compromettante», *Cité libre,* fév. 1957, n° 16, pp. 54-59 (sur *Refus global).*

«Entre les lignes», *Le Petit journal,* 15 août 1948, p. 38 (sur *Refus global).*

ÉTHIER-BLAIS, Jean, «Hommage à Paul-Émile Borduas», *Vie des arts,* n° 19, 1960, pp. 18-31.

—— «Épilogue et méditation», *Liberté,* n° 22, 4ᵉ an., avr. 1962, pp. 252-263 (correspondance Borduas-Gauvreau).

—— «Le Français du Canada», *Le Devoir,* 1ᵉʳ fév. 1964, p. 13 (Breton).

—— «Borduas et Breton», *Études françaises,* vol. 4, n° 4, pp. 369-82, 1968.

—— «Ozias Leduc», in *Ozias Leduc et Paul-Émile Borduas,* 1973.

«Exposition des oeuvres du peintre Borduas à la Galerie Dominion», *Le Canada,* 28 sept. 1943, p. 5.

Fernand Seguin rencontre Jean-Paul Riopelle, «Le Sel de la semaine», Radio-Canada, 28 oct. 1968 (sur *Rupture inaugurale* et *Refus global).*

Fernand Seguin rencontre Louis Aragon, «Le Sel de la semaine», Montréal, Ed. Ici Radio-Canada et Ed., de l'Homme, 1968. 92 pp.

FERRON, Jacques, «Peur du surréalisme et de la vérité», *Le Canada,* 3 mars 1949. p. 4, c. 3.

—— «*Le Choix* de Paul Toupin», *Le Haut-parleur,* 7 avr. 1951, p. 4.

—— «Marcel Larmec et le surréalisme», *Le Haut-parleur,* 5 mai 1951.

―― «Refus global», *L'Information médicale et paramédicale,* vol. 9, n° 11, 1959.

―― «Paul-Émile Borduas», *Situations,* 1960, vol. 2, n° 1, pp. 21-22.

―― «Le PSD est un parti étranger au Québec ― Adieu au PSD», *La Revue socialiste,* n° 4, été 1960, pp. 7-14. Suivi de «Arguments», p. 27.

―― «Un miroir de nos misères ― notre théâtre», *La Revue socialiste,* n° 5, pp. 27-30, printemps 1961.

―― «Le Permis de dramaturge», *La Barre du jour,* vol. 1, nos 3-5, p. 66, 1965.

―― *Du fond de mon arrière-cuisine,* Montréal, Ed. du Jour, 1973, p. 5. 290 pp.

FERRON, Marcelle, «Témoignages sur Paul-Émile Borduas», *Aujourd'hui ― Art et architecture,* avril 1960, n° 26, p. 10.

FILION, Gérard, «Bloc-notes», *Le Devoir,* 1ᵉʳ sept. 1948, p. 1 (fascisme).

FILION, Jean-Paul, «Les Obsèques de Borduas à Paris», *Liberté,* 14 mars - avril 1961, vol. 3, n° 2, pp. 517-519.

«Films de Jutra et Borremans à la cinémathèque», *La Presse,* 10 mai 1970.

FISETTE, Jean, «Essai de structuration d'un poème de Paul-Marie Lapointe», *La Barre du jour,* nos 35-41, pp. 124-153.

―― «La Question de l'énonciation en poésie: Saint-Denys Garneau», *Voix et images,* avril 1977, vol. 2, n° 3, pp. 375-389.

FOLCH-RIBAS, Jacques, «Une Vie de peintre», *Liberté,* nos 19-20, 4ᵉ année, jan.-fév. 1962, pp. 3-4 (Borduas).

―― «Jean-Paul Mousseau», *Liberté,* vol. 5, n° 3, mai-juin 1963, pp. 265-266.

―― «La Peinture dans le Québec», *La Gazette de Lausanne,* 31 août - 1ᵉʳ sept. 1963, p. 16.

FORGUES, Rémi-Paul, «Stravinsky», *Le Jour,* 25 déc. 1943, p. 4.

―― «Le Jazz», *Le Jour,* 8 jan. 1944, p. 7.

―― «Borduas», *Le Quartier latin,* 9 fév. 1945, p. 5.

―― «Le Surréalisme à Montréal», *Le Quartier latin,* 13 nov. 1945, p. 3.

―― «A propos des peintres de l'école de Saint-Hilaire», *Place publique,* n° 2, août 1951, p. 24.

FOUGÈRES, Michel, «Borduas», *Situations,* 1960, vol. 2, n° 1, pp. 22-27.

FOURNIER, Jules, *Anthologie des poètes canadiens, mise au point et préfacée par Olivar Asselin,* 1ᵉʳᵉ et 3ᵉ éditions, Montréal, Granger et frères, 1920 et 1933.

FOURNIER, Marcel, «Borduas et sa société», *La Barre du jour,* jan.-août 1969, nos 17-20, pp. 110 ss.

FRANCHET, Louis (réplique à Jacques Delisle refusée par *Le Devoir), Le Quartier latin,* 8 mars 1946, p. 3.

FRANCOEUR, Lucien, «Let it all hang out», in Denis Vanier, *lesbiennes d'acid,* pp. 11-16.

FRÉGAULT, Guy, «Riopelle, une oeuvre universelle en art canadien», (extrait d'une conférence prononcée à Toronto). *Vie des arts,* n° 31, été 1963, p. 45.

G., Y., «Amour, désir, vertige», *Le Petit journal,* 5 sept. 1948, p. 44.

GAGNON, Clarence, «L'Immense blague de l'art moderniste I à IV», *Amérique française,* n° 1, 1948, n° 4, 1949.

GAGNON, Ernest, «Refus global», *Relations,* oct. 1948, pp. 292-294.

GAGNON, François-Marc, «Le Soleil noir, le piège et l'oiseau de malheur», *La Barre du jour,* nos 11-13, p. 116.

—— «Contribution à l'étude de la genèse de l'automatisme pictural chez Borduas», *La Barre du jour,* jan.-août 1969, nos 17-20.

—— «Le *Refus global* en son temps», in *Ozias Leduc et Paul-Émile Borduas.*

—— *Paul-Émile Borduas,* Galerie nationale du Canada, 1976, 91 pp. ill.

GAGNON, Guy, «Pellan et Parent révèlent hier soir Prisme d'yeux», *Le Droit,* 6 fév. 1948, p. 4.

GAGNON, Jean-Louis, «Politique», *Vivre,* 16 avril 1935, p. 2.

—— «Les Jeunes-Canada», *Vivre,* 26 avril 1935.

—— (et la direction), «Paul Gouin êtes-vous sérieux?», *Vivre,* 15 mai 1935.

—— «En ce temps-là...», *Études françaises,* 1969, vol. 5, n° 4, pp. 456-465 (Garneau).

GAGNON, Lysiane et Normand Cloutier, «Le mot d'ordre des jeunes artistes: après le refus global, l'art total», *Culture vivante,* 1967, n° 5, pp. 84-85.

GAGNON, Maurice, «Intermittences», *Gants du ciel,* sept. 1943, pp. 47-56.

—— *Peinture moderne,* Montréal, Valiquette, 1943.

—— *Pellan,* Montréal, Ed. de l'Arbre, 1943, coll. «Art Vivant», n° 1, 56 pp. ill.

—— «Pensées sur l'art de tous les temps», *Le Quartier latin,* 6 nov. 1945, p. 3; 16 nov., p. 5; 20 et 27 nov., p. 3.

—— *Fernand Léger,* Montréal, l'Arbre, 1945.

—— *Peinture canadienne,* Montréal, Ed. Pascal, 1945, 158 pp. ill.

—— *Sur un état actuel de la peinture canadienne,* Montréal, Ed. Pascal, 1945, 158 pp. ill.

—— «D'une certaine peinture canadienne jeune... ou l'automatisme», *Canadian Art,* hiver 1948, p. 136.

GAGNON, P., «La Femme peintre Agnès Lefort est bien loin de croire à l'automatisme», *Le Canada,* 28 oct. 1948, p. 3.

GAILLARD DE CHAMPRIS, H., «Un bilan du XIX siècle», *Le Canada français,* mai 1930, vol. 17, n° 9.

GALLAYS, Françoys, «Alain Grandbois», *Archives des lettres canadiennes,* Ottawa, Fides, 1969, t. IV, pp. 333-344.

«Garder notre élite chez nous», *Le Canada,* 23 sept. 1948, p. 4.

GARIEPY, Madeleine, «Salon du printemps», *Notre temps,* 20 mars 1948, p. 5.

—— «Exposition Borduas», *Notre temps,* 24 avril 1948, p. 5.

—— «Exposition *Prisme d'yeux», Notre temps,* 22 mai 1948, p. 5.

—— «Interview — Mimi Parent», *Notre temps,* 12 juin 1948, p. 5. (allusions à *Prisme d'yeux* et Louis Archambault); N.B.: daté du 5 juin par erreur.

GAY, Paul, «Surréalisme et automatisme, André Breton et Paul-Émile Borduas», *Le Droit,* 17 jan. 1976, p. 16.

GARNEAU, Hector de Saint-Denys, «Peintures françaises à la Galerie Scott», *La Relève,* déc. 1936, 2e cahier, 3e série.

GARNEAU, René, «Position de l'intellectuel dans la nation», *Les Idées,* avril 1939, vol. 9, n° 4.

—— «Les Lettres canadiennes-françaises depuis 1930», *Médecine de France,* n° 87, 1957, Paris, pp. 33-37.

GAUTHIER, Robert, «Le Peintre Jean-Paul Mousseau — De la spatule à la spacthèque», *La Presse,* Supplément rotogravure, 29 oct. 1966, pp. 28 ss.

GAUVIN, Lise, «Claude Gauvreau: une présence», *L'Envers du décor,* vol. 4, n° 3, jan. 1972.

GAUVREAU, Claude, «Cézanne, la vérité et les vipères de bon ton», *Le Quartier latin*, 9 fév. 1945, pp. 5 et 8.
—«Le Jour et le joug sains», *Sainte-Marie*, vol. 2, n° 1, oct. 1945, p. 2, cc. 1-3.
—— «Figure du vivant — Saint-Denys Garneau», *Ibid*, vol. 2, n° 2, 30 oct. 1945, p. 2, cc. 1-2.
—— «La Peinture n'est pas un hochet de dilettante», *Combat*, 21 déc. 1946, p. 2, cc. 1-2.
—— (Réponse à Eric Mac Lean), *The Standard*, c. 22 mai 1947.
—— «L'Automatisme ne vient pas de chez Hadès», *Notre temps*, 6 déc. 1947, p. 3 et 13, déc. 1947, p. 6.
—— «Le Renvoi de M. Borduas», *Le Devoir*, 28 sept. 1948, p. 5.
—— «Protestations», *Le Clairon*, 1ᵉʳ oct. 1948.
—— «De Mme Lefort et d'André Lhote», *Le Canada*, 8 nov. 1948, p. 4.
—— «Interview transatlantique du peintre Fernand Leduc», *Le Haut-parleur*, 30 juil. 1950, p. 5.
—— «Gauvreau se fâche», *Le Petit Journal*, n° 5, p. 56, 27 nov. 1949.
—— «La Défection de Mercure est triste, dit Gauvreau», *Ibid.*, 18 déc. 1949, p. 56 et 65.
—— «L'Humour noir à Montréal», *Le Haut-parleur*, 1ᵉʳ oct. 1950, p. 5.
—— «Les Souilleurs de Picasso», *Ibid.*, 17 déc. 1950, p. 5.
—— «Qu'est-ce que l'authenticité», *Ibid.*, 7 jan. 1951.
—— «L'Esthétique: Question de propagande», *Ibid.*, 14 jan. 1951, p. 5.
—— «Quelques poètes inconnus», *Ibid.*, 30 jan. 1951, pp. 5 et 7.
—— «Barroques (sic) canadiens dans les Pays-bas», *Ibid.*, 3 fév. 1951, p. 2.
—— «Première canadienne — le théâtre chicané de Paul Toupin», *Ibid.*, 17 fév., pp. 1, 4 et 5.
—— «Une autre première — limpide mise-en-scène de *Rose Latulippe*», *Ibid.*, 3 mars, pp. 4-5.
—— «Robert Gadouas et le courage de tenir tête aux censeurs», *Ibid.*, 21 avr., pp. 2 et 4; «Ostracisme jésuitique — Les coupures invraisemblables commandées par le Gesù», *Ibid.*, 28 avr., p. 4; «Douze articles», *Ibid.*, 7 avr. 1951, p. 5.
—— «Six paragraphes», *Ibid.*, 26 mai 1951, pp. 7 et 5.
—— «Un chanteur existentialiste prendra bientôt d'assaut Montréal», *Ibid.*, 2 juin 1951, p. 5.
—— «En art — liberté avant tout», *Ibid.*, 9 juin 1951, p. 5.
—— «Pot-pourri pessimiste autour du nouvel Orphée» (de Cocteau), *Ibid.*, 23 juin 1951, p. 5.
—— «Au pays des Jésuites — Lili Saint-Cyr et les délectations moroses» (Tribune des lecteurs), *Ibid.*, 14 juil. 1951, p. 4.
—— «Introduction à un examen de conscience — Les critiques d'art à l'échafaud», *Ibid.*, 7 juil. 1951, pp. 2 et 3; «Les Délicats égorgeurs de Dada» (sur Boulanger face aux *Rebelles* et aux *Étapes du vivant), Ibid.*, 21 juil. 1951, p. 4.
—— «Roland Giguère poète du Nouveau-monde», *Ibid.*, 28 juil. 1951, p. 5.
—— «Les Compagnons jouent une oeuvre de Pirandello» *Ibid.*, 20 oct. 1951, p. 5 et «Pirandello cocu», 27 oct. 1951, p. 5.
—— «Bientôt au micro — Retour de Guy Viau», *Ibid.*, 10 nov. 1951, p. 5.
—— «Au-delà de l'immondice jésuitique — André Goulet, dit Goulo», *Ibid.*, 22 déc. 1951, p. 5.
—— «Le Théâtre dans le concret, 1- L'enseignement à souhaiter», *Le Canada*, 4 juin 1952, p. 4, cc. 3-4; 2- «Les Professeurs», *Ibid.*, 7 juin 1952, p. 4; 3- «Les Élèves», *Ibid.*, 10 juin 1952, p. 4.
—— «Fernand Leduc: la maîtrise de soi», *L'Autorité du peuple*, 30 mai 1953, p. 7, cc. 1-4.

—— «Selon un intellectuel indépendant, le Salon du printemps est une démonstration sénile», *Ibid.*, 18 mars 1954, p. 7, cc. 4 à 7.

—— «Le Salon du printemps: une exposition démoralisante. Claude Gauvreau répond au Directeur du Musée des Beaux-Arts de Montréal», *Ibid.*, 10 avril 1954, p. 7, cc. 5-7.

—— «La Matière chante», *Ibid.*, 10 avril 1954, p. 7.

—— «La Matière chante (encore): le porte-parole des peintres abstraits répond aux attaques d'un «figuratif»...», *Ibid.*, 15 mai 1954, p. 7, cc. 1-7, et p. 5, cc. 4-7.

—— «L'Exploration du dedans», les surrationnels se placent à l'avant-garde,» *Ibid.*, 26 juin 1954, p. 5, cc. 1-7.

—— «Leduc, un indépendant», *Arts et pensée*, 3ᵉ an., n° 13, juil.-août 1954, p. 173.

—— «Fernand Leduc et la suppression de la perspective», *Le journal musical canadien*, mai 1955.

—— «Un Poète d'envergure: Martino», *La Réforme*, Vol. III, n° 35, Montréal, 29 novembre 1957, p. 4.

—— «Refus global dix ans après», *Situations*, Vol. 1, n° 2, fév. 1959, pp. 42-46.

—— «Muriel Guilbault», *Ibid.*, p. 47.

—— «Synthèse — dépouillement», (c. fév. 1957, pour une exposition de dessins faits pendant la rédaction de *Brochuges*).

—— «Documents» suivi de «Pourquoi donnez-vous votre vie?», *Liberté*, vol. 3, n° 1, jan.-fév. 1961, pp. 430 et 438.

—— «Paul Gladu, tartuffe falsificateur», *Situations*, vol. 3, n° 1, jan.-fév. 1961, pp. 44-52.

—— «Aragonie et surrationnel», *La Revue socialiste*, n° 5, print. 1961, pp. 57-68.

—— «Dimensions de Borduas», *Liberté*, n° 22, 4ᵉ an., avr. 1962, pp. 225-229.

—— «Ma conception du théâtre», *La Barre du jour*, vol. 1, nos 3-5, juil.-déc. 1965, pp. 70-73.

—— «Préface», in Denis Vanier, *Je*, 1965.

—— «Micheline Beauchemin et l'itinéraire de l'ange», *Culture vivante*, n° 3, Montréal, 1966, pp. 13-17.

—— «Notes biographiques», *Le Journal des poètes*, 37ᵉ an., n° 5, juil. 1967, p. 18.

—— «Le Magicien du dedans» (Giguère), *La Barre du jour*, nos 11-13, mai 1968, p. 142.

—— «Postface», in Denis Vanier, *Pornographic Delicatessen*, 1968.

—— «La Poésie», *Archives des lettres canadiennes*, Tome IV, Montréal, Fides, 1969, p. 446.

—— «L'Épopée automatiste vue par un cyclope», *La Barre du jour*, jan.-août 1969, nos 17-20, pp. 48-96. Cf. *Le Devoir*, 17 juil. 1971, p. 12.

—— «15 février 1969», *Liberté*, n° 61, 1969, p. 96-97.

—— «Claude Gauvreau», *Europe*, 47ᵉ année, nos 478-479, février et mars 1969.

—— «À propos de miroir déformant» (sur de Grandpré et Van Schendel) suivi de «La Poésie» (sur Robert Cliche), *Liberté*, vol. XII, n° 2, n° 68, mars-avr. 1970, pp. 95-102 et 119-120.

—— *Réflexions d'un dramaturge débutant*, avril 1970, 17 pages. Repris in *Quebec Underground 1962-1972*, t. I, Montréal, Ed. Médiart, 1973, pp. 71-75.

—— «La Mort de l'orignal épormyable», *La Presse*, 16 mai 1970, p. 49.

—— «À propos de comédiens lâcheurs», *Mon journal guide du Mont-Royal*, Vol. XXXI, n° 20, Montréal, mercredi le 20 mai 1970, p. 4.

—— «Préface», in Denis Vanier, *lesbiennes d'acid*, 1072.

—— «Là où il y a oeuvre, il n'y a pas folie», dans *L'envers du décor,* vol. 4, nᵒ 3, Montréal, janvier 1972, p. 9.

—— «Les Affinités surréalistes de Roland Giguère», *Études littéraires,* vol. 5, nᵒ 3, déc. 1972, pp. 501-511.

—— «Débat sur la peinture des automatistes (21 juin 1967)», *Québec Underground 1962-1972,* tome I, Montréal, éditions Médiart, 1973, pp. 64-68.

GAUVREAU, Pierre, «Arbre généalogique de l'Automatisme contemporain», *Le Quartier latin,* 17 fév. 1948, p. 3.

—— Jean-Paul Riopelle et Maurice Perron, «L'Opinion du lecteur», *Le Clairon de Montréal,* 29 oct. 1948.

—— «Le Surréalisme est-il mort?», *Le Canada,* 27 déc. 1948, p. 4.

—— «Cadenas et Indiens, Une protestation», *Le Devoir,* 5 fév. 1949, p. 4.

—— «Protestation collective», *Le Canada,* 8 fév. 1949, p. 4.

—— «Mise au point adressée à Robert Cliche», *Le Canada,* 7 mars 1949, p. 4.

GÉLINAS, Pierre, «Un peintre — Lucien Morin», *Le Jour,* 27 nov. 1943.

—— «Un Peintre — Charles Daudelin», *Le Jour,* 11 déc. 1943.

—— «Prémices d'Anthologie — Jan Jul Richard (II)», *Le Jour* 18 déc. 1943, p. 5.

—— «Jeune poésie», *Le Jour,* 25 déc. 1943, p. 4.

—— «*Borduas,* par Robert Élie», *Le Jour,* 29 jan. 1944, p. 5.

—— «Il y a de quoi faire hurler» (Maurras), *Le Jour,* 29 jan. 1944, p. 5.

—— «La Querelle des peintres devient une querelle de mots», *L'Autorité du peuple,* 12 juin 1954.

—— «La Querelle des peintres devient une querelle de mots (extraits)», *La Revue socialiste,* nᵒ 5, printemps 1961, pp. 58-59.

Géraldine Bourbeau, peintre, céramiste, critique d'art, Montréal, Victor Barbeau, éd., 1954 (articles tirés de *Liaison).*

GERVAIS, André, «Eaux retenues d'une lecture: *Sentinelle-Onde* de C. Gauvreau», *Voix et images,* vol. 2, nᵒ 3, avril 1977, pp. 390-406.

GIGUÈRE, Richard, «D'un «équilibre pondérable» à une «violence élémentaire»», *Voix et images du pays* VII, 1973, pp. 50-90 (Garneau, Hébert, Giguère, Chamberland).

GIGUÈRE, Roland, «Persistance de la poésie», *Impressions,* vol. 8, nᵒ 1. Repris dans *La Main au feu.*

—— «De l'âge de la parole à l'âge de l'image», *La presse,* 16 avr. 1966, p. 6.

—— «Le Visage intérieur de la peinture», «L'Homme et la poutre», *Place publique,* nᵒ 2, août 1951, pp. 28-30 et 46.

—— «À propos de…», propos recueillis par France Théorêt et Jan Stafford, *La Barre du jour,* nos 11-13, pp. 164-165.

—— «Léon Bellefleur, éclaireur», in *Léon Bellefleur,* catalogue de la rétrospective 1968-69.

GINGRAS, Claude, «Trois scènes de Salomé et une création de François Morel», *La Presse,* 14 mars 1962, p. 25.

—— «Le Groupe de danse moderne à l'Égrégore», *La Presse,* 10 fév. 1964, p. 9 (J. Renaud).

—— «Le Groupe de Jeanne Renaud: déjà du style», *La Presse,* 9 mars 1967, p. 30.

—— «Expériences musicales et chorégraphiques», *La Presse,* 11 sept. 1967, p. 60.

—— «Un «Groupe» en perte de vitesse», *La Presse,* 11 fév. 1965, p. 11 (J. Renaud).

—— «Un ballet sur un texte de… Pierre Bourgault», *La Presse,* 2 sept. 1967, p. 27 (J. Renaud).

GINGRAS, Philippe (Le baron filip), «Quelques notes historiques sur l'Horloge», troupe d'avant-garde, section arts intégrés» in *Québec Underground*, t. 1, p. 130.

GIRARD, Henri, «Aspects de la peinture surréaliste», *La Nouvelle Relève*, sept. 1948, vol. VI, n° 5, pp. 418-424.

—— «Stanley Cosgrove», *Amérique française*, oct. 1944, t. 4, p. 39.

GIROUX, Robert, «Va-et-vient et circularité de la rêverie chez Jean-Aubert Loranger», *Voix et images*, vol. 2, n° 1, pp. 71-91.

GLADU, Paul, «À la galerie Antoine — Borduas, Paul-Émile, et l'accident», *Le Petit journal*, 25 avril 1954, p. 58.

—— (Mousseau au Lycée Pierre Corneille), *Le Petit journal*, 11 nov. 1954.

—— «Les Pastels de Jérôme à la Galerie Libre — Un poète de la lumière et un magicien du mouvement», *Le Petit journal*, 6 nov. 1960, p. 96.

GODBOUT, Jacques, «Paul-Émile Borduas», *Liberté 60*, n° 8, mars-avr. 1960, p. 133.

GODIN, Gérald, «'Ici, tu plies ou tu crèves» — Mousseau», *Le Magazine Maclean*, oct. 1964, pp. 33-35. Ill.

—— «Mousseau», *Le Magazine Maclean*, oct. 1968, p. 88.

GODIN, Jean-Cléo et Laurent Mailhot, *Le Théâtre québécois*. Introduction à dix dramaturges contemporains. Montréal, HMH. 1970.

—— *Le Théâtre québécois contemporain*, Mtl, Univ. de Mtl, c. 1973. 275 pp.

GRANDBOIS, Alain, «Guy Delahaye brûla trop tôt ce qu'il avait si tôt adoré», *Le Petit journal*, 20 oct. 1964.

—— «Préface» à Sylvain Garneau, *Objets trouvés*. Repris dans *Objets retrouvés*, pp. 175-180 (1965).

GROULX, Lionel, «L'Éducation nationale», *L'Action nationale*, sept. 1934, vol. 4, pp. 5-25 (jeunesses hitlériennes, Mussolini, Dolfuss).

«Le Groupe de danse moderne», *La Presse*, 8 fév. 1965, p. 15 (J. Renaud).

«'Le Groupe» gets Canadian grant», *Dance News*, vol. 51, n° 3, nov. 1967, p. 6.

GUAY, Louis, «*La Peinture moderne* (de Maurice Gagnon)», *Regards*, vol. 1, n° 5, pp. 229-231, fév. 1941.

GUILMETTE, Pierre, *Nouvelles chorégraphiques du Canada français*, n° 1, 15 fév. 1964, p. 3.

HAECK, Philippe, «Chronologie de la vie et de l'oeuvre de Paul-Marie Lapointe», *La Barre du jour*, nos 17-20, jan.-août 1969, pp. 282-284.

—— «*Le Vierge incendié*, de Paul-Marie Lapointe», *Ibid.*, pp. 285-297.

—— *L'Action restreinte/de la littérature*, Montréal, L'Aurore, 1975, 111 pp.

—— Jean-Marc Piotte et Patrick Straram le Bison ravi, «Entretiens avec Gilles Hénault — 30 ans après le *Refus global*», *Chroniques*, vol. 1, n° 1, pp. 15-25.

—— et Claire Savary, «Le Rire de la reine (notes sur *Les Sables du rêve* de Thérèse Renaud)», *Voix et images*, vol. 2, n° 1, pp. 13-19, 1976.

HAEFFELY, Claude, «*Le Périscope*», *Situations*, mars 1959, vol. 1, n° 3.

—— «La Poésie bouge», *La Barre du jour*, juin-juil. 1968, pp. 59-62.

HAMBLETON, Josephine, «A Canadian Painter of Visions», *Ottawa Citizen*, 12 juin 1948, p. 32.

HAMEL, Émile-Charles, «Peintres français chez Scott», *Le Jour*, 13 nov. 1937.

—— «St-Denys Garneau», *Le Jour*, 13 nov. 1937.

—— «Vers une alchimie lyrique», *Le Jour*, 15 avril 1939, p. 4.
—— «Exposition Borduas», *Le Jour*, 2 oct. 1943, p. 6.

HARPER, J. Russel, «Tour d'horizon de la peinture canadienne», *Vie des arts*, n° 26, printemps 1962, pp. 35-36 (Pellan, Borduas, Riopelle).
—— *La Peinture au Canada, des origines à nos jours* XXII, X-446 pages, 378 reproductions dont 70 en couleur. Québec, PUL. 1966.

HARVEY, Jean-Charles, *Pages de critique*, Québec, Cie de l'imp. *Le Soleil*, 1926. 189 pp.
—— «Quand se taira le cri de race», *Le Jour*, 25 sept. 1937.
—— «Le Duce et le Furher se vantent de conduire les foules où ils veulent par la seule magie des mots», *Le Jour*, 9 oct. 1937.
—— «Mystique fasciste ou exploitation des masses», *Le Jour*, 20 oct. 1937, p. 2.
—— «Les Horreurs du fascisme», *Le Jour*, 31 déc. 1937, p. 2.
—— «À l'exposition des Sagittaires», *Le Jour*, 8 mai 1943.
—— «La Peinture qui n'existe pas», *Le Jour*, 1er jan. 1944, p. 4.
—— «Nihilisme — l'économie surréaliste», *Le Jour*, 18 mars, 1945, p. 1.

HÉBERT, Anne, «de Saint-Denys Garneau et le paysage», *La Nouvelle Relève*, déc. 1944, vol. 3, n° 9.

HÉBERT, François, Marcel Hébert et Claude Robitaille, «L'Interview: Gilbert Langevin», *Hobo-Québec*, nos 5-7, juin-août 1973, pp. 22 ss.

HÉBERT, Julien, «Surréalité», *Amérique française*, déc. 1943, 3e année, n° 18, pp. 51-52.

HÉBERT, Maurice, *De livres en livres*, Montréal/N.Y., Louis Carrier et Cie/Les Ed. du Mercure, 1929. 251 pp.
—— *Et d'un livre à l'autre*, Montréal, Ed. Albert Lévesque, 1932, 271 pp.
—— *Les Lettres au Canada français*, Montréal, Ed. Albert Lévesque, 1936. 250 pp.
—— «Regards et jeux dans l'espace», *Le Canada français*, jan. 1939, vol. 26, n° 5, pp. 464-477.

HÉNAULT, Gilles, (Paul Joyal), «Nouvelle exposition Paul-Émile Borduas», *La Presse*, 2 oct. 1943, p. 28.
—— «Un canadien-français — un grand peintre: Paul-Émile Borduas», *Combat*, 1er fév. 1947.
—— «Discussion sur l'art», *Combat*, 21 déc. 1947.
—— «La Poésie et la vie», in *La Poésie et nous*, pp. 35 ss., 1958.
—— «Le Langage est mot de passe», *Situations*, vol. 1, n° 8, 1959. Repris sous le titre «La Poésie est mot de passe», in Guy Robert, *Littérature du Québec — Poésie actuelle*, pp. 85 ss.
—— «Profil de Borduas», *Le Nouveau journal*, 13 jan. 1962.
—— (Préface à) Roland Giguère, *Pouvoir du noir* (poème-catalogue), 1966.
—— «Le Droit de rêver», *Quoi*, vol. 1, n° 1, jan.-fév. 1967, pp. 53-62.
—— «Préface», *Mousseau — Aspects* (catalogue), 1968.
—— «La Vie impossible», *Études françaises*, 1969, vol. 5, n° 4, pp. 480-488 (Garneau).
—— (Préface à) *Marcelle Ferron de 1945 à 1970* (catalogue).
—— «À propos de l'automatisme (1946)». *Chroniques*, vol. 1, n° 1, jan. 1975, pp. 13-15.
—— «Qui est Charles Daudelin?», *Forces*, n° 7; repris in *Culture vivante*, août 1970, n° 18, p. 42.

HERTEL, François (pseud. de Rodolphe Dubé), «Plaidoyer en faveur de l'art abstrait», *Amérique française,* nov. 1942.
—— *Pour un ordre personnaliste,* Montréal, L'Arbre, 1942. 333 pp. Extrait dans *Les Cahiers fraternalistes — Silex,* n° 5, mars-avr. 1964, p. 7.
—— «Alfred Pellan, peintre», *Rythmes et couleurs* (Paris), 1ere an., sept-oct. 1965, pp. 23-28 ill.

HOUGHTON-BRUNN, Éliane, «Notes critiques sur le surréalisme», *Le Canada français,* jan. 1942, pp. 346-361.
—— «La Volonté du cubisme», *Amérique française,* août 1942, 1ere an., n° 7.

HUBBARD, R.H. *An Anthology of Canadian Art,* Toronto, Oxf. Un. Pr., 1960, ill.
—— *L'Évolution de l'art au Canada,* Ottawa, Galerie Nationale du Canada, 1963 (Pellan, Bellefleur, Borduas).
—— *The National Gallery of Canada, Catalogue of Painting and Sculpture,* Volume III, «Canadian School» Illus., Ottawa, L'Imprimeur de la Reine, 1963.

HUOT, M., «Borduas: ses plus récentes oeuvres», *Le Canada,* 5 oct. 1943.

HURTUBISE, Nicole, «*Sou nar* de Claude Gauvreau», *La Barre du jour,* 1973, nos 39-41, pp. 174-205.

IMBEAU, Gaston, «*La Charge de l'orignal épormyable,* l'univers concentrationnaire de Claude Gauvreau», *Québec presse,* 10 mars 1974, p. 33.

JAGUER, Édouard, *Images à claire voie,* présentation de l'exposition de Roland Giguère à la Galerie Libre, 27 mars — 8 avril 1961.
—— *Des pierres où le regard s'affûte,* présentation de l'exposition de Roland Giguère à la Galerie Ranelagh, (Paris), 21 mars — 30 avril 1962.
—— *A deux battants,* présentation de l'exposition de Giguère, Biasi, Ginet, et Meyer-Peterson chez Charles Zalber (Paris), 3 au 17 mai 1962.

JASMIN, André «Notes sur Borduas», *Liberté,* n° 19-20, 4e année, jan.-fév. 1962, pp. 18-20.
—— «L'Histoire comme ils l'ont faite», texte radiophonique sur Borduas avec témoignages de Gilles Hénault, Robert Élie, Aline Legrand et Pierre Vadeboncoeur. *Radio-Canada,* 25 nov. 1967. Réalisation Gilles Archambault.

JASMIN, Claude, «Viau parle de Borduas», *La Presse,* supplément, 30 déc. 1961.
—— «Guido Molinari, un anarchiste rangé?», *La Presse,* supplément, 14 avril 1962.
—— «Filion: le plus jeune de nos aînés», *La Presse,* 20 oct. 1962, p. 23 (surréalisme).
—— «Je suis un sorcier», *La Presse,* supplément 14 juillet 1962, p. 1.
—— «Le Musée d'art contemporain part du mauvais pied», *La Presse,* 23 janv. 1965, supplément «Arts et Lettres», p. 22, col. 1-3.
—— «L'Ecole de Montréal ou l'Ecole de Guy Robert?», *La Presse,* 6 fév. 1965, supp. «Arts et Lettres», p. 23, col. 1-4.
—— «Paul Borduas, 24 ans: un esprit grave et du savoir faire», *La Presse,* supplément 19 juin 1965, p. 22, col. 1-6.
—— «De Lyman à Riopelle, en passant par le Chalet des Arts», *La Presse,* supplément, 3 juil. 1965, p. 22, col. 1-6.
—— «Borduas et Riopelle chez Agnès Lefort», *La Presse,* Samedi 25 sept. 1965, Montréal, p. 23, Supplément art et lettres.

—— «Jacques de Tonnancour: «En art, il faut de l'innocence»», *La Presse,* 16 avril 1966, pp. 1, 3, 23, suppl. «Arts et lettres».
—— «Apollo Variétés, faire voir vrai», *Point de mire,* 4 sept. 1971.

JASMIN, Guy, «La Poésie devra peut-être se défendre elle aussi» (éditorial), *Le Canada,* 22 sept. 1948, p. 4 *(Refus global).*
—— «L'Opinion du lecteur», *Le Clairon de Montréal,* 5 nov. 1948 (réponse à P. Gauvreau, J.P. Riopelle et M. Perron).
—— «Québec Artist Causes Furor. Fired from Provincial Government School because of Outspoken Comments; Freedom of Expression Issue», *The Windsor Daily Star,* 26 nov. 1948.

«John Charpentier, *Le Symbolisme,* 1927»; *Le Canada français* jan. 1928, vol. 15, n° 5, p. 371.

JONES, Henri, «L'Écriture automatique et son influence sur la poésie d'aujourd'hui», *Dialogue,* 1963.
—— *Le Surréalisme ignoré,* Montréal, Centre Éducatif et Culturel, 1969. 164 pp.

JULIEN, Pierre, «Le Chef du Parti Peau Ethique travaillera à la libération du Québec, ... et de l'homme», *La Patrie,* 12 avril 1970, p. 13.

KEMPF, Yerri, «Montréal à l'heure sérielle et concrète», *Cité libre,* vol. 15, n° 66, avril 1964, p. 30.

KOENIG, John Franklin, «These Piercing Eyes», préface au catalogue *Jacques de Tonnancour.*

KOENIG, Léon, «Jeunes peintres», *Phantomas* (Bruxelles), n° 1, p. 34.

KUSHNER, Eva, *Saint-Denys Garneau,* coll. «Poètes d'aujourd'hui», n° 158, Paris, Seghers, 1967.

LABERGE, Dominique, *Anarchie dans l'art,* Montréal, Ed. Pilon, 1945.

LACOTE, René, *Anne Hébert,* coll. «Poètes d'aujourd'hui», n° 189, Paris, Seghers, 1969.

HAMEL, Charles, «Grande variété à l'exposition de la Société d'Art Contemporain», *Le Canada,* 21 nov. 1946.

LACOURCIÈRE, Luc, «Introduction» in Émile Nelligan, *Poésies complètes.*
—— «Philippe Aubert de Gaspé (fils)», *Livres et auteurs québécois,* 1964, pp. 150-157; repris in *Les Cahiers des dix,* n° 40, 1975, pp. 274-302.

LACROIX, Fernand, «Le Jeune Canada parle», *Vivre,* 16 avril 1935, pp. 1 et 8.

LACROIX, Laurier, «Chronologie des évènements reliés au mouvement automatiste: 1942-1955», in *Borduas et les automatistes, 1942-1955.*

LACROIX, Richard, «On n'a pas le choix», *Forces,* jan. 1969.

LAFCADIO, «*Refus global,* manifeste de l'automatisme surrationnel par Paul-Émile Borduas et Compagnie», *Le Canada,* 23 août 1948, p. 4.

LAFLÈCHE, Guy, «Écart, violence et révolte chez Paul-Marie Lapointe», *Études françaises,* 1970, vol. 6, n° 4, pp. 395-417.

LAJOIE, Yvan, «Roland Giguère à la recherche de l'essentiel», *Études littéraires,* déc. 1972, vol. 5, n° 3, pp. 411-428.

LAMARCHE, Gustave, («Grandbois»), *Liaison,* n° 2, 1948, p. 541.

LAMB, W. Kaye, «Empress to the Orient», *The British Columbia Historical Quaterly,* jan. 1940.

LAMY, Laurent, «Borduas et les automatistes à Paris et à Montréal», *Forces.* n° 17, 1971, p. 46.

«La Palme, les maisons en forme d'éléphant et M. René Bergeron», *Le Canada,* 14 fév. 1949, p. 4.

LAPOINTE, François, «Jean-Louis Roux est dans les patates», *Le Quartier latin,* 16 oct. 1945, p. 3.

LAPOINTE, Paul-Marie, «Notes pour une poétique contemporaine», *Liberté,* mars 1962, pp. 183-185.

LAROCHE, Maximilien, «Nouvelles notes sur le Petit chaperon rouge de Jacques Ferron», *Voix et images du pays,* VI, 1973, pp. 103-110.

LAUGIER, Henri, *Service de France au Canada,* Montréal, Valiquette (déc. 1941). 156 pp.

LAURENDEAU, André, «Préface à Émile Baas, *Introduction à la thèse de Rosenberg»,* *L'Action nationale,* sept. 1937, vol. 10, pp. 14-15.
—— «Intervention politique», *Le Devoir,* 23 sept. 1948, p. 1.
—— «Bloc-notes», *Le Devoir,* 27 sept. 1948, p. 1 (Borduas).
—— «Un individu quelconque», *Le Devoir,* 29 sept. 1948, p. 1.
—— (sans titre), *Le Devoir,* 23 oct. 1948 (Borduas).

LAURENDEAU, Arthur, «L'Éducation nationale: à l'école primaire», *L'Action nationale,* mai 1934, vol. 3, pp. 260-279.

LAUZON, Adèle, «Le Refus global, vingt ans après», *Liberté,* nos 59-60, sept.-déc. 1968, pp. 6-22.

LAVIGNE, Jacques, «Borduas s'humanisera», *Le Clairon* (Saint-Hyacinthe), 19 nov. 1948.

LE BEL, Paul, «Isabelle Rivière, *Sur le devoir d'imprévoyance»,* *Le Canada français,* fév. 1935, vol. 22, n° 6 (mention de Breton).

LE BIDOIS, R., Sur la manie de l'inversion», *Le Devoir,* 27 sept. 1958, p. 4, col. 7-8 (sur Breton).

LE BLANC, Léopold, «Préface» in Philippe Aubert de Gaspé (fils), *L'Influence d'un livre,* éditions de Réédition-Québec et de l'Étincelle.

LEBLOND, Jean-Claude, «Pour saluer Cobra», *Le Devoir,* 18 déc. 1976, p. 21 cc. 1-7.

LECOMPTE, A., «L'Oeil en coulisse», *Le Petit journal,* 15 août 1948, p. 52.
—— «L'Oeil en coulisse», 29 août 1948, p. 51 *(Refus global).*

LEDUC, Fernand, «L'Artiste, un être anormal?», *Le Quartier latin,* 3 déc. 1943, p. 5.
—— «Borduas», *Le Quartier latin,* 17 déc. 1943, p. 4.
—— «Oeuvres secondaires de peintres (modernes, français et européens) importants», *Le Quartier latin,* 3 mars 1944, p. 5.
—— «(Ozias) Leduc, peintre exemplaire», *Arts et pensée,* 3ᵉ an. n° 18, juil.-août 1954, p. 173.
—— «Art de refus... Art d'acceptation», octobre 1954.
—— Collaboration à *L'Art abstrait,* Montréal, F. Toupin, 1959 (cité in *Situations,* vol. 1, n° 2, fév. 1959, p. 48).

LEFEBVRE, Eugène, *La Morale amie de l'art,* Ste-Anne-de-Beaupré, Ed. Alphonsienne, 1947, 295 pp. Préface de Léo-Paul Desrosiers.

LEFEBVRE, Germain, *Pellan,* Montréal, Ed. de l'homme, 1973, 159 pp. ill.

LEFEBVRE, Pierre, «Notre manière», *Le Quartier latin,* 5 oct. 1948, p. 1.

LÉGER, François, «L'Affaire Borduas», *Le Quartier latin,* 8 oct. 1948, pp. 1-2.

LÉGER, Jean-Marc, «Porter l'obscur à la lumière — situation du surréalisme» *Notre temps,* 1er mai 1948, p. 5.

LÉGER, Raymond-Marie, «Exposition Ferron-Hamelin», *Le Quartier latin,* 28 jan. 1949, p. 4 (mentionne influence de Breton et de Sade).

LEGRIS, Françoise, «Chronologie des rapports entre Leduc et Borduas», in *Ozias Leduc et Paul-Émile Borduas.*

LE MOYNE, Jean, «Signe de maturité dans les lettres canadiennes», *Le Canada,* 12 oct. 1943.

LEMOYNE, Wilfrid, «Un jeune poète montréalais imprime ses livres —. La belle aventure des éditions Erta», *L'Autorité du peuple,* 30 janvier 1954, p. 6.

—— «La Poésie et l'homme», in *La Poésie et nous,* pp. 70 ss.

LESAGE, Germain, «Une éruption surréaliste», *Revue de l'Université d'Ottawa,* juil.-sept. 1964, pp. 322-338.

LETOCHA, Louise, «Borduas et la fonction sociale de l'oeuvre d'art», in *La Collection Borduas,* pp. 7-11.

LIBERTÉ 60, numéro spécial sur Grandbois, vol. 2, nos 9-10. Articles de Jean-Guy Pilon, Fernand Ouellette, Pierre Emmanuel, Michèle Lalonde, Guy Sylvestre, Jacques Brault et René Garneau; témoignages d'Alfred DesRochers, Wilfrid Lemoyne, Yves Préfontaine, Pierre Trottier, Michèle Lalonde et Jacques Godbout.

—— numéro spécial sur René Char, vol. 10, n° 4, juil. 1968. Articles de Jean-Guy Pilon, Jacques Brault, Jean Starobinsky, Pierre Chappuis, Robert Marteau, Paul Chaulot, Hélène Mozer, Gilles Marcotte, George Mounin, Yves Battistini, Jean Laude, Dominique Fourcade, J.J. Morvan, Edith Mora, Fernand Verhesen, Marc Séguin, Pauline Aspel, P.A. Benoît.

LOZEAU, Albert, «*Les Phases* ou le danger des mauvaises fréquentations», *Le Devoir,* 19 avr. 1910, p. 1.

Littérature et société canadiennes-françaises, sous la direction de Fernand Dumont et Jean-Charles Falardeau, Québec, PUL, 1964, 272 pp.

LUC, Pierre, «Les Petits monstres sacrés», in *La Patrie,* 6 déc. 1962, p. 31 (sur suicide de 14 artistes).

LUSSIER, Charles A., «Borduas et les années «quarante»», *Aujourd'hui art et architecture,* avril 1960, n° 26, p. 9.

—— «Paul-Émile Borduas», *Situations,* mai-juin 1961, 3e an. n° 3, p. 68.

LYMAN, John, «Borduas and the Contemporary Art Society», in *Paul-Émile Borduas, 1905-1960,* p. 41.

«M. Borduas est mis à la porte», *Le Canada,* 18 sept. 1948, p. 2.

«M. Borduas n'accepte pas cette sanction», *Le Devoir,* 22 sept. 1948, p. 2.

«M. Borduas proteste contre son renvoi», *La Patrie,* 22 sept. 1948, p. 6.

«M. Power dénonce à la fois Ottawa et M. Duplessis», *Le Devoir,* 13 déc. 1946, p. 1 (loi du cadenas).

«M. Lionel Groulx, premier ministre», *Le Jour,* 16 sept. 1937, p. 8.

MACLEAN, Eric, *(Bien-Être)*, *The Standard*, c. 21 mai 1947.

MAHEU, Pierre, «De la révolte à la révolution», *Parti pris*, vol. 1, oct. 1963, pp. 11 et ss.

MAILHOT, Laurent, *La Littérature québécoise*, coll. «Que sais-je», n° 1579, Paris, PUF, 1974. 128 pp.

MAJOR, André, «Que lirons-nous en 65-66?», *Le Petit journal*, 13 juin 1965, p. 34, cc. 2-4 (Gauvreau).

MAJOR, Jean-Louis, «Le mythe de Saint-Denys Garneau», *Revue de l'Université d'Ottawa*, vol. 42, n° 4, pp. 518-549.

—— «L'Hexagone: une aventure en poésie québécoise», *Archives des lettres canadiennes*, t. 4, pp. 175-203.

MALET, Georges, «L'École futuriste — Les nouvelles règles littéraires», *Le Devoir*, 17 août 1912.

MARCOTTE, Gilles, «Saint-Denys Garneau; étude littéraire», *Écrits du Canada français*, t. 3, 1957, pp. 135-231.

—— «Connaissez-vous Roland Giguère?», *Cité libre*, mars 1963, 13ᵉ année, n° 45, pp. 26-28.

—— «Alain Grandbois, une poésie attentive à toute les voix du monde», *Québec 1964*, pp. 14-20.

—— *Présence de la critique*, Montréal, HMH, 1966. 253 pp.

—— *Une littérature qui se fait*, Montréal, HMH, 1968. 307 pp.

—— *Le Temps des poètes*, Montréal, HMH, 1969. 247 pp.

—— «Jacques Ferron, côté village», *Études françaises*, vol. 12, nos 3-4, pp. 217-236.

MARION, Séraphin, *Lettres canadiennes d'autrefois*, t. 1-8, Ottawa, Ed. de l'U. d'Ottawa, 1948-1954. 189, 199, 204, 195, 215, 223, 179, 191 pp.

—— *Origines littéraires du Canada français*, Ottawa, Ed. de l'U. d'Ottawa, 1951. 173 pp.

MARSIL, Tancrède Jr, «Les Automatistes — École de Borduas», *Le Quartier latin*, 28 fév. 1947, p. 4.

MARSOLAIS, Gilles, *Le Cinéma canadien*, Mtl, Ed. du Jour, 1968. 160 pp.

MARTEL, Réginald, «L'Ami impitoyable des québécois», *La Presse*, 21 déc. 1968, p. 23.

—— «Un poète canadien chez les Beatles», *La Presse*, 29 mars 1969, p. 22.

—— «Claude Gauvreau sans automatisme ou *La Charge de l'orignal épormyable* par le groupe Zéro au Gesù» et «Gauvreau: mort et résurrection», *La Presse*, 2 mai 1970, pp. 27 et 29.

—— «Un géant vient de mourir», *La Presse*, 10 juil. 1970, p. C-2.

—— «Le Temps des exégèses viendra plus tard», *La Presse*, 17 juil. 1971, p. D-4. Suivi de Jean-Guy Pilon, «Une manière de foncer», Claude Péloquin, «Nous sommes partis avec lui», Gérald Godin, «Comme si j'étais mort», Gaston Miron, «Rue Saint-Denis» et al.

MARTIN, Jéronimo, Pablo, Gonzalez, *Cinco poetas francocanadienses actuales*, coll. «Mar Ardentro», Sevilla, Publ. de la Escuela de Estudios Hispanoamericanos, 1966, 167 pp.

MARTIN, Louis et Monique Duplantie, «Albert G. Paquette», *La Presse*, 7 mai 1973, p. 5-11.

MARTINS-BALTAR, Michel, «André Breton et Roger Duhamel», *Le Droit,* 5 nov. 1966, p. 12, cc. 5-8.

MAUGEY, Axel, *Poésie et société au Québec 1937-1972,* préf. de Jean Cassou, Québec, PUL, 1972.

MAURAULT, Olivier, *Brièvetés,* Montréal, Louis Carrier, 1928, 269 pp.
—— *Marges d'histoire — L'Art au Canada,* Mtl., ACF, 1929, 310 pp.

MELANÇON, Robert, «Fragments d'un Ferron», *Brèches,* n° 1, print. 1973, pp. 7-13.
—— «Géographie du pays incertain», *Études françaises,* vol. 12, nos 3-4, pp. 267-292.

MERCIÉ, Jean-Luc, *Manuscrits d'écrivains français des 19ᵉ et 20ᵉ siècles;* Documents réunis et présentés par Jean-Luc Mercié, Ottawa, Ed. de l'Université d'Ottawa, 1972.
—— *Georges Ribemont-Dessaignes,* Ottawa, PUO, 1972, 64 pp.
—— *Caravansérail, 1924, roman inédit de Francis Picabia,* éd. critique, Paris, Pierre Belfond, 1975, 192 pp.

MERCIER-GOUIN, Lomer, «Fugues, superpositions et rêves de jeunes filles», *Le Quartier latin,* 16 nov. 1945, p. 3.
—— «La Palme», *Le Quartier latin,* 14 déc. 1945, p. 3.

MERCURE, «Les Grandes amitiés», *Le Devoir,* 5 oct. 1948, p. 1.

MESSIER, R.C., Après l'aventure surréaliste», *Le Foetus,* vol. 3, n° 9, 22 fév. 1967, pp. 2-3.
—— «Après l'aventure surréaliste», *Le Bien public,* vol. 56, n° 26, 30 juin 1967, pp. 4-5.

MILLET, Robert, «L'Oeuf-à-moutons craque dessous les corneilles — Éditorial», *Situations,* vol. 2, n° 1 (numéro sur Borduas), pp. 2-5.

MIRON, Gaston, «Situation de notre poésie», *L'Homme rapaillé,* pp. 90-98.

MOISAN, Clément, *L'Age de la littérature canadienne — Essai,* coll. «Constantes», n° 19, Montréal, HMH, 1969, 193 pp.

MOLINARI, Guido, «Les Automatistes au musée», *Situations.*
—— «Huit dessins de Claude Tousignant», *Situations,* n° 7, sept. 1959, pp. 52-53, ill.
—— «De la peinture — Réflexions sur l'automatisme et le plasticisme», *Situations,* vol. 3, n° 2, mars-avril 1961, pp. 65-68.

MORIN, Lucien, «Propos sur la peinture», *Le Jour,* 20 nov. 1943.
—— «Propos sur la peinture», *Le Quartier latin,* 14 déc. 1945, p. 3.

MORISSET, Bernard, «Les Plaisirs du peintre», *Le Quartier latin,* 2 mars 1945, p. 5.
—— «Nous sommes avec vous, Borduas», *Le Canada,* 2 oct. 1948, p. 4.

MORISSET, Denys, «Lettre sur notre peinture contemporaine», *Arts et pensée,* 3ᵉ an., n° 16, mars-avril 1954.

MORISSET, Gérard, *Coup d'oeil sur les arts en Nouvelle-France,* Québec, L'Auteur, 1941 (Pellan, p. 143).
—— *La Peinture traditionnelle au Canada français,* coll. «L'Encyclopédie du Canada français», Montréal, CLF, 1960, 216 pp., ill.

MOUSSO, Dyne, «Le Théâtre c'est une passion non un métier», *Perspectives,* 30 déc. 1972, pp. 14-15.

MOUTON, Jean, «La Peinture canadienne», *La Nouvelle revue canadienne,* vol. 1, n° 2, avril-mai 1951, pp. 1-11 (Borduas et surréalisme).

NADEAU, G., *Louis Dantin, sa vie et son oeuvre,* Manchester, Lafayette 1948.

NANTAIS, Lyse, «Au Palais Montcalm — Roland Truchon et Irène Pouliot», *Arts et pensée,* n° 13, 3ᵉ année, sept.-oct. 1953, p. 27.

Nelligan — poésie rêvée, poésie vécue, Colloque Nelligan, Université McGill, 1966. Montréal, CLF, 1969. 191 pp.

NEPVEU, Pierre, «La Poétique de Gilbert Langevin», *Livres et auteurs québécois* 1973, pp. 312-324.

«Nous en reparlerons dans dix ans», *Situations,* vol. 1, n° 2, fév. 1959, pp. 30-31 *(Refus global).*

«Nouvelles mesures préventives prises contre les communistes», *Le Devoir,* 13 déc. 1946, p. 1.

OSTIGUY, Jean-René, «Le texte de M. Borduas», en réponse aux questions de Jean-René Ostiguy. *Le Devoir,* 9 et 11 janv. 1956. Voir le catalogue *Borduas 1905-1960.*

—— «Jeune peinture au Canada», *L'Oeil,* avril 1967, n° 148, pp. 32-38, 49.

—— «Chronologie» et «Introduction», in *Léon Bellefleur,* catalogue de la rétrospective de 1968-69.

Ozias Leduc et Paul-Émile Borduas, conférences J.-A. de Sève, nos 15-16, Montréal, Presses de l'Université de Montréal, 1973.

«Pamphlet du peintre Borduas», *Le Petit journal,* 14 nov. 1948, p. 55.

PARADIS, Andrée, *«Pellan,* par Guy Robert», *Vie des arts,* n° 33, hiver 1963-64, p. 71.

PARIZEAU, Marcel, «Pellan», *Le Canada,* 17 oct. 1940.

—— «Peinture canadienne d'aujourd'hui», *Amérique française,* sept. 1942.

(PAQUETTE), Jean Marcel, *Jacques Ferron malgré lui,* coll. «Littérature du Jour», Montréal, Ed. du jour, 1970, 221 pp.

—— «Introduction à la méthode de Jacques Ferron», *Études françaises,* vol. 12, nos 3-4, pp. 181-215.

Peinture vivante du Québec — 1966 — Vingt cinq ans de libération de l'oeil et du geste, Québec, affaires culturelles, c. 1966.

PÉLADEAU, Paul, *On disait en France,* Mtl., Ed. Variétés, 1941, 239 pp. (Pétain).

PELLETIER, Albert, *Carquois,* coll. «Les Jugements», Mtl, ACF, 1931, 219 pp.

—— *Egrappages,* coll. «Les Jugements», Ed. Albert Lévesque, 1933, 234 pp.

PELLETIER, Gérard, «Deux âges — deux manières», *Le Devoir,* 25 sept. 1948, p. 8.

—— «N.B.», *Le Devoir,* 6 nov. 1948, p. 7.

—— «Les Surréalistes nous écrivent, notre réponse aux surréalistes», *Le Devoir,* 13 nov. 1948, p. 9.

—— «L'Impossible dialogue. Dernier appel à la patience de nos lecteurs», *Le Devoir,* 20 nov. 1948, p. 10.

—— «N.D.L.R.», *Le Devoir,* 4 déc. 1948, p. 13, à la suite de «La Peau du lion et de l'âne» de Jacques Dubuc.

PELLETIER, Jacques, «La Relève: une idéologie des années 1930», *Voix et images du pays,* n° V, 1972, pp. 69-139.

PÉPIN, Jean-Luc, (Interview de Paul-Émile Borduas), *Le Droit,* 18 octobre 1952. «Le père du surréalisme: André Breton», *Le Vieil escollier,* fév.-mars 1967, p. 12.

PERREAULT, Luc, «Du Refus au déclic», *La Presse,* 14 fév. 1970, p. 39.

(PERSAN), Estudiantina, «Le Soc», *Le Nationaliste,* vol. 6, n° 50, 6 fév. 1910, p. 3 (sur Delahaye et son groupe).

PÉTEL, Pierre, «Au sujet de *Peinture Moderne* (de Maurice Gagnon)», *Regards,* vol. II, n° 3, mai 1941, pp. 137-139.

PETIT, Gérard, c.s.c., *L'Art vivant et nous,* Montréal, Fides, 1946, 410 pp. (4e ch.: «L'Anarchie des puissances: Le surréalisme», pp. 147-210).

PICARD, René, «Esquisse d'une histoire de la danse moderne au Québec», *L'Interdit,* vol. 15, n° 3, fév. 1974, pp. 4-5 (Renaud, Sullivan, Riopelle).

PICARD, Roger, *Artifices et mystifications littéraires,* Montréal, Variétés, 1945, 232 pp.

PICHER, Claude, «Notre peinture et nous», *Arts et pensée,* 3e an. n° 14, nov.-déc. 1953, pp. 47-52 (Borduas, pape de l'automatisme).
—— («La Matière chante»), *L'Autorité,* 8 mai 1954.

PILON, Jean-Guy, «Le Temps de notre jeunesse», in Guy Robert, *Littérature du Québec,* 1ere éd., p. 129.

La Poésie et nous, coll. «Les Voix», Montréal, l'Hexagone, 1958. En collaboration.

POISSON, Roch, «Vie littéraire», *Photo-journal,* vol. 29, n° 39, 12-19 janv. 1966, p. 69 (Cl. Gauvreau).

PONTAUT, Alain, «Breton l'intraitable au service de l'homme», *La Presse,* 26 août 1967, p. 25, cc. 1-6.
—— «Jacques Ferron — Chénier a eu tort: il n'avait pas lu Guevara», *La Presse,* 3 fév. 1968, p. 24, c. 4.

PORTUGAIS, Louis, «*Totems*», *Cahier pour un paysage à inventer,* 1960, p. 104.
—— et Patrick Straram, «Critique pour une construction de situation», *Ibid.,* p. 106.

POULIN, Gabrielle, «Hier aujourd'hui le surréalisme», *Relations,* n° 29, 1969, pp. 277-279.
—— *Les Miroirs d'un poète,* coll. «Essais pour notre temps, section de littérature», n° 7, Paris, Desclée de Brouwer et Montréal, Les Ed. Bellarmin, 1969, 170 pp.
—— «Paul Éluard par lui-même», *Relations,* n° 29, 1969, pp. 83-86.
—— «La poésie d'Alain Grandbois, une tour dressée aux mains du silence», *Relations,* jan. 1970, pp. 22-23.
—— «Le Surréalisme et le jeu», *Critère,* n° 3, jan. 1971, pp. 61-74.
—— «*Donner à voir:* la poétique de Paul Éluard», *Critère,* nos 6-7, sept. 1972, pp. 302-325.
—— «La Statue de Paul Éluard», *Études françaises,* vol. 9, n° 1, fév. 1973, pp. 55-63.

POUPART, Jean-Marie, «Entre autres choses, une prise à témoin» (sur l'oeuvre de Réal Benoît), *Voix et images du pays,* IV, 1971, pp. 99-113.

PRÉFONTAINE, Yves, «La Poésie et l'homme: quelques aspects», in *La Poésie et nous,* pp. 78 ss., 1958.
—— «Lettre refusée au *Devoir*», *Liberté,* nov.-déc. 1960, p. 359.

—— «Un film de Jacques Godbout — Borduas au cinéma», *Liberté*, 27, vol. 5, n° 2, mars-avril 1963, pp. 158-161.

PRÉVOST, Arthur, «Vous avez la parole», *Place publique*, n° 2, août 1951, p. 35.

«Prière de ne pas confondre», *Le Canada*, 6 juin 1949, p. 2.

«*Projections libérantes*», *Le Clairon*, 5 août 1949.

«*Projections libérantes*» *Le Petit journal*, 3 juil. 1949, p. 48.

«La Protestation de Paul-Émile Borduas», *La Presse*, 22 sept. 1948, p. 37.

«Quand la radio fait des expériences folles», *La Presse*, 14 fév. 1970, «télépresse», p. 3 (Gauvreau, Péloquin).

«Quand les automatistes parlent des automatistes», *Culture vivante*, sept. 1971, n° 22, pp. 28-30.

Québec Underground 1962-1972, t. 1-3, Montréal, Ed. Médiart, 1973. 456, 474, 124 pp.

RACETTE, Jacques-Thomas, «*Rivages de l'homme*», *La Revue dominicaine*, 1949, vol. 55, n° 1, pp. 167-171.

RANCOURT, Jacques, «Québec», in Serge Brindeau, *La Poésie française depuis 1945*, Paris, Bordas, 1973, 927 pp.; pp. 525-612.

Rapport de la Commission royale d'enquête sur les arts, les lettres et les sciences au Canada (Rapport Massey-Lévesque), Ottawa, Impr. de la reine, 1951. (séance à Montréal du 23 au 26 nov. 1949; séance à Québec du 10 au 12 jan. 1950)

RAYMOND, (Louis-) Marcel, *Le Jeu retrouvé*, préf. de Gustave Cohen, Montréal, L'Arbre, 1943, 241 pp.

—— «Un cahier sud-américain sur la poésie française *(Lettres Françaises)*», *La Nouvelle Relève*, sept. 1943, t. 2, pp. 570 ss.

—— «Notes sur la poésie: *Hémisphères*», *La Nouvelle Relève*, mai 1944, vol. 3, n° 4, pp. 250-251.

—— «Un Canadien à Paris», *Les Cahiers des Compagnons*, août-sept. 1946, vol. II, n° 4, pp. 86 ss.

—— *Un Canadien à Paris*, Montréal, A l'Enseigne des Compagnons, 1947, 167 pp.

—— *Poètes de langue française des deux hémisphères — Anthologie*, inédit. (annoncé dans *Un Canadien à Paris*, 1947, p. 2).

—— *Quelques poètes de ce temps, Essais*, Inédit (annoncé dans *Un Canadien à Paris*, 1947, p. 2). Essais sur Jules Supervielle, Saint-John et Yvan Goll parus dans *Géographies — Essais;* quelques notes sur la poésie dans *La Nouvelle Relève*.

—— *Yvan Goll, choix de poèmes précédé de «La Vie et l'oeuvre d'Yvan Goll»*, Saint-Jean d'Iberville, Le Canada français, 1948, 47 pp. L'introduction est reprise dans *Géographies — Essais*, pp. 87-114, sous le titre «Mon ami Yvan Goll».

—— *Géographies — Essais*, coll. «Constantes», Montréal, HMH, 1971, 211 pp.

—— «Thrène pour une forêt qui nous quitte», *Forces*, n° 19, 1972, pp. 20-27.

«*Refus global*, M. Borduas proteste contre son renvoi». *La Patrie*, 22 sept. 1948, p. 6.

RENAUD-LEDUC, Thérèse, «au temps du *Refus global*», *Perspectives*, 4 déc. 1971, pp. 22-27.

—— «Tout a commencé à l'été de 1944», *La Presse*, 26 fév. 1972, c. 2.

RICHARD, Jean-Jules, «Poésie moderne», *Le Jour,* 25 fév. 1939, p. 4.
—— «La Poésie se meurt d'ennui», *Le Jour,* 11 mars 1939, p. 4.
—— «Pourquoi la poésie», *Le Jour,* 25 mars 1939, p. 4.
—— «Jeunesse et poésie», *Le Jour,* 22 avril 1939, p. 4.
—— «La Seule guerre permise», *Place publique,* n° 1, 21 fév. 1951, p. 5.
—— et Jean-Maurice Laporte, «Introduction», *Place publique,* n° 1, 21 fév. 1951, p. 3.

RINFRET, François (sous le pseudonyme de François Gagnon), «Peintres en quête de mondes étranges», *La Presse,* 18 nov. 1944, p. 38.
—— «Des traits expressifs au monde de l'informe», *La Presse,* 2 fév. 1946.
—— «La Peinture montréalaise des dix dernières années», *La Presse,* 15 fév. 1947, p. 49.

RIOPELLE, Jean-Paul, «En marge des propos d'Agnès Lefort», *Le Canada,* 5 nov. 1948, p. 4.

RIOUX, Marcel, «Faut-il réhabiliter la magie?», *Cité libre,* avril 1960, n° 26, pp. 28 ss. (sur lettre de Breton à Rioux).

RIVERIN, Paul, «Propos ouvriers — le Fascisme, ennemi des unions ouvrières», *Le Jour,* 9 oct. 1937, p. 6.

ROBERT, Bernard-Paul, «Pour une définition du surréalisme», *La Revue de l'Université d'Ottawa,* avr.-juin 1973, vol. 43, n° 2, pp. 297-306.
—— «Le Surréalisme désocculté», *Ibid.,* n° 3, pp. 462-479.
—— «Breton, Hegel et le surréel», *Ibid.,* 1974, vol. 44, n° 1, pp. 44-48.
—— «André Breton et *La Parole intérieure*», *Ibid.,* n° 3, pp. 281-301.
—— «Querelles et excommunications *(Second manifeste du surréalisme)*», *Ibid.,* n° 4, pp. 475-486.
—— «Une source hégélienne du surréalisme: la cristallisation», 1975, vol. 45, n° 1, pp. 71-79.
—— *Le Surréalisme désocculté (Manifeste du surréalisme: 1924),* Ottawa, Ed. de l'Université d'Ottawa, 1975, 195 pp.
—— «À propos d'André Breton», *La Revue de l'Université d'Ottawa,* 1976, vol. 46, n° 1, pp. 128-144.
—— «Breton, Engels et le matérialisme dialectique», *Ibid.,* n° 3, pp. 293-308.

ROBERT, Guy, «Surréalisme et automatisme», *La Revue dominicaine,* mai 1959, vol. LXV, t. 1, pp. 208-217.
—— *Connaissance «nouvelle» de l'art,* Montréal, Déom, 1963.
—— *Pellan, sa vie et son oeuvre — His Life and His Art,* coll. «Artistes canadiens», Montréal, Ed. du Centre de Psychologie et de Pédagogie, 1963, 135 pp.
—— «Poèmes d'Alain Grandbois», *Maintenant,* n° 22, oct. 1963, p. 320.
—— *École de Montréal,* coll. «Artistes canadiens», Montréal, Le Centre de Psychologie et de Pédagogie», 1964. 151 pp. ill.
—— *Littérature du Québec,* Montréal, Déom, 1964 (1ere éd.); 2e éd., 1970, 405 pp.
—— *Roussil,* Voir *Roussil,* catalogue.
—— «Musée d'art moderne», in *Maintenant,* n° 37, janv. 1965, pp. 31-32.
—— «L'École de Montréal», *Cimaise,* n° 75, fév.-avril 1966, p. 30.
—— *Jérôme, un frère jazzé,* Montréal, Ed. du Songe, 1969.
—— *Aspects de la littérature québécoise,* Mtl, 1970, 193 pp.
—— *Riopelle ou la poétique du geste,* Montréal, Ed. de l'Homme, 1970, 219 pp.
—— *Albert Dumouchel,* coll. «Studio», Mtl, PUQ, 1971, 96 pp.
—— «Pellan», *Vie des Arts,* hiver 1963-64, n° 33, p. 71.
—— *Borduas,* Mtl., PUQ, 1972, ill. 340 pp.
—— *L'Art au Québec depuis 1940,* Mtl, *La Presse,* 1973, 501 pp. ill.

ROBERT, Robert, «Un diagnostic du réel: les Contes de Jacques Ferron», *Lettres et écritures,* 1967, non numéroté, pp. 16-19.

ROBILLARD, Hyacinthe-Marie, «Le Manifeste de nos surréalistes», *Notre temps,* 4 sept. 1948, p. 4.
—— «*Refus global*», *L'Action catholique,* 22 septembre 1948.
—— «Le Surréalisme — La Révolution des intellectuels», *Revue Dominicaine,* vol. 54, n° 2, déc. 1948, pp. 274-282.
—— «Le Surréalisme et la révolution», *Le Canada,* 18 déc. 1948, p. 14.
—— «Réponse à la lettre de Pierre Gauvreau sur la mort du surréalisme», *Le Canada,* 7 jan. 1949, p. 4.
—— «L'Automatisme surrationnel et la nostalgie du jardin d'Eden», *Amérique française,* 1950, n° 4, pp. 44-73.

ROBIN, Étienne, «Le Surréalisme», *L'Information médicale et paramédicale,* vol. 19, n° 11, 18 avr. 1967, p. 35.

ROBITAILLE, Adrien, «Le Signe de l'accident», *Photo-journal,* c. 25 avril 1954.
—— (Mousseau au Lycée Pierre Corneille), *Photo-journal,* 6 nov. 1954.

ROBITAILLE, Claude, et André Roy, «Entretien avec Louis Geoffroy», *Hobo-Québec,* n° 8, sept. 1973, p. 11.

ROBITAILLE, Gérald, «J'écris en anglais» suivi de «A Mountain of a sermon» et de «Petite suite», *Liberté,* vol. 3, n° 3, pp. 632-638.
—— *Un huron à la recherche de l'art,* traduit du québécois par l'auteur, Paris, Eric Losfeld, Terrain Vague, 1967, 216 pp.

ROBITAILLE, Louis-Bernard, «Deux des auteurs du scandale s'expliquent», *La Presse,* 17 février 1969, p. 1.
—— «Opération Déclic? Investiture troublée par un «happening» en l'église Notre-Dame», *La presse,* 9 déc. 1968.

RONFARD, Jean-Pierre, «Le Mercredi de Claude Gauvreau», *Le Devoir,* 2 sept. 1972, p. 15.
—— «Le Personnage: dernière rencontre», *L'Envers du décor,* mars 1974, vol. 6, n° 5, p. 5.
——Louis, «Définissons nos positions», *Le Quartier latin,* 5 oct. 1945, p. 3.
—— «François Lapointe m'engueule», *Le Quartier latin,* 19 oct. 1945, p. 3.
—— «Anarchie dans l'art», *Le Quartier latin,* 19 fév. 1946, p. 3.
—— «Les Monstres sacrés», *Les Cahiers des Compagnons,* vol. II, nos 5-6, oct.-déc. 1946, pp. 102-117 (conférence aux Sagittaires).

ROY, André, Claude Robitaille et Claude Beausoleil, «Entretien avec Patrick Straram — le bison ravi», *Hobo-Québec,* nos 9-11, oct.-nov. 1973, pp. 28-29.

ROY, Michel, «Les Douze articles de Claude Gauvreau», *Le Haut-parleur,* 21 avr. 1951, p. 6.

ROY, Raoul, «L'Idéal et la pratique», *La Revue socialiste,* n° 5, print. 1961, pp. 57 et 68.

ROYER, Jean, «Témoignage Gaston Miron», interview, *Livres et auteurs québécois,* 1970, Montréal, Ed. Jumonville, 1971.

SAINT-GERMAIN, Pierre, «Au fil des lettres — l'écrivain hobo J.-J. Richard dit que l'art c'est la chair», *Le Petit journal,* 8 août 1948, p. 40.

(SAINT-GERMAIN, Pierre?), «Écartèlement et jus de tomate — Nos automatistes annoncent la décadence chrétienne et prophétisent l'avènement du

régime de l'instinct», *Le Petit journal,* 15 août 1948, p. 28.
—— «Au fil des lettres — *Naïade», Le Petit journal,* 19 sept. 1948, p. 44.
—— «La Vie montréalaise — Deux chiens dans un opéra automatiste», *Le Petit journal,* 20 nov. 1949, p. 35.
—— «Étrange attitude — Gauvreau se fâche», *Le Petit journal,* 27 nov. 1949, p. 56.
—— «L'Opéra automatiste — Le livret de M. Gauvreau n'a pas satisfait M. Mercure», *Le Petit journal,* 11 déc. 1949, p. 48.
—— «Encore l'automatisme — La Défection de Mercure est triste, dit Gauvreau», *Le Petit journal,* 18 déc. 1949, pp. 56 et 65.

SAINT-GERMAIN, Fernande, «La Poésie s'affirme comme notre littérature vivante», *La Presse,* 28 déc. 1957, p. 56.
—— *La littérature et le non-verbal,* Montréal, Orphée, 1958.
—— «L'Aventure poétique», *Situations,* vol. 1, n° 1, jan. 1959, p. 11.
—— «Le Manifeste de l'automatisme», *Situations,* vol. 1, n° 2.
—— «Un nouvel auteur: Peter Byrne», *Situations,* vol. 2, n° 1, 1960. pp. 56-59.
—— *Structure de l'espace, pictural — Essai,* Montréal, HMH, coll. «Constantes», 1968, 172 pp.

SAINT-PIERRE, Marcel, «A Québec Art scenic tour and his contradictions itinéraires», *Québec Underground,* t. II, pp. 448-471.
—— avec François Charbonneau et Francine Couture, «Le Réalisme en question», *Chroniques* nos 20-21, pp. 46-104 et nos 24-25, pp. 60-108.

SAINTE-MARIE, Micheline, «Qui est Miror? une étude sur Roland Giguère», *Présence,* vol. 4, n° 4, déc. 1957, jan. 1958, pp. 7-10.

SCHNEIDER, Pierre, «Jean-Paul Riopelle», *L'Oeil,* n° 18, juin 1956, pp. 36-40.
—— *Riopelle — Signes mêlés,* Paris/Montréal, Maeght/Leméac, 1972, 175 pp. ill.

SCOTT, J.D., *Vickers, History,* London, Weidenfeld and Nicholson, 1962.

SCULLY, Robert Guy, «Claude Gauvreau: faut-il rendre hommage à l'homme ou à l'oeuvre?», *Le Devoir,* 17 juillet 1971, p. 11.

SIMARD, Jean, «Autour du *Prisme d'yeux», Notre temps,* 14 fév. 1948, p. 5.
—— «Le Passionné et le philosophe», *Notre temps,* 21 fév. 1948.
—— *Répertoire (I),* Montréal, le Cercle du Livre de France, 1961, 319 pp.

STRARAM, Patrick, «Une écriture géothermique», *Situations,* vol. 1, n° 6, juil.-août 1959.
—— («Louis-Portugais»), *Cahier pour un paysage à inventer,* 1960, n° 1, p. 106.
—— «Situations d'une critique et d'une production», *Cahier pour un paysage à inventer,* n° 1, Montréal, 1960, pp. 85-86.
—— «De Borduas à Godbout, personnalisme du documentaire», *Vie des arts,* n° 31, été 1963, pp. 16-20.
—— «Nationalité? Domicile?», *Parti pris,* 1965, vol. 2, nos 10-11, p. 59.
—— «To a strange night of stone», D. Vanier, *Pornographic Delicatessen,* 1968.
—— (Préface) in Denis Vanier, *lesbiennes d'acid,* pp. 17-20, 1972.
—— «Précisions maximales minimales», *La Barre du jour,* n° 42, pp. 67-83.
—— *Questionnement socra/cri/tique,* Montréal, L'Aurore, 1974, coll. «Écrire», 267 pp., ill.
—— *Bribes I,* Montréal, L'Aurore, 1975, coll. Écrire», 153 pp., ill.

SULLIVAN, Françoise, «La Danse et l'espoir», *Refus global* (texte d'une conférence donnée le 16 février 1948).

«Le Surréalisme au point de vue moral», *La Presse,* 20 déc. 1948, p. 4.

«Le Surréalisme est mort, dit le R.P. Robillard», *Le Canada,* 20 déc. 1948, p. 16.

«Le Surréalisme et la révolution des intellectuels», *Le Devoir,* 20 déc. 1948, p. 10 (cf. H.M. Robillard).

«Le Surréalisme n'est pas mort avec Breton», *Le Soleil,* vol. 69, n° 293, 10 déc. 1966, p. 8, col. 1-5.

SYLVESTRE, Guy, *«Les Iles de la nuit», Le Devoir,* 2 sept. 1944, p. 2.
—— *Sondages,* Montréal, Beauchemin, 1945, 159 pp.
—— *Impressions de théâtre,* Ottawa, 1950, 55 pp.
—— «Tradition et évolution au Canada français», *The Arts in Canada,* The Macmillan Company of Canada Ltd., 1958, pp. 126-131 (trad. angl., pp. 163-168).
—— *Anthologie de la poésie canadienne-française,* Montréal, Beauchemin, 1966, 376 pp.

SYNCHRONE, «Note sur Éluard», *Le Jour,* 27 juin 1942, p. 6.

TANGUAY, Jean-Charles, «Le Surréalisme», *Le Quartier latin,* 27 oct. 1950, vol. 33, n° 8, p. 4, cc. 1-5.

TARRAB, Gilbert, «Le Happening phénomène social d'époque?», *Lettres et écritures,* vol. 6, 1968, non numéroté, pp. 45-54.
—— «Le Tissu de l'inconscient», *La Presse,* 10 jan. 1970, p. 30, c. 3.

«Tendances et orientations de la nouvelle littérature — Sept jeunes auteurs témoignent (Claude Péloquin, pp. 62-64)», *Culture vivante,* 1967, n° 5, pp. 58-69.

TEYSSEDRE, Bernard, «Fernand Leduc, peintre et théoricien du surréalisme à Montréal», *La Barre du jour,* jan.-août 1969, nos 17-20.
—— «Introduction», *Barbeau,* catalogue, 1969.
—— «Métamorphose et continuité de Fernand Leduc», in *Fernand Leduc,* catalogue de la rétrospective du Musée d'Art contemporain, 1970-71.

THÉORET, France, «Note d'introduction», et «Présentation», *La Barre du jour,* nos 17-20, jan.-août 1969, p. 375 et p. 342.
—— et Marcel Saint-Pierre, «Breton ravagea tout: y compris les conséquences», *Le Nouveau cahier* (suppl. de *Le Quartier latin,* vol. 3, n° 8, 13 oct. 1966, p. 1).

«Les Théories de M. Borduas sur l'automatisme sont suivies d'un manifeste», *La Presse,* 10 août 1948, p. 4.

THÉRIAULT, Normand, «François Gagnon: L'Intention de Borduas», *La Presse,* 26 oct. 1968, p. 41, c. 2.
—— «Bernard Tesseydre — Au coeur des tensions», *La Presse,* 26 oct. 1968, p. 40, c. 5.
—— «La Peinture québécoise revécue à Terre des hommes», *La Presse,* 12 jan. 1970, p. 42.
—— «Fernand Léger, — Témoin de son temps — Témoin de notre lieu», *La Presse,* 28 fév. 1970.

THÉRIAULT, Normand, «Marcelle Ferron: Peindre sans peindre», *La Presse,* 11 avril 1970, p. 40.

THÉRIVE, André, «Deux poètes canadiens», *Revue critique des idées et des livres,* 10 avril 1913 (Delahaye).

TISSEYRE, Michelle, «Confidentiellement», *La Revue moderne,* vol. 38, n° 4, août 1956, p. 6, col. 2.

—— «Le «Pape» André Breton est mort», *Photo-journal,* vol. 30, n° 25, 5 oct. 1966, p. 64.

TOUGAS, Gérard, *Histoire de la littérature canadienne-française,* Paris, PUF, 1966 (3ᵉ éd.).

TOURILLON, Guy, «Les Poètes sont-ils des inutiles?», *Le Quartier latin,* vol. 42, n° 44, 15 mars 1960, p. 2, col. 1-3 (sur Breton).

TRANQUILLE, Henri, «Liberté pour l'artiste», *Le Jour,* 15 avril 1939, p. 4.
«Tranquille reçoit les Automatistes» *Le Petit journal,* 8 août 1948, p. 41.

TREMBLAY, Jean-Paul, *A la recherche de Napoléon Aubin,* coll. «Vie des Lettres Canadiennes», n° 7, Québec, PUL, 1969.
—— *Napoléon Aubin,* «Classiques canadiens», n° 43, Montréal, Fides, 1972 96 pp.

TREMBLAY, Michel-G., «Un autre des faux interprètes de *Double jeu* comparaît», *La Presse,* 8 mars 1969, p. 7.

Trente-quatre biographies de compositeurs canadiens, Montréal, Société Radio-Canada, 1964.

TROUILLARD, N., «Prisme d'yeux», *La Revue moderne,* mai 1948, p. 25.

TURCOTTE, Claude, «600 spectateurs ont un «choc nerveux» à la Comédie canadienne», *La Presse,* lundi 17 février 1969, p. 2.

TURNER, Evan H., «Préface et chronologie», *Borduas 1905-1960,* catalogue, pp. 2-38.

«Un sévère avertissement aux Témoins de Jéhovah», *Le Devoir,* 22 nov. 1946, p. 9.

«Une Enquête sur le cas Borduas», *Le Canada,* 24 sept. 1948, p. 2.

VACHON, Georges-André, «Fragments de journal pour servir d'introduction à la lecture de Paul-Marie Lapointe», *Livres et auteurs canadiens,* 1968, pp. 235-40.
—— «Naissance de l'abstraction», in *Ozias Leduc et Paul-Émile Borduas,* pp. 7-12.

VADEBONCOEUR, Pierre, «L'Art et la mort», préface de Pierre-Carl Dubuc, *Jazz vers l'infini,* 1944.
—— «Les dessins de Gabriel Filion», *Liaison,* n° 22, fév. 1949, vol. 3, pp. 106-110 (Borduas et l'école de Breton).
—— «Borduas ou la minute de vérité de notre histoire», *Cité libre,* 1ᵉʳ jan. 1961, pp. 29-30.
—— «À propos de poètes», *Situations,* t. 3, n° 2, mars-avr. 1961, pp. 79-81.
—— *La Ligne du risque,* Montréal, HMH, 1963. Rééd. 1969, 286 pp.

VADNAIS, P.E., «On devrait protester», *Le Canada,* 24 sept. 1948, p. 4.
—— «Ce que nous dit le lecteur. De Pellan, de l'automatisme et de la haine brûlante de tous pour le cadenas», *Le Canada,* 11 mars 1949, p. 4.

VAILLANCOURT, Jean, «L'Existentialisme et nous», *Les Ateliers d'arts graphiques,* n° 2, p. 73.

VALLIÈRES, Pierre, «*Cité Libre* et ma génération», *Cité libre,* août-sept. 1963, n° 59, p. 17 («attitude globale»).
—— *Nègres blancs d'Amérique,* Montréal, Parti Pris, 1969, 409 pp.

VAN LOO, Esther, «La Peinture canadienne», *Arts,* 15 oct. 1948, p. 3.

VAN SCHENDEL, Michel, «Claude Gauvreau», in Pierre de Grandpré, *Histoire de la littérature française du Québec,* t. III, p. 242.

—— «Poésie québécoise 1960-65», *Livres et auteurs canadiens 1965,* pp. 13-22.

—— «Vues sur les tendances de la poésie», *La Poésie et nous,* pp. 16 ss.

VANIER, Denis, «Préface pour *La Libération technique de Suzanne Francoeur* refusée par Lucien Francoeur», *Hobo-Québec,* n° 4, avril-mai 1973, p. 4.

—— Postface aux *Poèmes* de Gilles Groulx, *Les Herbes rouges,* n° 14.

VIATTE, Auguste, «Bilan du surréalisme», *La Revue de l'Université Laval,* vol. 3, n° 3, nov. 1948, pp. 233-239.

—— *Histoire littéraire de l'Amérique française,* Paris, PUF, 1954. 544 pp.

VIAU, Guy, «Propos d'un rapin» *Le Quartier latin,* 1943, a) «Exposition d'art mexicain», 8 oct., p. 5; b) «Jacques de Tonnancour au Brébeuf», 15 oct., p. 5; c) «Où allons-nous? où l'esprit le voudra», 5 nov., p. 5; d) «Eric Goldberg, peintre pour plaire», 12 nov., p. 5; e) «La Société d'Art contemporain», 26 nov., p. 5.

—— (sur l'exposition à la Galerie de Luxembourg), *Notre temps,* 12 juil. 1947.

—— «Borduas», *Arts et pensée,* n° 17, 3e année, mai-juin 1954, pp. 130-134.

—— «Exposition Gabriel Filion»; *La Revue des Arts et des Lettres,* 15 mai 1956.

—— «Avec l'énergie du désespoir, Borduas a vécu ses rêves», *Cité libre,* XIe année, n° 26, avril 1960, pp. 25 ss.

—— «Marcelle Ferron», *Aujourd'hui art et architecture,* n° 29, 1960, p. 59.

—— «La Démarche du peintre», *Paul-Émile Borduas 1905-1960* (catalogue), pp. 42-43.

—— «Un Ménage d'artistes», *Cité Libre,* mars 1962, 13e an., n° 45, p. 29.

—— «Influences subies par la peinture au Canada contemporain», *Mémoire de la Société Royale du Canada,* vol. XVI: troisième série: juin 1962, première section.

—— «Vaillancourt», *Vie des Arts,* n° 35, été 1964, p. 22.

—— *La Peinture moderne au Canada français,* Québec, Ministère des Affaires Culturelles, 1964.

—— *Modern painting in French Canada,* Québec, Department of Cultural Affairs, 1967.

VIAU, Roger, «Le Salon du Printemps», *Amérique française,* t. 4, 1949, pp. 34-37.

«La Vie Montréalaise — La Police a coffré cette statue» (sans signature), *Le Petit journal,* 13 nov. 1949, p. 15.

VINCENTHIER, Georges, «L'Histoire des idées au Québec — de Lionel Groulx à Paul-Émile Borduas», *Voix et images,* vol. 2, n° 1, pp. 28-44.

WADE, Mason, *Les Canadiens français,* t. 1 et 2, «L'Encyclopédie du Canada français», Montréal, Cercle du Livre de France, 1955 et 1963, 685 et 584 pp.

WYCZYNSKI, Paul, *Émile Nelligan. Sources et originalité de son oeuvre,* Ottawa, Ed. de l'Université d'Ottawa, 1960, 349 pp.

—— *Poésie et symbole,* coll. «Horizons», Montréal, Déom, 1965, 253 pp. ill. (Sur Nelligan, Saint-Denys Garneau...).

2. Autre littérature

ABASTADO, Claude, *Introduction au surréalisme*, coll. «Études», n° 10, Paris, Bordas, 1971. 251 pp.
—— *Le Surréalisme*, coll. «Espaces littéraires», Paris, Hachette, 1975, 320 pp.

ALEXANDRE, Maxime, *Mémoires d'un surréaliste*, Paris, La Jeune Parque, 1968, 222 pp.

ALQUIE, Fernand, *Philosophie du surréalisme*, Paris, Flammarion, 1956.

ANGENOT, Marc, *Rhétorique du surréalisme*, Bruxelles, Université libre de Bruxelles, 1967.
—— «L'Écriture automatique; rituel ou imposture?», *Littératures* Montréal, Hurtubise/HMH, 1971, pp. 201-214.

APOLLINAIRE, Guillaume, *Lettre à Paul Dermée*, mars 1917; in Maurice Nadeau, *Lettre du Surréalisme*, p. 23.

Aragon parle avec Dominique Arban, Paris, Seghers, 1968, 188 pp.

AUDOIN, Philippe, *Les Surréalistes*, coll. «Écrivains de toujours», n° 93, Paris, Seuil, 1974, 190 pp., ill.

BEAUJOUR, Michel, «La Poétique de l'automatisme chez Breton», *Poétique*, n° 25, 1976, pp. 116 sq.

BÉDOUIN, Jean-Louis, *André Breton*, Paris, Seghers, 1950, coll. «Poètes d'Aujourd'hui», n° 18.
—— *Les Masques*, coll. «Que sais-je», n° 905, Paris, PUF, 1961, 128 pp. (Indiens de la côte ouest du Canada).
—— *Vingt ans de Surréalisme, 1939-1959*, Paris, Denoël, 1961, 326 pp.
—— *La Poésie surréaliste*, Paris, Seghers, 1964, 326 pp.

BENAYOUN, Robert, *Érotique du surréalisme*, Paris, Pauvert, 1965.

BONNET, Marguerite, *André Breton — Naissance de l'aventure surréaliste*, Paris, Lib. José Corti, 1975, 460 pp.

BOSQUET, Alain, «André Breton: la conscience du surréalisme», *Le Devoir*, vol. 57, n° 235, 8 oct. 1966, p. 11, col. 1-5.

BOUNOURE, Vincent, *La Peinture Américaine*, Lausanne, Ed. Rencontre, 1967, 207 pp.

BRETON, André, *Les Pas perdus*, Paris, NRF, 1924 (1949). 222 pp.
—— *Le Surréalisme et la peinture*, Paris, NRF, 1965 (contient: *Le Surréalisme et la peinture* (1928), *Genèse et perspective du surréalisme* (1941) et *Fragments* (1933-1961). 428 pp., ill.
—— «Introduction», in Achim d'Arnim, *Contes bizarres*, pp. 7-31.
—— *L'Amour fou*, Paris, NRF, (1937) 1968, 139 pp.
—— *Où en est le surréalisme*, conf. à la «Revue des arts et des lettres», Radio-Canada, 1953. Cf. *La Semaine à Radio-Canada*, 1er au 7 fév. 1953, vol. 3, n° 17. Texte intégral in *Papiers Borduas*, n° 110 de la classification P. Théberge, Galerie nationale du Canada.
—— *La Clé des champs*, Paris, Pauvert, 1967. 342 pp. (Contient 37 textes dont: Limites non-frontières du surréalisme; Déclaration VVV; Hommage à Antonin Artaud; L'Art des fous, la clé des champs).

BRETON, André et Paul Éluard, *Dictionnaire abrégé du surréalisme*, Paris, José Corti, 1969. 76 pp., ill.

CARMODY, Francis J., *The Poetry of Yvan Goll — A Bibliographical Study*, Paris, Caractères, 1956.

CARROUGES, Michel, *Éluard et Claudel*, Paris, Seuil, 1945.

—— «Surréalisme et occultisme», *Les Cahiers d'Hermès*, n° 2, mars 1947, pp. 195-218.

—— *André Breton et les données fondamentales du surréalisme*, Paris, NRF, 1950. Repris in coll «Les Idées», n° 2, (378 pp.).

Les Critiques de notre temps et Breton, Paris, Garnier, 1974. 190 pp.

CURTAY, Jean-Paul, *La Poésie lettriste*, Paris, Seghers, 1974. 380 pp.

DAUMAL, René, *Tu t'es toujours trompé*, Paris, Mercure de France, 1970, 255 pp.

DUPLESSIS, Yves, *Le Surréalisme*, coll. «Que sais-je?», n° 432, Paris, PUF, 1967. 128 pp.

DUROZOI, Gérard, et Bernard Lecherbonnier, *Le Surréalisme — Théories, Thèmes techniques*, coll. «Thèmes et textes», Paris, Larousse, 1972, 286 pp.

DUPUY, Henri-Jacques, *Philippe Soupault*, coll. «Poètes d'aujourd'hui», n° 58, Paris, Seghers, 1966, 221 pp. ill.

ERNST, Max, *Écritures*, coll. «Le Point du jour», Paris, NRF, 1970. 448 pp., ill.

GAUTHIER, Xavière, *Surréalisme et sexualité*, Paris, NRF, 1971, 381 pp., ill.

GERSHMAN, *The Surrealist revolution in France*, Michigan, MUP, 1969.

GOLL, Yvan, «Lettre ouverte à Guillaume Apollinaire», in *Die Weissen Blaetter*, 1919. Cité in Francis J. Carmody, *The Poetry of Yvan Goll*, p. 29.

—— Préface à *Mathusalem*, in Yvan Goll, *Le Nouvel Orphée*, Paris, La Sirène, 1923.

GRACY, Julien, *André Breton*, Paris, José Corti, 1966, 209 pp.

HAHN, Otto, «Le Surréalisme à l'heure du musée ou de la jeunesse», *Arts*, 1er au 7 déc. 1965, p. 20.

HITCHCOCK, Alfred, Préface à Edgar Allan Poe, *Histoires extraordinaires*.

HUGNET, Georges, *Dictionnaire du dadaïsme*, Paris, J.-C. Simoën, 1976, 367 pp., ill.

HUYGHE, René, *Dialogue avec le visible*, Paris, Flammarion, 1955.

—— *L'Art et l'homme*, Paris, Larousse, 1961, t. 3 (Riopelle).

—— «Sens et portée d'une crise», *Vie des arts*, aut. 1961, n° 24, p. 55.

JANET, Pierre, *L'Automatisme psychologique — Essai de psychologie expérimentale sur les formes inférieures de l'activité humaine — Thèse présentée à la Faculté des lettres de Paris*, Paris, Ancienne librairie Germer Baillière et Cie — Félix Alcan, Ed., 1889. 496 pp. (cite F.W.H. Myers, «Automatic Writing» aussi cité par Breton, *Message automatique*).

JANIS, Sidney, *Abstract and Surrealist Art in America*, N.Y. 1944.

JEAN, Marcel, *Histoire de la peinture surréaliste*, Paris, Seuil, 1959, 383 pp., ill.

JENNY, Laurent, «La Surréalité et ses signes narratifs», *Poétique*, n° 16, 1973, pp. 499-520.

LE CORBUSIER SAUGNIER, «Des Yeux qui ne voient pas... Les Paquebots», *L'Esprit Nouveau*, n° 8, p. 855 (CPR).

—— «Trois rappels à MM. les architectes — Premier rappel: le volume», *L'Esprit Nouveau,* 1925, p. 95 (Élévateurs à grains).

LEMAÎTRE, Henri, «Introduction» in Nerval, *Oeuvres,* Paris, Garnier, 1958. 982 pp.

LEYMARIE, Jean, *L'Impressionnisme,* Genève, Skira, 1955, 2 t., 119, 137 pp. ill.

MABILLE, Pierre, *Égrégores ou La Vie des civilisations,* Paris, J. Flory, 1938, 186 pp.

—— «Neuf par 4 et 5», *Hémisphères,* Print. 1945, vol. 2, n° 5, pp. 6-15.

—— *Le Miroir du merveilleux,* Paris, Ed. de Minuit, 1962, préf. d'André Breton, 327 pp.

MAJOR, René, «Le Logogriphe obsessionnel», *Interprétations,* jan.-mars 1968, vol. 2, n° 1, pp. 5-13.

—— *Rêver l'autre,* coll. «La Psychanalyse prise au mot», Paris, Aubier Montaigne, 1977, 269 pp.

MAURIAC, Claude, *André Breton,* Paris, Ed. de Flore, 1949.

MAUROIS, André, *Olympio ou la vie de Victor Hugo,* Paris, Hachette, 1954.

MICHELSON, Anette, «But Eros Sulks», *Arts,* March 1960, n° 34, note 6, p. 35.

MILLER, Henry, *Entretiens de Paris avec Georges Belmont,* Paris, Stock, 1970.

NADEAU, Maurice, *Histoire du surréalisme,* Paris, Seuil, 1964, 526 pp.

PASSERON, René, *Histoire de la peinture surréaliste,* coll. «Livre de Poche», Paris, Librairie Générale Française, 1968, 381 pp.

—— *Encyclopédie du surréalisme,* Paris, Somogy, 1975, 288 pp., ill. (Articles sur Benoît, Borduas, Parent et Riopelle).

PASTOUREAU, Henri, *Le Surréalisme d'après-guerre, 1946-1950,* in Henri Jones, *Le Surréalisme ignoré.*

PERET, Benjamin, *Anthologie des mythes, légendes et contes populaires d'Amérique,* Paris, Albin Michel, 1960, 413 pp.

PICHOIS, Claude, «Introduction» in Baudelaire, *Oeuvres complètes,* coll. «Biblio. de la Pléiade», Paris, NRF, 1961.

PICON, Gaëtan, *Surrealists and Surrealism,* trad. de James Simmons, N.Y. Skira Rizzoli, 1977, 231 pp., ill.

«Programme de l'*Esprit Nouveau, L'Esprit Nouveau,* n° 1, oct. 1920.

RIFFATERRE, M., La Métaphore filée dans la poésie surréaliste, *Langue française,* n° 3, 1969.

RODRIGUEZ PAMPOLINI, Ida, *El Surrealismo y el arte fantástico de Mexico,* Mexico, Universitad nacional de Mexico, Instituto de investigaciones estéticas, 1969, 133 pp., ill.

ROY, Jean-Pierre, «Pour une problématique formaliste de l'art populaire», *Québec Underground,* t. 1, p. 330.

SANOUILLET, Michel, *Dada à Paris,* Paris, Pauvert, 1965, 646 pp.

Les Veillées du «Lapin agile», préf. de Francis Carco (textes d'Apollinaire, Bannerov, Bringer, Dekobra, Dorgelès, Max Jacob, Mac Orlan, Rictus et al.), Paris, Ed. Françaises III., 1919. 265 pp.

VOVELLE, José, *Le Surréalisme en Belgique,* Bruxelles, André de Roche, éd., 1972, 374 pp., ill.

WALDBERG, Patrick, *Le Surréalisme,* Genève, Skira, 1962, 151 pp., ill.

—— *Chemins du surréalisme,* Bruxelles, Ed. de la Connaissance, 1965, 144 pp., ill.

C. DOCUMENTS

1. Correspondance inédite

BELLEFLEUR, Léon, Lettre inédite (réponse à un questionnaire) à Jean Richer, 21 fév. 1968. Pour travail remis à A.-G. B.

DE GRANDMONT, Éloi, Lettre inédite (réponse à un questionnaire) à Louise Robert, c. 30 jan. 1968, pour une étude remise à A.-G. B.

FERRON, Jacques, Lettre inédite à A.-G. B., 12 juillet 1969.

FORGUES, Rémi-Paul, Lettre inédite à A.-G. B., 22 mai 1969.

GAUVREAU, Claude, Lettre et réponse au questionnaire de Jean-Marc Montagne, 6 avril 1968 (inédite). Pour travail remis à A.-G. B.

—— *Dix-sept lettres à un fantôme;* voir «lettres publiées».

—— Lettre réponse au questionnaire de Nicole Ladouceur sur «La Matière chante». Reçue le 21 mai 1968 (Inédit). Pour travail remis à A.-G. B.

GOLL, Claire, Lettres à Louis-Marcel Raymond (inédites).

GOLL, Yvan, Lettres à Louis-Marcel Raymond (inédites).

HAEFFELY, Claude, Correspondance avec Gaston Miron (inédite).

MOLINARI, Guido, Lettre à Michèle Vanier (inédite), 12 oct. 1967, in Michèle Vanier, *Le Manifeste des Automatistes — Guido Molinari, 6 mai 1968.* Pour travail remis à A.-G. B.

MORIN, Lucien, Lettre à Jacques Beauregard, inédite, 1er déc. 1967. Pour travail remis à A.-G. B.

RAYMOND, Louis-Marcel, Lettres à Claire et Yvan Goll et à Saint-John Perse. Inédites. Quelques extraits de la correspondance avec Saint-John Perse dans *Géographies — Essais,* «Éloge de Saint-John Perse», pp. 33-85, et «Pérégrinations du citoyen Michaux — Pour Alexis Léger», pp. 177-186. Voir aussi *Oeuvres complètes,* de Saint-John Perse, coll. «Bibliothèque de la Pléiade», n° 240, Paris, Gallimard, 1972.

SULLIVAN, Françoise, Lettre inédite à Christiane Dubreuil-Lebrun, in Christiane Dubreuil-Lebrun, *Le «Refus global»,* mars 1968. Pour travail remis à A.-G. B.

2. Entrevues, travaux inédits

ALLARD, Michel, *Vaillancourt et Dallaire,* 10 avril 1968. Travail remis à A.-G. B. sur le surréalisme québécois.

AUBIN, René, Hubert Guénette, Jules Gratton et François L'Allier, *Riopelle.* Travaux remis à A.-G. B. les 4 mars et 6 avril 1967, sur le surréalisme québécois.

BEAUREGARD, Jacques, *Recherche à propos de «Prisme d'yeux»,* travail remis à A.-G. B., avril 1968, (en annexe: lettre de Lucien Morin, manifeste *Prisme d'yeux* et carton d'invitation à la 2ᵉ exposition Prisme d'yeux). Sur le surréalisme québécois.

BERNIER, Paul, «Grégor, alkador, solidor», travail remis à A.-G. B., Montréal, Univ. Loyola, juil. 1974; inédit.

BERTRAND, Louis, Michel Boyer, Yvon Dubeau, Paul Martel et Guy Thibault, *Le Surréalisme dans l'oeuvre de Jean-Paul Mousseau* (inédit; étude remise à A.-G. Bourassa, avril 1967). Sur le surréalisme québécois.

BONIN, Jean-Raymond, *Marcel Barbeau et Madeleine Arbour,* travail remis à A.-G. B., avril 1968. Sur le surréalisme québécois.

BOURASSA, André-G., *L'Intuition créatrice* (entre Platon et Breton), mémoire de philosophie, Collège de l'Immaculée-Conception, 1960, 43 pp., inédit.

BRUNETTE, Michel, *Paysage et paysan dans l'oeuvre de Suzor-Côté,* Thèse de M.A., Univ. de Montréal, 1974.

CHAMBLAS, Françoise, *Éluard et Giguère,* thèse de M.A., Univ. de Montréal, 1970, 116 pp., inédit.

CHARLEBOIS, Jean-Marc, Benoît Dufresne et Roger Vaillancourt, *Jacques de Tonnancour,* mars 1967. Travail remis à A.-G. B. Sur le surréalisme québécois.

CHARPENTIER, Gabriel, Entrevue avec René Boucher, Robert Gagnon, François et Robert Toupin, février 1967.

DE TONNANCOUR, Jacques, Rencontre avec A.-G. B.; à l'atelier de la rue St-Laurent puis au vernissage de la Galerie Godard-Lefort (mars 1969).

DUBREUIL-LEBRUN, Christiane, *Sur le «Refus global»,* 11 mars 1968, Travail remis à A.-G. B. Sur le surréalisme québécois.

DUMAS, Dr. Paul, Conversation téléphonique avec A.-G. B., avril 1968.
—— Dédicace des *Oeuvres* de Rimbaud à Paul-Émile et Gabrielle Borduas, 16 juin 1943.

DUMOUCHEL, Albert, Entrevue avec les étudiants Poirier, Lanthier, Varin, Joly et Labelle, 14 déc. 1966.
—— Entrevue avec A.-G. B., École des Beaux-Arts, avril 1970.

DUSSAULT, Jean-Claude, *Lettre aux artistes,* 1955, 75 pp., inédit. Résumé fait à A.-G. B., 9 avril 1969 et 14 fév. 1974.
—— *Le Sens du pathétique,* 1953, 60 pp., inédit. Résumé fait à A.-G. B., 9 avril 1969 et 14 fév. 1974 (Un chapitre sur surréalisme et automatisme).

DUSSAULT, Jean-Claude, Rencontre avec A.-G. B., Édifice *La Presse,* 9 avril 1969. Conversation téléphonique, 14 fév. 1974.

ÉLIE, Robert, Entrevue avec A.-G. B., 19 déc. 1969.

ÉTHIER-BLAIS, Jean, *Borduas et ses amis.* Inédit, texte remanié de «*La Formation des idées esthétiques et littéraires de Borduas,* Thèse en vue du doctorat d'université, Université Laval.

FILION, Mireille, *Alfred Pellan et le surréalisme,* 14 avril 1967. Travail remis à A.-G. B. sur le surréalisme québécois.

FORGUES, Rémi-Paul, Entrevue avec Nicole Brossard, Roger Soublière et A.-G. B., en vue du numéro spécial de *La Barre du jour* sur les automatistes, mai 1969.

GAGNON, André H., *Alfred Pellan*, travail remis à A.-G. B., mars 1967. Sur le surréalisme québécois.

GAUVREAU, Claude, *Ma Vocation*. Inédit.
—— Entrevues avec Roger Soublière et A.-G. B. pour la publication du numéro spécial de *La Barre du jour* sur les Automatistes. Restaurant St-Malo, mars 1969. Bibliographie olographe.
—— Rencontre avec A.-G. B., décembre 1969.
—— Conversation téléphonique avec A.-G. B. les 2 et 6 mai 1970.
—— et Jean-Paul Mousseau, *Cher Cocubillard,* c. 1948, objet surréaliste inédit.
—— Lobotomie, roman. Inédit.

GERMAIN, Louise, *Alfred Pellan peintre surréaliste?* 7 avril 1967. Travail remis à A.-G. B. Sur le surréalisme québécois.

GERVAIS, Robert, *L'Automatisme et (Gabriel) Filion,* travail remis à A.-G. B., 28 mars 1968, sur le surréalisme québécois.

GIGUÈRE, Roland, Entrevue avec A.-G. B., domicile de Giguère, avril 1970. Lecture de nombreux numéros de revues surréalistes-révolutionnaires et de quelques publications d'Erta à tirage très limité.

GOULET, Robert, Entrevues avec A.-G. B., 1969-70. Remise de nombreuses publications d'Orphée alors introuvables en librairie. (V.G. *Poèmes,* de Groulx; *Situations; État mixte* de Gauvreau).

GRENIER, Cécile, *Pellan et le surréalisme* (18 avril 1967). Travail remis à A.-G. B. Sur le surréalisme québécois; inédit.

HAEFFELY, Claude, Rencontre avec A.-G. B., 4 juin 1969, Bibliothèque Nationale du Québec.

HAREL, Louise, *Pellan:* mars 1967. Travail remis à A.-G. B. Sur le surréalisme québécois; inédit.

HÉNAULT, Gilles, Entrevue préparatoire au numéro spécial de *La Barre du jour* sur les automatistes, Montréal, avril 1969.

FERRON, Jacques, Entrevues avec A.-G. B., juin 1969 et sept. 1973.

LAHAISE, Robert, Rencontre avec A.-G. B. (sur Guillaume Lahaise — Guy Delahaye), 20 nov. 1969.

LAPOINTE, Paul-Marie, Entrevue avec A.-G. B., mai 1969 (rencontre des écrivains, Sainte-Adèle).

LAURIN, François, *Jean Benoît et Arthur Gladu,* travail remis à A.-G. B., mars 1968. Sur le surréalisme québécois; inédit.

LAVOIE, Gisèle, *L'Influence de Pellan,* avril 1967. Sur le surréalisme québécois; inédit.

LEDUC, Fernand, *Le Surréalisme,* inédit.
—— *La Rythmique du dépassement et notre avènement à la peinture,* 9 pages, écrit entre le 22 oct. 1946 et le 7 mars 1947; inédit.
—— et Gilles Corbeil, rencontre avec A.-G. B., avril 1974.

LEDUC, Ozias, *Poèmes,* inédits.

LÉONARD, Jean-François, *Poésie chez Pellan,* 12 avril 1967. Travail remis à A.-G. B. Sur le surréalisme québécois; inédit.

MONTAGNE, Jean-Marc, *Claude Gauvreau et le «Refus global»,* travail remis à A.-G. Bourassa, avril 1968. Sur le surréalisme québécois; inédit.

MOUSSEAU, Jean-Paul, Rencontre avec les étudiants Bertrand, Boyer, Dubeau, Martel et Thibault, Enregistrement sur ruban magnétique remis à A.-G. B., avril 1967.

PELLAN, Alfred, Rencontre avec les étudiants Filion, Gagnon, Harel et Léonard, mars 1967. Enregistrement sur bande magnétique remis à A.-G. B.

PISTRE-MASSE, Suzanne, *Influence française au Canada de 1938 à 1943*. Thèse de DES, Université de Montréal. Inédit.

POIRIER, F.-Monique, Carole Lanthier, Louise Varin, Élaine Joly, Thérèse Labelle, *Albert Dumouchel*. Travail remis à A.-G. B., 30 mars 1967. Sur le surréalisme québécois; inédit.

POULIN, Gabrielle, *Une lecture de «L'Amour la poésie»*, thèse de doctorat, Université de Sherbrooke, déc. 1974; inédit.

—— «Les *Poëmes d'Hankéou*», *Dictionnaire des oeuvres littéraires du Québec*, inédit.

RAYMOND, Louis-Marcel, Entrevues avec A.-G. B., oct. et 1er nov. 1969. Lecture de manifestes et d'éditions de livres envoyés avec dédicaces à Louis-Marcel Raymond par certains surréalistes: Breton, Goll... Référence à une collection de revues donnée par Raymond au Collège Marie-Victorin: *VVV, Hémisphères, Lettres françaises*. Correspondance.

RAYMOND, Paul-André, *Le Poète Alain Grandbois — Le peintre Rita Letendre*, travail présenté à A.-G. B., 21 avril 1968. Sur le surréalisme québécois; inédit.

RICHER, Jean, *Léon Bellefleur et Louis Archambault, signataires de «Prisme d'Yeux»*, travail remis à A.-G. B., mars 1968. Sur le surréalisme québécois; inédit.

ROZET, François, Conversation téléphonique avec A.-G. B., le 26 mars 1970.

TOUPIN, François, Robert Toupin, René Boucher et René Gagnon, *Pierre Mercure et le surréalisme*. Travail remis à A.-G. B., avril 1967; inédit.

TRANQUILLE, Henri, Entrevues avec A.-G. B. Lecture d'un dossier de découpures de presse, de photographies de vernissages, d'une lettre de Borduas à Richard.

VANIER, Claire, *Pellan et les influences reçues*, travail remis à A.-G. B., 2 mars 1967. Sur le surréalisme québécois; inédit.

VANIER, Michèle, «*Le Manifeste des Automatistes d'après Guido Molinari*», travail remis à A.-G. B., 6 mai 1968. Sur le surréalisme québécois; inédit.

ZÉRO, *La Charge de l'Orignal épormyable*, Fiction dramatique en quatre actes, de Claude Gauvreau (1956). 4 pp. Programme du 2 mai 1970.

D. OEUVRES DIVERSES

1. Oeuvres surréalistes et para-surréalistes

ACKER, Adolphe et Sarane Alexandrian, Maurice Baskine, Hans Bellmer, Joe Bousquet, Francis Bouvet, Victor Brauner, André Breton, Serge Bricanler, Roger Brielle, Jean Brun, Gaston Criel, Antonio Dacosta, Pierre Cuvillier,

Frédéric Delanglade, Pierre Demarne, Matta Echaurren, Marcelle et Jean Ferry, Guy Gillequin, Henri Goetz, Arthur Harfaux, Heisler, Georges Hénein, Maurice Henry, Jacques Hérold, Marcel Jean, Nadine Kraïnik, Georges Kujawski, Robert Lebel, Pierre Mabille, Jehan Mayoux, Francis Meunier, Robert Michelet, Nora Mitrani, Henri Parisot, Henri Pastoureau, Guy Péchenard, Dandido Costa Pinto, Gaston Puel, René Renne, Jean-Paul Riopelle, Stanislas Rodanski, N. et H. Seigle, Claude Tarnaud, Toyen, Isabelle et Patrick Waldberg, Ramsès Younane, *Rupture inaugurale,* juil. 1947.

APOLLINAIRE, Guillaume, *Alcools, Calligrammes, L'Enchanteur pourrissant* suivie de *Les Mamelles de Tirésias* et de *Couleur du temps,* Paris, NRF, coll. «Poésie/Gallimard», 1966, 1972; 190, 198, 248 pp.

ARAGON, Louis, *Le Mouvement perpétuel* précédé de *Feu de joie* et suivi de *Les Destinées de la poésie* et *Écritures automatiques,* Coll. «Poésie/Gallimard», n° 54, Paris NRF, 1970, 158 pp.
—— «La Nuit de Dunkerke», «Complainte pour l'orgue de la nouvelle barbarie», «Les mots croisés», «Richard III Quarante», «Zone libre», «Le Temps des mots croisés», *Le Jour,* respectivement les 22 août 1942, p. 6, 24 août 1943, p. 1, 3 juillet 1943, p. 7, 4 août 1943, p. 7, 11 sept. 1943, p. 7, 30 oct. 1943, p. 6.

ARNIM, Achim d', *Contes bizarres,* coll. «Littérature», Paris, Julliard, 1964, 257 pp. Préface d'André Breton.

BOUNOURE, Vincent, *Envers l'ombre,* ill. de Jean Benoît, Paris, Ed. Surréalistes, 1968.

BARTHES, Roland, *S/Z,* coll. «Points», n° 70, Paris, Seuil, 1970, 278 pp.

BRETON, André, et Philippe Soupault, *Les Champs magnétiques,* Paris, Au sans pareil, 1921.
—— *Manifestes du surréalisme,* Paris, Pauvert, 1962, 363 pp. et coll. «Idées», n° 23, Paris, NRF, 1963, 189 pp.
—— *Arcane 17,* Paris, J.-J. Pauvert, 1971, 169 pp.

CHAR, René, *Les Matinaux,* Paris, Gallimard, 1950. 100 pp.
—— *Fureur et mystère,* coll. «Poésie/Gallimard», n° 15, Paris, NRF, 1967, 222 pp.

DALI, Salvator, *La Femme visible,* Paris, Ed. Surréalistes, 1930.

DESNOS, Robert, *Corps et biens,* coll. «Poésie/Gallimard», n° 27, Paris, NRF, 1968. 191 pp.

ÉLUARD, Paul, «Pour vivre ici», *La Nouvelle Revue française,* sept. 1920.
—— *Oeuvres complètes,* t. I et II, coll. «Biblio. de la Pléiade», Paris, NRF, 1968, 1663 et 1505 pp.
—— *Capitale de la douleur* suivi de *L'Amour la poésie,* coll. «Poésie/Gallimard», n° 1, Paris, NRF, 1973, 247 pp.

ERNST, Max, *Frottages,* traduit de l'allemand par André Daniel, Paris, Pierre Tisné, 1968. 86 pp.

GOLL, Yvan, *Le Nouvel Orphée,* ill. de Delaunay, Paris, La Sirène, 1923 (contient La Chaplinade, Mathusalem, Paris brûle, Le N.O., Astral).
—— *Le Mythe de la roche percée,* ill. Tanguy, N.Y., Hémisphères, 1946.

Hémisphères, revue dirigée par Yvan Goll et publiée à New York. n° 1, été 1943: Saint-John Perse, Roger Callois, Barker, Ford, Williams Patchen, Thompson, Tyler, Yvan Goll, Bosquet, Lebel. Nos 2-3, automne-hiver 1943-44: Breton,

Césaire, Masson, Yvan Goll, Guillén, Ballagas, Henry Miller, Claire Goll, Lamantia, Latouche, Duits, Malaquais, Roger Caillois, Sartoris, Ste-Croix Loyseau, Bosquet. «Découverte des tropiques». n° 4 1944: de Rougemont, Malaquais, Bosquet, Duits, Césaire, Calas, Fowlie, «Trois dialogues». n° 5, printemps 1945: Yvan Goll, Dr. Pierre Mabille, Seligmann, Urzidil, de Rougemont, Lamantia, Schorer, Blau, Jacob, Roditi, Harms, «Magie-poésie».

LAUTREAMONT, *Oeuvres complètes* (ill. des *Chants de Maldoror* par Brauner, Dominguez, Ernst, Espinoza, Magritte, Masson, Eschaurren, Mirò, Paalen, Ray, Seligmann et Tanguy), Introd. d'André Breton, Paris, Ed. Guy Lévis Mano, 1939.

Marchand du sel, écrits de Marcel Duchamp, coll. «391», Paris, Le Terrain Vague, 1958, 231 pp.

Minotaure, éd. A. Skira; dir. E. Tériade: nos 1-2, 1er juin 1933; nos 3-4, mai 1934; n° 5, mai 1935; n° 6, déc. 1934; n° 7, juin 1935; n° 8, juin 1936; n° 9, oct. 1936; n° 10, déc. 1937. Dir. A. Skira, réd. Breton, Duchamp, Heine, Mabille: n° 11, mai 1938; n° 12, oct. 1938.

NERVAL, Gérard de, *Oeuvres,* Paris, Garnier, 1958. t. 1, 982 pp.

POE, Edgar Allen, *Histoires extraordinaires,* trad. de Charles Baudelaire, coll. «Livre de Poche», nos 604-605, Paris, NRF, 1960, 443 pp.

SOUPAULT, Philippe, *Rose des vents,* dessins de Marc Chagall, coll. de Littérature, n° 5, Paris, Au sans pareil, 1920, 52 pp.

VVV revue éd. à New York par David Hare, «Ed. advisors: André Breton, Marcel Duchamp, Max Ernst». n° 1, oct. 1942; nos 2-3, mars 1943; n° 4, jan. 1944. Breton, Péret, Mésens, Lamantia, Césaire, Rollin, Parker, Pierre Mabille, Patrick Waldberg, Lebel, Duthuit, Brunius, Hénein, Duits, Carrington. Ill. de Carrington, de Diego, Donati, Duchamp, Max Ernst, Jimmy Ernst, Frances, Gerzso, Hare, Kiesler, Lam, Lamba, Maria, Matta, Summer, Tanguy, Tanning, Isabelle Waldberg. Frontispice de Matta.

2. Autres oeuvres

CLAUDEL, Paul, *Cent phrases pour éventail,* Tokyo, Ed. Koshiba, 1927. In *Oeuvre poétique,* coll. «Bibliothèque de la Pléiade», Paris, NRF, 1957, pp. 717-762.
—— *Théâtre,* coll. «Bibliothèque de la Pléiade», t. 1 et 2, 1956, 1175 et 1388 pp.

COCTEAU, Jean, *Poèmes 1916-1925,* Paris, Gallimard, 1956, 235 pp.

LONDON, Géo, *Le Procès Maurras,* Lyon/Montréal, Bonnefon/Valiquette, 1945. 215 pp.

RIMBAUD, Jean-Arthur, *Oeuvres,* Montréal, Valiquette, s.d., 199 pp. L'exemplaire utilisé porte une dédicace du Dr Paul Dumas à Paul-Émile et Gabrielle Borduas, 16 VI, 1943.
—— «Lettre à Paul Demeny», 15 mai 1971, in *Oeuvres complètes,* «Biblio. de la Pléiade», Paris, NRF, 1954.

3 Bibliographies

«Bibliographie sommaire», in *Jean Dallaire,* cat., p. (25).

BLAIS, Jacques, «Bibliographie», in *de St-Denys Garneau*, coll. «Dossier de documentation sur la littérature canadienne-française», n° 7, Montréal, Fides, 1971, pp. 53-65.

BOURNEUF, Roland, «Bibliographie», in *Saint-Denys Garneau et ses lectures européennes*, pp. 319-326.

BRAULT, Jacques, «Bibliographie», in *Alain Grandbois*, Ed. Seghers, pp. 185-186.

Centre de diffusion de poésie canadienne; Librairie Déom; catalogues d'avril 1965 et de 1968; 10 et 14 pp.

CIMON, Renée, «Bibliographie de Roland Giguère», *La Barre du jour*, nos 11-13, mai 1968, pp. 173-196.

GAGNON, François-Marc (dir.), «Réactions de presse», *Études françaises*, vol. VIII, n° 3, août 1972, pp. 331-338.

GUILMETTE, Pierre, *Bibliographie de la danse théâtrale au Canada*, Ottawa, Bibliothèque nationale du Canada, 1970. 150 pp.

HAMEL, Réginald, John Hare et Paul Wyczynski, *Dictionnaire pratique des auteurs québécois*, Montréal, Fides, 1976, 725 pp. Omet Jean-Claude Dussault, Louis Geoffroy, Gilles Groulx, Claude Haeffely, Jean-Paul Martino, Irène Pelletier-Spiecker, André Pouliot, Thérèse Renaud-Leduc, Kline Ste-Marie et Denis Vanier.

HARE, John E., «Bibliographie de la poésie canadienne-française des origines à 1967», *Archives les lettres canadiennes*, t. IV, Montréal, Fides, 1969, pp. 601-698.

—— «Bibliographie du roman canadien-françaises 1837-1962», *Archives des lettres canadiennes*, t. III, Montréal, Fides, 1964, pp. 375-456.

HAYNE, David M. et Marcel Tirol, *Bibliographie critique du roman canadien-français, 1837-1900*, Québec, PUL, 1969, 144 pp. (omet François-Réal Angers et Pierre Petitclair).

IMBEAU, Gaston, *Bibliographie des écrits déjà publiés de Claude Gauvreau*, Montréal, Bibliothèque nationale du Québec, 1977, 23 pp.

LEFEBVRE, Germain, *Pellan*, Montréal, Ed. de l'Homme, 1973, pp. 153-157.

MARCOTTE, Gilles, «Bibliographie», *Le Temps des poètes*, pp. 235-243.

Mousseau-Aspects, Montréal, Musée d'art contemporain, 1967, pp. 38-43.

POTVIN, Diane, «Bibliographie des écrits de Jacques Ferron», *Études françaises*, 1976, vol. 12, nos 3-4, pp. 353-383.

ROBERT, Guy, «Bibliographie», in *Borduas*, pp. 323-324.

SCHNEIDER, Pierre, «Ouvrages généraux et monographies sur l'artiste — Principaux catalogues d'exposition, articles», in *Riopelle — signes mêlés*, pp. 164-169.

TREMBLAY, Jean-Pierre, *Bibliographie québécoise*, Montréal, Educo-Média, 1973, 252 pp.

VIAU, Guy, «Bibliographie», *La Peinture moderne au Canada français*, pp. 86-89.

WYCZYNSKI, Paul, «Bibliographie», in *Émile Nelligan*, pp. 307-334.

Chronologie

	1837	Révolte des Patriotes; second mandat d'arrêt contre Aubert de Gaspé fils. Aubert de Gaspé, fils, *L'Influence d'un livre; Le Fantasque* (dir. Aubin).
Gautier, *La Comédie de la mort.*	**1838**	
	1839	Emprisonnement d'Aubin.
Hugo, *Les Rayons et les ombres.*	**1840**	
	1841	Mort d'Aubert de Gaspé-fils.
Nerval, *Les Filles du feu; Aurélia.*	**1854**	
	1856	Crémazie, *Les Morts.*
Baudelaire, *Les Fleurs du mal.*	**1857**	
	1862	Crémazie, *Promenade de trois morts.*
Lautréamont, *Les Chants de Maldoror.*	**1869**	
Lautréamont, *Poésies.*	**1870**	
Rimbaud, *Une Saison en enfer.*	**1873**	
Rimbaud, *Les Illuminations.*	**1875**	
	1879	Naissance de Nelligan; mort de Crémazie.
	1883	Naissance de Dugas.
	1888	Naissance de Delahaye.
	1890	Départ de Morrice et de Suzor-Coté pour l'Europe; mort d'Aubin.
Naissance d'Éluard.	**1895**	
Jarry, *Ubu Roi;* naissance de Breton et d'Artaud.	**1896**	Naissance de Loranger.
Naissance d'Aragon.	**1897**	
	1900	Naissance de Grandbois.
	1903	Première toile pointilliste de Suzor-Coté.
Apollinaire, *L'Enchanteur pourrissant.*	**1904**	Dantin, *Émile Nelligan et son oeuvre.*
Fauvisme (Salon d'automne).	**1905**	Naissance de Borduas.

Cubisme (*Les Demoiselles d'Avignon*).
Romains, *La Vie unanime;*
Apollinaire, *Onirocritique.*
Marinetti, *Manifeste futuriste.*

Cendrars, *Pâques à New York;*
Y. Goll, *Canal de Panama.*

Apollinaire, *Alcools, L'Anti-tradition futuriste, Peintres cubistes;* études médicales d'Aragon et de Breton.
Première guerre mondiale (1914-18).
Tzara, *La Première aventure céleste de M. Antipyrine.*
Apollinaire, *Les Mamelles de Tirésias;* affectation de Breton au Centre psychiatrique de Saint-Dizier.
Apollinaire, *Calligrammes.*
Tzara, *Cinéma calendrier du coeur abstrait-Maisons.*

Breton et Soupault, *Les Champs magnétiques.*
Rupture Breton-Tzara; période des «Sommeils».
Y. Goll, *Le Nouvel Orphée.*
St-John Perse, *Anabase;*
Tzara, *Sept manifestes dada;*
Picabia et Clair, *Entracte;*
Surréalisme (dir. Goll);
La Révolution surréaliste (dir. Naville et Péret);
Breton, *Manifeste du surréalisme.*
Breton dir. de *La Révolution surréaliste,* naissance d'Isou.
Le Cadavre exquis; Éluard, *Capitale de la douleur.*

1906 Naissance de Pellan; études médicales de Delahaye.
1907 Lyman à Paris auprès des impressionnistes.
1908 Chopin, Delahaye, Dugas et Sylbert, *l'Aube.*
1909 Chopin, Delahaye, Dugas et Sylbert, *L'Encéphale.*
1910 Delahaye, *Les Phases.*
1912 Delahaye, «*Mignonne allons voir si la rose*» ... *est sans épines;* naissance de Saint-Denys Garneau; polémique sur le futurisme dans *Le Devoir* (17 août, 7 et 14 sept.); Delahaye à l'institut Pasteur de Paris.
1913 Morrice tente un retour au Québec et repart en Europe; naissance de Richard.

1914

1916 Dugas, *Psyché au cinéma — Un homme d'ordre.*
1917

1918 *Le Nigog.*
1920 Loranger, *Les Atmosphères et Le Passeur;* premier séjour de Grandbois à Paris.
1921 Naissance de Jacques Ferron.

1922 Loranger, *Poëmes;* Grandbois s'installe à Paris.
1923 Naissance de Gérald Robitaille.
1924

1925 Naissance de Claude Gauvreau.

1926 Départ de Pellan pour la France.

Breton, *Le Surréalisme et la peinture.*
Second manifeste du surréalisme.

Rupture Breton-Aragon.

Naissance de Patrick Straram (Paris).

Éluard, *La Nuit est à une dimension* (les Esquimaux).
2e exp. surréaliste (Londres); Breton, *Château étoilé,* in *Minotaure;* procès de Moscou; guerre d'Espagne.
Breton, *L'Amour fou.*

Lautréamont édité par les surr.; rencontre Breton-Trotski au Mexique; rupture Breton-Éluard.
«Lautréamont et son oeuvre», in *Minotaure;* seconde guerre mondiale (1939-45).

Arrestation de Péret à Paris; assassinat de Trotski.
Breton en Martinique (découverte de Césaire), en Rép. Dominicaine et à New York; Péret au Mexique.
5e exp. surréaliste; *VVV,* dir. Breton, Duchamp, Ernst.

Lettre de Breton à Leduc sur *VVV* (17 sept.); Soupault au Canada; *Hémisphères,* (dir. Yvan Goll).
Breton à Percé, Montréal et Ste-Agathe (écriture d'*Arcane 17).*

1928 Départ de Borduas pour la France.

1929 Grandbois à Port-Cros.

1930 Retour de Borduas au Québec.
1932
1933 Loranger, *Terra Nova;* Richard dirige une marche sur Ottawa.
1934 *La Relève* (Dir. Charbonneau et Beaulieu); Grandbois, *Poèmes;* C. Gauvreau, *Ma vocation.*
1935 *Vivre* (dir. Gagnon).

1936 Pellan tente un retour au Québec et repart.

1937 Garneau, *Regards et jeux dans l'espace; Le Jour* (dir. Harvey); Garneau à Paris (juil.).

1938

1939 Polémique de Richard et Tranquille sur la poésie contemporaine dans *Le Jour* (25 fév., 18 mars, 15 avr.); Fondation de la S.A.C. (Borduas, Élie, Lyman).

1940 Retour de Pellan.

1941 Dugas, *Pots de fer;* Mort de Nelligan; *Regards* (dir. R. Benoît), *La Nouvelle Relève; Amérique française* (dir. Baillargeon).

1942 Exposition de Borduas à Joliette (11-14 jan.); *Exposition surréaliste* de Borduas (1er mai et ss.).

1943 Exposition des Sagittaires (30 avr.); réponse de Leduc à Breton (5 oct.); mort de Garneau; *Gants du ciel* (dir. Sylvestre).

1944 Raymond chez Goll et Breton; exp. des Sagittaires au Coll. Ste-Croix *(23 avr.-1er mai) et à Valleyfield (oct.);* Grandbois, *Les Iles de la nuit;* Dubuc, *Jazz vers l'infini;* Béland, *Orage sur mon corps.*

Leduc chez Breton à N.Y. (1er avr. 1945); Picasso, *Le Désir attrapé par la queue;* Breton à Haïti; Louis-Marcel Raymond aux funérailles de Desnos.

Goll chez Raymond et à Percé; Breton, *Prolégomènes à un troisième manifeste du surréalisme ou non;* Louis-Marcel Raymond au spectacle en l'honneur d'Artaud; fondation du lettrisme avec Isidore Isou. Lettre circulaire de Breton aux surréalistes (12 jan.); *Cause* (mai); *Rupture inaugurale* (21 juin); Exp. internationale du surréalisme (7 juil.); exp. «Automatisme» à Paris (20 juin - 13 juil.); Leduc à la réunion des Surréalistes-révolutionnaires; Breton, rééd. d'*Arcane 17 enté d'Ajours; Ode à Ch. Fourier* Pichette, *Epiphanies;* Lettres de rupture de Leduc avec les surréalistes et les surréalistes-révolutionnaires; Y. Goll, *Le Mythe de la roche percée.* Isou, *Réflexions sur M. André Breton;* mort d'Artaud; Breton, *Martinique, charmeuse de serpents.*

1945 Exp. des Sagittaires au Sém. de Ste-Thérèse (jan.); Grandbois, *Avant le chaos;* R. Benoît, *Nézon;* cadavres exquis de Bellefeur, J. Benoît, Dumouchel, Léonard et Parent.

1946 Exp. des Sagittaires au studio Boas de N.Y. (jan.); 1ère exp. des Automatistes (rue Amherst, avril); Dubuc, *La fille du soleil;* de Grandmont, *Le Voyage d'Arlequin;* Hénault, *Théâtre en plein air;* départ de Daudelin et de Renaud-Leduc pour l'Europe; Claude Gauvreau termine *Les Entrailles* (mai 44 - août 46).

1947 Réponse de Borduas - par Riopelle - à la circulaire de Breton (21 fév.); exp. des Automatistes rue Sherbrooke (15 fév. - 1er mars); départ de Leduc pour Paris (7 mars); *Les Ateliers d'arts graphiques* (v. 8, n° 2); création de *Bien-être* de C. Gauvreau et d'*Une pièce sans titre* de Jean Mercier (20 mai); Borduas, *Automatisme 1.47* (toile de l'expo. de la rue Sherbrooke qui vaut le surnom d'Automatistes au groupe ayant débuté avec l'exp. de la rue Amherst); expo. «Mousseau-Riopelle» (29 nov.-14 déc.).

1948 Expo. *Prisme d'yeux* (4 fév. et 15-29 mai); (4 fév.); dernière expo. de la S.A.C. (7-29 fév.); rupture Borduas-Lyman (13 fév.); *Dualite* (récital et spectacle Renaud-Sullivan-Mercure (3 avr.); Pellan, 1er prix pour *Pot de tabac automatique* (20 mars); Borduas, *Refus global* (9 août; le texte circule depuis les vacances d'hiver 47-48); polémique sur *Refus global* août 48-7 jan. 49); Borduas congédié de l'École de meuble (4 sept.); P.-M. Lapointe *Le Vierge incendié;* Richard, *Neuf jours de haine;* Lapointe écrit la plupart des poèmes intitulés *Nuit du 15 au 26 nov. 1948;* Grandbois, *Rivages de l'homme.*

1949 Giguère, *Faire naître;* Richard, *Ville rouge;* Ferron, *L'Ogre;*

Expo. Riopelle à Paris
(Aparté d'Elisa et André Breton
et de Benjamin Péret en guise
d'introduction); participation de
de Th. Koenig à la revue *Cobra*
et de Riopelle à la revue *Néon*
(nᵒ. 5).

Participation de peintres
québécois à une exposition
patronnée par *Cobra*
(Liège, déc.).
Julien Gracq, *Le Rivage des
Syrtes.*

Bellefleur à la 2e exposition
internationale *Cobra;* Pellan à
Paris; mort d'Éluard.

Beckett, *En atendant Godot;*
poèmes de Giguère dans
Phantomas; Borduas à
Provincetown et à New York
(mai-sept.); Ferron-Hamelin
à Paris; mort de Picabia.

participation des Automatistes à la
polémique sur la loi du cadenas et sur la
grève d'Asbestos (5 fév.-6 juin, *Le Devoir
Le Canada); Les Ateliers d'arts
graphiques* (fév., v. 8, nᵒ 3); *Les Deux arts,*
(danse et théâtre) de Sullivan, Mercure
et Mousseau (8-9 mai); *Le Combat,*
chorégraphie de Sullivan pour l'*Opéra
minute* (nov.), livret de C. Gauvreau
pour un opéra de Mercure, *Le Vampire
et la nymphomane* et polémique sur
ce livret dans *Le Petit journal* (nov.);
correspondance Gauvreau-Dussault
après cette polémique (cf. *Dix-sept lettres
à un fantôme);* Borduas, *Projections
libérantes* (juil.).

1950 Giguère, *Trois pas* et *Les Nuits abat-jour;*
expo. *Les Rebelles* (18 mars - 28 avr.);
Borduas, *Communication intime
à mes chers amis* (9 avr.).

1951 Dussault, *Nuit d'été* et al.; Giguère,
Yeux fixes et *Midi perdu;* Giguère et
Koenig, *Le Jardin zoologique écrit en mer;*
Ferron, *La Barbe de François Hertel*
et *Le Licou; Place publique* (dir. Richard);
textes radiophoniques de C. Gauvreau à
Radio-Canada (*Le Coureur de Marathon*
et *L'Angoisse clandestine,* 18 fév., 15 juin,
24 août); expo. *Les Étapes du vivant*
(mai); C. Gauvreau écrit *Étal mixte*
(juin 1950 - août 1951).

1952 Suicide de Muriel Guilbault; expo.
The Borduas Group (26 jan. - 13 fév.);
«Canadian Radio Award» à C. Gauvreau;
Gauvreau écrit: *Beauté baroque* (été).

1953 Giguère, *Les Images apprivoisées;*
Hénault, *Totems;* fondation de
L'Hexagone; expo. *Place des artistes*
(mai); Mousseau, *Eimotobol,* bal masqué
(9 mai); Sullivan, *Rose Latulippe,* T.V.
de Radio-Canada (14 mai); Ferron,
Le Dodu; C. Gauvreau écrit *L'Asile de la
pureté* (été); texte radiophonique de
Gauvreau à Radio-Canada
(Le Domestique est un libertaire,
28 août); mort de Pouliot (automne).

1954 Giguère, *Les Armes blanches;* Haeffely,
La Vie reculée; textes radiophoniques

Collaboration de Giguère, Dumouchel et McLaren à la la *Revue internationale de l'art expérimental - Cobra;* fondation du mouvement *Phases* par Edouard Jaguer; Giguère en Europe, Bellefleur à Paris. Bellefleur, Dumouchel, Giguère, Riopelle, Leduc, Ferron-Hamelin à *Phases de l'art contemporain;* Giguère fait la maquette du n° 2 de *Phases;* poèmes de Giguère dans *Temps mêlés;* Borduas à Paris (sept.); Dumouchel en Europe; mort de Tanguy. Poème de Giguère dans *Phases* n° 3.

Part. de Giguère à l'expo. *Phases* au Japon.

Poèmes de Giguère dans *Boa* et dans *Edda;* part. de Giguère à l'expo. *Phases* à Buenos Aires; *International situationnisme* sur le surréalisme. Ionesco, *Le Rhinocéros;* poèmes de Giguère dans *Edda,* n° 2; 8e Exposition inteRnatiOnale du Surréalisme (EROS, déc., part. de J. Benoît et Parent); Exécution du testament du Marquis de Sade par J. Benoît (2 déc.); part. de Giguère à l'exposition *Phases* à Santa-Fe.; suicide de Paalen et de Duprey, mort de Péret. Poèmes de Giguère dans *Phases,* nos 5-6 et dans

de Gauvreau à Radio-Canada *(L'Oreille de Van Gogh,* 6 fév.; *Lendemain de trahison,* 27 août); exposition. *La Matière chante* (20 avr. - 4 mai); Gauvreau écrit *Ni ho ni bât* et *Brochuges* (été); arrivée de Straram au Canada (Halifax-Vancouver).

1955 Expo. Espace 55 (11 - 28 fév.) et polémique Borduas-Leduc; Dussault, *Proses (suites lyriques);* C. Gauvreau, texte radiophonique à Radio-Canada, *(Les Grappes lucides,* 12 août).

1956 C. Gauvreau, *Sur fil métamorphose* et *Brochuges;* Richard, *Le Feu dans l'amiante;* Dussault; *Le Jeu de brises* et *Dialogues platoniques;* Gauvreau écrit *La charge de l'orignal épormyable* (été).

1957 Grandbois, *L'Étoile pourpre;* Giguère, *Le défaut des ruines est d'avoir des habitants;* Martino, *Osmonde;* Groulx, *Poèmes;* Horic, *L'Aube assassinée;* Pouliot, *Modo pouliotico;* fondation d'Atys; Ferron, *Le Cheval de Don Juan* et *Tante Élise;* Préfontaine, *Boréal.*

1958 Major, *Les Archipels signalés;* Dussault, *Sentences d'amour et d'ivresse;* Pelletier-Spiecker, *Les Affres du zeste;* L'Hexagone, *La Poésie et nous;* Silex (dir. Langevin).

1959 Drouin, *La Duègne accroupie;* Ferron, *Les Grands soleils;* Martino, *Objets de la nuit;* Les Satellites jouent *La Jeune fille et la lune* et *Les Grappes lucides* de Gauvreau (20 avril); fondation de *Liberté* et de *Situations;* G. Langevin, *À la gueule du jour.*

1960 Lapointe, *Choix de poèmes - Arbres;* insuccès de Marcel Sabourin à trouver

Documento Sud; Péret
Anthologie des mythes,
légendes et contes populaires
d'Amérique, Collaboration de
Benoît et Parent à *Bief*
(1958-60).

J. Benoît, Giguère et Parent
à la 9e *Expo. internationale*
du surréalisme - Phases à N.Y.,
rétrosp. Borduas à Amsterdam
(22 déc. 60 - 30 jan. 61).

Poèmes de Giguère dans
Phases n° 7 et dans *Edda* n° 3;
part. de Giguère aux expos
Phases de Montevideo et de
Milan, Barbeau en Europe.
Part. de Ferron-Hamelin,
Barbeau, Leduc à la
«Rétrospective automatiste»
de Rome (1962-63).

J. Benoît à l'Exposition
surréaliste de la Galerie
de l'Oeil.

Mort d'André Breton.

Bounoure, *La Peinture*
américaine (i.e. amérindienne).

Bounoure, *Envers l'ombre,*
ill. de J. Benoît, éd.
Surréalistes.

des acteurs pour mettre en scène huit
objets des *Entrailles* de Gauvreau au
Théâtre des auteurs; Langevin, *Poèmes-*
effigies; textes de l'*International*
Situationnisme in *Cahier pour un paysage*
à inventer.

1961 Mort de Borduas (22 fév.).

1962 Hénault, *Sémaphores suivi de Voyage au*
pays de mémoire; Ferron *Cotnoir;*
rétrospective Borduas (Montréal).

1963 Ferron, *La Tête du roi; Gazou ou le prix*
la virginité; Sainte-Marie, *Poèmes de la*
la sommeillante; Le Bar des Arts;
Parti pris; premier no. de *Parti pris*
(oct.); G. Langevin, *Symptômes;*
Péloquin, *Jéricho.*

1964 Ferron, *Contes anglais et autres;*
Semaine A (20-27 avr.); Exposition
surréaliste canadienne (London, Ont.);
lecture du *Refus global* et d'extraits des
Entrailles par Marcel Sabourin à l'École
nationale de théâtre; Langevin, *Poéscope*
(néo-dada); Péloquin, *Les Essais rouges;*
Geoffroy, *Bagatelles pour un massacre.*

1965 Péloquin, *Les Mondes assujettis;*
Manifeste subiste; Calorifères; Richard,
Journal d'un hobo; Ferron, *La Sortie,*
La Nuit; Préfontaine, *l'Antre du poème;*
Les Horlogers du Nouvel Age (fév.-avr.);
Vanier, *Je.*

1966 Giguère, *Pouvoir du noir;* Ferron,
Papa boss; Langevin, *Un peu d'ombre*
au dos de la falaise.

1967 Langevin, *Noctuaire, Pour une aube;*
Péloquin, *Manifeste Infra suivi des*
Émissions parallèles; Préfontaine,
Pays sans parole; Les Evènements de
Serge Lemoyne; Le Zirmate (oct.).

1968 Gauvreau, *Étal mixte;* Ferron, *Contes,*
La Charette; Geoffroy, *Graffiti,*
Les Nymphes cabrées; Vanier,
Pornographic Delicatessen; lecture

Pastoureau, *Le Surréalisme de l'après-guerre - 1946-50;* Lindberg de Péloquin et Charlebois au palmarès européen; scandale à l'Olympia (avril).

André Breton, *Perspective cavalière* (posthume).

Rétrospective «Borduas et les Automatistes», Paris (1er oct. - 14 nov. 1971) — Montréal (2 déc. 1971 - 16 jan. 1972).

publique de *La Charge de l'orignal épormyable* au Théâtre de quat'sous par le Centre d'essai des auteurs dramatiques (12 fév.); Dussault, *Pour une civilisation du plaisir;* Opération Déclic: «Rendez-vous *Refus global* (7 nov.), *Place à l'orgasme* (8 déc.); Péloquin, *Pyrotechnies.*

1969 Suite de l'Opération Déclic: «Rembrandt et ses élèves (9 jan.), *Double jeu* (16 fév.); *Chansons et Poèmes de la résistance* (1968-69, Montréal, Hull, Québec, Trois-Rivières, Sherbrooke); Giraldeau, *Bozarts;* Ferron, *Historiettes, Le Ciel du Québec, Le Coeur d'une mère.*

1970 *Manifeste de L'Infonie;* Geoffroy, *Le Saint rouge et la pécheresse;* Ferron, *L'Amélanchier;* Richard, *Faites leur boire le fleuve;* Péloquin, *Le repas est servi, Pour la grandeur de l'homme;* La Nuit de la poésie (27 mars); Dussault, *500 millions de yogis;* création de *La Charge de l'orignal épormyable* par le groupe Zéro (2 mai).

1971 G. Langevin, *Stress, Ouvrir le feu;* Richard, *Carré Saint-Louis;* Geoffroy, *Empire State Coca blues;* Lapointe, *Le Réel absolu;* Straram, *En train d'être en train vers où être, Québec, One + One cinemarx & Rolling Stones; Gilles-cinéma-Groulx le Lynx inquiet;* Geoffroy, *Totem poing fermé;* mort de Gauvreau (9 juil.).

1972 Langevin, *Les Écrits de Zéro Legel* (1964 et ssq.); Dussault, *Le Corps vêtu de mots;* Straram, *Irish coffees au No Name Bar & vin rouge, Valley of the Moon;* Richard, *Louis Riel Exovide* (annoncé en 1956); Vanier *Lesbiennes d'acid;* Geoffroy, *Max-Walter Swanberg;* Péloquin, *Mets tes raquettes, Éternellement vôtre;* création de *Les Oranges sont vertes* à la Place des arts (13 jan.); Zéro crée *Magie cérémonielle,* textes de Duguay et de Gauvreau *(Les Reflets de la nuit; Apolnixède entre le ciel et la terre);* Francoeur, *5 10 15* et *Minibrixes réactés;* Richard, *Le Voyage en rond.*

Notes des illustrations

Dessin de la page titre: Norman McLaren, *Volte-face*, nov. 1944, plume d'oie et encre de Chine.

Exilés

1. Photo: George Platt Lyners. Dans Patrick Waldberg, *Les Chemins du surréalisme*, p. 64.
2. Photo: Elisa Breton. Dans *Vie des arts*, no 80, p. 16.

Initiateurs

1. Photo: Centre de documentation Yvan Boulerice.
2. Photo: Jacques de Tonnancour. Dans *Journal musical canadien*, c. 1957.
3. Photo: Suzy Embo. *Le Nouvel Observateur*, 5 oct. 1966, p. 34.

Au tournant du siècle

1. Photo: Pierre-Henri Reney. Édition non datée de la version de Philippe Aubert de Gaspé fils.

Images et verbe

1. *Les Ateliers d'arts graphiques*, no 2, p. 68.
2. *Les Ateliers d'arts graphiques*, no 2, p. 79.

File indienne

1. Photo: P.-H. Reney.
2. Photo: P.-H. Reney.
3. Photo: Bibliothèque nationale du Québec. *Le Quartier Latin*, 13 nov. 1945, p. 3.

Grises mines

1. Photo: Centre de documentation Yvan Boulerice.
2. Publié en 1946. Photo: P.-H. Reney.
3. Publié en 1968. Photo: P.-H. Reney.

Album

1. De gauche à droite: Marcel Barbeau, Jacques Ferron, Claude Gauvreau, René Hamelin, Jean-Paul Mousseau, Dyne Mousso. Reproduit dans *La Barre du Jour*, numéro sur les Automatistes, p. 100.
2. Sur la photo, Muriel Guilbault et Pierre Gauvreau.
3. Sur la photo: Marcel Sabourin (Drouvoual) et Robert Lalonde (Cochebenne), 1971. Photo T.N.M.

Manuscrit

Lettre de Maurice Perron à Paul-Emile Borduas. Noter que Perron appelle *Ruptures inaugurales* le manifeste *Projections libérantes*.

Trois précurseurs

1. Coll. privée.
2. Huile sur bois, 40 x 32 cm. Coll. Musée d'art contemporain.
3. Huile sur toile, 208 x 167,5 cm. Coll. Musée d'art contemporain. Photo: Centre de documentation Yvan Boulerice.

Littérature

1. Gouache. Aussi appelée *Composition no. 5* ou *Enrubannée de vert*. Coll. Charbonneau, Montréal.
2. Encre sur papier, 32 x 25 cm.
3. Huile sur toile, 115 x 181 cm. Coll. privée, Montréal.

Géographies

1. Huile sur toile, 11 x 13 cm. Coll. de l'artiste. Photo: Centre de documentation Yvan Boulerice.
2. Huile, polyfilla sur toile, 130 x 186 cm. Coll. privée, Montréal. Photo: Centre de documentation Yvan Boulerice.
3. Huile sur toile, 66 x 83 cm. Coll. M. et Mme Gilles Pinsonneault, St-Hilaire. Photo: Centre de documentation Yvan Boulerice.
4. Huile sur toile, 60 x 73 cm. Dans Pierre Schneider, *Riopelle*, p. 11.

Abstraction

1. Encre, 36 x 48 cm.
2. Huile sur toile, 91 x 73 cm. Coll. Larivière, Montréal. Photo: Centre de documentation Yvan Boulerice.
3. Gouache sur papier, 47 x 60 cm. Coll. Gilles Corbeil, Montréal. Photo: Centre de documentation Yvan Boulerice.
4. Huile sur carton, 36 x 25 cm. Coll. de l'artiste. Photo: Centre de documentation Yvan Boulerice.
5. Huile sur toile, 76 x 89 cm. Coll. Musée d'art contemporain, Montréal.
6. Huile sur toile, 115 x 89 cm. Coll. Musée d'art contemporain, Montréal.

Abîmes

1. Huile sur masonite, 51 x 66 cm. Coll. Françoise Sullivan, Montréal. Photo: Centre de dodumentation Yvan Boulerice.
2. Huile sur bois, 76,8 x 57,5 cm.
3. Huile sur toile, 122 x 91 cm. Coll. Musée d'art contemporain, Montréal. Photo: Centre de documentation Yvan Boulerice.

Cadavres exquis

Coll. Musée d'art contemporain, Montréal. Photo: Centre de documentation Yvan Boulerice.

Bestiaire

1. Encre et aquarelle, 28,8 x 38,5 cm. *La Presse* (supplément), 6 mars 1971, p. 15.

2. Gouache. Aussi appelée *Abstraction no 50*. Coll. M. et Mme Robert Vigneault, Ottawa. Photo: Centre de documentation Yvan Boulerice.
3. Huile sur carton entoilé, 61 x 51 cm. Coll. Jeanne Renaud, Montréal. Photo: Centre de documentation Yvan Boulerice.
4. Huile sur toile, 46 x 33 cm. Coll. M. et Mme Luc Choquette, Montréal. Photo: Centre de documentation Yvan Boulerice.
5. Huile sur toile, 91 x 127 cm. Coll. Musée d'art contemporain, Montréal. Photo: Centre de documentation Yvan Boulerice.
6. Huile sur toile, 100 x 140 cm. Coll. Musée du Québec, Québec. Photo: Centre de documentation Yvan Boulerice.

Bêtes noires

1. 26 mars 1954. Reproduit dans *Poèmes*, 1957. Photo: P.-H. Reney.
2. Reproduit dans *L'Oeil* n° 148, p. 33. Photo P.-H. Reney.
3. Huile sur toile, 27 x 33 cm. Coll. Rita et Léon Bellefleur.
4. 12 fév. 1955. Reproduit dans *Le Défaut des ruines est d'avoir des habitants*, 1957, p. 47. Photo: P.-H. Reney.

Pouvoir du noir

1. Mine de plomb. Reproduit dans *Les Dessins de Norman McLaren*, p. 29.
2. Photo P.-H. Reney.
3. 27 x 41 cm. Participation à l'Exposition surréaliste, D'Arcy Gallery, New York. Photo: Yves Hervochon.

1. Mine de plomb. Reproduit dans *Les dessins de Norman McLaren*, p. 39.
2. Photo: P.-H. Reney.
3. Encre (Aix-en-Provence).

Boîte aux lettres

1. Cinéma Le Ranelagh, Paris (1960). Reproduit dans *Gilles Groulx*, Cinémathèque québécoise, Éditions québécoises, 1971.
3. Photo: Gilles Ehrmann. Reproduit dans *Vie des Arts*, no. 80.

1. Huile sur panneau avec trois fenêtres en profondeur, 61 x 80 x 10 cm. Coll. Margo et Yannock Bruynoghe, Bruxelles. Reproduit dans *Vie des Arts*, no. 80, p. 25.
2. Huile sur carton encollé, 61 x 51 cm. Coll. Dr. et Mme Max Stern. Photo: Dominique Gallerg
3. 2 déc. 1959. Reproduit dans André Breton, *Le Surréalisme et la peinture*, p. 387. Photo: Gilles Ehrmann.
4. Exposition «L'Écart absolu», archives de Philippe Audoin. Reproduit dans Philippe Audoin, *Les Surréalistes*, p. 146.

Les «relais admirables»

1. Photo: P.-H. Reney.
2. Publiée en 1965. Photo: P.-H. Reney.
3. 21 avril 1970. Reproduit dans *Hobo-Québec*, no. 4, p. 5.

Caricatures

1. *Canadian Art Magazine*, 1950, p. 114. Photo: P.-H. Reney.

2. *Le Canada*, 13 sept. 1948, p. 4. Photo: P.-H. Reney.
3. *Le Quartier Latin*, 30 nov. 1948, p. 1. Photo: P.-H. Reney.

L'Âge de l'image

Encre, 18 mars 1954. Photo: Centre de documentation Yvan Boulerice.

Index des noms

(Les noms cités dans le texte seulement)

ERRATA

On voudra bien corriger des erreurs de transcription dans les noms suivants:
Salvador Dali, p. 92; Engelbert **Dollfuss**, p. 38; **Paterson** Ewen, p. 210; **Théodor** Koenig, pp. 164, 193, 229, 303; Wilfrid **Lemoine**, pp. 242, 276, 335; Jean **McEwen**, p. 208; **Henry** Miller, p. 151; Pline **L'Ancien**, p. 159; Igor **Stravinski**, pp. 40, 68; Bernard **Teyssèdre**, pp. 14, 80, 91-101, 165, 275, 288.

Prière d'intégrer à la bibliographie les articles suivants (pp. 326-327 pour Gauvreau et 345 pour Venne):

GAUVREAU, Claude, «Révolution à la Société d'art contemporain», *Le Quartier latin*, 3 déc. 1946, pp. 4-5.
—— «Quand on ne cherche pas on trouve», *Ibid.*, 14 mars 1947, p. 3
——«La Grande querelle des peintres; Réponse de Claude Gauvreau à l'inquiétude de Gabriel Lasalle», *L'Autorité du peuple*, 22 mai 1954, p. 6
—— «Qu'est-ce que l'automatisme?», *L'Autorité du peuple*, 29 mai 1954, p. 1 et 5 juin 1954, p. 5.

VENNE, Emile, «L'Avenir de l'architecture religieuse canadienne», *Revue trimestrielle canadienne*, no 78, juin 1934, pp. 169-185 (sur conférences de dom Bellot; voir p. 181: cubisme; nombre d'or).

Je remercie l'Université d'Ottawa
dont une subvention s'est ajoutée à
celles qui sont mentionnées sur la
page de garde.
A.-G. B.

Sommaire

BIBLIOGRAPHIE

La publication de cet ouvrage a été facilitée
par une subvention du
Ministère des Affaires Culturelles du Québec.

Achevé d'imprimer
sur les presses de
L'Action Sociale, Limitée
4e trimestre 1977

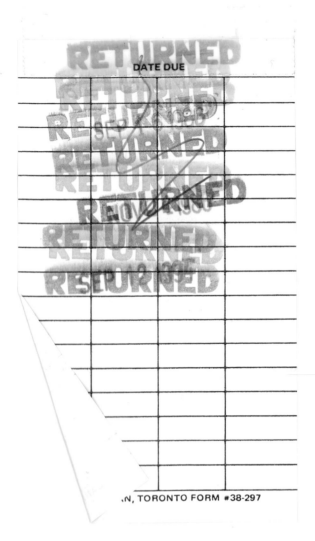

DATE DUE

N, TORONTO FORM #38-297